François Muller

Préface : André de Peretti

Manuel de survie à l'usage de l'enseignant

(même débutant)

Prix Louis Cros de l'Académie des sciences morales et politiques, 2005

5e édition, revue et augmentée

l'Etudiant

Sommaire

Vous êtes :

- enseignant, pas encore à la retraite ;
- futur enseignant ;
- jeune enseignant (entre un et cinq ans d'expérience) ;
- une personne intéressée par ce qui bouge actuellement dans l'éducation et la formation.

C'est pour vous.

Ce livre n'est surtout pas :

- un manuel de didactique ;
- un ouvrage officiel de préparation à des concours professionnels ;
- le livre de chevet (ou alors pas le seul ou pas tout le temps) ;
- un ouvrage de poésie sur le gai savoir ;
- un antidépresseur conseillé par la faculté de médecine et non remboursé par la Sécurité sociale ;
- un manifeste pour la défense d'espèces en voie de disparition.

Ce livre est plutôt :

- un manuel de pratiques professionnelles, de leur variété requise pour vous aider à des choix responsables ;
- un outil d'autoformation pour des enseignants ;
- un élément qui participe au chaînage entre ressources universitaires et Internet pédagogique ;
- le livre dont vous êtes le héros ;
- le résultat d'un travail de terrain dans l'enseignement et la formation réalisé depuis plus de quinze ans ;
- une suite d'éclairages courts et efficaces sur les multiples aspects récents du métier ;
- une boîte à outils à feuilleter dans les transports, pas toujours en grève ou en retard ;
- une mise à distance de réalités quotidiennes pour réfléchir sur son action.

Préface

> *« Voici donc ourlé à l'aube de tes détours,*
> *Compagnon formateur en quête de cueillettes,*
> *Le cours de ce recueil construit pour tes recours :*
> *Qu'en bon recueillement, sage, tu le feuillettes ! »*

Nous vivons – ou survivons ? – dans une époque éprouvante, ardente. En douterions-nous ? Et nous sommes, aussi bien adultes qu'enfants, bousculés hors de nos tranquillités. Car il nous faut supporter, vaille que vaille, l'accélération inouïe des changements de grandeur, d'intensité et surtout de complexité, qui emballent tous les phénomènes qui nous malaxent : sociaux, économiques, écologiques, technologiques, scientifiques et culturels ; tous en proie, sous nos sens et sur nos esprits, à la furie de la mondialisation.

Au plus trivial, hypermarchés et violences urbaines, « portables » et micro-ordinateurs en expansion, déplacements surmultipliés, rivalités des marques et musique techno, instabilités familiales et troubles d'identité, n'en font-ils foi ? Et que dire de la vitesse actuelle des découvertes scientifiques, exhumant le passé le plus lointain et diversifiant les probabilités du devenir ? Ou que faire avec la miniaturisation ou le gigantisme des objets et instruments technologiques qui nous empoignent autant que nous les manipulons ! Turbulences !

Ces turbulences, il est vrai, préparent et annoncent l'émergence d'une nouvelle civilisation. Soit ! Et celle-ci appelle la rénovation, la « Renaissance » des cultures. Il faut s'y attendre. Mais en attendant que celles-ci apportent quelque équilibre – ou rééquilibrage – il faut bien nous ajuster aux soubresauts du quotidien : non plus seuls mais solidaires ! Tant il nous revient et convient, nous serrant les coudes, de survivre professionnellement et personnellement aux ondes de choc qui nous défient, comme aux contrariétés effervescentes et aux déplorables violences… Par fierté !

Survivre ? Alors, bienvenue à ce *Manuel de survie* ingénieux et stimulant ! Dans la variété des dispositions et dispositifs qu'il expose, il peut se trouver, pour quiconque, de quoi assouvir sa générosité enseignante autant que répondre aux attentes hétérogènes des élèves : de quoi former, s'autoformer, et se co-former sans conformité inerte !

On peut se réjouir, en effet, du foisonnement et de la fraîcheur des conceptions et des méthodes que ce manuel met entre nos mains, car ils assurent, en respectant chaque enseignant, une large liberté de choix et d'inspirations. Dans la nécessaire formation continue, pour toute ancienneté et pour tout début, chacun est mis à l'aise pour feuilleter cette « somme ». Il peut y trouver de quoi s'encourager à l'originalité responsable de ses prestations professionnelles. Il peut y trouver appui pour s'exercer à un compagnonnage créateur avec des collègues de cursus et de disciplines multiples.

Alors, cohérence et cohésion soutenues, isomorphisme de situations d'apprentissage assuré, entre formation et enseignement, il devient possible de dévisager et envisager collègues et apprenants avec humour, c'est-à-dire avec lucidité et bienveillance, rigueur et révérence, fidélité et innovation !

Car la « survie » promise, permise, ou plutôt le surcroît de vie professionnelle et personnelle « autorisée » (de *augeo* : augmenter, accroître) peuvent aider à agencer de façon toujours neuve la pluralité des « fonctions » et des « états » dévolus au métier d'enseignant de façon à conjurer les risques d'ennui et la pesanteur de routines moroses, au sein des classes et des scolarités (ou des salles de professeurs !). La maîtrise des rancœurs ou des violences potentielles en dépend : comme on le constate, à l'usage !

Mais la « survie » recommandée, tout ordonnée qu'elle soit aux renouvellements souples, est aussi fondée à nous dégager de querelles éculées, séparant et opposant péremptoirement éducation et instruction, pédagogies et didactiques, sciences humaines (« molles » ?) et sciences « dures », pratiques et théories, savoirs et savoir-faire, connaissances et compétences, promotion collective (démocratique) et élitisme « républicain », matières dites « secondaires » et disciplines « nobles »... Diantre ! Pourquoi pas tête et jambes, sensibilité et logique ?

Il y a mieux à faire. L'heure est, sous la poussée de la complexification en crue, de réussir, de relier, d'aborder, de conjoindre, d'harmoniser ensemble, en interactions fécondantes. La haute science donne l'exemple : il n'est pas question de casser en deux astrophysique, biochimie, espace-temps ou neurosciences. Et ce n'est qu'un début des *cross-fertilizations* qui guettent nos savoirs !

Ne séparons plus ! Ne nous distancions pas les uns des autres. Et pourtant, ensemble, différencions-nous en nous respectant et en soutenant, en « pilotant » une variété de formes d'enseignement et d'évaluation différenciées.

J'aimerais situer les réflexions et échanges que va permettre la consultation de ce manuel élaboré avec tant de prestance et d'imagination par François Muller, entre deux invitations que nous a adressées, droit aux difficultés de notre temps, Janusz Korczak, avec de plus en plus d'actualité : « Sois toi-même, nous conseillait-il, cherche ta propre voie... Parmi tous ceux que tu pourrais avoir à comprendre, élever, instruire, tu viens en premier : c'est par toi qu'il faut commencer. »

Mais en même temps, au pluriel : « Vous dites : c'est fatigant de fréquenter les enfants. Vous avez raison. Vous ajoutez : parce qu'il faut se mettre à leur niveau, se baisser, s'incliner, se courber, se faire petit. Là, vous avez tort. Ce n'est pas cela qui fatigue le plus. C'est plutôt le fait d'être obligé de s'élever jusqu'à la hauteur de leurs sentiments. De s'étirer, de s'allonger, de se hisser sur la pointe des pieds. Pour ne pas les blesser. »

Se hausser. Rehausser. Ne point blesser : ni enfant, ni jeune, ni adulte, ni soi-même. Ne serait-ce un commun projet, s'il nous est possible, sur ce « manuel de survie », de nous engager à un réciproque pari et pilotage de bonne humeur et d'ingénierie : pour un enseignement créatif et formatif.

André de Peretti[1]

► André de Peretti : une mémoire de l'éducation, toujours vivante

L'architecture du présent « manuel » de survie, ainsi que nombre de ressources et de pratiques recensées sont directement inspirées des travaux d'André de Peretti. Polytechnicien de formation, humaniste et écrivain par passion, conseiller de nombreux ministres de l'Éducation jusqu'à très récemment, il avait présidé à la naissance des MAFPEN en 1986, puis des IUFM en 1992 ainsi qu'à la création d'un réseau « innovation et valorisation des réussites » au ministère et dans les académies en 1995.

Consultant international en éducation et en formation, André de Peretti a contribué à ma propre formation d'enseignant et de formateur d'enseignants. J'ai fait le pari depuis plusieurs années de réactiver une œuvre, à bien des égards encyclopédique et pratique : ainsi sont nés ce manuel et le site Diversifier (http://francois.muller.free.fr/diversifier) très bien référencé dans le monde francophone.

1. André de Peretti, voir éléments biographiques et bibliographiques sur un site dédié à ses travaux : http://andredeperetti.net.

Un manuel pour le développement professionnel

Depuis vingt ans, le métier évolue à bas bruit et pourtant si vite ; nous évoquons « la grande transformation[1] » : tout se fait, par-delà le « harcèlement textuel » évoqué parfois par les enseignants ou les chefs d'établissement, par une série d'aménagements et de petits décalages. Pas de grande réforme, quoi qu'on en dise, seules trois lois d'orientation.

Dans les cinq années qui viennent, plus de 35 000 enseignants du premier et du second degré vont partir à la retraite. Dans ce corps qui n'en est pas un, comme le sont celui des médecins ou encore celui des avocats, dans ce groupe social composite et multiforme que sont les enseignants, qui sommes-nous[2] ? Qui seront ceux et celles qui assureront la formation intellectuelle de nos enfants jusque dans les années 2040 ? Quel pari pour le métier, pour la formation, pour les élèves !

ENSEIGNANTS, QUI SOMMES-NOUS ?

L'enquête quantitative réalisée pour la MGEN (Mutuelle générale de l'Éducation nationale), auprès d'un échantillon représentatif de 1 409 enseignants de la maternelle au lycée, révèle des mutations très profondes chez les 839 700 enseignants en 2014[3]. Par le double effet des départs massifs en retraite de la génération des années 1970 et du recrutement par concours depuis 2012, les enseignants, dont l'âge moyen est de 43,5 ans, rajeunissent et cela commence à se voir, notamment dans les

1. François Muller et Romuald Normand, *École, la grande transformation ? Les clés de la réussite*, ESF, 2013.

2. Pierrette Briant, DEPP, MEN, *Qui sont les enseignants du 1er degré. De 1989 à 2009, sur vingt ans* (d'après *État de l'École*, nov. 2010).

3. L'Observatoire MGEN/Sociovision, « Le monde des enseignants a changé ». Disponible sur www.mgen.fr/le-groupe-mgen/actualites-et-presse/toutes-nos-actualites/detail-dune-actualite/article/lobservatoire-mgen-sociovision-le-monde-des-enseignants-a-change-met-les-jeunes-enseig/.

▸ Nous sommes tous des « enseignants »

Enseignants de collège et lycée publics en 2013 : panorama d'un métier exercé par 380 000 personnes[1] par Solène Hilary, Alexandra Louvet. Les auteurs de l'étude précisent : « Près de la moitié des enseignants de l'Éducation nationale exerce dans le second degré public. Cette profession a subi une baisse notable de ses effectifs depuis le milieu des années 2000, alors que le nombre d'élèves restait relativement stable. » Et : « L'anticipation de conditions de travail parfois difficiles, en particulier en début de carrière, concourt probablement aux difficultés de recrutement constatées depuis 2011. Elles sont accentuées par l'augmentation des exigences de diplôme à l'entrée dans le métier depuis 2010. »

Courbe inversement proportionnelle par rapport au second degré (forte croissance jusqu'en 2004, puis baisse), le premier degré baisse et stagne, alors que le nombre d'élèves progresse (boom de 2000). Le taux d'encadrement reste à 18 dans le premier degré (contre 12 dans le second degré). Le taux d'encadrement de la France dans le premier degré est de 19,9, en bas de peloton après le Japon et la Finlande (14) et avant la Corée (24). Mais dans le second degré, la France est à 11,9 quand la Finlande reste à 13,5.

Un enseignant sur cinq relève de l'enseignement privé, mais un sur dix concerne le premier degré. La part des maîtres auxiliaires est importante dans le second degré (5 %) et encore plus dans le privé (18 %). Dans le premier degré, le taux de féminisation est très fort : 82 %, mais il est de 57 % dans le second degré. Les pyramides des âges sont très inégalitaires, entre hommes et femmes d'une part, entre privé et public d'autre part. Dans le second degré, les profils sont très différents. Les temps partiels sont à hauteur de 10 % dans le public, mais 20 % dans le privé (et il s'agit surtout de non titulaires). 10,6 % sont affectés en éducation prioritaire, mais pour les moins de 30 ans, on monte à 21, 7 %.

7 000 admis en 2010, sur 40 000 présents effectifs aux concours. Les taux de réussite se situent entre 18 et 22 %. Pour le CAPES, la baisse des présents effectifs est assez sensible depuis 2007. Alors que les admissions sont stables. Les professeurs des écoles disposent majoritairement d'un niveau licence à 72 %, et dans le second degré d'un niveau maîtrise (45 %). La masterisation est un vrai choc en matière de recrutement, pour les entrants dans le métier, comme pour ceux qui les accueillent.

1. www.insee.fr/fr/themes/document.asp?reg_id=0&id=4402.

▸ Nous sommes tous des « enseignants » (suite)

En 2011, 18 734 candidats se sont présentés au concours des professeurs des écoles, contre 41 874 en 2009. L'année 2012 marque le retour à la hausse du nombre de candidats, soit trois années après la stabilisation des postes offerts. En neuf ans, le nombre de candidats présents a chuté de 70 %.

La vocation ? La moitié de ces jeunes profs font un métier dont ils ont rêvé enfant et 71 % évoquent le mot « vocation » (+ 5 % par rapport à 2001). Pour autant, le décalage est sérieux entre le métier rêvé et la réalité. 57 % avaient sous-estimé l'impact du métier dans la vie privée (+ 17 % depuis 2001) et 48 % la charge de travail (+ 15 %). 81 % sont satisfaits du métier (- 6 %). Mais un sentiment de dévalorisation domine. Neuf jeunes enseignants sur dix estiment que le métier s'est plutôt dévalorisé. Ils n'étaient que 59 % en 2001. Faut-il y voir la raison d'une progression de la pédagogie traditionnelle chez ces jeunes enseignants ? Deux tiers d'entre eux placent la transmission des connaissances devant les relations avec les enfants comme motif de satisfaction. La situation était inverse en 2001. Pour ce qui est des manières d'enseigner, « Faire confiance aux méthodes qui ont fait leurs preuves » passe au premier plan (49 %) devant « utiliser des méthodes innovantes » (45 %). La situation était là aussi inverse en 2001. L'importance accordée à l'épanouissement de l'enfant est passée de 71 à 46 % alors que la priorité accordée à « transmettre le goût de l'effort » a augmenté de 19 à 30 %. Le repli sur le « écrire-compter » est prioritaire pour 37 % des jeunes profs contre 16 % en 2001. 69 % des enseignants estiment que la réussite de tous les élèves ne peut pas être atteinte contre 54 % en 2001. À l'heure du « Socle » c'est-à-dire d'une formation de base pour tous, on mesure le décalage ; le cadre institutionnel a bougé ; une majorité s'est crispée. Quelle conduite de changement adopter en tant qu'acteur de ce système[1] ?

1. Source : note d'information, n° 24, juin 2014, DEPP.

équipes du primaire ; un quart a moins de 35 ans et les trois quarts sont inscrits sur Facebook !

Cela a pour corollaire une plus grande féminisation déjà présente, 67 % sur l'ensemble, mais 82 % pour les moins de 35 ans ; de fait, l'endogamie tend à s'estomper ; l'origine sociale et les conjoints témoignent d'une plus grande diversification. Les conséquences sont importantes dans l'attachement au métier et aux valeurs portées ; les collègues se retrouvent nettement moins dans les organisations traditionnelles et se montrent plus ouverts que les autres catégories salariées au monde ; 48 % pensent que « *travailler*, c'est s'épanouir et *développer* sa personnalité » ; attachés au choix du métier et à une certaine qualité de vie, ils pensent à 88 % évoluer au sein de l'institution ; oui, mais comment ? De l'importance de parler à présent de développement professionnel (voir chapitre 29).

LE TEMPS DU CHANGEMENT

Les enseignants sont attachés à une déontologie, faite de mots et de valeurs, et à un certain style de vie, ainsi que le décrivent les sociologues du travail en évoquant les *« knowledge workers »*. Le professeur du secondaire travaille 49 h 47 par semaine. Aux 18 h 46 d'heures d'enseignement s'ajoutent 21 heures consacrées aux préparations, aux corrections, au suivi des élèves, aux rencontres avec les parents ou encore aux réunions avec les collègues. Pendant ces heures effectives de présence (et même en dehors), de nombreuses inquiétudes traversent le corps enseignant : sentiment d'isolement, émiettement des temps de formation, climat scolaire souvent lourd dans nombre d'établissements.

Il est possible que certains conflits psychiques internes entrent en résonance avec une dérégulation d'un vieux système institutionnel en mutation accélérée à présent. « Malaise » est un mot commode pour exprimer des sentiments de « déprofessionnalisation » : la dimension affective et éducative du métier entre en tension avec une logique d'enseignement plus instrumentale. La surcharge de travail peut aussi être paradoxalement liée aux tentatives des enseignants de satisfaire simultanément les demandes officielles et leurs propres conceptions du métier.

Les experts européens notent une complexification croissante du métier, liée aux réformes, ce qui génère un « malaise enseignant », souligné par neuf enseignants sur dix. Au total, six sur dix se sentent personnellement concernés, particulièrement les plus expérimentés. Le cap des vingt ans de métier se révèle souvent déterminant.

Les sources de stress sont relativement bien repérées et fréquemment citées[1].

1. Laurence Janot-Bergugnat, Nicole Rascle, *Le stress des enseignants*, Armand Colin, 2008.

▶ **La surcharge de travail :** c'est le cumul des contraintes, venues se rajouter progressivement dans le métier, associé à une forte intensité du travail enseignant du fait de la multiplicité des opérations à effectuer en classe sur une durée très courte (répondre, écouter, se déplacer, écrire, maintenir l'ordre, gérer la dynamique du groupe tout en étant attentif aux individus...), d'autant plus quand on commence dans le métier.

▶ **Une charge émotionnelle et physique importante** dans un métier de relations intenses, des pauses peu fréquentes, du bruit, du matériel et des locaux parfois vétustes et peu adaptés. Cette accumulation d'activités entraîne chez l'enseignant le sentiment d'une usure quotidienne et d'un travail dans l'urgence.

▶ **Le conflit de rôle :** être confronté à des ordres paradoxaux (programme/socle), des pressions émanant de sources différentes (projet d'établissement/inspection disciplinaire), et parfois en opposition avec ses valeurs personnelles, comme par exemple, être pris entre la demande du groupe-classe et les besoins spécifiques de certains élèves, parfois dits « à besoin particulier », c'est une nouveauté des dernières années, dans le premier degré, dans quasiment chaque classe.

▶ **L'ambiguïté de rôle :** face au rythme de publication de nouveaux textes liés au changement (trop) régulier des ministres, l'individu au travail ne sait pas ce qu'on attend de lui, quels objectifs précis il doit atteindre et enfin quelle est l'étendue de ses responsabilités.

▶ **Les élèves en difficulté :** cette notion peut se révéler subjective. Plus les enseignants sont sensibles au stress et plus ils signalent abusivement des enfants en difficulté.

▶ **La difficulté à intéresser les élèves :** ceux-ci peuvent ne pas adhérer du tout au projet scolaire qui leur est offert ; en le signifiant par l'agitation ou l'apathie, la perturbation, la démobilisation face au travail. Avoir un cours bien préparé, et faire preuve de compétences psychosociales ne garantit pas un comportement positif envers le travail scolaire.

▶ **Le manque de reconnaissance :** il s'agit de changer le regard non tant des élèves mais plutôt de la part de la hiérarchie, des collègues, des parents et de la société en général ; on mentionne encore trop souvent le manque de soutien de la hiérarchie et les relations conflictuelles entre collègues[1].

LA « SUR-VIE », ÉQUILIBRE ET DÉVELOPPEMENT PROFESSIONNEL

À l'inverse, l'équilibre entre un travail dans la classe et un partage collectif, une ouverture de l'école sur le quartier et les partenaires, un management de type collégial, une reconnaissance à la fois individuelle et collective, notamment par un déroulement de carrière attractif et la création de nouveaux métiers donneraient plus d'opportunités aux enseignants pour résoudre les problèmes et faire face aux difficultés[2].

Dès à présent, voici une sorte de recette « anti-stress » immédiate et concrète pour les profs, à appliquer dans sa classe et son établissement :

- ❑ connaître ses limites et savoir repérer les manifestations psychophysiologiques du stress pour protéger sa santé ;
- ❑ connaître ses faiblesses « métier » ;
- ❑ apprendre à développer des stratégies efficaces et protectrices pour faire face ;
- ❑ rechercher du soutien (les ateliers d'analyse des pratiques sont à ce titre protecteurs) ;
- ❑ recevoir une formation pour devenir autonome dans la gestion de son stress et prendre en charge sa santé ;
- ❑ s'intégrer à des groupes de travail sur les transformations des pratiques.

Ce sont des objectifs explicites pour ce manuel de survie, c'est-à-dire d'**accroissement du potentiel d'activité et de développement de stratégies**, d'étude de la variété des possibles en pédagogie. On parlerait presque de « ruse »[3], à la manière d'Ulysse, quand, dans son retour toujours incertain, pris en défaut ou en faiblesse dans des situations difficiles, il parvint toujours à s'en sortir ; cette habilité à la fois intellectuelle et pragmatique lui permit d'**exploiter le « potentiel de situation »** plutôt que de rester campé sur un programme d'où il ne serait sorti.

1. C'est un point récurrent relevé dans le rapport du Conseil national de l'innovation pour la réussite éducative, 2014.
2. On retrouve quelques principes de la 4e voie, développée par Andy Hargreaves dans *La face cachée des réformes*, 2011.
3. C'est le titre précisément d'un ouvrage d'Yves Guégan, *Les ruses éducatives – 100 Stratégies pour mobiliser les élèves*, éd. ESF, 2009.

▷ L'ÉDUCATION ET LE CHANGEMENT EN 10 TENDANCES

Quelle lecture pouvons-nous partager des évolutions du métier d'enseignant depuis 2000, en partant de l'analyse des transformations du système dans lequel il exerce au mieux de ses compétences ? Dix tendances traversent l'éducation et dessinent un espace dans lequel nous évoluons pour les prochaines années.

1. Internationalisation et globalisation des questions d'éducation

2001 marque un changement dans les références, quand s'initie PISA (Programme international de suivi des acquis des élèves) à la livraison triennale ; plus rien n'est comme avant. Comme le souligne Alain Bouvier, « la réforme des programmes, de la didactique et des outils, la réforme de la formation des enseignants dans un cadre européen et mondial, les systèmes d'évaluation [...], la formation des chefs d'établissement [...] et le pilotage des systèmes sont des questions qui se posent de manière transversale en des termes différents certes, mais qui se posent partout[1] ». Effet de cette mondialisation : les modèles nationaux tendent à plus de différenciation et les écoles s'interrogent sur le contenu de leur programme et leurs valeurs. Dans quelle mesure cette interrogation collective aboutit-elle à définir un modèle d'école qui fasse consensus ?

La diffusion d'un nouveau modèle professionnel résulte à la fois des politiques éducatives et des changements sociaux et culturels. « Grâce à des établissements plus autonomes, développant des projets éducatifs portés par des enseignants engagés dans une dynamique collective, grâce à des enseignants pédagogues, réflexifs et centrés sur l'apprentissage de l'élève, grâce aussi à un cadrage institutionnel où l'État régule et évalue les unités d'enseignement décentralisées, l'école devrait pouvoir affronter les défis auxquels elle est confrontée. Elle devrait devenir simultanément plus juste et plus efficace », peut-on lire dans une étude publiée par l'Université catholique de Louvain[2].

1. Un seul monde, une seule école, *Revue internationale d'éducation de Sèvres,* n° 52, décembre 2009.
2. *Cahiers du GIRSEF,* Étude de Cl. MAROY, http://www.uclouvain.be/cps/ucl/doc/girsef/ documents/ 049cahier.pdf, voir aussi, Beginning teachers: a challenge for educational systems, Patrick Picard and Luc Ria, Yearbook CIDREE 2011 (téléchargement en pdf).

Le cadre référentiel et l'organisation des systèmes éducatifs en vigueur chez nos plus proches voisins européens ont des incidences fortes sur notre propre cadre national, comme par exemple l'approche par compétences, d'abord en langues (CERCL[1] – cadre européen commun de références des langues) puis l'adoption d'un Socle commun « à la française » en 2005, qui s'inspire explicitement des *« basics skills »* déjà implantés ailleurs avec des adaptations encore nécessaires en 2014 ; la tendance est longue, de l'esprit aux pratiques à l'œuvre.

Notre différence réside sans doute dans l'aménagement de ces nouveautés, sans faire fondamentalement évoluer ni les métiers ni l'organisation, définis au niveau national, même si le mot « refondation » a été employé. Ainsi, l'innovation dans sa version française pourrait se définir comme la recherche d'ajustement des pratiques et des organisations à des éléments de programmes institutionnels, souvent combinées, en réponses plus adaptées à des contextes locaux plus difficiles. On peut ou non adhérer à ces évolutions, c'est le cadre qui change, par le haut, et l'intelligence des pratiques par le bas.

2. Foisonnement du numérique

Politique volontariste en plans successifs, pratiques sociales diffuses (et aussi chez les profs), changement des relations inter-individuelles, interactions plus intenses, plus horizontales et plus informelles à la fois, implosion des espaces confinés : le numérique, avant d'être des objets technologiques à maîtrise incertaine, contient tous ces ferments de changement[2] introduits dans les murs de notre École : on passe d'« Entre les murs[3] » (titre du film récompensé aux Césars qui décrivait un huis clos entre un professeur sans grand savoir-faire et des élèves en attente), à une école « Hors les murs » (du nom d'un dispositif ouvert et interagissant avec les classes du monde entier).

Par le numérique, le monde s'invite directement sur nos pupitres. Face à cette situation, on oscille entre deux possibilités : l'interdire, tels les ENT (environnement numérique de travail) qui tentent de brider les accès aux réseaux sociaux ; ou on peut faire le choix d'en apprivoiser les usages. Ce

1. Le CECRL définit en Europe les compétences et leurs niveaux de maîtrise dans l'apprentissage de toutes les langues vivantes.
2. Emmanuel Davidenkoff, *Le tsunami numérique. Éducation. Tout va changer ! Êtes-vous prêts ?* Stock, 2014.
3. http://horslesmurs.ning.com/.

sont des choix qui relèvent du prof, aussi plus largement, d'une équipe. Ils s'éclairent par la conception de l'école ouverte et de la valeur investie dans l'acte d'apprendre. Certains invitent déjà au BYOD (*Bring your own device*, « apportez votre propre ressource numérique[1] ») avec leurs élèves.

3. Déconstruction des représentations et reprogrammation des systèmes

Dans la continuité des conclusions de Marcel Gaucher caractérisant « le désenchantement du monde », comme d'autres sociologues signalent la fin des idéologies, en appui à l'analyse partagée par des travaux communs avec des psychiatres, proches de la MGEN, et des cliniciens du travail (CNAM), il est possible d'évoquer **une désarticulation des systèmes logiques :** nous sommes tous mus par un système de valeurs, de représentations, qui président à nos actes. Ces représentations sont elles-mêmes issues de la combinaison entre des expériences initiales et des modèles issus de notre propre formation initiale (s'il y en a eu), ou encore d'éléments appris sur le tas, en « salle des profs », ou encore par affiliation à quelques prises de position portées médiatiquement...

Ce système peut vous sembler logique voire coutumier (« J'ai toujours fait comme cela »). Nous avons pu nous construire, nous former, nous faire guider par des systèmes composés d'institution (« ce qui institue »), de sécurité, d'assurance et de stabilité. Ce constat se vérifie dans tous les métiers, et ceux de l'enseignement ne font pas exception.

Cependant, il suffira de quelques gestes, ou paroles, d'un élève, d'un collègue, ou d'un parent, pour que votre système de pensée, votre « représentation du monde », soit ébranlé. Enseignants, tous niveaux confondus, mais aussi directeurs, chefs d'établissement, inspecteurs, formateurs, nous sommes confrontés à des tensions ou des renforcements paradoxaux qui, selon les cas, nous tirent à hue et à dia, élargissent nos compétences, mais parfois désarticulent nos actions, nous laissant en perte de repères traditionnels (« c'était mieux avant » ?).

Bien des témoignages recueillis en de multiples endroits nous renvoient une image en mosaïque de perceptions des évolutions troublant les

1. http://pedagogie.ac-toulouse.fr/ecogest/spip.php?article200 utilisation des smartphones en classe.

métiers de l'éducation et de la formation comme autant de forces telluriques travaillant les structures rigides de l'écorce terrestre, Ainsi, nous pourrions, à l'envi, identifier des couples ambivalents, sans opposition mais en tension, tels que :

Juger	←——→	**Comprendre**
Fatalisme sociologique	←——→	**Acte pédagogique**
Évaluer	←——→	**Accompagner**
Indicateur	←——→	**Indication**
Contrôler	←——→	**Vérifier, réguler**
Confidentialité	←——→	**Élargissement du cadre**
Militantisme	←——→	**Professionnalisme**
Transversal	←——→	**Didactique**
Formation	←——→	**Changement**
Changement	←——→	**Identités professionnelles**
Application de réforme	←——→	**Résolution de problème**
Statuts	←——→	**Fonctions, compétences**
Hiérarchie à la « française »	←——→	**Pilotage pédagogique**
Tâche	←——→	**Activité**
Performance immédiate	←——→	**Temps du projet**
Je sais	←——→	**Je ne sais pas (faire) (tout seul)**
Expertise	←——→	**Co-élaboration, négociation convenable**
Approche scientifique	←——→	**Prégnance des « idées sur les choses »**
Absolutisme	←——→	**Modestie et pragmatisme**

La métaphore tellurique est signifiante : si la perception humaine se fie à la stabilité rassurante de la surface, tous savent que pourtant, la réalité dynamique et magmatique de la Terre fera en sorte que la Californie peut disparaître en un jour dans la faille de San Andréas : d'une certaine façon, moins cela bouge à présent, plus cela va bouger (*id est* : plus le rattrapage des retards structurels sera important et violent).

Faut-il déplorer ces incohérences qui risquent de mettre à mal les dispositifs de terrain et parfois certains acteurs ? Elles marquent un changement, toujours lent mais durable, de toute institution, la nôtre comme d'autres. Ce qui peut sembler incohérent ou rétrograde n'est souvent que l'expression d'organisations ou de forces en pleine mutation, où il est tentant de retrouver les formes du passé pour accepter celles du présent et de l'avenir prochain.

Praticiens, experts, cliniciens sont pourtant d'accord pour signaler aux responsables qu'il est important, d'une part, de reconnaître ce malaise pour ce qu'il est et, d'autre part, de tenter ensemble d'en proposer une explicitation partagée, « problématisée », sans rechigner à la complexité des choses ; de distinguer des analyses « macro » du ressenti « micro », l'une et l'autre étant réelles. Ils s'accordent également sur l'importance de mettre des mots sur les choses, c'est très « aidant » pour les personnes et pour les structures. Travailler dans le non-sens ou dans la désorganisation non assumée présente un vrai coût sur le plan psychologique, de même que travailler « en résistance », aux dépens des missions premières.

À l'heure où l'on peut évoquer publiquement le « travail émietté », parcellisé dans les organisations, il devient donc salutaire, en prévention, et en intelligence, de traiter notre organisation comme « apprenante ». C'est un des enjeux de nos années actuelles et à venir pour nous et pour tous nos élèves.

4. Conduire le changement par les pratiques plus qu'administrer la pédagogie

D'après la recherche internationale, le progrès des systèmes éducatifs repose sur l'amélioration du fonctionnement de chaque établissement[1]. Les travaux anglo-saxons mettent en évidence trois leviers : une évaluation qui associe les acteurs ; un accompagnement du développement professionnel des enseignants qui leur apprenne à utiliser les résultats de cette évaluation ; une nouvelle répartition des rôles et des responsabilités au sein des établissements.

La notion de *leadership* s'est peu à peu imposée pour caractériser la création de fonctions intermédiaires entre l'équipe de direction et les enseignants. Pour Bernard Toulemonde, il faut « confier des responsabilités aux personnels enseignants et non enseignants, de façon à les associer à la marche de l'établissement, à les impliquer dans le fonctionnement non seulement pédagogique mais aussi administratif et financier ». Chaque métier connaît donc au niveau local des évolutions dynamiques et enrôlantes, en interface avec les autres, en coopération et en régulation.

5. Entériner les acquis de la recherche scientifique des sciences cognitives

Bruno della Chiesa (CERI-OCDE) invite tous les enseignants à se rapprocher de la recherche en sciences cognitives ; certains points sont à présent très documentés pour des enseignants qui n'ont pas à analyser le

1. Voir David Hargreaves et Dennis Shirley, *La face cachée des réformes*, 2011, sur http://perspectives.ctf-fce.ca/fr/article/1960/.

fonctionnement mais qui interviennent bien sur l'attention, la mémoire et les apprentissages. On peut par exemple s'intéresser à la manière dont la gestion des émotions peut favoriser ou interdire la capacité attentionnelle, ou bien encore comment le sentiment de peur est résolument contre-productif à tout apprentissage. La capacité d'apprentissage est intacte, sans qu'il y ait forcément de période critique où tout serait joué. On peut noter aussi l'importance d'activités systématiques pour développer des automatismes fondamentaux pour la réussite scolaire ultérieure, notamment pour l'apprentissage du calcul et la maîtrise des opérations dès le CE2. Tous ces apports reconditionnent l'organisation des activités et des temps scolaires, pour peu qu'enseignants et direction y prêtent une attention soutenue.

6. Apprendre, une vague de fond qui bouleverse l'éducation

Lors du « *Word Innovation Summit for Education* » (WISE), 2011, Charles Leadbeater, ancien conseiller de Tony Blair, a communiqué six idées, qui structurent son ouvrage *Innovation on education, lessons from pioneers around the world* à partir de l'enquête sur le terrain d'actions repérées comme innovantes, illustrées de photographies hautes en couleur. Il nous adresse quelques messages forts :

► **Le talent est partout.** L'envie d'apprendre et les initiatives fusent. Comment l'école y répond-elle ?

► **La qualité plutôt que la quantité.** La valeur des initiatives, pour peu qu'elle puisse être communiquée, renseigne plus que les résultats purement quantitatifs. Comment les équipes peuvent-elles communiquer sur la valeur (en termes qualitatifs) ou les valeurs (en termes d'objectifs) de leur action ?

► **Mieux apprendre, apprendre autrement, moins de forme scolaire.** L'innovation est assurément focalisée sur les processus et les dispositifs d'apprentissage ; comment dépasser la forme et l'organisation scolaire traditionnelle pour la reconditionner sur de tels objectifs ?

► **Les nouvelles idées apparaissent du fait de mélanges étranges dans les marges du système.** Comment un système institutionnel et structuré intègre-t-il ce qui peut sembler « marginal » ou « dissonant » ?

► **Les organisations se nourrissent des réseaux et des mouvements.** L'enrichissement des réseaux sociaux en éducation, le développement de mouvements dynamiques sont-ils pris en compte dans l'évolution de l'école ?

► **Plus, mieux, different.** L'innovation est un processus d'amélioration et de changement ; comment l'institution s'en accommode-t-elle ?

► **Et une conclusion, quand les mouvements rencontrent le système.** Dans quelle mesure les organisations structurées de l'école s'inscrivent-elles dans un mouvement apprenant ?

Apprendre est un acte à prendre au sérieux pour l'École ; en tant que processus complexe, il interroge l'École dans sa structure, son organisation et son fondement institutionnel hérité (enseigner, transmettre). Ce n'est pas la négation ou l'inversion de son histoire ; c'est au contraire sa contemporanéité et son futur.

7. Focalisation sur les pratiques efficaces

Sujet tabou ou évidence implicite, légitimée par l'obtention d'un diplôme, en France, un agrégé est un bon enseignant. Les facteurs d'efficacité des pratiques enseignantes ont fait l'objet de peu d'études approfondies. L'IFE (Institut français de l'éducation) consacre une revue de littérature aux « effets des pratiques pédagogiques sur les apprentissages ». Il est impossible de donner une réponse tranchée à notre problématique de départ, à savoir : « certaines pratiques pédagogiques sont-elles plus efficaces que d'autres pour parvenir à la maîtrise par les élèves des compétences de base ? » et surtout « il n'est pas simple de réaliser un manuel des bonnes pratiques, applicables en tous lieux et en toutes circonstances ».

Le développement des réseaux de recherche universitaires (programmes de recherche européens, internationaux), mais aussi ceux plus informels de l'Internet pédagogique, rend infiniment plus fluides et plus accessibles les résultats des acquis. Les chercheurs préfèrent des problématiques exprimées en termes empruntés à la sociologie de l'éducation ou encore aux politiques d'éducation : par exemple *learning, assessment for learning, accountability, professional development, shared leadership* et *effective pedagogy* (sic)[1]. L'abus de termes anglo-saxons pourrait en effrayer certains mais

1. Voir par exemple quelques revues de littérature en France consacrées à ces approches, INRP, VST, *Dossier d'actualité n° 39,* novembre 2008, « L'évaluation au cœur des apprentissages », et *Dossier d'actualité n° 65,* septembre 2011, « Veille et Analyses : les effets des

▸ Loi d'Ashby

Plus on augmente la variété, l'hétérogénéité d'un système, plus ce système sera en principe capable de performances plus grandes du point de vue de ses possibilités de régulation, donc d'autonomie par rapport à des perturbations aléatoires de l'environnement.

leur usage semble parfois nécessaire pour identifier que nous partageons les mêmes évolutions scolaires que bien d'autres, proches ou lointains ; les questions sont identiques, les organisations peuvent différer, les choix restent à construire avec tous les acteurs, localement et nationalement. Le message est d'ailleurs d'un fol espoir : les pratiques enseignantes ont des effets sur les réussites des élèves[1]. C'est l'hypothèse du présent manuel.

John Hattie[2], à l'issue d'une méta-analyse de 800 monographies, a pu identifier les pratiques et dispositifs pédagogiques ayant le plus d'effets sur l'apprentissage des élèves. En une courte synthèse :

Les effets majeurs de l'enseignement sur la réussite des élèves	Les effets plutôt limités de l'enseignement sur la réussite des élèves
1. La mise en œuvre d'une évaluation formative	1. Le contrôle et la surveillance disciplinaire des élèves
2. La clarté du discours de l'enseignant	2. Les dispositifs d'enseignement à distance
3. Le feed-back apporté aux élèves	3. La focalisation du cours sur les contenus disciplinaires
4. Les relations entre l'enseignant et les élèves	4. La formation traditionnelle des enseignants
5. Les stratégies de méta-cognition	5. Le tutorat de l'élève par un adulte dans la classe
6. L'auto-verbalisation et l'auto-questionnement des élèves	6. L'enseignement à domicile
7. Le développement professionnel des enseignants	7. L'apprentissage des élèves sur Internet
8 La résolution de problèmes dans la classe	8. L'enseignement en binôme dans la classe
9. La mise en œuvre d'une stratégie pédagogique	9. Les méthodes visuelles ou audiovisuelles
10. L'apprentissage coopératif entre élèves	10. L'usage pédagogique des tests sommatifs
11. L'étude précise des compétences des élèves	11. La mise en concurrence des élèves
12. La séquence d'enseignement planifiée par étapes	12. Le travail donné à la maison
13. Le travail des élèves à partir d'exemple concrets	13. Les travaux d'enquête avec les élèves
14. La fixation d'objectifs précis aux élèves	14. La pédagogie inductive dans la classe
15. Le tutorat par les pairs dans la classe	15. L'enseignement assisté par ordinateur

pratiques pédagogiques sur les apprentissages », et aussi Centre d'analyse stratégique (note d'analyse 232, juillet 2011) : Que disent les recherches sur l'« effet enseignant » ?

1. À corréler avec les apports de Jean-Marc Monteil, CNRS, au colloque DPATE, « Contexte et performances scolaires », Poitiers, janvier 2001.

2. *Visible learning. A synthesis of over 800 meta-analyses relating to achievement*, Routledge, 2009 et le site http://visible-learning.org/2013/01/visible-learning-for-teachers-book-review/.

« L'effet enseignant », à savoir la part de responsabilité propre à l'enseignant dans la variance des résultats de ses élèves au sein d'une classe, ne dépend pas seulement des caractéristiques personnelles des professeurs : l'âge, le sexe, l'origine sociale, le statut ou l'avancement dans la carrière ne permettent pas d'expliquer les différences d'efficacité.

Une enquête menée par Georges Felouzis, portant sur six professeurs de mathématiques et vingt-cinq professeurs de français en classe de seconde montre que l'efficacité des enseignants doit être pensée en relation avec les évolutions du système éducatif et du public scolarisé. Il se dégage en effet deux grandes attitudes vis-à-vis de ces évolutions, qui sont aussi deux manières de concevoir le rôle et le métier d'enseignant : la première est une forme de « ritualisme académique » qui reste attachée à un état antérieur du système éducatif ; la seconde renvoie à un « pragmatisme pédagogique », plus proche des élèves tels qu'ils sont aujourd'hui.

Toutes ces pratiques sont plus efficaces quand elles sont corrélées entre elles au niveau d'une classe, voire (et surtout), au niveau de l'organisation d'une école ou d'un établissement. « Le tout est plus important que la somme des parties », disait Aristote.

8. Développement professionnel plus que formation

À l'heure où la formation « académique » des enseignants à l'université est de niveau master 2 et où les dispositifs de formation continue se réduisent ou ne satisfont plus, il convient sans doute de changer de paradigme pour envisager ce que d'autres systèmes ont identifié comme « développement professionnel ». Ces dispositifs ont cherché à répondre à une question aussi lourde que celle de déterminer « comment les enseignants apprennent » et « à quelles conditions ils modifient leurs pratiques ».
Tous partent d'une enquête sur les pratiques[1], en s'attachant à reconnaître la part d'expertise de chacun, et partagée au niveau d'un établissement. Les chercheurs insistent sur la déprivatisation des pratiques (on va chez l'un, chez l'autre) ; on s'attache solidairement à analyser ce qui marche et ce qui

1. Voir les travaux d'Helen Timperley, unvi. Auckland, Nouvelle-Zélande, par exemple à partir de http://ep.inrp.fr/EP/colloques/seminaire-obligation-de-resultats/programme et la présentation animée de Romuald Normand, aux Journées nationales de l'innovation http://prezi.com/px6gnj1ox6g2/le-developpement-professionnel/ et http://www.esen.education.fr/fr/ressources-par-type/conferences-en-ligne/detail-d-une-conference/?idRessource=1174&cHash=403b2c9335&p=5.

résiste ; l'équipe est accompagnée par un « ami critique », différent d'une inspection individuelle. Cette régulation patiente et organisée autorise le groupe à expérimenter telle ou telle pratique ou outil ou dispositif ; la consultation des élèves sur les effets est sollicitée. Des ressources peuvent être sollicitées à l'extérieur. Cette combinaison réalisée à l'échelon local produit par coalescence et sur la durée une amélioration des résultats.

9. Croisement des disciplines et partenariats

L'école française a été largement structurée par l'aval et la définition des champs de connaissances universitaires ; et dans un curieux paradoxe, plus l'école s'est démocratisée dans les années 1960 à 1980, plus la « disciplinarisation » s'est accentuée. Par exemple, l'ancienne EMT (éducation manuelle et technique) s'est muée en technologie, plus abstraite, au moment même où le collège accueillit tous les élèves. Depuis vingt ans, la recherche d'une plus grande efficacité par les équipes a conduit à des dispositifs variés de rapprochement des contenus et des objectifs ; au départ marginale, l'interdisciplinarité s'est imposée progressivement, non sans résistance, pour tenter de donner du sens et de la saveur aux savoirs. Ce n'est pas nouveau en soi, mais la masse critique des expériences est significative ; il s'agit pour des équipes de construire du sens et de l'intérêt pour des élèves parfois largués par des arguties didactiques ; chaque discipline retrouve sa place dans une explication plus cohérente et plus complexe de notre monde contemporain. L'éclairage des écrits d'Edgar Morin est essentiel dans ce domaine.

Plus combinatoires, les contenus sollicitent aussi des compétences élargies auxquelles différents partenariats peuvent contribuer. L'analyse de 300 dispositifs « innovants » atteste de cette tendance en éducation[1]. L'inscription dans le collège 2016 des EPI (enseignements pratiques interdisciplinaires) pour 20 % du temps est tendancielle ici.

10. Émergence des organisations apprenantes

La sociologie des organisations a depuis longtemps noté des évolutions dans les modes de management des organisations. Écoles et établissements scolaires sont progressivement passés d'une logique tayloriste, puis programmatique, à une logique plus dynamique et régulée, orientée

1. François Muller, *L'innovation, une histoire contemporaine du changement en éducation*, CNDP, 2012.

vers la recherche d'une plus grande efficience. En mettant en place des dispositifs de régulation et d'analyse de son propre fonctionnement, en se souciant des apprentissages formels et informels de tous ses personnels, une organisation pouvait faire la différence à contexte égal par ailleurs. Ce mouvement touche l'École, marquée encore par la démarche de projet, dans une formalisation empreinte parfois de rigidité.

Le changement se réalise de manière plus systémique et plus durable ; les enseignants débutants s'engagent dans une prise de métier plus intégrée et solidaire, au sein d'équipes plus renforcées.

Ces dix tendances esquissent le cadre nouveau du métier, dans un paysage scolaire largement hérité, fortement dépendant des contextes locaux et des logiques professionnelles encore très individuelles. Vous aurez sans doute le sentiment de ne pas (du tout) reconnaître la situation à laquelle vous êtes confronté. En géographie, c'est ce qui peut faire la différence entre un paysage et un espace. La question du point de vue est essentielle. Il sera donc important pour vous de parcourir cet espace pour mesurer si oui ou non votre situation est spécifique et si différente de celle qui est (souvent) juste à côté de vous.

REVENIR AUX FINALITÉS DE L'ÉDUCATION POUR COMPRENDRE LE MÉTIER DE L'ENSEIGNANT

Encore aujourd'hui, la formation initiale porte plutôt sur les compétences techniques ou des approfondissements dans la discipline, il n'existe pas de module permettant de débattre et d'envisager ce type de questions. Ainsi, on laisse aux seuls individus le choix de se construire une identité professionnelle, et finalement de se représenter les termes d'un contrat passé avec l'État, ce qui leur permettra d'affirmer en toute bonne foi : « Je n'ai pas été recruté pour ça ! » Ne nous étonnons pas d'une certaine « anomie des corps enseignants » et de liens distendus dans ce qui faisait l'identité forte du métier il y a encore quelques dizaines d'années.

Ces quelques remarques ne participent pas d'une déploration d'un paradis perdu, ni d'une charge contre les IUFM, qui ont été une étape importante de la formation des enseignants, reprise en 2013 par les ESPE (Écoles supérieures du professorat et de l'éducation). Elles signalent juste que le message est loin d'être clair – qu'il soit émis par les politiques ou la société civile – quant aux finalités, fonctions et rôles de l'École aujourd'hui. On

Les dix fonctions de l'école

Source : d'après une proposition de A. de Peretti,* Pour l'honneur de l'école*, Paris, Hachette, 2000, p. 282.

observe même un brouillage certain, à défaut d'actes forts (ou durables) de l'institution, entre cliques partisanes et antagonistes de telle ou telle « vision » de l'École. Cela produit du non-sens pour les familles et des rivalités inextinguibles dans les établissements à la simple invitation à travailler ensemble. L'obligation d'un master didactique pour tout enseignant fait reporter sur chacun une nécessaire formation continue et professionnalisante qui tarde à venir malgré tout. Ce manuel peut constituer un premier accompagnement à une démarche auto-formative.

Enfin, il manque une dimension qui ferait sens pour tous : c'est quoi, l'École, dans notre société française, européenne, mondiale ? À quel monde formons-nous les élèves ?

Les dix fonctions de l'École

André de Peretti, dans son ouvrage *Pour l'honneur de l'école* (Hachette, 2000), s'est risqué à définir les finalités et les fonctions de l'École dans un pentagramme pouvant s'organiser tel le schéma ci-dessus : à partir du premier cercle des finalités de l'École se raccorde un second cercle qui organise les compétences génériques de l'enseignant.

Assignés à ces fonctions essentielles par la société, « comme tous les autres acteurs sociaux, les enseignants sont pris dans la tenaille de la complexité croissante ». André de Peretti propose alors une visualisation graphique du métier d'enseignant en rôles qui nous servira ici de trame. (cf. La roue des compétences, ci-dessous). Ce sont les trente compétences de l'enseignant moderne.

Les 30 compétences de l'enseignant

Je reprendrai cette idée sous la forme d'une **roue des compétences** avec des aménagements correspondant aux évolutions très récentes de notre métier. Chaque chapitre de ce manuel est une déclinaison de ce que peut être l'enseignant « dans tous ses états » (voir sommaire). Y sont distingués **cinq grands domaines** que vous retrouvez en onglets sur ce livre. Chaque

La roue des compétences

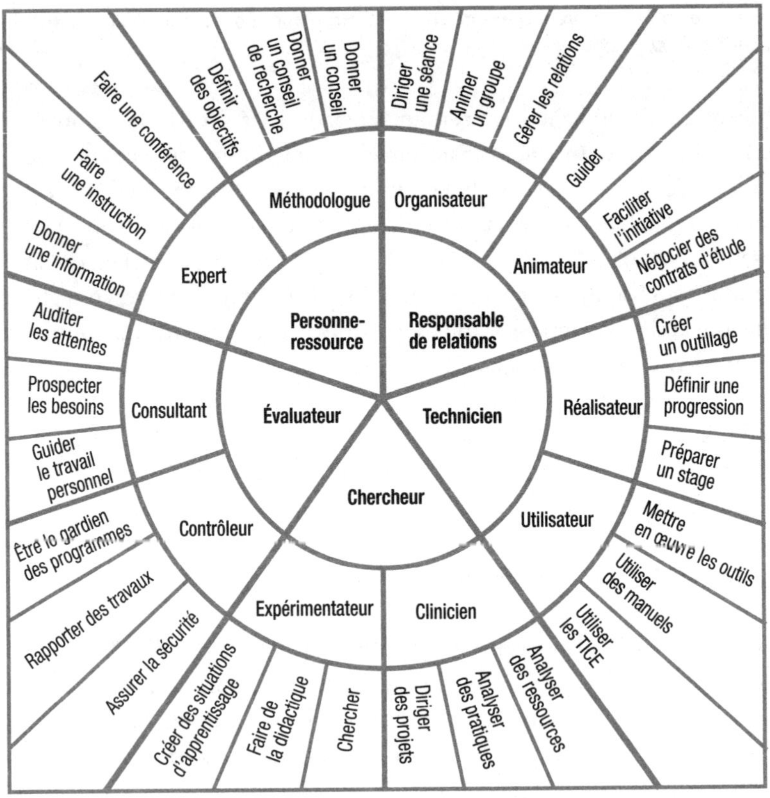

domaine est décliné en deux thèmes, puis en trois compétences, soit en tout **30 compétences**.

S'appuyer sur une équipe

Un seul avertissement d'André de Peretti : que toutes ces compétences s'exercent en s'appuyant sur une équipe. On enseigne par, avec et pour les autres !

« Oublier le travail en équipe, c'est faire face à trois dangers : d'abord, vous ne vous donnez pas le maximum de chances face aux problèmes de violence. La réponse est collective. Ensuite, vous êtes isolé, confronté à la masse de la classe. Enfin, vous trahissez l'expression et la représentation de la laïcité : compatibilité, travailler avec les autres. Ce serait démentir les valeurs de citoyenneté. C'est le mythe des Horaces et des Curiaces. De quel côté se trouve l'enseignant ? En fait, montrer des adultes qui se maîtrisent vaut la peine face à des adolescents en pleine déconstruction-reconstruction, plongés dans un monde fait de violences externes. Ils se sentent impliqués dans la confiance manifestée par l'échange de l'équipe des enseignants. Il n'existe pas de pédagogie sans confiance, sans humour, sans indulgence. » C'est pourquoi, à l'occasion de l'étude de chaque compétence requise, est toujours présente l'articulation entre classe et école/établissement ; c'est l'esprit qui a présidé à la réécriture du référentiel enseignant en 2013.

Prescription intelligente et intelligence de la prescription

Le métier d'enseignant a pu être défini récemment dans une forme assez souple, loin du cahier des charges. À chacun des professionnels de se l'approprier et de l'ajuster à sa propre pratique. C'est cela qu'on appelle « intelligence de la prescription ». Finalement, la définition du métier d'enseignant est assez récente : 1993 pour l'école primaire, 1997 pour le secondaire, 2007 pour une définition unifiée du métier d'enseignant ; elle a été « refondée » en 2013 pour mettre en exergue la dimension coopérative du métier et son développement professionnel. Fondateur par bien des aspects, et œuvre de compromis, il a le mérite de signaler, par sa longueur relative, que l'acte d'enseigner n'est pas simple.

Au-delà du domaine du prescrit, institutionnel ou formatif, il nous faut nous intéresser à un niveau d'analyse plus difficile, celui des pratiques effectives, au cœur du « réacteur scolaire ». C'est l'intelligence de la prescription ou comment chacun ici aménage, voire « habite », les règles qui lui sont données.

COMMENT ABORDER ET LIRE VOTRE MANUEL DE SURVIE

Nous avons conçu ce manuel de pilotage en favorisant plusieurs modes de lectures possibles :

▶ **Une lecture linéaire :** c'est une première approche, la plus simple, mais pas forcément la plus pertinente pour votre pratique.

▶ **Une lecture par chapitres :** ils sont indépendants les uns des autres. Il n'y a pas de progression ni de *crescendo* de l'action dramatique. Toutes les compétences sont importantes et méritent un égal traitement. La priorité est celle que vous lui donnez selon les besoins ou l'intérêt que vous lui accordez. Chaque chapitre renvoie dans la plupart des cas à plusieurs autres ; ce mode de lecture permet de saisir la nécessaire approche systémique du métier (tel le pilote qui fait face à son tableau de bord), il vous accompagnera dans l'analyse de votre propre pratique.

▶ **Une entrée par cas ou par situations-problèmes,** à partir de l'index que vous trouverez en fin d'ouvrage. Le cas est le point de départ permettant de saisir la complexité de la situation et de trouver des éléments de résolution, parfois des techniques ou des gestes voire des éclairages théoriques. Tout au long de l'ouvrage, ce sont plus de 200 situations-problèmes qui sont énoncées, décryptées, analysées. Elles sont extraites de cas vécus par des collègues, rencontrés dans les écoles primaires et dans les établissements secondaires dans la variété des contextes scolaires de nos académies.

▶ **Une entrée par autotests :** en fin de chaque chapitre, ce sont des moments de vérification et de réflexion sur votre pratique. Ils offrent la possibilité de se fixer des micro-objectifs pour faire évoluer sa pratique.

▶ **La lecture se veut ouverte :** des reports d'un chapitre à l'autre sont proposés pour montrer que le métier d'enseignant joue sur plusieurs niveaux à la fois. Par ailleurs, les renvois sur Internet vous permettent d'accéder plus facilement aux richesses en ligne et aux ressources renouvelées. Le métier est ouvert et évolutif. Nous sommes pris dans un maillage de fait qui touche toutes nos sociétés occidentales, le Québec, la Suisse et la Belgique, et même la Nouvelle-Zélande. Car il faut bien noter à présent l'émergence d'une véritable communauté d'information et de formation en éducation.

Alertes orange sur le tableau de bord

Sur notre tableau de bord, nous serons attentifs à quelques voyants lumineux.

► **Le mirage de l'exhaustivité.** Même à l'heure de l'ère « aérocratique » des réseaux d'information, l'exhaustivité est un mirage trompeur pour un métier aussi riche et diversifié que celui d'enseignant. C'est donc une tentative de repérage de ressources et routines sélectionnées pour leur pertinence, leur relatif caractère innovant dans le système éducatif et leur efficacité pour les élèves ; les liens sont nombreux pour aller quérir l'information complémentaire. Mémento, manuel de pratique raisonnée, guide innovant.

► **L'attraction fallacieuse du truc fonctionnaliste à effet immédiat.** Recettes et trucs sont des demandes fréquentes de la part de jeunes collègues ou de leurs aînés en formation continue. Et les formateurs de répondre : « Il n'y en a pas. » Pour au moins trois raisons :
– Une pratique en soi n'a pas d'intérêt intrinsèque. Elle n'a de sens qu'en concordance avec son propre style d'enseignement ; Carl Rogers parlait de « congruence ». Une pédagogie participative mise en place par un prof très autoritaire et directif dans sa démarche provoque une discordance évidente.
– Un truc qui marche est une pratique qui entre en résonance avec d'autres éléments de pratiques, postures et méthodes employées par l'enseignant. Il fait système. C'est la raison pour laquelle chaque chapitre renvoie à deux autres aspects au moins du métier.
– Le bon truc est celui qui viendra en réponse à un contexte tout aussi spécifique. Établissement, groupes d'élèves, périodes de l'année, type d'apprentissage, niveau d'enseignement sont des variables qui s'imposent. C'est pourquoi l'enseignant doit disposer d'un arsenal suffisamment diversifié pour y piocher, en réactivité et en souplesse, le bon outil.

► **La confrontation à la réelle difficulté irréductible.** 10 % à 12 % des élèves dans les collèges sont réputés « en difficulté » et 6 % des élèves sortent de l'École sans qualification. Même si nombre de pratiques signalées dans cet ouvrage peuvent contribuer à raccrocher ces élèves à l'École, ou à prévenir le décrochage, il ne faut pas se leurrer. Il faut se dégager des explications simplistes de type manque, sous-entraînement et aide méthodologique ou encore du discours plus dangereux du retour au savoir et à la fermeté pour la fermeté. Il y a de quoi passer à côté du vrai problème et armer le conflit. Il s'agit dans ces cas réels de poser le diagnostic quasiment en termes de fonctionnement psychologique de rapport à la frustration, de déstabilisation par rapport à la logique d'apprendre comme prise de risque nécessaire et non assumée.

Bon voyage au pays des compétences de l'enseignant moderne.

CHAPITRE 1

Diriger une séance

« Faire cours » résumerait-il toute l'activité de l'enseignant ? C'est à la fois terriblement réducteur (le présent manuel part certes de cette première compétence, et en compte 29 autres) et cette forme d'évidence semble à présent devoir être requestionnée, à l'aune des expériences remontées de toutes parts. Élèves et profs ne partagent ni les mêmes représentations ni les mêmes attentes ni enfin le même vécu en la matière. « Faire cours » peut d'abord s'entendre comme activité basique : diriger une séance avec des élèves, au sens étymologique de « pédagogie » (conduire une séance avec des élèves). Pourrions-nous alors interroger nos propres modes de direction afin que les élèves « suivent » et apprennent mieux ?

AUTOTEST

D'après votre propre représentation, et en vous appuyant sur votre expérience en la matière, pour vous, vous êtes un « bon » prof quand…

Classez les items par ordre d'importance, de 1 à 10 (de 1, le plus important, à 10, le moins important).

- Vous êtes dynamique.
- Vous êtes franc.
- Vous donnez du sens à votre enseignement.
- Vous aimez enseigner.
- Vous êtes tolérant.
- Vous êtes heureux.
- Vous utilisez correctement les supports pédagogiques.
- Vous faites travailler vos élèves.
- Vous êtes patient.
- Vous faites aimer votre matière.
- Vous êtes juste.
- Vous avez de la culture générale.
- Vous respectez l'élève.

- Vous êtes gentil.
- Vous vérifiez le travail à faire.
- Vous êtes calme.
- Vous êtes charismatique.
- Vous séparez votre vie privée de votre vie professionnelle.
- Vous encouragez les élèves.
- Vous avez un bon contact avec les élèves.
- Vous savez tenir vos classes.
- Vous êtes attentif aux élèves.
- Vous sollicitez beaucoup les élèves.
- Vous donnez une bonne image du savoir.
- Vous maîtrisez votre sujet.
- Vous êtes strict.
- Vous n'imposez pas votre savoir.
- Vous construisez votre cours.
- Vous expliquez bien.
- Vous êtes souriant.
- Vous savez installer une ambiance et de travail et de détente.
- Vous faites de l'humour pendant votre cours.
- Vous animez votre cours.
- Vous savez faire des applications dans votre cours.
- Vous rapprochez le cours de ce que connaissent les élèves.

FAIRE LA CLASSE, UNE CONDUITE SEREINE ?

« Monsieur le prof » (un surnom, évidemment) tient son blog[1] au sein d'un collège de banlieue parisienne. Ici, il tente de comprendre ce que l'inspection veut de lui et en tire une conclusion (temporaire).

Le quotidien vécu comme une urgence. « Créer un bon cours est pour moi un art, et j'aime la réflexion que ça implique. Hélas, comme je l'ai dit, tous mes cours ne sont pas le fruit d'une telle réflexion, et bien trop souvent, je travaille dans l'urgence, à me demander ce que je ferai faire à mes élèves, sans avoir le temps de réfléchir en amont et sur la durée. J'espère que les années et l'expérience me permettront de me construire un catalogue de cours bien construits et pertinents afin de ne plus rencontrer ces problèmes. »

1. http://blogs.rue89.nouvelobs.com/monsieur-le-prof/2014/12/05/prof-jai-ete-inspecte-il-y-huit-mois-le-rapport-vient-darriver-233885.

► Le « bon prof », selon les élèves

Le vieux cliché « professeur sévère mais juste » perdure. Stéphanie Leloup parvient à établir le portrait-robot du professeur idéal pour les élèves.

• C'est d'abord quelqu'un qui a établi de bons rapports avec eux. Il possède un certain nombre de qualités humaines, il est sympathique et il leur donne l'impression de s'intéresser à leur travail.

• Des compétences pédagogiques : il construit ses cours, il explique bien. Tout naturellement, on retrouve comme exigence primordiale le fait de savoir tenir ses classes.

• Il parvient à faire aimer sa matière, soit grâce à la démarche pédagogique qu'il adopte (applications, art de donner du sens à son cours, utilisation de supports pédagogiques...), soit grâce à sa personnalité (son sens de l'humour, son charisme, sa voix...).

• De manière plus anecdotique, c'est aussi quelqu'un qui possède certaines qualités physiques, la voix est en particulier très importante. Il aime enseigner en général et sa discipline en particulier. Le savoir lui-même (le fait d'avoir de la culture, d'être érudit dans son domaine) ne joue pas un rôle primordial pour les élèves.

LE « BON COURS » SELON LES ÉLÈVES ET LES PROFS

“ Pour moi, un cours, c'est faire ce que j'ai prévu dans ma progression. ”

Notre collègue TZR par ailleurs acquiert une expérience et éprouve ses convictions, en mesurant régulièrement des décalages importants avec des comportements d'élèves, qu'il ne parvient à s'expliquer. Le malentendu devient récurrent entre enseignants et élèves, une sorte de « dépit amoureux », à propos de ce que serait un « bon cours »[1].

1. D'après les conclusions de Stéphanie Leloup, « Les représentations du cours “idéal” », thèse de doctorat, 2003, université de Reims. À retrouver sur le site de Jacques Nimier : www.pedagopsy.eu/ennui_des_lyceens.html.

Le point de vue des élèves

Les élèves disposent d'une certaine expertise quand ils identifient les caractéristiques d'un « bon cours » :

– Il n'y a pas de problème de discipline (les élèves insistent particulièrement sur ce préalable à tout enseignement).

– La structure du cours est très importante.

– Les activités sont variées au sein d'une heure de cours et ils y font beaucoup de choses différentes.

– Ils ont le sentiment d'avoir avancé, que ce soit dans le programme ou dans la maîtrise de certaines compétences.

– Le cours doit être assez souple pour intégrer la discussion sur un sujet d'actualité si l'occasion se présente, en abordant si possible des sujets « intéressants », c'est-à-dire, dans la plupart des cas, des sujets qui reflètent leurs préoccupations personnelles.

– Le cours doit avoir un sens et le fait de ne pas terminer une leçon laisse toujours un sentiment d'inachèvement et donc d'inutilité.

Adopter une démarche particulière (cours magistral dialogué, cours basé sur l'inductif) ou utiliser des supports de cours (numérique, audiovisuel principalement) sont, pour les élèves, des aspects secondaires.

Le point de vue des enseignants

Reprenez vos réponses à l'autotest du début de chapitre. D'après les enseignants, le cours est « bon » si :

– les élèves participent ;

– les élèves comprennent le cours, item que l'on peut rapprocher de : « Les élèves y ont appris des choses » ;

– le professeur a la conviction intime que son cours est bien ;

– il y a une bonne ambiance ;

– le temps passe vite.

Viennent ensuite des points mineurs : le cours est structuré, il a des objectifs, il donne le sentiment d'avancer et il n'y a pas de problème de discipline.

La confrontation des points de vue

Si l'on compare les points de vue des élèves et des enseignants, on constate que leurs perceptions divergent :

Classement des items par ordre d'importance

Pour les élèves, un « bon » prof, c'est quand...	Pour les enseignants, un « bon » prof, c'est quand...
– Il sait tenir sa classe.	**– Il a un bon contact avec les élèves.**
– Il a un bon contact avec les élèves.	**– Il fait travailler les élèves.**
– Il fait aimer sa matière.	**– Il construit ses cours.**
– Il est gentil.	**– Il est charismatique.**
– Il utilise correctement les supports pédagogiques.	
– Il aime enseigner.	
– Il explique bien.	
– Il construit ses cours.	
– Sa voix est entraînante.	
– Il est dynamique.	
– Il est attentif aux élèves.	

« Sait tenir sa classe » : ce point est constant du côté des élèves, et quasiment jamais évoqué par les enseignants qui préfèrent mettre en avant le « bon contact » (dimension interpersonnelle) et les compétences techniques d'ingénierie pédagogique (« faire travailler », construire, etc.). Ce décalage peut expliquer des malentendus parfois importants dans quelques situations ambiguës où le groupe attend d'être guidé ou managé, construit et maîtrisé, et sans qu'il en reçoive les signes explicites, parce que le « conducteur » regarde finalement ailleurs et focalise son attention sur la transmission.

La conduite de classe (préférable à la « tenue de classe ») relève d'une réelle compétence et des techniques qui font donc une grande différence aux yeux des principaux intéressés, c'est-à-dire les élèves. L'organisation d'un collectif en groupe pour apprendre n'est pas une option. C'est là une réelle analyse de besoin pour nous tous, cruciale pour les nouvelles organisations de formation professionnelle, initiale et continue, les ESPE à l'ère de la Refondation.

DIRIGER, C'EST RITUALISER

Donner un cadre représente une attente forte chez les élèves au moins dans le secondaire et ne se réduit pas à « maintenir la discipline ». Or, parfois, en début de cours, ils ont du mal à adopter immédiatement une posture de travail ; qui le saurait, six fois par jour ? Ils peuvent arriver excités par une querelle ou un sujet extérieur à la classe ou avoir besoin de se défouler après deux heures de contrôle... Il faut donc parfois commencer le cours en « recréant le cadre scolaire » par des petits rituels.

> ***« Les débuts de cours me coûtent beaucoup en énergie : ça fuse de partout. »***

Ces petits rites qui font la classe

C'est ce que font chaque matin les institutrices de maternelle qui apprennent aux petits élèves à faire la différence entre le jeu et le travail. Observons-les quelques instants à un moment crucial : le regroupement des élèves le matin[1]. Ce sont des micro-actes, répétitifs, quotidiens : les enseignants rassemblent les élèves et les placent face à eux ; ils comptent les présents et les absents, puis affichent le jour et la date. La répétition rend ces actes quasi rituels, ce qui confère à ces petits gestes sans importance un statut de cérémonie qui marque la frontière nette entre jeu et travail, entre maison et école, comme une routine positive et automatisée qui rassure et ouvre sur un autre temps et un autre univers, celui de la classe ; tous ensemble dénombrent et récitent automatiquement les jours de la semaine ; la classe est déjà un corps social, dès la maternelle.
On retrouve les rituels de prise de parole dans la pédagogie dite « Freinet », à bas bruit, dans nombre d'écoles, comme à l'école Dunois à Paris par exemple, ou dans l'organisation des plans de travail[2].

La ritualisation appliquée au secondaire

La ritualisation de quelques actes répétitifs, une des marques de la « pédagogie institutionnelle », permet à l'enseignant d'installer son style de direc-

1. Voir Laurence Garcion-Vautor, *« L'entrée dans l'étude à l'école maternelle, le rôle des rituels du matin »*, Ethnologie française, janvier-mars 2003.
2. Voir le reportage dans la classe sur www.lemonde.fr/societe/visuel/2014/09/15/la-methode-freinet-une-pedagogie-innovante-au-c-ur-de-l-ecole-publique_4487592_3224.html.

tion dans le cadre collectif de l'apprentissage à l'École. Les enseignants de maternelle insistent beaucoup sur ce point, ceux du secondaire gagneraient aussi à y revenir pour refonder le « contrat scolaire », malgré l'organisation saccadée des cours. Voici six exemples pratiques faciles à utiliser.

La phase de retour au calme nécessaire : ne pas commencer à bride abattue tant que tous ne sont pas installés, cahiers et matériels sortis ; un concert ne commence qu'après un temps de silence marqué.

L'attribution de rôles tournants : les tâches collectives et officielles peuvent faire l'objet de délégation tournante qui vous libère d'autant pour veiller à l'installation des élèves et à la supervision des activités (point sur les présences, matériels nécessaires, disposition des tables, distribution de feuilles).

L'enchaînement rapide de plusieurs tâches collectives, facilité par la routine de certains déplacements et répartition de groupes. Observer la mise en place d'une séance en EPS (éducation physique et sportive) par exemple avec l'installation coopérative du matériel de gym...

Le respect de règles du jeu, notamment dans la prise de parole et leur rappel.

Le retour fréquent aux apprentissages ou compétences de base (inscrites dans le socle) par mémorisation et automatisation de quelques tâches, facilité par l'affichage de tableaux de savoirs sur les murs de la classe. (Voir le chapitre 7 « Créer un outillage ».)

L'analyse collective sur les comportements scolaires, que l'on appelle aussi « métier d'élève » : ce qui favorise l'attention, la mise au travail, mais aussi tout ce qui peut entraver la réalisation de la tâche donnée.

EXERCICES AUTOUR DE L'ENTAME DU COURS

La relation entre l'enseignant et ses élèves se construit très tôt. Dès le premier contact, certaines choses « allant de soi » coloreront dès cet instant la relation établie. Prenons l'exemple d'un professeur jetant son cartable sur le bureau ; ce geste peut être, selon le cas, signe d'une épreuve de force ou signe de désinvolture, voire d'ennui. Le sens se construit ensemble et 25 paires d'yeux vous contemplent. Déclinons ensemble les différentes manières d'entamer ou de débuter un cours, pour que vous soyez à même de faire un choix raisonné autant que varié.

Dans la plupart des cas, les débuts procèdent de la **volonté** du professeur de mettre en place, ou mettre en « scène », son cours (contenu et/ou organisation des activités de la séance). Un cours ne se réduit pas à la transmission, monotone ou rituelle, de connaissances. C'est encore l'organisation d'un lieu de communication entre des personnes (ou des rôles) de statuts différents. Il faut donc une bonne « régie » qui va marquer le début, le ton, le style et le sens d'un cours (ce que d'aucuns appellent sa « théâtralité »). Dans la quasi-totalité des cas, le professeur prend la parole devant la classe qui l'écoute comme un auditoire dans une salle de spectacle. Il a confisqué la parole, quitte à la lui rendre rapidement. Serait-ce la seule façon de faire ? Les signaux procédant d'une attitude de **disponibilité** vis-à-vis de la classe semblent moins fréquents. Ils pourraient pourtant être davantage utilisés.

Reprenons le cours dans son « ralenti », étape après étape.

L'enseignant, sortant de la salle des professeurs, se remémore naturellement les décisions d'organisation qu'il a pu élaborer au cours de la préparation de son cours. Ensuite, trois comportements sont possibles : il peut choisir d'entrer dans la salle de classe avant ses élèves, avec eux, ou encore après eux.

Avant même d'entrer

❑ S'il lui advient d'entrer **avant** ses élèves, il lui est possible de prendre quelques dispositions prévues dans sa préparation :
– l'inscription d'un **message** au tableau ;
– la **disposition du mobilier** (tables et chaises) soit de façon circulaire, soit suivant les habitudes, en rangées. Il peut aussi tester la disposition en U, en « parlement » anglais ou encore en série de sous-groupes[1]

❑ Il lui est aussi loisible de se rendre disponible en accueillant ses élèves, debout dans la classe, dès leur entrée ou bien assis à son bureau pour y saluer chaque élève qui y entre. Il peut aussi les accueillir un à un à l'entrée, avec un petit mot à quelques-uns ou à tous.

1. Voir chapitre 3, planche page 88.

❑ L'enseignant, dans certains cas, peut avoir eu à donner un signal pour que les élèves entrent devant lui en rang et se mettent à leur place, tranquillement (comme souhaité), voire en silence dans certains cas opportuns.

En entrant en cours

❑ Dans le cas où l'enseignant entre **après** les élèves, il choisit le moment opportun quand il entend que le bruit se réduit, voire s'apaise. Ou bien quand les élèves sont encore bruyants : il peut alors circuler dans la salle de classe, s'attarder auprès de quelques-uns pour **échanger** quelques mots d'attention, de valorisation ou de contrôle ou au contraire aller directement à son bureau.

❑ De même, quand il entre directement **avec** les élèves, il peut :
– les précéder ;
– entrer après quelques-uns d'entre eux ;
– ou bien à la fin du groupe.

Chacun de ses choix peut être spontané ou délibéré en fonction des **objectifs** et du **sens** que l'enseignant entend donner à sa démarche pour un cours déterminé.

❑ Une fois les élèves et lui-même entrés, il peut **fermer la porte** ou, mieux, demander à l'un d'entre eux de la fermer ; ou même la laisser ouverte. Pratique assez répandue à présent, dans des établissements difficiles, afin de manifester l'activité et d'exercer une veille sur la périphérie de la classe, manière aussi d'accueillir.

❑ Bien entendu, il est possible qu'il y ait des **retardataires.** Le professeur peut alors :
– s'abstenir de faire une remarque ;
– ou bien au contraire leur demander une raison ;
– ou encore les envoyer chez le CPE dans la mesure où il pense que cela sera positif pour les élèves concernés, selon les mesures du règlement intérieur si cela est le cas.

❑ Le traditionnel « appel » de la présence des élèves peut être fait par l'enseignant ou bien par un élève à tour de rôle.

❑ Le professeur a la possibilité d'inviter un peu avant **quelques élèves**, voire un collègue ou une personne de l'extérieur, pour préparer un élément du travail.

❑ Enfin, dans la classe, le professeur peut **observer** l'installation des élèves en classe dans le cadre qu'il a choisi parmi les huit dispositions de l'espace du travail proposées pages 88 et 89.

Installer le cadre du travail : variations

❑ Habituellement, l'enseignant expose les **objectifs** impartis à la classe. Il peut les avoir écrits lui-même au tableau au préalable ou encore les faire écrire par des élèves : afin qu'ils soient clairs, sans monotonie pour la classe et que les élèves aient l'opportunité de les recopier sur leurs cahiers.

❑ Après la présentation des objectifs, l'enseignant peut ou non, suivant ce qu'il a décidé dans sa préparation, demander aux élèves s'ils ont des **propositions** relatives à ces objectifs comme le fait Ostiane Mathon dans sa classe de CM1 à l'école Saint-Louis à Paris[1]. Voire proposer un mot, une phrase, une idée qui pourra ensuite être étudié dans la classe.

❑ Il peut aussi lui-même rappeler ce qui avait été fait dans un cours précédent ou demander à quelques élèves de le faire. C'est par ailleurs un moment propice pour préciser l'organisation du travail entre les élèves, notamment la répartition en équipes consistant à confier à chacun un rôle au sein de cette dernière ou de l'ensemble de la classe.

Lorsque le cours se poursuit

L'activité de l'enseignement peut avoir été conçue par l'enseignant en plusieurs phases.
❑ La première phase habituelle vise **un exposé magistral :** il peut être suivi d'interactions avec les différents élèves et leurs équipes ou inversement. Une variante utile est de confier cette présentation du contenu à certains élèves : soit désignés à la précédente séance ; soit interpellés de façon impromptue « en direct », avant l'exposé professoral ou après.

❑ En deuxième phase, tout de suite ou après le préalable du cours magistral, vous pouvez passer au **travail en équipe :** avec éventuellement en appui, des rôles assurés par des élèves[2].

1. www/scienceshumaines.com/huit-idees-pour-reinventer-l-ecole_fr_33148.html.
2. Voir chapitres 3 et 4.

❑ L'enseignant, au cours de la classe, pourrait s'adresser à tel ou tel élève, à tel ou tel sous-groupe d'élèves, ou bien à l'ensemble de la classe à la cantonade. Il peut le faire par des **réflexions** appelant des réparties de ses élèves. Mais également sans excès sous forme de **questionnements** ; il peut traduire la situation d'enseignement et d'apprentissage en termes de **synthèses** ou de **conclusions.** Encore une variété qu'il convient d'avoir traitée d'avance, ou à invoquer sur le fait.

❑ Dans cette deuxième phase, le professeur peut attirer l'attention des élèves par la **présentation d'un objet,** d'une image, d'une peinture, mais aussi d'un court film ou d'un enregistrement : les échanges et commentaires permettront de renforcer le message du contenu choisi.

❑ Il peut également, dans les échanges ou commentaires, utiliser avec précaution une **certaine forme d'humour** en évitant toute ironie, pour formuler des remarques collectives ou individuelles ; il peut avoir demandé à certains élèves de proposer des réflexions ; il peut demander que des précautions de travail, notamment s'il y a matière à paillasse ou machines, soient rappelées oralement ou écrites au tableau, ou mieux encore, confiées à la vigilance d'élèves responsables.

❑ Il peut, en troisième phase, à temps ou à terme, donner des **indications :** de devoirs, de références à une partie d'un livre, de travaux à faire en CDI, de consultation sur ordinateur ou de blogs. Il peut enfin résumer le ou les concepts essentiels ressortant du travail de la séance qui se termine, voire confier à certains élèves le soin de faire un résumé du travail de la classe, par écrit ou oralement, au prochain cours.

L'appui sur des variétés de méthodes

❑ Dans ces choix de pratiques pédagogiques, l'enseignant gagne à se préoccuper des **modes de mémorisation** variés selon chaque élève dans une classe. Les acquis des neurosciences disent l'importance pour l'enseignant de donner des repères suffisants pour attirer **l'attention** et la focalisation des élèves ; favoriser **l'engagement** actif et l'autoévaluation, en même temps que de donner un **retour** d'information à tel ou tel. Y revenir plusieurs fois permettra **l'automatisation** de certaines opérations mentales et aux routines de s'installer pour améliorer la performance du groupe[1].

1. Voir les pratiques relatives à l'attention et à la mémorisation dans le chapitre 22, p. 394.

❑ Il peut être intéressant aussi qu'un élève ou une petite équipe puisse, en début de cours, à la demande de l'enseignant, présenter un **historique,** soit relatif à des personnalités ou des savants qui entrent dans le cadre du cours, soit sur un concept, une indication **étymologique et lexicographique** que l'élève ou le groupe aura pu préparer avant la classe.

❑ Par ailleurs, il peut aussi être utile dans certains cas que des élèves soient chargés de présenter une petite **conférence de presse** sur des sujets importants ou bien avec la formation du citoyen, afin de les mettre au courant de l'actualité et de les préparer à formuler des jugements pondérants. Nous en avons vu l'intérêt politique en janvier 2015 où Charlie et l'école se sont retrouvés pour expliquer et expliquer encore.

❑ L'enseignant peut avoir des **feuilles** ou des **documents** à distribuer aux élèves. Cela peut être fait par des élèves volontaires ou désignés ; l'enseignant peut décider de porter lui-même ses documents, ce qui lui permet d'avoir un contact plus direct avec certains ; ces feuilles peuvent être consultées immédiatement ou bien simplement rangées dans les cartables.

❑ Au cours de la séance, l'enseignant peut demander aux élèves **de sortir certains livres,** le moment opportun pour réanimer l'activité motrice des élèves par des gestes ou pour les inviter à une « respiration » par rapport au contenu.

❑ Il est souvent utile que l'enseignant dise quelques mots mesurés sur des points d'actualité, soit propres à l'établissement, à l'environnement, soit au plan national ou international : quand il peut penser qu'il y a là une **« mise au courant »** ou une réflexion importante pour la vie de la classe ou pour certains élèves.

❑ Il est aussi sage que l'enseignant puisse avoir dans sa besace professionnelle **une petite histoire, un petit poème, une anecdote plaisante** qu'il peut placer quand il ressent le besoin de détendre les élèves et, par la même occasion, réanimer leur concentration et leur attention.

❑ Dans cette même recherche de variété, la forme de la **devinette** peut se révéler adaptée pour faire étudier un concept. Des procédures basées sur la libre énonciation d'attributs possibles par les élèves ont été mises au point[1],

1. Voir à ce sujet Britt-Mari Barth, *L'apprentissage de l'abstraction,* éd. Retz, 1982 et *Le savoir en construction,* éd. Retz, 1993.

par exemple, sur la représentation de l'appareil digestif chez des élèves au collège.

Notons que l'organisation de la classe peut s'effectuer en ayant donné une tâche à une partie du groupe qui travaillera en autonomie, pendant que l'enseignant communiquera avec l'autre partie.

Quelques débuts de cours plus inhabituels

❑ Le travail d'enseignement peut aussi se concevoir dans la **variété des formes de coopération entre enseignants,** rassemblant par exemple leurs deux classes, en accord avec le chef d'établissement. Dans ce cas, les deux enseignants peuvent être de même discipline ou au contraire de disciplines différentes. Les deux classes peuvent alors être réorganisées en sous-groupes interclasses, ou bien réunies en un groupe en relation avec les deux professeurs pour mener un dialogue philosophique. En histoire-géographie, diverses expériences ont été conduites en ce sens dans le cadre des lycées, afin de préparer les élèves à la prise de notes, indispensable à la réussite de leur première année universitaire. Des équipes disciplinaires de professeurs ont aussi fait le choix de commencer leur enseignement en regroupant **leurs classes en amphithéâtre** pour des cours de type « magistral », puis de répartir les élèves en sous-groupes de TD, soit en approfondissement, soit en soutien, soit en ATPE (aide au travail personnel de l'élève), pour un volume identique de formation annuelle.

❑ Il est tout aussi intéressant de commencer le cours par un **questionnement partagé** avec d'autres groupes ou d'autres classes. Il convient avec ses collègues de regrouper initialement les élèves dans une grande salle. Dans ce cas, il y a présentation par les différents enseignants des objectifs, puis organisation en équipes où se retrouveront des élèves de différentes classes. Ce qui assurera une certaine surprise, une impression de renouvellement qui peut s'avérer une nouvelle chance pour certains élèves de s'engager dans la réussite.

❑ Il peut être par ailleurs opportun pour l'enseignant **d'interrompre brusquement** le déroulement habituel d'une classe dans le but de susciter la curiosité des élèves, par l'évocation ou la projection de problèmes différents. Cette disposition est une préparation au vécu qui attend les élèves dans leur croissance et leur maturité au sein d'une société assujettie à des changements de plus en plus rapides et de plus en plus inattendus.

Expérience : dans un grand collège (l'EAB à Paris), **l'intrusion d'un inconnu** – tenue secrète – a été organisée dans une grande salle où avaient été rassemblées plusieurs classes de sixième. Cette surprise fut le tremplin pour les transformer en enquêteurs à la manière des « experts » scientifiques, sur la relativité des sens et de la perception ; s'en sont suivies des séries de recherches et de contre-expertises sur les témoignages oraux. Autant d'occasions d'apprendre les usages du tableau, des graphes et d'attendre de la confrontation des points de vue l'établissement de la vérité.

DONNER DES REPÈRES AUX ÉLÈVES

Quand on leur a demandé de définir un « bon cours », les élèves ont mis en avant, tout de suite après le facteur « discipline », la qualité de sa structure. Faire un cours, diriger une séance induit une conduite ferme pour le sens et adaptive pour donner des repères suffisants aux élèves.

Plus ou moins directif : à chacun sa personnalité

Le degré de guidance (ou style de direction) est au choix de l'enseignant, en adéquation avec son style de personne (on dit « congruence »). Donner quelques repères, c'est indiquer explicitement aux élèves les marges de liberté d'action dont ils peuvent disposer pour la séance (sur les types de guidage en cours, voir page 42). Sur l'échelle présentée ci-contre, vous pouvez déplacer le curseur (petit triangle) selon les objectifs et les modalités du travail que vous proposez. Ce qui peut poser problème, c'est quand vous êtes en « pilotage automatique », ou curseur bloqué, notamment à l'une des deux extrémités du tableau.

Onze conseils pour donner des repères

1. Commencez toute séquence en la resituant dans la progression que vous aurez distribuée et pris le temps de présenter au début de l'année (voir le chapitre 9) en une vision panoramique, pour ensuite faire une focale sur tel ou tel point. Rappelez la direction. Invitez un élève à montrer une localisation sur une carte ou un point sur un plan de synthèse affiché sur un mur de la salle.

Autorité du professeur et... liberté d'action des élèves

Le professeur prend les décisions puis les annonce	Le professeur « vend » les décisions	Le professeur présente ses idées et demande à chacun son avis	Le professeur présente une décision conditionnelle qu'il se déclare prêt à changer	Le professeur présente le problème, obtient des suggestions et prend la décision	Le professeur définit les limites et demande au groupe de prendre une décision à l'intérieur de ces limites	Le professeur laisse le groupe libre de choisir tant que certaines contraintes sont respectées

2. Faites apparaître progressivement le déroulé du cours, sur le tableau ou sur un écran vidéoprojeté ou par des « magnets » d'objectifs au tableau, conservez-le comme fil rouge tout au long du cours (voir page 148).

3. Appuyez votre intervention avec un ou des affichages en classe : carte géographique, frise chronologique, liste de mots invariants, mini-musée de photos ou de reproductions, suspension de productions ; invitez ceux qui sont à proximité de ces supports à montrer à la classe dans quel espace vous situez le cours.

4. Revenez fréquemment aux cours récents ou plus anciens en les reliant aux propos actuels. Demandez aux élèves de refaire le lien avec des notions ou des connaissances, dans les écrits de leur cahier ou de retrouver le chapitre dans leur manuel.

5. Inscrivez le contenu du cours et les savoirs nouveaux dans ce que les élèves connaissent déjà ou ce qui peut être un sujet d'actualité ainsi décrypté.

6. Proposez un ordonnancement de la trace écrite sur le cahier de l'élève (voir page 195), en mettant en évidence par exemple ce qui relève de définitions, ce qui est de l'ordre de la méthodologie, ce qui sera le contenu propre à mémoriser, sans pour autant « dépersonnaliser » ce qui reste le cahier de l'élève.

7. Appuyez votre exposé oral ou le déroulement de votre séance non seulement sur un plan de type liste mais également en le bâtissant sur un schéma simple qui renforce la cohérence logique ou systémique de la séquence. La méthodologie basique de la cartographie heuristique sera ici de grande utilité.

8. Ménagez dans votre séance ou dans votre progression des temps réguliers de bilans qui permettent aux élèves d'embrasser dans une vision plus globale plusieurs séquences, en faisant le point sur les acquis (un « bilan des savoirs ») et ce qui sera matière spécifique à une évaluation prochaine. D'une certaine manière, travaillez la mobilisation des réponses avant l'interrogation ; les sportifs de haut niveau ne font pas autrement pour performer.

9. Identifiez explicitement les compétences à l'œuvre dans la séance qu'il s'agira ensemble de travailler et d'approfondir, par affichage de panneaux mobiles ou collants ou magnétiques au tableau. Les élèves disent être sensibles au sentiment « d'avoir appris ». Une manière d'activer le « socle commun ».

10. Dans la même veine, développez en coopération avec vos élèves des supports et des moments d'autoévaluation, qui leur permettent de mesurer leur propre niveau de maîtrise dans une compétence (sur l'autoévaluation, voir le chapitre 14 « Évaluer des travaux ») par échelle, par graduation, par secteur, etc.

11. Enfin, dans la mesure du possible – les élèves interrogés par Stéphanie Leloup sont clairs sur ce point –, terminez ce qui a été commencé. Au besoin, en segmentant plus que vous ne l'aviez envisagé de prime abord le déroulé d'une séquence : la guerre de 1914 ne tient pas en une heure ; attribuez un titre par séquence : les causes du conflit, les grandes phases de la guerre, la vie dans les tranchées, les conséquences de la guerre, par exemple. Chaque cours forme ainsi une petite unité facilement mémorisable et encodée dans la mémoire à long terme. Le cours doit avoir un sens : le fait de ne pas terminer une leçon laisse un sentiment d'inachèvement, d'émiettement et donc d'inutilité de fait.

COMMENT ENCOURAGER… OU DÉCOURAGER UN ÉLÈVE

Faire cours, quels que soient finalement la forme et le style de direction que vous adoptez, engage des interactions importantes entre élèves et

“ Je vois bien que certains élèves sont largués. ”

enseignant. Diriger une séance, c'est bien souvent s'accommoder d'une certaine improvisation et accepter l'imprévisible. Cependant, plutôt que de déclencher malgré soi des comportements et des effets non désirés, il importe tout au moins de connaître quelques processus interactifs en situation pédagogique. Le « pilotage » de classe en sera peut-être facilité pour vous, avec des effets recherchés sur les performances des élèves, osons en parler.

La parole de l'enseignant et ses effets sur les élèves

Dans la classe, la parole de l'enseignant, les échanges avec les élèves ne sont jamais neutres. Ces interactions ont fait l'objet de recherches approfondies menées par Jean-Marc Monteil et Pascal Huguet, chercheurs au CNRS[1]. Celles-ci sont fondées sur l'étude de deux pratiques observées.

L'attribution de succès ou d'échec : un enseignant – par une parole, mais aussi par un geste, un regard, une annotation – attribue à l'élève et à son travail, une valeur soit positive (succès), soit négative (échec).

La comparaison sociale : l'effet sur l'élève diffère selon que l'enseignant lui donne une information en situation de « visibilité », c'est-à-dire en public (dans un groupe, dans une classe) rendant ainsi possible une comparaison avec ses pairs, ou au contraire en situation d'« invisibilité », c'est-à-dire dans une relation plus personnalisée, ou dans l'anonymat.

Repérer les situations qui favorisent les performances des élèves

Le tableau de la page suivante croise ces deux pratiques en les conjuguant avec le parcours scolaire et les effets sur la mobilisation de l'attention. Ainsi, les effets produits en termes de performances de l'élève sont très différents.

Voici deux situations très classiques et extrêmes des effets d'actions de l'enseignant sur les élèves.

1. L'enseignant sollicite de façon bienveillante, une fois de plus, le bon élève en classe. Pour celui-ci, c'est une attribution de succès en visibilité.

1. J.-M. Monteil, P. Huguet, *Réussir ou échouer à l'école : une question de contexte ?,* Presses universitaires de Grenoble, 2002.

Quand l'enseignant use de...		... il induit des effets sur les performances scolaires	
Type de renforcement	**Comparaison sociale**	**En relation avec le parcours scolaire**	**Effets sur l'attention et sur les performances scolaires**
• Pour un élève en réussite scolaire			
Comparaison favorable à soi	Visibilité	Habituel	Attention optimale (totalement disponible) *Performance ++*
Attribution de succès	Anonymat	Plus inhabituel	Consommation modérée d'attention *Performance +*
Comparaison défavorable à soi	Visibilité	Très inhabituel	Consommation forte d'attention *Performance – –*
Attribution d'échec	Anonymat	Très inhabituel	Consommation modérée d'attention *Performance +*
• Pour un élève en échec scolaire			
Comparaison favorable à soi	Visibilité	Très inhabituel	Consommation forte d'attention *Performance – –*
Attribution de succès	Anonymat	Très inhabituel	Consommation modérée d'attention *Performance ++*
Comparaison défavorable à soi	Visibilité	Habituel	Attention non modifiée disponible pour le traitement d'informations périphériques *Performance –*
Attribution d'échec	Anonymat		

C'est habituel ; son attention est alors optimale, ses performances seront très bonnes.

2. Le même enseignant se résigne à interroger le cancre au fond de la classe, en lui rappelant ses notes antérieures devant les autres. Pour celui-ci, c'est aussi habituel : attribution d'échec en visibilité ; son attention n'est pas entamée ; il se montre totalement disponible pour toute autre chose... généralement détourner l'attention de ses camarades.

Le bon s'en sort toujours. L'élève en réussite scolaire arrive à s'en sortir à peu près dans tous les cas de figure, sauf quand le professeur signale publiquement un échec. Encore faut-il modérer cette observation selon les disciplines : c'est le cas quand la discipline scolaire est reconnue comme « importante », beaucoup moins quand il s'agit aux yeux de l'élève d'une « discipline secondaire ».

Motiver le « cancre ». Alors, quelle est la seule situation où un élève en échec scolaire est amené à se mobiliser ? Pour Jean-Marc Monteil, c'est quand l'enseignant s'attache à faire une attribution de succès en situation d'anonymat ; c'est très inhabituel pour l'élève, sa consommation d'attention sera modérée et pourra produire des performances positives. Si l'attribution de succès avait été en visibilité (on le signale à la classe), l'élève aurait été tenté de jouer son rôle de cancre ou de pitre (à vos dépens), les performances auraient été négatives. Effet pervers d'une bonne intention pédagogique.

VARIER LES TEMPS DANS LA SÉANCE

Se concentrer sur un objectif de savoirs, sur une famille de compétences n'empêche absolument pas de varier les temps d'un cours, nous l'avons vu en esquissant la variété des repères à donner aux élèves. La chercheuse Stéphanie Leloup avait noté cette tension entre le désir des élèves d'activités variées pendant l'heure de cours et la tendance de l'enseignant à se concentrer sur une tâche. On peut arguer de la faible capacité d'attention des élèves et donc de la nécessité de changer d'activités toutes les dix minutes. C'est un argument que l'on entend beaucoup, en primaire notamment même si les études sur l'attention montrent qu'elle dépend fortement de la nature propre de l'activité. Toutes les activités ne se valent pas : elles dépendent de la mobilisation intellectuelle, de la sollicitation ou de l'interrogation qu'elles engagent.

> ***« En une heure de cours, je ne peux envisager trente-six dispositifs. Je me centre sur un objectif. »***

Activités alternatives et supports variés

Selon une typologie proposée par André de Peretti[1], le cours peut prendre des formes alternatives au mode classique ou des temps successifs dans la

1. A. de Peretti, *Encyclopédie de l'évaluation en formation et en éducation*, ESF, Paris, rééd. 2010.

séance, tout aussi intéressantes pour les élèves et riches pour le professeur. Voici quelques exemples.

Plusieurs phases dans un cours. Le cours peut s'articuler autour d'une ou de plusieurs activités :
– exposition (apport de connaissance, démonstrations, présentation d'objectifs) ;
– illustration (métaphores, histoire de la discipline, images, anecdotes…) ;
– motivation pour la discipline (explications, étude des représentations chez les élèves) ;
– mémorisation, vérification des connaissances, révisions ;
– exercices d'application, interrogations, travaux pratiques ;
– discussion (débats, étude de la compréhension, assimilation) ;
– autoévaluation, coévaluation, correction de devoirs ;
– détente, relaxation, exercices de concentration, respiration, fond musical ;
– créativité, exercice de l'imagination, échanges libres, créations, etc.

Des supports diversifiés. Ils peuvent être utilisés ou produits à tout moment du cours en tant que :
– documents imprimés, fiches ou écrits (uniformes ou de difficultés différenciées) ;
– panneaux affichés, cartes, tableaux, schémas, grandes feuilles (page 148) ;
– diapos au vidéoprojecteur (préparées ou exécutées en classe) (page 193) ;
– photolangage, affiches publicitaires ;
– films à thèse, documentaires techniques ou historiques (page 226) ;
– vidéo pour enregistrer un échange ou une phase de la classe (page 235) ;
– enregistrement sonore, musique d'ambiance et de soutien ;
– bandes dessinées (bulles à compléter ou à réaliser) ;
– tablettes numériques, didacticiels (page 218) ;
– contrats d'objectifs passés avec les élèves (page 93).

Une méthodologie évolutive. L'enseignant peut varier le style de sa démarche en s'appuyant sur :
– des paradigmes variés (portant l'accent tantôt sur des connaissances, des opérations, la culture générale, l'expression personnelle, les relations entre les élèves, des activités, des représentations ou des technologies) ;
– la création de dispositifs ou situations d'apprentissage ou de travail autonome ;

> **▶ Gérer sa classe**
>
> 
>
>
> **Ce site québécois permet d'accéder librement à des ressources de natures variées : documentations, activités libres, thématiques et auto-tests, très proches de ceux que vous trouverez dans le présent ouvrage. S'intéressant aux pratiques professionnelles de l'enseignant, le site rend possible par transposition nécessaire l'analyse de ce qui semble spécifique (ou non) à notre enseignement en France.**
>
> **➥ www.csmb.qc.ca/gesclasse/ ; ou : www.gestiondeclasse.net**

– des points de didactique de progression et de difficultés différenciées (page 307) ;
– des rôles variés confiés à des élèves (page 382) ;
– l'exploitation d'activités d'enquête, de documentation ou de visite ;
– des séances interdisciplinaires (par intervention bivalente du professeur sur un thème transversal) ;
– des séances interdisciplinaires (par intervention conjointe de plusieurs enseignants ou d'experts extérieurs à l'établissement) (page 248).

De la souplesse et un zeste d'improvisation

La variété requise renvoie au dernier élément souligné par les élèves de Stéphanie Leloup : la conduite du cours doit être suffisamment souple pour intégrer, si l'occasion se présente, une discussion sur un sujet d'actualité. Les élèves souhaitent également, dans la mesure du possible, aborder des sujets « intéressants », c'est-à-dire, dans la plupart des cas, des sujets qui font partie de leurs préoccupations personnelles. Si on les écoute bien, elles ne sont jamais bien loin de sujets de société… inscrits dans quelques programmes en « langue scolaire », compilés dans le « socle des connaissances et des compétences ».

Un inspecteur de SVT (sciences de la vie et de la terre) proche de la retraite confessait que le meilleur cours auquel il avait assisté avait été celui d'un professeur qui, un matin de janvier verglacé, avait complètement bouleversé sa séance, pour « improviser » (une façon de parler) un cours sur le phénomène météorologique exceptionnel qui animait toutes les conversations. Connaissances scolaires ou moins formelles ont été mises en lien au cours d'échanges très riches avec les élèves. Ce jour-là, tout le monde avait appris.

AUTOTEST :
BILAN D'UNE HEURE DE COURS

« L'autoévaluation est un geste pédagogique indispensable pour l'enseignant. Seul un retour lucide sur le travail effectué permettra au professeur d'améliorer son efficacité. » Une équipe de formateurs en anglais a proposé, il y a quelques années, une fiche-bilan de cours à des enseignants débutants[1].

Prenez appui sur la dernière heure de cours que vous avez prodiguée et testez-la. Au besoin, supprimez les items qui vous paraissent ne pas convenir à votre situation.

✪ La gestion du groupe

❑ Ai-je rendu mes élèves actifs ? Me suis-je assuré que tout le monde travaillait ?
❑ Ai-je favorisé la prise de parole du plus grand nombre ?
❑ Ai-je contrôlé le travail écrit des élèves (devoirs à la maison) ?
❑ Comment ai-je réagi ?
  ○ Au retard au début de l'heure
  ○ Au travail pas fait
  ○ Au refus de travailler, au mutisme
  ○ Au bavardage
  ○ À la prise de parole intempestive
  ○ À une réponse non conforme à ce que j'attendais

✪ Les contenus

❑ Ai-je permis à mes élèves d'acquérir des connaissances dans les domaines linguistique, culturel et méthodologique ?
❑ Qu'ont-ils produit (mots isolés, phrases complètes ou non, plusieurs phrases liées entre elles ou non) ?
❑ À quel moment ai-je corrigé la production orale ?
❑ Ai-je corrigé les erreurs de phonologie (phonèmes, accents, schémas intonatifs) ?

1. Extrait de *Enseigner l'anglais,* conseils et suggestions proposés par les IPR-IA et l'IEN-IET d'anglais, les formateurs de l'IUFM et du CRDP, académie de Nancy-Metz, 1997-1998.

- ❑ Ai-je corrigé les erreurs de lexique ? Ai-je réactivé le lexique acquis ? Ai-je introduit des mots nouveaux ?
- ❑ Ai-je corrigé les erreurs de syntaxe ? Ai-je réactivé des structures apprises précédemment ? Ai-je introduit de nouvelles structures ?
- ❑ Suis-je certain que ce que j'ai enseigné est juste ? Sinon, pourquoi me suis-je trompé ? Comment puis-je réparer mes erreurs ?
- ❑ Ai-je su répondre aux besoins langagiers des élèves ? Sinon, comment puis-je éviter que cela se reproduise ?
- ❑ Le contenu du cours était-il suffisant ? Trop ambitieux ?
- ❑ Était-ce utile ?

✪ La progression

- ❑ Ai-je suivi mon plan de cours ? Sinon, pourquoi ? Ai-je eu tort ou raison de faire cela ?
- ❑ Quels exercices les élèves ont-ils faits le plus facilement ? Le moins facilement ? Pourquoi ?
- ❑ Les consignes données étaient-elles satisfaisantes ?
- ❑ Suis-je certain que les élèves avaient les « outils » linguistiques et méthodologiques pour faire les exercices demandés ?
- ❑ Ai-je fourni aux élèves des aides appropriées ?

✪ L'équilibre des activités

- ❑ Ai-je respecté les quatre phases essentielles du cours (reprise, prise de connaissance, mise en forme de l'expression, réflexion) ?
- ❑ Ai-je consacré à chaque phase le temps qui convenait ? Sinon, pourquoi n'ai-je pas pu le faire ?
- ❑ Ai-je imposé un rythme de travail trop rapide ? Pas assez rapide ?
- ❑ Ai-je respecté l'alternance oral/écrit ?
- ❑ Lequel (lesquels) des quatre savoir-faire ai-je fait travailler ?

✪ L'utilisation du matériel

- ❑ Ai-je écrit trop de choses au tableau ? Pas assez ?
- ❑ Ce que j'ai écrit au tableau était-il lisible et bien disposé ?
- ❑ Ai-je eu des problèmes avec les enregistrements ? Comment éviter que cela se reproduise ?

La prochaine fois, l'évaluation de votre activité pourra intégrer le regard et les appréciations de vos élèves, en guise de feed-back.

CHAPITRE 2

Mettre en groupe

Un prof, une heure, une classe ; l'équation scolaire semble sans inconnue ; le groupe classe est tenu comme fusionnel, rationnel et unité de compte pour construire les parcours. Toute initiative pour travailler « autrement » est perçue comme une tentative de « casser » la classe.
À classe égale, est-il possible de faire varier la composition des groupes et la qualité des relations ? Quelles conditions réunir pour rendre plus efficace le travail en groupes (alternative à la gestion d'une classe entière) et pour que tous, élèves et enseignant, y trouvent un intérêt ?

UNE CLASSE OÙ LES GROUPES FONCTIONNENT

Étudions la photo ci-dessous. La ligne de postes informatiques en arrière-plan laisse à penser que la scène se passe dans la salle de techno ou d'informatique du collège, voire une annexe du CDI (centre de documentation et d'information). Des petits groupes sont au travail : devant, autour de tables de classe rassemblées, une équipe de cinq filles ; au fond un groupe mixte de six élèves ; deux autres groupes, peut-être un autre hors champ. C'est une classe complète. Les groupes ont dû être formés selon les affinités de chacun.

Des feuilles sont sur la table, sur lesquelles sont sans doute reportées des indications à la suite d'échanges et de confrontations. Dans le groupe des filles, au premier plan, les corps soulignent l'engagement de la parole attentive à la réaction ; la prise de notes semble assurée par l'une d'entre elles.

Cette situation nécessite sans doute un temps d'installation, mais surtout une routine appliquée par l'enseignant responsable. Où est-il ? C'est le photographe. Son regard, le nôtre aussi, souligne cette coopération

▸ Trois conseils pour envisager le travail de groupe différemment

Retrouvez les ressources qui sont en vous : votre formation est un processus qui intègre votre parcours d'élève jusqu'à votre pratique professionnelle.

• Rappelez-vous une situation de travail de groupe quand vous étiez élève. Quel était alors votre sentiment ? Quelle analyse en faites-vous à présent ?

• Vous avez déjà réussi une expérience de travail de groupe avec des élèves ; qu'est-ce qui a marché ?

• Recherchez dans le PAF (plan académique de formation) une formation disciplinaire consacrée à la diversification du travail des élèves, par exemple « enseigner l'anglais en îlots bonifiés » ; pourquoi ne pas vous y inscrire ?

sociale. Cette indication nourrira une partie de l'évaluation du travail effectué. Pour parvenir à ce petit moment de « bonheur pédagogique », combien d'obstacles l'enseignant doit-il franchir ?

LES FREINS AU TRAVAIL DE GROUPE EN CLASSE

Le travail en groupe n'existe pas spontanément en classe. Un panel de 119 élèves interrogés confirme une situation classique : d'après leur vécu propre, le travail en groupe est quasi inexistant en français et maths, à peine plus en anglais. Il n'y a que l'EPS qui l'inscrit comme méthode régulière de travail.

La « spécificité » de sa discipline

On aurait tort d'expliquer ce constat par la « spécificité » disciplinaire de l'EPS qui lui donnerait tous les droits et exonérerait les autres disciplines de ces pratiques trop innovantes pour être vraiment efficaces. Si la pratique de sports collectifs, par exemple, encourage certainement les professeurs d'EPS à faire travailler leurs élèves en groupes, on trouve aussi des enseignants de cette discipline qui ne travaillent pas de la sorte. Le choix de recourir ou non au travail en groupes n'est donc pas uniquement lié à la discipline.

> ***« Le travail de groupe me paraît réservé à certaines disciplines. »***

Pas formés au groupe. L'origine de cette carence pourrait être recherchée dans la formation des jeunes enseignants, et même avant leur formation dite professionnelle, dans leur propre formation d'élève : formons-nous comme nous avons été formés ? De fait, la vraie spécificité de l'EPS est d'être une discipline jeune qui a pu actualiser ses contenus comme ses méthodes, sa didactique comme sa formation initiale. On retrouve ces particularités dans une moindre mesure dans la technologie ou encore dans les SVT (sciences de la vie et de la terre).

La classe comme unité fusionnelle et indissociable

Plutôt qu'une prétendue spécificité disciplinaire, il y aurait lieu d'interroger la configuration typique de la classe « à la française » qui comprend généralement entre 25 et 35 élèves (voir l'encadré page suivante), avec d'infinies variations selon les contextes, les niveaux d'enseignements et les spécialités au sein d'un même établissement. Ces données valent au niveau macroéconomique et seront parfois invalidées par le constat sur le terrain que la section « micro-horlogerie » du lycée ne compte que quatre élèves ; ou encore que l'option russe n'en dénombre que six.

Le groupe-classe prend une place particulière dans la typologie des groupes définie par D. Anzieu et J.-P. Martin[1] :

De 6 à 13 personnes. Ce sont des groupes *restreints* pourvus généralement d'un objectif et permettant aux participants des relations explicites entre eux et des perceptions réciproques.

De 14 à 24 personnes. Ces groupes *étendus* sont difficiles à conduire, du fait des nombreuses relations interpersonnelles encore dominantes. On observe une tendance sociale à la subdivision en plusieurs petits groupes.

De 25 à 50 personnes. Ces groupes *larges* visent généralement la transmission de connaissances (classes scolaires…), la négociation sociale, l'information réciproque. On peut y organiser plus facilement des sous-groupes par des techniques appropriées.

Dans les deux groupes les plus fréquents, *étendu* et *large*, l'enseignant a donc tout intérêt à anticiper les tendances naturelles en organisant lui-

1. D. Anzieu et J.-P. Martin, *La Dynamique des groupes restreints*, PUF, Paris, 2007, p. 44.

▸ Cinq conseils pour s'assurer la participation de tous

Pour vous assurer un bon niveau de collaboration dans le groupe, en particulier des « bons », vous pouvez :

- **ajuster le niveau d'exigences et de difficultés : préférez une tâche complexe « où on apprend », plus qu'une tâche facile où on reproduit (il faut un enjeu) ;**
- **être attentif à la relative mixité des groupes : veillez à un équilibre filles/garçons ; bons élèves/élèves moins performants ;**
- **définir au préalable les types de rôles à se répartir, leur densité respective en relation avec l'objectif du groupe ;**
- **vous assurer, une fois les groupes au travail, que tous les rôles sont bien dévolus ;**
- **désigner un responsable du « retour au calme ».**

même les interactions en s'appuyant sur l'organisation des relations et la variété des groupes de travail au sein même de la classe.

En groupe, tous ne travaillent pas à même hauteur

Dès qu'on introduit une différence dans le traitement des élèves, il y a suspicion d'inégalité ou crainte d'abaissement du niveau. Dans la mise en groupe, le bon élève serait le perdant. Soit il se trouve surinvesti par ses petits camarades, soit il se met en roue libre. Ces constats ne sont pas liés au travail collectif en soi, mais témoignent du manque d'habitude à la fois de la part des élèves, mais aussi de l'enseignant. Il est possible de contourner cet écueil :

> *“Dans un petit groupe, c'est toujours le bon qui travaille, les autres se reposent sur lui.”*

– en évitant de réunir toutes les circonstances qui pourraient favoriser une « paresse sociale » ;
– en prenant en compte la variable « sexe » des groupes ;
– en s'assurant de l'organisation des rôles en vue de la participation active de tous les élèves (voir page suivante).

Les causes de la « paresse sociale » en groupe. Monteil a étudié les conditions dans lesquelles ses effets peuvent s'observer :
– le phénomène concerne plutôt les garçons que les filles ;

– il concerne plutôt des élèves issus de culture occidentale plus individualiste ;
– quand seule la performance du groupe est identifiable ;
– quand la tâche collective est à la portée de tous les membres du groupe ;
– quand l'effort personnel est redondant vis-à-vis de l'effort du collectif ;
– quand l'attente en performances est forte chez les partenaires ;
– quand les individus se reconnaissent peu dans le groupe de travail.

La variable « genre » est importante dans le quotidien de la classe : les relations maître-élèves sont fortement différenciées en fonction du sexe de ces derniers. « Les maîtres s'attendent à l'indiscipline des garçons et à la docilité des filles, remarque Nicole Mosconi, professeur en sciences de l'éducation à Paris X. Ils acceptent la première comme un mal nécessaire, mais rejettent celle des filles, perçue comme une attaque personnelle. Ils considèrent les garçons comme des "sous-réalisateurs" (ils ont des possibilités mais ne les exploitent pas complètement) et attribuent la réussite des filles à leur travail et à leur conformisme plutôt qu'à leurs aptitudes intellectuelles. »
Des enregistrements vidéo réalisés en classe de mathématiques montrent que les filles sont plus souvent utilisées comme « porte-craies » pour marquer le résultat au tableau ou pour rappeler les savoirs de la leçon précédente. Les garçons sont sollicités pour produire de nouveaux savoirs. Les enseignants font davantage confiance aux garçons dans les matières scientifiques et techniques. Instaurer des rôles dans des groupes permet de contrer ces effets « sexistes[1] » !

Le travail en groupe crée du désordre

Si désordre signifie multiplication des interactions verbales et déplacements des personnes, quand le maître n'est plus le seul à parler et à se mouvoir, alors le travail en groupe génère du désordre. Mais est-ce pour autant le « bazar » ? L'activité gestuelle se développe, les questions sont plus exploratoires ou encore en mode de vérification : c'est une négociation positive. Le groupe crée ainsi son espace intime de travail où il est aisé d'observer

> *« Le travail en groupe, c'est lent et souvent le bazar. »*

1. Sur cette problématique, le ministère a produit une série de ressources tous niveaux, à l'attention des élèves comme de leurs enseignants, dans la lignée de l'expérimentaiton ABCD de l'égalité, voir la page ressource de CANOPE : www.reseau-canope.fr/outils-egalite-filles-garcons.html.

des gestes d'autocontacts ludiques, des postures de confort intellectuel, une communication facilitée entre membres de même valeur.

En groupe, chacun prend son rôle. Dans une observation plus fine, chacun, dans un groupe de quatre élèves[1], investit son propre rôle, améliorant la synergie de l'ensemble. Par exemple :
– L'animateur lance des interventions dans toutes les directions, il dirige.
– Le vérificateur répète les consignes, corrige la demande.
– Le quêteur demande aux autres.
– L'observateur, peu communicatif, trouve sa place en retrait.
Ce qui peut apparaître comme du désordre permet ainsi à chaque élève de prendre place au sein du groupe et plus largement dans la classe. Mais cela renvoie l'enseignant à faire son deuil de la pleine maîtrise des relations dans la classe, à sa propre capacité à gérer, à organiser les rôles et la mise au travail en pédagogie différenciée. Il s'agit de passer des rôles « indistincts » à des rôles « pour apprendre ». C'est un des principes de l'enseignement par îlots bonifiés[2].

Les groupes coûtent du temps et de l'énergie

Plus prosaïquement, pas de résistance des profs, mais des questions très matérielles se posent : les lieux ne sont pas adaptés (comment déplace-t-on une paillasse en SVT ?), remuer tables et chaises crée du bazar et prend du temps ; que vont dire les collègues ? le personnel de ménage ? Ce sont des questions à aborder et qui trouvent une réponse rapide ; le véritable effort pour l'enseignant réside plus dans la difficulté de réexaminer sa position dans la classe, de gérer des situations interpersonnelles dont il n'est pas ou plus le centre, de maîtriser l'espace et les relations dans un cadre plus souple que celui du cours magistral.

> ***« Je ne vois pas l'avantage du travail de groupe. Et même, cela me coûte en énergie et en temps. »***

Les enseignants qui se sont lancés dans ce mode de fonctionnement y ont trouvé de nombreuses satisfactions, qui compensaient quelques gênes circonstancielles. Ce qui est pris par certains comme du bazar est interprété

1. R. Plety, « Éthologie de l'interaction dans le premier cycle d'enseignement secondaire au cours d'apprentissage des mathématiques en groupe dans la résolution de problèmes », thèse, Lyon I, 1985.
2. Une analyse critique de cette pratique est disponible sur www.aplv-languesmodernes.org/spip.php?article4984.

par d'autres comme du « bruit pédagogique », et c'est même plutôt un signe du travail[1].

LE TRAVAIL DE GROUPE, C'EST EFFICACE

Le travail de groupe n'est pas une solution miracle, et le cours magistral ou « dialogué » n'est pas non plus un mode d'enseignement idéal. La solution est dans la variété requise dans sa classe : le travail de groupe peut s'avérer très efficace s'il est adapté à l'objectif ciblé et s'il est suffisamment organisé.

Idéal pour confronter, expérimenter, construire

Le fait de travailler ensemble permet de confronter les idées. L'enseignant favorise les investigations, les échanges entre les élèves, les aide à émettre des hypothèses, à les tester, à observer, à expliquer en argumentant, à faire des recherches documentaires. Le travail en groupe donne à l'enseignant l'occasion d'exercer pleinement son rôle d'accompagnement au plus près du travail des élèves, et d'observateur attentif à la construction de compétences au long cours (voir les chapitres 19 et 20).

L'expérience de « la main à la pâte ». La plupart des enseignants qui sont impliqués dans « la main à la pâte » procèdent de la façon suivante. Les élèves sont répartis par groupes de trois ou quatre, chacun étant investi d'un rôle précis (responsable de matériel, secrétaire, rapporteur de groupe...). Dans le groupe, intervient alors une alternance de travail individuel et de travail collectif. Les investigations, les échanges verbaux, les émissions d'hypothèses, les expérimentations, les observations, les explications, les argumentations, les recherches documentaires se font toujours à deux niveaux : au niveau du groupe d'abord, puis au niveau de la classe, avec retour éventuel au niveau du groupe après confrontation et définition en commun de nouvelles orientations de recherche.

la main à la pâte ↙
Un dispositif très développé dans le primaire, autour de la démarche expérimentale et de la confrontation argumentée d'expériences : www.inrp.fr/lamap.

1. Dans son blog, « C'est au pied du mur », Mila Saintanne évoque le « bruit pédagogique » comme une marque du travail réel, à l'opposé de certains voisins enclins à la plainte ou encore au reproche ; les nombreux commentaires attestent d'une pratique partagée. http://milasaintanne.wordpress.com/ 2011/10/01/jaime-le-bruit-pedagogique/.

▸ Les avantages du travail en groupe

Voici un tableau qui permet de visualiser les avantages escomptés dans la mise en place d'un travail en groupe, pourvu que vous respectiez quelques préalables nécessaires.

Pour réussir une séquence en groupe, je dois veiller à :
- préparer le support ;
- préciser les objectifs en termes de savoirs et de savoir-faire ;
- utiliser le sociogramme et composer les groupes pour éviter les dysfonctionnements divers (situation de blocage) ;
- ne pas multiplier les objectifs d'apprentissage ;
- rester modeste pour une séquence.

Pour escompter quelques avantages :

Du point de vue de... / Avantage	L'enseignant	L'élève	L'objectif d'apprentissage
« économique »	Meilleure utilisation du temps : le temps du cours est le travail de l'élève	• Complémentarité des compétences • Éviter les situations de blocage ou d'impasse • Expérimentation	Réduire les temps morts d'explication pour les autres élèves
sociologique	Nouveau rôle de médiateur (dialogue, conseil pédagogique, méthodologique, tutorat)	• Intégration • Coopération, entraide • Communication • Autonomie • Socialisation	Permettre aux élèves d'apprendre ensemble de manière mutuelle, une dimension non prise en compte par ailleurs
psychologique	• Dédramatisation des difficultés • Réduction de l'anxiété	• Dédramatisation des difficultés • Réduction de l'anxiété • Valorisation des compétences • Avoir un rôle, une responsabilité	Trouver du sens par le plaisir de la situation d'apprentissage, se sentir soutenu dans sa réflexion par ses pairs

Source : d'après C. Delannoy, « Apprendre en s'entraidant », Cahiers pédagogiques, *n° 304-305, 1992, p. 74.*

Cette alternance entre travail individuel et retour collectif favorise la construction progressive de connaissances par les élèves, tout en versant une contribution attendue à l'objectif transversal d'éducation à la citoyenneté, deux domaines majeurs du socle commun.

Des performances globalement meilleures pour les élèves

En milieu hétérogène, des élèves moyens travaillant en groupes obtiennent de meilleurs scores d'efficacité (apprentissage, savoir-faire, travail fourni, résultats) que lors d'un travail individuel. Interactions, explications par ses pairs, meilleure analyse des erreurs, sans peine de sanction, favorisent un apprentissage tout aussi valable et plus efficace pour l'élève. Certains nomment ce processus « apprentissage vicariant », c'est-à-dire par effet de voisinage. (Sur une technique de composition des groupes, voir le chapitre 3.) Howard Gardner[1] l'identifie comme une intelligence interpersonnelle et intrapersonnelle très active dans ces moments trop rares encore.

S'appuyer sur la mixité des groupes. De nombreux travaux font apparaître des résultats récurrents tels que celui avancé par Catherine Trarieux[2] qui a analysé le déroulement des travaux de groupe dans une classe du secondaire (classe de 1re, production d'un document multimédia). Elle compare trois stratégies de gestion de l'hétérogénéité en fonction de l'organisation du travail du maître : axé sur les forts [1], axé sur les faibles [2], organisation du travail fondé sur les relations d'apprentissage entre pairs [3].

La progression de tous les élèves est plus nette en situation de groupe hétérogène. La composition des groupes est donc un facteur important dans le résultat final pour deux raisons : la présence d'autrui est stimulante, elle permet de contrôler et de modifier des automatismes parfois sources d'erreur ; d'autre part, créer une situation où l'on peut se comparer à des pairs légèrement plus forts permet de progresser. On parle alors de comparaison ascendante.

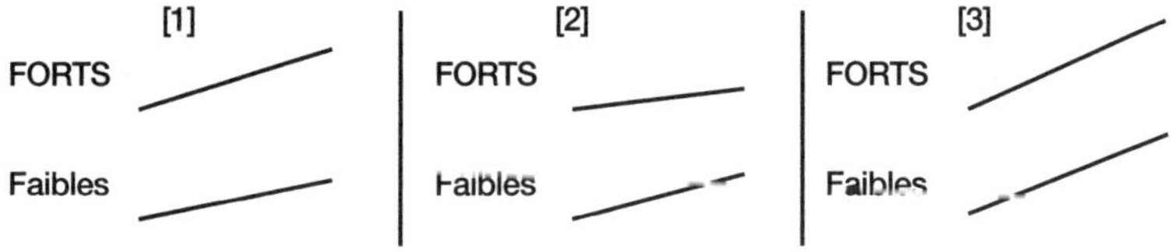

1. Howard Gardner est le concepteur et promoteur des « intelligences multiples », professeur en éducation à l'université de Harvard. *Frames of mind*, 1984, traduit en français douze ans plus tard (*Les formes de l'intelligence*, 1996).
2. C. Trarieux, « L'Importance de la coopération dans les apprentissages – l'efficacité du travail en groupe sur ordinateur », 1999.

Comment améliorer les performances collectives

Pour améliorer les performances collectives, veillez, au cours de l'année, à varier la composition des groupes, parce que vos objectifs varient pareillement (disciplinaire, mais aussi relationnel). Lors du *debriefing*, valorisez d'une manière ou d'une autre chacun des groupes (mention verbale, reprise d'un ou de plusieurs éléments pour la synthèse finale, petites « réussites »), mais sans stigmatiser untel ou untel, dans un sens ou un autre. L'objectif général n'est pas la compétition, mais une émulation créatrice au service d'un projet collectif.

Bonus Web ☛ Tout un module en ligne sur le pourquoi et le comment du travail en groupe en classe, par le laboratoire de géographie de l'université de Liège (Christine Partoune) : www.lmg.ulg.ac.be/competences/chantier/methodo/meth_groupe0.html.

COMMENT METTRE EN GROUPE

Bon, si cela marche si bien, alors, qu'attendons-nous ? Osons en nous inspirant de l'infinie variété des possibilités, trouvées et testées par les collègues depuis plusieurs dizaines d'années.

Interpellez vos élèves

Réservez cette modalité de travail pour des activités de questionnement, de recherche, d'argumentation, d'élaboration, de construction, de production, toute activité qui n'exige pas de prime abord un apport lourd que vous seul êtes capable de faire. Inscrivez le travail de groupe comme un moment du cours, puis revenez en configuration « classique » pour faire le point et, si besoin, faire l'apport nécessaire pour aller plus loin sur le chemin de la connaissance. Une heure, c'est beaucoup si vous ne pouvez pas faire le bilan des savoirs en fin d'heure, mais c'est peu si le travail attendu est une production conséquente (des panneaux, par exemple).

> ***« J'ai essayé le travail de groupe pour étudier un document, cela a été un échec. »***

Créez une « routine » du travail de groupe en présentant dès le début de l'année les différentes modalités d'organisation. Déterminez la façon de se regrouper (personnes, tables, mise en espace) et la répartition des rôles de façon à gagner du temps la fois suivante.

Faites-en un usage régulier, mais modéré. Il faut trouver le bon dosage. En effet, si vous ne proposez qu'une seule fois le travail en groupe, vous risquez de surprendre les élèves, qui ne seront pas préparés à l'exercice et, au final, d'être déçu vous-même du résultat. Le programmer tout le temps conduit à un phénomène de lassitude et masque la difficulté réelle de certains objectifs requérant d'autres types de dispositifs d'enseignement plus adaptés.

Testez quelques formules dans la banque d'idées pour organiser le travail en groupe

La liste suivante est plutôt un aide-mémoire des groupements possibles[1] ; vous pourrez y prélever une idée quand vous sentirez la nécessité de proposer autre chose à vos élèves qu'un cours dialogué. Ou de varier l'organisation des groupements en fonction des objectifs assignés. L'intérêt des élèves succédera vite à la surprise. La composition des groupes, respect de l'hétérogénéité de la classe ou recomposition pour une homogénéité, est un facteur important dans la réussite du travail engagé, mais ce n'est pas le seul (voir le chapitre suivant).

> ***« Je n'arrive pas à me représenter ce que seraient des rôles différents dans le groupe. »***

Groupements hétérogènes à tâches scolaires identiques :
– échange rapide entre élèves (par exemple, petits groupes de six élèves pendant six minutes) ;
– étude approfondie (par exemple, quatre élèves pendant vingt minutes ou une heure) ;
– évaluation : coévaluation dans chaque sous-groupe des copies ou travaux de ses membres ou évaluation des tâches des autres sous-groupes ;
– technique du voisinage : chaque élève interroge son voisin et va inscrire au tableau les indications ou les difficultés (sur la discipline) de celui-ci ;
– entraide pédagogique : en sous-groupes, un élève « moniteur » essaie d'expliquer à un ou plusieurs camarades une partie du cours qui vient d'être présenté par le professeur ;

1. A. de Peretti, *Encyclopédie de l'évaluation en éducation et en formation*, Paris, 1999, rééd. 2010, p. 296, reproduit avec l'aimable autorisation de l'auteur.

▸ Les groupes interclasses, une réalité tout aussi vivante

D'autres types de groupements existent en décloisonnant plusieurs groupes-classes et en permettant la recomposition des groupes selon d'autres modalités. C'est une pratique courante dans certaines écoles ou encore dans le secondaire pour les options, sans que les équipes s'accordent vraiment le droit d'avoir un traitement « pédagogique » du regroupement. On la voit aussi poindre à l'occasion de dispositifs tels que les « itinéraires de découverte », au collège, et à présent EPI (enseignements pratiques interdisciplinaires) ou d'accompagnement personnalisé, au lycée. L'organisation de ces groupes peut être tout aussi variée (des groupes-compétences en langue vivante, par exemple) et surtout plus efficace.

➥ Vous pouvez retrouver la banque d'idées sur le site Internet Diversifier : http://francois.muller.free.fr/diversifier/index.htm, tapez « groupe ».

– controverse : dans chaque sous-groupe, un élève soutient une position ou une démarche, cependant qu'un autre assure une critique permanente ou soutient une démarche inverse, sinon complémentaire.

Groupements homogènes à tâches scolaires différenciées :
– des objectifs distincts pour chaque sous-groupe ;
– les mêmes objectifs, mais des exigences différenciées comme le suggère le socle commun (basique puis avancé, découverte puis approfondissement) ;
– le même matériel de travail, mais des objectifs complémentaires ;
– des matériels différents et des documents distincts ;
– des fonctions distinctes mais à articulation réciproque : recherche de documentation différenciée faite par chaque sous-groupe pour une mise en commun collective, ou encore documentation par un sous-groupe, enquête par un autre, puis correspondance par un troisième et calculs par un autre, etc. ;
– des méthodes différentes imposées à chaque sous-groupe en vue d'une confrontation ultérieure des processus et des résultats effectués ;
– des tâches différenciées de révision de bases ou d'approfondissement à partir de résultats de tests de connaissance ;
– une technologie unique, mais dont les opérations diverses sont réparties entre des sous-groupes homogènes à compétence distincte (le journal type Freinet).

ÉVALUER DES TRAVAUX DE GROUPE

Si le travail en groupe devient pour vous un moment d'évaluation dans votre progression au-delà d'une simple modalité de travail, il s'agit alors de prévoir et de signifier ce que seront l'objet et le support évalués. Pour valoriser le travail de groupe, il importe que vous identifiiez ensemble la plus-value de cette modalité encore particulière.

> *« Je n'arrive pas à déterminer ce que je dois évaluer dans un travail de groupe. »*

Fixer des objectifs

À l'issue d'une grosse séquence en travaux de groupe, organisez une phase « méta » (pour méta-cognitif), c'est-à-dire d'**évaluation collective**, sur le mode atteint/pas atteint, au regard de deux ou trois objectifs fixés au début. Sollicitez d'abord l'avis des producteurs eux-mêmes, puis l'avis des autres groupes. Des conclusions se dégagent pour la suite du travail.

Couplez deux types d'objectifs : un objectif disciplinaire (thème, éléments de savoir, de savoir-faire) et un objectif en termes de coopération sociale, tout aussi importants l'un que l'autre (si, si, vérifiez dans le socle commun).

Valoriser la contribution collective

« La performance de l'élève n'est pas le seul résultat de ses compétences et de la complexité de la tâche, précise Monteil. Elle résulte aussi du rapport qu'il entretient avec la tâche, des situations d'échec ou de réussite auxquelles il est habituellement confronté, de la manière dont il est mis en compétition, encouragé ou critiqué par l'enseignant. Sa visibilité dans la classe, c'est-à-dire la probabilité d'être interrogé ou de rester dans l'anonymat, ainsi que l'organisation du travail en groupe peuvent aussi modifier ses performances. »

Sept suggestions de comptes rendus. Avoir fait le choix d'une organisation collective ne doit pas se réduire à une évaluation individuelle. C'est aussi son originalité, l'approche individuelle étant surdéveloppée par ailleurs. Ainsi, vous pouvez, par exemple, solliciter le compte rendu des différents groupes par :

▸ Revisitons notre Histoire : le travail efficace en groupes a déjà existé !

Pour inventer l'École, faisons œuvre d'inventaire ! Bien avant le socle commun instauré en 2005, l'École mutuelle, dès la Restauration des années 1820, s'est préoccupée de sortir les enfants de la rue et de leur donner un savoir minimum conforme à leur classe sociale : lire, écrire, compter. Dans de grandes salles, un maître et une centaine d'élèves s'organisaient en rôles et petits groupes. Les différences d'âges, de niveaux, mais aussi de compétences étaient alors motrices de l'apprentissage. Mais cette jolie histoire a une fin. L'École mutuelle a subi de nombreuses critiques à l'époque, notamment que les élèves apprenaient en trois ans le curriculum prévu pour six. Finalement l'École de Ferry s'est imposée avec l'autorité experte et toute solitaire du maître et sa seule parole comme vecteur.

➥ D'après Anne Querrien, *L'école mutuelle, une pédagogie trop efficace ?*, Les empêcheurs de penser en rond, Paris, 2006. À retrouver sur http://clioweb.free.fr/dossiers/mutuel.htm.

❏ l'exposé oral d'un porte-parole de chaque groupe (suivi ou non de discussion, de mise au point par la classe, de l'apport de précisions et de compléments par le professeur) ;

❏ un rapport écrit de chaque groupe commenté par le professeur et soumis à une évaluation ;

❏ une procédure par « scintillement » : chaque groupe scinde son compte rendu de tâches en trois ou quatre messages brefs (de une à trois minutes), lit un premier message, suivi d'une discussion ; puis viennent les seconds messages suivis de discussions, et ainsi de suite jusqu'à épuisement des messages ;

❏ l'exposition des productions réalisées par chaque groupe pour les soumettre à l'observation et aux commentaires des autres groupes ;

❏ le débat entre délégués de chaque groupe (en forme de « panel-discussion ») ;

❏ l'expérimentation de matériels élaborés par chaque groupe (courtes émissions au magnétophone, tableaux statistiques, dossiers documentaires, montages, appareillages) ;

❏ une réflexion sur les méthodes de travail adoptées par chaque groupe et sur les obstacles rencontrés.

AUTOTEST : DEUX ET DEUX FONT QUATRE MODALITÉS DE GROUPEMENTS

Reprenez dans le présent chapitre les différentes propositions de groupements possibles.

✪ Relevez deux modalités que vous pratiquez ou avez déjà pratiquées.

....

....

✪ Choisissez deux modalités que vous allez mettre en œuvre dans les trois prochaines semaines.

....

....

CHAPITRE 3

Gérer les relations

Un matin d'hiver mouillé, les élèves sont bien rentrés en classe. Confortablement installés dans leur doudoune de marque, cahier ouvert, le stylo déjà en main pour quelques-uns, ils reprennent le plan que vous écrivez au tableau ; vous parlez. Déflagration : deux élèves voisins du cinquième rang se lèvent soudainement et se tapent violemment, pour se faire mal. Vous ne saviez pas que le cours sur la crise de 1929 avait de tels effets. Que s'est-il passé ? Comment prévenir ce qui n'est pas un coup du sort ? Comment reprendre la main sur un jeu de relations interpersonnelles qui peut se dérouler sans vous, voire contre vous ? Quelles sont les manières d'organiser les relations dans la classe au service des apprentissages ?

ANALYSER LES DIFFÉRENTS NIVEAUX D'UNE CRISE EN CLASSE

Cela vous est déjà arrivé ou va vous arriver un jour. Entamer un débat sur la responsabilité tourne vite court car il peut aboutir selon les cas soit à une culpabilisation excessive (pour le professeur), soit à un désengagement tout aussi nocif (« c'est la faute des élèves »). À l'évidence, le terrain est miné. Il nous faut donc rétrospectivement ou préventivement jouer les « démineurs ».

Dans ce type de métier, le bon démineur se reconnaît par la connaissance approfondie des variétés de mines et le protocole technique opératoire sur les différents terrains d'action. Par transposition pédagogique, nous pouvons ensemble envisager six actions possibles, du ressort de l'enseignant, seul ou en équipe.

Travailler sur la réinstallation du contexte scolaire

La situation de classe se caractérise par son imprévisibilité et son instantanéité alors que son cadre administratif, organisationnel, voire parfois tayloriste résultant du découpage heure par heure, s'impose aux corps mais pas aux esprits. Toute séquence nécessite par conséquent une routine que vous mettez en place dès le début de l'année (sur les rituels, voir page 42). C'est même l'objet des toutes premières heures de l'année avec les élèves dans la discipline : comment allons-nous fonctionner ensemble ? C'est quoi « apprendre » en anglais ? Comment aménagez-vous le « retour au calme » tel qu'on le voit pratiquer en maternelle ou en cours d'EPS ? Il s'agit de trouver les formules qui vont permettre de remobiliser l'attention. Par exemple : « Trouvez dans le manuel le chapitre sur la crise de 1929 », « Qui va au tableau écrire le plan ? » On n'attaque pas d'un coup le cours sur la crise de 1929 au paragraphe où vous l'aviez laissé la fois précédente, comme on n'attaque pas l'Anapurna sans préparation, sans matériel et sans équipe...

Définir le degré de difficulté du contenu disciplinaire abordé

La crise de 1929 est l'un des contenus de discipline les plus ardus qui soient. Chaque corpus de programme a des « noyaux durs », didactiquement parlant. L'accompagnement doit être ici maximal. Un cours magistral dans ce cas provoque soit une apathie très scolaire (les élèves grattent... du papier), soit des effets inattendus comme cette altercation qui prouve que la mobilisation pour au moins deux élèves s'est cristallisée sur un autre objet que celui que vous proposiez. Est-ce étonnant ?

Proposer un scénario pédagogique qui implique plus l'élève

L'attraction rayonnante d'un savoir ne va pas de soi, sauf pour quelques-uns. Il nous faut aller chercher l'attention et l'intérêt des élèves là où ils sont : peut-être en les interpellant sur les aspects perçus et proches du concept de crise, de mondialisation, de riches et de pauvres ; puis en proposant pas à pas des outils d'analyse qui vont leur permettre de décoder à la fois la situation actuelle et la mise en perspective historique. C'est bien une manière de construire du sens de la discipline et non une simple partie obligée du programme.

S'appuyer sur une analyse collective de la vie de classe

Toute explosion de violence renvoie à des situations de communication non aboutie. Chacun d'entre nous, et donc les élèves aussi, dispose dans ce monde contemporain d'un vrai « **potentiel de catastrophe** ». L'ignorer naïvement ou ne pas le prendre en compte volontairement a ou aura des conséquences sur le déroulement et sur les résultats produits.

Ce cas précis pose trois questions à l'enseignant : comment analyse-t-il le fait lui-même ? La cause du conflit est manifestement externe (sans doute une suite d'embrouilles dans la cour) ; comment va-t-il gérer la crise puis le retour des élèves dans la classe ? Peut-il s'appuyer sur un **espace de paroles** pour analyser ? Au collège, « l'heure de vie de classe » a cette vocation depuis quelques années (voir l'expérience page 336) ; dans le primaire, les phases régulières de régulation de groupe sont plus installées dans les pratiques, soit de manière informelle compte tenu du temps large imparti au maître et du rapport plus personnel qu'il entretient avec « ses » élèves, soit de manière plus formelle (par exemple les « conseils d'élèves » issus de la pédagogie institutionnelle).

Retrouver une ambiance de travail, question de bruit ?

Une enquête récente a souligné que le bruit est de loin la nuisance la plus reconnue et subie des Français ; c'est vrai aussi dans le quotidien de tous les enseignants ; est-ce un deuil à faire ? Est-ce un mal nécessaire ? Les élèves baignent dans un univers sollicitant et très participatif, à tous les niveaux ; la parole individuelle (et l'écrit des texto) s'impose ; comment non pas l'interdire, mais la maîtriser, sinon la **réguler** ? C'est bien le premier niveau d'une bonne gestion des relations au sein de la classe. Petit tour d'horizon des *clefs du silence*[1] à l'épreuve des pratiques, proposées par une collègue blogueuse.

La clochette : « Une jolie petite cloche en laiton tinte avec un son clair et agréable, par-dessus le brouhaha et sans agresser les oreilles de personne. Les élèves stoppent immédiatement leur chahut et se tournent vers moi. Je peux alors reprendre avec ma voix posée, sans avoir eu à l'écorcher pour obtenir le silence et leur attention ! »

Le feu tricolore : « Parfois on demande à nos élèves de travailler seul et en silence, parfois ils travaillent en binôme, d'autres fois en groupe de quatre ou cinq, voire en groupe-classe. À chaque modalité correspond un degré de bruit et un mode de communication qu'il n'est pas toujours facile de faire respecter aux élèves. J'ai donc mis en place un système de signalisation qui indique et rappelle aux élèves dans quelle configuration ils se

1. Extrait du blog « Un tableau noir au vert, journal d'une institutrice de campagne », http://tableauvert.canalblog.com/archives/organisation_et_gestion_de_classe/index.html.

trouvent. J'ai découpé trois gros ronds de couleur – rouge, orange et vert – reliés ensemble par une ficelle de sorte que je peux les alterner, et que j'ai accrochés au tableau. En fonction du travail, je donne le ton : vert c'est le droit de parler normalement (avec interdiction de hurler !), orange c'est le droit de chuchoter, et rouge, vous l'aurez deviné, c'est silence absolu. »

L'alarme : « Il s'agit d'un tambourin – on peut choisir toute sorte d'instrument – accroché au tableau à disposition de tous. Quand un élève trouve qu'il y a trop de bruit, il se lève et va sonner l'alarme. Il a été convenu que si l'un d'eux sonne l'alarme, tout le monde doit immédiatement faire le silence, et les contrevenants sont punis. Le silence me permet alors de rappeler la règle : soit on chuchote, soit on fait silence, etc. »

Le sablier : « Ils ont le temps du sablier (le mien dure trois minutes) pour faire ce que je leur ai demandé et faire silence... sinon il y a sanction. Et ça marche ! C'est un travail d'équipe à chaque fois, les plus rapides motivant les plus lents, les plus calmes rabrouant les plus bruyants. Mine de rien, grâce à quelques grains de sable, je gagne un temps fou. »

Les perles : « Chaque fois que mes élèves arrivent à s'exécuter et à faire silence avant que le dernier grain de sable soit écoulé, ils remportent une perle. Je les accumule dans un petit tuyau de plastique accroché à mon bureau, s'ils arrivent à remplir le tuyau de perles, ils gagnent un petit plaisir. Ils ont évoqué la possibilité d'un goûter, d'une chasse au trésor, d'une sortie, la possibilité de faire des jeux en classe... »

Reprendre la main sur l'organisation des relations dans la classe

Le cas de la « crise de 1929 » renvoie enfin à un monde caché, celui des relations interpersonnelles dans une classe rarement visible par le monde des adultes. Ce domaine n'est pas forcément considéré comme étant de son ressort – ou de sa « compétence » ? Dans la plupart des cas, on se contente, très libéralement, de laisser agir les relations affinitaires.

Cela peut être lourd de sens : en pratiquant le non-interventionnisme dans ce domaine relationnel, nous pouvons laisser agir d'autres types de logiques, celle des pairs ou du groupe d'âge, celle aussi des rôles pris ou stigmatisés dans le groupe (les « bouffons ») contre la loi de l'École.

Retrouvons le mot « pédagogie » : ici, c'est organiser le travail des élèves avec des élèves, par les élèves et pour les élèves[1].

POURQUOI SE PRÉOCCUPER DES RELATIONS DANS LA CLASSE

Alors que les professeurs d'EPS travaillent les relations dans la classe autant sur un terrain de sport que dans les déplacements, la plupart des enseignants des autres disciplines hésitent à intervenir dans ce domaine, certains craignant même d'être mal perçus par leurs collègues. Pourtant, plus qu'une simple mesure technique d'organisation des relations dans une classe, le débat porte sur la valeur attribuée à la coopération sociale et, à travers elle, sur le type de société que l'on veut construire. La qualité des relations dans la classe est un bon marqueur de la qualité de la vie scolaire dans l'école et dans l'établissement, et la réciproque est encore plus vraie.

> *« Les collègues pensent que que je suis démagogue. »*

Organiser les relations, cela concerne aussi les adultes dans l'École

Votre travail dans la classe avec les élèves n'en sera que plus facile s'il est étayé par une « ambiance » dans l'école ou l'établissement, on parle aussi de culture.

Vous pouvez jouer un rôle actif dans ce domaine, par exemple :

- ❑ laisser la porte de votre classe **ouverte** ; inviter vos collègues à venir voir, ou vous inviter chez eux. Inviter le chef d'établissement ou le directeur d'école ; et parler après des observations ; poursuivre ;
- ❑ constituer, avec quelques collègues, une banque de données des **petites réussites** en matière de travail de groupe (thèmes, disciplines, niveaux, supports élèves, fiches d'évaluation, documents plus théoriques), par exemple sur un tableau d'affichage avec post-it, pendant plusieurs semaines ; prendre le temps de le parcourir tous les mois ou en fin de session, en invitant un « tiers ». Cela peut devenir à terme un axe de développement de projet d'école ou d'établissement ;

1. Voir le dossier « Meute ou troupeau : le groupe classe », d'après la thèse de Catherine Yelnick , sur le site de Jacques Nimier, http://www.pedagopsy.eu/.

❑ rechercher quelques **appuis à l'extérieur** ; groupements professionnels comme le CRAP (Centre de recherche et d'action pédagogiques, éditeur des *Cahiers pédagogiques*) ou le GFEN (Groupe français d'éducation nouvelle), conseillers pédagogiques de circonscription, le CARDIE, et aussi l'inspecteur (IEN ou IA-IPR de votre discipline) qui sera vraisemblablement intéressé par ce type de pratique ;

❑ dans le prochain conseil des maîtres au primaire ou dans le prochain conseil pédagogique de votre établissement, deux questions peuvent être posées : « La coopération est-elle une stratégie d'apprentissage ? » ; « Quelle **valeur** votre école et vous-même attachez-vous à la compétition et à la coopération ? » Vous n'obtiendrez pas de réponse franche, mais un **débat animé**, à l'image des tensions qui travaillent actuellement tout le corps social. L'éducation à la citoyenneté jouit d'un affichage officiel et constamment réaffirmé, mais les conclusions des sociologues de l'éducation, de même que celles de l'Inspection générale, montrent que ces textes répétés et parfois redondants ne résistent pas à l'épreuve de l'analyse des pratiques ; ils affirment au contraire la prégnance de routines scolaires dans la gestion individualiste et parfois anomique des classes.

valeur ↙

De Peretti n'a de cesse de répéter : « On apprend par, pour et avec les autres. » À méditer. L'éducation à la citoyenneté, cela se vit et se pratique dans le cadre de la classe.

L'organisation des relations au service d'un objectif clair

Le contenu et l'objectif sont-ils appropriés au travail de groupe envisagé ? Si oui, vous pouvez tabler sur trois options possibles pour dégager la plus-value relationnelle qui servira au mieux votre objectif.

❑ **Pour renforcer la coopération sociale et les apprentissages scolaires :** groupes hétérogènes au début d'une séquence de travail en groupe, pour organiser la production d'un groupe avec évaluation finale. Dans ce cas, le questionnaire préalable, pour constituer les groupes, porte sur le résultat à atteindre.

❑ **Pour permettre une remédiation :** groupes de besoin. Le questionnaire porte alors sur le travail à mener.

❑ **Pour permettre la régulation :** groupes par affinités, en début d'année ou de séquence, afin de s'assurer de la participation de tous à l'activité.

LE SOCIOGRAMME, UNE CARTOGRAPHIE DYNAMIQUE DES RELATIONS

Regardez bien le document ci-dessous. C'est une carte des relations interpersonnelles de 25 élèves d'une classe hétérogène en collège REP (réseau d'éducation prioritaire). On appelle ce schéma **un sociogramme**. La vie en classe est lourde de ce qui se passe dans et hors de la classe, avec vous et sans vous. Le cercle d'appartenance des élèves est un niveau essentiel pour les jeunes : il participe à la réussite ou à l'échec de leur apprentissage.

Vous pouvez étayer votre travail pédagogique par l'organisation des relations dans la classe en jouant sur la dynamique interpersonnelle. Dans ce

▶ Le sociogramme d'une classe de 25 élèves

Le sociogramme est une photographie, à un moment donné, des relations entre élèves. Ici, les lettres représentent les élèves de la classe. Les flèches indiquent le sens de la relation entre deux élèves, par exemple « A veut travailler avec C ». Les lettres cerclées indiquent des leaders positifs, ceux vers qui convergent plusieurs relations intentionnelles. Les lettres encadrées repèrent les isolats, ceux qui n'ont pas été sollicités.

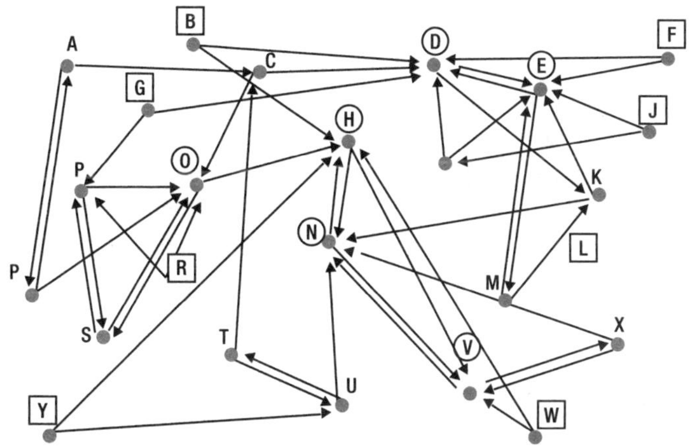

jeu, vous avez (devez avoir) la main, sous peine de retourner au « scénario de l'impossible » évoqué en introduction du chapitre.

Comment construire le sociogramme de sa classe

Choisir le bon moment. Il est préférable, dès le début de l'année, d'afficher le travail sur les relations comme un élément important de votre dispositif d'enseignement. Lorsque vous songez à amorcer une séquence de travail en groupe (plusieurs heures pour une production), annoncez votre projet en sollicitant les élèves dans l'élaboration des groupes. Ce sera une affaire négociée : vous consultez, mais c'est vous qui, selon l'objectif que vous souhaitez suivre, statuerez sur la composition finale. La règle est clairement énoncée.

Première étape : une consultation... confidentielle. Il faut au préalable poser aux élèves deux questions :
– « pour obtenir le meilleur résultat dans ce travail, je voudrais travailler avec... » (deux noms à choisir) ;
– « pour ce travail, je ne voudrais pas travailler avec » (deux noms à choisir).
Chaque élève note ses réponses sur un bulletin individuel avec son nom. L'enseignant est le garant du scrutin et l'organisateur des situations qui en découlent.

Deuxième étape : la construction du sociogramme. Dans votre bureau, sur une feuille blanche, vous reportez bulletin par bulletin les choix individuels et indiquez par deux flèches « A veut travailler avec B, et avec J », en espaçant bien les points de façon à parvenir à un schéma lisible. Vous voyez très vite apparaître des relations symétriques, des leaders positifs et/ou négatifs, mais aussi des isolats (voir le schéma de la page 81). La carte peut recouper vos observations fines comme faire émerger des relations insoupçonnées. La pratique a montré quelques surprises et vœux secrets : jamais le grand baraqué n'aurait reconnu publiquement et oralement vouloir travailler avec la petite gentille du premier rang, et c'est pourtant son vœu écrit (voir « Le sociogramme idéal » page 83). Ne négligez pas l'effet d'appel et d'attente que génère cette pratique.

Troisième étape : la constitution des groupes. Une fois la carte des relations établie, on peut composer les groupes en fonction de l'objectif que l'on se donne. Sur la base d'une classe de 28 élèves, on compose 7 groupes de 4 élèves à partir de la matrice suivante :

▶ Le sociogramme idéal

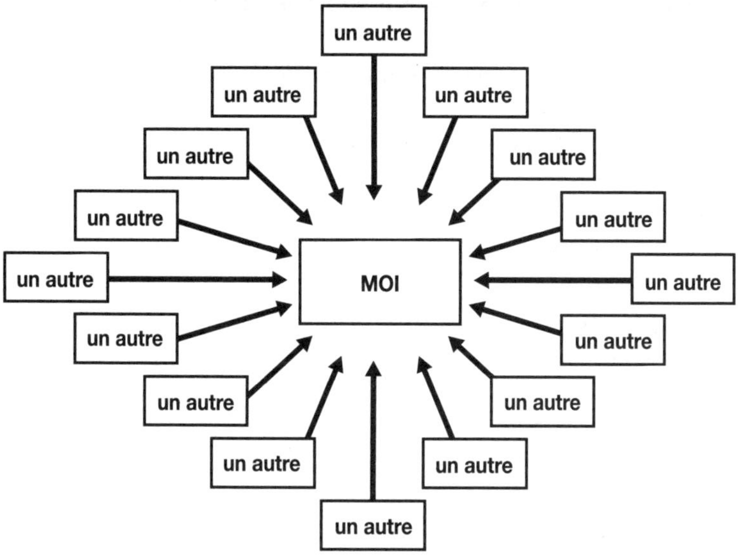

Ce qu'un élève pourrait désirer, mais ce qu'un sociogramme ne sera jamais ! (dessin réalisé en formation d'enseignants, Mexico, 2002).

– 1 élève, leader reconnu ;
– 1 électron libre, isolat ;
– 2 élèves en relation avec le pilote.

Quatrième étape : l'installation des groupes. En lançant la séquence, après avoir énoncé l'objectif de travail, vous passez aux modalités : rappel de la démarche négociée, composition des groupes stables pour la durée indiquée.

◘ LA VARIÉTÉ DES GROUPEMENTS POSSIBLES

Les renseignements obtenus par le sociogramme à un moment *T* de la vie de la classe vous donnent une certaine latitude pour organiser les groupes selon votre objectif ou le thème à traiter. On ne peut que rappeler la grande variété des regroupements possibles ; le sociogramme sera pour vous un guide utile, notamment pour ne pas laisser des élèves-isolats sur le carreau.

Varier la taille des groupes et des groupements

Ces groupements peuvent être institués et organisés :
– dans une classe ;
– entre plusieurs classes ;
– pour un niveau ;
– pour l'établissement ;
– entre établissements.
Ils peuvent être établis :
– par décision des enseignants ;
– par affinités entre élèves ;
– par tirage au sort ;
– suivant des choix de thèmes d'étude ;
– par regroupement de « clans » ou groupes antagonistes.

Clavier de groupements dans une classe

Pour / Par série de :	Une séance	La semaine	Un mois	Un trimestre	L'année
Binômes	☐	☐	☐	☐	☐
Trios	☐	☐	☐	☐	☐
Équipes de 4 élèves	☐	☐	☐	☐	☐
Équipes de 6 à 8 élèves	☐	☐	☐	☐	☐

Selon la mise en réflexion des élèves, dite « *Philips 6×6* », on peut opérer par mise en échange de P élève sur M minutes ou PM (par exemple, 6 élèves sur 6 minutes, ou encore, 4 élèves pour 10 minutes, etc.).
Également, suivant la méthode « *Poirier* » : classe répartie en sous-groupes de 6 élèves organisés avec les rôles de 2 entraîneurs, de 2 élèves moyens et de 2 élèves en difficulté.

Composer des groupes sans choix d'élèves

À partir de résultats à des tests d'évaluation (comme ceux qui sont pratiqués en début de CE2 ou de sixième, par exemple), le sociogramme

▶ Deux précautions à prendre

1. Dans votre évaluation finale, prévoyez d'intégrer un indicateur de fonctionnement du groupe, car c'est bien un objectif, voire une finalité de l'éducation que vous renforcez ici (*dixit* le socle des connaissances).

2. Proposez dans l'année plusieurs modes de groupement. Le dysfonctionnement vient souvent de la routine ou de l'exception.

permet de composer des groupes où les différentiels de niveaux seront compensés par un bon « relationnel ». On peut alors grouper les élèves selon plusieurs critères :
– la vitesse ou la qualité des performances (en lecture, en calcul, en écriture, en orthographe) ;
– les connaissances de certaines bases et de certains savoirs ;
– les capacités d'attention et d'application ;
– les aptitudes à l'abstraction et au raisonnement logique ;
– les motivations au travail scolaire (à l'école et à la maison) ;
– les capacités d'autonomie et de responsabilité ;
– les représentations des disciplines et les capacités d'adaptation.

Composer des groupes à partir du choix des élèves

Des travaux différenciés par groupe peuvent être proposés aux élèves. Les modalités sont au préalable présentées à la classe, puis l'enseignant s'appuie sur le sociogramme pour composer les groupes afin de garantir un fonctionnement plus harmonieux de la coopération intragroupe. Voici quelques exemples de travaux qu'il est possible de soumettre à vos élèves :
– un même contenu (ou *corpus*), documents, texte, matériel, mais selon des exigences de niveaux différenciés (du plus simple au plus ardu) ;
– des contenus (ou *corpus*) différents explicitant une même situation ou une même problématique (et permettant des échanges entre groupes) ;
– un objectif commun de production à atteindre, mais des travaux de difficultés variées (exigeant des aptitudes différenciées) ;
– des objectifs de difficultés différentes, progressives ou non, mais à atteindre dans les mêmes délais, en demandant des efforts de travail équivalents ;

▸ Individualiser les parcours n'est pas « faire un cours individuel » !

Christophe Touny, enseignant spécialisé et chercheur, montre « les paradoxes de l'individualisation », voire de la « personnalisation » évoquée dans les PPRE (programme personnalisé de réussite éducative).

« À ces demandes, je ne réponds pas par des prises en charges individuelles. Au contraire, j'organise des "regroupements d'adaptation" où le groupe a un rôle essentiel car dans les classes les élèves sont de plus en plus seuls (de plus en plus tôt), ils travaillent massivement sur des supports individuels... En "regroupement d'adaptation", nous travaillons sur l'erreur, je privilégie l'entraînement et, surtout, les interactions entre élèves. J'essaie de rompre un peu avec les logiques de production de ces élèves qui cherchent seulement à "faire l'exercice", qui sont plus habitués à faire qu'à penser... Mon travail est d'apporter un peu d'optimisme face aux situations : aider les élèves à changer de regard sur les apprentissages et les manières d'apprendre, aider les enseignants à changer de regard sur les difficultés des élèves, montrer qu'il y a du possible. »

Source : *XYZep*, le bulletin du Centre Alain-Savary, mai 2006 (Site : http://centre-alain-savary.inrp.fr/CAS/publications/xyzep/).

– des objectifs semblables, mais à atteindre dans des délais et avec des rythmes différenciés, suivant un contrat ;
– des objectifs et des tâches semblables, mais poursuivis avec l'aide d'un encadrement professoral différencié, en plus ou moins petits groupes ;
– des objectifs différents, diversement situés dans le programme d'une discipline (ou à des niveaux différents) mais garantissant des possibilités de réussite aux élèves.

Bonus Web ☛ Le site du LMG (laboratoire de méthodologie en géographie), tenu par Christine Partoune, de l'université de Louvain en Belgique, est une petite mine qui parvient avec bonheur à articuler quelques éléments théoriques, ressources et pratiques. On y trouve une série d'activités de travail en groupe, appliquées en géographie, pour éviter l'effet « crise de 1929 » vu plus haut : http://www.lmg.ulg.ac.be/competences/chantier/ methodo/meth_groupe3.html.

AUTOTEST : MAÎTRISEZ L'ESPACE DE VOTRE CLASSE

L'organisation de l'espace de votre classe conditionne en grande partie la qualité des relations interpersonnelles. Vous pouvez agir sur cette dimension en plaçant les élèves, ce que font souvent les enseignants en primaire ; vous avez aussi la plupart du temps la possibilité de proposer un cadre différent. Quelle que soit la configuration que vous retenez, le sociogramme sera pour vous un indicateur précieux pour donner les instructions nécessaires, toujours en articulation avec le type d'activité programmée.

✪ Parmi les différents scénarios présentés ci-après, identifiez deux dispositifs que vous mettez en œuvre fréquemment, puis deux dispositifs que vous allez mettre en œuvre dans les deux prochains mois.

....

....

....

....

....

....

....

....

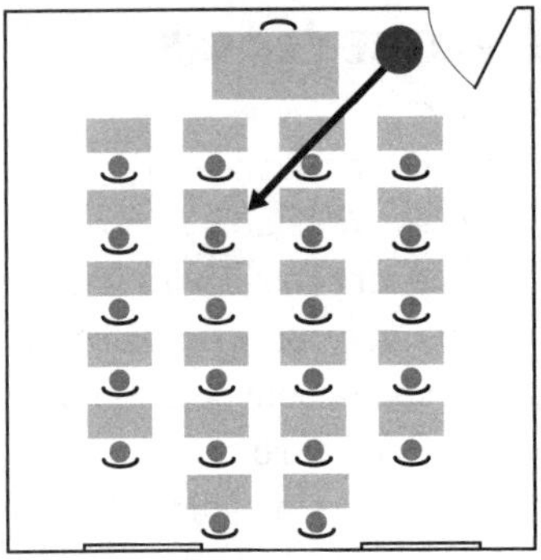

Transmission d'information
Classe traditionnelle en grand groupe organisé pour un cours magistral. Cette disposition favorise la communication en sens unique et la passivité : elle freine les échanges au sein du groupe.

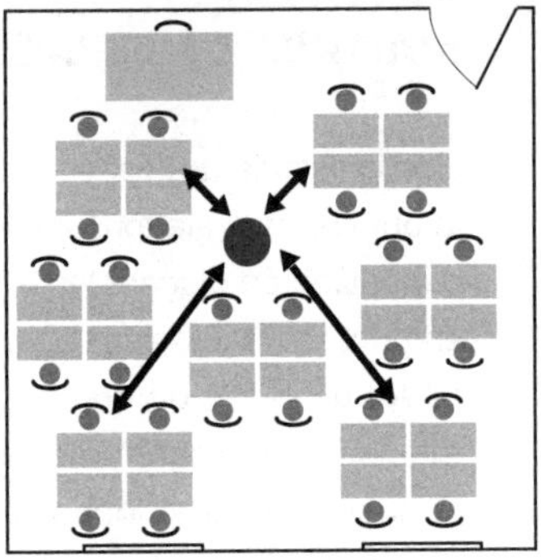

Travail en îlots bonifiés
Groupes de 4 élèves établis par sociogramme. Le professeur se déplace selon les besoins. Cela permet d'alterner la réflexion en petits groupes et la reprise en grand groupe sans changer de disposition.

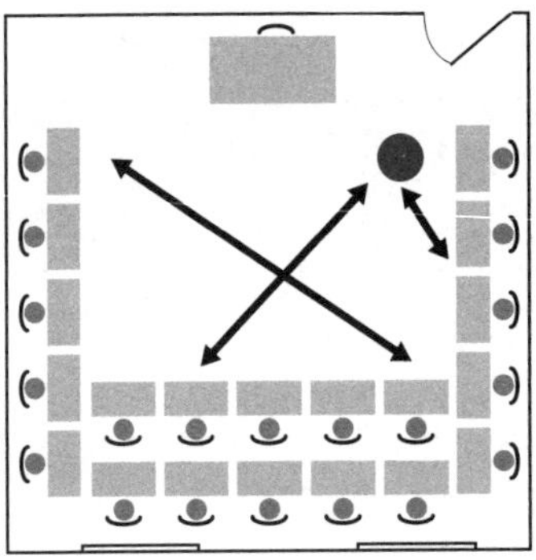

Activités de synthèse
Classe en U en grand groupe. Interactivité et participation de tous. Le professeur se donne les moyens de focaliser l'attention sur lui ou ce qui est au tableau. Co-élaboration progressive du travail collectif.

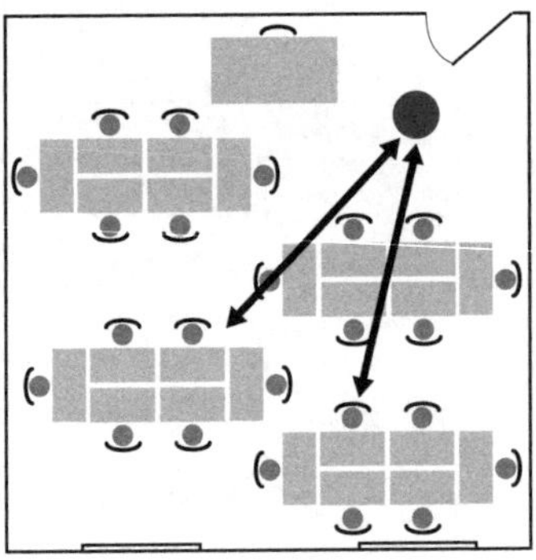

Variante de travail sur dossier et débat
Groupes de 6 élèves avec répartition des rôles.

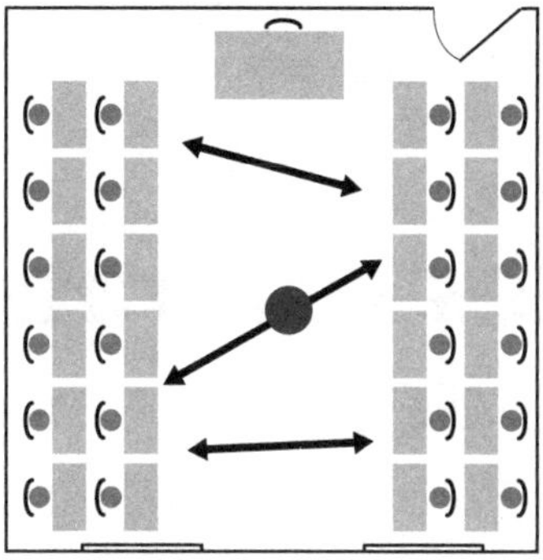

Activités de débat
Sur le modèle du parlement anglais ou des Horaces et des Curiaces.
Émulation des échanges en deux groupes.

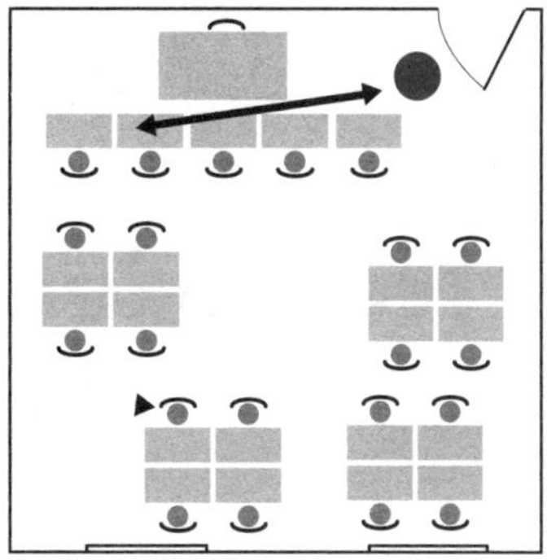

Organisation en pédagogie différenciée
Groupes de 4, établis selon un objectif ou un besoin. L'intervention du professeur est centrée sur quelques élèves en aide individualisée.

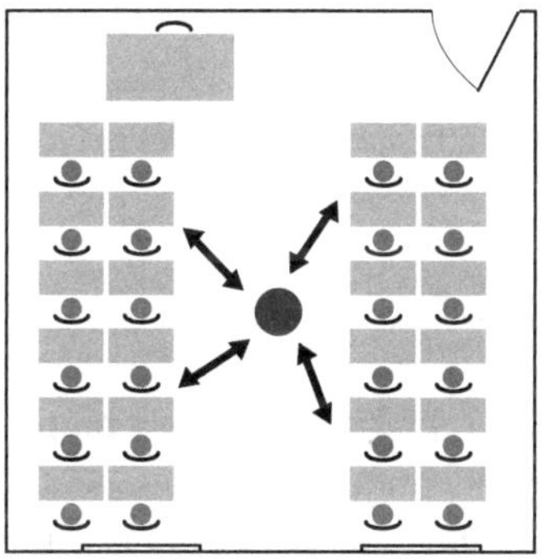

Travail en binômes
Activités de recherches, de lecture, d'écriture à deux, guidé par le professeur itinérant.

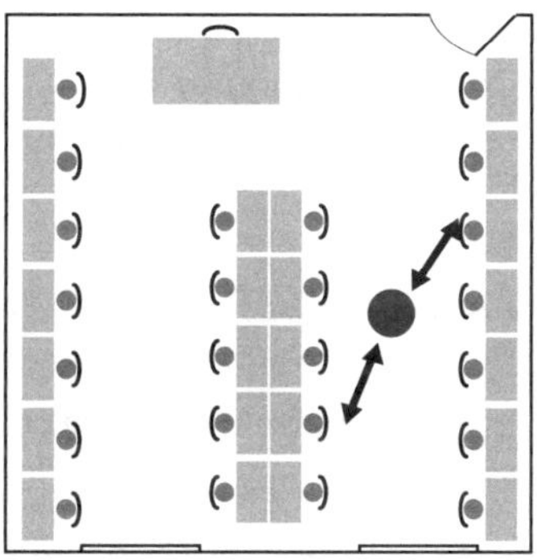

Organisation spéciale numérique
14 postes individuels ou en réseau répartis autour, en travail autonome (recherche ou production). Un groupe encadré par le professeur.

Source : librement adapté d'après une idée de Daniel Noye, INSEP, 1989.

CHAPITRE 4

Négocier des contrats d'études

En fin d'heure, vous vous trouvez assailli autour de votre bureau : « C'est trop dur ! », « On ne peut pas remettre le contrôle ? », « C'est pas le bon compte de points » ; vous ne savez que faire. Ne sachant où fixer les limites, vous décidez de ne pas céder au marchandage. Négocier, jamais ! Ce serait perdre. Vous fermez votre cartable. Les questions resteront sans réponse, pour le moment... Chaque question serait pourtant l'occasion d'ouvrir un nouveau type de dialogue constructif, avec leurs auteurs, plus individuel dans certains cas, collectif dans d'autres. À quel prix la négociation de contrats d'études peut-elle se faire pour être assez intéressante pour l'enseignant et surtout efficace pour les élèves ?

À QUOI SERT UN CONTRAT ?

En situation de grande hétérogénéité, le cas banal de la plupart des classes, le principe d'un cheminement identique à objectifs, contenus et durée égale pour tous se heurte à de nombreux obstacles. Malgré les nombreux dispositifs différenciés successifs et parfois superposés par les équipes et les réformes combinées pour (re)créer une certaine homogénéité, la plupart des enseignants retrouvent en classe des élèves aux niveaux et difficultés très différents. À enseigner de façon égale pour tous, vous ne pourrez empêcher certains de vos élèves de rester très éloignés des savoirs. La question reste d'une grande actualité : que mettre en place pour accompagner « tous » les élèves ?

“Comment utiliser une technique qui relève du préceptorat alors que j'en ai trente à gérer ?”

La pédagogie du contrat est une pratique méthodologique et formalisée par des supports techniques. Elle permet utilement de préciser dans

▸ Trois dérives possibles

Dans la démarche de contrat, on peut prendre garde à quelques dérives toujours possibles.

- **Le maître définit de façon trop directive les objectifs et les contenus du contrat, à la manière d'une prescription médicale.**
- **L'élève ne connaît pas forcément les objectifs visés et les modes d'évaluation sur lesquels il est attendu.**
- **La relation interpersonnelle prime sur les apprentissages à acquérir.**

l'ordinaire de son enseignement ce que l'on attend des élèves et de les accompagner au mieux de ce qu'ils peuvent apprendre.

Permettre une médiation entre l'élève et le savoir scolaire

La notion de contrat induit un rapport égalitaire, là où l'école traite d'abord les relations sur un mode asymétrique. Pour beaucoup, c'est introduire un élément discordant, dans un univers déjà en mal de régulation. C'est bien la question du pouvoir qui agite celle du contrat : pouvoir du maître sur l'élève, pouvoir du savoir. La figure conceptuelle élaborée par Jean Houssaye permet de faire la part entre une dimension didactique (l'enseignant, le rapport au savoir, sa transmission) et une dimension de la relation pédagogique (entre un enseignant et l'élève). Le contrat est une médiation que l'enseignant propose entre l'élève et le savoir scolaire.

> ***“ En quoi un contrat changerait la situation des élèves déjà en difficulté ? ”***

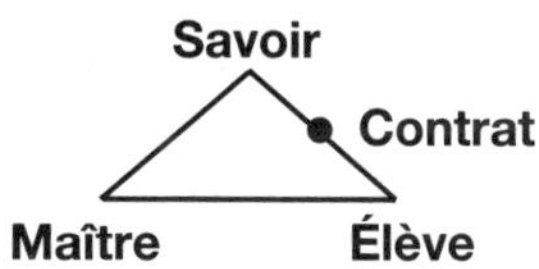

Négocier, c'est permettre à l'élève de reconstruire du sens

La pratique de la négociation ou la pédagogie du contrat s'inscrit délibérément dans le registre du sens à construire dans toute activité scolaire.

Rolland Viau[1] retient trois facteurs. Il faut que l'élève :
- perçoive la valeur de l'activité ;
- perçoive sa propre compétence à l'accomplir ;
- puisse percevoir la « contrôlabilité » de son déroulement et de ses conséquences.

Négocier sans sacrifier ses exigences

Négocier des contrats avec des élèves ne signifie pas renoncer à des exigences élevées et aux objectifs généraux de l'éducation ou de sa discipline ; c'est analyser avec l'élève ce qui fait obstacle, alléger des attentes, donner plus de temps. Souvent, avec de petites variations et ajustements qui incarnent justement la pédagogie, on peut abaisser le seuil à partir duquel l'activité prend du sens. Négocier les situations didactiques, dans cet esprit, ce n'est pas seulement tenir compte de la réalité, du niveau, des attitudes des élèves en planifiant son enseignement. C'est développer sa propre capacité de régulation de l'activité en temps réel, pour la proportionner non seulement au public scolaire, mais à la dynamique du moment[2]. Cette technique permet de mettre en place avec l'élève un travail personnel à objectif limité, dans lequel chacun tient son rôle : à l'élève de fournir un effort de travail et d'apprentissage, à l'enseignant de l'accompagner, lui proposer aides et ressources, valoriser ses petites réussites qui reconstruisent un parcours parfois chaotique. Même si les contenus sont nombreux et lourds à assimiler, il s'agit de rendre accessibles les conditions et le contexte de leur apprentissage. Cela suppose une instrumentation et un suivi plus fin qu'en situation de cours classique et indifférenciée.

> ***« Dans ma discipline, dans mon programme, il y a trop de contenus ; c'est non négociable. »***

La pratique bien expérimentée du contrat pédagogique fait ressortir quelques types de contrats en fonction des objectifs visés ; on distingue ainsi :
- l'acquisition d'un contenu disciplinaire et son amélioration ;
- la réussite dans un ou plusieurs apprentissage(s) particulier(s) ;

1. R. Viau, *La Motivation en contexte scolaire, Renouveau pédagogique Inc.*, Saint-Laurent (Canada), 1994.
2. Philippe Perrenoud, « Sens du travail et travail du sens à l'école » dans les *Cahiers pédagogiques,* 1993, n° 314-315, repris dans son livre *Métier d'élève et sens du travail scolaire,* Paris, ESF, 1996.

– l'élaboration d'un projet ;
– la résolution d'un conflit ou d'un problème comportemental ;
– l'organisation des règles de fonctionnement d'une partie ou de toute la communauté scolaire.

◐ L'EXEMPLE D'UN CONTRAT AVEC UN ÉLÈVE

Partons d'un exemple de contrat[1] : la lecture de Julien, élève de CM2 en début d'année (voir page 94). Dans ce contrat individualisé, on s'attache donc à définir ensemble :
– le (les) type(s) de production finale qui concrétise(nt) l'objectif du contrat ;
– les moyens et le programme pour le réaliser ;
– les aides auxquels l'élève fera appel ;
– l'échéance finale et les échéances intermédiaires ;
– la forme de l'évaluation de la réussite du contrat et des indicateurs prouvant l'atteinte de l'objectif choisi ;
– sa diffusion éventuelle.

Ainsi, il y a contrat en pédagogie lorsqu'un élève et un membre du personnel éducatif échangent leurs opinions, leurs besoins, leurs sentiments, partagent leurs projets et décident ensemble du programme de réalisation et de l'évaluation de l'apprentissage concerné[2].

◐ COMMENT ÉTABLIR UN CONTRAT INDIVIDUEL

Par bien des aspects, négocier un contrat s'apparente à un processus de projet. Gérard de Vecchi souligne quelques traits marquants[3] : toute la démarche se fait en commun (avec les élèves) ; dans la phase d'élaboration, il est important de faire émerger le plus possible de propositions de la part de ceux qui apprennent avant que l'enseignant fasse les siennes.

L'analyse de la situation de départ

L'analyse des besoins, par une discussion ouverte avec l'élève, est un préalable qui permet de cerner la problématique et de réaliser un diagnostic.

1. Source : la page *desette.free.fr/pmevtxt/lapedagogieducontrat.htm.*
2. H. Przesmycki, *La Pédagogie de contrat,* Paris, Hachette Éducation, 1994, p. 12.
3. G. de Vecchi. *Aider les élèves à apprendre,* Paris, Hachette Éducation, 1992, pp. 203-207.

École : ....   Date : 15 septembre 2013   Élève : Julien, CM2

Constat de la situation : j'ai du mal à lire vite. Je ne lis pas beaucoup de livres (romans). Je préfère les BD, mais je n'aime pas lire toutes les bulles. Dans ma famille, je suis obligé de finir les livres commencés. J'ai l'impression de ne pas pouvoir lire les histoires longues.

Objectif (à quoi dois-je arriver ?) : je veux augmenter ma vitesse de lecture. Je ne choisis que des livres qui m'attirent. J'ai le droit d'abandonner un livre mais je le remplace par un autre. Je m'engage à lire cinq livres et à lire les bulles des BD.

Échéance du contrat : six semaines, jusqu'aux vacances de la Toussaint.

Moyens pour réussir le contrat :
Quand ? Chaque jour.
Où ? À l'école, chez moi.
Avec quelles aides ? Un autre élève, le maître, mes parents.
Avec qui ? Julien et Émilie (même contrat).
Quels supports ? Lecture rapide : logiciels ; lecture plaisir : deux romans, deux BD, un documentaire animalier.

Évaluation : l'évaluation sera faite par moi-même ; autocorrection. Elle sera faite par les autres élèves à qui je présenterai les livres que j'ai lus. Le maître fera le point avec moi à la fin du contrat.

• Je m'engage à remplir ce contrat pour le 20 octobre.
L'élève : Julien
Signature

• Je m'engage à aider Julien en lui aménageant chaque jour un temps de travail personnel.
L'enseignant
Signature

• Nous nous engageons à aider notre enfant pour son travail à la maison.
Les parents
Signature

▸ Pédagogie de contrat

« La pédagogie de contrat est une pédagogie qui organise des situations d'apprentissage où il y a un accord négocié mutuel entre partenaires qui se reconnaissent comme tels. »

Source : Halina Prezmiscki : www.limousin.iufm.fr/eps/bulletin/didac/contrat.htm.

Au lycée Antoine-Roussin, à Saint-Louis de la Réunion, pour soutenir le travail de son équipe dans l'accompagnement personnalisé au lycée, Jean-Claude Malet a mis en ligne un véritable vademecum de la pédagogie de contrat :

http://lycee-antoine-roussin.ac-reunion.fr/IMG/pdf/LAR-pedagogie_de_contrat_1.pdf.

De plus, il est intéressant de faire ressortir les points positifs qui préexistent et de s'appuyer sur eux (savoirs déjà présents, volonté de progresser, de réaliser une production, d'atteindre un but convoité...).

Fixer des objectifs réalistes

Un contrat modeste et réussi est de loin préférable à un contrat ambitieux mais rompu. Choisir un, deux ou trois micro-objectifs, réalistes et atteignables, va rendre possible le suivi par les deux parties (par autoévaluation et coévaluation). De même, l'atteinte des objectifs se manifestera par une production (au sens large) qu'il sera alors nécessaire de bien définir. Les conséquences d'un contrat réussi peuvent être discutées lors de son élaboration.

Définir les modalités de réalisation

L'élève devra connaître dans le détail le type de démarche à suivre, réfléchir à ses besoins et aux aides dont il pourra disposer. Un contrat individuel doit être limité dans le temps. Il faut donc parfois élaborer un échéancier.

La prise de décision est un moment important à ne pas aborder comme une évidence. Après élaboration d'un contrat, on peut laisser aux élèves un délai de réflexion. L'enseignant aura peut-être intérêt à s'assurer de l'authenticité du contrat (dans le sens où il ne correspond pas à quelque chose d'artificiel, accepté parce qu'il le faut).

ADAPTER LE CONTRAT À LA SITUATION

La pratique ne se limite pas au seul contrat individuel, passé avec un seul élève. De fait, de manière plus ou moins formalisée, il existe plusieurs types de contrats plus collectifs à adapter selon les circonstances comme par exemple :

« Peut-on passer un contrat avec un groupe ? »

Le contrat personnalisé est à privilégier lorsqu'il s'agit de permettre à un élève de dépasser un obstacle : c'est le contrat de Julien. C'est la pratique institutionnalisée dans les PPRE (programme personnalisé de réussite éducative).

Le contrat de groupe peut concerner plusieurs élèves pour leur permettre de résoudre une difficulté qu'ils partagent ou de réaliser une production commune. Ce type de contrat est particulièrement utile dans les classes multiniveaux, assez fréquent en primaire, avec un mixage entre CP et CM2 par exemple.

Le contrat lié aux règles de vie visera à instaurer un certain état d'esprit dans sa classe. (Voir « la charte de l'élève », page 287).

Le contrat général de formation peut être élaboré en début d'année avec l'ensemble d'une classe dans une discipline. (Voir par exemple page 159, « La carte conceptuelle de la discipline »).

COMMENT ÉLABORER UN CONTRAT DE FORMATION AVEC UNE CLASSE

Le dernier type de contrat, le contrat général de formation, devient très actuel, car il permet d'intégrer les compétences du socle commun de connaissances dans une pédagogie différenciée. Il touche tous les élèves, là où le contrat *stricto sensu* n'en concernait que quelques-uns, avec les risques possibles de stigmatisation dans un groupe d'adolescents en requérant l'implication différenciée des élèves selon le degré de maîtrise.

Un exemple : les tableaux d'objectifs

Des collègues d'histoire-géographie de l'académie de Caen ont préfiguré une démarche originale et facilement transposable à d'autres disciplines. Elle consiste à proposer à la classe au début de chaque module des tableaux d'objectifs à **trois niveaux de maîtrise.**

Ces tableaux sont des productions à la fois expérimentales, pragmatiques, non officielles, incomplètes et ouvertes :
– **expérimentales,** parce qu'elles demandent à être rapprochées du texte relatif au socle des connaissances. Peut-être manque-t-il des questions « incontournables » au niveau 1, ou certaines demandes du niveau 3 sont-elles exagérées ?
– **pragmatiques,** car les objectifs sont formulés sous forme de questions le moins équivoques possible, directement utilisables pour l'évaluation ;
– **non officielles,** car si le niveau 1 a été élaboré en suivant le programme à la loupe, les niveaux 2 et 3 ne sont qu'un compromis entre les collègues ;
– **incomplètes,** car ces tableaux doivent être testés en classe, puis éventuellement modifiés. Les objectifs de savoir-faire (ou méthodologiques, etc.) ne sont pas abordés. Il reste donc à en dresser une liste possible en histoire. Et la géographie ? Il faudrait faire un nouveau tableau ;
– **ouvertes :** comment utiliser ces tableaux ? Tout est possible…

Mode d'emploi des tableaux. Un tableau a été réalisé pour le programme d'histoire de sixième (voir page 98). La première colonne porte sur les « repères » (dates, localisations, définitions, éventuellement personnages), la deuxième sur les « questions » (c'est-à-dire tout le reste !). Les exigences sont déclinées sur trois niveaux.

Le premier niveau correspond à ce qu'il est indispensable de retenir. Il correspond à ce que le *socle commun des connaissances et des compétences* retient (« cartes », « repères chronologiques », « documents »). Ce sont des questions simples ayant souvent recours aux QCM et des savoirs purs.

Les deuxième et troisième niveaux sont plus complexes : non seulement le volume des informations à retenir est plus important, mais les questions sont plus larges et font plus appel à une rédaction élaborée et des compétences plus développées.

Prenons l'exemple du tableau consacré à Rome (la cité et son expansion).

Ce qu'il faut savoir sur... Rome (la cité et son expansion)

Niveaux	Repères (dates, localisations, définitions...)	Questions
1	1) Placer Rome, l'Italie, la Méditerranée, la Gaule sur une carte. 2) Replacer dans l'ordre chronologique 3 cartes sur l'expansion romaine en Méditerranée. 3) À quel siècle naît Rome ? (QCM) 4) Quelle est la date de la bataille d'Alésia ?	1) Texte de Virgile et document archéologique : lequel de ces documents décrit la légende de la fondation de Rome ? 2) Parmi plusieurs documents (dont *La Louve*), lequel présente les deux fondateurs légendaires de Rome ? 3) Texte à trous simple sur la République (avec des mots donnés et à replacer : SPQR, Sénat, citoyens, République, démocratie...). 4) Quel général romain s'empare définitivement de la Gaule ? Reconnaître un de ses textes parmi plusieurs documents écrits. 5) À quelle bataille les Gaulois sont-ils battus ? Par qui étaient-ils dirigés ? 6) Qu'étaient les légions ? 7) Les conquêtes romaines sont transformées en QCM (royaumes, empire, cités, provinces...).
2	1) Placer Rome, l'Italie, la Méditerranée, le Latium, la Gaule sur une carte. 2) Replacer dans l'ordre chronologique 5 cartes sur l'expansion romaine en Méditerranée et les relier à leur légende (mises en désordre). 3) À quel siècle naît Rome ? À quelle date exacte selon la légende ? 4) Quelle est la date de la dernière défaite gauloise ?	1) Textes de Virgile, de Tite-Live et document archéologique : lequel de ces documents décrit la légende de la fondation de Rome ? Lequel décrit le héros arrivant dans la région de Rome ? Lequel décrit le premier roi de Rome ? 2) À partir de *La Louve* : qui sont les deux enfants ? 3) Quels sont les premiers dirigeants de Rome (QCM : des rois, des empereurs, des pharaons, des stratèges...). 4) Que signifie SPQR ? Compléter un organigramme simple du fonctionnement de la République. Cette République est-elle plus ou moins juste que la démocratie d'Athènes ? 5) Quel général romain s'empare définitivement de la Gaule ? Reconnaître un de ses textes parmi plusieurs documents écrits. 6) Quelle bataille et à quelle date les Gaulois sont-ils battus ? Par qui étaient-ils dirigés ? 7) Quelle raison explique la supériorité des Romains sur les peuples qu'ils ont battus ? (QCM : l'armée, leur nombre, leur richesse...). 8) Les conquêtes romaines sont transformées en (QCM : royaumes, empire, cités, provinces...), dirigées par des (QCM : rois, gouverneurs, dictateurs...). Ces conquêtes sont (QCM : pillées, détruites, embellies...) par les Romains.

3	1) Placer Rome, l'Italie, la Méditerranée, le Latium, la Gaule, Carthage sur une carte. 2) Replacer dans l'ordre chronologique 5 cartes sur l'expansion romaine en Méditerranée et leur donner un titre. 3) À quel siècle naît Rome ? À quelle date exacte selon la légende ? 4) Localiser la présence grecque et étrusque en Italie. 5) Donner les dates de début et de fin de la République. 6) Que signifie SPQR ? 7) Donner la date du début et de la fin de la conquête romaine de la Gaule.	1) À partir de deux textes : d'après la légende, quel héros troyen arrive dans la région de Rome ? Quel est le premier roi légendaire de Rome ? 2) Expliquer la statue de *La Louve*. 3) L'archéologie donne-t-elle le même siècle de fondation de Rome que la légende ? 4) Quel est le site de Rome ? 5) Citer les deux autres peuples importants vivant en Grèce au début de l'histoire de Rome. 6) Quel est le premier régime politique de Rome ? 7) Quel est le second régime politique de Rome ? Décrire les trois groupes qui exercent le pouvoir. Est-ce une démocratie parfaite ? 8) Qui conquiert la Gaule ? Quand ? Quelle résistance rencontre-t-il ? 9) Reconnaître un texte de César parmi plusieurs documents : quel est le titre de son livre ? 10) Quelle raison explique la supériorité des Romains sur les autres peuples ? 11) Comment sont transformées les conquêtes romaines ? Comment s'y comportent-ils ? 12) Comment s'appelle la période agitée qui termine la République ? (les guerres civiles).

Comment utiliser ces tableaux

Trois solutions sont proposées, au gré de l'enseignant : une minimaliste, une contractuelle, une plus ambitieuse.

❑ **Première solution** (minimaliste) : ces tableaux constituent un simple guide pour l'enseignant, pour élaborer son évaluation. Il choisit seul de positionner l'exigence au niveau 1, 2 ou 3. Les élèves ne découvrent les questions qu'à l'évaluation. C'est déjà un premier traitement didactique.

❑ **Deuxième solution** (contractuelle) : l'enseignant se sert du tableau pour indiquer aux élèves les objectifs évalués à la fin de la séquence, sur un seul niveau d'exigence. Par exemple, il peut commencer sa séquence en faisant coller à toute la classe le niveau 2 du tableau « Rome » sur le cahier, estimant que tous les élèves devront atteindre les objectifs de ce niveau. Au fur et à mesure de l'avancée de la séquence, il fait s'entraîner les élèves sur les repères et questions de ce tableau. À la fin de la séquence, les questions de l'évaluation sont celles du tableau : les élèves savent précisément sur quoi ils vont être évalués. Ils sont surpris au début par l'infinie bonté de l'enseignant qui leur donne les questions du contrôle à l'avance : c'est un

▸ Un contrat de classe pour traiter le problème de l'absentéisme au lycée

Alors que l'absentéisme n'implique que des individus dans un groupe, sa résolution, tout au moins partielle, dépend de la dynamique du groupe-classe. Ainsi, dans un lycée du Nord, à partir d'un cahier de relevés d'absences, un histogramme a été établi représentant le taux d'absentéisme pour chaque classe de terminale. L'affichage de ces documents rappelle aux élèves la somme de temps perdue au cours d'un mois par l'amoncellement de petites absences. Certains professeurs principaux utilisent ce document pour favoriser une émulation entre les classes aux meilleurs scores. D'un mois sur l'autre, celles-ci essayent de rester en première position, ce qui renforce la cohésion à l'intérieur du groupe.

Source : Le site pédagogique du ministère de l'Éducation nationale : http://eduscol.education.fr/.

bon moyen pour leur montrer que l'évaluation n'a pas pour but de les piéger ou de les trier mais de leur faire acquérir des objectifs.

❑ **Troisième solution** (ambitieuse) : au début de la séquence, chaque élève choisit le niveau sur lequel il va travailler (1, 2 ou 3) en découvrant le tableau complet. Dans un souci de justice comparative évident, celui qui choisit le niveau le plus facile sera moins récompensé que celui qui prend des risques avec le niveau 3. C'est pourquoi il est possible de plafonner les notes pour chacun des niveaux : celui qui opterait pour le niveau 1 ne pourrait pas avoir plus de 12 sur 20 (autrement dit, au niveau 1, 12 sur 20 est la meilleure note possible), 15 sur 20 au niveau 2, et 20 sur 20 au niveau 3. Il vaut mieux laisser aux élèves le soin de choisir librement leur niveau, plutôt que de l'imposer arbitrairement. Mais il faut bien expliquer le rapport plafond de note/niveau choisi en insistant sur le souci de justice de cet équilibre. Une fois le niveau choisi, l'enseignant mène sa séquence, puis peut prévoir un temps final où les élèves vérifient s'ils peuvent répondre aux questions. À ce moment, pourquoi ne pas regrouper ceux qui ont choisi le même niveau dans une équipe afin de préparer l'évaluation ? De même, il se peut que les informations de la séquence ne soient pas suffisantes pour répondre à toutes les questions du niveau 3 : dans ce cas, il est possible de demander aux élèves qui ont opté pour ce niveau de rechercher ensemble dans le manuel ce qui leur manque…

L'idéal de cette production serait de parvenir non à une norme supplémentaire s'ajoutant aux programmes officiels mais à un consensus négocié et accepté sur ces niveaux d'exigence. Ce type de démarche suppose donc une bonne connaissance de ses programmes, une progression souple et la capacité d'organiser des temps de type bilans de savoirs. (Voir le chapitre 9 « Définir une progression » et le chapitre 13 « Être le gardien des programmes »). Toutes ces questions trouveront des réponses pragmatiques si l'enseignant peut s'appuyer sur des collègues plus solides, plus aguerris, qui participent à sa propre formation. C'est le début du développement professionnel.

AUTOTEST : RÉDIGEZ UN CONTRAT INDIVIDUEL D'APPRENTISSAGE

Vous assurez des études dirigées avec un groupe d'élèves. Proposez une démarche contractuelle suivant l'exemple de la « lecture de Julien ».

CHAPITRE 5

Guider les élèves

Dans le continuum des grandes lois de 1989 et de 2005, celle de la Refondation de l'École en 2013 et des textes relatifs au référentiel du métier en 2013, et aux instructions du socle commun en 2014, la place de l'élève a singulièrement évolué dans le système éducatif, et par conséquent la posture de l'enseignant : est-ce la même chose qu'éduquer, instruire, guider, former ? Pas si sûr. Quand j'enseigne, quelles finalités je sers ? Quand je conduis ma classe, qu'est-ce qui me guide finalement ? Enseigner ne peut se réduire à une série d'actes et de techniques, si sophistiqués soient-ils. Les pratiques pédagogiques comportent toujours des valeurs, variables d'un enseignant à l'autre, mais aussi d'un établissement à l'autre. En définitive, des pratiques égales produisent des effets parfois très différents.

APPRENDRE, C'EST EXPLICITER ET FAIRE EXPLICITER

Un proverbe chinois dit : « Mieux vaut apprendre à pêcher que donner un poisson. » En ce sens, avec les meilleures intentions du monde, on peut être tenté de trop assister l'élève dans sa démarche et ainsi vider l'action de tout apprentissage possible pour ne proposer qu'une simple reproduction d'exercice. Ce dont il est question, c'est comment apprendre, plus précisément comment organiser les conditions en classe pour faire en sorte qu'ils apprennent ensemble. À ce titre, la conduite de classe peut être une série d'actes très quotidiens. Par exemple :

« J'ai tellement de contenus à transmettre que je n'ai pas le temps de faire plus participer mes élèves. »

– Partez de la question d'un élève pour en faire celle de la classe : renvoyer au collectif, à une résolution progressive et partagée institue le groupe en vraie « communauté apprenante », sans risque de stigmatisation individuelle.
– Enregistrez au tableau les « petits pas » successifs en identifiant les acquis, les savoirs en jeu, en organisant la trace écrite de façon progressive.

▸ Le TOP 10 des pratiques efficaces

Directement inspiré des politiques d'éducation basée sur la preuve, en référence aux travaux de John Hattie (voir introduction), le site Formapex propose ressources et textes de référence pour une « pédagogie explicite » ; par exemple, la traduction de l'article de Shaun Killian sur www.pinnacle.org.au qui recense les 10 stratégies d'apprentissage les plus efficaces :

1. Soyez clair si vous voulez que vos élèves apprennent.
2. Dites à vos élèves ce qu'ils ont besoin de savoir et montrez-leur ce qu'ils doivent être capables de faire.
3. Utilisez les questions pour vérifier la compréhension de vos élèves.
4. Faites résumer de manière graphique les informations nouvelles.
5. Faites-les pratiquer abondamment et répartissez la pratique dans le temps.
6. Fournissez de la rétroaction afin que vos élèves affinent leurs efforts.
7. Donnez à chacun assez de temps pour réussir.
8. Faites travailler vos élèves ensemble de manière productive.
9. Enseignez des stratégies et des contenus.
10. Cultivez la métacognition.

www.formapex.com/gestion-des-apprentissages/1163-top-10-des-meilleures-strategies-denseignement.

– Explicitez en mots, en schémas ce qui a été fait pour permettre à tous les élèves de dépasser la simple approche narrative d'actes sans sens.
– Questionnez plutôt sur les démarches (« Comment as-tu fait ? ») pour travailler avec eux la capacité à interpréter, comme celle à questionner les évidences (« Qu'en savez-vous ? »).
– Invitez le plus souvent possible à la recherche de l'information dans le cahier, dans le manuel ou dans d'autres supports disponibles, pas nécessairement Internet.

CHOISIR SON MODE D'ENSEIGNEMENT EN FONCTION DES EFFETS RECHERCHÉS

Engager les élèves dans des activités plus efficaces dépend aussi de variables que vous pouvez activer selon les cas. Les implications en termes

> *« J'ai du mal à sortir du « cours dialogué », pratique mais usant à force, pour les élèves et pour moi. »*

d'activités-professeur et d'activités-élèves sont différentes suivant les situations mises en place.

Le tableau page 105 présente et analyse quatre situations d'enseignement : l'explication en continu (sorte de cours magistral), la leçon par séquences, la leçon « dialoguée » et le travail sur dossier. On retrouvera la même antienne, à savoir : pas de bon ou de mauvais cas, mais des choix à faire en toute connaissance de cause en termes d'effets et de résultats, et une variété requise des situations (voir aussi le chapitre 24 « Créer des situations d'apprentissage »).

DONNER DES REPÈRES POUR MIEUX SE CONNAÎTRE ET S'ÉVALUER

Enfin, éduquer renvoie vers un horizon plus ou moins lointain, mais certain, après l'école, le collège ou le lycée… C'est donner assez de repères pour permettre aux élèves de se retrouver dans le paysage toujours complexe de l'orientation scolaire. Sans trop forcer le trait, on pourrait affirmer que, avant d'être professeur de discipline, on est d'abord « professeur d'orientation[1] ». Ce n'est pas le moindre des paradoxes que cette compétence professionnelle ne soit pas explicitement travaillée en formation initiale, et qu'une fois versé dans le métier, on apprenne tout sur le tas dans ce domaine. Il en découle des traitements fort différents au sein même des établissements, et entre les établissements. Il est encore fréquent de voir reporter cette tâche proprement pédagogique au seul conseiller d'orientation ou de laisser la logique scolaire faire le tri, la « chose » n'étant abordée que tardivement, toujours trop tard et, quand il s'agit d'échec, quand orienter prend la forme passive : « il est orienté. » Pourtant, on peut distinguer deux domaines dans lesquels tout enseignant peut avec profit appuyer ses inter-

> *« Pour moi, l'orientation c'est plutôt l'affaire du professeur principal et du conseiller d'orientation. »*

1. Le code de l'éducation, issu de la loi d'orientation sur l'éducation du 10 juillet 1989, stipule que l'éducation est la première priorité nationale ; le service public de l'éducation est conçu et organisé en fonction des élèves et des étudiants ; il contribue à l'égalité des chances.

Quatre situations d'enseignement passées au crible

Activités et attitudes des élèves	Utilisation de documents, du manuel	Activité et attitude du professeur	Production de la trace écrite
• L'explication en continu Le professeur mène l'explication avec le support éventuel de documents, les élèves suivent et prennent une trace écrite.			
– Passivité, attention vacillante (15 minutes par heure).	–	+	– Aucune assurance d'une compréhension par l'élève.
• La leçon par séquences Le professeur mène une explication entrecoupée par des activités-élèves et par l'élaboration d'une trace écrite sur le cahier.			
+ Alternance des séquences	+ Centrée sur deux ou trois documents, pas plus.	+	– + Si et seulement si la trace correspond aux travaux-élèves.
• La leçon dialoguée Le professeur mène l'explication en interrogeant les élèves et en corrigeant les réponses pour aller vers une trace écrite.			
+ Permet de travailler sur les savoir-faire.	+	+ Démarche d'évaluation formative.	– + Si et seulement si la trace correspond aux travaux-élèves.
• Le travail sur dossier Le professeur, après avoir fourni aux élèves les explications nécessaires, suit l'activité de l'élève sur dossier qui comporte ou non la trace écrite.			
+ Chaque élève est sollicité, étape importante dans l'autonomie de l'élève.	+ Gros travail préparatoire de supports adaptés à la fois aux contenus exigibles et au public scolaire.	+ Application d'une pédagogie différenciée et formative, liberté de déplacement.	+ Produite par l'élève, avec ses représentations, directement réinvesties.

Donc « pas de solution miracle ! » dirait notre ami formateur.

ventions : la découverte des formations et des métiers et la réflexion sur soi et sur ses propres compétences.

Bonus ☛ Le professeur principal, une mission stratégique et un rôle qui se travaille. À lire : *Professeur principal, animer les heures de vie de classe,* CRDP Amiens, 2e éd., 2009.

Faire découvrir les formations et les métiers

Saisir toutes les occasions d'ancrer tout savoir dans la vie réelle, avec ce qu'elle comporte d'incertitudes et d'évolutions possibles, permet à l'École d'apprendre à décoder les activités socio-économiques, très largement méconnues, même chez les lycéens. Cet aspect peut être toujours présent à l'esprit du professeur[1].

Engager avec l'élève une réflexion sur soi et sur ses propres compétences

Outre les temps proprement réservés à l'éducation à l'orientation, ou encore les éventuels entretiens individuels, on peut inciter les élèves à mener une réflexion sur eux-mêmes et leurs compétences dans la plupart des cours : faire apparaître leurs atouts, leurs petites réussites, connaître leurs besoins.

Ainsi, le « portfolio » est introduit dans la troisième à découverte professionnelle, mais aussi dans des versions plus globales à tous les niveaux d'enseignement, à l'occasion du « livret expérimental de compétences » : l'équipe se fait très accompagnante dans les bilans de savoirs formels (scolaires) et informels, tant dans l'enceinte de l'École que dans les activités extrascolaires ; le jeune s'entraîne à reconsidérer sous un éclairage nouveau et riche toutes les petites choses qui lui permettent d'engranger des savoirs. La démarche est dynamique ; on ne peut construire que sur du « solide ». Développer le sentiment de compétence, permettre au jeune de s'autoriser à entreprendre, malgré certaines inexpériences, est un gage de plus grande réussite.

1. Vous consulterez avec profit la brochure éditée par l'académie de Nantes (http://www.ac-nantes.fr:8080/peda/pole_peda/prof_principal/guide_professeur_principal.pdf). Puis la fiche technique du CRDP de Nice, qui compile des ressources efficaces sur la dimension de conseil à l'orientation du professeur principal, http://www.ac-nice.fr/azurnet/sections/eleves-parents/orientation/publications-du-saio/dossierpp/ ; Dominique Odry (coord.), *L'orientation c'est l'affaire de tous,* CRDP d'Amiens, CRAP, ESEN, 2007 : de nombreuses fiches pratiques pour aider les enseignants à construire un parcours d'orientation. Certaines font s'exprimer les élèves sur leurs représentations par rapport à l'orientation. On peut organiser un TP sur la découverte des métiers ou à définir une formation.

“ Des procédures comme l'autoévaluation fonctionnent mieux dans le secondaire que dans le primaire. ”

Le guidage d'un groupe repose donc sur un travail d'entraînement régulier, plus ou moins directif, à l'analyse du travail collectif et contribue à l'élaboration de compétences individuelles. C'est précisément ce que nous propose une enseignante québécoise en primaire grâce à ses « portraits de compétences[1] ».

Pour aider les élèves à s'évaluer plus facilement, l'enseignant peut s'appuyer sur les composantes de la compétence en commençant chaque énoncé par « Je suis capable de... ». Ensuite, ces énoncés sont classés, avec les élèves, en trois catégories (ou plus) afin de constituer une échelle de niveau de compétence. Voici un exemple, issu d'une classe d'un deuxième cycle de primaire, fin septembre :

Petit lecteur
- Je suis capable de lire tous les mots.
- Je fais des pauses aux points.
- Il m'arrive de buter sur certains mots.
- Je suis capable de bien répondre à certaines questions en lien avec un livre ou un texte.

Grand lecteur
- Je lis un peu plus vite.
- Je lève ma voix au point d'interrogation.
- Je mets de l'intonation parfois.
- Je commence à faire des liaisons entre mes mots.
- Je suis capable de répondre à toutes les questions.

Géant lecteur
- Ma lecture est fluide.
- Je mets de l'intonation tout le temps.
- Je fais mes liaisons lors de ma lecture.
- Je suis capable de répondre à toutes les questions.

1. Site Internet : www.csdeschenes.qc.ca/snaps/portfolio/Portrait/portraitcompetence.htm.

L'élève peut dessiner un livre (petit lecteur), deux (grand lecteur) ou trois (géant lecteur) selon le profil auquel il correspond. Les appellations de chaque niveau de l'échelle ont été décidées par le groupe-classe. Ainsi, l'élève peut dépasser le critère simpliste affectif ou impressionniste (j'aime, j'aime pas, c'est difficile…) pour s'approprier le concept de compétence plus opératoire dans le monde de l'école, et pour plus tard.

Ce portrait de compétence et son échelle de niveau évolueront au fil de l'année. On peut y ajouter des éléments, en enlever quand on sait que tout le monde est capable de réussir un élément, etc. C'est évolutif et vivant ! L'échelle est affichée dans la classe à chaque fois que les élèves ont à justifier le choix d'un travail. Ils ont aussi la même échelle sur une feuille dans leur portfolio afin de pouvoir s'y référer à leur gré.

➡ À la lecture de cet exemple, on trouve tous les ingrédients d'un bon guidage : questionnements collectifs, élaboration progressive, autoévaluation et retour réflexif de l'élève, continuité de l'apprentissage sur l'année. C'est précisément ce à quoi le « socle » nous invite.

FAIRE ÉMERGER SES PROPRES VALEURS

Ce travail d'investigation personnelle que nous demandons aux élèves est relativement nouveau, et donc, n'a pas toujours été mené par les enseignants eux-mêmes. Les valeurs qui fondent notre action restent encore un domaine très insuffisamment investi par la formation initiale et continue des enseignants. Elles ne sont jamais sujettes à débat, et surtout pas en salle des profs ; pour cette raison aussi, elles se cristallisent sur des objets ou des revendications, en lutte parfois stérile : l'invective n'a d'effet que de renforcer les oppositions et d'armer le conflit entre « anciens » et « modernes ». Il ne peut y avoir de gagnant ni de perdant.

> ***“Jamais je n'ai eu à m'interroger sur ce qui fonde mon action et mon envie d'enseigner.”***

Parvenir à ce que je veux

Choé, jeune professeur, dans un blog éphémère des cent jours de sa prise de métier, nous fait partager ses propres questions et son attachement au métier : « J'ai l'impression d'être un chercheur d'or à l'époque de la fièvre avec ma pioche et mon monocle. Je creuse dans une mine à la recherche d'un filon. Des fois, il faut détruire des idées toutes faites et qui ont la vie dure. La pire ? "la lecture c'est nul", mais c'est aussi celle que j'ai le plus de plaisir à casser pour parvenir à ce que je veux. »

Détecter les valeurs de l'action enseignante

Le « ce que je veux » déclaratif mais trop implicite ne va pas sans poser de problèmes. Pour le décoder, Olivier Maulini propose un schéma[1] rendant compte de l'interaction entre trois éléments identifiés :

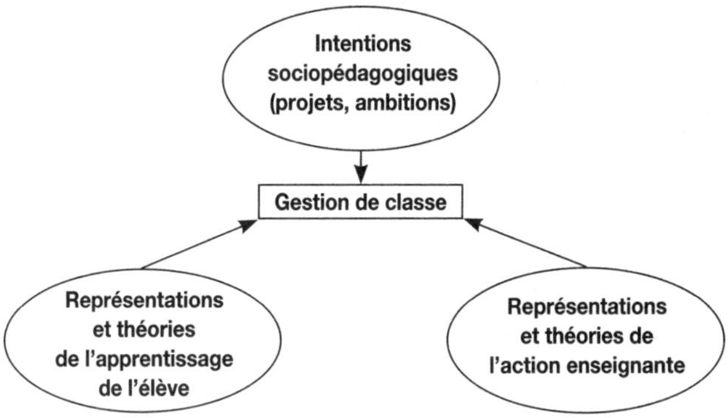

Éduquer ou former ?

Pour affiner l'expression de ses propres valeurs relatives à l'action enseignante, André de Peretti propose un exercice destiné à faciliter l'émergence d'un consensus dans un groupe, un Q-sort[2] : c'est une série de propositions parmi lesquelles vous devez faire un choix que vous confrontez ensuite à ceux du groupe. Mais l'exercice peut aussi être solitaire.

> ***« Ma mission est d'instruire les élèves. Le problème à présent c'est qu'il faut commencer à les éduquer. »***

✐ **Dans la liste des items ci-dessous, sélectionnez :**
– deux items qui vous paraissent les plus importants ;

1. Sur le site Life de l'université de Genève : www.unige.ch/fapse/SSE/teachers/maulini/ classe.html.
2. Sur les consignes de passation du Q-sort et son exploitation, voir A. de Peretti, *Encyclopédie de l'évaluation en formation et en éducation,* p. 257 sq. et le site Diversifier : http://francois.muller.free.fr/diversifier, tapez « q-sort ».

– quatre items dignes de considération ;
– huit items qui vous paraissent neutres ;
– quatre items qui vous paraissent douteux ;
– deux items qui vous semblent à rejeter absolument.

Q-sort : éduquer, c'est...

❑ **1.** Éduquer, c'est savoir attendre.
❑ **2.** Éduquer, c'est inculquer le sens du devoir.
❑ **3.** Éduquer, c'est permettre aux possibilités d'une personne de se révéler.
❑ **4.** Éduquer, c'est laisser faire.
❑ **5.** Éduquer, c'est apporter les conditionnements qui faciliteront l'apprentissage des bonnes habitudes.
❑ **6.** Éduquer, c'est donner l'exemple.
❑ **7.** Éduquer, c'est communiquer en profondeur avec un jeune pour l'aider à communiquer avec lui-même.
❑ **8.** Éduquer, c'est savoir se taire.
❑ **9.** Éduquer, c'est instruire.
❑ **10.** Éduquer, c'est dresser.
❑ **11.** Éduquer, c'est révéler les valeurs essentielles.
❑ **12.** Éduquer, c'est entraîner les jeunes à obéir.
❑ **13.** Éduquer, c'est accompagner les démarches tâtonnantes des jeunes pour qu'ils prennent davantage de hardiesse et de sécurité.
❑ **14.** Éduquer, c'est présenter les modèles de comportements fondamentaux.
❑ **15.** Éduquer, c'est apporter les contraintes immédiates qui refrènent les instincts et les pulsions anarchiques.
❑ **16.** Éduquer, c'est provoquer inlassablement.
❑ **17.** Éduquer, c'est aider progressivement un jeune à affronter son angoisse et s'ouvrir aux autres.
❑ **18.** Éduquer, c'est savoir bousculer.
❑ **19.** Éduquer, c'est faire confiance.
❑ **20.** Éduquer, c'est s'éduquer.
(Les résultats sont reportés en fin de chapitre, page 113.)

TROUVER SON PROPRE STYLE D'ENSEIGNEMENT

“ Je considère l'enseignement comme une transmission de connaissances. ”

Mois après mois, année après année, l'enseignant va trouver un rythme de croisière en matière de conduite de classe.

Avec l'expérience, il se construit peu à peu son style d'enseignement, fait d'intuitions vérifiées, d'astuces expérimentées, de petits échecs résolus et de petites réussites reproductibles. Mais cela reste une difficulté de verbaliser « comment ça marche ».

Pour analyser son propre style d'enseignement, Therer-Willemart[1] (université de Liège) identifie quatre styles d'enseignement représentatifs des pratiques pédagogiques observables, à partir d'une matrice bidimensionnelle (intérêt pour la matière, intérêt pour les élèves) et de deux niveaux d'intensité (fort, faible) qui restent indicatifs.

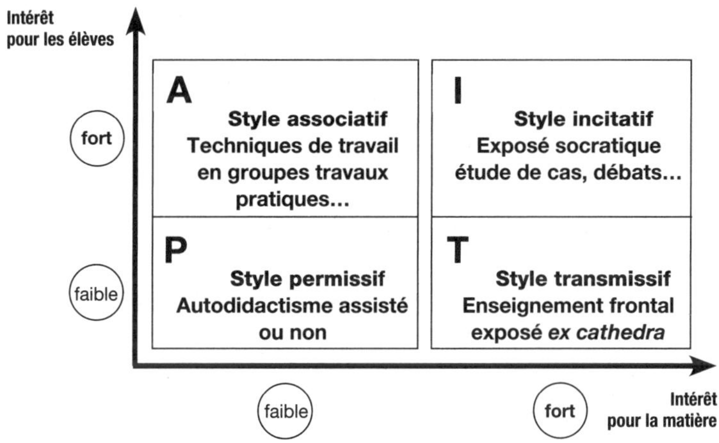

Les établissements sont « porteurs » pour leurs élèves

Il existe, dans les établissements, différentes façons d'informer les élèves à propos des choix possibles qui s'offrent à eux à la sortie des études secondaires. Ces différences traduisent des conceptions distinctes du rôle de l'établissement en matière d'accès à l'enseignement supérieur et divers degrés de conscientisation de l'établissement en matière de « construction d'aspirations aux études supérieures ».

C'est le cas du lycée Condorcet à Montreuil où proviseur et équipes s'appuient depuis plusieurs années sur un réseau de partenaires suffisamment étendu et varié pour engager leurs élèves dans l'exploration d'activités

1. Therer-Willemart, université de Liège, 1982, cité dans A. de Peretti, *Encyclopédie de l'évaluation en formation et en éducation,* p. 115.

	Version « moins efficace »	Version « plus efficace »
T **style transmissif**	**Le formateur communique un maximum d'informations dans le temps imparti. Son exposé transpose directement un texte écrit sans l'adapter aux circonstances et au public.**	**Le formateur fait un exposé, mais en l'adaptant aux circonstances et au public : il annonce des objectifs, il structure, il concrétise.**
I **style incitatif**	**Le formateur a le souci constant de faire participer les individus, il sollicite des réponses ponctuelles, mais sans exploitation effective (questions « devinettes »).**	**Le formateur a le souci constant de faire participer le groupe, il sollicite des avis, il stimule des interventions spontanées, il utilise les réponses (questions plus ouvertes).**
A **style associatif**	**Le formateur n'accorde qu'une confiance relative aux apprenants. Il entend les faire travailler, mais n'attend pas grand-chose de cette collaboration, il ne promet pas d'aide effective, il « corrige » et « rectifie ».**	**Le formateur fait confiance aux apprenants, il se considère et il est perçu comme une « personne-ressource » dont le rôle essentiel est de faciliter les apprentissages individuels et collectifs.**
P **style permissif**	**Le formateur reste passif, voire laxiste. Il se contente de meubler le temps qui lui est imparti sans considération réelle pour les apprenants et pour les objectifs.**	**Le formateur met à la disposition des apprenants des documents de qualité bien adaptés à leur niveau. Il intervient très peu mais répond aux demandes explicites.**

ambitieuses dans une zone qui l'est parfois moins ; les enseignants sont très accompagnants et développent des compétences bien plus étendues que le seul enseignement didactique.

Au final, « les élèves qui fréquentent un établissement mobilisé autour de la transition secondaire-supérieur doublent leurs chances d'aspirer à suivre des études universitaires par rapport à ceux qui fréquentent un établissement peu préoccupé par cette question ».

AUTOTEST : DONNEZ DE L'ORIENTATION À VOTRE COURS

✪ Prenez votre dernière heure de cours. Avez-vous à un moment ou un autre :

❑ informé ou explicité un ou plusieurs aspects d'une activité professionnelle en relation directe avec le contenu, le support, le thème, la matière que vous avez enseignée ?

❑ travaillé avec les élèves d'une façon ou d'une autre sur leur positionnement, le retour sur leur propre progression, sur leurs acquis ?

✪ Résultat du test de la page 109

Votre conception de l'enseignement : « Enseigner » ou « Instruire » ?

Vous avez relevé deux items qui vous semblent prioritaires, puis quatre importants. Retrouvez leur place dans le tableau ci-dessous. Vous devez voir apparaître une, si ce n'est deux tendances principales qui caractérisent votre propre conception. Cependant, elle sera susceptible d'évolution vers d'autres tendances, d'une part, en fonction de l'avancée dans votre pratique professionnelle, d'autre part, en fonction des contextes différents d'enseignement et de publics scolaires que vous rencontrerez. L'objectif est ici de faire le point, de prendre ses propres repères.

4, 8, 19	**Attitude expectative.** Non-intervention, retrait, laisser l'enfant se développer, confiance en l'homme.
20	**Attitude de symbiose.** Coéducation élève, enseignant, recherche de l'épanouissement, travail sur soi.
3, 7, 13, 17	**Attitude psychologisante.** Importance de l'affectif, l'élève est un disciple.
16, 18	**Attitude de l'intervention ferme.** Inciter l'élève à apprendre, car il ne sait pas où est son intérêt.
9	**Attitude instructiviste.** L'éducation passe par le développement de l'intelligence et des connaissances, suivre le progrès des sciences.
2, 6, 11, 14	**Attitude moraliste.** Guider les actes « vertueux » de l'élève, importance des valeurs, l'éducateur est un modèle.
5, 10, 12, 15	**Attitude de contrôle.** Moralisant et plus interventionniste, contraindre les pulsions négatives.

CHAPITRE 6

Travailler en équipe

C'est l'une des dix tendances les plus marquées de ces dernières années, quand tous les textes évoquent abondamment les « équipes pédagogiques », l'équipe éducative, l'équipe de direction. Les plans de formation et les innovations institutionnelles visent au renforcement d'une compétence collective. Cette modalité du travail enseignant est pourtant loin d'être naturelle, compte tenu des routines organisationnelles et de la culture professionnelle héritée. Comment faire pour que le travail en équipe soit plus performant que le solitaire travail enseignant ?

IL EST QUESTION DE LA RÉUSSITE DES ÉLÈVES

Les enquêtes comparatives internationales, Pirls, pour le premier degré, et Pisa, pour le second degré, soulignent l'importance du contexte pédagogique interne aux établissements.

Au nombre des facteurs les plus déterminants pour expliquer la réussite en lecture au primaire, on trouve l'expérience du maître, le climat qui règne dans la classe et le soutien parental. Au second degré, c'est le taux d'encadrement, la formation des enseignants, le moral des enseignants et « l'ambiance » de l'établissement qui favorisent la réussite scolaire.
À bas bruit, c'est bien la dimension collective du travail qui l'emporte ces dernières années. Comme tout autre professionnel, l'enseignant participe d'un réseau formel et tout aussi informel de relations et de solidarités qui accentue, selon les organisations et les pratiques à l'œuvre, la réussite ou l'échec.

La spécificité de l'éducation réside dans l'invisible coopération pour une part et l'immatérialité des connaissances, d'autre part. Mais les résultats aux tests internationaux nous ramènent à notre niveau ; collectivement, notre organisation n'est pas la meilleure, en tout cas, elle ne convient pas à la moitié de nos élèves. On a donc une première réponse à la question « à quoi sert le travail d'équipe ? » : à devenir meilleurs ensemble pour nos élèves.

L'exception française

L'enquête d'Eurydice[1], le réseau d'information sur l'éducation en Europe, avait déja publié en 2003 sur la profession enseignante et les tâches statutairement requises en Europe où six domaines étaient repérés et globalement partagés dans les 25 pays observés :

- ❑ supervision d'élèves entre les cours ;
- ❑ supervision d'élèves après les cours ;
- ❑ remplacement de collègues absents ;
- ❑ soutien des futurs enseignants ou entrants ;
- ❑ travail d'équipe sur la définition des curricula et du projet d'école ;
- ❑ travail d'équipe sur le bilan pédagogique et sur l'évaluation du projet d'école.

✐ *Consigne :* cochez la ou les cases qui correspondent à votre activité réelle.

Dix ans plus tard, l'enquête européenne TALIS en 2013[2] livre des conclusions plus détaillées et sans grand changement pour l'heure. Les enseignants français expriment un fort sentiment d'efficacité professionnelle, encore davantage s'ils pratiquent les méthodes d'enseignement « actives ». Mais ils ont tendance à exercer leur activité essentiellement de manière individuelle et selon des schémas assez traditionnels. Ils recourent moins que leurs homologues des autres pays au travail en petits groupes (37 % contre 47 % en moyenne), à la mise en place de projets (24 % contre 37 %), à l'utilisation du numérique (22 % contre 27 %). Ils déclarent moins utiliser des méthodes pédagogiques différenciées selon le niveau des élèves (22 % contre 44 % en moyenne).

Ils déclarent volontiers discuter des progrès de leurs élèves et échanger du matériel pédagogique avec leurs collègues. Participer à une action

1. Site Internet : www.eurydice.org.
2. TALIS : Teaching and learning international survey, l'enquête en 2013 a porté sur 34 pays ; TALIS s'est intéressée à la formation initiale et au développement professionnel des enseignants, à leurs principes, attitudes et pratiques pédagogiques, à leur évaluation, ainsi qu'au climat scolaire et à la direction des établissements dans lesquels ils travaillent. Elle a également interrogé les enseignants sur leur sentiment d'efficacité personnelle et leur niveau de satisfaction professionnelle. Disponible sur www.education.gouv.fr/cid80620/talis-2013-enseignant-en-france-un-metier-solitaire.html.

collective de formation professionnelle, utiliser des barèmes communs d'évaluation sont des pratiques en général moins répandues que dans les autres pays. Des pratiques collaboratives, comme observer le travail de leurs pairs ou intervenir en classe à plusieurs, sont encore rares.

Les enquêtes de terrain sur les pratiques réelles modèrent ce constat et attestent que le métier a évolué sur un certain nombre de ces points précisément. Ce que l'on nomme çà et là « innovation » ou encore « expérimentation » n'est souvent pas autre chose que de l'actualisation des pratiques et des dispositifs à des besoins réels des organisations pour un meilleur service aux élèves[1]. Ces petits décalages génèrent de la même façon parfois un sentiment de malaise vis-à-vis du prescrit, même dans sa version évoluée (circulaire du 30 avril 2015) (voir annexes) ou des résistances pour d'autres collègues plus attachés au « statut [enseignant] ». Mais, qu'est-ce qui, dans notre monde contemporain, perdure depuis soixante ans ?

Ce que le mot équipe veut dire en quelques points

Le terme d'équipe est tellement galvaudé qu'il devient nécessaire de le reprendre ; étymologiquement, il nous vient du vieux scandinave, *skip* (pour équipage d'un navire, dans sa traversée toujours incertaine vers un port). Par exemple : au collège Louise-Michel, à Clichy-sous-Bois, le travail collectif se cristallise autour de la réorganisation du temps scolaire (ramenant à quarante-cinq minutes des séances initialement prévues sur un créneau d'une heure). Cette modification permet de dégager des temps supplémentaires, répartis en créneaux disciplinaires et créneaux d'étude. Les premiers sont utilisés, en fonction des classes, pour mettre en œuvre des projets transdisciplinaires, des actions culturelles, des ateliers, ou pour la mise en place de groupes de besoins modulés, de séances de remédiation ou de co-interventions. Les seconds sont utilisés pour les devoirs à faire, de la méthodologie ou de l'approfondissement. Enfin, un créneau est réservé pour les actions de prévention et le travail sur l'orientation.

Nous pourrions reconnaître au mot « équipe » certains attributs tels que :

- un petit nombre de personnes, gage d'efficacité, avec une géométrie variable selon les tâches, une qualité du lien interpersonnel témoignant d'une acceptation et d'une volonté d'adhésion ;

1. Voir les résultats de l'enquête sur 300 dispositifs innovants, François Muller, *L'innovation, une histoire contemporaine du changement en éducation*, CNDP, « Changements en éducation », 2012.

❑ un engagement personnel dans une communauté d'action ;
❑ une complémentarité ;
❑ une unité mentale et sociale, puis touchant peu à peu l'établissement ;
❑ une intentionnalité commune vers un objectif défini, puis évolutif selon l'ampleur ;
❑ des contraintes acceptées relevant de la tactique, de la coordination, de la discipline ;
❑ une organisation des rôles et une distribution du travail.

✐ *Consigne :* cochez la ou les cases qui correspondent à votre vécu professionnel immédiat.

Quelle est votre conclusion ?

....

....

....

« Dès lors que des adultes se parlent, échangent, se complètent, s'enrichissent de leurs compétences réciproques, l'élève a tout à y gagner. Parce qu'il y a une pluralité de regards, d'approches, et parce que chacun des adultes membre de l'équipe devient une équipe à lui seul, il pourra bénéficier des apports, de l'éclairage, des outils, de chacun. C'est l'idée forte de l'intelligence collective : on est plus intelligent à plusieurs que seul. » Philippe Meirieu.

Partager des élèves occasionne du travail en équipe

À envisager, en collaboration avec des collègues,
mensuellement ❑ trimestriellement ❑ à l'occasion ❑

Réunion de deux classes dans une classe	oui	non
– d'élèves de même niveau	❑	❑
– d'élèves de niveaux différents	❑	❑
Avec leurs professeurs de même discipline	❑	❑
Avec leurs professeurs de disciplines différentes	❑	❑
Réunion de toutes les classes de même niveau d'un établissement	❑	❑
Réunion de toutes les classes de la même discipline d'un établissement	❑	❑
Réunion d'accueil des élèves et des familles en début d'année	❑	❑
Réunion des élèves et des familles en fin d'année (pour une exposition par exemple)	❑	❑

◗ FAIRE DES RÉSISTANCES UN DÉBUT DU TRAVAIL EN ÉQUIPE

Les enquêtes et entretiens sur le terrain ont pu identifier des résistances ou des inerties récurrentes. On pourrait les résumer en six points :

❑ « On n'a pas les moyens. »
❑ « On n'a pas le temps de faire le programme. »
❑ « Ils n'ont pas le niveau ; le niveau baisse ; ils ne sont pas comme autrefois. »
❑ « L'inspection ne veut pas. »
❑ « On n'a pas été formé pour ça. »
❑ « On a déjà essayé et ça n'a pas marché. »

✐ *Consigne :* cochez la ou les cases qui correspondent à des paroles que vous avez pu proférer.

Loin d'être des assertions triviales, ces arguments témoignent d'un ancrage plus profond, de la part de professionnels attachés à leur métier et à leurs élèves. Dans leurs travaux sur les « économies de la grandeur », les sociologues Luc Boltanski et Laurent Thévenot ont répertorié dans notre société six « mondes », l'appartenance à un monde étant déterminée par le type de justification employé par les personnes. Rapporté au milieu enseignant, on peut y repérer dix mondes (voir le test page suivante).

Parvenir à repérer ces « mondes », c'est prendre conscience des valeurs qui sont les siennes, c'est affirmer ses convictions pédagogiques. Les repérer chez ses collègues, c'est aussi pouvoir mieux bénéficier de ce que ceux-ci peuvent lui apporter. Il s'agit donc d'un outil susceptible de permettre aux enseignants qui le souhaitent de mettre leurs pratiques pédagogiques en accord avec leurs convictions.

En formation d'enseignants[1], la typologie des justifications peut servir de base à un travail sur l'intérêt de la concertation et de l'échange, en quatre séquences :

1. s'approprier la notion de « monde » et repérer dans chacun d'eux ce qui fait blocage, ce qui enferme ;
2. repérer son ou ses modes de justification habituels ;
3. repérer ces mondes, dans des situations scolaires précises dans lesquelles il y a blocage, donc immobilisme ;

1. D'après d'A. de Peretti, *Encyclopédie de l'évaluation en formation et en éducation*, Paris, ESF, 1999, rééd. 2010, p. 161.

4. dans chacune de ces situations, rechercher ce qui fait obstacle au changement, et étudier comment faire évoluer cette situation de manière constructive.

L'utilisation de « jeux de rôles » peut être envisagée pour les trois dernières séquences.

Test : À quel « monde » peut-on attribuer les propos suivants ?

Les enfants ont toujours raison.	❍	❍	Le paradis perdu
Méfions-nous, on cherche à nous nuire.	❍	❍	Matérialisme
J'ai tout essayé. On ne peut rien faire.	❍	❍	Libéralisme
Chacun fait comme il veut.	❍	❍	Résignation
À quoi bon ?	❍	❍	Défensive
Tout cela ne vaut rien. Il faut changer !	❍	❍	Réconciliation affective
Ce n'est pas dans les textes.	❍	❍	Changement à tout prix
L'essentiel, c'est qu'on s'entende bien.	❍	❍	Légalisme
C'était bien mieux autrefois.	❍	❍	Défaitisme
On n'a pas les moyens.	❍	❍	Enfant-roi

Ces représentations ne pourront évoluer que collectivement – que ce soit au niveau d'une école ou d'un établissement –, qu'en les travaillant dans un débat argumenté et contradictoire… et par la régulation des pratiques ; on trouve là la dimension formative de l'expérimentation.

Complémentairement, nous pourrions proposer un exercice d'entraînement collectif à l'argumentation positive : le décalage par l'adoption d'un autre point de vue, le questionnement d'une conception traitée comme « allant de soi » sont des gestes mentaux propres à la créativité, toute professionnelle. Voici une série de propositions, « 30 idées vouées à enterrer un projet ».

> ***« Chez moi, c'est plutôt 30 idées pour enterrer un projet. »***

Pour chacune d'elles, trouvez deux réponses argumentées adéquates :

1. On a déjà essayé.
2. Ça ne s'est jamais fait.
3. On s'en est bien passé jusque-là.
4. Ce n'est pas prévu dans le budget.
5. Nous n'avons pas le personnel nécessaire.
6. Ce n'est pas notre école qui en bénéficierait.

7. Qui paiera ?
8. Les risques intangibles sont trop grands.
9. Nous ne sommes pas encore prêts pour ça, mais le moment venu...
10. C'est très bien en théorie, mais mon expérience...
11. Il faudrait l'accord de..., et je suis sûr de son refus.
12. C'est une solution à long terme, ce qui nous intéresse, mais ici tout de suite...
13. C'est la solution à court terme, ce que nous voulons, c'est une solution durable.
14. Nous faisons déjà mieux que l'école d'à côté.
15. Ceci est radicalement différent de ce qui se fait dans notre école.
16. Les parents n'accepteraient jamais.
17. C'est trop compliqué, personne ne comprendra.
18. C'est contraire à notre projet d'école.
19. Ça fonctionne aux États-Unis, mais en France...
20. Ça fait longtemps que je voulais le faire, mais...
21. Nous voulons que les enseignants réfléchissent et pas simplement...
22. Ce n'est pas comme cela qu'ils font chez...
23. Si c'est si bien que ça, pourquoi personne n'a-t-il encore essayé ?
24. Il n'y a que vingt-quatre heures dans une journée.
25. Vous n'y arriverez jamais tant qu'Untel sera...
26. Bien sûr, on prouve n'importe quoi avec des chiffres.
27. Ça, c'est le problème de l'inspecteur d'académie.
28. Soyez raisonnable !
29. On n'apprend pas à un vieux singe à faire la grimace.
30. Bonne idée, formons un comité.

Des dizaines d'accompagnements d'équipes font apparaître trois points qu'il serait contre-productif d'ignorer.

1. Ce qui est imposé passe beaucoup moins que ce qui est négocié et partagé, une pratique émergeant du terrain est d'autant mieux acceptée.

2. Il faut du temps, beaucoup de temps. On peut évaluer le temps d'évolution vers une pratique collective à deux à trois ans pour une équipe. Ce n'est pas le temps de l'élève calé sur l'année scolaire ni celui du « politique » et des réformes, qui passent sans être évaluées. Ce n'est pas le moindre des problèmes rencontrés. À cet égard, les différences d'ancienneté dans le métier ne jouent pas, c'est bien une compétence collective qui est recherchée ; la relative « jeunesse » dans le métier serait même un atout dans un groupe pour son regard renouvelé sur les routines et sur l'organisation dans son école ou dans son établissement.

3. Les évolutions de pratiques collectives nécessitent à un moment donné un accompagnement par un tiers externe ou « ami critique ».

TROIS DÉCLENCHEURS POSSIBLES

Les résistances, si fondées fussent-elles, expriment une étape nécessaire dans l'engagement au travail. Pour que les équipes parviennent à se mobiliser, certains déclencheurs sont cependant plus puissants que d'autres.

Choisir librement un sujet commun de travail entre enseignants, le développer avec les élèves sur la durée, c'est un cas de figure. Cela se produit souvent sur la base d'affinités communes, sur des projets ponctuels. C'est très efficace quand le sujet s'appuie sur des données partagées issues des élèves. Ce cas existe certes, mais il n'est pas représentatif.

Plus fréquent : le sujet s'impose à vous car il est « prescrit » dans le cadre d'une réforme institutionnelle, comme par exemple les **TPE** (travaux personnels encadrés) ou l'accompagnement personnalisé au lycée ou l'histoire des arts au collège et en 2016 les EPI (enseignements pratiques interdisciplinaires) : la pluridisciplinarité est obligatoire pour conduire une démarche de projet en disposant d'un quota horaire et en s'appuyant sur des éléments de programme. Pourtant, une évaluation a montré que si les formes semblent respectées, le fonctionnement efficace en équipe n'est pas toujours de mise. Cette dimension du travail en équipe est pourtant bien présente dans le document de référence.

Lorsque la situation devient critique...

Très souvent, c'est bien une situation problématique, voire une urgence, qui déclenche par réaction un rapprochement des acteurs. C'est-à-dire que le travail collectif, non prescrit, mais conseillé par l'Institution, ne s'impose pas en situation classique. On le constate dans les établissements dits « de centre-ville » et les zones favorisées.

Qu'est-ce qui est reconnu comme difficile actuellement ? À l'occasion du grand débat sur l'école, 22 questions ont été débattues dans plus de 15 000 réunions publiques (dans et hors les lieux d'éducation). Voici les sujets traités en priorité :

– « Comment motiver et faire travailler efficacement les élèves ? » : 15, 76 % ;
– « Comment lutter efficacement contre la violence et les incivilités ? » : 7,9 % ;
– « Comment prendre en charge les élèves en grande difficulté ? » : 7,33 % ;
– « Comment l'École doit-elle s'adapter à la diversité des élèves ? » : 7,24 %.

Donc, ce sont prioritairement les difficultés des élèves, puis, par réaction en chaîne, les difficultés d'exercice de la profession qui vont générer un sursaut d'une partie de la communauté éducative dans le meilleur des cas.

Lorsque chacun y voit son intérêt professionnel...

Le déclencheur peut venir d'un **changement dans les règles de fonctionnement de l'école** ou de l'établissement, qui rendent la coopération professionnelle nécessaire. Nécessaire ne signifie pas « obligatoire », mais « intéressant », au sens du profit que l'on peut espérer en tirer. Pour la majorité, s'investir dans une démarche collective de projet d'établissement, c'est difficile. « Pour franchir le pas, souligne Philippe Perrenoud, il faut donc de bonnes raisons, et des mobiles plus concrets. Seule l'organisation quotidienne du travail dans les écoles peut constituer une incitation forte à coopérer [...] On voit bien que la voie autoritaire ne mène à rien [...] Le jour où les gens qui veulent travailler en équipe auront la priorité dans la construction des horaires, le choix des formations continues, l'autorisation de s'écarter des normes pour expérimenter, chacun des acteurs reconsidérera ses stratégies. » Équipe signifie très vite... politique !

Une direction d'équipe motivante. Dans la mesure où le travail d'équipe appartient au domaine de l'organisation du travail, on touche explicitement le rôle pédagogique de la direction que prend de plus en plus le directeur d'école, comme le chef d'établissement. Et cela n'a rien d'administratif. Bien au contraire. « L'injonction "travaillez en équipe" est loin d'être efficace toute seule [...], le fonctionnement simultané de divers groupes (de niveau, de soutien, de projet, de besoins) et de plusieurs dispositifs (remédiation, options interdisciplinaires) exige une division du travail et une bonne entente entre les enseignants. Il reste à convaincre tous les professeurs que l'organisation du travail devrait être leur affaire, collectivement, à l'échelle de l'établissement et de l'équipe pédagogique, alors qu'aujourd'hui encore, elle reste principalement l'affaire de l'administration centrale ou des chefs d'établissements. Les professeurs ne sont maîtres de l'organisation du travail que dans la classe, pour une petite fraction de la grille horaire », estime Philippe Perrenoud.

○ TECHNIQUES CRÉATIVES OU RÉFLEXIVES POUR CONDUIRE UNE RÉUNION D'ENSEIGNANTS

Voici donc **des propositions de séminaires,** laboratoires, ateliers ou séances, proposés à votre inventivité et à celle de nos collègues et des directions. Sous des titres nouveaux et des formes originales et sans ordre particulier, ce sont des alternatives riches et variées pour créer le petit décalage qui peut faire la différence dans une réunion d'équipe.

► **Séminaires anthropologiques :** *« D'où venons-nous, que sommes-nous, où allons-nous ? »* (1897), selon le testament artistique de Gauguin[1], et au-delà, avec les jeunes !

► **Séminaires d'exploration des valeurs :** recensons nos valeurs ; chacun écrivant pendant un quart d'heure celles qui lui viennent directement à l'esprit. Dans un deuxième temps, mise en commun et réflexions qui s'en suivent. Éventuellement, consultation d'un « mandala » des valeurs[2].

► **Laboratoires de Technique du « risque ».** La séance commence par une exposition par chacun et inscription au tableau de difficultés présentes ou à venir, dans la mise en œuvre d'un projet, en *brainstorming,* chacun soutenu à proposer des idées inattendues ou à reprendre une idée formulée de façon surprenante. Dans un deuxième temps, classement de ces risques, obstacles ou dérives (vraies ou farfelues). Enfin, proposition de mesures possibles pour résorber ou compenser les risques plus probables. C'est une technique d'imagination créative.

► **Séminaires de prospective :** imaginer des *scenarii* contrastés sur ce que seront nos activités et nos modes professionnelles dans dix ans ? Dans quarante ans ? Au-delà d'un questionnement sur l'École, osez la question : « Qu'est-ce qu'apprendre ? » Vous pouvez même partir d'une consultation écrite préalable avec un groupe d'élèves. Là encore, les idées folles peuvent être raisonnables ; elles sont initiatrices de grands changements quand les équipes les prennent au sérieux.

► **Séminaires de « réhabilitation » d'instruments ou procédures :** nous connaissons un certain nombre d'outils ou de procédures pédagogiques que

1. Voir par exemple, *Apprivoiser l'avenir pour les jeunes avec les jeunes*, dirigé par Martine Lani Bayle et François Texier, More et Marlen, Paris, 2007.
2. In *Techniques pour communiquer*, Hachette, *op. cit.*, p.188-189.

nous avons vu utiliser dans nos parcours ou que nous retrouvons dans nos lectures : est-il possible d'en partir pour les transformer de manière à les rendre utilisables dans nos enseignements actuels ?

► **Ateliers de métaphorisation :** si nous avions à présenter notre discipline, notre pratique, quelles images, quels symboles, analogies et métaphores aimerions-nous proposer ? Comment dessineriez-vous le Socle, ou encore « apprendre », ou encore « réussite » ? La capacité à produire une « vision » signale la dynamique d'une équipe en mouvement.

► **Séances de réunion avec attribution de rôles, parfois inhabituels ou insolites :** notamment « réacteur subjectif », « humoriste », « dessinateur » de ce qui se passe, « contradicteur de principe », « qualificateur », etc. La restitution de ces rôles rend toute la richesse de l'imaginaire d'une équipe et de ses réalités sous-jacentes. Dynamique assurée.

► **Jeu méthodologique de transposition** (JMT)[1] : sur la base d'une étude de cas ou d'un dispositif exogène à l'école ou dans l'établissement, chacun ou chaque petit groupe examine la possibilité d'une transposition par changement de quelques variables (effectif, temps, espaces, supports, modalités, contenus, etc.). L'adaptation d'une expérience est faisable à 20 %, ou 80 %. On dépasse ainsi l'argument spécieux de toute spécificité enfermante.

► **Recherche d'interstices, de mini-perfectionnements, de marges utilisables :** dans les programmes, dans les emplois du temps, dans la vie scolaire, dans les rapports interdisciplinaires, dans les rencontres culturelles, dans l'invitation d'artisans ou de professionnels en classe. Chacun recherche et propose des mini-changements à introduire, de nature à fertiliser le champ scolaire. *L'innovation se définit ainsi, par l'introduction d'un élément nouveau dans un contexte structuré* (banque Nova de l'INRP).

► **Atelier de recherche ou de détection d'antagonismes :** entre nos disciplines, entre nos méthodes, entre nos conceptions pédagogiques, entre nos générations, entre nos parcours. Comment en bonnes « dialogiques » (selon Edgar Morin) penser ensemble ce qui paraît contraire, par exemple, le couple enseigner-former, ou encore instruire-éduquer, ou encore valoriser-noter.

1. Voir la fiche plus détaillée sur *Techniques pour communiquer* ou sur http//francoismuller.free.fr/diversifier/index.htm.

► **Recherche de pôles et de paradigmes inédits, latents :** quelle organisation permet de passer d'une logique d'enseignement à une logique de compétences, telle que le suggère fortement le CECRL (Cadre européen commun de référence pour les langues) dans nos établissements aux structures cloisonnées ? De même, le *« socle commun des connaissances et des compétences »* nous invite à revisiter l'organisation des disciplines et dans leurs contenus, les savoirs et les compétences, de sorte à revaloriser la notion d'option, d'approfondissement ou encore de découverte comme décision d'effort et d'orientation à court ou plus long terme. Quels jeux d'interdisciplinarité sont nécessaires pour forger les compétences attendues et prescrites par le « socle » ?

► **Laboratoire d'apprivoisement de l'avenir :** comment réaliser dans nos établissements des rencontres intergénérationnelles avec des jeunes et des adultes par lesquelles nous pourrions rendre nos élèves sensibles aux épreuves subies par leurs grands-parents et parents et aux espérances d'avenir rendues possibles par le courage de générations précédentes ? Et par des témoignages stimulants.

► **Séminaire d'hybridation culturelle, d'hybridation de méthodes, de techniques, de concepts, de pratiques :** se référant par exemple à Freinet, à Cousinet, à Piaget, à Rogers, à Korcsak, comment fabriquer une situation d'apprentissage originale : coupler par exemple l'imprimerie à l'organisation au travail d'une école ? Comment transposer des activités et des rôles propres à l'imprimerie dans le monde de l'Internet ou dans le monde des arts graphiques ou du design comme à Saint-Étienne ?

► **Séminaire de recherche de points d'appui et de leviers :** l'équipe se lance dans l'exploration de tous les petits savoirs, appuis et ressources qui l'aident dans son travail d'apprentissage des élèves.
On peut dédier un tableau en salle des maîtres destiné à recevoir des post-it ; un point est fait tous les mois pour relire ce qui devient l'expertise collective d'une équipe qui apprend sur elle-même.

UNE ORGANISATION QUI APPREND ET QUI S'APPREND

Ces approches plus créatives et plus collégiales du travail franchissent la « frontière invisible » dans l'établissement ; il s'agissait bien souvent de (ne pas) toucher à l'organisation du travail, en favorisant (ou non) l'élaboration collective, la mise en débat du métier, l'analyse partagée de données et de résultats. Ces « petits pas », progressifs, sont les conditions d'une organisation qui apprend[1] d'elle-même, sur elle-même, pour améliorer son propre fonctionnement…

Cette dimension « moderne », déjà éprouvée dans d'autres organisations de plusieurs (dizaines) d'années, concerne à présent le travail enseignant. Le « travail d'équipe » ou « en équipe », maintes fois invoqué et parfois réalisé, ne peut se produire sans un minimum d'organisation et une part certaine

Collecter de l'information sur Internet	***Penser sa stratégie de recherche*** **Les annuaires** **Les moteurs de recherche** **Les méta-moteurs de recherche** ***Penser sa stratégie de veille*** **Les listes de diffusion** **Les outils de surveillance**
Stimuler les idées	**Le brainstorming** **Les 5 pourquoi** **Le CIRCEPT** **Métaplan** **La matrice de découverte** **La carte conceptuelle** **L'analyse sémantique** **La technique du groupe nominal**
Analyser l'environnement	**La grille MOFF** **Le diagramme Causes / Effets** **Le benchmarking** **Les cercles de qualité** **La méthode de résolution de problèmes** **La méthode de raisonnement ODSA**
Élaborer une stratégie prospective	**L'analyse structurelle** **Les arbres de compétences** **MACTOR** **DELPHI** **La grille des enjeux** **La technique du risque** **MORPHOL**
Aider à la décision	**La matrice d'Eisenhower** **Le diagramme de Pareto** **Les arbres d'objectifs** **Le diagramme d'affinités** **La méthode Philips 6.6**

1. Voir l'intervention d'Alain Bouvier sur *l'établissement apprenant,* au colloque de l'ISP Paris, http://www.isp-formation.fr/article.php3?id_article=112.

	La matrice de compatibilité **Le vote pondéré** **Le tableau multi-critères**
Planifier le projet	**Le diagramme de GANTT** **Le diagramme de PERT** **La méthode QQCQCCP** **La méthode MOSI** **Le cahier des charges fonctionnel**
Animer une réunion	**Préparer la réunion** **Ouvrir la réunion** **Maîtriser le déroulement de la réunion** **Clore la réunion** **Les rôles et attitudes de l'animateur** **Les outils de l'animateur** **Gérer les principaux problèmes** **La parole est d'or** **La technique du voisinage**

d'ingénierie. C'est pourquoi il est intéressant de se pencher sur les ressources développées par exemple chez nos collègues de l'IAAT (Institut atlantique d'aménagement des territoires)[1] de la région Poitou-Charentes.

LES PROFS APPRENNENT DES PROFS

Les techniques viennent soutenir un processus dynamique repéré comme « développement professionnel continu ». Une étude américaine montre que les enseignants les plus performants ont un effet positif sur leurs collègues. « Les enseignants apprennent de leurs pairs et les effets ne sont pas petits. » C. Kirabo Jackson et Elias Bruegmann, professeurs à l'université d'Ithaca[2] (New York) ont étudié la valeur ajoutée des enseignants en se basant sur les résultats des élèves. L'arrivée d'un professeur compétent entraîne une amélioration des résultats des enseignants de son équipe éducative. Les enseignants expérimentés transmettent des savoir-faire à leurs collègues. Sans formation *stricto sensu*, la collaboration professionnelle et la régulation d'une équipe sont des ressources tout aussi efficaces dans le développement professionnel, et *a fortiori* pour les nouveaux entrants dans le métier.

1. http://www.iaat.org/ressources/methodo_formation_guide_methodo.php?id2=22
2. Site Internet : http://digitalcommons.ilr.cornell.edu/workingpapers/77/.

Se donner quelques référents communs : une technique pour stabiliser un concept en équipe

Souvent, des équipes très engagées évoquent les « valeurs », sans pour autant les expliciter. Les valeurs ne sont pas une donnée en soi, malgré l'inscription de la trilogie républicaine au fronton de nos écoles, elles se construisent en équipe, comme au collège du Chaudron à la Réunion[1]. À cet égard, la technique du Q-sort (choix à partir d'une série de propositions, voir page 110) peut être appliquée, par exemple sur le concept et/ou les pratiques de l'interdisciplinarité.

Ce début de consensus qui permet à tous les membres d'approfondir, par exemple dans une étape ultérieure, les modes et les techniques d'évaluation du travail des élèves.

Ce protocole est actif dans nos écoles et collèges actuellement quand tous, nouveaux comme plus anciens, se confrontent à de nouveaux « objets » de travail. Le Socle commun de connaissances et de compétences reste encore un champ à défricher, bataille pour les uns, exploration pour les autres. Tous ont à apprendre sur le concept lui-même comme sur ses modalités de mise en œuvre. De fait, il s'agit moins de « mise en place » pour les structures, pour les personnels, pour les pratiques que d'une étude de fond portant sur les représentations en la matière fort diverses, sur les résistances à ce type d'approche, et sur les évolutions en termes même d'identité professionnelle.

C'est pourquoi à l'occasion de l'encadrement d'un **grand groupe** (120 personnes), nous avons proposé la technique dite du Q-sort[2].

1. Voir le groupe LEKOL DES VALEURS, sur le réseau RESPIRE, http://respire.eduscol.education.fr/pg/groups/101015/lekol-des-valeurs/.

2. Q-sort – Consignes de passation

a. La passation doit se réaliser, individuellement ou collectivement, dans le strict respect de l'anonymat. Les réponses personnelles de classement de propositions ou items doivent être marquées sur deux morceaux de feuille sans nom, dont l'un est gardé par son rédacteur. Ces feuilles peuvent être fournies imprimées à l'avance selon les modèles donnés ci-dessous ou fabriqués sur un modèle tracé au tableau.

b. Les consignes peuvent s'appliquer à la personne même qui passe le Q-sort mais on peut aussi demander à celle-ci de se placer du point de vue d'autres personnes (à définir) ou du point de vue du sens commun.

c. Les consignes peuvent être relatives à l'idéal qu'on se fait du concept ou relatives à la façon dont on l'envisage dans la pratique.

✐ *Consigne :* quelles sont les deux propositions auxquelles vous adhérez ; les deux propositions que vous rejetez. Discutez-en avec vos collègues.

❑ **1.** C'est l'actualisation du système français au cadre européen de l'éducation.

❑ **2.** C'est encore une réforme de plus, jusqu'à la prochaine.

❑ **3.** C'est enfin l'occasion de faire une école pour tous et pour chacun.

❑ **4.** C'est la négation des disciplines et des programmes.

❑ **5.** La logique du socle est en parfaite contradiction avec la culture et les pratiques de l'enseignement public français.

❑ **6.** C'est une occasion unique de travailler ensemble et autrement.

❑ **7.** C'est un casse-tête pédagogique pour les chefs d'établissement.

❑ **8.** C'est un texte de cadrage qui permet des applications locales.

❑ **9.** C'est la fin de la liberté pédagogique pour les enseignants.

❑ **10.** Il est urgent d'attendre les instructions complémentaires.

❑ **11.** C'est un document qui va donner de la cohérence aux enseignements et du sens aux apprentissages.

❑ **12.** C'est un compromis infaisable entre la pression de lobbies et des directives européennes.

❑ **13.** La logique du socle est en pleine harmonie avec notre projet d'école/d'établissement.

❑ **14.** C'est un moyen pour en perdre (des moyens).

❑ **15.** Nous attendrons une formation pour nous y mettre.

❑ **16.** C'est un dispositif qui permet de remettre les évaluations à leur juste place.

❑ **17.** C'est introduire le libéralisme dans l'univers scolaire.

❑ **18.** C'est un chantier de vingt ans.

❑ **19.** C'est l'aboutissement d'une réflexion vieille de quarante ans.

❑ **20.** C'est « ce qu'il n'est pas permis d'ignorer » au terme de l'école obligatoire.

d. Les consignes peuvent également porter sur le passé et le présent.

e. Le classement s'effectue selon des échelles de répartition correspondant à une distribution aussi proche que possible de la distribution gaussienne. Ces échelles sont placées sur les modèles de feuilles-cadres. Une telle répartition obligée contraint d'une certaine façon l'individu à décider ses choix de façon aussi réfléchie qu'affective.

f. Il faut compter de quinze à trente minutes pour un Q-sort de vingt items.

❑ **21.** C'est la modernisation du cadre professionnel qui permet l'évolution des pratiques.

❑ **22.** C'est posséder pour les élèves un outil indispensable pour sa vie, pour la société.

❑ **23.** C'est impossible sans l'accompagnement des enseignants.

❑ **24.** C'est un document qui demande à être discuté par les équipes.

ORGANISER UNE RÉFLEXION COLLECTIVE SUR LES SAVOIRS : L'INTERDISCIPLINARITÉ

Se rapprocher de ses collègues sur des objets partagés de travail, c'est faire le pari d'une plus grande efficacité dans les apprentissages : le questionnement porte moins sur les finalités que sur les modalités de l'interdisciplinarité. Cela évite quelques dérives que des évaluateurs nationaux ont pu constater, de type animation socioculturelles ou récréatives. Il s'agit bien d'organiser une réflexion collective sur les savoirs à enseigner.

Les objectifs de l'interdisciplinarité

Des enseignants en formation ont proposé leur déclinaison de l'interdisciplinarité ; la grande variété des items permet ensuite de recentrer le concept sur deux ou trois items pertinents pour le groupe.

✐ *Consigne* : cochez deux cases qui correspondent le mieux à votre conception de l'interdisciplinarité ; discutez-en avec votre collègue.

L'interdisciplinarité, selon les enseignants, c'est :

❑ mettre l'élève au centre du processus d'apprentissage ;

❑ remettre à sa juste place chacune des disciplines enseignées, un moyen et non une fin, un outil dans la formation de l'individu ;

❑ montrer aux élèves qu'ils ont déjà souvent résolu hier un problème qu'ils se posent aujourd'hui ;

❑ voir les choses en grand ;

❑ mettre au service des élèves le meilleur de chacun ;

❑ mettre en lumière le mode de raisonnement commun à toutes les disciplines ;

❑ construire des ponts qui relient plusieurs matières en se basant sur des compétences ou des aspects du programme commun à ces matières ;

❑ l'intervention de plusieurs matières dans le processus d'apprentissage ;
❑ faire participer plusieurs disciplines au travail d'un thème sur lequel elles peuvent avoir des approches différentes ;
❑ intégrer dans sa pédagogie de classe ou de groupe des compétences développées acquises ou en voie d'acquisition par d'autres disciplines pour améliorer sa propre pédagogie et donner un sens à tous les enseignements prodigués à un élève au cours de sa scolarité ;
❑ le travail de plusieurs disciplines avec des objectifs et des compétences communs ;
❑ croiser deux ou plusieurs disciplines pour mettre en valeur les points de convergence et travailler plus explicitement sur des objectifs transversaux ;
❑ le décloisonnement des enseignements généraux ;
❑ la complémentarité d'un sujet ou d'un thème grâce à l'intervention de plusieurs domaines d'approche ;
❑ le regroupement de plusieurs disciplines ;
❑ mettre en relation un nombre supérieur ou égal à deux matières, soit par un même professeur soit par plusieurs profs qui travaillent ensemble ;
❑ la communication entre plusieurs disciplines afin de réaliser une production commune ;
❑ intégrer plusieurs disciplines pour arriver à réaliser un projet précis ;
❑ rassembler quelques objectifs de plusieurs matières en un thème pour que les élèves se rendent compte que les matières ne sont pas des mondes isolés et qu'ils peuvent les appliquer dans la vie quotidienne ;
❑ permettre aux élèves de comprendre la complexité d'un problème en leur montrant la multitude des approches possibles et des capacités utilisées pour le résoudre ;

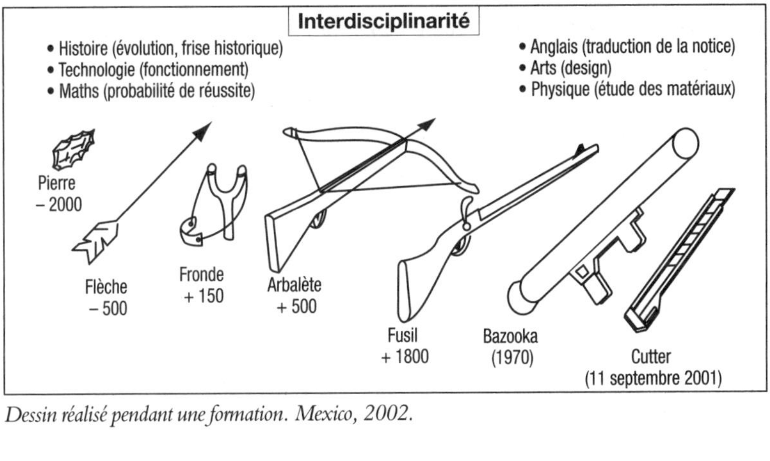

Dessin réalisé pendant une formation. Mexico, 2002.

ANIMATEUR

❑ travailler un thème ou bien un programme en harmonisation avec une autre matière, en trouvant des points en commun pour que chaque enseignant puisse développer son programme ;

❑ le croisement de connaissances et d'expériences de deux enseignants ou plus au profit des élèves ;

❑ un mélange de matières afin d'obtenir un travail complet. Une organisation autour d'un point commun ;

❑ la relation qu'on peut établir entre plusieurs enseignants qui travaillent dans différentes matières pour aboutir ensemble aux mêmes objectifs ;

❑ travailler ensemble, dans un même lieu, en même temps, sur une activité où deux disciplines sont incluses ;

❑ un but pédagogique qui vise à mettre en relation les différentes disciplines ;

❑ une pratique pédagogique qui a pour but d'intégrer plusieurs disciplines pour l'enseignement d'un thème. Pour ce faire, on élabore ou on établit des projets autour d'un thème ;

❑ la mise en œuvre par les élèves d'un projet qui englobe plusieurs disciplines ;

❑ avoir des objectifs communs et les atteindre en travaillant ensemble avec des méthodes propres à sa discipline ;

❑ donner du sens au terme « équipe pédagogique ». Équipe de travail structurée autour de quelques points du programme ;

❑ trouver différentes entrées à un même thème. Reformuler le même thème à partir de points de vue différents. Varier les approches d'un même champ de connaissances. Comprendre qu'il n'existe pas de vérité absolue mais des fragments de connaissance. Chercher un sens au savoir et répondre à la question : « Pourquoi apprendre ? »

Il n'y a donc pas une bonne et seule définition, mais des définitions : l'interdisciplinarité est d'abord une modalité de travail entre les enseignants ; les croisements plus ou moins approfondis sont souvent concomitants dans un établissement, ou aussi progressifs dans l'exercice professionnel d'une équipe, pour peu qu'on lui laisse le temps de se trouver.

Se donner une identité de groupe, la technique du blason

La formalisation par l'écriture est un moment obligé dans le travail d'équipe afin de dépasser le niveau « salle des profs » ; la mise en mots permet de faire des choix et de mieux communiquer ensemble puis à l'extérieur. L'écriture collective peut s'enrichir de supports métaphoriques

Notre objectif pour cette année : Mettre en place un dispositif de tutorat pour les élèves en grande difficulté au collège	
Trois modalités : Suivre deux élèves sur l'année Coordonner les interventions Faire un bilan de compétences	**Trois qualités :** Dynamique du projet Volontariat des élèves Implication du CPE, du COP
Trois points d'appui : Expériences de trois collègues Appui-formation programmée Attribution d'HSE	**Trois points faibles :** Manque d'heure de concertation Matériels informatiques insuffisants Lourdeur des programmes
Mots-clefs Remotivation - Évaluation - Remédiation	

simples, et efficaces : c'est le cas de la technique du blason. Un blason partitionné (c'est le terme héraldique, chaque partie a une attribution de thème, modulable selon les cas) peut être proposé à chaque membre, à un binôme ou un trio, puis les productions sont exposées au groupe. On détermine ensemble ce que sera le blason du projet de l'équipe. Par exemple, un groupe peut proposer le blason présenté ici. Ensuite chaque groupe défend son blason et on synthétise par « quartier ». Au-delà du support emblématique et « identitaire », c'est bien un processus d'élaboration collective et progressive qui est à l'œuvre. Trace symbolique et tangible de la structuration d'une équipe.

UNE ÉQUIPE, C'EST UNE ORGANISATION DU TRAVAIL

Les attributs de l'équipe intègrent à la fois un partage de valeurs ET des dimensions organisationnelles ; ces deux traits traversent le métier et font que l'enseignant est un professionnel dans une organisation au sein de laquelle il est acteur et participant. Ce qui se passe dans sa classe est en grande partie déterminé par le cadre lui-même.

Par exemple, au collège Georges-Braque (RAR), à Rouen, les pratiques pédagogiques sont étroitement liées à l'organisation : la mise en œuvre de séquences de cours de 82,5 minutes au lieu de 55 minutes dans toutes les matières où le temps d'enseignement contribue à augmenter le temps réel de travail des élèves rencontrant des difficultés à s'atteler à la tâche. Les séquences deviennent plus variées : co-intervention, travail de groupe, pédagogie différenciée ; les temps sont plus ramassés et évitent ainsi l'effet de zapping ; ils sont vraiment « en classe ».

Dans le même esprit, au collège Pablo-Neruda, à Évreux, dans un dispositif NERUDA (Nouveaux élèves en réussite, unis pour le développement des ambitions), l'équipe s'est donné les moyens de « travailler autrement » : en ramenant le cours de 60 minutes à 50 minutes, l'équipe utilise le temps gagné en densifiant son offre de formation. Deux séances sont consacrées à la mise en place d'un pôle de compétences, en interdisciplinarité avec travail sur l'acquisition ou le renforcement de compétences (et évaluation). Chaque pôle est assuré par un binôme de professeurs, responsable d'un groupe (1 h 30 par semaine pour chaque classe). Chaque élève doit travailler sur quatre à cinq pôles différents par année scolaire, et dans l'idéal les compétences travaillées dans chaque pôle doivent être différentes. Le temps de concertation, obligatoire inclus dans le service du professeur (une séance hebdomadaire), sert principalement à travailler en équipe (le binôme) sur l'organisation du pôle de compétences. C'est le collège 2016 avant la lettre.

Un conseil de classe permanent, forme rénovée de l'heure de vie de classe, est assuré en heure de quinzaine par l'un des deux professeurs principaux, avec un renforcement de la coopération enseignant-CPE. L'évaluation par compétences est largement rentrée dans les pratiques pédagogiques. Les professeurs de collège ont des contacts réguliers avec les professeurs des Écoles. Des dispositifs (Ex : Défi lecture – Maths en folie – les olympiades...) sont développés conjointement entre les sections de CM2 et le niveau sixième. Une concertation a lieu en fin d'année scolaire entre enseignants des premiers et seconds degrés afin de mettre l'accent sur les besoins spécifiques identifiés pour chaque élève dans un souci de continuité des apprentissages afin de valider le palier 2 et de développer l'acquisition de compétences pour le palier 3.

Ces deux exemples de pratiques collectives attestent des avancées importantes eu égard aux critères d'Eurydice cités en début de chapitre. Le métier plus collectif rend l'enseignant solidaire de choix mutuels et régulés, où chacun exerce sa responsabilité, débutants comme plus anciens.

COMMENT ORGANISER LE TRAVAIL EN ÉQUIPE

Travailler en équipe n'est pas un contenu à enseigner, mais une compétence nécessaire pour enseigner aujourd'hui ; ce sont des actes de la pratique professionnelle qui ne trouvent sens et intérêt que très contextualisés. On pourrait cependant l'envisager en formation initiale comme modalité de travail d'un ou plusieurs modules, histoire d'éprouver ses propres résistances, sa capacité à négocier, dans le cadre des ESPE, non ?

> ***« Je n'ai pas été formé pour travailler en équipe, encore moins pour coordonner une équipe. »***

Où en est votre établissement ?

> ***« Est-ce que mettre ensemble des professeurs suffit à faire une équipe ? »***

Le travail d'équipe crée de l'animation, voire de la perturbation dans l'établissement. La direction pédagogique implique dans un même projet enseignants et direction. Elle se manifeste par des signes concrets que Françoise Cros, chercheuse à l'INRP au Centre européen pour l'innovation en éducation et formation, a relevés[1] à l'issue d'une étude comparée sur un certain nombre d'établissements. Ce sont des repères utiles pour analyser la situation dans votre école ou établissement.

Voici sept critères possibles marqueurs du travail en équipe, d'après l'analyse de Françoise Cros.

- ❑ Il existe un laboratoire d'idées : distinction et répartition des rôles, existence de choix collectifs prioritaires.
- ❑ Il y a des investissements de forme : moyens matériels alloués (crédits, heures rétribuées, salles, temps), réunions de travail, temps de concertation.
- ❑ Les individus entrent en relation professionnelle par l'intermédiaire d'objets techniques et/ou symboliques : existence de fiches de travail, d'outils, de documents, de textes officiels circulant entre les personnes.
- ❑ Les acteurs sont mobiles : parcours géographique, statutaire, professionnel, des personnes, appartenance à des réseaux internes et externes. Réalisation d'expériences réussies.

1. Extrait de Françoise Cros, *Le transfert des innovations scolaires, une question de traduction,* INRP, juin 2000, p.14.

▸ Des outils pour travailler ensemble

Caroline Letor propose un guide qui présente l'avantage de s'appuyer sur de nombreux cas et d'offrir un ensemble d'outils pour découvrir les règles du travail collectif et faciliter sa mise en route dans un établissement scolaire. Il propose des ressources pour le développer et le mettre en place. Ce petit livre, armé de ses fiches d'analyse, nous permet de prendre de la distance et d'interroger nos projets.

➥ Caroline Letor, *Comment travailler en équipe au sein des établissements scolaires,* de Boeck, Bruxelles, 2010.

❑ Le chef d'établissement favorise la constitution d'un réseau sociotechnique : degré de participation effective au laboratoire, faire connaître et reconnaître le travail à l'intérieur et à l'extérieur de l'établissement, intérêt pour l'action et les personnes.

❑ Il existe dans l'établissement des controverses qui amènent à aligner les intérêts particuliers dans un projet d'ensemble minimum : temps de « problématisation » avant d'agir ; aller-retour entre théorie et pratique, négociations, régulations.

❑ Des porte-parole mobilisent des réseaux : partenaires de l'équipe (parents, communes, collectivités territoriales, rectorat), un système organisé de communication.

✐ *Consigne :* cochez la ou les cases correspondantes à l'état des pratiques dans votre école ou établissement. Discutez-en avec vos collègues et votre directeur/chef d'établissement.

Partager des rôles et des responsabilités, est-ce du « pouvoir » ?

Dans la vie d'une équipe, la question du pouvoir est une difficulté qui, si elle n'a pas été abordée explicitement, ressort comme le fantôme du placard. Une certaine culture identitaire mal comprise (au sens de dérive égalitaire) dans la profession, ainsi qu'une défiance endémique envers tout pouvoir établi (un paradoxe pour des professionnels de l'Institution), renforce ce phénomène.

L'investissement « formel » évoqué par Françoise Cros trouve sa traduction dans le second degré par la création d'un « conseil pédagogique » : l'organisation du travail en équipe dépasse, à un certain niveau, le domaine de compétences des seuls enseignants. L'équipe a besoin alors d'un cadre affermi par des choix relevant d'un dialogue avec l'équipe de direction.

Tout cela relève du « conseil pédagogique » : ce dernier est en place depuis 2006 dans les établissements. « Il doit impliquer plus étroitement les enseignants dans la gestion de leur établissement : leur donner la parole, écouter leurs propositions, dépasser les clivages anciens entre l'administration et la pédagogie pour progresser. Instance consultative et non décisionnelle, il permettra d'expliciter le fonctionnement de l'établissement, de montrer ses forces et ses faiblesses, son rôle sera essentiel en termes d'évaluation de la politique suivie et d'analyse des indicateurs de fonctionnement et surtout il sera force de proposition. » La circulaire sur les missions de l'énseignant du 30 avril 2015 ne l'inclut pas dans les obligations cependant.

Rôles et responsabilités pour l'enseignant, la question du « leadership » distribué

La situation se complexifie avec l'apparition de « rôles émergeants » ou encore des fonctions sans pouvoir, comme coordonnateur de dispositif par exemple, dans la mesure où la reconnaissance institutionnelle n'est pas acquise d'entrée. Elle doit passer par la validation du chef d'établissement, en accord avec l'ensemble des personnels concernés. Un « investissement de forme » à savoir la délégation de quelques HSE (heures supplémentaires effectives), peut alors signifier à l'équipe la reconnaissance du travail de coordination, à la manière de ce qui existe déjà dans les disciplines.

Il existait bien déjà des responsabilités enseignantes, mais contenues dans des rôles « disciplinaires ». Les évolutions plus récentes de nos organisations poussent en avant un concept actif dans le monde anglo-saxon, celui de *« leadership »* distribué. Il ne s'agit pas d'envisager la structure et les rôles en termes de statut mais en termes de fonctionnement plus efficace ; chacun se trouve en connexion avec les autres professionnels pour conduire (d'où le terme de *« leader »*) une action, un projet ou un dispositif. Les équipes découvrent peu à peu ce qu'on pourrait traduire en « direction collégiale » : une équipe à rôles partagés et fonctionnels pourrait bien se composer autour des rôles identifiés tels que décrit dans le tableau suivant :

Domaines	Formation	Organisation	Innovation
Fonctions génériques	• *formateur* • *tuteur* • *conseiller*	• *assistant de direction* • *coordinateur* • *évaluateur*	• *innovateur* • *chef de projet* • *facilitateur*
Dans la pratique	Tuteur d'élèves Tuteur d'enseignant débutant Coordonnateur du plan de formation d'établissement Membre affilié à une équipe de recherche (ex. : IFE)	Professeur principal Coordonnateur de niveau Coordonnateur de disciplinaire Responsable de laboratoire ou de cabinet spécialisé Membre du conseil pédagogique Conseiller TICE Conseiller « affaires culturelles » Conseiller « affaires internationales » Chef de travaux Manager pédagogique	Coordinateur de dispositif innovant Responsable d'un groupe recherche-action Accompagnateur d'équipe

L'organisation de l'équipe fait le succès des élèves

L'association américaine *Just for the Kids*[1] a enquêté auprès de plusieurs dizaines de sites dans une vingtaine d'États. Tous ont pour point commun d'avoir des résultats nettement supérieurs aux chiffres attendus. Comment font-ils ?

Éducabilité pour tous... quelle que soit l'origine sociale, ethnique ou culturelle. À Central Union High School (Californie), « jusqu'à ce que chaque élève ait réussi son examen final, on ne se repose pas ». Concrètement, les établissements s'équipent de **tests d'évaluation**. Au Tennessee, on définit « un nombre limité d'objectifs basés sur les résultats des élèves, les programmes de l'école ».

Pédagogie différenciée. Dans un district new-yorkais, tous les enseignants ont suivi une formation à ce type d'approche et pratiquent des groupes de compétences : « Les enseignants gardent trace des résultats des élèves tous les jours. » On prône « la différenciation, et non la remédiation ». Ainsi, ils ont pu s'adapter à une population scolaire assez mobile.

Certaines écoles n'hésitent pas, même, à **bouleverser l'organisation** de leur emploi du temps autour de thématiques. Dans une école, on a ainsi

1. Site Internet : http://www.just4kids.org/jftk/twenty_states.cfm.

bloqué la matinée pour la lecture et l'écriture. Enfin, certains districts proposent des tuteurs pour accompagner les enseignants débutants. À Memphis, ils se rencontrent chaque semaine.

La communication entre enseignants est donc essentielle. « On va dans la classe d'un collègue tous les jours ». En Californie, les directions impulsent des groupes de communication où on partage les expériences : « atteindre ses objectifs est vu comme une activité collective et coopérative ».

Sans nier la spécificité locale, ces cinq points font système : accord sur les principes, suivi des élèves, pédagogie différenciée, réorganisation du travail et déprivatisation des pratiques. Nous retrouvons actuellement ces points dans des centaines d'établissements français suivis en innovation, sans que cela fasse l'objet d'une réforme ; c'est bien une « transformation » silencieuse et efficace à l'œuvre sur le terrain.

« CONCERTATION » : LA RÉGULATION NÉCESSAIRE ET JAMAIS SUFFISANTE DE L'ÉQUIPE

“On a de gros problèmes de méthodologie et de surcharge de travail. C'est un peu la « réunionnite ».”

Si vos réunions se révèlent décevantes, c'est aussi souvent parce qu'on les dévalue, soit en les organisant trop fréquemment (c'est la fameuse « réunionnite » si exaspérante), soit en attendant si peu de ces échanges qu'à force de ne pas y croire, on finit par créer ce qu'on craint : des réunions où rien ne se dit ou ne s'élabore. Chaque réunion peut pourtant surprendre par sa richesse et ses rebondissements… pour peu que de réelles possibilités de communication soient accordées aux participants. Question d'organisation ! Il n'existe pas en réalité de mauvaises réunions, mais plutôt des réunions insuffisamment préparées. Au-delà d'une efficace organisation matérielle, une bonne préparation suppose aussi, de la part des responsables, d'être ouverts à tout ce qui pourrait se passer, d'accueillir l'imprévu comme les opportunités.

Comment éviter la réunionnite aiguë

Quelques règles simples permettent de prévenir le syndrome de la réunionnite aiguë.

• Déterminez un calendrier prévisionnel de réunions d'équipe, ni trop, ni trop peu, de façon à permettre à chacun de s'organiser en termes de disponibilité matérielle (et mentale).
• Quelques jours avant une réunion, consultez les participants et fixez un ordre du jour réaliste en quelques points, centrés sur le projet mené ou le problème rencontré, afin d'éviter tout débordement qui ferait dévier l'objet même de la réunion ou toute surcharge.
• Autorisez-vous un protocole des rôles, tournants si possibles, à tenir : animateur, secrétaire de séance, gardien de l'ordre du jour, ambassadeur de l'équipe, etc.
• Chaque fin de réunion doit se clore par la récapitulation des points de décisions prises, des questions encore à traiter, de la date de la prochaine réunion.
• Organisez le travail entre deux réunions en constituant des mini-groupes, ou des binômes chargés de collecter de l'information, de produire un document qui sera soumis au groupe.
• Tenez ou faites tenir un cahier de bord de l'équipe, collectant à la fois les relevés de décision, les documents de travail, les documents ressources utilisés. Cela permettra de dépasser l'impression pénible de la stagnation et d'informer les éventuels absents ponctuels. Vous contribuez ainsi à augmenter le « capital » professionnel de votre équipe[1].

L'équipe s'élargit aux partenaires de l'École

Le capital de l'école s'enrichit aussi de l'ouverture à des partenariats en réseau ; l'équipe n'est plus (seulement) enseignante, elle devient partenariale ; sans être une nouveauté absolue (c'est rare), c'est devenu un fait avéré pour au moins la moitié des actions étudiées[2]. Cette ouverture de l'équipe à l'extérieur a des effets sur la qualité du travail engagé : le suivi plus attentif, la communication mieux construite ou plus attrayante souvent, mais aussi un dispositif d'évaluation plus recherché.

Une rapide modélisation peut aider à situer sa propre collaboration et, au besoin, à la faire évoluer au bénéfice de son projet et de ses élèves :

1. Voir l'article de Romuald Normand, sur le capital professionnel de l'établissement, sur le réseau RESPIRE, http://respire.eduscol.education.fr/pg/blog/read/99447/quel-est-le-capital-de-votre-tablissement-ou-de-votre-cole.
2. Plus de la moitié des 300 actions dites « innovantes », analysées dans le recueil construisent leur dispositif sur des relations et des contributions partenariales, François Muller, *L'innovation, une histoire contemporaine du changement en éducation*, CNDP, 2012.

Développer un partenariat (carte de positionnement)

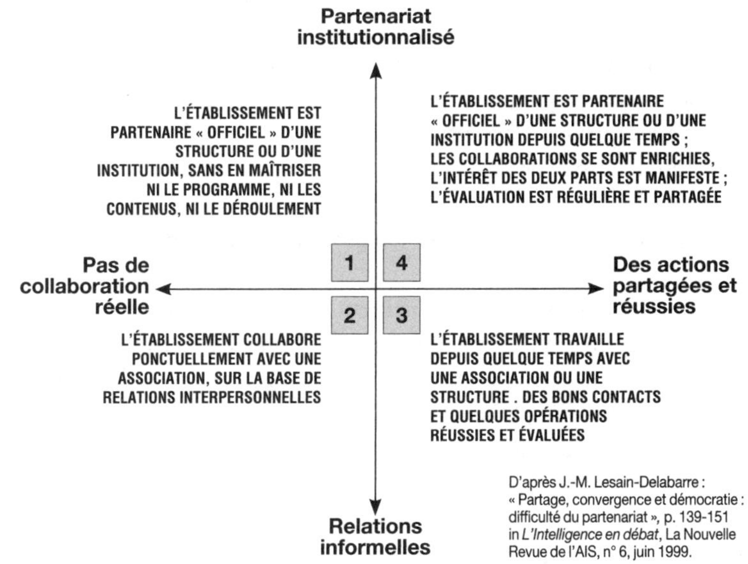

L'inscription institutionnelle d'un partenariat ne suffit pas à en assurer son efficacité (type 1) ; l'attention des équipes sera plutôt portée sur les conditions et les modalités plus concrètes (type 2 et 3), voire évoluer vers un « partnership » à parité et en association durable (type 4).

Vers une organisation « apprenante »

Les équipes passent insensiblement les étapes d'une organisation encore culturellement marquée par le projet à une organisation fondée sur l'efficience par la régulation. Moins linéaire et plus dynamique, elle enrôle les acteurs et multiplie les interactions, elle est une organisation apprenante et source de développement professionnel[1].

Elles investissent quelques domaines identifiés tels que :

– l'autoévaluation de son action, compétence régulatrice de l'équipe dans son projet ;

– l'apparition des dispositifs de « développement professionnel », analyse, coobservation, coformation, accompagnement par un « ami critique » ;

– la mise en réseau d'unités éducatives et la coopération renouvelée entre équipes, enseignantes et de direction ;

1. Ces différents points sont développés à la lumière des apports de la recherche internationale, dans François Muller et Romuald Normand, *École, la grande transformation ? Les clés de la réussite*, ESF, 2013.

– un nouveau partage des rôles et des responsabilités (prise de rôle, fonctionnel, tournant, etc.).

Un groupe expérimental de formateurs, aidé des travaux d'Alain Bouvier[1], a pu en produire une carte heuristique (voir page suivante), que nous proposons à l'attention des équipes de direction pour examiner à leur tour leur style de management.

L'organisation en équipe est toujours une « aventure »

Dynamique, non-linéarité, enrôlement, système sont donc les principes d'une transformation silencieuse et réelle du travail collectif enseignant. À cet égard, la recherche internationale[2] nous renseigne sur la manière dont une institution, petite à l'échelle d'un établissement, moyenne (académie) ou grande (nationale), peut s'accommoder avec profit de cette nouvelle conduite du changement : nous reprenons ici les conclusions de Michael Fullan[3]. Elles nous semblent utiles en ce qu'elles illustrent les quelques principes tirés de l'expérience des actions suivies actuellement :

1. On ne peut jamais préconiser à l'avance le changement (plus la réalité est complexe, moins on a de prise sur elle).

2. Le changement est un voyage et non une planification (il est rempli d'incertitudes et il peut même avoir des effets pervers, c'est-à-dire contraires à ceux recherchés).

3. Les problèmes et les difficultés sont nos amis (ils sont inévitables et il n'est pas possible d'apprendre sans eux).

4. La vision d'ensemble du changement et la planification stratégique

1. « Une organisation intelligente ou apprenante est un système d'action, de conduite de l'action et d'apprentissages collectifs, qui s'organise pour apprendre en permanence, capitaliser ses savoir-faire et ses compétences, pour les transmettre et se transformer volontairement pour atteindre ses objectifs en fonction des évolutions de son environnement, de ses ressources, de sa culture… Pour cela, elle s'appuie sur la remise en question de ses processus et sur une adaptation permanente à son environnement. Elle s'inscrit dans le paradigme systémique et la pensée complexe. Elle assure une veille. Elle se préoccupe de l'accompagnement des acteurs et cherche à maintenir un climat propice au développement de leur curiosité, de l'innovation, de l'expérimentation, de la pratique du risque calculé. » Alain Bouvier, *L'établissement scolaire apprenant*, Paris, Hachette, 2001.

2. Ce sont des traits caractéristiques de la quatrième voie définie ainsi par Andy Hargreaves et Dennis Shirley, du Lynd School of Education, Boston College, dans leur ouvrage de 2011, *La face cachée de la réforme*.

3. *Change Forces*. The Sequel, London, Taylor & Francis Group (1999). www.michaelfullan.ca/.

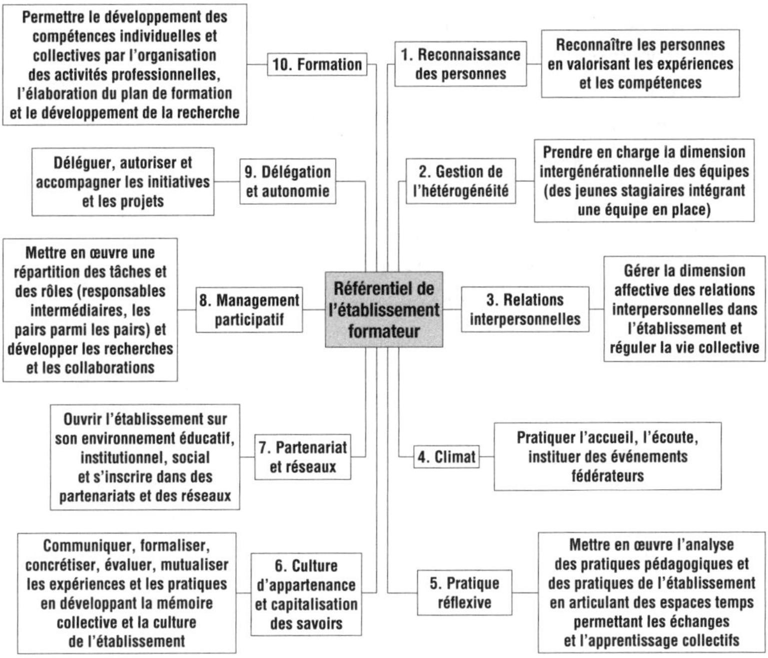

viennent après coup (une vision et une planification prématurée rendent aveugles aux réalités).

5. L'individuel et le collectif doivent s'équilibrer (éviter l'isolement des individus mais aussi trop de réflexion collective).

6. Les solutions imposées d'en haut, par la hiérarchie, ou les solutions adoptée d'en bas, par l'établissement, ne marchent pas à elles seules (il faut concilier les deux approches dans le dialogue et la concertation).

7. Les liens de l'établissement avec son environnement local sont essentiels pour son succès (on apprend mieux de ses partenaires qu'en se focalisant sur ses problèmes internes).

8. Chaque individu peut être un acteur du changement (il y a un expert en chacun de nous, une connaissance ou une compétence à partager).

AUTOTEST : PARTICIPEZ ACTIVEMENT À LA RÉGULATION D'UNE RÉUNION

✪ Lors des toutes prochaines réunions prévues d'une équipe de classe ou d'école, vérifiez si les points méthodologiques suivants sont appliqués :

❑ réunion annoncée à l'avance ;

❑ points de l'ordre du jour prévus ;
❑ ordre du jour respecté ;
❑ distribution des rôles ;
❑ alternance échanges oraux, mise par écrit ;
❑ relevé de décisions ;
❑ constitution en groupes de travail ;
❑ communication prévue à l'externe ;
❑ tenue d'un cahier de bord d'équipe ;
❑ programmation à l'avance de la réunion suivante.

✪ Proposez une amélioration sur au moins deux points qui vous semblent importants.

1. ....

....

....

....

2. ....

....

....

....

CHAPITRE 7

Créer un outillage

Les enseignants passent un temps certain à fourbir leur arsenal, à « préparer le cours » (ou « la classe » pour reprendre leurs mots). Les conjoints d'enseignants le savent bien. Comment passer le degré de l'artisanat pour devenir expert en ingénierie pédagogique, ce qui n'interdira pas le bricolage... Quels sont donc les points communs entre les pots de yaourt de l'institutrice de maternelle et le tableau de bord de l'enseignant ? D'où viennent ces bricolages qui font le quotidien, et souvent les soirées des enseignants ?

UN MÉTIER SANS MÉMOIRE ? LA VERSION OBSCURE DE L'INVENTEUR

Proald, rédacteur du blog « prof à la dérive[1] », consacre un post sur sa situation au tout début de sa carrière : « Le temps était compté, car chaque semaine représentait pour moi un nouveau cours, et je devais trouver à "manger" aux élèves, sinon c'était la débâcle qui me guettait. Chaque cours à venir se présentait à moi comme un compte à rebours. J'ai commencé par récupérer des informations sur Internet, mais également les cours des élèves redoublants. Il a fallu retravailler le tout, et contrairement aux dires des personnes extérieures, j'y ai passé de nombreuses heures. »

> ***« Je passe un temps fou à préparer mes supports de cours, même après dix ans d'exercice. »***

Il y a bien des « bonnes » raisons de bricoler[2] dans le métier, voire de « bricoler » le métier tout court, c'est-à-dire construire ses propres outils et finalement ses propres actes professionnels par tâtonnement expérimental ; cela pourrait sembler inattendu pour des personnels désormais recrutés au niveau ingénieur. La démarche peut s'apparenter à une recherche

1. Blog « Prof à la dérive », http://prof-a-la-derive.over-blog.com.
2. D'après P. Perrenoud, sur le site Life de l'université de Genève : www.unige.ch/fapse/SSE/teachers/perrenoud/php_main/php_1983-1983_01.html.

alchimique supposant un objectif, une règle, du matériel et un mode d'animation. Il s'agit d'un processus d'innovation engagé à chaque fois avec la même concentration d'attention et de création. Faudrait-il pour eux aussi à chaque chantier, à chaque ouvrage d'art, tout réinventer ? Comme pour un médecin, conviendrait-il (ou encore l'accepteriez-vous ?) qu'il refasse l'histoire de la médecine avant de vous prodiguer quelques soins ? Par transposition, c'est pourtant ce qui se passe pour Proald.

On pourrait arguer par exemple la rareté relative des documents et matériels disponibles sur le marché ; les réseaux d'échanges, RESPIRE[1] notamment, et Internet jouent leur rôle compensatoire de banque de données pédagogiques et d'espaces de mutualisation comme jamais aucun institut ne l'avait finalement fait. L'excellent côtoie l'exécrable (certains forums ne sont qu'une amplification de propos de comptoirs).

Lorsque ces documents existent, Proald est confronté à un dilemme : faire son choix entre une simple piste (faire une enquête, traiter un thème pluridisciplinaire, utiliser l'actualité, pratiquer la correspondance scolaire, etc.) et une activité complètement structurée, qu'il suffirait de reproduire sans rien inventer. On mesure aussi la limite des kits ou des valises pédagogiques largement proposés dans le primaire ou des scenarii pédagogiques de certains sites disciplinaires.

Le débutant accentue aussi une composante inhérente au métier : un certain individualisme, qui le conduit à réinventer personnellement ce que d'autres ont probablement déjà expérimenté ailleurs. Il est dit que les amnésiques n'ont pas d'avenir. Un métier sans référents ni ingénierie n'est plus un métier tout court ; Proald, comme nombre de ses jeunes collègues, connaît ce type d'errance, sans doute nécessaire, pour apprendre sur lui, comme sur ses élèves.

Réinventer un processus de recherche d'efficacité, la version « claire » du métier

Pourtant, réfuter le bricolage reviendrait à ne pas comprendre l'épistémologie, c'est-à-dire la construction même de la pratique enseignante. Pour les maîtres, la réinvention d'activités et parfois du matériel associé

1. RESPIRE, pour « réseau d'échange de savoirs professionnels en innovation, recherche et expérimentation », est le réseau social créé en 2012. Ce réseau compte plus de 10 000 contributeurs à présent, voir sa nouvelle adresse : http://viaeduc.fr.

contribue à l'enrichissement et à l'appropriation personnelle du rôle professionnel[1]. Le bricolage renvoie à un arrangement, provisoire, ajusté à une situation jugée d'urgence : il manifeste justement la prise de métier et la réduction de l'écart entre un idéal d'exemplarité fait de modèles fantasmés ou encore de reproductibilité des pratiques (cf. l'expression piégeuse de « bonnes pratiques ») et le travail réel en prise sur l'apprentissage de ses élèves.

« L'enseignant bricoleur », en inventant, ou en façonnant lui-même l'activité pour mieux l'investir, sort de la simple consommation de moyens d'enseignement ; rien ne sera aussi adapté à sa progression, au niveau de ses élèves. Pour des enseignants plus expérimentés, cette dimension se retrouve car il est un choix de travailler aussi souvent que possible à partir des propositions et des intérêts des élèves, de ce qui leur arrive, de leur environnement proche (le fameux « vécu ») et des projets qui s'élaborent au sein du groupe-classe. La différence se joue ailleurs : la compétence du bricoleur sera pertinente et enrichissante si elle s'accompagne d'une connaissance plus approfondie de son « genre » et de ses « outils » (voir le chapitre 10) ; elle sera vaine et épuisante pour une personne sans appuis ni ressources complémentaires.

Bonus Web ☛ Et vous, quel est votre réseau ? Celui qui vous donne de l'information régulière et adaptée à vos goûts, aux envies ou aux besoins de vos élèves, celui qui vous permet de découvrir d'autres « mondes » (voir le chapitre sur le travail en équipe). Dis-moi quel est ton réseau, je te dirai qui tu es.

Bricoler et afficher ses outils d'enseignement

Il serait vain de proposer un panorama des possibilités infinies en créativité. Je vous propose donc un focus sur trois approches, du reste complémentaires : les affichages, l'approche par le jeu et la méthode heuristique. La fabrication d'un tableau de bord de l'activité en sera la conclusion très provisoire.

> ***“ Mis à part mon autorité « naturelle » et le manuel, je me trouve démuni en termes d'outils. ”***

1. Voir Nicolas Sembel , « Être prof », *Recherches & éducations,* n°10 / 2005, http://rechercheseducations.revues.org/index367.html.

Le maître des affiches en classe, ou Jacques Villeglé[1] en pédagogie. La classe offre un espace de création à l'enseignant. L'affichage, en primaire bien sûr, et aussi dans le secondaire, reste un améliorateur de l'environnement d'apprentissage des élèves : formel ou non formel, vitrine de l'extérieur, exotique par ses tableaux, témoin de travaux passés, capital de la vie de la classe, il permet d'étayer les apprentissages fondamentaux. La permanence de certains affichages ou le renouvellement régulier de certaines parties permettent à l'élève de se confronter aussi fréquemment que possible à des notions auxquelles le maître reviendra aussi souvent que nécessaire. C'est un bain de culture et de connaissances à portée des yeux, quand l'attention se porte ailleurs que sur votre activité seule.

LES DOCUMENTS À AFFICHER[2]

Les affichages réglementaires. Dans les classes primaires, les informations suivantes doivent être affichées : le sont-elles chez vous ?
Cochez les cases :
– les progressions ❑
– l'emploi du temps ❑
– la pyramide des âges des élèves de votre classe ❑
– la liste des chants (à compléter au fur et à mesure) ❑
– la liste des poèmes (à compléter au fur et à mesure) ❑
– la liste des élèves ❑
La liste peut être utilement amendée par d'autres supports.

Les outils pédagogiques. Voici, à titre d'exemples, ce que vous pourriez utilement afficher (le cas échéant, en précisant le niveau d'enseignement correspondant) :
– tableaux de sons, maisons de sons (pour la lecture) – cycle 2 ;
– dessins avec article + mots et graphème (lecture) – cycle 2 ;
– travaux d'arts plastiques, reproduction de tableaux d'artistes peintres (pour décorer la classe et pour apprendre !) ;
– textes produits par les enfants (poèmes…) ;
– cartes ;
– le règlement de la classe (après élaboration avec les enfants) ;

1. Jacques Villeglé est un artiste français qui a longuement travaillé sur les affichages muraux en superposition ; en pratiquant le découpage, le collage, en déchirant des bandes, il fait alors œuvre de création.
2. D'après un article paru dans EpiNet, janvier 2001, en ligne sur : www.cepec.org/disciplines/ntic/artiepi.htm.

– tableau des jours de la semaine (hier, aujourd'hui, demain) – cycle 2 ;
– les calendriers de chaque mois de l'année ;
– les dates d'anniversaire/un calendrier des anniversaires – cycle 2 ;
– le programme de la journée (des dessins représentant les matières pour le cycle 2. Pour le cycle 3, écrivez ou faites écrire tout simplement le programme-menu de la journée dans un coin de la classe sur un petit tableau...) ;
– une frise numérique – cycle 2 ;
– une frise chronologique ;
– les tables d'addition – cycle 2 ;
– les tables de multiplication ;
– un abécédaire ;
– le vocabulaire nouveau et les mots difficiles à orthographier ;
– les règles de grammaire, d'orthographe ;
– les tableaux de conjugaison ;
– les règles de mathématiques ;
– des référents pour la production d'écrits (maquette...) ;
– un tableau des rôles de communication, de responsabilité, de gestion, de production d'organisation... (à transposer pour le secondaire) ;
– un code de correction (MD = mal dit, ACC = accord, etc.) ;
– des guides de correction ;
– des guides de relecture ;
– des affiches, des photographies (en rapport avec un thème de travail en vocabulaire, sciences, histoire ou géographie, ou simplement pour décorer la salle de classe) ; donner à voir !

Comment organiser les affichages

Les affichages correspondent aux apprentissages faits en classe et évoluent ; c'est le signe matériel et symbolique du capital de vos élèves (de toute façon, l'espace dont vous disposez est limité !). Les affichages devraient pouvoir être visibles depuis n'importe quel endroit de la classe.

• Pensez à créer des « coins » pour chaque type d'affichage : un coin mathématiques, un coin anglais, un coin français, etc., pour que les élèves puissent se repérer facilement.

• Réalisez, si possible, les affichages avec le concours des élèves : cela les valorisera, et ce sera une bonne occasion pour eux d'apprendre à présenter leur travail (lisibilité, propreté, concision et précision des informations).

La classe devient livre ouvert et interactif au fur et à mesure des projets conduits ensemble. Les murs devenus *dazibaos* se revêtent progressivement d'une mémoire collective du travail.

• Dans une classe de CP, les petites « réussites » des élèves sont toutes suspendues sur des entrelacs tissés au-dessus de la tête des élèves ; les connaissances et productions sont disponibles à chaque moment ; elles matérialisaient l'invisible, à la manière de l'opération de la « Grande Lessive[1] ». Cette dimension pourrait assurément être développée dans le secondaire, dans la mesure du possible.

CRÉER UN ESPACE DE JEU EN CLASSE

Une autre dimension artisanale enseignante s'illustre dans la conception et la réalisation de « jeux pédagogiques », soit *ex nihilo,* soit le plus souvent, « à la manière de .... »

> ***“Sur des questions difficiles, le cours n'a plus l'air de suffire ; il faut autre chose.”***

Et si l'Histoire avec un grand H était faite avec des « si » ? Dans un collège de Seine-Saint-Denis (le « 9-3 » comme aiment à le surnommer certains élèves de ce département), Pascal avait déjà fait le tour du *pensum* sur le déroulé obligé des phases de la Grande Guerre de 1914-1918. S'appuyant sur sa propre expérience du jeu de stratégie, il a conçu de toutes pièces un jeu de plateau reproduisant la carte des États d'Europe en 1914.

Dans la peau d'un général

Des pions de couleurs pour chaque grande puissance, une règle simple, des dés qui inscrivent le jeu dans le temps (un tour, c'est un mois de passé), des phases de concertation pour gérer les alliances et la stratégie. On joue et, rapidement, les élèves devenus stratèges découvrent les possibles. « Et là, j'ai le droit ? » ; qui parle ? Le « je » de Rachid ou le JE du général en chef allemand ? Rien ne l'interdit ; le combat dure une

1. Pour en savoir plus : www.lagrandelessive.net/, deux journées dans l'année au gré des enseignants et de leurs élèves, menées fugacement, initiées par Joëlle Gonthier depuis des années, au titre d'« installation artistique » et souvent sur la base d'un thème commun. Dynamique à souhait pour tout le monde.

heure, quatre années sur le terrain des opérations. L'enchaînement des microdécisions aboutit toujours à un même résultat : la faillite des empires centraux.

Debriefing : les élèves découvrent les principes d'alliances stratégiques, de mobilité et d'enlisement, de double front. C'est bien une leçon de géopolitique qui s'est déroulée, mettant en œuvre des concepts opératoires pour une compréhension du monde contemporain. L'attention des élèves était totale.

Les vertus pédagogiques du jeu

Avec des jeux dits de société (c'est une des missions de l'école que de « faire société »), on peut aborder de nombreux domaines, et souvent d'une manière combinée. On peut, par exemple, apprendre avec d'autres, résoudre des conflits, faire un *brainstorming*, remplacer des réunions inutiles et/ou inefficaces, résoudre des problèmes, ordonner les idées par ordre d'importance, apprendre à vivre avec d'autres, faire le *debriefing* d'une activité complexe, apprendre à travailler ensemble, comprendre un raisonnement complexe, etc.

> ***« Le cours n'est pas un jeu, le jeu n'est pas un cours. »***

Les usages sociaux numériques sont massifs chez nos jeunes pour questionner l'académisme de l'école ou envisager des « jeux sérieux » au moins au profit de quelques intelligences ; par exemple la culture des jeux vidéo – et en particulier des jeux massivement multijoueurs – a appris aux enfants que l'**on résout mieux les problèmes avec ses pairs que tout seul**[1] ; les joueurs les plus chevronnés viennent en aide aux débutants : **un système de tutorat se met en place** dans la culture numérique ; dans bien des jeux, on passe plus de temps à se construire un avatar qu'à jouer, engageant un travail important sur la **culture de l'affirmation de soi** et de la création d'images ; **avec des identités d'emprunt**, l'école pourrait s'appuyer sur cette compétence en invitant les élèves à **défendre différents points de vue.** Enfin, les enfants découvrant Facebook de plus en

1. C'est le cas de plusieurs écoles en Amérique du Nord qui fondent leur curriculum scolaire sur la « Quest to learn » ; en France, certains enseignants proposent des « Webquest », sortes de scénario d'enquête à plusieurs, à la mode de Sherlock Holmes ou des Experts.

plus tôt, il faudrait en tirer parti en développant **une culture du débat et de la controverse**.

Le jeu en pédagogie présente des avantages certains :

– Il mise sur le vecteur « plaisir ».
– Il donne du « sens » en situation virtuelle.
– Il rend l'apprentissage actif.
– Il fait vivre un monde fictif.
– Il permet un véritable processus d'acculturation (groupe, espace, temps défini).

Mais attention il faut prendre en compte tous les aspects :

– Le jeu table sur une motivation extrinsèque des élèves. Veillez à ne pas la tarir par un recours trop systématique et lassant à force.
– Le jeu requiert un engagement et une libre participation, une adhésion.
– Un problème de « compétences » peut se poser (par sexes, niveaux scolaires).
– Le jeu se fonde sur un apprentissage par imitation, différent d'une véritable organisation du savoir.
– En tant que mode d'évaluation formative, évitez de noter ; on se trouve dans un espace fictif.

Les bilans du jeu. Il y a donc toujours un « après-jeu » en pédagogie comme un atterrissage dans l'aviation : que s'est-il passé ? Quelles leçons pouvons-nous en tirer ? Qu'avons-nous appris pour la suite ?

Bonus Web ☛ Le réseau LUDUS, animé par D. Sestier et Y. Hochet depuis 1998, promeut l'utilisation pédagogique du jeu dans les cours d'histoire, de géographie et d'éducation civique. Primé en 2002 comme innovation pédagogique, il produit régulièrement des jeux utilisables en classe... Site Internet : http://histgeo.discip.ac-caen.fr/ludus/ À compléter par la lecture de *Place au jeu ! Jouer pour apprendre à vivre*, de Patrice Huerre, collection « L'enfance en questions », Nathan, 2007.

CONSTRUIRE ENSEMBLE DES CARTES CONCEPTUELLES

La créativité professionnelle s'incarne assurément non plus en copiant, comme cela pouvait l'être par le jeu ci-dessus, mais en s'inscrivant délibérément dans l'invention du support et la *reliance*[1] des connaissances. La carte heuristique, c'est pour vous !

Organiser des idées, en reliant des éléments de savoirs, en tentant d'être fidèle à la complexité du raisonnement et aux liens, ce sont des défis pour l'enseignant comme pour l'élève ; tous les deux apprennent et partagent ici une chose : personne ne connaît la fin. La carte conceptuelle, ou schéma heuristique, est fondée sur le principe des cartes mentales de Tony Buzan, générateur de cartes de concepts arborescents et évolutifs par hyperliens de toutes sortes, et de relations transversales… Les *mind maps* sont des listes de mots structurés et organisés en arborescence pour représenter une idée, définir un concept, conduire un projet, échafauder un plan… Ils permettent de présenter des idées graphiquement avec la possibilité de détacher ou grouper des branches (des développements selon une logique fractale). Un support préconstruit ne peut que suivre très imparfaitement ces entrelacs à la manière des synapses neuronaux de notre cerveau. Un support, non, mais un outil pour relier, oui. C'est l'objet de la carte

« J'ai toujours l'impression que c'est moi qui fais le travail, à la place de mes élèves. »

RÉALISATEUR

▸ La carte heuristique en pédagogie

Mode d'emploi et variété des utilisations en pédagogie de la carte heuristique ☛ Sur Eduscol, une page générique, sur http://eduscol.education.fr/lettres/pratiques/tic/action-utilis ☛ La page du CRDP de Caen par exemple sur http://www.discip.crdp.ac-caen.fr/histgeo/mindmap/ pedagogie.html ☛ Le site lettres et heuristiques propose l'actualité, toujours créative en la matière, sur http://lewebpedagogique.com/litterae/ ☛ Vivement conseillé : la vidéo synthétique et accessible d'Olivier le Deuff, sur son site « Le guide des égarés », http://www.guidedesegares.info/2011/03/22/usages-et-pratiques-des-cartes-mentales-en-education/.

Enfin, un site de référence sur les intelligences multiples et l'approche heuristique, celui de Lucas Gruez, professeur et formateur au collège Samain de Roubaix, http://classemapping.blogspot.com.

1. Edgar Morin, *La stratégie de reliance pour l'intelligence de la complexité*, in Revue Internationale de Systémique, vol. 9, n° 2, 1995.

conceptuelle développée, par exemple, par l'approche heuristique. Des logiciels gratuits sont disponibles, tels que *freemind* ou encore *xmind*. Vous pouvez aussi en réaliser plus simplement avec les outils proposés par un logiciel simple de type Powerpoint.

Le graphique met en scène les principes d'élaboration de la carte mentale. Souple, évolutive et personnalisée, elle peut faire l'objet également d'une élaboration collective. La formalisation des connaissances par représentation sous forme de carte semble être un bon outil surtout lorsque ce sont les élèves qui les construisent eux-mêmes. En assemblant progressivement entre eux les éléments acquis, il est possible de comprendre le détail et la globalité d'un champ de connaissance.

La carte numérique, enregistrée sur un poste, dans le dossier élève, sur le réseau de l'ENT ou dans le *cloud*[1], permet de travailler dans la durée. C'est-à-dire qu'elle ne sera pas utilisée seulement sur une séance, mais pendant une séquence, voire une année scolaire. L'élève peut remplir sa carte au fur et à mesure des apprentissages. D'abord individuellement, puis en confrontant les premiers essais, collectivement, cela permet des réajustements. Le schéma heuristique peut ainsi être assimilé à un outil d'aide à la structuration et à la mémorisation, comme peuvent l'être des prises de notes. Une enseignante d'histoire-géographie au collège de Maubeuge a pu faire reprendre le chemin de la réussite à ses élèves, qui étaient fâchés depuis trop longtemps avec l'écrit scolaire.

ÉLABORER SON TABLEAU DE BORD

L'esprit créatif et ingénieux de l'enseignant pourra s'exercer enfin au genre du « tableau de bord » ; il peut sembler superflu à celle ou celui qui débute ; pourtant, sa conception et sa régulation attestent de la maîtrise du métier dans ses prérequis et dans ses variations.

Si le pilote d'avion dispose aussi de son tableau de bord, la distinction majeure entre l'aviation et la pédagogie réside en deux points d'importance : d'une part, on attendrait plutôt que les élèves s'animent et

1. L'application PREZI en ligne est très adaptée à l'approche heuristique, et permet une grande créativité en naviguant dans la profondeur et en s'appuyant sur tout autre élément numérique comme les vidéos par exemple, http://prezi.coim. Les scolaires disposent d'un compte gratuit.

apprennent, contrairement aux passagers d'un Airbus ; d'autre part, notre métier ne répond pas à des standards aussi impersonnels et nombreux que celui du pilote de ligne dont l'occupant, pour des raisons élémentaires de sécurité, est interchangeable.

Toutefois, conduire son enseignement, guider ses élèves, traiter le programme sont des vecteurs qui structurent le métier… et autant de variables à inscrire dans son propre tableau de bord, à la manière des cadrans et jauges à surveiller pour un parcours au long cours.

Nous vous proposons ici trois tableaux de bord, au choix ou encore selon le besoin de votre enseignement, ou de la représentation que vous vous faites de votre exercice professionnel : le tableau de bord dans sa discipline, le tableau de bord d'un module interdisciplinaire à partager avec un ou des collègues et le tableau de bord de la pratique enseignante.

Élaborer son tableau de bord dans sa discipline

Dans l'enseignement secondaire, chaque enseignant prodigue ses cours en prenant appui sur des programmes de discipline et en référence au socle commun. Les dimensions contextuelles du public, des locaux, des matériels et spécifiques (élèves, équipes, projet) sont très fortes. Pour ces raisons, il convient d'être proactif sous peine de se faire ballotter au gré des contraintes et des emplois du temps perturbés.

Ainsi, le tableau de bord devient un outil intéressant qu'il vous appartient de concevoir et de réguler, pour vous, souvent en équipe, pour conduire au mieux les apprentissages de vos élèves. C'est un document appréciable, autant pour communiquer avec votre chef d'établissement et avec votre inspection ainsi qu'un document personnel de régulation du travail. Pour ces raisons, n'attendez pas l'information de la visite de l'inspection pour le concevoir.

À ce titre, par exemple, l'inspection d'arts plastiques de l'académie de Lille propose un document-cadre aux catégories indicatives et aux rubriques ouvertes. Il permet à chacun d'avoir une supervision de l'activité et d'être acteur dans une politique d'établissement (voir le tableau page suivante). Cette mise en forme peut être transposée sans grande difficulté, et aménagée pour d'autres disciplines. On retrouve là une dimension essentielle de la créativité : faire l'inventaire collectif pour mieux inventer.

Liste des rubriques du tableau de bord du projet pédagogique de discipline[1]			
Rubriques	**Parties**	**Intitulés**	**Pages**
Les arts plastiques dans l'environnement de l'établissement	**I**	**L'environnement scolaire, social et culturel des élèves dans lequel agit l'enseignement des arts plastiques.**	**2**
La démarche d'éducation culturelle des arts plastiques dans l'établissement	**II**	**Le volet artistique et culturel annuel (ou) pluriannuel dans l'établissement.**	**3**
Les arts plastiques dans l'offre pédagogique de l'établissement	**III**	**L'équipe pédagogique de l'enseignement des arts plastiques.**	**4**
	IV	**Le socle commun des connaissances et compétences.**	**5**
	V	**Les arts plastiques dans les dispositifs transversaux d'enseignement et les activités complémentaires culturelles ou artistiques.**	**5**
L'orientation	**VI**	**L'orientation des élèves dans les domaines artistiques et culturels.**	**5**
Les équipements pédagogiques et les locaux	**VII**	**Les équipements pédagogiques des arts plastiques dans la salle de classe.**	**6**
	VIII	**Les locaux associés.**	**6**
	IX	**Les projets d'équipements et d'aménagements.**	**6**
Autres thèmes pouvant être ajoutés (ex : liaisons avec le premier degré ou les lycées, détail action EROA ou « élèves à l'œuvre »...). Créer un thème, un chapitre, un intitulé et joindre la (les) pages au dossier.			

1. Extrait du site académique de Lille, http://artsplastiques.discipline.ac-lille.fr/documents/arts-plastiques-colleges-publics-tableau-de-bord-du-projet-pedagogique-de-discipline/view.

Construire et partager un tableau de bord de module interdisciplinaire

La déclinaison du « tableau de bord » s'applique aussi non à un champ disciplinaire où vous seriez le seul maître à bord, mais à des dispositifs ou modules partagés entre plusieurs acteurs. Il prend alors des connotations de cahier des charges et d'organisation prévisionnelle d'un travail collectif, partagé et nécessairement régulé.

Ces dernières années ont vu s'accroître ces dispositifs croisant disciplines et intervenants, tels les itinéraires de découverte au collège repris en 2016 dans les EPI (enseignements pratiques interdisciplinaires), l'accompagnement personnalisé au lycée, les travaux personnels encadrés ou les

Tableau de bord de module interdisciplinaire[1]	
Collège XXX	
Titre	**Rapide problématique de l'atelier, explicitant l'intérêt du travail et posant la situation-problème à résoudre, décrivant quelques activités envisagées.** **Une rubrique qui sera reprise dans un tableau récapitulatif à l'adresse des élèves, pour guider leur choix. La formulation est attractive, inventive, questionnante.**
Type d'EPI	
Responsable du module	***A priori*, au moins deux, sans exclure la possibilité d'autres types d'intervenants, enseignants ou partenaires éventuels (internes au collège ou externes).**
Compétences à développer	**• Compétence(s) transversale(s) au cycle 4 du collège, en puisant dans le référentiel du Socle commun.** **• Compétence(s) spécifiques(s) liées aux progressions des disciplines.**
Intérêt du module	**Une rubrique qui rend compte des détours pédagogiques employés. Dans tous les cas, ce sont des hypothèses de travail qui seront effectives partiellement ou totalement selon les options prises avec les élèves.**
Production prévisionnelle	**La ou les productions éventuellement à conduire collectivement.** **Un objectif de production pour le groupe d'élèves, un moyen d'atteindre les objectifs pédagogiques ciblés pour les enseignants.**
Modalité de travail	**Méthodes pédagogiques diversifiées (par ex., démarche de projet, démarche expérimentale, élaboration progressive, lecture d'image, débat argumentatif, pédagogie des rôles, des groupements différenciés...).** **Mise en œuvre de quelques dispositifs ou matériels (ExAO, applications TICE, Internet...).** **Marge d'implication et d'initiative des élèves.**
Modalité d'évaluation	**Un document détaillant les compétences, leur contexte, servant de support formatif, sera complété avec l'élève pour la fin de session et l'évaluation finale.**
Moyens	**Exprimés en horaire/discipline, en heures pour intervenants, ou en matériels ou salles nécessaires.**

1. À partir d'un travail en formation AEFE, repris dans l'académie de Poitiers, http://ww2.ac-poitiers.fr/doc/spip.php?article76.

PPCP (projet personnel à caractère professionnel) en lycée professionnel. L'accompagnement de plusieurs dizaines d'équipes en la matière a rendu utile l'élaboration d'un tableau de bord de module (voir page suivante) dont vous pouvez vous inspirer.

Pour organiser l'interdisciplinarité, la cohérence interne du module et la complémentarité de celui-ci dans le dispositif, un tableau de bord a été progressivement élaboré avec les enseignants. Il est un support utile pour

> **▶ Bricoler son quiz, c'est facile, riche… et efficace pour les élèves**
>
> **« Réduire l'utilisation des quiz à ce système de notation rapide, n'y voir qu'un outil pour le professeur qui n'aime pas corriger les copies et souhaite y consacrer peu de temps, c'est passer à côté d'un instrument pédagogique important, surtout depuis l'apparition des quiz informatisés qui enrichissent considérablement le contenu des questions et permettent facilement de faire et refaire le questionnaire. Ludique, esthétique, varié (du texte, des images, des sons, des vidéos…), le quiz a tout pour séduire. Il permet de s'adresser autrement que par le discours à l'étudiant, favorise le dialogue, l'autonomie, l'implication. »**
>
> **Le GRID Économie-gestion de l'académie de Créteil publie un intéressant dossier sur les quiz informatisés. Il montre que le quiz n'est pas qu'un outil d'évaluation mais aussi un instrument pour apprendre et consolider ses connaissances. Il analyse les différents logiciels disponibles en montrant leurs potentialités.**
>
> ➥ ***http://economie-gestion.ac-creteil.fr/exeg/FT/grid/Grid_01_quiz.pdf***

l'équipe enseignante et de direction afin d'appuyer par la suite une information auprès des élèves dans les classes.

Chaque module dispose de son tableau respectif ; l'ensemble compilé rend compte de la cohérence de l'offre de formation et permettra l'évaluation du dispositif.

Concevoir son propre tableau de bord de l'exercice professionnel

En allant plus avant dans l'exploration du genre, le tableau de bord change aussi dans sa forme. Cadrans et voyants lumineux sont autant d'indicateurs de pilotage pour des variables du métier auxquels il convient d'être attentif. Les informations reportées s'ajustent aux situations rencontrées et varient en fonction de la vitesse et des terrains que vous explorez.

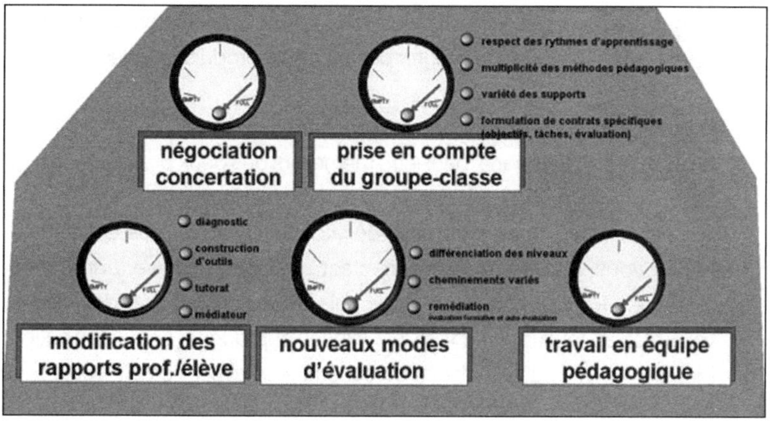

Livrez-vous à un exercice de positionnement. Dans votre cas, où situeriez-vous les aiguilles dans les cadrans ; quels sont les voyants qui sont au vert et ceux qui passeraient sans le savoir au rouge ?

Bonus Web ☛ L'innovation et la créativité, ça se communique en réseau aussi : le réseau Innovation vous met en relation avec un correspondant, ou « CARDIE[1] » dans chaque rectorat. Sa mission est de repérer, accompagner et valoriser les initiatives enseignantes. Si vous développez quelques outils ou partagez une démarche d'enquête avec quelques collègues, avec vos élèves, n'hésitez pas à le signaler. Il saura vous guider dans une analyse plus approfondie, voire vous amener à découvrir des ressources encore inconnues ou vous brancher à un réseau collaboratif. Une riche banque de données, capitalisant plusieurs milliers d'actions documentées, Expérithèque, est disponible en ligne sur le site Internet : http://eduscol.education.fr/experitheque/carte.php.

AUTOTEST : AMÉLIOREZ VOTRE ENVIRONNEMENT D'APPRENTISSAGE (PROFESSIONNEL)

✪ Affichez les apprentissages

Faites le tour de votre salle de classe ou de la salle où vous exercez le plus souvent : quels sont les affichages importants pour votre enseigne-

1. CARDIE : conseiller académique en recherche-développement, innovation et expérimentation. Voir la liste sur http://eduscol.education.fr/pid25043-cid47240/conseillers-academiques-cardie.html.

ment ? Que pourriez-vous améliorer ? Comment pourriez-vous mieux les mettre en valeur ? Faut-il intégrer des supports produits par des élèves ?

✪ Établissez la carte conceptuelle de votre discipline

Au tout début de l'année, peut-être même lors des deux premières heures avec la classe, après avoir réglé toutes sortes de formalités, dressez avec vos élèves la carte conceptuelle de la discipline que vous enseignez : « Pour vous, apprendre l'anglais, c'est… » Chaque élève fournit deux réponses. Petits papiers, collecte, puis dépouillement par des élèves, vous êtes au tableau pour faire la synthèse et proposer une organisation, toujours validée par le collectif. Un schéma « solaire » s'établit peu à peu, avec plusieurs satellites.

Vous aurez alors défini une véritable charte de la discipline pour la classe, en entrant par le sens.

CHAPITRE 8

Préparer une sortie, un voyage, un stage

L'École s'ouvre pour préparer ses élèves à leur future et prochaine vie sociale et professionnelle, ce n'est pas nouveau et cela reste une attente forte des élèves eux-mêmes et de leurs familles. Leur permettre d'aller voir ailleurs que dans son sein, c'est moins un désir profond et partagé dans le monde enseignant.

Comment mieux préparer les jeunes à apprendre de manière moins « académique » que sur les bancs d'une école, des expériences à l'extérieur du sanctuaire scolaire, hors les murs, dans un musée, dans une ferme, à l'étranger ? Comment faire pour que les exigences et les coutumes de l'École s'accommodent de codes régissant par ailleurs la société civile, quand les élèves (et leurs profs) découvrent le monde de l'entreprise ?

APPRENDRE, C'EST ORDINAIRE OU (ET ?) C'EST « EXTRA-ORDINAIRE » ?

Lors d'une information aux enseignants, le professeur responsable du service pédagogique d'un grand musée parisien vantait les mérites du parcours « maths et art contemporain » en s'appuyant sur le côté attractif, une approche en tout cas ludique et différente de celle des mathématiques en classe. Diversifier l'apprentissage des maths en modifiant son « affichage » disciplinaire peut augmenter les performances des travaux d'élèves, alors pourquoi limiter cette approche aux murs d'un musée, loin de l'école ? Dans le retour en classe, le travail dans un atelier « arts » ou encore dans le quotidien du cours peut être une préparation ou un bon prolongement.

> *“Il n'y a que les sorties pour motiver les élèves ; le reste du temps, c'est l'apathie.”*

Au moment de la relance de la politique de l'éducation prioritaire et du bilan des pratiques, de nombreux textes ont circulé concernant notamment une dérive activiste de l'école, parfois oublieuse des apprentissages. À multiplier les projets de toutes natures, on mettait presque entre parenthèses le quotidien de l'École ; l'« extra-ordinaire » attractif des projets et des sorties prenait le pas sur l'ordinaire de la classe et l'organisation des apprentissages. Une arme à double tranchant car, en continuant dans ce sens, nous adressons aux élèves un message peu ambigu : l'école, c'est mieux ailleurs ou autrement…, mais malheureusement 95 % du temps, ce sont : un enseignant, une classe, des programmes et une manière trop « transmissive » des connaissances.

SORTIR POUR APPRENDRE ENSEMBLE

La sortie pédagogique est assurément une pratique conseillée, plébiscitée par les élèves et les familles, parfois décriée par les enseignants, mais toujours utile pour tous. Rien ne la prescrit dans les textes, elle contribue de façon certaine à élargir l'horizon scolaire, que l'on exerce dans un milieu très urbanisé et dégradé ou dans une petite école rurale isolée. Elle donne à voir que l'on apprend en toutes circonstances ; en changeant l'environnement d'apprentissage, elle permet de mettre en situation certaines capacités et certains savoirs « académiques » de l'École.

> ***« Une sortie, c'est beaucoup trop lourd en temps, en organisation et en responsabilités. »***

À éviter ! À tenter !

On évitera la sortie pour la sortie, ou la sortie de fin d'année qui n'a aucun fondement pédagogique, si ce n'est d'occuper des élèves dont on ne sait que faire quand le programme est bouclé ! Il y a là une réflexion en établissement à mener sur la restructuration des trois dernières semaines de l'année scolaire pour établir un pont avec la rentrée suivante : par exemple préparer les élèves aux orientations décidées, organiser des préparations plus efficaces aux examens, tester un emploi du temps plus mobile… Innovons dans cet espace-temps, au profit de tous !

Comme toute autre activité pédagogique, la sortie ressort d'un projet, d'objectifs, d'une planification et d'une organisation spécifiques : pour quoi, avec quoi, comment ? Elle est une modalité de l'enseignement ordinaire. Ce qui peut la rendre extraordinaire, c'est sa rareté, et cela dépend en partie de vous. La ramener dans le champ de l'ordinaire, c'est lui assurer un traitement égal à celui que vous réservez à vos propres cours.

Faire sa *check-list* pour partir

La sortie pédagogique a un impact sur l'organisation de l'établissement et la vie scolaire. Elle nécessite alors une préparation logistique un peu plus lourde que d'autres activités plus « classiques ». Pour vous aider, nous vous proposons la *check-list* suivante.

Élaboration du projet :

❑ La sortie s'inscrit dans la programmation annuelle des séquences.
❑ La sortie est en cohérence avec les programmes.
❑ La sortie est en cohérence avec le projet d'établissement ou de classe.
❑ Les élèves ont été informés tôt de la sortie (motivation entretenue) et peuvent prendre part, tout ou partie, à son organisation.

Organisation logistique :

❑ La réservation du créneau horaire est faite.
❑ La réservation du moyen de transport est faite.
❑ L'autorisation administrative a été remplie et signée.
❑ La sortie a reçu l'aval du conseil d'administration (cas des voyages).
❑ Les élèves ont TOUS rendu l'autorisation parentale dûment complétée.
❑ La participation individuelle aux frais a été collectée.
❑ Tous les élèves concernés par la sortie participent.
❑ La vie scolaire est prévenue.
❑ L'encadrement adulte est suffisant (1 pour 13 dans le secondaire, 1 pour 5 dans le premier degré).
❑ Les professeurs restant au collège sont prévenus.
❑ L'aire et l'heure du déjeuner sont prévues.
❑ Les horaires et lieux de rendez-vous ont été reprécisés.

Organisation pédagogique :

❑ Les contenus correspondent à mes attentes disciplinaires dans le cadre d'une activité sous-traitée (pas conseillé).
❑ Les contenus sont adaptés au niveau de mes élèves.
❑ Le type de sortie est adapté aux modes d'apprentissage de mes élèves.
❑ L'intervenant extérieur peut se modeler à l'attente des élèves.

❑ La sortie a été préparée en classe (prérequis).
❑ Éventuellement, la feuille de route (parcours-exploration) est adaptée à la sortie.
❑ Les groupes et le mode de travail ont été précisés.
❑ Les objectifs ont été clarifiés en classe.
❑ L'exploitation (évaluation) a déjà été prévue et construite.

Au moment de la sortie :
❑ Les consignes de sécurité sont respectées (traversée, trottoirs, transports, etc.).
❑ Tous les élèves participent à un moment ou un autre.
❑ Les élèves ont les moyens ou le temps de souffler un peu.
❑ Les élèves sont responsabilisés, parfois appariés en binômes.
❑ Le professeur est suffisamment disponible.
❑ Les accompagnateurs sont suffisamment informés pour répondre ou régler divers problèmes.
❑ Aucun problème matériel ne doit se poser.

L'exploitation de la sortie pédagogique :
❑ Un bilan de satisfaction est passé « à chaud » avec relevé de décisions.
❑ Les contenus sont réinvestis rapidement en cours.
❑ La sortie peut faire l'objet d'une évaluation dans un devoir.
❑ Les leçons sont tirées : les réussites et les problèmes posés lors de la sortie sont abordés.

ORGANISER UNE CLASSE TRANSPLANTÉE

> ***“Je voudrais partir avec ma classe, mais je ne connais pas bien la procédure administrative.”***

Dans le cas d'une « sortie scolaire avec nuitées » (plus de 30 000 classes par an en moyenne), durant plusieurs jours, conception et élaboration d'une classe transplantée, par exemple, on passe toujours par la production d'un projet pédagogique. Ce n'est pas un *pensum* exigé par l'Administration avec un grand A ni par un IEN sourcilleux des textes officiels, mais la garantie d'un ancrage sur les objectifs de l'École et une marque de votre expertise professionnelle[1].

1. Vous pouvez vous aider ainsi des conseils et outils proposés sur http://www.partir-en-classe.org/classestran/creation.php.

Un stage intensif d'apprentissages tous azimuts

Une classe de découverte, cela sert à apprendre : quelle qu'elle soit, elle reste un moyen d'atteindre des objectifs clairement identifiés. Elle contribue à donner du sens aux apprentissages en favorisant le contact direct avec l'environnement naturel ou culturel, en provoquant la rencontre avec des acteurs dans leur environnement de travail. Ce type de classe reconnaît une place significative à l'activité des élèves et permet d'étayer des apprentissages sociaux, moteurs et cognitifs.

De la dominante du projet dépendra l'appellation de la classe : classe architecture, classe patrimoine, classe historique, classe lecture/écriture, classe de mer, classe de neige, classe verte, etc. Sa conception et son organisation sont loin d'être des vacances, ce serait même plutôt du genre « stage intensif » pour les élèves comme pour vous.

La préparation d'un projet pédagogique en vue d'une classe transplantée peut devenir la modalité de développer des apprentissages peu sollicités par ailleurs, en associant plus étroitement les élèves : recherche de partenaires, communications et démarches hors de l'établissement, plans de financement, recherche documentaire... *A priori*, tout est prétexte pour apprendre, dans toutes les domaines (disciplinaires). C'est même ce qui va permettre de différencier une prestation de service sous-traitée par un centre ou par un organisme quelconque d'un acte éducatif. Cette phase de préparation permet surtout de transformer le projet d'un professeur en un projet porté par les élèves où tous peuvent apprendre à partir d'une situation inédite.

Rédiger le projet pédagogique de la classe transplantée

La rédaction du projet pédagogique suit la matrice classique de tout projet, avec une partie spécifique concernant les déplacements, la sécurité et l'hébergement... avec les élèves, et la partie budget si la classe est autofinancée. (Voir le chapitre 21 « Diriger des projets ».)

➢ Introduction

À partir du contexte spécifique de l'école/établissement, présentez l'opportunité d'un projet de classe transplantée dans le cadre de votre programmation semestrielle ou annuelle.

➢ Constats et manques

Partez du plus général pour arriver au plus particulier. Commencez par la présentation du contexte géographique, social de l'école, quelques données socio-économiques puis scolaires sur les élèves de la classe concernée ; puis abordez des données pédagogiques et disciplinaires souvent difficiles à traiter dans le cadre strict de l'école. Reportez-vous alors aux instructions officielles.

➢ Les objectifs

Les objectifs généraux. Ce sont plutôt des finalités de l'éducation dans lesquelles le projet peut s'inscrire. Par exemple : développer l'autonomie de l'enfant, apprendre à vivre ensemble, connaître la diversité des milieux, s'initier aux activités de pleine nature. Ils se reconnaissent… parce que vous ne pouvez pas les évaluer.
Les objectifs évaluables. Plus précis et opérationnels que les objectifs généraux, ce sont ceux sur lesquels vous allez directement travailler avec les élèves. Ils se vérifieront par des indicateurs et des actes relevant de l'évaluation. Concrètement, ils couvrent les domaines abordés ou référencés dans le Socle commun (connaissances, savoirs, compétences, etc.). Pas d'exhaustivité, mais un souci de pragmatisme, en cohérence directe avec ce qui sera effectivement travaillé. Il est inutile de parer de toutes les vertus du monde un stage de ski.

➢ Les moyens

C'est la partie la plus technique où l'enseignant peut avoir le sentiment d'être dépassé. Bien souvent, il s'appuie sur un prestataire ou alors cette rubrique est sous-traitée par un service de la mairie par exemple, s'il s'agit d'une école. Il n'en reste pas moins que le commanditaire reste l'enseignant et l'objectif demeure pédagogique. Donc, vigilance : la direction de l'école peut vous être d'une grande aide dans cette partie.

Les moyens financiers[1]. Le budget : le financement (parents, caisse de l'école, subvention de la mairie, conseil général, plus rarement des partenaires) ; cependant, cela se développe avec intérêt au collège ; par exemple dans le dispositif de prévention de décrochage scolaire, promu par la Fondation de France ou encore par le FSE (Fonds social européen). Les dossiers restent assez techniques ; et l'accompagnement est utile.

1. Vous trouverez une fiche budget pour effectuer le montage financier ainsi que le plan de financement de la classe transplantée sur les sites Internet suivants : www.123sejours.com/classes/budgetvierge.xls ; www.123sejours.com/classes/planfinance.xls. À adapter ou à simplifier selon votre cas spécifique.

Les moyens matériels. Les transports, le matériel pédagogique, les infrastructures (présentation du centre, conditions d'hébergement, avec au besoin une présentation plus longue reportée en annexe).

Les moyens humains. L'enseignant, les animateurs, l'hôtelier, les intervenants pédagogiques, les prestataires d'activités, la directrice de l'école, les parents, le maire, selon le cas.

Les moyens pédagogiques. Le planning d'activités (en tenant compte du temps – prévoir éventuellement un planning « s'il pleut »), les temps de vie quotidienne, la journée type, les moyens donnés pour la réalisation des objectifs évaluables.

Les moyens logistiques. La sécurité (dans les transports, au cours des activités, au centre) ; la correspondance avec les parents, l'école ; l'organisation du départ, du retour ; la coordination avec d'autres classes éventuellement présentes en même temps.

➢ La mise en œuvre

– programmation des activités d'enseignement et de découverte ;
– répartition des groupes et des travaux ;
– supports pédagogiques déjà prévus ;
– prolongements pédagogiques et exploitation des résultats.

➢ Les évaluations

Le dispositif d'évaluation touche des niveaux et comporte des formes variables :
– un compte-rendu sur le déroulement et les termes remplis du contrat logistique et matériel ;
– une enquête de satisfaction des participants ;
– un bilan des compétences spécifiques développées pendant le stage ;
– une étude sur les changements (positifs) du groupe ;
– une perspective pour l'exploitation pédagogique dans les semaines suivantes.

➢ Les annexes

Celles-ci peuvent comporter des notes ou documents évoqués dans le projet, susceptibles de mieux faire connaître les éléments du dossier ; par exemple : devis, brochures, extraits de sites Internet, etc.

Bonus Web ☛ Primaire : séjours scolaires et classes de découvertes. Une circulaire sur l'organisation des séjours scolaires et des classes de découvertes met l'accent sur la préparation et l'exploitation pédagogique du séjour : décloisonnement des enseignements, apprentissages transversaux. Elle institue un « livre de bord » qui permet de suivre et piloter la sortie ou la classe de découvertes (avec un *s*). Le texte précise également la circulaire de 1999 sur la sécurité. En ligne à l'adresse : www.education.gouv.fr/bo/2005/2/MENE0402911C.htm et pas grand-chose de nouveau depuis…

Plus la scolarité avance, plus les sorties s'orientent vers la découverte du monde professionnel, en fait dès la classe de quatrième.

L'OBJECTIF DU STAGE : L'OUVERTURE AU MILIEU PROFESSIONNEL

Dans le second degré, l'ouverture de l'École devient plus orientée en recherchant un couplage entre formation scolaire et découverte professionnelle. Depuis 1995, les collèges tentent, avec des différences notables suivant les établissements, d'ouvrir au maximum le choix des élèves. Ils leur proposent notamment de découvrir le monde professionnel sur le temps scolaire. Dans tous les cas, il s'agit de répondre à la grande hétérogénéité des élèves au collège, d'élargir leur horizon des possibles, en aucun cas de faire de la pré-orientation précoce, tel l'ancien palier d'orientation en fin de cinquième, et la sortie d'une partie des élèves, souvenir encore présent dans l'esprit des enseignants qui l'ont connu, eux.

> ***“ Je dois faire de l'éducation à l'orientation, mais je ne vois pas bien ce que cela recouvre. ”***

Les objectifs de l'éducation au choix

L'éducation au choix au collège n'est pas un enseignement, encore moins une discipline parmi d'autres. Transversale, elle implique tous les enseignants quand ils manipulent des objectifs importants tels que :

1. S'auto-évaluer (travailler sur la connaissance de soi, apprendre à s'évaluer dans le domaine scolaire, notamment par le renforcement du dialogue élève-enseignant, travailler le discernement notamment quant aux notions de qualités et de défauts).

2. Découvrir les métiers de l'environnement scolaire (travailler sur la citoyenneté, sur l'environnement, impliquer l'élève, en sollicitant tous les acteurs éducatifs : les personnels ATOSS peuvent présenter leurs activités aux élèves).

3. Découvrir d'autres métiers (impliquer l'élève, provoquer la rencontre avec les métiers de la région et les métiers extérieurs, faciliter l'ouverture, élaborer une grille d'interview, réaliser une enquête, créer une grille des compétences exigibles à l'oral, s'exprimer devant un public, construire un document d'une quinzaine de pages sur un métier).

L'expérience de mini-entreprise au sein même du collège Victor-Hugo, dans une classe, en méthode de « simulation globale », mais pour de vrai, avec des partenaires professionnels, et de vrais clients, à Narbonne, présente un cas de pratique et d'engagement hors pair[1] ; dans la plupart des cas, la découverte par stages se déroule par immersion temporaire. Elle rencontre vite des difficultés pour trouver suffisamment de niches d'accueil pour tous les élèves, dans des conditions convenables tant pour le professionnel que pour l'élève. Deux initiatives méritent ainsi d'être signalées.

Première initiative : à Paris, dans le cadre du plan de lutte contre les discriminations, **une banque de stages** est mise à disposition des collèges ☛ http://www.paris19contrelesdiscriminations.fr/ Au lieu d'être casés au supermarché du coin où il n'y a personne pour s'occuper d'eux, les élèves sont accueillis dans des entreprises où ils découvrent réellement des métiers. Au retour du stage, ils soutiennent un oral où ils expliquent ce qu'ils ont fait. « On invite volontiers les entreprises si elles peuvent donner une demi-journée pour participer à ces restitutions. L'opposition éducation nationale-entreprises, c'est dépassé », explique une principale du collège.

Deuxième initiative : à partir d'expériences de jeunes, de conseils en ligne et d'exercices interactifs, un site ouvert par le Canaldesmétiers.tv se propose d'aider les élèves à trouver un stage. Une interface interactive, accessible à tout jeune dès le collège ☛ http://www.7etapespourtrouverunstage.com/.

1. Voir le détail sur www.ac-montpellier.fr/sections/enseignement-scolaire/innovations.

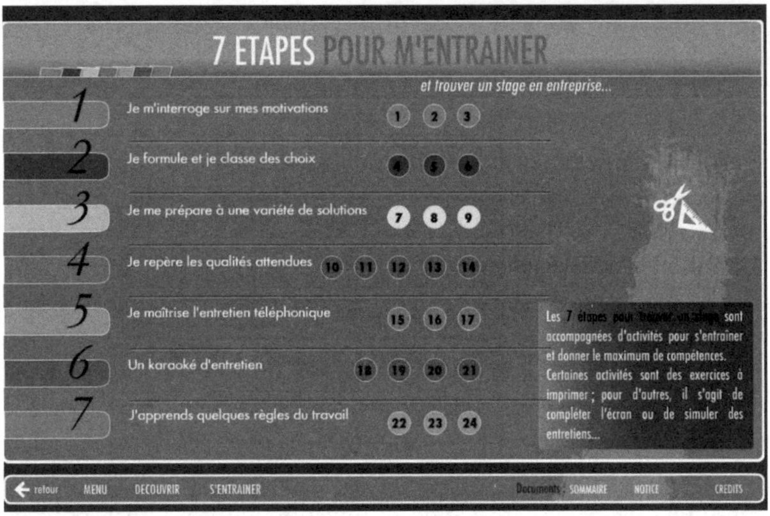

Bonus Web ☛ Trouver un stage, conseils pratiques et mode d'emploi, sur le site de l'Etudiant : http://www.letudiant.fr/jobsstages.html.

Une demande et une attente exprimées par les élèves

Rapprocher l'École de la « vraie vie », tout au moins des réalités socioprofessionnelles, c'est aussi une revendication des parents, mais également des élèves eux-mêmes, non seulement au collège mais aussi au lycée. Stéphanie Leloup, dans sa thèse sur l'ennui à l'école[1], consacre une partie à cet aspect : une piste pour rénover le lycée général, peut-être. « Au lieu de n'enseigner que de la théorie au lycée, on devrait avoir des cours pratiques comme dans le professionnel », suggère un élève de terminale STL. « J'aimerais faire plus de pratique, d'expériences et un peu moins de théorie », regrette un élève de seconde.

Découvrir l'entreprise. L'opposition entre le « scolaire », asssimilé à un cours magistral et donc ennuyeux, et la « pratique », plus intéressante et tellement plus formatrice, s'entend souvent. Un remède traditionnel que les élèves proposent pour résoudre ce problème est alors le recours aux stages dans les entreprises. Faire un stage permet de se faire une idée par soi-même de ce que peut être le monde de l'entreprise et d'apprendre à s'y intégrer. Il y a en effet un désir très prégnant de savoir comment se comporter sur le marché du travail.

1. S. Leloup, « L'Ennui à l'école », thèse, à consulter sur le site de Jacques Nimier : www.pedagopsy.eu/causes_de_lennui.htm.

▶ Quels sont les déterminants de l'orientation ?

Le n° 72 de la revue *Éducation et formations* est consacré à l'étude d'un panel de jeunes entrés au collège en 1995... et est, en cela, très instructif ! Premier enseignement : le niveau en maths reste le facteur déterminant de l'orientation. Il pilote l'entrée en S, mais détermine également le choix de la filière L. Aucune autre discipline n'a cette importance.

La catégorie sociale joue également fortement dans les choix : « Les enfants de cadres, d'enseignants, mais aussi de parents exerçant une profession intermédiaire s'orientent davantage vers une première générale que les enfants d'ouvriers, d'agriculteurs ou de personnes inactives », peut-on lire. Mais entrent aussi en jeu le niveau de diplôme des parents et la composition de la famille : « Le fait d'être enfant unique favorise l'accès en première générale. À l'opposé, les élèves en situation familiale atypique (ne vivant avec aucun de leurs parents) ont moins de chances de poursuivre leur second cycle dans l'enseignement général. »

Le sexe ne joue que modérément sur l'arbitrage entre général et technologique mais intervient davantage dans le choix de la série, particulièrement dans l'enseignement technologique : entre STL et STG, la part des jeunes filles varie de 7 à 61 % !

L'orientation est plus contrainte que voulue pour quatre jeunes sur dix. « Si près de 60 % (des jeunes) sont satisfaits de l'aide apportée par leurs parents, moins de la moitié estime avoir été bien informée par les professeurs et les conseillers d'orientation », souligne l'étude. Ce sentiment d'être « mal informé » est d'autant plus fortement ressenti chez les jeunes d'origine étrangère : « Exprimé par seulement 17 % des jeunes de familles non immigrées, ce sentiment grimpe à 30 % parmi les enfants d'immigrés originaires du Maghreb et à 28 % parmi ceux originaires d'Afrique subsaharienne. »

➡ *Source : ftp://trf.education.gouv.fr/pub/edutel/dpd/revue72/article4.pdf*

RÉALISATEUR

Élargir et diversifier les projets. Éduquer au choix, c'est permettre à tous les élèves de faire le point sur leur propre parcours scolaire, d'en découvrir d'autres bien souvent méconnus, c'est faire l'épreuve de choix nécessaires quant aux options à prendre, en fonction de ses goûts, ses compétences, ses besoins. Faire un stage chez un artisan maçon, ce n'est pas se préprofessionnaliser, mais plutôt (re)trouver le sens de certains savoirs scolaires en situation, comprendre l'intérêt d'une bonne formation initiale ; ou encore découvrir un environnement de travail inaccessible du fait des « traditions » familiales ou de l'éloignement géographique, c'est très différent.

▸ Une orientation, cela se prépare ensemble, et avec tout le monde

Fanny, une jeune enseignante de SES à Montpellier, témoigne de l'importance de travailler « ensemble », équipes pédagogiques et familles, sur l'orientation des élèves.

Lisa, pas si « nulle ». Pour Lisa, une élève en grande difficulté au lycée, timide mais bien intégrée, le conseil de classe a préconisé une réorientation en BEP. Sa mère préfère un redoublement pour décrocher un bac SMS, archibouché et hypersélectif. Lisa préfère par élimination être infirmière plutôt que coiffeuse. À l'issue de l'entretien, la mère confie que sa fille n'est pas une travailleuse acharnée : elle dépense la plus grande partie de son énergie à faire de l'équitation. « Ah, tu fais du cheval », « Oui, j'ai un galop 7 (niveau de compétition). » Cette adolescente apparemment « nulle », paresseuse, fumiste, découragée et perdue est en fait une adolescente passionnée et fougueuse sur un cheval.

Naïvement, Fanny demande si elle a pensé à travailler dans l'équitation plutôt que dans le médical, qui semble inaccessible par rapport à son niveau scolaire, ou la coiffure, qui la motive si peu. « C'est mon rêve, mais je ne peux pas. Il faut le bac et puis je ne sais pas comment accéder aux formations. » Grâce aux connaissances de Fanny sur les formations « Jeunesse et Sports », et à quelques coups de fils ciblés, Lisa a pu trouver un projet motivant et atteignable au vu de ses compétences.

Fanny fait l'analyse de ce cas d'école : défaut de communication, rétention d'information, manque de concertation entre élèves, familles, professeurs, conseiller d'orientation, Éducation nationale et Jeunesse et Sports, entreprises et instituts de formation. Chacun son boulot, chacun son information, sa formation, tout semble segmenté et cloisonné. On n'a pas su reconnaître ses talents. « Ce n'est pas notre rôle. » Alors qui, si ce n'est nous ?! Nous, en équipe, bien sûr[1].

Le cas de Lisa n'est pas un cas isolé, il bute sur nos propres limites à faire un bilan sérieux de toutes les compétences des élèves en phase d'orientation ; ce devoir de prise en charge de la préparation à l'orientation nous appelle à sortir de visées strictement disciplinaires pour s'intéresser à l'élève et ses potentialités ; on construit mieux sur des bases solides que sur des lacunes.

1. D'après le témoignage de Fanny O'Sullivan, professeur de SES au lycée Arago de Perpignan, académie de Montpellier, cité dans « Premiers pas dans l'enseignement », *Cahiers pédagogiques,* n° 418, CRAP, novembre 2003, p. 20.

➲ RECHERCHE DE STAGE : APPRENDRE À COMMUNIQUER AVEC L'ENTREPRISE

Dans les classes où les élèves sont le plus en difficulté, la recherche de stage se révèle chaotique. Qui doit alors entreprendre les démarches ? Dans une logique purement libérale, on laisse les familles se débrouiller pour trouver une place pour un stage de découverte. Mais dans une démarche de projet, est-ce bien les parents qui doivent avoir l'initiative ? Comment cela peut-il être interprété par un (futur ?) employeur ? Ou alors, l'enseignant, ou le chef de travaux en lycée professionnel, se mobilise pour trouver des lieux d'accueil, pas forcément en adéquation avec les souhaits de l'élève. Là encore c'est réaliste, le réseau du lycée vient en subsidiarité du réseau personnel ou familial, mais c'est contradictoire avec les objectifs de l'opération.

> ***« Une bonne partie de ma classe n'a pas trouvé de stage, ce n'est pas à moi de le faire à leur place. »***

Déjouer les solutions de facilité avancées par les élèves

On est toujours frappé de la force de quelques déterminismes qui n'en sont pas : privilégier la proximité du quartier au détriment de l'intérêt pour un lieu de stage plus éloigné, ne pas oser aller à l'encontre d'une logique familiale professionnelle, déroger en attribuant à certaines activités une connotation sexiste, restreindre son investigation à quelques activités visibles au détriment de tout le reste du monde. Les enseignants ont ici un travail intense d'accompagnement et d'analyse à conduire avec leurs élèves, et ils y sont peu préparés.

> ***« Les filles envisagent un stage dans les « services », les garçons dans le commercial ou l'informatique. On ne sort pas des clichés. »***

Élargir les sentiments de compétences. Des études sur ce point convergent sur la difficulté de travailler sur l'orientation, en particulier pour les jeunes filles. L'académie d'Amiens a notamment mené de nombreux travaux sur la question. Ainsi, l'orientation contraint toujours le sujet à des négociations identitaires coûteuses. Si l'on veut que les jeunes puissent diversifier leurs projets, il est important de travailler à l'élargissement de leur sentiment de compétence. Cela permettra d'élargir leur champ d'intérêt sur lequel s'appuie l'élaboration des projets. Ainsi, filles et garçons ne seront plus en situation de transgression. Il ne faut pas aider les jeunes à transgresser, mais les amener à ne pas avoir le sentiment qu'ils transgressent.

Préparer un stage devient une occasion d'apprendre par la prospection des terrains possibles, la communication, l'élaboration des supports.

Une expérimentation de sa communication en temps réel

Arnaud Savin, ancien responsable du recrutement en entreprise, a développé une approche de la communication et des outils très accessibles pour des élèves. La technique peut paraître simple, elle n'en est pas moins efficace. Elle tient en trois mots : communiquer, écrire, pousser des portes. Un module pour un groupe d'élèves se déroule autour d'un téléphone portable amplifié. Tous les élèves doivent préparer une liste de vingt contacts. Puis, il faut que l'un d'entre eux accepte de jouer le jeu avec l'intervenant. Tous deux simulent un premier **contact téléphonique** : le rythme des échanges est serré et saccadé ; la prise d'information décontenance l'élève ; on répète.

contact téléphonique ↙

L'élève passe en situation réelle, l'intervenant est à ses côtés, tout le groupe est très attentif.

Tout se joue en direct. Intonation, dynamique de la voix, prise par écrit des renseignements donnés, adapter sa communication à la taille de l'entreprise (PME-PMI ou grand groupe, se repérer dans les organigrammes possibles : « Bonjour, pourrais-je parler au responsable de l'entreprise ou à un collaborateur ? » ; « Bonjour, je m'appelle X, pourrais-je avoir le responsable des ressources humaines, du recrutement, ou le service du recrutement ou des stages ? »). On s'entraîne en situation réelle : « Ne quittez pas. » Musique de Vivaldi. « Bonjour, êtes-vous bien le responsable du recrutement ? » Ne rien expliquer tant que le bon interlocuteur n'est pas joint. « Pourriez-vous répéter ? Pourriez-vous m'épeler votre nom ? »

Dans le cadre de la communication professionnelle, il faut connaître tous les codes sociaux pour réussir. Si la demande brute « C'est pour un stage » n'aura aucune chance d'aboutir, une requête plus surprenante comme « Je voudrais rencontrer un professionnel de tel secteur pour mieux connaître l'activité » aura plus d'échos. Les élèves sont frappés de la relative bonne réception de ce type de message.

Dynamique collective. Contacter, dix, vingt entreprises à la file. Question d'entraînement et de dynamique individuelle mais aussi collective : le groupe soutient. Les notes prises par les élèves s'appuient sur l'expérience directe de celui qui passe en *live*. En deux heures, c'est la moitié du groupe qui a décroché une ou plusieurs entrevues. Il faudra rebondir sur les démarches immédiates : assurer le suivi, recontacter, écrire, aller rencontrer.

On peut avoir des difficultés : peur des photos d'identité (alors qu'elles ne sont pas forcément obligatoires), angoisse de l'agressivité prétendue des interlocuteurs, fantasme de l'analyse graphologique... Les enseignants ne reconnaissent plus leurs élèves après une telle séance. La pompe est amorcée. Certains apprentissages retrouvent du sens.

D'autres modules sont mis en œuvre, pour des actions « terrains » ; des groupes ont été entraînés en paroles et en gestes (e-book, prompteurs, etc.) et se déploient en terrains d'action, au contact direct. L'entretien est suivi immédiatement d'un debriefing avec le groupe et avec le responsable d'entreprise. D'une simulation à une situation réelle, les apprentissages sont marquants pour tout le monde.

Les exercices qu'Arnaud Savin[1] met en œuvre, les enseignants peuvent les reprendre à leur compte. C'est même inscrit dans le référentiel d'une discipline telle que la « communication » dans les formations tertiaires. Tout est alors une question de mise en pratique avec les élèves. Au final, ce sont bien eux qui trouveront les contacts car vous leur aurez donné les « clefs » !

AUTOTEST : *CHECK-LIST* DE PRÉPARATION DU STAGE

Vous êtes professeur principal d'une classe ou enseignant de technologie, de communication, de VSP (vie sociale et professionnelle) et vous devez accompagner les élèves dans leurs démarches de stage.

1. Nouvelle édition des *Clefs de l'entreprise, version collège*, Belin, 2014 ; et compléments sur www.enseignement-catholique.fr/files/lesclefsdelentreprise/guides.html.

Avez-vous fait dégager aux élèves :

❑ trois points forts ?

❑ trois compétences scolaires (ou non) qui permettent de valoriser ressources, micro-expériences, acquis, compétences ?

Avez-vous aménagé un temps suffisant avec eux pour préparer :

❑ un entretien ?

❑ un contact ?

❑ une démarche ?

Grâce à :

❑ des jeux de rôles ?

❑ des mises en situation ?

❑ des contacts téléphoniques ?

Mettez-vous à la disposition des élèves :

❑ un carnet de stage ?

❑ un relevé des contacts ?

❑ un suivi des rendez-vous ?

Faites-vous un « retour de stage » pour faire le point ensemble sur l'évolution des projets en fonction des situations vécues ? Et sur les conséquences en matière de travail scolaire et d'accroche à différentes disciplines ?

CHAPITRE 9

Définir une progression

Quand un guide part en randonnée avec un groupe, il prend sa carte topo, son relevé météo et sa boussole. Le pilote de ligne doit déposer son plan de vol et avoir fait sa « check-list » avant d'embarquer. Et l'enseignant ? Quels sont ses outils privilégiés pour programmer son action, ses cartes et sa boussole pour accompagner ses élèves à l'ascension du mont « Programme » ?

SUBTILITÉ DES MOTS : PROGRAMME, PROGRESSION, PROGRAMMATION

Ces termes sont employés l'un pour l'autre, et, selon les enseignants et les ouvrages, ils recouvrent des réalités différentes et complémentaires.

« **Le programme** établit une liste de notions à faire étudier. Il ne se préoccupe pas de l'ordre selon lequel ces activités sont menées dans la classe. Il est fixé non par une loi (contrairement à ce qu'en pensent bien des collègues), mais par une réglementation interne à l'éducation et éditée dans le *BO* (*Bulletin officiel*). Leur facture a pu changer dans l'histoire récente ; actuellement, on va insister sur la cohérence entre disciplines et sur le parcours des élèves ; c'est le travail du CSP, ou Conseil supérieur des programmes, depuis 2013.

La progression. En fonction du projet, l'enseignant établit un ordre dans les apprentissages, un itinéraire et des étapes parmi les notions, tout en tenant compte de points de passage obligés [...]. Elle s'efforce de déterminer un enchaînement précis des séquences, de façon à éviter l'empilement et la juxtaposition des notions. Elle ménage également, entre les séquences, des temps de synthèse qui permettent de dresser avec les élèves le bilan des acquis.

> ***“Je ne sais pas ce que représente ce qu'on appelle la « progression ».”***

La programmation se préoccupe de la distribution chronologique des séquences retenues dans le cadre de la progression et prend en compte le calendrier scolaire (il est essentiel que des séquences ne soient pas coupées par des vacances [...]). On s'attache à préserver une indispensable souplesse, permettant de faire varier le rythme des apprentissages selon les réactions, les difficultés et les intérêts des élèves. »

La progression annuelle dans sa discipline, ou dans une matière (en primaire), n'est pas obligatoire – quoique souhaitée vivement par l'inspecteur –, mais elle vous est nécessaire. C'est un élément qui entre dans la composition de votre propre tableau de bord (cf. chapitre 7) : une sorte de feuille de route, un « outil de gestion du temps et de la classe, représentant l'organisation prévisionnelle, le déroulement séquentiel et le suivi du programme ».

Les ingrédients de votre progression

À partir de la lecture attentive des programmes (instructions officielles et documents d'accompagnement), la progression, c'est votre projet prévisionnel d'activités qui, dans un tableau synoptique, comprend souvent :
– les compétences attendues en fin de formation, puisées dans le programme ou le référentiel de formation ; ce ne sont donc pas seulement des contenus de savoirs ;
– les évaluations de connaissances, de compétences ;
– les méthodes pédagogiques pour développer les compétences visées ;
– les modalités de la différenciation des parcours des élèves et de la gestion du temps (cours, TP, groupement, à distance).

La progression organise votre travail de formateur. Sans elle, le danger est grand de ne pas avoir le temps de « finir le programme » ; elle n'est qu'indicative. Une progression trop « serrée », par exemple calculée sur trente-cinq semaines ouvrables, sans prise en compte des temps nécessaires de bilans de savoirs, d'impondérables de toutes sortes indépendants de votre volonté (visites médicales, temps d'orientation, sorties scolaires, projets émergents et autres événements forcément imprévisibles), vous accule dès le départ à un contrat non tenu.

> *“Il faut se ménager de la souplesse et des temps de respiration.”*

La recette de cuisine en six étapes

L'équipe Éco-gestion de La Martinique propose un *vade-mecum* aux enseignants, aisément transposable à toute discipline. « Les définitions en sont aussi nombreuses que les pratiques... mais notre équipe s'accorde sur les points suivants[1] » :

➢ **Les ingrédients obligatoires :**
– référentiel (une grande partie d'entre eux est disponible en ligne sur le site de CANOPE et reprise et développée sur nombre de sites académiques) ;
– guide d'accompagnement et autres documents officiels s'ils existent (mêmes remarques) ; pensez aux tableaux du « socle » ! ;
– textes officiels de la répartition des horaires, quand ils existent ;
– calendrier de l'année en cours (vacances, voyages, périodes de formation en entreprise quand c'est le cas) ;
– ouvrage de la classe ;
– emploi du temps de l'enseignant ;
– papier, crayon, gomme. Mieux encore sur un tableau Excel.

➢ **Les ingrédients recommandés :**
– plusieurs ouvrages, à titre de comparaison ;
– référentiels de la discipline en amont (classe précédente) et en aval (il vous précise ce qui doit être acquis en fin d'année ou fin de cycle) ;
– emploi du temps de la classe ;
– micro-ordinateur, tableur, accès Internet et navigateur, c'est beaucoup mieux pour produire un travail collectif, communicable et susceptible d'ajustement ;
– quelques doses de courage et de patience.

➢ **Étape 1. Préliminaires :**
– survoler en premier lieu l'ensemble du programme ou du référentiel ;
– diviser le programme en grandes masses : le recours aux ouvrages peut ici être utile (nombre de chapitres, de pages consacrées à chaque partie...) ; le travail peut d'abord se faire par trimestre ;
– connaître le référentiel de l'année précédente vous permettra de vous appuyer sur les prérequis de votre classe ;
– identifier le cycle ;

1. Internet : http://cms.ac-martinique.fr/discipline/ecogestm/articles.php?lng=fr&pg=46.

– si possible, travailler selon l'organisation prévue dans l'établissement : trimestre ou semestre selon le cas, en vous basant sur des périodes courtes, de vacances à vacances (soit six à huit semaines en général).

➢ **Étape 2. Découpage précis :**
– dans la répartition effectuée, repérer les concepts fondamentaux, les notions essentielles. Il est alors essentiel de s'imprégner du référentiel, d'y repérer les champs notionnels, les compétences à acquérir, etc. ;
– puis reprendre le référentiel point par point ;
– s'appuyer au besoin sur les documents annexes, type guides d'accompagnement, fiches méthodologiques, pour approfondir ce travail ;
– repérer l'organisation de la classe (heures de cours, TP ou TD, classe entière-groupes...) dans les textes officiels ;
– travailler en équipe ou avec des collègues plus expérimentés peut être particulièrement utile à ce stade (par des évolutions communes).

➢ **Étape 3. Gestion du temps :**
– placer sur le calendrier les vacances de votre zone et les périodes hors cours (type stage), ou les événements locaux et manifestations prévues qui peuvent jouer sur votre enseignement (journée portes ouvertes, Salon du lycéen, examens blancs...) ;
– laisser une marge de manœuvre suffisante pour tenir compte d'aléas possibles (en général, une à deux séances par trimestre) ;
– comparer la durée prévue (ou recommandée) dans le référentiel avec la durée réelle en totalisant les heures d'intervention possibles (et au besoin utiliser une règle de trois ou appliquer un coefficient de réduction à l'ensemble si l'écart est trop grand) ;
– procéder au découpage effectif du programme, d'abord en grandes périodes, puis en affinant la répartition interne des points abordés.

Bonus Web ☛ Vous trouvez également sur le site une grille horaire de base sur trente et une semaines (sous Excel), et un calendrier à adapter à vos besoins.

➢ **Étape 4. Construction de la progression :**
– penser dès le départ aux évaluations : forme, durée, fréquence... pour les intégrer à ce stade dans votre calendrier ;
– vérifier que vous traitez l'ensemble du programme ;
– préparer ensuite aussi efficacement le contenu de chacune de vos interventions (détail par séquences, en fonction de la progression). Mais il n'est

pas forcément possible de le faire dès le début de l'année pour l'ensemble des séquences : il ne faut pas oublier l'actualisation des données et d'éventuelles opportunités qui vous obligeront à vous adapter.

➢ **Étape 5. Adaptation en cours d'année :**
– suivre autant que possible la progression prévue ;
– contrôler son déroulement au fur et à mesure de l'année pour rattraper au plus vite d'éventuels retards ;
– l'adapter si nécessaire, sans perdre de vue votre objectif principal : traiter l'ensemble du programme pour la réussite des élèves et des étudiants. La progression est un guide de travail, flexible et évolutif, à adapter à la classe, à son rythme, au vôtre, pour mieux réussir ensemble.

➢ **Étape 6. L'année suivante, c'est encore mieux :**
Recommencer… en tenant compte de l'année passée et des nouvelles données : durée de certaines séances à revoir, modifications éventuelles des évaluations, difficultés des élèves sur certains points, mise à jour ou rénovation des programmes à prendre en compte…

À travers cette question de progression prévisionnelle, on perçoit bien que le métier a changé : on a dépassé progressivement la représentation fantasmatique de la maîtrise totale des contenus, du temps et de l'espace pour passer à une logique d'ajustement et de régulation *a posteriori* de l'exercice. On retrouve l'avantage d'une démarche expérimentale pragmatique : on fait une hypothèse de travail, on la soumet à l'épreuve de la réalité, on analyse les résultats, on en tire des leçons pour réguler la pratique. Finalement, une bonne progression sera celle qui aura passé l'épreuve de l'expérience sur deux à trois ans et souvent mutualisée avec des collègues.

Bonus Web ☛**Voir, par exemple, en lettres les tableaux synoptiques d'organisation des programmes** (compétences, contenus) en matière de lecture et d'écriture, de la sixième à la terminale, sur le site de l'académie de Versailles : www.ac-versailles.fr.

COMMENT AMÉLIORER SA MÉTHODE

Comme toute recette, il faut se l'approprier, y ajouter sa touche personnelle, et au-delà des techniques, ne jamais oublier que ce n'est qu'une organisation des savoirs dans le temps scolaire destinée à faciliter votre travail et les apprentissages des élèves.

Investir sa liberté pédagogique

Bien souvent, dans les programmes de discipline, il n'y a pas d'ordre si ce n'est celui de l'énumération dans le *BO (Bulletin officiel)*, à moins d'une indication explicite. Par exemple, dans les textes relatifs à l'enseignement de la géographie en classe de seconde : « Les enseignants déterminent leurs approches pédagogiques, décident, après l'étude du thème introductif, de l'ordre des autres thèmes et du choix entre littoraux et montagnes, ainsi que des exemples significatifs qui constituent les supports du raisonnement géographique conduit avec les élèves » (*BO* hors série n° 6 du 31 août 2000).

La progression est donc d'abord une affaire de sens que vous voulez donner à l'organisation des apprentissages, contenus et savoir-faire. Pour aborder chacun des thèmes du programme, le professeur devrait répondre (et donc faire des choix) aux trois questions successives :
– Quelles notions vais-je construire en m'appuyant sur ce thème ?
– Quelle problématique pour atteindre ces notions ? Ce qui revient à poser la question du sens à donner à chacun des thèmes. Qu'est-ce que je veux qu'en fin de compte mes élèves retiennent, quel « message » ? Quel axe vais-je privilégier ?
– Quelle est l'étude de cas la plus pertinente et quelle démarche paraît la plus appropriée pour aboutir à ce résultat ?

C'est l'inverse de la démarche du cours : le cours doit partir d'une étude de cas pour aller au général. Alors que construire la programmation, c'est d'abord réfléchir aux problématiques et aux notions à construire pour faire ensuite le choix cohérent des études de cas[1].

Se donner un temps souple et des réserves pour durer

André de Peretti rappelle aux enseignants l'utile « loi des tiers » : « À chaque séquence d'activités d'un groupe (par exemple, un trimestre, un

1. D'après « Comment construire une programmation pour le programme de géographie de seconde ? », IUFM Aix-Marseille, groupe de développement géographie, document de travail, juin 2002 ☛ www.aix-mrs.iufm.fr/formations/filieres/hge/gd/gdgeographie/niveau/niveauseconde/consprog2.htm.

stage de formation, mais aussi une heure de travail), il se produit comme une crise au voisinage du premier tiers, puis du second tiers de la durée concernée. Cette loi nous permet de prévoir et d'apprécier la montée de certaines difficultés dans des groupes, comme dans des classes. Et nous savons bien que demander à des élèves les mêmes facultés d'attention ou de réalisation au début ou à la fin de l'année scolaire, au début ou au milieu d'un trimestre, est irréaliste. Mais on peut remarquer aussi que les moments qui précèdent la fin d'un travail ou d'un trimestre peuvent être extrêmement riches si on y prête attention. De la même manière que c'est vers la fin d'un entretien ou d'une réunion que se disent souvent les choses essentielles. »

La progression que vous élaborez peut utilement prévoir une certaine souplesse en résistant à compléter toutes les cases du tableau de votre programmation ; planifiez ce que de Peretti appelle un temps « sabbatique », en fin de séquence, ou en fin de trimestre, de sorte à faire un bilan des savoirs, un point sur les réussites et sur le dégagement de l'horizon en mettant en perspective les projections des élèves.

Panoramique et zoom, une autre manière de progresser

André de Peretti m'a personnellement guidé en me proposant une lecture « cinématographique » de mon propre programme : le « programme » d'un trimestre ou d'une année peut être proposé, après des moments de prise de contact, en une, deux ou trois leçons : dans un mouvement **panoramique** bien fait, appuyé sur un visuel (vidéo, prézi par exemple), un résumé accompagné de plans et de quelques textes. Et on peut ensuite, plus librement, proposer plusieurs **travellings** avant, pour approfondir tel ou tel morceau de programme, sélectionné par soi-même ou par les élèves, ou encore par un choix concerté compte tenu de leurs motivations éventuelles. On pourra ensuite terminer un trimestre ou une année en présentant avec force un nouveau **panoramique**, ainsi que quelques notes complétant les parties moins étudiées. Certaines études poussées, des *travellings* avant, pourront être réalisées en séminaires, avec l'aide d'enseignants d'autres disciplines ou d'élèves d'autres classes, voire aboutir à des réalisations des élèves (exposition, film, pièce jouée, schémas de mémorisation, systèmes de fiches, etc.).

“ Je ne parviens pas à me libérer d'une progression fortement suggérée par le programme.”

MA PROGRESSION À L'ÉPREUVE DES RÉALITÉS

L'invitation à la liberté en matière de progression pédagogique rencontre fréquemment quelques obstacles à prendre en compte, pour mieux les « négocier ». C'est le cas d'un ouvrage imposé sans votre avis, comme de la liberté tout aussi irréductible des collègues. La progression est bien la combinaison complexe d'invariants programmatiques, et de variantes contextuelles, professionnelles et personnelles.

Ma progression et celles de mes collègues

> *« Ma progression est incompatible avec celles de mes collègues de discipline. Difficile de faire autrement. »*

L'harmonisation d'une progression annuelle dans une discipline avec une progression annuelle entre plusieurs collègues n'est pas obligatoire, elle présente des avantages certains : la charge de travail est répartie, l'échange de compétences entre enseignants expérimentés et jeunes est permis, le croisement de modules devient possible, l'évaluation en est partagée et facilitée. Elle devient nécessaire quand le constat est fait de différences très importantes en matière de performances scolaires au moment des conseils de classe. Il s'agit alors de réduire les nombreux facteurs intervenants dans les résultats pour mieux analyser les difficultés rencontrées. Ainsi, aligner ses progressions permet d'envisager des regroupements différenciés d'élèves, des exercices communs, des organisations de type « professeur à la carte » qu'on a pu voir tester dans quelques établissements, ou encore dans le cadre de dispositifs d'accompagnement personnalisés en seconde générale.

Comment conjuguer ma progression et leur ouvrage ?

Une progression fondée sur la réalisation successive et méthodique des chapitres d'un manuel scolaire est, malgré la rigueur apparente de la démarche, vouée à connaître les affres de l'inachèvement. Le manuel est un outil parmi d'autres à votre disposition, il est une ressource pour vous comme pour les élèves ; il ne peut être le « prescripteur » de votre propre travail. La meilleure progression est celle que vous vous construisez, pas à pas, en vous appuyant au besoin sur d'autres ressources. Dans ce cas, il vous sera utile de revenir sur le processus décrit page 180 au niveau de l'étape 2.

AUTOTEST : TROIS RECETTES POUR PARFAIRE VOTRE PROGRESSION

✪ Dans une matière ou dans votre discipline, sur le niveau qui vous pose le plus de problèmes, demandez à un ou deux collègues d'échanger avec eux, ou qu'ils vous communiquent leur propre progression. ❑

✪ Faites une rapide recherche sur Internet sur les sites de disciplines des académies pour retrouver un exemple de progression. Comparez, et à partir de ces exemples, élaborez une progression qui sera la vôtre, c'est la bonne. ❑

✪ Tenez un petit carnet hebdomadaire avec deux colonnes au regard des séquences : FAIT et À RETRAVAILLER. Vos propres notes vous guideront pour faire les ajustements nécessaires en fin d'année. ❑

CHAPITRE 10

Mettre en œuvre des outils

On dit qu'on reconnaît un bon artisan à ses outils. Pour l'enseignant moderne, les outils matériels et les supports pédagogiques à sa disposition sont nombreux : présents dans sa classe, ils peuvent aussi se trouver dans les ouvrages au label rouge « nouveaux programmes » et dans les armoires (secrètes ?) des intendants, voire dans des cabinets spécialisés ou dans des salles dédiées au numérique ; parfois, le mieux est l'ennemi du bien.

FAISONS LE POINT SUR VOTRE BOÎTE À OUTILS

✎ **Vous avez, un jour, pu tenir un ou plusieurs des propos suivants. Cochez les cases correspondantes.**

❑ Mon écriture est illisible au tableau.
❑ Je ne parviens pas à organiser l'espace de mon tableau.
❑ Je n'ai jamais su me servir du minitel, alors l'ordinateur…
❑ Le vidéoprojecteur, c'est dans quel sens ?
❑ Des outils ? J'ai pas les moyens.
❑ Je ne boucle pas mon programme, pourtant je suis scrupuleusement le manuel.
❑ Je ne sais pas comment faire pour renouveler mon manuel.
❑ Ils n'ont qu'à recopier le tableau, c'est le résumé du cours.
❑ Il faut les faire gratter pour les faire taire.
❑ S'ils sont sages, en fin de trimestre, je leur passe un film.
❑ L'ordinateur avec les élèves, j'ai essayé une fois, ne m'en parlez plus.
❑ Je n'ai ni le temps, ni l'envie de lire en classe ; le cours, c'est plus sérieux.
❑ Certains cahiers d'élèves sont de vrais torchons.
❑ Les élèves ne sont pas attentifs à ce que je passe au magnétophone.
❑ Je suis allergique à la craie, je ne sais plus comment faire pour écrire au tableau.
❑ Je n'arrive pas à m'occuper du cahier de textes, c'est accessoire.

- ❑ J'ignore où passe le matériel pédagogique.
- ❑ De toute façon, moi, je préfère les photocopies.
- ❑ La vidéoprojection, c'est réservé à la technologie.
- ❑ Moi, j'arrive les mains dans les poches.
- ❑ J'ai passé un super PowerPoint et les élèves n'ont pas accroché.
- ❑ Ils n'arrivent pas à produire un court texte écrit.
- ❑ Je n'ai pas été formé pour utiliser ce type d'appareil.
- ❑ Cela ne marche pas, pourtant, j'ai toujours fait comme cela.
- ❑ Le portfolio, c'est du latin ?
- ❑ Ils ne savent pas lire, pourquoi le livre en classe ?
- ❑ C'est le boulot du CDI (centre de documentation et d'information).
- ❑ Le B2i, c'est l'affaire du prof de technologie ; moi, ce sont les lettres.
- ❑ Comment faire pour travailler sur le tableau du *Sacre de Napoléon* quand je suis dans une ZEP rurale au fond de la Creuse ?

Vos résultats au quiz

Entre 1 et 5 cases cochées

Reportez-vous directement à la page et au paragraphe qui concerne l'outil ou le support coché ; ce sera un complément d'information pour le technicien expert que vous êtes.

Entre 6 et 10 cases cochées

Lisez attentivement ce chapitre, puis refaites le quiz ; d'ici à la semaine prochaine, essayez de mettre en œuvre au moins un outil et un support inhabituel dans votre pratique.

Plus de 11 cases cochées

Attachez-vous à ce chapitre. La compétence « technicienne » n'est qu'un volet du métier, mais elle est aussi importante que les autres. N'hésitez plus à vous inscrire à une formation numérique et enseignement, niveau 1 au PAF (plan académique de formation). Si vous ne le faites pas spontanément, ce sera soit votre inspecteur, soit votre chef d'établissement qui le fera.

COMMENT BIEN UTILISER DES OUTILS

Avant de passer en revue les différents outils, ou de vous précipiter sur le dernier modèle du catalogue du fournisseur de l'intendant du lycée, attardez-vous sur trois précautions méthodologiques préalables.

Précaution n° 1 : l'adéquation à votre objectif

Les documents utilisés ne font pas la qualité du cours. La projection d'un diaporama PowerPoint en 3D *surround* n'est pas forcément le meilleur support pour faire apprendre la règle de trois en mathématiques. La sophistication des outils ne garantit pas la pertinence pédagogique du travail proposé aux élèves, elle ne peut que l'accompagner. L'outil doit rester au service des apprentissages de vos élèves.

Précaution n° 2 : l'adaptation à votre style d'enseignement

Selon le principe de « congruence » (en latin, s'ajuster, convenir), l'outil n'est efficace que si l'on s'en sert ! Cette lapalissade couvre trois conditions nécessaires exposées ici.

Pouvoir s'en servir. Des conditions techniques et matérielles sont requises. En début d'année, faites le tour des ressources matérielles disponibles, prévoyez du stock (transparents, feutres, lampes, cassettes...) sur les crédits pédagogiques. Si votre établissement ne dispose pas de vidéoprojecteur, allez voir diplomatiquement votre intendant et, sur ses catalogues de fournisseur, négociez le modèle adéquat. Même chose pour la remise en état des rideaux dans votre classe. Cela pourra demander un peu de temps, mais ce sera fait, n'hésitez pas à suivre l'affaire. Les crédits doivent être engagés avant la mi-octobre.

> ***“ Je ne sais même pas me servir de Word, alors la PAO... ”***

Savoir s'en servir. L'argument de la difficulté purement technique ne tient pas la route. Introduire le numérique en classe pose d'abord la question de votre propre capacité à conduire des travaux individualisés dans un groupe (classe ou demi-classe). Trois solutions sont à votre disposition selon le temps que vous voulez y consacrer, l'urgence de vos besoins et les ressources de votre environnement proche (professionnel et/ou familial...) :

– Vous vous autoformez ; c'est possible avec le vidéoprojecteur ou le lecteur DVD ; c'est vraiment une question de pratique.

– Vous vous appuyez sur un collègue « qui sait » et qui vous fera une démo du vidéoprojecteur par exemple. En cas de pépin, il sera toujours là. Dans les grands établissements, il existe une personne-ressource TICE dont c'est précisément la fonction.

– Vous vous inscrivez à une session de formation numérique niveau B2i (voir ce que doivent faire vos élèves, c'est un minimum) et, plus tard, à une session dédiée à l'utilisation des TICE dans votre discipline qui permettra d'aborder différents dispositifs de mise au travail en groupe. Le mieux est de bénéficier d'une formation sur site, avec les instruments du cru.

Précaution n° 3 : la variété requise

Tous les supports doivent être envisagés et plus la gamme sera large, plus il sera facile de varier les activités (dans leur apparence au moins, sinon dans leur contenu). La variété n'est pas synonyme de complexité ni de profusion documentaire. Il faut rappeler les problèmes posés par le « photoco-pillage », très répandu dans une époque de restriction drastique des crédits dévolus aux établissements.

LES OUTILS BASIQUES

Il s'agit des « fondamentaux » ; ce sont les outils, que l'on trouve dans toutes les salles de classes des établissements scolaires, mis à disposition de l'enseignant. Il y en a au moins deux : le célèbre tableau noir et le cahier de textes.

Le tableau du maître

Support emblématique de l'enseignant : le « tableau noir » – même s'il s'agit de plus en plus souvent de tableaux blancs avec feutres couleur, qui ont l'avantage de présenter une surface plus conforme à ce que sont les cahiers des élèves. Quelques conseils simples sont toujours utiles à se rappeler pour mener à bien cet exercice d'écriture et de communication auquel il faut se livrer à chaque fois...

• Soigner son écriture, adapter la taille de l'écriture à la salle.

• Jouer avec des couleurs signifiantes. Plutôt que d'écrire du texte linéaire, pensez à visualiser graphiquement l'information. Vous touchez alors à la fois mémoire auditive et mémoire visuelle pour renforcer l'apprentissage (voir les cartes heuristiques, chapitre 30).

• C'est aussi l'occasion de faire passer régulièrement des élèves au tableau : vous n'en vérifierez que mieux la compétence en prise de notes, en maîtrise orthographique, celle de mise en espace ; vous ne serez plus dos à la classe, mais avec les élèves.

▶ À chaque objectif son matériel

Pour vérifier si votre dispositif technico-pédagogique (outil et support en relation avec votre objectif principal) est au point, optez pour l'objectif qui colle le plus au vôtre (les chiffres entre 1 et 6), puis découvrez les supports les plus adaptés.

En fonction de l'objectif que vous assignez à la séquence pour les élèves		1- Mémoriser une information	2- Analyser et comprendre une situation	3- Découvrir ou s'informer sur un sujet	4- Acquérir certaines attitudes	5- Reproduire un geste professionnel	6- Acquérir un automatisme psychomoteur
Vous pouvez opter pour un ou plusieurs supports efficaces	Enregistrement sonore	O	O	O	O		O
	Document écrit	O	O				
	Photo, dessin, graphisme	O	O	O			
	Maquette, objet réel	O	O	O		O	O
	Tableaux	O	O				
	Tableau de feutres	O	O				
	Projection de diapositives	O	O	O			
	Film	O	O	O		O	
	DVD	O	O	O	O	O	O

Source : d'après une idée de Didier Noyé.

• Diviser physiquement l'espace : organiser ce qui est écrit (les nouveautés à gauche, le plan à droite, ou l'inverse).
• Ne pas tout écrire, mais éviter aussi les mots et structures isolés qui ne signifieront plus grand-chose pour les élèves lorsque le contexte sera oublié.

Les tableaux blancs constituent une surface de projection inespérée (en période de pénurie, c'est à noter) à coupler avec un vidéoprojecteur, relié à un système informatique. Toute image fixe peut alors faire l'objet d'un travail d'analyse sur pièce ; les élèves ont alors l'impression d'entrer dans l'image pour mieux la décortiquer. Parfois, le tableau devient même interactif (on parle de TNI) selon le degré d'équipement de votre école.

Le cahier de textes de la classe

C'est le cahier de l'enseignant ET de la classe où l'enseignant reporte cours après cours, ou jour après jour, le travail effectivement conduit et les leçons à faire. C'est le seul document-outil officiel et obligatoire de l'enseignant. À ne jamais négliger, il est un médium institutionnel et non une simple charge pour un élève bien gentil de le porter. Il s'accompagne d'un intérêt pédagogique si vous respectez les consignes qui suivent.

- Les contenus et la progression sont explicites. Un cahier de textes utile ne peut consister uniquement en une liste de numéros de leçons et d'exercices mis en regard de dates. Dès le début de l'année, collez-y la « charte de votre discipline » (voir page 287) et la feuille de séquencement prévisionnel de votre enseignement (page 160) .
- Chaque page se divise en deux colonnes : complétez par une phrase la problématique spécifique à la séance, puis en face, dans la seconde colonne, ce qui reste à faire ou à étudier pour la fois suivante.
- Ne collez que les évaluations effectivement données aux élèves.
- Reprenez et amendez périodiquement le cahier (au moment d'un devoir sur table par exemple). Créez une pochette pour y ranger tous les documents et supports de cours distribués aux élèves.
- Bien complété, le cahier de texte de la classe est un outil auquel on peut facilement renvoyer un élève absent.

Le déploiement des ENT au collège et au lycée permet de disposer en ligne, pour enseignants, élèves et parents, du cahier de textes ; vous pouvez y joindre fichiers, liens hypertextes, etc.

LES OUTILS MODERNES DE L'ENSEIGNANT

Il y a moderne et moderne. Certains outils comme le magnétophone ou le vidéoprojecteur ont déjà une période de vie pédagogique ancienne, d'autres sont « nouveaux » ou ne sont pas d'actualité pour le moment, cela dépend des contextes matériels, mais aussi des ambitions professionnelles. La valeur réside dans la manière de les mettre à disposition des apprentissages de vos élèves, l'innovation peut se cacher à ce niveau-là.

Le magnétophone, mieux, le lecteur-enregistreur MP3 avec un système audio

En langues vivantes, l'usage du MP3 est aussi important au lycée qu'au collège. Pour une utilisation optimale, il faut d'abord régler les questions d'ordre technique :
– le placer dans un endroit adéquat (pour que le document puisse être entendu par tous les élèves) ;
– régler le volume (ni trop faible, ni trop fort : aller soi-même dans le fond de la salle pour effectuer ce réglage) ;
– repérer au compteur le début et la fin de l'enregistrement utilisé, afin de ne pas perdre de temps (ni la face !) devant les élèves. L'encodage numérique facilite beaucoup le travail ici.

Son usage pédagogique doit être précis et limité :
– Sélectionnez des passages très limités. C'est un exercice de compréhension orale, assimilable à une conversation téléphonique. Un enregistrement de trois ou quatre minutes est déjà trop long ! Un véritable travail d'apprentissage requiert plusieurs écoutes en continu ou fractionnées.
– Déterminez le protocole de l'écoute : la définition de tâches précises qui solliciteront l'attention sélective des élèves. On ne peut tout travailler en même temps, la compréhension globale, la précision phonétique, la richesse du vocabulaire, le détail des situations…

L'ordinateur

L'ordinateur suscite généralement l'enthousiasme chez les élèves et c'est variable selon les contextes et les âges ; cela peut être répétitif et parfois difficile pour certains. Mais au-delà de son aspect ludique, il présente des vertus pédagogiques, pour le professeur comme pour l'élève… à condition de l'utiliser à bon escient.

Les avantages. Au professeur, il permet de trouver et récupérer des documents (sous réserve du respect des droits…), de présenter des supports écrits sous une forme adaptée ou différenciée selon les publics, d'archiver ces documents en vue d'une réutilisation sous une forme éventuellement modifiée. Aux élèves, il facilite notamment l'apprentissage linguistique, – grammaire, lexique et phonologie (c'est, comme le magnétophone, un répétiteur inlassable) ; la recherche documentaire sur Internet ; la communication avec des partenaires proches ou éloignés ; l'entraînement à la production (grâce au traitement de texte et au correcteur automatique) et son évaluation (voir les quiz, page 158).

► Sept conseils pour bien utiliser un PowerPoint vidéoprojeté

- **Pas plus de 25 mots par diapo.**
- **Utilisez des grandes lettres pour être bien lisible (corps 24, 36 points).**
- **Employez quelques couleurs en guise de code, pour mettre en valeur une idée.**
- **À proscrire : la reproduction de pages dactylographiées.**
- **Laissez le temps de le lire, ne parlez pas d'autre chose en même temps.**
- **Dévoilez progressivement le contenu : une idée à la fois.**
- **Pour recentrer l'attention des élèves sur ce que vous dites, éteignez le vidéoprojecteur.**

Les précautions. L'outil n'est rien sans accompagnement pédagogique : l'expérience menée au lycée avec les TPE et au collège avec les « itinéraires de découverte » montre l'utilité et la nécessité d'un carnet de bord de l'élève quand vous organisez une séquence sur poste informatique. Même sous forme de brouillon, il permet d'enregistrer le thème de la séance, ce qui a été fait, consulté, extrait, ce qu'on a appris d'utile pour la suite, les questions ou ce qui reste à faire pour la suite. Ce peut être une feuille type que l'élève colle dans son cahier pour l'intégrer dans le déroulement normal du cours. Dans tous les cas, l'enseignant est bien l'organisateur de la situation et le médiateur. Il introduit l'outil, veille à sa mise en œuvre, accompagne son appropriation, questionne sur son utilisation, guide selon les besoins ou les intérêts des élèves. On retrouve toutes les pratiques identifiées par John Hattie (voir Introduction).

> *“ J'ai n'ai pas été formé pour utiliser ce type d'appareil avec des élèves. ”*

Le rétroprojecteur (si vous ne disposez pas encore d'un système numérique)

Il reste un appareil que professeurs et élèves peuvent manipuler très facilement. Sur un mur blanc, ou mieux, un tableau Velleda, il permet de focaliser l'attention collective sur une élaboration progressive et dynamique. Le support du transparent autorise :
– l'exposition d'un plan construit et détaillé ;

– la découverte progressive d'un document figuré reproduit à partir d'un livre (gain de photocopies !), l'analyse d'une image, d'un paysage, d'un tableau (voir les usages de l'image, page 231) ;
– la correction des devoirs des élèves, à la fois plus rigoureuse et plus rapide si l'un (ou plusieurs) de ces élèves a écrit sur une bande de transparent pouvant être rétroprojetée ;
– la construction progressive d'une trace écrite, d'un schéma. Dans ce cas, il permet à tous de voir comment un élève écrit et prend la mesure de l'espace de la page, comment il organise sa prise de notes. Le professeur, parmi ses élèves, assiste et commente autant le contenu que la méthode. L'élève garde le transparent qu'il joint à son cahier.

Le lecteur DVD

Le document vidéo diffusé dans son intégralité est souvent un « piège à élèves ». C'est dommage(-able) de se limiter à une projection de film en fin de trimestre, même accompagnée d'une exploitation plus ou moins substantielle sur le plan linguistique ou culturel. On peut reprendre les conseils prodigués pour le magnétophone (voir page 192).

> ***“S'ils sont sages, en fin de trimestre, je leur passe un film.”***

De plus : n'oubliez pas de faire le choix de séquences très courtes qui contribuent à l'apprentissage difficile de l'analyse de l'image, au décryptage. On le fera d'autant mieux dans le cours si la classe est équipée. C'est un support qui ne doit pas monopoliser l'heure entière ; réfléchissez bien alors à votre objectif et au nombre d'extraits bien calés que vous allez enchaîner.

La liste des outils que vous pourrez utiliser en classe n'est pas exhaustive, elle se veut généraliste, c'est-à-dire valable pour tout enseignant, quels que soient sa discipline ou son niveau. Nous n'envisagerons pas ici les matériels plus spécialisés de type ExAO (expérimentation assistée par ordinateur), tableur Excel ou le TBI (tableau blanc interactif). Les sites disciplinaires sont nombreux à détailler utilisations, pratiques et évaluations.

▸ « Parasites » dans les cahiers...

« Il m'arrive de vérifier quelquefois la tenue des classeurs en seconde, souvent découragée par le désordre, les gribouillis, les graphismes, les silhouettes de BD esquissées, les phylactères grossiers, les éclairs noirs. Plus jamais en première. »
Et si ces parasites étaient des clés qui facilitent l'appropriation de savoirs ardus ?

➥ Catherine Henri, *De Marivaux et du loft, petites leçons de littérature au lycée*, POL, 2003, p. 116.

DES OUTILS À PARTAGER AVEC LES ÉLÈVES

Ces outils se différencient des précédents en ce qu'ils ne sont ni donnés, ni obligatoires, et ne nécessitent pas de compétences particulières pour les utiliser. Plus que de simples outils, ils participent à une démarche constructive avec et pour les élèves. En cela, ils illustrent ce que le mot pédagogie veut dire : un processus d'apprentissage mené en commun.

Le cahier de roulement

Cette pratique, ancienne dans le premier degré, présente de nombreux intérêts. C'est un cahier tenu à tour de rôle par les élèves (un des nombreux rôles que vous aurez à cœur de leur confier). Il permet de garder une trace écrite complète de chaque cours ainsi que celle du travail donné à la maison et des évaluations. Il constitue la mémoire collective du groupe-classe. Il doit pouvoir être consulté par les élèves à tout moment soit après une absence, soit pour leur permettre de corriger ou compléter leurs notes personnelles. Le professeur le vérifie après chaque leçon ; il permet de prendre de l'information sur les apprentissages de chaque élève responsable d'un jour, et il peut concevoir grâce à lui la suite de sa progression et des évaluations (à court et long terme). Ce cahier peut être un relais passé au professeur de l'année suivante.

Le cahier des élèves

On peut se contenter de déplorer le manque de soin, les documents laissés en vrac, l'absence des évaluations, et estimer que le cahier reste « la chose de l'élève », qu'il y apprend son autonomie. Certes, mais le professeur est responsable de ce qui demeurera dans ces cahiers. Le guidage est indispensable :

- Relevez les cahiers soit progressivement par lots, selon les occasions de travaux plus personnalisés ou d'interrogation orale, soit tous en fin de séquences.
- Vous êtes naturellement libre d'organiser le travail comme vous l'entendez (parties des cahiers consacrées à la « grammaire », au « lexique », aux « exercices », au « cours »...). L'essentiel est de proposer une méthode de travail rigoureuse et continue sur l'année.
- Une fois par trimestre, consacrez un temps de « bilan de savoir-faire » en échangeant les cahiers : chaque élève reçoit le cahier d'un autre, l'examine, on reporte au tableau les « petites réussites », les « améliorations nécessaires », les « dérives constatées » pour améliorer ensemble l'encodage des enseignements. Nombre d'erreurs prennent leur origine dès la prise de notes.

Des documents du cours à la trace écrite des élèves

Chaque support peut à lui seul constituer la base d'une séquence et la justification d'une trace écrite dans le cahier, à condition d'en aménager sa lecture, sa compréhension, son analyse et sa transposition. Tout document n'est important que parce qu'il fourbit l'arsenal intellectuel de l'élève, toute analyse n'est pertinente que si elle contribue à développer la compétence de l'élève à passer d'un code à un autre, à naviguer d'un registre à un autre, à construire les passerelles nécessaires entre les domaines du savoir.

> ***« Ils n'arrivent pas à produire un court texte écrit. »***

Tableau des combinaisons possibles entre un document et la trace écrite sur le cahier de l'élève

Passer de .... à			Intérêt	Niveau de difficulté
Texte	>	réponses	❍	
Réponses	>	paragraphe	❍	
Textes	>	résumé	❍	❍
Manuel	>	résumé	❍	❍❍
Texte	>	carte	❍	❍

Texte incomplet	**>**	**texte complet**		
Texte lu	**>**	**réponse**		❍
Texte	**>**	**tableau écrit**	❍❍	
Texte de tableau	**>**	**légende**	❍	
Carte	**>**	**réponse**		
Carte	**>**	**tableau**	❍	
Carte, image	**>**	**schéma**	❍❍	❍
Cartes	**>**	**modèle**	❍❍	
Image	**>**	**légende ou texte**	❍	
Film	**>**	**texte**		❍
Graphique	**>**	**texte**	❍	
Graphique	**>**	**tableau écrit**	❍	

Le tableau ci-dessus peut être un guide des savoir-faire exigibles au collège, un petit tableau de bord pour vérifier ce qu'on a déjà fait et ce qu'on n'a pas encore tenté. Chaque combinaison (les lignes) représente une opération intellectuelle déjà complexe. Ce n'est que si on travaille bien cette passerelle entre le document brut et son traitement que l'élève sera à même de produire un court texte écrit. Pas d'emblée.

Par exemple, décrypter un texte à l'aide d'un tableau à compléter est une opération écrite d'un réel intérêt pour la compréhension, et son résultat sera une bonne trace écrite pour permettre la mémorisation. Une suite possible sera de passer d'un tableau d'analyse à un texte linéaire. Encodage, décodage.
« Faire que le temps de la classe soit le travail de l'élève » : une sentence que l'on trouve dans les documents d'accompagnement des programmes d'histoire-géographie au collège. Le travail de l'élève, c'est donc le temps de mobilisation de connaissances et de processus de transposition dont la trace écrite élaborée individuellement ou collectivement, à l'issue de l'étude de tout document, sera le témoin. (Sur l'organisation de la trace écrite comme modalité d'apprentissage, voir le chapitre 28 « Faire une conférence ».)

Le portfolio, un outil partagé avec l'élève

Dans la continuité du cahier de l'élève, il faut signaler cette pratique, largement développée chez nos amis québécois notamment, qu'est le journal de bord de l'élève. Varié et adapté dans ses formes et ses supports au niveau, à l'école, aux types d'élèves concernés, il exprime un concept identique. C'est un dossier évolutif rassemblant quatre catégories de documents :

– des « œuvres » et travaux que l'élève a produits au cours d'une année scolaire, signes visibles de compétences acquises ;

– des appréciations des professeurs, des remarques sur le travail de l'élève. Le portfolio est par nature pluridisciplinaire. Les fiches de compétences du B2i (brevet informatique et Internet), obligatoire en fin de CM2 et en fin de troisième, y trouvent naturellement leur place ;

– des jugements personnels, des conseils, des autoévaluations de ses méthodes de travail ;

– des mesures à prendre pour aider l'élève à améliorer son apprentissage, établies lors d'entretiens.

Le portfolio témoigne de la réflexion que l'élève mène sur son propre apprentissage et de compétences acquises dans son parcours scolaire. Il est signe de continuité, là où souvent il y a risque de discontinuité (au collège notamment). C'est un outil formatif puissant pour l'élève et très objectif pour une équipe d'enseignants, si équipe il existe.

Bonus Web ☛ Le portfolio, concept efficace pour l'apprentissage et son évaluation : rendez-vous sur le site québécois : http://ntic.org (mot-clé : Portfolio) et notamment sur la page de Robert Bibeau (le portfolio basque) ☛ En Nouvelle-Zélande, tous les élèves et tous les enseignants disposent de leur propre portfolio. L'outil est personnalisable et ergonomique ; à découvrir sur http://myportfolio.school.nz/ ☛ Le site http://eduportfolio. org/ propose une solution francophone dans le même esprit ouvert et ergonomique.

Le manuel

Un manuel est indispensable au collège et nécessaire au lycée. L'utilisation d'un manuel évitera de multiplier exagérément (et d'ailleurs souvent illégalement) les photocopies de manuels ou de divers autres documents. Il se révèle utile pour le professeur, pour l'élève, et, bien utilisé, il permet de boucler son programme.

Un « outil » pour le professeur. Il n'est pas le programme officiel. L'étude systématique d'une unité du manuel après l'autre, exhaustivement, condamne le professeur à avancer trop lentement dans ce manuel. Il est également illusoire d'attendre des « exercices de grammaire » une efficacité absolue et des connaissances acquises pour toujours.

Un « outil » pour l'élève. Une grande partie du début d'année consiste à apprendre aux élèves à s'en servir, à l'examiner avec eux pour en montrer toute la richesse et favoriser une utilisation autonome. Sinon, il reste l'apanage du prof.

Il convient de progresser assez rapidement dans le manuel tout en proposant des retours aussi souvent que possible. Des choix doivent être faits par le professeur en fonction de ce principe fondamental. Une avancée assez rapide dans le programme qui s'accompagne de révisions (ou reprises) fréquentes sera beaucoup plus efficace qu'une compilation lente d'acquis limités. Pour toutes ces bonnes raisons, le choix du manuel est important, il conditionne votre travail et celui de vos élèves.

Le premier degré dispose de quelques manuels, spécialement consacrés aux méthodes d'apprentissage de la lecture ; à ce titre, un guide est proposé par l'ANCP et Savoir livre, disponible sur ☛ www.savoirlivre.com/optimiser-manuel/professeurs.php?page=1. Pour le second degré, compte tenu de la disciplinarisation des contenus et de l'évolution rapide des programmes, la chose semble moins aisée. Le choix d'un manuel est souvent conditionné par l'environnement local et le choix… des autres. À l'occasion d'une formation, des collègues de Caen ont élaboré le tableau ci-après de notation des manuels. Quatre critères principaux ont été retenus. Cette grille n'est pas fermée, vous pouvez encore la compléter par d'autres questions. Pour compléter ce tableau[1], il vous suffit de cocher la colonne qui porte la réponse la plus appropriée.

En effectuant le bilan des points positifs pour chaque manuel, on aura sur des critères objectifs une meilleure idée de la valeur du livre de classe. Bien évidemment, d'autres critères peuvent intervenir, en particulier le prix proposé par l'éditeur. Mais rien ne remplace une année scolaire pour pouvoir se faire une bonne idée du manuel. Avec l'hétérogénéité des classes, pourquoi ne pas prendre une collection de chaque édition ? C'est une option envisageable dans le cadre d'une réflexion en équipe disciplinaire.

1. D'après un document réalisé par J. Vieuxloup et F. Hervé à partir des travaux du stage en didactique de l'histoire 1997-1998.

Grille d'analyse comparée pour un manuel (d'histoire)			
Savoirs scientifiques	**+**	**~**	**–**
Savoirs scientifiques à jour			
Savoirs scientifiques en adéquation avec le programme			
Documents écrits en adéquation avec les savoirs scientifiques			
Présence d'extraits des textes fondateurs (liste des textes fondateurs)			
Documentation iconographique en adéquation avec les « passages obligés » (photos du général de Gaulle avec Konrad Adenauer à Reims en 1963 et de François Mitterrand avec Helmut Kohl à Verdun en 1984) et les savoirs scientifiques			
Présence d'informations complémentaires sur les auteurs de films au programme : – Jean Renoir – S.M. Eisenstein			
Présence des repères cartographiques du programme : – (liste de cartes et de repères)			
Références des documents indiquées			
Autres			
Didactique	**+**	**~**	**–**
Un ou des axes épistémologiques sont-ils perceptibles ?			
Les objectifs de savoirs sont-ils définis ?			
Y a-t-il une progression notionnelle ?			
Les objectifs du savoir-faire sont-ils définis ?			
Y a-t-il une progression méthodologique ?			
Une évaluation est-elle prévue ?			
Y a-t-il concordance entre les objectifs et la leçon ?			
Y a-t-il concordance entre les objectifs et l'évaluation ?			
Une problématique est-elle annoncée ?			
Quelle utilisation des documents est proposée ? – illustrative – inductive			
Y a-t-il une gradation des difficultés propre à permettre une pédagogie différenciée ?			
Types d'évaluations présentés : – diagnostique – formative – formatrice – sommative			
Autres			

Pédagogie	+	~	–
Manuel à base de documents et de questions (TP)			
Manuel alliant leçons, documents, questions			
Manuel alliant leçons, documents, questions et TP en fin de chapitre			
Mise au point méthodologique			
Mise en page : – leçons à gauche, documents à droite – leçons à droite, documents à gauche			
Le vocabulaire des leçons, des questions est-il accessible aux élèves ?			
Le vocabulaire scientifique et technique est-il important en quantité ?			
Le vocabulaire scientifique et technique est-il défini sur les pages de la leçon ?			
Le vocabulaire scientifique et technique est-il défini dans un lexique final ?			
Les cartes historiques sont-elles lisibles pour des élèves de troisième ?			
Les schémas, graphiques, histogrammes sont-ils exploitables par les élèves : – clarté de la représentation – questions induisant une méthode			
Autres			
Utilisation	**+**	**~**	**–**
Présence d'un index : – au début de l'ouvrage – à la fin de l'ouvrage			
Présence d'un lexique accessible			
Y a-t-il des pages récapitulatives à la fin de la leçon ?			
Y a-t-il un résumé succinct à la fin de la page de leçon ?			
L'ouvrage est-il d'un poids et d'une taille raisonnables ?			
Est-ce un ouvrage que l'on a envie d'ouvrir (typographie, mise en page, richesse de l'iconographie) ?			
L'ouvrage comporte-t-il plusieurs parcours de lecture pouvant satisfaire des élèves de niveaux différents ?			
Les relations entre les différentes parties d'une double page sont-elles suffisamment explicites ?			
Le livre est-il clair pour des parents peu au fait de la pédagogie actuelle, et des périodes historiques concernées ?			
Autres			

Légende : « + » : le manuel répond de manière globale positivement à la question ; « ~ » : le manuel répond moyennement à la question ; « – » : le manuel ne répond pas à la question.

UTILISATEUR

Le manuel numérique a-t-il un avenir ?

Le genre est encore récent (à peine dix ans) et il peine à se diffuser ; les équipements en ENT (environement numérique de travail) au collège et au lycée s'installent, sans que les pratiques suivent immédiatement. Les éditions présentées pour l'heure ne révolutionnent pas le genre du manuel plus classique ; elles projettent les images ou textes, et s'enrichissent parfois de vidéos. La libre consultation du manuel par les élèves n'est pas de mise dans bien des cas ; il reste la « chose » du professeur. Sa conception comme les usages restent encore à inventer (cf. chapitre 11).

Et le livre dans tout cela ?

La réflexion porte sur l'activité effective de l'élève dans son parcours scolaire et son « temps d'exposition » aux apprentissages fondamentaux. À la manière d'un papier photographique, a-t-il été assez exposé à la lecture et invité à ses différents usages pour comprendre de manière conséquente ?

Cette question concerne tous les enseignants, et comme tous les problèmes partagés, il est facile d'en reporter la charge sur le voisin, l'autre discipline ou le cours de l'année précédente, tant que la réflexion n'est pas explicitement prise en charge par un collectif organisé en ce sens. En témoigne la faiblesse des mentions au moins en termes d'affichage des objectifs des projets d'établissement portant sur la maîtrise des langages et la pratique de la lecture. Alain Bentolila évoque le « long tunnel » de l'illettré, car tout se passe comme si le problème n'existait pas.
À l'échelle d'un établissement, il ne s'agit peut-être que de quelques individus, mais à l'échelle de la nation, ce sont plusieurs dizaines de milliers de personnes concernées. Les évaluations portent sur plus de 10 % de la population scolaire. À l'occasion de l'accompagnement de la mise en place d'atelier-lecture en sixième – mais le propos dépasse ce seul dispositif –, l'équipe des inspecteurs de l'académie de Nantes avait produit un texte remarquable de clarté et de pertinence dont nous pouvons reprendre ici quelques points. Ce sont autant de conseils pédagogiques assez simples à mettre en œuvre.

Premier principe : pendant les temps d'atelier lecture, les élèves lisent. Les pratiques de lecture que les élèves auront dans ce temps réservé doivent contribuer à développer leurs compétences de lecture. Réserver un moment régulier de lecture peut par ailleurs devenir un rituel dans tout cours. Ces activités de lecture (papier ou ordinateur) restent toujours nécessaires, au moins pour certains élèves. Certaines relèvent de dispositifs de consolidation, remise à niveau ; d'autres des contenus des programmes disciplinaires (outils de la langue, vocabulaire spécialisé) travaillés sur le reste de l'horaire.

Deuxième principe : le professeur multiplie et varie les documents proposés à la lecture des élèves. Pour cela, le prof fait largement appel aux ressources du CDI ou BCDI dans le primaire et organise des activités qui conduisent les élèves à y recourir comme à celles d'autres bibliothèques. Il peut aussi s'appuyer sur des lectures spontanées des élèves. Les activités de l'atelier de lecture s'inscrivent le plus naturellement possible dans l'enseignement de la discipline pour aider les élèves à en atteindre les objectifs.

Troisième principe : les activités de lecture en atelier sont finalisées par un projet. Des questions peuvent donner du sens à ces lectures et stimuler l'intérêt des élèves pour les documents proposés. Quand on est lecteur, on ne lit généralement pas pour lire, dans l'absolu, mais parce qu'on a des raisons de lire ce qu'on lit, les lectures s'inscrivent dans un projet (réaliser quelque chose, trouver des réponses à des questions qu'on se pose sur un sujet, dans un domaine…).

Quatrième principe : échanger sur les lectures. Le projet pédagogique prévoit des moments d'échanges oraux concernant des lectures déjà faites et l'écriture de textes à l'intention d'autres lecteurs identifiés. L'émulation aidant, le groupe apprend ensemble à intégrer la lecture dans son environnement d'apprentissage.

Cinquième principe : l'atelier doit permettre de (re)construire ou de consolider cette expérience et d'exercer cette liberté. Cela suppose que tous les élèves, même ceux dont les compétences de lecture sont encore très incertaines, soient reconnus positivement comme des lecteurs, accompagnés et encouragés : quelles que soient leurs compétences, dans le cadre de l'atelier, ils ne sont jamais stigmatisés comme mauvais lecteurs, et les lectures spontanées dont ils font état ne doivent pas être stigmatisées comme « mauvaises lectures » : il vaut mieux leur faire expliquer pourquoi elles les intéressent et leur plaisent, et susciter un débat dans la classe à leur propos.

Les propos étaient complétés par onze questions dont les réponses sont développées dans le document en ligne : Et le programme ? Est-ce du loisir ? Que faire lire ? Lire la même chose ? Quelles modalités ? Lire tout haut ? Le vocabulaire ? Et les élèves en difficulté ? Du travail à la maison ? Noter ? Quand le CDI est pauvre ?

Bonus Web ☛ Le site de l'Association française pour la lecture : lecture.org Vousnousils recense 100 livres au programme du primaire, du collège et du lycée en téléchargement gratuit : www.vousnousils.fr/ebooks-gratuits/livres-ebooks-gratuits-programmes-officiels-primaire-college-lycee.

AUTOTEST : L'ENSEIGNANT ET SES OUTILS

Il vaut la peine de vérifier la variété des modes d'utilisation et d'arrangement des lieux et des matériels destinés à l'enseignement dans les établissements et les salles de classe.
À envisager : aujourd'hui ❑ chaque jour ❑ chaque début de semaine ❑ chaque mois ❑

MATÉRIELS

à mettre en ordre ❑, ou à faire arranger ❑	oui	non
Tableaux noirs ou blancs, craies ou feutres, chiffons ou tampon	❑	❑
Avec un énoncé inscrit du cours ou du programme	❑	❑
Tableau de papier, feutres, et crayons de couleur	❑	❑
Feuilles de papier placées au mur pour recevoir des messages ou dessins d'élèves	❑	❑
Cartes, schémas, ornementation culturelle	❑	❑
Documents ou affiches au mur ou à varier	❑	❑
Écran pour projection de photos ou de vidéos	❑	❑
Appareil de vidéoprojection ou d'enregistrement	❑	❑
Bureau du maître fixé ou mobile dans la salle	❑	❑
Ordinateur ou tablette pour les élèves	❑	❑
Bibliothèque(s)	❑	❑
Tapis, coussins, plantes, fleurs, réfrigérateur	❑	❑
Autre chose (à votre choix)	❑	❑

MOBILIER, tables basses, ou chaises pour les élèves

à placer ❑, ou à faire placer ❑ pour une installation :

	oui	non
Habituellement alignées vers le tableau ou vers le bureau	❑	❑
En demi-cercle ouvert vers le bureau	❑	❑
En groupements de quatre tables	❑	❑
En groupement de six tables	❑	❑
En répartissant élèves et mobiliers au quatre coins de la salle	❑	❑
En mettant de côté les mobiliers et en regroupant les élèves debout ou assis autour du tableau ou d'une feuille au mur	❑	❑

CHAPITRE 11

Utiliser le numérique

« Au milieu de mon cours sur les violences et les conflits dans notre monde, un élève évoque la place Tien-An-Men. Qu'est-ce qui s'est passé là-bas ? C'était quand ? [...] À ce moment-là, Tonio lève la main, en brandissant son portable [...] Tout le monde se regroupe autour de lui qui presse sur « play ». Ce n'est pas une photo mais toute la séquence de l'événement en vidéo [...]. Toute la classe est en admiration devant le gars au sac plastique qui affronte une armée ; il fait l'unanimité. »

Extrait de Dominique Resch, *Mots de tête*, Autrement, 2011, pp.70 sq

Les TICE[1] (technologies de l'information et de la communication pour l'enseignement) auraient trouvé leur place dans le chapitre consacré aux outils de l'enseignant ; ils en sont assurément ; ils sont pourtant plus que cela en emportant avec eux un questionnement de fond sur le fonctionnement du modèle scolaire lui-même. C'est par ce prisme que le numérique sera envisagé ici.

OÙ EN SONT VOS ÉLÈVES ? ET COMMENT LE SAVEZ-VOUS[2] ?

En 2014, vos élèves sont des enfants de l'ère numérique ; 99 % des adolescents sont internautes ; ils envoient en moyenne 250 SMS par semaine ; 58 % se connectent tous les jours et 42 % se connectent avec leur smartphone. 9 collégiens sur 10 utilisent l'ordinateur pour préparer un dossier, et la moitié n'est pas satisfaite de l'équipement numérique de leur collège.

1. On dit aussi TUIC pour « techniques usuelles de l'information et de la communication », depuis 2008. Les appellations se sont succédé et, localement, cela peut créer de la confusion.
2. Plusieurs sources croisent les données sur la question : « Jeunesse 2.0, les pratiques relationnelles au cœur des médias sociaux », IFE, février 2012 ; « Chiffres clés de l'utilisation des TIC pour l'apprentissage et l'innovation à l'école en Europe », Eurydice, 2011 ; enquête PROFETIC, ministère de l'Éducation nationale, juillet 2011.

○ LES PROFS ENFIN CONNECTÉS, C'EST MAINTENANT ?

Les enseignants ne sont pas hors de tout champ social ; ils partagent les pratiques répandues dans la société française depuis une dizaine d'années à peine. La quasi-totalité des enseignants est équipée de matériel informatique à titre personnel ; un tiers dispose de smartphone. Les trois quarts (76 %) des enseignants de moins de 35 ans sont inscrits sur Facebook et 85 % d'entre eux s'y connectent au moins une fois par jour.

Selon l'enquête PROFETIC[1], 46 % des enseignants ont recours au numérique avec et par les élèves, quand l'enquête internationale mentionne 24 % en France, en dessous de la moyenne TALIS (37 %). Cependant, la moitié dispose d'un accès difficile ou inexistant à l'informatique pour leurs élèves.

Des différences de pratiques apparaissent selon les degrés d'enseignement. Dans le primaire, la fréquence d'utilisation est forte : la moitié des professeurs des écoles s'en servent en classe au moins une fois par semaine. Dans le secondaire, les jeunes enseignants seraient plus actifs que leurs aînés. Dans l'ensemble, beaucoup de professeurs ne s'estiment pas encore assez formés à ces techniques. Au lycée, sont évoqués des obstacles liés à des problèmes d'organisation (incompatibilité des horaires, difficulté de gestion des classes) ou encore d'assistance (défaillance des réseaux). C'est à présent le cadre scolaire qui ralentit l'inévitable pénétration du numérique.

L'émergence rapide des Twittclasses, tous milieux confondus, témoigne de l'introduction assumée par des profs de terrain d'une communication interactive et créative en classe, avec des élèves[2].

Bonus Web ☛ ***Internet à l'école, lancez-vous !* Un mini-manuel par et pour les professeurs des écoles, proposé par deux pionniers de** Twitter en classe, Katrin Acou-Bouaziz et Alexandre Acou, enseignants à Paris. Tout y est, des fondamentaux aux idées pratiques pour vous lancer, éd. Retz, 2015 ; voir le groupe sur www.facebook.com/internet.ecole?fref=ts.

1. Elle porte sur 2 314 enseignants du secondaire dans 4 académies en 2011. http://www.eduscol.education.fr/cid58720/profetic-2011.html

2. Le site Twittclasses francophones (http://twittclasses.fr) recense en 2015 : 198 utilisations passées ou en cours dans des classes à l'école primaire (22 à la maternelle et 176 à l'élémentaire), 90 au secondaire (51 au collège et 39 au lycée), 59 dans des centres de documentation et d'information au collège et au lycée, et 17 dans l'enseignement supérieur. On peut suivre la balise #Twittclasse.

Le numérique à l'école, quels résultats ?

Alors que l'usage d'autres outils n'est pas questionné sur leur efficacité, ou pas toujours, tant ils se sont imposés par l'histoire ou par la coutume professionnelle, le numérique n'est pas à l'abri de suspicions, apanage de toute nouveauté dans de vieux systèmes structurés.

Les études comparatives circulent sur le réseau, avec des résultats parfois contradictoires : par exemple, selon une étude américaine dans le district de Kyrène, en Arizona, où l'équipement a été massif, l'usage intensif des TICE n'a pas amélioré les résultats des élèves. Ceux-ci se seraient même relativement dégradés. En revanche, l'étude de Jean Heutte établit que « les élèves habitués à l'usage du numérique en classe comprennent plus vite et mieux ce qu'ils lisent » et que leurs résultats sont meilleurs. Les conclusions du Becta (administration britannique en charge des TICE) insistent sur l'amélioration de la motivation et des performances des élèves (l'étude porte sur plus de 52 000 élèves) lorsque l'environnement scolaire est nettement numérique. L'analyse des résultats dans les trois cas est sans doute biaisée, autant par l'intention des commanditaires que par les défauts méthodologiques d'une évaluation sur l'efficacité pédagogique. Ces études partagent cependant le constat d'une société et de pratiques numériques en décalage avec l'organisation et les référents scolaires[1].

Bonus Web ☛ Plus de cinquante heures de vidéos sur les usages du numérique dans l'éducation : http://jefftavernier.wordpress.com/2013/11/09/plus-de-50h-de-video-sur-les-usages-du-numerique-dans-leducation/.

LE NUMÉRIQUE, UN PROGRAMME POUR « UPGRADER » L'ÉCOLE

Le développement du numérique bouscule l'école. L'espace devient poreux par exemple par la mise en place des ENT (environnement numérique de travail) ou l'utilisation de Twitter en classe[2] et dans la

1. Faire le point sur la question en déconstruisant 11 mythes à propos du numérique : Franck Amadieu, André Tricot, *Apprendre avec le numérique. Mythes et réalités*, Retz, 2014.
2. Voir un exemple de pratique développée dans l'école de Crotenay (Jura) : http://amandineter.free.fr/Journal_Twitter_Cycle_3/Journal/Journal.html.

poche de chacun de nos élèves : la classe devient « monde ». Le temps scolaire se prolonge grâce aux réseaux de telle sorte que la frontière entre l'éducation formelle et l'accompagnement scolaire se brouille. Les ressources pédagogiques se perdent dans un océan d'offres de toutes sortes... Un rapport de l'IGEN (Inspection générale de l'Éducation nationale)[1] prédisait : « Dans cette nouvelle configuration, l'organisation de l'école est appelée à se modifier, que ce soit dans les contenus étudiés, les formes de travail des élèves ou le service des enseignants. » Le numérique change l'environnement d'apprentissage et permet de reprendre la question « Comment apprend-on ? » sous des angles nouveaux. Et nous vivons ce changement intense et rapide. Soyons-en les acteurs !

Localement, des équipes n'hésitent pas à « upgrader » leur dispositif d'enseignement. À La Rochelle, au lycée professionnel Doriole, on utilise les outils du Web 2.0 pour une pédagogie différenciée et collaborative : élèves et enseignants créent et activent un réseau collaboratif et mutualisant, en classe et en dehors du temps de classe. Ce réseau associe le groupe-classe, l'équipe pédagogique et les acteurs extérieurs (entreprises, organismes culturels...) par l'usage d'outils du Web 2.0 (Twitter, Pearltrees, Tumblr...). Les liens actifs permettent d'individualiser les savoirs enseignés et les compétences, en développant une pédagogie différenciée gérant l'hétérogénéité du groupe. Les personnes elles-mêmes agrègent des élèves d'autres établissements, et s'appuient sur la collaboration d'intervenants extérieurs[2].

Il s'agit bien d'« un renouvellement profond de la pédagogie et de la didactique. [...] C'est dans toutes les disciplines et dans la transdisciplinarité que devront être mis en place des outils pédagogiques adaptés à une nouvelle approche des savoirs. Deux objectifs doivent guider l'élaboration de ces nouveaux outils : l'individualisation des parcours et l'interactivité ». L'Inspection générale identifie quatre vecteurs à moyen terme : la documentation, la pédagogie, la communication et l'évaluation. Ce développement du numérique à tous les étages de l'École se heurte à plusieurs contraintes. La place, le rôle et le service des enseignants devront évoluer dans le sens de la mutualisation des pratiques ; ce ne peut être le

1. Rapport de l'Inspection générale de l'Éducation nationale sur « La promotion de l'usage des TICE dans les activités d'enseignement », rédigé par Anne-Marie Bardi, Jean-Michel Bérard, Guy Menant (IG) et Alain-Marie Bassy et Robert Jammes (IGAEN), février 2006.
2. Voir le dispositif déjà très développé de « l'École hors les murs », conduit par Vincent Mespoulet, sur http://horslesmurs.ning.com/.

rôle de quelques-uns, les élèves ne le comprendraient pas ; cette mutation s'opère actuellement d'abord localement, et à bas bruit, sans forcément attendre une refonte du statut, encore hypothétique.

LE NUMÉRIQUE, C'EST TENDANCE ?

Oui, c'est tendance et c'est même d'une certaine manière déjà une réalité. L'Open University[1], une institution universitaire britannique en 2014, identifie dix tendances pédagogiques susceptibles de se développer dans les prochaines années, à partir de la recension des théories, des termes et des paradigmes les plus répandus dans le milieu de l'éducation :

- l'apprentissage social, massif et ouvert (« *massive open social learning* ») ;
- le design pédagogique basé sur l'analyse des données (« *learning design informed by analytics* ») ;
- la classe inversée (« *flipped classroom* ») ;
- la pédagogie invitant les apprenants à apporter et à utiliser leurs propres appareils technologiques en classe (« *bring your own devices pedagogy* ») ;
- l'apprentissage à l'apprentissage (« *learning to learn* ») ;
- l'évaluation dynamique (« *dynamic assessment* ») ;
- l'apprentissage événementiel (« *event-based learning* ») ;
- l'apprentissage par la narration (« *learning through storytelling* ») ;
- les concepts clés (« *threshold concepts* ») ;
- la construction (« *bricolage* »).

Ces pratiques peuvent être des vecteurs de changement dans l'école ; l'organisme THOT Cursus à partir de l'étude sur les dix ans des « meilleures pratiques de l'éducation web 2.0 »[2] propose une typologie :

Des modifications du rapport au savoir et de la construction des savoirs : la dimension sociale, constructive, coopérative est mise en avant, tout comme celle

1. www.infobourg.com/2014/12/08/10-tendances-pedagogiques-a-surveiller-en-2015/, le rapport « Innovating Pedagogy 2014: Exploring new forms of teaching, learning, and assessment, to guide educators and policy makers ».
2. Le document est accessible sur http://cursus.edu/dossiers-articles/articles/5418/les-meilleures-pratiques-education-2-0. Voir aussi la carte heuristique sur http://www.mindmeister.com/fr/72716601/les-meilleures-pratiques-de-l-ducation-2-0. De même, le portail de Charles Lebrun est consacré aux impacts des TICE dans l'enseignement : http://www.scoop.it/t/impacts-des-tice-ict-impacts-over-teaching-learning/p/704477698/did3237-tic-c-est-le-temps-des-tic.

du jeu en éducation, longtemps bannie de l'École. L'apprentissage par les pairs est valorisé ; mais la certification reste du domaine de l'institution.

De nouveaux outils et supports pour apprendre : les TICE permettent d'envisager des formations dites hybrides, mixant le présentiel et la distance, le synchrone et l'asynchrone.

Une formation à distance qui améliore l'accès à l'enseignement supérieur et répond à l'élévation du niveau d'étude et au nombre croissant d'étudiants.

En éducation, on peut aussi se livrer à quelques prospectives. En 2011, le rapport *« Future learnings »*[1] de la commission européenne cartographie ainsi les changements dans l'éducation scolaire du point de vue de l'enseignant. L'analyse des pratiques numériques à l'école a manifestement mûri en dix ans : autrefois fortement centrée sur les solutions technologiques et marquée par une certaine fascination pour le « nouveau » (enseigner avec le numérique), la réflexion se focalise à présent plus sûrement sur les processus d'apprentissage, la conduite du changement dans l'organisation, et son impact sur les métiers. D'outil relégué dans une salle spécialisée ou dans un champ disciplinaire, le numérique acquiert une dimension beaucoup plus professionnelle, car elles rejoignent les missions de tout professionnel en focalisant sur l'unique question : apprendre et faire apprendre à l'ère du numérique.

Nous sommes revenus du mirage numérique où certains pensaient que la seule exposition à l'écran aurait des vertus d'apprentissage. Aucune étude sérieuse ne peut le soutenir. **Acquérir des compétences pour être autonome reste la qualité de l'apprenant, pas celle des outils numériques.** L'élève a besoin d'avoir les bonnes stratégies, par exemple de planification de son apprentissage, d'adaptation face à des difficultés, d'aller chercher de nouvelles ressources, etc., d'autoévaluation pareillement, pour prendre de l'information et se positionner, avec, par ou, parfois… sans le numérique[2].

> ***« Les TICE s'ajoutent à mon programme. Ce n'est pas ma priorité ni mon objectif. »***

UTILISATEUR

1. À retrouver sur http://www.tonybates.ca/2011/11/11/european-report-on-the-future-of-learning/.

2. Franck Amadieu et André Tricot, *Apprendre avec le numérique, Mythes et réalités*, Retz, 2014.

➲ CONJUGUER SA DISCIPLINE AVEC LE NUMÉRIQUE

Dans une organisation (secondaire) structurée en disciplines, en horaires de cours, le numérique suggère décloisonnement et combinaison, autour des apprentissages des élèves et des compétences, tels qu'ils sont organisés dans le Socle commun, référentiel obligatoire pour tous les élèves. Fortes de cette nouvelle « donne », certaines équipes en profitent pour moderniser leurs outils.

Par exemple au collège André-Chénié, à Orléans, l'équipe pédagogique initie un travail de transformation en profondeur de son enseignement : les cours sont mis en ligne sur la plateforme académique « moodle ». Pour valider des compétences, cette dernière propose un travail plus varié en cours, favorise l'autonomie des élèves, développe une aide personnalisée et des progressions différentes selon les besoins des élèves (notamment par la mise en place d'un suivi pour les absents). La plateforme facilite la mutualisation des ressources au niveau disciplinaire, mais permet aussi à l'équipe de développer l'interdisciplinarité et d'aborder ensemble des enseignements comme l'Histoire des arts.

➲ INTÉGRER LE NUMÉRIQUE DANS LE PARCOURS DE FORMATION DES ÉLÈVES

Une fois passées les principales résistances à l'outil, il n'en reste pas moins que les activités possibles et les pratiques effectives des TICE à l'école doivent être interrogées au même titre que toutes les autres. Tout n'est pas numérique et le numérique n'est pas tout. Les compétences travaillées se retrouvent en cinq familles :

> ***“J'ai essayé de mettre mes élèves sur une recherche Internet, mais quel temps perdu pour si peu de résultats !”***

- ❑ coopérer et mutualiser ;
- ❑ produire et créer ;
- ❑ rechercher et se documenter ;
- ❑ se former, s'autoformer ;
- ❑ animer, organiser, conduire.

Bonus Web ☛ Le site Eduscol (volet numérique), pour chacun de ces domaines, propose dans une page portail des tableaux synthétiques très aisés dans leur emploi, montrant les champs d'application, la valeur ajoutée des TICE, et des liens vers quelques exemples en ligne. Un site très varié et riche : http://eduscol.education.fr/numerique/dossier.

Communiquer et coopérer en classe

Si les fonctions de recherche et de production sont déjà bien investies par l'enseignement, la fonction de communication et de coopération l'est moins. Une invitation à la pratique avec ce témoignage précieux pour tous.

Guillaume Caron[1], professeur de mathématiques au collège, engage ses élèves dans la résolution de problèmes et la communication de figures (exercice certes traditionnel) par Twitter interposé avec des CM2 à plusieurs centaines de kilomètres : « Une heure de pur bonheur vécue avec mes sixièmes. »

« Ça fait un moment qu'on parle du projet #geometwitt… Ce mardi c'est la première mise en application en salle pupitre. Les @CM2_A ont envoyé cinq programmes de construction *via* Twitter. À la charge aux cinq groupes constitués dans la classe d'essayer de tracer les figures correspondantes. Essayer, car les programmes n'ont pas été retravaillés en amont ! J'aurais presque pu partir sur la pointe des pieds… les laisser travailler. Tous ! À fond dans leur tâche… échangeant, argumentant, essayant, pestant…

« Certains groupes aboutissent à une figure qu'ils envoient en photo *via* Twitter à leur groupe jumelé quelques centaines de kilomètres plus loin ! Une d'entre elles est bonne, pas les autres… les @CM2_A commencent alors à retravailler leur programme ou précisent en direct… D'autres sont bloqués et n'arrivent pas à construire, ils tweetent pour demander des précisions. Les élèves échangent même sur du vocabulaire (droite, segment, etc.). Vous savez ce fichu vocabulaire qu'ils n'apprennent pas et qu'ils utilisent n'importe comment…

« Bref, ça part dans tous les sens mais je jubile ! Les voir affairés ainsi les yeux écarquillés tentant de comprendre, guettant les tweets pour avancer, en écrivant d'autres pour interroger est un plaisir indescriptible. Plus

1. Blog de Guillaume Caron, professeur de mathémathiques : http://guillaume.caron.overblog.com/article-je-me-suis-ebouillante-89614571.html.

> ### ▸ Pédagogie : numérique et maîtrise de l'écriture et de la lecture
>
> **Qu'apportent les outils d'entraînement à la lecture ou d'aide à l'écriture, le traitement de texte ou Internet pour la maîtrise du langage ? Quels liens établir entre la maîtrise du triptyque écran-souris-clavier et celle de la structuration de la pensée ? Quels outils utiliser pour préparer l'élève à une véritable autonomie ? Le site « L'école numérique », du réseau CANOPE, propose de nombreuses vidéos d'André Tricot, chercheur en psychologie à l'université de Toulouse 2.**
>
> **➥ www.cndp.fr/ecolenumerique/tous-les-numeros/focus/la-lecture-sur-support-numerique/toutes-les-videos-de-andre-tricot/article/chapitre-1-les-supports-numeriques-modifient-ils-la-lecture.html.**

d'élèves en difficulté, plus de premier de la classe… des élèves qui coopèrent pour atteindre leur but ! Du bruit pédagogique !

« Les plus avancés peuvent à leur tour élaborer des programmes à tweeter, imparfaits… ils auront des questions en retour… des questions sur le chemin de la construction de concepts, de la maîtrise du vocabulaire. Mais oui, ils parlent de losanges, de rectangles, de demi-cercles, de rayon (« mais non, pas diamètre ! Rayon, je te dis ! »). Et je n'ai rien à dire, juste à valider les tweets… proposer un dictionnaire, prendre une photo… Je n'ai pas le contrôle sur les contenus, sur le comment faire… et au fond, plus j'accepte de le perdre, plus j'aime ça. »

Quatre conseils pour réussir avec le numérique

En matière de conduite de classe, les supports numériques s'accommodent mal d'une pratique frontale, purement disciplinaire, sauf avec le TBI (tableau blanc interactif). Ne serait-ce que par sa mise en scène – une moitié de classe, un poste pour un ou deux élèves, la possibilité d'avancer à son rythme –, cette situation requiert de la part de l'enseignant :
– une maîtrise des objectifs assignés à la séquence. Pour éviter la dérive de l'occupationnel (le numérique pour le numérique) ou la perte de temps, vérifier toujours son ancrage aux objectifs ;
– un pilotage par projets, assez souple et réactif aux occasions rencontrées ;
– la capacité d'organiser, suivre et évaluer les travaux par groupes ;
– la possibilité éventuellement de s'appuyer sur d'autres intervenants (documentalistes, enseignants d'autres disciplines, assistants d'éducation),

▸ « Une mosaïque d'usages pédagogiques »

La délégation académique au numérique d'Orléans-Tours propose en ligne une collection de comptes-rendus d'usages pédagogiques des TICE, au primaire et au secondaire. Quatre grands thèmes sont abordés : les TICE pour apprendre du professeur, les TICE pour apprendre par soi-même, les TICE pour apprendre en communiquant, les TICE pour apprendre en produisant.

➥ À consulter sur : www.ac-orleans-tours.fr/vie_numerique/.

et donc de travailler en équipe et en interdisciplinarité. (Voir aussi les chapitres 21 « Diriger des projets » et 27 « Définir des objectifs ».)

Si l'idée ou l'occasion ne vient pas à vous, le site Form@tice vous propose vingt idées pour s'engager avec vos élèves dans des micro-projets[1] : on retiendra par exemple :
– mettre en voix un diaporama avec le logiciel Photorécit ;
– créer un livre interactif avec Didapage ;
– créer la carte d'identité (d'un arbre, d'un livre, d'un pays, d'un événement historique...) ;
– organiser une visioconférence avec des correspondants francophones à l'aide de Skype ;
– réaliser un photomontage avec Photofiltre ;
– créer un blog de classe sur Eklablog ou lewebpedagogique (gratuits et sans pubs) ;
– participer à un défi lecture ou un défi maths *via* Twitter ;
– organiser une visite virtuelle du quartier, de la ville, du pays *via* googleearth.

ADAPTER SA PRATIQUE AUX CONDITIONS MATÉRIELLES

Il ne s'agit pas de tout faire tout de suite, mais de s'adapter à ce qu'il est déjà possible de faire selon les conditions locales. L'équipement numérique nécessaire dans les disciplines au collège et au lycée dépend surtout de la

1. Voir le détail et les liens vers les ressources et logiciels gratuits sur http ://formatice.42.free.fr/spip.php?article50.

▸ Le numérique, « ça marche, quand... »

L'usage du numérique améliore les résultats scolaires des élèves, dans les conditions présentées ici.

1. La technologie améliore les résultats scolaires quand le dispositif d'enseignement :

- soutient directement les objectifs du programme d'études qui sont évalués ;
- offre aux élèves des possibilités de collaboration ;
- s'ajuste aux capacités de l'élève et à son expérience antérieure et fournit une rétroaction au sujet de ses résultats et progrès dans l'application ;
- s'intègre aux activités pédagogiques courantes ;
- présente aux élèves des moyens de conception et de mise en place de projets qui dépassent le contenu du programme d'études ;
- est utilisé dans des établissements qui soutiennent l'utilisation de la technologie.

2. La technologie permet le développement des opérations cognitives d'ordre supérieur quand :

- on enseigne aux étudiants à appliquer le processus de la résolution de problèmes et qu'on leur donne des occasions d'appliquer la technologie à la recherche de solutions ;
- les étudiants travaillent dans des communautés d'apprentissage à l'aide des technologies pour résoudre des problèmes ;
- les étudiants emploient des outils de présentation et de communication pour traiter, présenter, éditer et partager des résultats de recherches.

3. La technologie améliore la motivation et l'intérêt quand les élèves emploient des :

- applications informatiques qui adaptent les problèmes et ajustent la difficulté des tâches pour maximiser leur expérience de réussite ;
- applications pour produire, présenter et partager le travail avec des pairs ;
- applications ludiques pour développer des habiletés et des connaissances de base.

Source : article de Robert Bibeau, « Les Technologies de l'information et de la communication peuvent contribuer à améliorer les résultats scolaires des élèves », Revue de l'association EPI Enseignement Public & Informatique (http://www.epi.asso.fr/).

taille des établissements. En théorie, les lycées disposent de davantage de crédits et donc de matériels ; les collèges font l'objet de plans d'équipements massifs par les collectivités territoriales ; et les cinquièmes recevront en 2016 chacun une tablette. Le travail autonome des élèves peut ainsi être plus approfondi. Un plan numérique haut débit touchera les écoles dans les prochains mois. Vaste champ d'expérimentation pour les pratiques.

Quels sont les temps impartis au numérique ?

Il est nécessaire de distinguer clairement deux moments de ces activités.

Le temps de classe pour intégrer le numérique dans son cours au même titre qu'un autre auxiliaire pédagogique. Il peut atteindre jusqu'à 10 % du temps. Une séquence par trimestre constitue déjà un très bon début.

Le temps hors de la classe au cours duquel l'élève poursuit un travail amorcé en classe (réseau ou clé USB ou lecteur MP3), reprend et améliore une tâche ou réalise de manière entièrement autonome un travail, seul ou au sein d'un groupe. Celui-ci est beaucoup plus difficilement mesurable et est fonction des capacités matérielles de l'établissement. Cet apprentissage de l'autonomie est bien sûr privilégié au lycée.

Faut-il un lieu spécialisé ?

La salle informatique. Une salle spécialisée comporte huit à douze ordinateurs en monoposte ou en réseau (un ordinateur pour deux élèves), une imprimante en réseau ou deux à trois imprimantes (dont une couleur, de préférence). Un nombre croissant de machines multimédia doit être envisagé. La salle permet d'accueillir de seize à vingt élèves travaillant en binôme. Les réseaux à présent rendent possible de reprendre une tâche sur tout autre ordinateur de l'établissement. La salle « informatique » devient obsolescente[1].

Une salle de travail autonome ou le CDI. Le nombre d'ordinateurs qui l'équipent (en monoposte ou en réseau) est fonction de la capacité de l'établissement. Les machines peuvent y être de nature variée (selon les

1. Pour réaffecter ou dynamiquer ce type d'installation, plusieurs solutions proposées sur www.amotice.com/que-faire-des-salles-informatiques?utm_content=bufferc0ca5&utm_medium=social&utm_source=linkedin.com&utm_campaign=buffer.

tâches) ; la connexion Internet est indispensable. Ce site peut être localisé dans le CDI de l'établissement. L'évolution actuelle tend à l'intégrer au réseau général de l'établissement, pour pouvoir retrouver ses travaux sur tout poste dans l'établissement ; on évoque alors les « *learning center* » ou les 3C (centre de connaissances et de culture). La question du bridage de l'Internet reste d'actualité ; les réseaux sociaux ne sont pas tolérés dans la plupart des cas. Et les élèves comme vous-même savez déjà comment contourner cela.

L'ordinateur dans la classe. L'ordinateur (de un à huit postes) est de plus en plus présent dans la classe, de l'unité à plusieurs postes, même en primaire, et est utilisé comme tout autre outil pendant le cours, par les élèves ou le professeur. L'évolution tend à le connecter à un vidéoprojecteur afin de visualiser toutes sortes d'écran et donc les travaux de l'enseignant et des élèves.

La tablette et autres outils nomades, le nomadisme numérique

Toutes ces questions ne sont plus forcément d'actualité quand votre établissement ou votre classe fait l'objet d'une opération de dotation massive ; plusieurs départements, depuis les Landes en 2002 et les Bouches-du-Rhône ou la Corrèze en 2011, ont mis en place une politique volontariste de dotation des élèves et des professeurs. Ce sera le cas en 2016 dans les collèges en cinquième. Des pratiques s'inventent et s'affichent : outre le dossier complet sur Eduscol ☛ (http://eduscol.education.fr/dossier/apprendre/tablette-tactile), on trouve de nombreux clips comme par exemple sur la WebTV du CRDP de Versailles[1].

Le rapport de l'IGEN (Inspection générale de l'Éducation nationale) sur l'état des pratiques en Corrèze[2], publié en 2012, est sans surprise : la tablette, et partant, le nomadisme pédagogique de l'élève, rencontrent quelques inerties fortes. Les préconisations renvoient les enseignants à une conduite collective du changement : il ne s'agit pas d'inventer les pratiques mais de les mutualiser au sein d'équipes coordonnées, soutenues et valorisées ; les espaces de type vie scolaire ou documentation vont connaître des évolutions fortes ; les relations avec les parents sont plus que jamais nécessaires pour mieux soutenir l'apprenance des jeunes.

1. Site Internet : http://blog.crdp-versailles.fr/ipad/.
2. À retrouver sur http://www.ordicollege.cg19.fr/pdfs/rapport_igen.pdf.

▸ La tablette, des pratiques à expérimenter avec vos élèves

L'éducation musicale, comme bien d'autres enseignements, a entamé une révolution pédagogique car le numérique offre des possibilités infinies en matière de création et d'utilisation. Un récent rapport de l'IGEN[1] propose une typologie pratique à l'attention de tout autre enseignant :

Situation ou dispositif pédagogique	Avantages	Limites
Le professeur avec une tablette envoie des informations vers le tableau numérique.	Contrôle de la situation plus aisé. La tablette permet la mobilité du professeur. Sentiment du travail en groupe-classe. Présentation soignée.	Peu de différences avec un cours dialogué. Engagement de l'élève moins sollicité.
Une tablette par groupe d'élèves sur un travail donné.	Favorise le travail en groupe. Signifie que la tablette est limitée à des tâches scolaires précises. La mobilité de la tablette facilite la mise en œuvre.	Nécessite une organisation complexe : définition des rôles à l'intérieur des groupes, planification de la mise en commun, gestion du bruit dans la classe.
Mélange de tablettes et d'ordinateurs présents en classe.	Diversité de propositions.	Communication difficile entre les machines. Hétérogénéité des supports. Nécessite une organisation complexe.

UTILISATEUR

1. Extrait *de La tablette et l'éducation musicale*, rapport de l'IGEN, Vincent Maestracci, 2013.

Une tablette par groupe d'élèves sur un travail donné et utilisation des divers appareils personnels des élèves.	**Permet une mise à disposition d'une ressource plus riche. Les élèves connaissent leur matériel. Parcours plus individualisé.**	**Hétérogénéité des supports. Confusion en espace privé et public. Ambiguïté par rapport aux règlements de l'établissement scolaire.**
Une tablette par groupe d'élèves sur un travail et une plus petite tablette donnée à chaque élève.	**Grande diversité de propositions. Individualisation des démarches, préparation de cours plus homogène.**	**Usages plus limités.**
Une tablette par élève, chacun travaille seul.	**Individualisation des travaux.**	**Isolement de l'élève.**
Chaque élève dispose d'une tablette pour travailler en dehors de la classe.	**Individualisation des parcours. Prolongement du cours.**	**Accentue la différence entre les élèves, selon les conditions de travail et d'accès aux ressources.**

TRAVAILLER AVEC, PAR ET POUR LES ÉLÈVES

Ces toutes dernières années ont été déterminantes, en matière d'équipements domestiques et scolaires. Le niveau de pratique numérique s'est amplifié chez les élèves de manière exponentielle. Et pas forcément grâce aux pratiques scolaires : SMS, MP3, podcast, téléchargements (plus ou moins légaux), développement foisonnant de la blogosphère et des réseaux sociaux ont réintroduit l'écrit et la créativité. Connaissez-vous vraiment vos élèves sur ces points précis ? Que fait l'école de ces compétences non formelles quand la plupart de vos élèves ont le monde dans leur poche ? L'approche par BYOD (en anglais, « apporte ta propre ressource ») reste encore marginale dans l'univers scolaire[1], et explicitement

1. Voir pratiques et ressources recensées par l'ENS Lyon-IFE, sur http://acces.ens-lyon.fr/acces/classe/numerique (pratiques en sciences).

Savez-vous jouer DE votre téléphone portable ? Oui, oui « de » et non pas « avec » ! On dit « BYOD » en anglais, « apporter votre propre ressource » ; au collège, quasiment tous les élèves ont le téléphone en connexion rapide ; à vous de jouer ou d'en jouer d'une certaine manière. En éducation musicale, c'est possible grâce aux petites applications géniales Smartfaust[1] ! C'est à partir de cela que Thierry Ollagnier, au collège Thomas-Riboud de Bourg-en-Bresse, a travaillé, en cours d'éducation musicale, une heure par semaine et dans un emploi du temps aménagé avec les élèves d'une classe de 5e avec l'aide de Gérard Authelain de Clavichord et des Mômeludies Éditions. L'objet téléphonique devient un véritable instrument de musique, une source d'échange véritable et de création musicale. Le groupe orchestral se forme avec ses contraintes d'écoute et de concentration, de respect mutuel et réciproque. La participation d'ensemble est essentielle.

1. Une collaboration Grame et Clavichord, avec le compositeur Xavier Garcia. Regardez bien et écoutez, le geste musical guide totalement la composition ! www.youtube.com/watch?v=o38U347Djbc.

interdite dans la plupart des règlements d'établissement. Elle devient plus qu'intéressante, nécessaire si la question s'intègre à un projet pédagogique structuré autour de la **mobilité** et de la **collaboration**. À ce titre, l'apprentissage par l'**enquête**, la **collecte** de données et la **construction** de ressources par les élèves représente un terrain de choix[1].

Actuellement, dans une classe, on trouve tous les niveaux de maîtrise chez les élèves, du webmestre expert en Flash ou HTML à celui qui se perd dans ses propres fichiers. Cette hétérogénéité est de même nature que celle rencontrée sur des contenus et des savoirs plus « scolaires ». La question porte non sur le numérique mais bien sur la capacité pour l'enseignant à prendre l'hétérogénéité comme une ressource et non comme une contrainte.

Inverser la pédagogie ou les « classes inversées »

Venue du supérieur, la pratique tend à se diffuser progressivement vers les niveaux, jusqu'en primaire ; les élèves reçoivent des cours sous forme

1. D'après Karine Aillerie, janvier 2015, Direction de la recherche et du développement sur les usages du numérique éducatif, réseau CANOPE, chercheure associée à l'équipe TECHNE EA6316, www.cndp.fr/agence-usages-tice/que-dit-la-recherche/le-byod-pour-quel-projet-pedagogique-78.htm.

de ressources en ligne (en général des vidéos) qu'ils vont pouvoir regarder chez eux à la place des devoirs, et ce qui était auparavant fait à la maison est désormais fait en classe, d'où l'idée de classe « inversée ». Le temps de classe devient le temps du travail des élèves : organiser des activités, des projets de groupe et des échanges ; l'organisation mise sur une focalisation maximale sur les apprentissages des élèves. La découverte et l'acquisition de connaissances se font au rythme de chacun (avec une fonction « pause » inexistante en cours, par exemple) ; le travail en classe devient plus coopératif et chaque élève devient plus impliqué par les sollicitations multiples de ses pairs et la présence plus rapprochée de l'enseignant.

*Une « *flipped classroom* » ou « classe inversée » est une méthode (une stratégie) pédagogique où la partie transmissive de l'enseignement (exposé, consignes, protocole, etc.) se fait « à distance » en préalable à une séance en présence, notamment à l'aide des technologies (exemple : vidéo en ligne du cours, lecture de documents papier, préparation d'exercices, etc.) et où l'apprentissage basé sur les activités et les interactions se fait « en présence » (exemple : échanges entre l'enseignant et les étudiants et entre pairs, projet de groupe, activité de laboratoire, séminaire, etc.[1]).*

Bonus Web ☛ Classe inversée, www.classeinversee.com/presentation/.
La pédagogie inversée, page ressource de CANOPE Reims, à partir des travaux de Marcel Lebrun, professeur à l'université de Louvain, www.cndp.fr/crdp-reims/index.php?id=1881.
En primaire, l'expérimentation de la circonscription de Châlons Est https://prezi.com/tdrs7clyblfk/pedagogie-inversee/.

Faire des différences de niveaux des rôles positifs

La coopération exploite aussi la pédagogie des rôles, avec l'invention du rôle de « dépanneur », par exemple, qui offre quelques ressources[2]. Pourquoi ne pas envisager des formes de tutorat ou d'assistance quand des enfants ont déjà acquis une certaine aisance dans le maniement du clavier et dans les applications de l'ordinateur ? Ces « ressources humaines numériques » seront profitables à tout le monde. En plus de partager ses habiletés avec les autres, l'élève dépanneur sera valorisé par ses pairs grâce à son implication.

1. D'après la définition d'Antoine Defise, étudiant, sur le site de Marcel Lebrun http://lebrunremy.be/WordPress/.
2. La liste des rôles est extraite de l'ancien site ACORES (Association CORrespondance Échanges Scolaires).

FORMER LES ÉLÈVES À L'ANALYSE CRITIQUE DU NUMÉRIQUE

« C'est sûr, le Gouvernement nous ment », « Y en a qui disent que c'était un coup monté », « On ne sait pas qui croire »... Des paroles d'élèves qui pèsent lourd dans le quotidien des professeurs à la suite des attentats contre *Charlie Hebdo*, à Montrouge et à la porte de Vincennes en janvier 2015. « Ne pas éduquer les enfants à l'utilisation d'Internet, c'est un peu comme les laisser jouer avec une arme à feu », juge Guillaume Brossard, fondateur de Hoaxbuster[1]. Le numérique n'est pas technologique, il est profondément humain, social et même politique, l'actualité nous le rappelle, si nous l'avions oublié. Pour guider nos élèves, la **maîtrise technique des outils** devient aussi nécessaire que les **questions de déontologie** et les **approches didactiques**, si on prend au sérieux les conseils suivants, pour soi et pour ses propres collègues :

> ***« Le B2i reste encore une injonction non concrétisée dans mon établissement. Quel est son intérêt ? »***

– **Vérifier son propre niveau de maîtrise** en numérique dans tous ses aspects, et à ce titre le B2i reste actuel et pratique ; entre autoformation, mise en pratique, co-formation, assistance légère, chacun peut s'y retrouver. Et ce n'est pas un travail supplémentaire, c'est bien partie intégrante de l'activité professionnelle (chapitre 29).

– Le travail de **consultation**, de **recension**, de **comparaison des sources** doit devenir un acte banal, partagé, qui ne tient pas à de prétendues spécificités disciplinaires, pour être efficace et réflexif chez nos élèves ; l'enseignant est à sa juste place quand il demande aux élèves à recouper les sources, et à se méfier des premiers scores du moteur de recherche ; faites choisir un sujet et demandez à quatre groupes de le traiter, puis confrontez les résultats avec eux (chapitre 26).

– **Organiser le débat et confronter les idées** : loin du cours magistral, l'enseignant a un intérêt à organiser une confrontation des idées, à faire faire la distinction essentielle entre savoir et croyance, entre preuve et conviction, entre réalité et mythe, en partant du « monde » intérieur des élèves, souvent renforcés en cela pour les lectures sur Internet, et attirés par la fascination des images (chapitre 30).

1. D'après Clément Parrot, 22 janvier 2015, www.francetvinfo.fr/faits-divers/attaque-au-siege-de-charlie-hebdo/theories-du-complot-5-facons-d-apprendre-aux-eleves-a-faire-le-tri-sur-internet_801291.html#xtor=EPR-2-%5Bnewsletterquotidienne%5D-20150122-%5Blestitres-coldroite/titre1%5D.

● PEUT-ON ÉVALUER LE NUMÉRIQUE ?

Utiliser le numérique à l'école s'inscrit bien dans les apprentissages fondamentaux de l'enseignant. En intégrant les multiples aspects de l'école, le numérique passe de fait aussi sous le joug de l'évaluation scolaire. L'observation des pratiques en la matière montre une certaine formalité et partant, une difficulté à l'intégrer comme des apprentissages de même « noblesse ». C'est qu'il sous-tend qu'il est l'occasion de faire jouer plusieurs domaines encore très innovants dans les établissements :
– des pratiques numériques suffisamment développées dans plusieurs disciplines ;
– la coordination d'une équipe en matière d'échanges de pratiques professionnelles et notamment sur l'évaluation (voir les quiz, page 158) ;
– des pratiques mêmes émergentes de l'évaluation par compétences ;
– le suivi plus organisé des parcours des élèves, sur un niveau ou un cycle.
Les tableaux de suivi de l'élève par compétences en général, et du B2i ici, sont des prototypes de ce que peut représenter une évaluation partagée et suivie par compétences, d'un livret du Socle, toutes choses que ne prennent pas encore en compte les bulletins trimestriels actuels.

AUTOTEST :
LE NUMÉRIQUE, QUELLE PLUS-VALUE ?

Claude Bertrand[1] nous propose une volée de questions qui nous renvoient à une utilisation raisonnée et donc plus efficace. Prêt pour la phase d'autovérification avant lancement ?

- ❑ En quoi ces pratiques sont-elles innovantes ?
- ❑ Où se situe l'innovation ?
- ❑ Y a-t-il une plus-value pédagogique ?
- ❑ Comment mesurer les bénéfices attendus ?
- ❑ Quelles sont les conceptions pédagogiques sous-jacentes ?
- ❑ Comment est organisée l'activité de l'enseignant ? de l'élève ?
- ❑ Quelles modifications sociales, spatiales ou temporelles sont induites par l'introduction du numérique ?
- ❑ Quelle nécessité préside à l'introduction du numérique dans cette situation ?

1. Claude Bertrand, IUFM Aix-Marseille, septembre 2001 : http://tice.aix-mrs.iufm.fr/fi/confweb/conf1.html.

CHAPITRE 12

Utiliser l'image et le son

« M'ame, c'est nul, c'est en noir et blanc et y a des sous-titres ! » C'était pourtant un bon documentaire sur la dissection des batraciens, conseillé par France 5. On ne vous y reprendra plus ; un film, c'est bien, mais à la maison et dans son fauteuil. Finalement, est-ce qu'un cours sans la vidéo n'aurait pas été plus approprié ? Et plus efficace ? Difficile pourtant de faire sans l'image à l'École quand la vie en est saturée. Comment l'enseignant peut-il travailler avec une plus grande pertinence l'image et le son avec et pour les élèves ?

UTILISATEUR

QUELLE PLACE POUR L'ÉCOLE ?

Nos jeunes sont tout autant enfants de la télé qu'élèves à l'école. Faire comme si cette réalité n'existait pas ne ferait que renforcer le sentiment confus d'une rupture entre l'école et la « vraie vie ». À l'école ou au collège[1], les garçons passent en moyenne plus de temps que les filles devant un écran ! Sur une semaine, pour 26 heures d'école, le garçon passe en moyenne 16 h 50 devant la télé, 8 h 45 devant l'ordinateur et les jeux, et consacre 9 h 45 à une activité physique et sportive. La fille a un compte un peu différent : 16 h 20 devant la télé, 6 h 25 devant l'ordinateur et les jeux, 7 h 20 d'activité physique et sportive. On se trouve en plein paradoxe : si la vie est « tout image », même à l'École, si nombre de matières sont consommatrices, utilisatrices et productrices d'images, l'École survalorise cependant la production écrite alors que le mode de transmission est essentiellement oral. Le divorce est-il consommé ?

“ Ils passent déjà trop de temps devant la télé : la classe, c'est pas la télé. ”

1. En 2003, une vaste enquête a été menée dans le cadre de l'opération « Bien manger, bien bouger » auprès de 4 600 élèves (de CM1 à la sixième) dans l'académie de Paris : bouger.org.

▶ Culture du livre, culture des écrans, l'indispensable complémentarité

Plusieurs contributions d'importance dans L'*enfant et les écrans*, Le Pommier, 2013[1] ; pour Serge Tisseron, il faut comprendre que la culture numérique introduit une révolution dans la relation au savoir, dans la relation aux apprentissages, dans le fonctionnement psychique et dans les liens et la sociabilité. Pour Olivier Houdé, il est nécessaire d'avoir recours à une pédagogie différenciée selon l'âge, mais le principe général consiste à éduquer l'enfant à l'autorégulation face aux écrans, et ce, dès le plus jeune âge. « Ce ne sont pas les écrans qui sont négatifs, c'est le fait d'être laissé seul devant. »

À compléter utilement avec... de la vidéo en ligne : CAP CANAL, une véritable chaîne de la connaissance et de l'éducation, à Lyon, Grenoble, Rennes et ailleurs, sous la direction de Philippe Meirieu. Le projet : mettre à disposition de tous des ressources audiovisuelles sur l'éducation en constituant une véritable « encyclopédie vidéo » dans ce domaine. L'émission CAP INFO met déjà en ligne une série d'émissions : les récrés, le plaisir de lire, le professeur principal, le métier de collégien, etc. ➥ www.meirieu.com/VIDEO/capcanal.htm

1. En voir la recension sur www.internetactu.net/2013/01/29/enfants-et-ecrans-psychologie-et-cognition/.

REGARDER, CE N'EST PAS VOIR NI COMPRENDRE

L'approche quantitative ne suffit pas ; manifestement, ce qui ressort le plus souvent, ce n'est pas la dichotomie image-pas image, mais plutôt la façon de regarder. Il s'agit donc bien d'éducation. Une expérience a été menée par Alain Lieury[1], un des experts en neuropsychologie sur la mémoire. Il s'agissait de présenter une adaptation d'un documentaire télévisé à des élèves de sixième et de cinquième, selon différentes modalités. Des QCM de mémorisation étaient délivrés après les séances. Lieury livre les scores des profils d'apprentissage selon les modes de présentation du message (voir le tableau page suivante) :

> *“ Malgré toute leur « culture » audiovisuelle, les élèves ne « voient » pas ce qu'il faut voir. ”*

1. ORDP, Résonances, n° 5, janvier 1997.

Type de support / Profils d'apprentissage	Verbal	Imagé + verbal	Imagé
Visuel	Lecture 30 %	Manuel 31 %	Télévision muette 0 %
Auditif	Cours oral 21 %	Télévision 11 %	-
Audiovisuel	Cours oral + tableau 21 %	Télévision + sous-titres 20 %	-

À l'école, l'image ne crée pas de miracle

L'image n'est donc pas magique en termes de performances scolaires, loin de là. Elle affiche des scores comparables à des situations classiques : on apprend aussi en dehors de l'école. Sa différence n'est pas là. Elle représente un « attracteur étrange » pour les élèves, en ce sens qu'elle les trompe.

• L'image semble offrir un message accessible sans médiation de l'écrit. C'est loin d'être vrai : près de 80 % du message délivré le sont par le commentaire. C'est souvent plus difficile que le cours, dans la mesure où on observe un décalage entre l'image elle-même et le commentaire déjà très condensé.

• L'image est de l'ordre du perçu, non du raisonné ; elle met en jeu un système de sensations et de perceptions non organisées.

• L'image délivre un message sans hiérarchisation, comme pourrait l'être une carte géographique : l'image est polysémique.

Il y a donc bien lieu de participer à l'éducation au regard analytique et à l'outillage intellectuel de l'élève pour lui permettre de décoder le monde.

L'ENSEIGNANT EST UN « ÉDUCOMMUNICATEUR »

Penser ou agir par cloisonnement n'est sans doute pas le meilleur moyen de donner du sens à votre enseignement comme au travail de vos élèves. Si l'image, toutes formes confondues, est partout, il nous faut l'accueillir comme une occasion d'apprendre. Les renouvellements des programmes

▸ Lesite.tv

C'est un des éléments du nouvel « espace numérique des savoirs » mis en place progressivement par le ministère. Il donne accès sur Internet à une banque d'émissions éducatives, principalement issues des archives de France 5, de l'INA et du CNDP.

Depuis son domicile ou son établissement, le professeur recherche les émissions relatives à son enseignement (elles sont classées par niveau). Il peut ensuite les diffuser à ses élèves, ou les inciter à les utiliser. Chaque émission est accompagnée d'une fiche pédagogique et de liens Internet qui favorisent la diffusion de « bonnes pratiques ».

➥ www.lesite.tv

et les factures des manuels incitent fortement à le faire. Les uns et les autres peuvent conduire à faire évoluer nos pratiques. Geneviève Jacquinot, professeur à l'université Paris 8, n'insiste pas particulièrement sur une nécessaire formation, mais d'abord sur des postulats et sur la compréhension intelligente d'un phénomène contemporain. Elle esquisse le portrait de l'enseignant en « éducommunicateur », un rôle encore à investir[1]. Ce dernier doit :

– être conscient qu'une éducation « de masse » et « multiculturelle » se situe au-delà de l'acquisition des seuls savoirs scolaires ;
– chercher à ne pas dévaloriser la culture médiatique, notamment télévisuelle, des jeunes ou leur spécificité culturelle, mais prendre appui sur elles ;
– voir dans les médias une richesse, par leurs contenus informatifs certes, mais aussi par la façon dont ils donnent une représentation du monde : d'où la nécessité d'analyser et de comparer, voire de rectifier lesdites représentations ;
– considérer que le visionnage d'une émission n'est pas un acte « passif », mais mobilise quantité de « microsavoirs » accumulés ;
– savoir que, quand il introduit les médias comme objet d'étude, c'est pour apprendre à l'élève à les analyser sous un triple point de vue : « pouvoir » économique et politique qui les produit, « mises en discours et en scène » qui construisent les messages et audience qui leur donne « du sens » ;
– accepter un nouveau rapport d'éducateur-adulte à l'élève, des élèves entre eux et de tous à la connaissance : l'élève peut apprendre au maître,

1. Extrait de « (In)novatio 4, les pratiques de l'image à l'École », mars 2003, Paris.

les élèves peuvent apprendre entre eux (notamment en confrontant leurs points de vue ou leurs sources d'informations ou leurs solutions au problème posé, en dialogue direct, par courrier électronique ou forum interposés) ;
– accepter de faire entrer à l'école d'autres univers et d'autres modalités d'appropriation de la réalité : en particulier, il peut, à partir des émotions provoquées par la télévision, travailler sur les diverses « mises en scène du réel » et construire progressivement une pensée rigoureuse.

Changement de regard de l'enseignant, mais aussi, selon Geneviève Jacquinot, évolution dans les postures vis-à-vis du savoir scolaire et en ce qui concerne la gestion de la classe : cela dépossède l'enseignant de l'unique expertise qui se trouve ainsi davantage dispersée ; l'enseignant qui travaille sur les médias ne dispose pas d'un corps de connaissances transmissibles de celui qui sait vers celui qui ne sait pas, car l'information appartient à tous et les médias « mettent (presque) sur le même pied d'égalité élèves et professeurs » ; quand on travaille avec les médias, on centre davantage l'attention sur celui qui apprend, et pas seulement sur ce qu'il apprend ; enfin, ce qui est appris à l'école sort du cadre de celle-ci et se prolonge dans la vie de tous les jours.

CONCILIER MÉDIAS ET PROGRAMME DE SA DISCIPLINE

L'éducation aux médias est un domaine du socle commun. Elle est transversale à toutes les disciplines. Autrement dit, ce ne sont pas des objectifs en plus, mais ce sont des finalités que les objectifs des disciplines peuvent utilement servir. Cette éducation est une incitation à traiter un contenu et des savoirs en piochant dans l'infinie variété des médias, de façon à ne pas présenter un savoir scolaire complètement décontextualisé et sans prise sur les réalités contemporaines.

Certains événements dramatiques ont saturé nos écrans et l'esprit de nos élèves, par exemple le 11 septembre 2001, le Tsunami en Asie, en 2004, celui de 2011 au Japon, les révolutions arabes en 2011 et les attentats à Paris en janvier 2015 : ils ont animé les débats sans pour autant avoir fait l'objet de supports d'apprentissage, sous la forme de décryptages et analyses. Les élèves étaient pourtant souvent demandeurs quand certains professeurs préféraient le traitement du programme, coûte que coûte. Il s'agit pourtant de dépasser les émotions et le sensationnalisme du traitement journalistique pour entrer dans une certaine complexité (cf. chapitre 30).

Dans ce cas, le réseau des internautes devient extrêmement réactif et créatif. En combinant par exemple un suivi attentif sur le réseau pédagogique avec les échanges sur Twitter, vous disposez rapidement de supports actuels (photos, cartes, vidéogrammes, infographies) et de premières propositions de séquences élaborées par d'autres collègues. Les élèves seront impressionnés par votre réactivité et le recul que vous leur proposez par rapport au caractère événementiel.

De la musique pour enrichir la discipline

L'originalité de la démarche crée un climat de travail tout à fait sympathique. Dans une classe connue pour son agitation permanente, j'avais obtenu une attention forte et un niveau sonore inhabituellement bas lorsque, pour travailler sur le monde médiéval, j'avais inscrit en fond sonore de la musique grégorienne. Les élèves l'ont redemandée pour le contrôle sur table. Résultats garantis. L'évocation musicale, à divers moments de la séquence, contribue à ancrer des connaissances et des savoirs parfois difficiles à « faire passer » ; cette technique crée un contexte d'apprentissage favorable à la mémorisation (on appelle cela la mémoire de contexte, qui permet de rappeler des savoirs complexes), et les élèves « sont demandeurs ».

Deux utilisations de ces documents sonores s'il s'agit de créer une ambiance, choisissez des fonds musicaux[1] ; si vous travaillez sur la musique et les paroles, préférez des chansons[2].

Bonus Web ☛ Radiooooo Player : une application en ligne propose une compilation des musiques du XXe siècle à partir d'une carte, et offre à l'élève comme à l'enseignant une navigation aisée dans l'univers des musiques et des chansons. http://client-eu.radiooooo.com/.

1. Valses viennoises en première pour aborder les évolutions démocratiques dans les régimes autoritaires, musique japonaise en terminale pour le chapitre sur le Japon en géographie…
2. Charles Trenet, *Douce France* et *La Mer* (première, géographie, la France) ; Yves Montand, *Le Temps des cerises* (première, histoire, les évolutions politiques en France) ; André Dassary, *Maréchal nous voilà* ; Bordas, *Ah ! Que la France est belle !* ; Jacques Pills, *Marché rose* ; Yves Montand, *Le Chant des partisans* (terminale, histoire, la France dans la guerre). La liste est encore longue ! 300 morceaux de musique et de discours. http://client-eu.radiooooo.com/.

➲ AMÉLIORER LES USAGES DE L'IMAGE DANS SA CLASSE

Alain Lieury, directeur du laboratoire de psychologie expérimentale de Rennes 2, l'avait déjà noté : l'image n'est pas en soi plus performante que la parole du professeur ; elle ne peut être un substitut jugé plus efficace ou plus attractif.

Les usages de l'image en classe sont pourtant nombreux mais restent limités à des fonctions simples d'illustration sans activité propre pour l'élève : la **photographie-prétexte** pour rendre plus concrète une idée (une vue du Sahara pour exprimer une situation géographique de faible densité, par exemple) ; la **photographie-symbole** qui doit signifier une idée annonçant un développement (par exemple, le World Trade Center comme image de la puissance américaine défiée et vacillante) ; la **photographie-décor** qui défile sans attention requise, pour supporter le discours du professeur, comme au journal télévisé ; la **photographie-synthèse** reprenant les différents éléments identifiés dans le cours.

Comment utiliser les images

L'image est cependant plus riche et pourrait être un excellent support pour construire les savoirs. Gérard Hugonie[1] suggère quelques pistes :

- ❑ poser la problématique et formuler une hypothèse, par exemple en confrontant deux images contrastées d'une même réalité, d'une même période ;
- ❑ identifier, reconnaître les éléments constitutifs de l'image : prendre le temps de dessiner (sur un tableau blanc) et de nommer ensemble permet de construire une relative objectivité du regard, en dépassant l'impression et les regards toujours subjectifs et sélectifs sur l'image ;
- ❑ élaborer une définition après identification des éléments : en passant du particulier au général, en proposant un type parmi une typologie, donner des repères facilement applicables dans une autre situation spécifique ;
- ❑ élaborer un savoir-faire : apprendre à lire et à interpréter un paysage, un tableau ; distinguer les grands ensembles, la composition, les lignes de forces, repérer la notion de point de vue ;

1. D'après Gérard Hugonie, conclusion du rapport sur l'utilisation de l'image (novembre 1995), édité par l'inspection pédagogique de l'académie de Paris.

❑ construire un croquis explicatif, synthétique, qui permet de transposer les éléments observés en les mettant en lien dynamique ;
❑ en faire un support d'évaluation. Cet usage couple celui de l'identification en demandant de décrire les éléments constitutifs choisis et celui de la recherche d'une définition déjà abordée.

PETITE TYPOLOGIE DES IMAGES DANS UNE CLASSE

Serait-ce dire que mettre en avant la difficulté ou l'absence d'équipement relève du faux débat ? Et de renvoyer aux hussards noirs de la IIIe République qui, face à des publics importants et pas toujours en phase avec la culture de l'école, enseignaient à coups de panneaux dessinés et d'images édifiantes et largement commentées. Si tel est le cas, contactez très vite le coordonnateur de votre discipline, sinon le gestionnaire de l'établissement, ou le directeur de votre école, pour étudier avec lui un devis d'équipement (les crédits sont à engager avant la fin octobre). Après, c'est une affaire de quelques semaines.

A minima en termes d'équipement, on peut toujours s'appuyer sur la diapositive, l'image du manuel, l'image filmique ou l'image satellite.

La diapositive (ou l'image sélectionnée sur Internet)

Classique, même évidente, elle peut être prise comme racine d'une séquence. La démarche est plus approfondie, le support plus grand, la situation idéale étant la projection sur le tableau blanc, de façon à travailler directement sur la diapositive : une réelle appropriation du document... L'élève se trouve plongé dans l'image elle-même pour mieux la décortiquer.

Pour la décrypter, il faut :
• passer par une phase de définition : nature du document, sujet, auteur ;
• s'attarder sur la phase de description du document : angle de vue, analyse des différents plans ou de la structure (lignes de forces d'un tableau) ;
• décoder les différents éléments constitutifs par la réalisation d'un croquis analytique simple identifiant les éléments majeurs ;
• ouvrir le champ de l'explicitation par la mise en rapport des éléments entre eux et du contexte historique ou géographique, mais aussi scientifique et artistique.

L'image du manuel

Les manuels sont riches en images de toutes natures : photos, gravures, tableaux, graphiques, plans, cartes... Le manuel est la « chose » de l'élève, à la différence des autres images et supports plus externes. (Sur le manuel, outil d'enseignement et son choix stratégique, voir le chapitre 10 « Mettre en œuvre des outils ».)
Outre les différentes utilisations détaillées ci-dessus, on peut tout autant organiser la lecture du manuel comme un véritable stock de représentations visuelles et mentales dans la mesure où la méthodologie est suivie :
• nature du document ;
• titre du document et son producteur ;
• décryptage des codes, produits et organisés en fonction d'un effet recherché. Ce moment est essentiel pour enraciner la représentation mentale chez l'élève : celle-ci passe par la compréhension et la dénomination de signes.

L'image filmique

L'image filmique, extraite d'une vidéo d'un film ou d'un documentaire, devient un support comme les autres. Désormais les salles sont généralement dotées d'un système vidéo (TV + lecteur DVD) soit fixe, soit sur chariot roulant, de sorte à l'utiliser dans la classe comme tout autre matériel (par exemple : vidéoprojecteur ou diapositives).

La méthodologie. Elle est *a priori* similaire à tout autre document étudié.

• Une nécessaire identification des sources filmiques : comme tout document, l'image est une production avec sa date, son auteur, son « générique ». Bien distinguer fiction de documentaire, reconstitution, reportage, etc. Pour nos élèves, jeunes ou moins jeunes, c'est toujours nécessaire.

• La détection des éléments d'accompagnement de l'image, qui nourrissent l'image et lui donnent un surplus de sens : texte incrusté, fond sonore, illustration ou citation musicale. C'est un condensé d'informations qui passent la plupart du temps dans la sphère de l'inconscient ou de la sensation. Le décodage s'impose.

• L'identification des éléments purement filmiques de production de l'image, qui renforcent le sens ou l'intention du message de l'extrait choisi : les mouvements de caméra (fixe ou mobile, travelling avant, arrière, zoom), les différents plans (plan général, rapproché, plan américain, gros plan), les angles de prises de vue (plongée, contre-plongée), le découpage par plan-séquence (à chaque fois qu'il y a coupure et déplacement de position de la caméra). On introduit alors la notion de « point de vue ».

Attention : le meilleur des documentaires ne sera pas pour autant le meilleur des alliés pour votre cours. Ainsi, par exemple, l'excellent commentaire de Philippe Meyer dans *De Nuremberg à Nuremberg* est parfois en grand décalage avec des images sélectionnées de la Seconde Guerre mondiale : du très grave sur du très anodin, en apparence. En cela, c'est un « piège à élèves ».

Un support pour le cours. Il ne s'agit pas toujours d'organiser une séquence autour de l'image ; elle est un des supports possibles qui s'intègrent dans un déroulé de tâches variées. Quelques séries disponibles en DVD s'avèrent de fantastiques alliées. On peut penser aux cinq minutes intenses du *Dessous des cartes* de Jean-Christophe Victor[1] comme un rendez-vous régulier hebdomadaire avec une classe, ou un début de cours où vous pouvez extraire une donnée plus précise. La série *Palettes* (durée : vingt minutes) d'Alain Jaubert, consacrée à l'étude d'un tableau est une occasion d'introduire l'art et son histoire dans le module « histoire des arts ». Ou encore l'image peut aussi être le prétexte d'un cours, à l'instar de l'étude de *Paysages*, à partir des fantastiques émissions de Jean-Loïc Portron (Arte)[2].

Un support pour dessiner. Le recours au transparent (par capture d'image et édition couleur), à l'infographie (logiciel de traitement d'image, PowerPoint par exemple), permet de triturer la matière et de mettre l'élève en activité dans une situation-problème complexe et, par nature, pluridisciplinaire. La créativité devient une occasion pour apprendre, à l'instar des cartes heuristiques (voir le chapitre 30).

L'image satellite

Depuis la diffusion de Google Earth, l'image satellite est une image comme les autres, peut-être plus attractive par son aspect innovant et

1. Cartes et commentaires sont accessibles sur le site d'Arte : www.arte.tv/fr *(Dessous des cartes)*.
2. Un recueil des pages et supports pédagogiques créés à partir des émissions de « Paysages » sur le site Diversifier, tapez « Paysages ».

la qualité des couleurs, par sa vulgarisation aussi dans les manuels et à la télévision. Il suffit de savoir qu'il s'agit de compositions colorées établies à partir des données numériques enregistrées par les capteurs du satellite. Elles sont datées. La première lecture est souvent affective parce qu'on reconnaît l'espace présenté ou qu'on apprécie la composition colorée. Pour l'analyser, on adoptera une démarche en cinq étapes.

1. Le repérage dans l'espace et dans le temps.
2. La lecture de l'image qui s'effectue sur quatre critères appelés descripteurs : les éléments linéaires, la couleur, la structure et la texture.
3. Le zonage qui est la recherche de plages à l'intérieur desquelles les descripteurs sont homogènes.
4. L'interprétation qui est la véritable exploitation géographique par la formulation de questions et d'hypothèses d'explication.
5. La cartographie synthétique ou thématique à partir de la grille de description et d'interprétation.

Cet autre « regard » sur le monde, en jouant notamment sur les changements d'échelle, entre local et global, participe à la formation intellectuelle des élèves en proposant de nouvelles attitudes, de nouvelles habilités dans les approches de la connaissance.

L'IMAGE DE SOI

Jusqu'à présent, nous avons envisagé l'audiovisuel sur des supports externes, permettant de travailler sur des éléments de savoirs. Mais il peut agir aussi comme un miroir quand le travail est centré sur les compétences propres de l'élève. Deux pratiques sont mises en œuvre : l'autoscopie et l'enregistrement en MP3.

L'autoscopie

L'autoscopie est la confrontation de l'individu ou du groupe qui a été filmé avec sa propre image ; c'est une observation différée de soi-même ou du groupe. Les résistances normales à se confronter à sa propre image peuvent se

> *« Mes élèves ont un problème avec leur propre image ; impossible d'utiliser la vidéo en cours. »*

réduire en inscrivant la pratique dans une perspective formative (et jamais évaluative) et en affichant explicitement les objectifs. Le contenu scolaire ou le thème choisi ici est le moins important. Car il s'agit de travailler sur les compétences liées à la communication et à l'estime de soi, domaines encore peu investis à l'école, mais essentiels dans la réussite scolaire de l'élève ; ils s'inscrivent pourtant dans de nombreux référentiels, dès le collège (cf. le socle commun).

Les domaines observés concernent le paraverbal (la voix, etc.) et le non-verbal (toute la gestuelle). On peut distinguer trois types de gestuelle : la gestuelle d'imitation (le geste mime l'action du discours) ; la gestuelle de ponctuation (on parle plus ou moins avec les mains, on bouge plus ou moins, etc.) ; la gestuelle dite « autique » qui indique un malaise ou un stress.

L'autoscopie se révèle un dispositif de travail puissant pour changer rapidement les attitudes, gestes, savoir-faire, et participe au développement de compétences. En mettant au centre de l'attention du groupe un véritable objet de travail où chacun a quelque chose à apprendre, il rend plus disponibles les personnes avec des enjeux forts en termes identitaires pour peu que la confiance soit créée : on s'autorise à changer collectivement.

La mise en œuvre nécessite auparavant quelques précautions :

❑ Tous les participants sont volontaires.

❑ On explique soigneusement les objectifs et les modalités de la séquence.

❑ On prend le temps d'élaborer ensemble la grille d'analyse, autant que possible à partir d'une grille existante qu'on s'efforce d'améliorer. Il est extrêmement important que les élèves eux-mêmes la construisent et s'approprient les critères d'observation.

L'autoscopie peut avoir un objectif différent de celui de la communication. En EPS[1], on filme une courte séance de jeu collectif, puis les élèves visionnent la vidéo (sur la tablette) en repérant le placement des équipiers, le passage de la balle, les éventuelles corrections techniques... Le dispositif est d'autant plus efficace si quelques élèves sont pourvus de tablettes numériques pour faire un décompte en direct et visualiser instantanément les graphiques induits.

1. Voir les vidéos sur le site CANOPE de Grenoble www.cndp.fr/agence-usages-tice/temoignages/les-tablettes-tactiles-au-college-utilisation-en-eps-1204.htm.

Le même dispositif a été constaté en salle de restaurant d'un lycée hôtelier : caméra sur pied fixe ; prise d'image durant tout le service ; puis une fois les clients partis, la vidéo est revue pour l'analyse critique et coopérative du groupe sur le placement, les gestes, la coordination de la « brigade » de service. En deux mois, tout est réglé comme du papier à musique.

S'ENTENDRE PARLER

> ***“ Faire parler les élèves devant les autres en langue vivante est un véritable calvaire. ”***

Se voir, c'est difficile, s'entendre parler, cela devient impossible. Les performances en France en langues vivantes sont loin d'être extraordinaires et les échanges linguistiques montrent qu'après deux ans de pratique, un jeune Allemand est déjà bien avancé par rapport à son collègue français. Une enquête, il y a quelques années, avait estimé le temps moyen pendant lequel un bachelier avait effectivement parlé anglais au cours de ses sept années d'apprentissage. On arrivait à... vingt minutes. Confronté à ce déficit de compétences orales, le numérique offre de nombreuses facilités.

Le labo de langues, très apprécié des élèves. Les élèves apprécient les activités en laboratoire de langues et savent qu'il n'y a pas meilleur moyen d'évaluer correctement et d'améliorer leur prononciation qu'en écoutant leur voix enregistrée. Dans la cabine, les timides sont rassurés : pas de moqueries de la part des camarades. On dialogue avec le professeur comme « en privé ». Certains parlent ainsi plus en une heure qu'ils ne le feraient pendant une année en classe entière. Les plus lents ont tout leur temps, quant aux plus rapides, il sera facile de leur proposer une autre série d'exercices. Enfin, chaque élève est actif : à chaque question posée, dix-huit élèves peuvent répondre et être contrôlés alors qu'en classe une réponse ne peut être formulée que par un seul élève, ou au mieux par un groupe restreint.

L'évolution des équipements en CDI par exemple, en *« learning center »*, transforme désormais n'importe quel poste en possibilité d'enregistrement audio au format MP3, d'écoute et de vidéo. Une majorité d'élèves dispose dans le secondaire d'un lecteur MP3 de type iPod – dans les collèges, cela est mis à disposition –, leur permettant d'embarquer dans la poche des fichiers audio téléchargés sur la page de leur professeur préféré à partir de l'ENT du lycée. Même en mathématiques, la narration et la résolution de problèmes en groupe se reportent en MP3 de sorte que l'enseignant capitalise les stratégies, les tentatives et les réussites en différé[1].

On retrouve ici quelques caractéristiques propres à tous les outils de l'enseignant : plus nombreux, plus petits, plus fluides, plus numériques et plus nomades, ils deviennent les outils des élèves. Cette tendance que nous allons retrouver plus loin est celle d'un système qui passe d'une logique d'enseignement à une logique de formation.

AUTOTEST : LES CINQ DERNIÈRES FOIS...

Les cinq dernières fois que j'ai utilisé l'audiovisuel (sous ses formes les plus variées) avec les élèves, c'était :

Support audiovisuel	Thème abordé	Intégration dans la séance (partie ou tout)	Rapide bilan : point fort/ point à améliorer
1			
2			
3			
4			
5			

1. Comme au collège de Scey-sur-Saône, vidéo sur www.youtube.com/watch?v=O26Hk6xSJNc&list=PL1tu1UO10ih6rlfj5NZAjmy9rIZNC5z9I&index=4.

CHAPITRE 13

Être le gardien des programmes

« Mon programme ! » L'enseignant dispose d'un pare-feu infaillible face à toute innovation d'en bas ou expérimentation d'en haut, toute intrusion à faire évoluer sa pratique. Gardien vigilant des objectifs disciplinaires nationaux, il défend son quota horaire, sa progression, ses examens des attaques internes – l'interdisciplinarité, la gestion de la DHG (dotation horaire globale), mais aussi des offensives de l'extérieur (la baisse du niveau et la « marchandisation »). « Mon programme », c'est en quelque sorte « Bovary en éducation ». À la lumière des pratiques infiniment variées sur le terrain, est-ce si simple ?

J'ENSEIGNE UNE DISCIPLINE OU UN PROGRAMME D'UNE DISCIPLINE ?

Poser la question des programmes, c'est s'interroger sur le concept de discipline. En quelques pages éclairantes, Jean-Michel Zakhartchouk et Florence Castincaud[1], enseignants et formateurs, collaborateurs assidus des *Cahiers pédagogiques*, rappellent ce que l'enseignant doit (aurait dû ?) avoir vu en formation initiale.

Les attributs d'une discipline

• Une discipline scolaire n'est pas une discipline scientifique. Celle-ci a pour but de produire du savoir, celle-là l'appropriation de connaissances.

• Une discipline a une histoire, souvent récente et évolutive, résultant d'approches pragmatiques, telle… la grammaire. Elle n'est pas universelle ; il suffit juste de regarder de l'autre côté des frontières pour s'en apercevoir.

1. *Croisements de disciplines au collège*, CNDP et CRAP, Amiens, 2000, page 18.

• Une discipline a une existence institutionnelle caractérisée par :
– des contenus d'enseignement auxquels on accède par un programme et par un concours ;
– des horaires d'enseignement ;
– des programmes ;
– une inspection, garante de leur application ;
– des formes d'évaluation cadrées ;
– des activités classiques ;
– des manuels.

Tous ces éléments, attributs d'une discipline, sont autant de variables dans le temps et dans l'espace.

Les frontières floues des disciplines

Dans l'introduction de l'ouvrage cité, Philippe Perrenoud invite à une conception élargie de la discipline pour les élèves : « Les disciplines font partie d'un projet global de connaissance, d'un rapport au monde dont chacun participe à sa manière. Elles résultent d'une façon, partiellement arbitraire et changeante, de découper la réalité pour mieux l'étudier. » Les seuls besoins d'un enseignement collectif chargé de faire acquérir un programme ont fait que l'organisation scolaire cherche à établir des groupes homogènes relatifs à ce programme. Le programme est donc avant tout celui d'un cycle, d'un niveau d'enseignement, décomposé en sous-programmes disciplinaires, liés et normalement cohérents entre eux.

Le programme est un compromis susceptible d'évoluer

> ***“ Mon horaire a diminué, pas mon programme ; cela devient impossible à gérer, pour moi et pour les élèves. ”***

Spécificité de l'École française qui embrasse encore par certains aspects une approche encyclopédique, les programmes sont la résultante du poids historique de leur fondation et de leur filière « savante » (universités, associations disciplinaires, personnalités reconnues et inspections). Tout nouveau programme est le fruit d'un compromis jamais satisfaisant entre le trop (pour les élèves) et le pas assez (pour les autres).

Dans un monde éducatif en complète réactualisation, le programme de collège est celui du lycée d'il y a à peine vingt ans. Reprenez les manuels et comparez, on gagne à tous les coups. La tendance est forte pour bien des enseignants de discipline, pour qui la partie est le tout, de maximaliser les exigences, là où le programme est volontairement limité. Quand un enseignant dit « programme », de quoi parle-t-il ? Des textes prescrits ? De contenus pris comme des objectifs ? Ou de la représentation qu'il se fait de la formation disciplinaire pour ses élèves au regard de sa propre formation de spécialiste ?

Le programme n'est pas une spécialité ni une expertise

La spécialisation dans un champ disciplinaire est relativement tardive dans le cursus de l'élève, c'est plutôt au lycée. Il ne s'agit pas en effet de former un spécialiste de la discipline, mais plutôt de questionner la discipline pour savoir dans quelle mesure elle peut servir l'appréhension globale du monde par l'élève. Les textes eux-mêmes, pour peu qu'on s'y attache, sont assez clairs sur ce point ; il suffit d'en relire les préambules.

> *“ Je suis obligé de faire des choix, mais sur quelles bases ? ”*

Conception et écriture des programmes : des facteurs objectifs de variation des pratiques ?

L'enseignant pourrait se prévaloir des programmes comme d'une boussole dans sa navigation professionnelle. Ce serait sans doute sous-estimer la difficile élaboration et les questions qui président à leur écriture. L'équipe Theodile[1] de Lille 3 en signale quelques-uns pouvant conditionner peu ou prou la compréhension et leur mise en œuvre dans la pratique de l'enseignant :

• La profusion des écrits officiels à des intervalles relativement courts rend impossible leur assimilation par la profession.

• Les prescriptions, au fil de parutions rapprochées, ne sont pas exemptes de contradictions ou de fortes inflexions ; par exemple, les programmes du premier degré de 2008 font peu de cas du texte-cadre du socle commun émis en 2005. La réécriture du socle en 2013 reste encore un travail imparfait. Il revient souvent aux équipes localement d'en assurer la cohérence.

• L'état des pratiques ou des conceptions des maîtres par rapport à tel changement requis, malgré les consultations, n'est pas pris en considération.

1. Voir la revue « Spirale – Revue de recherches en éducation », 2009, n° 43 (3-8), http://spirale-edu-revue.fr/spip.php?article861.

• Les directives semblent s'appliquer à un sujet « moyen-bon intéressé », tout à fait théorique, fréquemment éloigné des élèves côtoyés concrètement et quotidiennement.

Enquête sur les pratiques du programme : intelligence de la prescription ?

Non seulement le programme connaît des évolutions objectives, mais il subit des adaptations locales et plus subjectives de la part même de ceux qui s'en prétendent les porteurs. À ce titre, l'étude de l'équipe Theodile de Lille 3 étudie la réception et les effets des prescriptions officielles sur les pratiques d'enseignement, tels qu'ils peuvent être appréhendés à partir d'observations directes, ou d'écrits professionnels comme les préparations de classe ou de déclarations d'enseignants recueillies lors d'entretiens ou par questionnaires.

Ainsi, trois facteurs influent principalement sur l'adaptation, l'ajustement ou encore la temporisation des prescriptions programmatiques. En premier lieu sont repérés des **facteurs d'ordre épistémologique** (construction du parcours de formation du professionnel), comme l'influence de la formation première dans le système éducatif, scolaire puis universitaire, la formation professionnelle initiale des futurs enseignants ou encore la formation continue et ses agents. Les rôles de ces trois niveaux sont tout à fait hétérogènes du fait des écarts temporels, des contenus intellectuels et praxéologiques ainsi que des statuts et insertions sociales différents.

En second lieu, d'**autres facteurs généraux plus personnels** jouent tout autant sur l'appropriation plus ou moins avérée des programmes : l'influence des expériences antérieures et celle de l'ancienneté dans la profession sont perceptibles dans plusieurs enquêtes. Les conceptions éducatives, valeurs, représentations, choix idéologiques des maîtres paraissent indubitablement à l'œuvre dans la lecture et l'application de la production officielle.

En dernier lieu, les **facteurs contextuels et environnementaux** pèsent tout aussi lourdement sur les pratiques : l'influence des manuels et de leurs accompagnements didactiques et pédagogiques, de même que celle d'autres sources professionnelles non officielles, comme les bulletins ou revues pédagogiques et/ou associatifs ; le contexte socioscolaire et les expériences d'enseignement au quotidien dans tel ou tel milieu ou établissement, comme le management institutionnel administrativo-pédagogique proche, celui des inspecteurs, des responsables et équipes

▸ Trois conseils utiles

1. Revenez aux textes initiaux, tous consultables sur le site de Canopé.

➥ www.reseau-canope.fr/, tous les programmes en trois clics, histoire de se rafraîchir la mémoire ou de découvrir le socle commun.

2. Attachez-vous aux objectifs premiers dudit programme, avant de vous précipiter sur les contenus.

3. Élaborez une progression réaliste et pragmatique en conséquence. Plus de détails dans le chapitre 9 « Définir une progression ».

d'encadrement des établissements ; le collectif de travail entre pairs à un même niveau du cursus ou dans un même ensemble disciplinaire.

Le programme ou « mon programme » ? Ainsi, la pratique est infiniment plus variable et différenciée, à « programme égal », qu'on voudrait le croire ; l'enseignant dispose d'une liberté certaine dans le choix didactique d'interprétation de « son » programme. Allez voir dans la classe à côté.

▸ Rappel : ce que liberté pédagogique veut dire

La liberté pédagogique de l'enseignant s'exerce dans le respect des programmes et des instructions du ministre chargé de l'Éducation nationale et dans le cadre du projet d'école ou d'établissement avec le conseil et sous le contrôle des membres des corps d'inspection. Le conseil pédagogique prévu à l'article L. 421-5 ne peut porter atteinte à cette liberté (article L. 912-1-1 du code de l'éducation) ; et juste après : « Le travail transversal et pluridisciplinaire ainsi que l'innovation pédagogique sont encouragés » (L. 912-1, « article 72 »).

Visualiser son programme : l'exemple de l'histoire-géographie en seconde

Sur le niveau seconde, en histoire-géographie, l'équipe du lycée français de Mexico a produit un document remarquable sur ce point[1] : « Nous nous sommes efforcés de remettre à plat notre métier d'enseignant en

1. Disponible sur le site Innovation : innovalo.scola.ac-paris.fr.

histoire-géographie : à quoi sert notre matière ? À quels objectifs pédagogiques travaille-t-elle ? Pour ce faire, elle s'appuie sur la grille de référence fournie dans les livrets d'évaluation d'entrée en seconde. C'est là une véritable anticipation de ce que proposent aujourd'hui les tableaux du socle commun de fin de collège.

« Notre organigramme (voir page suivante) nous a permis de dégager cinq objectifs essentiels :
– situer dans l'espace et dans le temps ;
– traiter des informations dans différents supports documentaires ;
– enrichir des connaissances ;
– mettre en œuvre des connaissances ;
– réaliser des documents.

« Ces cinq objectifs ne sont pas hiérarchisés : ils ne sont pas plus ou moins importants ni ne se succèdent dans des temps d'apprentissage différents. »

MON PROGRAMME PARMI LES AUTRES PROGRAMMES

Au moment du lancement du « nouveau collège », le ministère avait fait parvenir à chaque enseignant la version papier de tous les programmes des disciplines enseignées. Masse considérable de documents, et incompréhension parfois rageuse des collègues. C'était peut-être trop tôt ou pas la bonne formule. La consultation sur Internet n'était pas encore possible et l'accompagnement à l'entrée dans les nouveaux dispositifs a été relativement frileux, voire inexistant.

Connaissez-vous votre programme ?

Le sentiment de déstabilisation peut venir parfois d'un manque d'assurance et de connaissances sur ses propres programmes ; vous ne pouvez entrer en communication et en relations riches avec des collègues d'autres disciplines que si vous êtes assez ancré dans la vôtre. Dans un paradoxe qu'il faut travailler collectivement, l'interdisciplinarité ne peut exister que par approfondissements disciplinaires et n'équivaut pas à moins de disciplines ; elle sous-tend aussi une connaissance minimale des autres disciplines. C'est une manière de valoriser la spécificité propre de son programme. Mais le

> ***“ J'ai le sentiment d'être noyé dans l'interdisciplinaire et de perdre ma spécificité. ”***

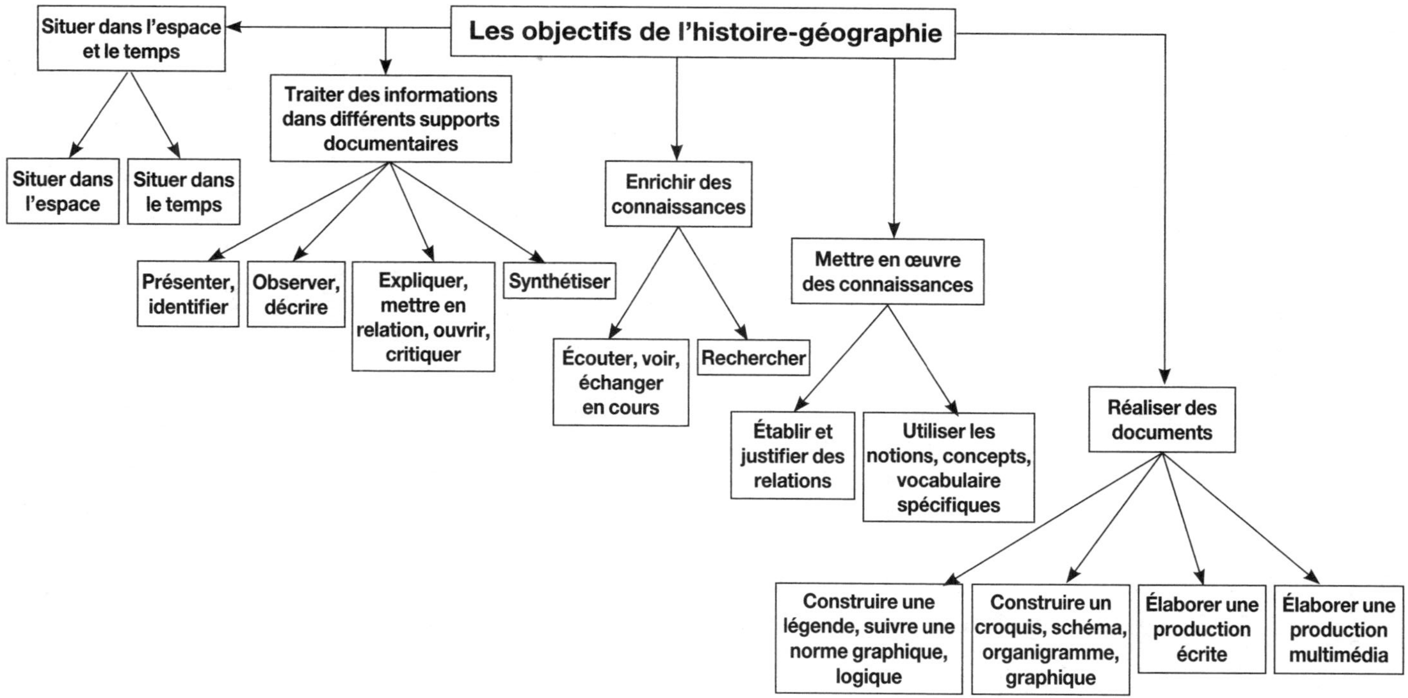

Source : « Évaluer l'impact des TICE dans l'enseignement de l'histoire-géographie », Recherche formation, Lycée franco-mexicain, 2001-2003, Mexico, Mexique, Pierre Chazelet, Georges Coumes, Jérôme Péméja.

connaissez-vous réellement ? À ce titre, vous pouvez vous livrer au petit quiz ci-dessous, proposé par des collègues de Dijon.

En classe de cinquième, quel **programme de discipline** affiche les points suivants dans son programme ?

1. Exprimer sa pensée à l'aide de croquis.
2. Présenter une série statistique sous la forme d'un tableau.
3. Mise en relation des propriétés d'un matériau avec son utilisation.
4. Unités de longueur, de volume, de masse.
5. Lien entre tableau et graphique.
6. Le poids de l'histoire ancienne et récente est mis en évidence.
7. Partir d'une œuvre d'aujourd'hui pour mettre à jour ses racines dans les œuvres du patrimoine.
8. Qualités physiques des matériaux.
9. Exprimer un avis, un désaccord.
10. Se familiariser avec les règles d'hygiène de vie.
11. Importance collective et personnelle des règles d'hygiène.
12. Apprentissage de la sécurité, sauvegarde de la santé et respect de l'environnement.
13. L'homme est responsable de son environnement.
14. Utiliser la conjonction « donc » de façon pertinente dans des argumentations.
15. L'exercice de l'esprit critique et la pratique de l'argumentation sont privilégiés dans les démarches pédagogiques.
16. Adapter son niveau de langue à l'interlocuteur et à la situation.
17. Rédaction de ce qu'on retient d'un texte ou d'un document avec leurs références.
18. Développer chez l'élève une dynamique de questionnement.
19. Incitation à la lecture de textes dans des éditions adaptées à l'âge des élèves.
20. Situer dans l'espace.

☞ Vous trouverez les bonnes réponses à la fin de ce chapitre, page 250.

LE PROGRAMME EST-IL VALABLE POUR TOUS ?

« Mes élèves de troisième ont des projets si différents que mon programme ne semble plus adapté à toute la classe. »

On enseigne un programme à un groupe-classe théoriquement homogène en âge pour un niveau scolaire. L'homogénéité cependant est toute relative quand la scolarité reste obligatoire jusqu'à 16 ans ; les groupes sont forcément hétérogènes, de par les individus qui les composent, et ce malgré les tris successifs des évaluations et des examens de fin d'année ou encore les recherches d'homogénéisation avouée ou cachée (par exemple, les « groupes de besoins »). Classiquement ce sont les épreuves de fin d'année qui permettent de s'assurer que le programme est acquis.

Comment adapter le programme pour répondre à la diversité

Sans avoir l'ambition de former des spécialistes, nous l'avons dit, il faut donc avoir présent à l'esprit qu'actuellement plus de la moitié des bacheliers sont issus des filières technologiques et professionnelles. Les programmes du collège s'adressent à tous et non à ceux seuls sélectionnés pour faire le « bon lycée », c'est-à-dire un baccalauréat des séries générales. Ce n'est donc pas le programme qu'il s'agit d'adapter, ce qui n'est de toute façon pas de votre ressort, mais votre pratique individuelle et l'organisation collective des enseignements pour répondre à cette diversité, qui d'un certain point de vue (déontologique et démocratique) se comprend comme une richesse pour la société de demain.

Prenez connaissance à partir des vœux d'orientation de vos élèves, avec l'aide des services d'orientation de votre établissement ou de votre région, non seulement des filières possibles mais surtout des référentiels dans votre discipline. Ils vous permettront de mieux cibler les compétences à développer pour tous les élèves. Mieux encore, profitez des portes ouvertes ou des stages de découverte pour vous entretenir avec les collègues des lycées technologiques et professionnels de ce qui leur paraît nécessaire comme prérequis. Vous serez surpris ! À cette occasion, rencontrez aussi des élèves, peut-être même vos anciens élèves, et écoutez-les sur leurs réussites, leurs difficultés et les conseils prodigués pour leurs cadets.

Adaptez le niveau de maîtrise des compétences disciplinaires au projet de vos élèves : le programme ne suggère pas une maîtrise à 100 % des contenus et des savoirs (qui le pourrait ?). Vous pouvez développer des « contrats d'études » en fonction des finalités que vous fixez avec les élèves, par groupes. Un même objectif peut avoir trois niveaux de maîtrise, le niveau du Socle étant le premier. (Voir par exemple le chapitre 4 « Négocier des contrats d'études », page 90.)

Plutôt que de lutter pour toujours homogénéiser et jamais y arriver, participez à l'organisation de temps spécifiques pour les élèves qui semblent « largués » par trop de contenus ou qui deviennent intenables. Cela peut se faire par une gestion des groupes différenciés dans le cadre de votre propre enseignement, mais plus sûrement en vous appuyant sur un projet pédagogique de différenciation. Soit en organisant des groupes d'appropriation des savoirs, soit en prévoyant un dispositif d'aide individualisée à la demande, comme des équipes ont pu le faire sous le vocable « SOS maths » ou « SOS français ». Des enseignants sur des plages horaires identifiées sont à la disposition d'élèves qui viennent les consulter : aide à la compréhension, relecture de devoirs, méthodologie spécifique à une discipline. (Voir le chapitre 2 « Mettre en groupe », page 60.) La différenciation est une affaire d'équipe.

TERMINER LE PROGRAMME

Cela vous est déjà arrivé ou vous arrivera ; votre progression était trop serrée, les impondérables inhérents à la vie de l'établissement, la conduite d'un projet ambitieux, des obligations professionnelles (les examens par exemple), tous ces facteurs imprévisibles et toujours là ont grignoté le temps imparti au traitement du programme. On brûle un cierge à sainte Rita, patronne des causes désespérées, et on prend de bonnes résolutions.

> ***« Je ne parviens pas à terminer mon programme. Alors, comment faire ? »***

Vous n'avez pas fini le programme

L'année s'achève et vous n'avez pas pu terminer votre programme. Faites un bilan de l'année en trois points :

❑ Conservez précieusement votre carnet de bord de l'année en cours qui n'est autre que votre progression en temps réel, en ayant reporté ce qui est fait, les imprévus et ce qui n'a pas été traité, de sorte à opérer la régulation qui s'impose en matière de gestion du temps consacré à tel ou tel module d'enseignement, mais aussi en termes de priorités à accorder.

❑ Signalez à votre collègue qui prendra la classe l'an prochain qu'il lui faudra revenir sur un module pour faire le lien. Ce n'est pas forcément dans l'habitude de la profession, mais c'est une question d'honnêteté pour les élèves.

❑ Ce sera donc l'occasion de lui demander comment il a fait pour ce niveau et peut-être de suggérer d'en faire un thème prioritaire du futur conseil d'enseignement, une garantie collective pour la prochaine fois.

Des réflexes en début d'année

C'est la suite de l'épisode précédent : votre collègue n'a pas pu terminer son programme l'année précédente et c'est vous qui récupérez sa classe cette année. Adoptez, dès le début de l'année, les bons réflexes pour commencer sur des bases solides avec vos élèves.

> ***« Mon programme demande des prérequis que mes élèves visiblement ne possèdent pas. Que faire ? »***

❑ Dans la mesure du possible, enquérez-vous auprès des collègues de ce qui a été effectivement traité, de sorte à faire la part du déclaratif et du réel. On constate souvent des phénomènes de « désapprentissage » après les grandes vacances, preuve s'il en est que, même si le programme a été traité sur le cahier de textes (point de vue du prof), les compétences visées étaient encore très fragiles (point de vue des élèves). Elles seront à certifier en fin de cycle uniquement.

❑ Il n'est pas inutile non plus de faire un bilan de savoirs à partir du programme de l'an dernier, avant d'attaquer bille en tête les contenus de l'année. Une remobilisation de l'attention, des connaissances et des savoir-faire sur les deux premières semaines (à intégrer dans votre progression) vous permet d'apprécier le niveau de maîtrise de vos élèves et d'organiser pour vous une différenciation ajustée.

❑ Si le bilan s'avère chargé, pensez alors à organiser un dispositif souple et temporaire de « rattrapage » en groupes différenciés, ou de monitorat en classe, en associant un fort et un faible ; le cours s'effectue alors par alternance de temps d'apports, puis de travail en binôme.

COMMENT FAIRE AVEC UN PROGRAMME « FLOU » ?

Certains programmes de disciplines ne sont manifestement pas formatés comme d'autres : plus courts, moins développés sur des contenus listés, plutôt organisés sur des compétences terminales. C'est le cas par exemple du programme d'éducation artistique en cycle central de collège (disponible sur le site du CNDP).

Ce type de programme prend en compte de façon très explicite l'enjeu du cycle, encore insuffisamment investi à l'école et au collège ; dépassant une simple approche par savoirs et par contenus, il intègre la dimension temps d'apprentissage et laisse une réelle initiative à l'enseignant pour proposer des situations permettant à l'élève de « se frotter à la tâche ». Les savoirs sont mobilisés dans des situations variées qui vont permettre à l'élève d'opérer des transferts et finalement de se construire un sens. C'est une logique « curriculaire » plus que programmatique.

Ferme sur les objectifs terminaux, mais très souple sur les modalités, un tel programme reconnaît à l'enseignant sa capacité en ingénierie pédagogique pour établir une progression adaptée à ses propres conditions d'enseignement, à ses élèves en faisant jouer plusieurs compétences, qui ne seront validées qu'en fin de cycle. C'est bien le programme qui l'affirme ! Ceux du nouveau collège 2016 laissent une part importante de choix à l'expertise des équipes locales.

AUTOTEST : MENEZ UNE ENQUÊTE SUR LES CAHIERS DE TEXTES

Faites une étude comparée des manières de remplir le cahier de textes par disciplines ou dans votre école. On apprend beaucoup des règles respectées, des écarts pris avec le programme, des petits silences et des documents fournis. Très formateur pour construire « son » programme.

SOLUTIONS DU QUIZ

1. Technologie
2. Mathématiques
3. SVT
4. Sciences physiques
5. Technologie
6. Géographie

7. Musique
8. Arts plastiques
9. Allemand
10. EPS
11. Éducation civique
12. Sciences physiques
13. SVT
14. Sciences physiques
15. Éducation civique
16. Anglais
17. Lettres
18. Arts plastiques
19. Histoire géographie
20. Allemand

Notez votre score ici ....

CHAPITRE 14

Évaluer des travaux

Ce soir, vous tirez de votre cartable un paquet de copies d'un devoir sur table. C'est la quinzième fois du trimestre pour cette classe, l'avant dernière avant le conseil de classe. Votre carnet d'évaluation est presque rempli. L'objectif est atteint : la courbe de Saint-Gauss se dessine. Vous êtes un bon prof. Vous avez préparé une bassine de café car l'expérience vous a appris que le pensum représente trois heures de travail lancinant avec toujours une question sans réponse : « Mais à quoi je vois que cet élève a réussi ? » L'élève, de son côté, n'a pas la réponse.

LA FRÉQUENTE CONFUSION DES FONCTIONS DE L'ÉVALUATION

Le cas évoqué en introduction livre implicitement plusieurs objectifs de niveaux différents selon les acteurs en présence.

Pour l'enseignant :
– satisfaire une obligation de moyenne dans sa discipline sur un livret scolaire, en alignant assez de notes chiffrées sur son carnet dans un temps limité ;
– se conformer intuitivement à un modèle mathématique non scolaire (la distribution aléatoire de données suivant une courbe en cloche) devant restituer le classement des performances de ses élèves ;
– noter une production écrite comme significative de l'atteinte de compétences élaborées pendant les cours (de préférence), sans jamais communiquer avec ses collègues son analyse (voir le tableau ci-dessous).

Pour l'élève :
– répondre une fois de plus à l'exigence d'une évaluation sommative régulière ;
– décoder avec les moyens qui sont les siens les attentes trop implicites de l'exercice, de l'enseignant, de la discipline concernée ;

Pourcentage d'enseignants du premier cycle du secondaire qui déclarent ne jamais collaborer avec d'autres enseignants pour appliquer des barèmes communs pour évaluer les progrès des élèves

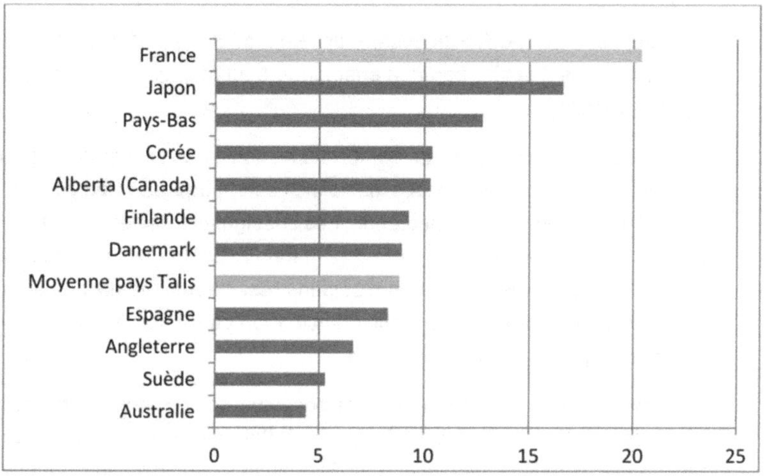

Source : TALIS, 2013

– tenter de pondérer un résultat qu'il ne maîtrise pas, vu l'addition, la multiplication et la division des notes, tempérées par des coefficients variés et secrets (véritable alchimie entre les mains de son enseignant préféré).

Interrogés par leurs enseignants, 119 élèves ont répondu à la question : « Les enseignants notent-ils de façon objective ? » Pour une proportion élevée (plus de la moitié), les notes seraient davantage le fruit de hasards heureux ou malheureux, voire de logiques obscures, que d'une analyse objective de la copie des élèves… À la question : « Pensez-vous que vos progrès sont suffisamment pris en compte dans l'évaluation ? », l'EPS semble se démarquer des autres disciplines où, encore une fois, plus des deux tiers des élèves estiment que leurs progrès ne sont pas suffisamment pris en compte. Manifestement, si « évaluer, c'est communiquer » (d'après Weiss), alors, il y a du travail !

Plusieurs questions de fond restent en suspens : faut-il tout noter ? Évaluer, est-ce (toujours) noter ? Pourquoi évaluer ? Qu'est-ce qu'évaluer ? Comment évaluer ?

▸ Quel évaluateur êtes-vous ?

Une étude de la DEPP (ministère de l'Éducation nationale) analyse les pratiques d'évaluation des enseignants au collège. Trois portraits types apparaissent :

• **Un premier groupe,** qui comprend la moitié des enseignants, principalement des professeurs des disciplines scientifiques : « Peu soucieux de différenciation ou de remédiation, ces enseignants décident seuls des modalités de l'évaluation, à partir des manuels. Leurs pratiques évaluatives, centrées sur les contenus disciplinaires, s'appuient sur des écrits de restitution, dans une démarche d'évaluation plutôt sommative, située en fin de séquences d'apprentissage. »

• **Un deuxième groupe** (38 % des enseignants), composé en majorité de professeurs de français, de langues et d'histoire-géographie. Ils ont une approche plus collective et plus diversifiée : « Appel à l'autonomie et à la créativité des élèves dans des tâches qui sollicitent des compétences transversales prises en compte dans les barèmes de notation ; élaboration des évaluations au fur et à mesure des séquences en fonction du niveau d'acquisition réel des élèves ; importance donnée à la correction, au repérage des erreurs, à l'implication des élèves dans cette phase ; utilisation des résultats des évaluations pour individualiser les apprentissages ; proposition de remédiations, réorganisation des contenus enseignés. »

• **Un troisième groupe,** le plus innovant, rassemble des professeurs d'EPS et d'arts plastiques. Ces enseignants placent l'évaluation en début de séquence, l'élaborent collectivement et pratiquent l'évaluation-diagnostic et l'évaluation formative.

Mais, selon l'étude, les pratiques seraient en pleine évolution et un tiers, voire la moitié des enseignants, repenseraient leur façon d'évaluer en observant les résultats des élèves.

L'enquête TALIS en 2013[1] détaille les pratiques les plus courantes et les met en regard des situations d'autres pays : l'enseignant, pour évaluer l'apprentissage de ses élèves, déclare fréquemment :

• Administrer un test élaboré par l'enseignant : **86 %** (moyenne TALIS : 68).

1. www.education.gouv.fr/cid80620/talis-2013-enseignant-en-france-un-metier-solitaire.html.

- **Observer ses élèves pendant qu'ils effectuent en classe une tâche particulière et leur apporter des commentaires sur leur travail : 78 % (moyenne TALIS : 80).**
- **Ajouter un commentaire écrit à la note chiffrée ou à l'appréciation des travaux de ses élèves : 74 % (moyenne TALIS : 55).**
- **Des élèves répondent à l'oral devant la classe : 57 % (moyenne TALIS : 49).**
- **Laisser ses élèves évaluer eux-mêmes leurs progrès : 17 % (moyenne TALIS : 38).**
- **Administrer un test standardisé : 8 % (moyenne TALIS : 38).**

ÉVALUER, C'EST D'ABORD SE POSER LA QUESTION « COMMENT ON ENSEIGNE ? »

L'acte d'évaluation est consubstantiel de l'activité de l'enseignement. Comment passer d'une logique « évaluer des apprentissages » à une autre plus efficiente « évaluer pour les apprentissages » ? Évaluer, c'est enseigner ? Pas sûr que les deux sens se valent. La question nous renvoie immanquablement au « complexe de l'origine », à savoir, l'objet même de l'évaluation.

Définir la fonction de l'évaluation

> *“On me dit d'évaluer mes élèves ; j'improvise car je n'ai jamais appris à le faire.”*

Si les pratiques s'imposent aux enseignants, jeunes et moins jeunes, par reproduction d'expériences (subies ?), par routine, par formation sur le tas, il est très rare que le sens de l'acte soit remis en questionnement. On peut s'appuyer sur la définition proposée par Stufflebeam[1] assez large pour englober toute pratique : « *processus [1] par lequel on définit [2], obtient [3] et fournit [4] des informations [5] utiles [6] permettant de juger les décisions possibles [7]* » :

[1] processus = activité continue
[2] on définit = identifier les informations pertinentes
[3] on obtient = collecter, analyser, mesurer des données

1. D. I. Stufflebeam, *L'Évaluation en éducation et la prise de décision*, NHP, Ottawa, 1980.

[4] on fournit = communiquer ces données
[5] des informations = faits à interpréter
[6] informations utiles = qui satisfont aux critères de pertinence
[7] décisions possibles = actions d'enseignement, d'orientation, etc.
Rien n'est dit sur la façon de noter ou d'effectuer des calculs de moyennes. Il s'agit d'extraire de la valeur d'un acte, d'un travail, au regard de décisions : à ce titre, l'évaluation est ou doit être finalisée.

Les cinq fonctions reconnues de l'évaluation

Classiquement, on attribue cinq fonctions à l'évaluation :
– une fonction **diagnostique** : analyse des situations, des besoins, des profils et prérequis d'élèves ;
– une fonction **pronostique** : élaboration d'un projet, test initial ;
– une fonction **formative**-formatrice : accompagnement de l'apprentissage, remédiation ;
– une fonction **sommative**-certificative : bilan, jugement, décision par tests terminaux, diplômes ;
– une fonction d'**orientation** : liaison études-emploi, conseil de classe.

Avant de prendre de suite votre stylo rouge, repérez au préalable la fonction que vous assignez à l'évaluation que vous allez mettre en œuvre. Assurément, la fonction sommative ne doit être réservée qu'à des évaluations terminales de modules, de séquences. Ce n'est pas parce que les carnets de notes édités par des fabricants de papier comportent douze colonnes que toutes doivent être remplies à l'issue du trimestre.

Éviter la confusion des genres

« J'ai essayé d'utiliser une grille formative étudiée en stage, mais cela a été très long et pas satisfaisant. »

L'analyse des pratiques de l'évaluation dans un établissement et leur confrontation amènent quelques discordances importantes. Les évaluations diagnostiques, à l'entrée en CE2 et en sixième, ont généré parfois des dérives dues à une fascination pour l'outillage informatique, quand les résultats mal interprétés (de fait, l'analyse est complexe) n'étaient pas assez corrélés avec des observations plus fines issues d'entretiens ou de connaissances relatives au rapport de l'élève à l'école, son environnement familial, son histoire scolaire.

En outre, l'exploitation des résultats a fait très souvent défaut. (Sur les évaluations nationales, voir le chapitre 19 « Analyser les ressources des élèves », page 345.) Si elles sont programmées pour revenir, ces évaluations seront à vocation locale, de diagnostic et de différenciation.

TROP DE SOMMATIF SATURE L'ÉVALUATION

Dans la pratique, l'évaluation sommative a contaminé tout rapport entre enseignant et élèves. Le principal d'un collège de moyenne importance avait calculé le nombre approximatif de notes chiffrées délivrées au cours d'une année scolaire : sur les seuls bulletins trimestriels, près de 18 000 notes, mais rapporté aux nombres de notes dans les disciplines, **près de 90 000 notes**. Pratiquement, l'équipe a passé plus de temps à « noter » qu'à faire apprendre et elle ne savait pas soutenir les élèves.

> ***" J'ai pris l'habitude de tout noter ; pourtant je sens bien que j'ai du mal à bien cerner les difficultés de mes élèves. "***

La « fabrication industrielle » de la notation pose cependant aujourd'hui problème[1] :

– Qui pourrait dire à quelles compétences renvoie une note de 8,74/20 ? (voir le chapitre 27 « Définir des objectifs ».). Qu'est-ce que cette « dictature invraisemblable de la moyenne », selon les termes du rapport de Roger-François Gauthier, IGAEN, qui réduit considérablement la précision de l'analyse des acquis et des manques ?

– Pour stabiliser une note en français, il faudrait 147 évaluateurs, et 54 en mathématiques !

– Comment expliquer que toute classe se répartisse sous le joug de l'évaluation répétée, en trois catégories distinctes et hiérarchisées ? Serait-ce une nouvelle « loi naturelle » dont l'École serait le berceau ? André Antibi dénonce cette « constance macabre »[2], véritable pratique solitaire et récurrente de l'enseignant.

1. Voir les apports de Pierre Merle et de Jean-Marc Monteil, lors de la conférence nationale sur l'évaluation, en décembre 2014, en vidéo sur www.conference-evaluation-des-eleves.education.gouv.fr/consultez-les-expertises.

2. Voir l'analyse et les propositions de résolutions d'André Antibi sur http://mclcm.free.fr/, en complément des pages de Jacques Nimier consacrées à l'évaluation http://www.pedagopsy.eu/dossier_evaluation.htm.

► Est-ce évaluer ?

La courbe de Gauss n'est pas le modèle idéal de répartition des notes sur une classe de 30 élèves. Elle s'applique uniquement à la répartition aléatoire pour des grands nombres de même consistance. Tout sauf des copies d'élèves !

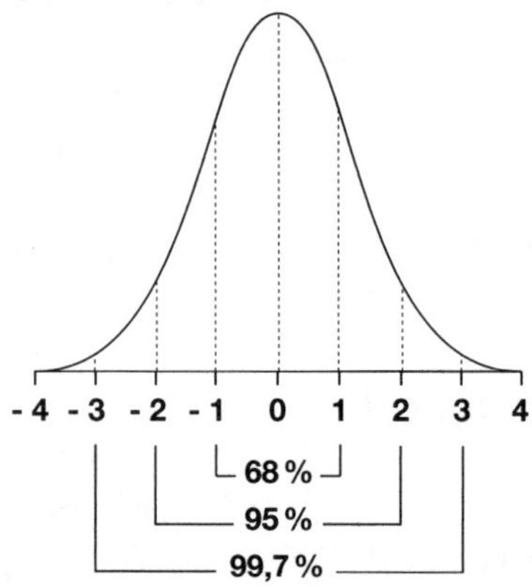

Il s'agit de faire en sorte que l'évaluation devienne objet de réflexion partagée, collective, plus harmonisée, plus stabilisée : qu'elle devienne une activité elle-même régulée ! L'approche par tableaux de compétences proposée par le socle commun en primaire et au collège constitue de ce point de vue un progrès notable et imparfait par défaut de pragmatisme.

Les expériences tentées en matière d'évaluation ou d'autoévaluation avec indications des critères saturent le travail de l'enseignant et des élèves parfois inutilement. Certaines grilles rassemblent plus de vingt critères pour une seule situation. Rien ne garantit que les élèves peuvent s'approprier une telle *check-list* élaborée par leur professeur. Cette dérive maximaliste, dans un souci de perfectionnisme louable, s'applique à tous les élèves. De plus, ces tentatives de clarification de l'évaluation ne parviennent pas à compenser des pratiques sommatives toujours trop présentes. Les deux pratiques ont des objectifs différents et, confondus, génèrent des effets délétères pour les élèves.

Le débat ne porte pas sur la suppression de toute note et de toute « sommation » évaluatoire, mais sur le fait de réguler son usage pour permettre à tous les élèves de progresser. Les acquis de la recherche internationale[1] sont à cet égard d'une aide précieuse quand, en France, les positions restent sur ces questions trop tranchées. On parvient mieux à définir ce qui nuit à l'évaluation sommative : par exemple, une approche trop mécanique et le recours à des grilles standardisées, des tâches trop étroitement spécifiées et un contrôle trop strict, l'absence d'une procédure et d'étapes clairement définies, ou encore l'incompréhension des critères d'évaluation par les élèves.

Les pratiques ne satisfont pas grand monde, mais l'argument « ils réclament des notes » a du mal à tenir, quand on en mesure les effets ; les notes peuvent motiver… pour obtenir la moyenne. Les élèves développent des stratégies d'opportunisme au mieux[2], de détournement au pire (cf. les tricheries au bac et le commerce de devoirs dans certains établissements). Apprendre suggère confiance, réassurance et mobilisation de toutes ses ressources personnelles et collectives et ne peut se faire qu'en différant explicitement le regard de contrôle et la note. La saturation notatoire renvoie aussi à une ambiance de compétition qu'on a du mal à justifier dans l'école obligatoire et même dans les différents lycées.

AMÉLIORER L'ÉVALUATION SOMMATIVE : VARIER ET DIFFÉRER

La même étude identifie tout aussi clairement ce qui peut améliorer les pratiques sommatives : on cite par exemple la prise en compte des niveaux à atteindre par les élèves, une meilleure formation des enseignants en matière d'évaluation, et la coopération des enseignants dans l'établissement. Déprivatiser les pratiques et faire de l'évaluation un objet de travail collectif et partagé ont donc des effets… sur les résultats des élèves (voir le chapitre 6 « travailler en équipe »).

Pour mieux communiquer sur son évaluation, quelques conseils

• Préférez des démarches et des supports élaborés avec les élèves : le temps de construction de quelques critères de réussite ou d'une cible d'évaluation, par exemple, est un temps d'appropriation qui garantit plus certainement leur propre capacité à l'utiliser en autonomie ; plus simple, plus pragmatique,

1. D'après Harlen, *The evidence for Policy and Practice information,* EPPI-Centre social Sciences Research Unit, Institute of Education, London, 2004.
2. Voir les effets décrits dans F. Butera, C. Buchs, C. Darnon, *L'évaluation une menace ?,* Puf, 2011.

peut-être moins « savante », ce sera plus efficace. L'outil pourra être réinvesti en phase finale comme grille de rapport du travail effectué.

• Une approche plus technique, par un support avec quelques indicateurs de réussite, est sans doute plus utile en groupe restreint pour des élèves en découverte ou en difficulté devant une tâche nouvelle. Tous les élèves n'en ont pas forcément besoin.

• Trouvez des alternatives à la note sur 20 réservée au « sommatif », au risque de la confusion des genres et du brouillage du message pour les élèves rendus alors dépendants. Voici, par exemple, neuf modalités pour évaluer des travaux d'élèves :

❏ Appréciation du travail selon le niveau de maîtrise constatée par symboles (*smileys*), par couleurs, par codes.
❏ Appréciation par cible critériée : chaque branche correspond à un élément de l'appréciation, avec trois niveaux de réussite[1].
❏ Bilan personnalisé : trois points forts, trois difficultés rencontrées, trois pistes pour aller plus loin, une appréciation d'ensemble du travail.
❏ Appréciation concentrée sur un élément partiel, volontairement pris en considération (compétence, éléments de connaissances, savoir-faire).
❏ Synthèse de notes partielles établies pour les différentes parties d'une même copie ou prestation ou dossier, selon des critères explicités (par exemple : compréhension du sujet, logique, pertinence du plan, clarté du style, argumentation, qualité des références, originalité, travail, exactitude des opérations ou calculs, raisonnement, valeur des graphiques ou schémas, intérêt des exemples présentés, écriture, orthographe, présentation, concision, précision, complétude, habilité, communicabilité).
❏ Notation traduisant le pourcentage de réponses exactes à un QCM ou autre forme de questionnaires brefs.
❏ Rectification d'une note d'autoévaluation (proposée par un individu), d'une note donnée en coévaluation (proposée par un groupe).
❏ Notation valorisant la conscience du degré d'exactitude des réponses données par une personne.
❏ Notation en fonction d'un barème élaboré en négociation avec les élèves ou apprenants à partir d'un tableau de critères.

1. Voir quelques exemples sur le site : francois.muller.free.fr/diversifier/index.htm, tapez « Cible ».

• Reportez les moments d'évaluation sommative en toute fin des grandes séquences ou modules, c'est-à-dire quand des apprentissages sont assez constitués et travaillés en classe. Pourquoi pas une seule notation par trimestre du moment que vous assurez la régulation des compétences durant le reste du temps ? C'est bien ainsi que les enseignants d'EPS font à la fin de chaque cycle d'activité. Ainsi, la démarche d'évaluation devient très formative et plus efficace quand on procède alors au bilan sommatif. En témoignent les résultats et la distribution des notes : on évite la courbe en forme de L, on oublie la courbe en cloche (Gauss), on évolue vers une courbe en forme de J (voir graphique).

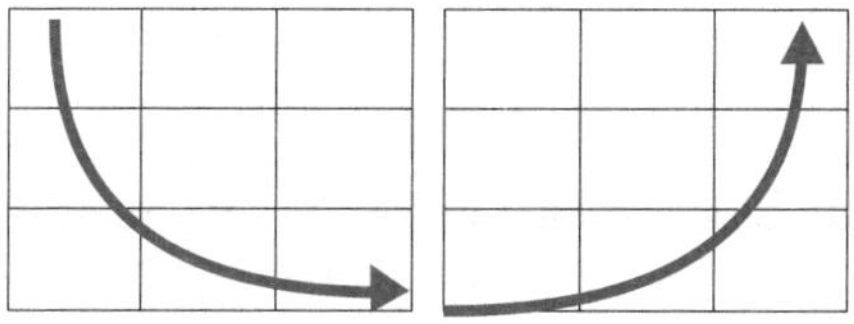

CONNAÎTRE LES PIÈGES DE L'ÉVALUATION

« J'ai du mal à stabiliser ma manière d'évaluer les copies des élèves. »

Faisons-nous toujours ce que nous disons en matière d'évaluation ? La rationalité apparente et affirmée de l'évaluation dans ses formes et ses outils, recèle des pièges que les études en docimologie se sont attaché à dépister. Humain, trop humain !

Ainsi, face à un paquet de copies, vous pourrez être trompé par quelques effets. Il peut exister d'autres effets : de récentes études ont montré quelques pratiques inégalitaires en rapport avec le sexe de l'élève et la discipline. À copie égale, en lettres ou en maths, la notation finale ne sera pas exactement la même.

Voici cinq conseils pour s'efforcer de déjouer les pièges de l'évaluation.

❑ Ayez présent à l'esprit ces effets toujours possibles (voir l'encadré page suivante) ; on conduit mieux quand on connaît la route et ses obstacles, et son code !

❑ En même temps que vous concevez l'évaluation, constituez-vous le barème de notation, c'est-à-dire ce que vous allez explicitement évaluer : des connaissances, rien que des connaissances ? Mais aussi, la gestion du temps par l'élève, la lisibilité du travail, l'explicitation de la démarche, la correction orthographique. Tout n'est pas à placer sur le même plan. Et faites connaître

CONTRÔLEUR

votre choix aux élèves en le mentionnant sur le support ou par un système de codage ingénieux.

❏ En cours de correction, n'hésitez pas à revenir en arrière ; marquez une pause pour vous-même.

❏ Envisagez de corriger des copies de manière transversale, en analysant d'abord un item, un critère dans chaque copie, et ainsi de suite.

❏ Réduisez le nombre d'évaluations sommatives de sorte à y consacrer suffisamment d'attention et de valeur, pour vous comme pour l'élève. Et réduisez votre énergie dans des interactions plus nombreuses et plus informelles avec vos élèves ; la régulation sera d'autant plus efficace.

Les effets de l'évaluation, identifiés par la docimologie

Effet de fatigue ou d'ennui	**Effet de halo**	**Effet de relativisation**
Peut engendrer laxisme ou sur-sévérité	Le professeur, influencé par des caractéristiques de présentation (soin, écriture, orthographe) surestime ou sous-estime la note.	Plutôt que de juger intrinsèquement d'un travail, les professeurs jugent ce dernier selon les travaux dans lesquels il est inséré.
Effet de contamination	**Effet de tendance centrale**	**Effet de l'ordre de correction**
Les notes attribuées successivement aux différents aspects d'un même travail s'influencent mutuellement.	Par crainte de surévaluer ou de sous-évaluer un élève, le professeur groupe ses appréciations vers le centre de l'échelle. Un travail moyen paraîtra bon s'il suit un travail médiocre.	Devant un nouveau travail ou un nouveau candidat à évaluer, un juge peut se laisser influencer par la qualité du candidat précédent.
Effet de stéréotypie	**Effet de flou**	**Effet de trop grande indulgence et de trop grande sévérité**
Le professeur maintient un jugement immuable sur la performance d'un élève, quelles que soient ses variations effectives.	Les objectifs poursuivis et les critères de notation ne sont pas toujours définis avec précision.	Certains juges sont systématiquement trop indulgents ou trop sévères dans toutes leurs évaluations.

ÉVALUER « AUTREMENT » ?

On ne peut déconstruire un système coutumier mais déréglé, en laissant des enseignants, jeunes ou moins jeunes, sans aucune autre alternative. Les pratiques contemporaines émergent en France et retrouvent par intuition ou par formation (jamais suffisantes dans ce domaine) les acquis de la recherche en la matière.

Plusieurs centaines d'équipes, en collège ou en lycée, se sont lancées dans l'aventure en s'appuyant sur leurs élèves qui, en primaire, ont commencé avec le « socle » et l'évaluation par compétences. Par exemple, au collège Jean-Moulin (Montceau-les-Mines), au collège Le Petit-Prétan (Givry), ou au lycée Hippolyte-Fontaine (Dijon), les enseignants testent des classes dites « sans notes », avec évaluation par compétences. À l'heure de la généralisation de l'évaluation par compétences et de la validation du socle commun, les expériences conduites avant la mise en place de ce cadre constituent une ressource pour les équipes : effets sur les apprentissages et les pratiques pédagogiques, sur l'autonomie des élèves, évolution des perceptions, implication des différents acteurs, communication à l'intention des parents (avec création et adaptation constante d'outils et supports tels le bulletin scolaire), partage des expériences et formes de mutualisation possible entre établissements.

Toutes ont en commun de retrouver collectivement les conclusions du rapport de l'IGEN (Inspection générale de l'Éducation nationale) de 2005[1] sur les acquis des élèves : « Si l'on constate que, dans leur très grande majorité, les enseignants sont capables d'évaluer précisément les capacités et le niveau de chacun de leurs élèves, ils ont souvent du mal à traduire cette appréciation de manière fine en termes d'acquis, à l'expliciter et à la faire remonter vers la communauté éducative comme à la faire redescendre à l'élève et à sa famille. La conversion de toute évaluation en note et, dans certains établissements, le compactage en "note moyenne" par discipline sur le bulletin trimestriel de toutes les notes obtenues par l'élève au cours du trimestre… réduisent considérablement la précision de l'analyse des acquis et des manques. »

Après débats, enquêtes sur d'autres terrains et partages d'expériences, les équipes décident de « proscrire tout calcul de moyenne entre notes à statut différent, afin que le recentrage sur les acquis des élèves soit clair à l'ensemble

1. *Les acquis des élèves, pierre de touche de la valeur de l'école ?*, rapport de l'IGEN, juillet 2005 (ftp://trf.education.gouv.fr/pub/edutel/syst/igen/acquis_des_eleves.pdf).

des acteurs. Substituer aux divers bulletins trimestriels et dossiers à constituer pour chaque examen ou inscription un livret scolaire unique, se constituant tout au long de la scolarité et portant sur l'atteinte des acquis prévus par les programmes (et non sur la personne) ; un outil qui sera aussi bien celui de l'élève que celui de l'institution ». Cela permettra de suivre l'acquisition des compétences de chaque élève et d'informer les familles des points à consolider ou à acquérir. Il s'agit d' « informer et responsabiliser les élèves. Valoriser leurs essais en donnant à l'erreur son juste statut. Favoriser l'autoévaluation grâce à l'explicitation des objectifs et à la fourniture d'outils. Guider les élèves dans la constitution d'un portfolio individuel rassemblant au cours de la scolarité les traces des productions les plus remarquables ». (*Ibid.*)

Évaluer « pour » les apprentissages, un dispositif qui a fait ses preuves

On passe d'une organisation classique d'évaluation des apprentissages à une « évaluation pour les apprentissages[1] », caractérisée par les quelques principes qui suivent.

1. Impliquer les élèves dans leur apprentissage : les leçons sont mieux adaptées quand les enseignants partagent des objectifs avec leurs élèves. On peut, par exemple, expliquer clairement les motifs de la leçon et de l'activité, partager les critères d'évaluation avec les élèves, les aider à comprendre ce qu'ils ont réussi et ce dont ils ont besoin pour progresser ou encore leur montrer comment utiliser les critères d'évaluation pour évaluer leur propre apprentissage.

2. Ajuster l'enseignement pour prendre en compte l'évaluation : au-delà d'une langue formelle et très scolaire empruntée pour décrire les critères, les enseignants gagneraient à montrer aux élèves des exemples de réalisations réussies

1. Voir Florence Castincaud et Jean-Michel Zakhartchouk, *L'évaluation, plus juste et plus efficace : comment faire ?*, coll. « Repères pour agir », CANOPE CRDP d'Amiens – CRAP-Cahiers pédagogiques, 2014. Voir également les contributions du colloque INRP en 2009 sur http://ife.ens-lyon.fr/formationformateurs/catalogue-des-formations/formations-2008-2009/de-l2019evaluation-desapprentissages-a-l2019evaluation-pour-les-apprentissages/de-l2019evaluation-desapprentissages-a-l2019evaluation-pour-les-apprentissages-culture-de-l2019evaluation-et-developpement-professionnel-des-enseignants, et notamment la note de la VST, Rey Olivier, Feyfant Annie (2014). Évaluer pour (mieux) faire apprendre. Dossier de veille de l'IFE, n° 94, septembre http://ife.ens-lyon.fr/vst/DA-Veille/94-septembre-2014.pdf en corrélation avec le volume *Évaluer à l'heure des compétences*, Cahiers pédagogiques, n° 491. Et les conclusions du rapport, www.oecd.org/dataoecd/7/35/40604126.pdf.

pour qu'ils voient les objectifs « en vrai ». Face à ces exemples de travaux réussis, les élèves pourront ainsi développer des compétences réflexives et prendre part activement au processus d'évaluation. En complément, on peut les encourager à écouter l'ensemble des réponses aux questions posées ou à corriger les travaux anonymes d'élèves n'ayant pas réussi à satisfaire aux critères d'évaluation et en discuter ; ou encore utiliser des exemples de travaux d'élèves qui mettent en évidence différentes façons de progresser.

3. Produire un retour d'information efficace *(feedback)* pour les élèves : les enseignants développent de bonnes relations avec les élèves dans un climat de confiance mutuelle quand le *feedback* se fait à plusieurs niveaux, et suivant des modalités variées, formelles ou informelles. Cela implique de laisser du temps pour les échanges entre élèves afin qu'ils réfléchissent mieux sur les objectifs d'apprentissage. Ce sont des mots, parfois des gestes, qui signifient par exemple que les élèves sont sur la bonne voie. Le *feedback* stimule la correction d'erreurs et permet de donner aux élèves toute l'aide dont ils ont besoin dans l'usage des savoirs. Ceux-ci ne doivent pas obtenir la solution définitive avant d'avoir réfléchi par eux-mêmes ; le but est de les aider à envisager d'autres solutions alternatives plutôt que de se limiter à la répétition des explications par l'enseignant.

4. Développer l'autoévaluation et l'évaluation par les pairs : pour que les élèves apprennent, ils doivent identifier leurs écarts de réussite. Ils doivent être capables de travailler ces écarts et d'identifier les stratégies leur permettant de les réduire. Il convient alors de permettre aux élèves de réfléchir à leur propre travail, d'avoir le temps suffisant pour travailler sur leurs difficultés, de savoir qu'il est possible d'envisager différentes solutions avant d'opter pour un mode d'action particulier.

Ce dispositif de travail de soutien aux apprentissages dépasse de loin la simple évaluation ; il s'agit explicitement d'un accompagnement intense et quotidien au travail de tous les élèves, en coopération. Les progrès et la réussite de chacun tiennent à cette dimension collective propre à l'école. C'est donc vrai à l'échelle d'une classe, c'est tout aussi probant pour les enseignants à l'échelle d'un établissement.

Bonus Web ☛ Évaluer pour les apprentissages, ça marche ! Un prezi en ligne vous propose un parcours libre de 200 pages, vidéos et ressources nationales et internationales, détaillant chacun des quatre domaines. Sur https://prezi.com/fbn4fsgi1qys/evaluer-pour-les-apprentissages-ca-marche/.

ÉVALUER DES COMPÉTENCES : TOUT UN ÉTABLISSEMENT !

« Pour moi, l'acquisition de compétences est l'essentiel ; la notation trimestrielle me semble inadaptée. »

Confrontées aux dérives et aux paradoxes de l'évaluation scolaire traditionnelle, nombre d'équipes se sont lancées dans des modalités alternatives plus satisfaisantes : au collège Jean-Rostand, à Saint-Chamond, le décrochage scolaire est, par exemple, le résultat d'un rejet culturel de l'école, envisagée comme le lieu de l'échec personnel dans la construction de son devenir social. Toutes les classes de sixième sont prises en charge par un système de notation tourné vers une évaluation positive. On retrouve ce même mouvement au collège Aigremont, à Roulans. Dans chaque discipline, l'enseignant établit une grille des compétences à acquérir (tableau de bord) et les décline à chaque séquence. L'acquisition de ces dernières est mesurée lors d'évaluations basées sur un système de couleurs définissant quatre niveaux d'acquisition.

Et cela fonctionne : de l'avis des équipes elles-mêmes, volontaires, mais aussi souvent accompagnées, l'évaluation par compétences permet « de mieux pointer les difficultés des élèves. Ils savent où ils doivent progresser ». Mais « il n'y a pas de miracle. Certains élèves sont devenus très autonomes. La classe est plus motivée. Mais l'école ne peut pas résoudre tous les problèmes ».

Passer d'une évaluation par compétences à une notation sur 20

L'approche par compétence répond à quelques principes de base :

– **Les résultats ne se compensent pas entre eux** ; il ne peut donc y être question de moyenne ou encore de moyenne de moyennes.

– **Une compétence s'illustre par des actes, des gestes, une production** parfois, et elle est « reconnue » par d'autres que l'enseignant lui-même ; elle n'est pas générique.

– **Une compétence est graduée en niveaux de maîtrise.** Ainsi, le socle commun pourrait être le premier niveau de maîtrise de compétences, qui seraient développées plus tard, au lycée ou dans la vie sociale et professionnelle. L'expertise étant le dernier niveau (et donc, pas celui du lycée !).

« Dans mon établissement, on classe les élèves à la décimale près, on passe quasiment sous silence les appréciations. »

Ces dispositifs parfois « innovants » se voient rattrapés par l'obligation d'une évaluation sommative exprimée en notes sur les bulletins. Par nécessité, dans une classe à examen en troisième ou au lycée, ou parce qu'on n'envisage pas encore d'aller jusqu'au bout de la démarche. Un problème classique qui a pu freiner les expériences alternatives était de faire coexister, ou mieux, de rendre compatibles une approche par compétences rendant compte du travail et des progrès effectifs de l'élève, et l'obligation trimestrielle de reporter un travail sur le bulletin scolaire. C'est un peu comme vouloir jouer dans le même temps et en un même lieu avec du Lego et du Kapla ; tous deux sont des systèmes éprouvés en matière de construction, mais incompatibles entre eux.

Certains professeurs ingénieux trouvent parfois une parade : la transcription en note sur 20 (celle qui figure sur le bulletin trimestriel) s'effectue grâce à un « convertisseur » paramétré par les enseignants et qui permet de transformer le nombre de compétences de chaque élève en note sur 20 ; le convertisseur utilisé étant le même pour tous les enseignants d'un même niveau. Vincent Obaton[1] met à notre disposition un logiciel libre permettant de créer nos propres groupes et de paramétrer les compétences à évaluer. Ces solutions intermédiaires témoignent d'une transition rugueuse entre deux systèmes : il ne pourra en être ainsi bien longtemps.

La communication de l'évaluation, l'avis des parents

Guy Stiévenard, inspecteur d'académie en Charentes, impliqué dans l'accompagnement de ce changement, indique que sur les neuf établissements concernés un seul problème sérieux s'est posé dans un collège où une association de parents d'élèves réclamait des notes. « Ils voulaient être certains de pouvoir apprécier le niveau de leur enfant. » Le classeur référentiel est plus difficile à décrypter que la traditionnelle moyenne d'un bulletin classique. On retrouve cette inertie, inattendue, dans l'expérimentation de l'académie de Besançon en 2011 où une enquête auprès des élèves et des parents mentionne ce souci.

L'évaluation des travaux s'inscrit dans le registre de la communication sur la valeur ; ce qu'en attendent plus de la moitié des parents, c'est un message suffisamment clair pour pouvoir positionner leur enfant dans le parcours de formation et en rapport avec ses pairs. Le dire par les notes peut

1. Inscription en ligne et téléchargement possible sur www.ac-grenoble.fr/college/chambery.cote-rousse/evaluer/.

sembler plus aisé, ce n'est pourtant pas forcément le plus exact en termes scolaires et le plus juste socialement parlant.

En peu d'années, l'évaluation a franchi insensiblement quelques frontières. D'une pratique intime partagée entre l'enseignant et ses élèves à des dispositifs collectifs, validés par l'établissement et suivis par les parents. La tendance est durable, pour quelques années sans doute.

Et les devoirs à la maison, on les note ?

Les travaux donnés aux élèves à compléter à la maison, ou encore à réaliser de bout en bout, quand les cours ne sont que... des cours et non plus du travail effectif de l'élève, connaissent des avis partagés de la part des élèves, des familles et de la recherche. Les devoirs à la maison connaissent une inflation préoccupante et à présent dénoncée.

Selon une étude demandée par le HCEE (Haut Conseil de l'évaluation de l'école) en 2005, la pratique est massive : 68 % des élèves consacrent plus d'une heure par jour aux devoirs à la maison ; entre six et onze heures hebdomadaires pour les devoirs en sixième et de dix à vingt heures en lycée. Le temps moyen dépend de l'image que les enseignants se font de leurs élèves. Ainsi une étude du NCES (National Center for Education Statistics) américain a pu établir que plus le pourcentage de « noirs » ou « d'hispaniques » (catégories légales aux États-Unis) est important dans une classe, plus les enseignants donnent de devoirs à la maison. En France, plus une classe sera jugée faible, plus les enfants emporteront de travail.

Les dernières études[1] en la matière en montrent non seulement la relative inutilité en matière d'acquisitions scolaires mais, qui plus est, l'accentuation des différences socio-économiques et des inégalités familiales. On note finalement non la connaissance et la compétence de l'élève, mais la capacité d'une famille, et souvent de la mère de famille, à accompagner voire à se substituer au travail de son enfant. Les connivences culturelles et sociologiques entre univers de référence des enseignants et des familles jouent pleinement dans ce domaine. Les attitudes sont ambivalentes ; un enseignant qui ne donne pas (assez) de devoirs suscitera des questions quant à son sérieux ; ce trait est devenu un indice quand la communication n'est pas de mise entre école et familles.

1. Par exemple, P. Rayou, dir., *Faire ses devoirs*, Presses Universitaires de Rennes, 2008.

Cette situation évolue sans doute sous les coups de l'Internet : le copier-coller des travaux, repéré à présent facilement par des logiciels dédiés ou plus simplement en « googlisant » le texte, les échanges de mails et les réseaux sociaux renouvellent le questionnement sur la pertinence non tant des devoirs mais de leurs formes et leurs consignes. Quel sens y a-t-il à noter ce qui est partagé et produit par autrui ? Quelle est finalement la compétence visée ? Quel serait alors le travail original qui attesterait de l'effectivité et de l'engagement d'un élève dans son apprentissage ? Les réponses sont à construire, ensemble, dans la tendance des « classes inversées » où l'apprentissage effectif est réservé au temps de la classe et la découverte des connaissances ailleurs (voir le chapitre 11).

L'EXPRESSION FINALE DE L'ÉVALUATION, LE BULLETIN

Le bulletin trimestriel, son organisation symbolique (confirmée par sa traduction numérique), compilant notes, moyennes, moyenne de classe et appréciations, est un genre en lui-même. Il dispose de ses codes propres et de pratiques pourtant souvent irréfléchies.

Néanmoins, il demeure important aux yeux des élèves, comme le signalent Jean-Marie de Ketele et Geneviève Freres[1] : « L'image que l'élève a de lui-même est fortement déterminée par l'image que lui renvoie son enseignant. L'élève a besoin de se doter d'une image positive pour évoluer mais celle-ci ne peut être invalidée par des appréciations qui seraient contradictoires avec les résultats obtenus, d'où l'importance, pour l'enseignant, de mettre en évidence les points positifs et les aspects sur lesquels on va travailler pour faire évoluer les choses. Ce qui est essentiel, c'est que l'élève puisse découvrir ses qualités et ses potentialités pour réussir ou renouer avec la réussite. »

CONTRÔLEUR

Rédiger l'appréciation : formalité administrative ou exigence professionnelle ?

“Vu l'espace sur le bulletin, mes appréciations sont très laconiques.”

Évaluer les travaux des élèves est loin de se limiter à la simple note ; l'appréciation

1. *Cahiers du GIRSEF*, Univ. Louvain, n° 74, 2009, http://www.uclouvain.be/cps/ucl/doc/girsef/documents/cahier74_De_Ketele_corr_2.pdf.

portée sur les copies et les bulletins trimestriels est déterminante pour en extraire la valeur, c'est le propre d'une évaluation. La lecture attentive des bulletins trimestriels pour une classe ou pour un élève est férocement révélatrice ; et on peut comprendre le désarroi si ce n'est l'angoisse de l'élève, et de ses parents, devant un document si peu clair dans sa formulation, ses objectifs, ses raccourcis, ses silences. Par exemple :

– *« Majid apprend bien ses leçons. Mais il est terriblement distrait. Il oublie son ouvrage de maths, ses chaussures de gym et parfois sa tête. »*

– *« Bonne application. Kevin fait des efforts. Qu'il continue ! »*

– *« Ne connaît pas ses temps primitifs. Quid du vocabulaire de la semaine dernière ? »*

– *« Attention aux commentaires pour faire rire. »*

– *« Merci pour ta belle énergie dans le travail d'improvisation et dans les coups durs. »*

– *« Le calcul des intégrales reste un problème. Faudrait s'améliorer. »*

On oscille entre le pur constat, l'invitation vague, la menace ou le panégyrique. Les informations portent souvent sur un diagnostic des difficultés, tous ordres confondus (psychologie, comportement, méthodes...). Le destinataire est tour à tour : l'administration, l'élève, les parents. On peine à extraire la valeur du travail effectué, les compétences atteintes par l'élève, et les moyens de l'améliorer. Le parasitage de l'information donnée est constant dans ce domaine. La plus grande prudence est de mise, cela devient même une exigence professionnelle, à travailler dès la formation initiale et régulée dans une équipe ; le faites-vous ?

Comment sont reçues les appréciations ?

Une enquête, menée auprès d'élèves et de parents et portant sur une liste de 1 000 appréciations extraites de bulletins d'élèves de fin du secondaire[1], donne un éclairage particulier à la question : les élèves comme les parents attendent en priorité des informations précises, claires, personnelles, justes et vraies, rejetant les formules « banales et insipides » pouvant s'appliquer à toute la classe.

1. *Les Appréciations scolaires. Ce que cachent les mots,* 1996, CRDP de Franche-Comté, Montbéliard, lycée Le Grand-Chênois.
Voir surtout sur le site de l'inspection académique de la Sarthe le dossier consacré au conseil de classe : http://www.ia72.ac-nantes.fr/ (tapez : « changer le conseil de classe »).

▸ Sept conseils pour remplir les bulletins

Nous vous proposons sept conseils pour remplir les bulletins scolaires :

1. Impliquez-vous dans le message transmis : privilégiez le « je ».

2. Précisez au besoin le destinataire (élève ou parent) des différentes informations transmises.

3. Rédigez des phrases complètes.

4. Privilégiez les verbes d'action.

5. Contextualisez : les compléments d'objets et les compléments circonstanciels.

6. Préférez plutôt le futur et le conditionnel.

7. Évitez les termes ambigus ou neutres.

On peut proposer aussi la technique du « hamburger » : d'abord, signaler ce qui est réussi ou acquis, repérer la difficulté, puis rappeler ce qu'il faut atteindre ; enfin, formuler un conseil pour y parvenir.

L'étude des mots contenus dans les appréciations distingue quelques thèmes dominants, à savoir, par ordre décroissant d'importance : le travail, envisagé tant sous l'aspect quantitatif que qualitatif ; l'élève (sa personne, ses capacités, son attitude…) ; la participation ; et les résultats, en fin de classement seulement.

Parmi les mots utilisés, les termes à connotation positive sont majoritaires, avec une préférence marquée pour les adjectifs « bon », « sérieux » et « satisfaisant ». « Insuffisant » et « difficultés » sont les termes les plus utilisés pour exprimer un jugement négatif, alors que « moyen » et « juste » sont considérés comme ayant un sens neutre ou ambigu et peuvent dès lors être interprétés diversement. Par exemple « spontané », « constant », « discret », « réservé » sont des mots ambigus relatifs au degré d'implication de l'élève, qui peuvent indiquer des défauts ou des qualités en fonction du contexte. L'emploi de ces derniers doit donc être accompagné de précisions quant au sens à leur accorder, par des compléments circonstanciels, de nature à enrichir considérablement le jugement évaluatif et à intégrer dans celui-ci à la fois le diagnostic et les possibilités de remédiation.

A été également relevé le caractère généralement bref des appréciations, réduites le plus souvent à une seule proposition syntaxique non verbale.

Le style télégraphique utilisé par de nombreux enseignants, s'il permet à l'évidence de « gagner du temps et de la place », renforce toutefois le caractère doublement impersonnel des appréciations. D'une part, elles ne paraissent pas traduire un avis que l'enseignant prend réellement à son compte, d'autre part, elles ne s'adressent pas à l'élève ou aux parents de façon explicite.

AUTOTEST : ET SI VOUS ÉCRIVIEZ À VOS ÉLÈVES

En fin de premier trimestre, écrivez une lettre à chaque élève en prenant en compte les conseils d'écriture relatifs à l'appréciation portée sur le bulletin, rappelées dans le présent chapitre (cf. encadré ci-dessus).

Certains utilisent une fiche navette plastifiée où chacun peut écrire au feutre velleda : la fiche comporte la photo de l'élève et sa classe, le commentaire du prof sur le travail considéré et la réponse de l'élève à cette invitation.

Exercice d'entraînement à la reconnaissance du travail des élèves
Cochez 10 items déjà mis en pratique (1re colonne) puis 5 items que vous pourriez facilement mettre en œuvre dans les prochaines semaines avec vos élèves (2e colonne).

Savez-vous reconnaître la valeur du travail de vos élèves de 20 manières différentes ?	Ce que vous pratiquez déjà	Ce que vous pourrez faire dans les prochaines semaines
Reconnaître la valeur intrinsèque du travail		
Identifier trois points forts		
Inscrire le travail dans une dynamique		
Identifier à travers le travail une qualité ou encore une compétence rapportée à l'élève		
Signifier son contentement par un geste ou un signe non verbal (regard bienveillant, tape dans le dos, main sur l'épaule ou sur le bras).		
Accompagner sa satisfaction par des mots choisis		
– sur le travail lui-même		

– sur la personne de l'élève		
– sur la dynamique personnelle		
– sur la projection possible et le réinvestissement		
Ne rien signifier en présence du groupe		
Marquer sa satisfaction en contexte privatif, après le cours ou en entretien		
Écrire son appréciation sur le travail lui-même (copie)		
– Par une cotation ou une notation		
– Par une appréciation manuscrite plus longue		
Écrire un petit mot plus individualisé autrement sur le travail, sur le carnet de correspondance, ou encore dans un échange de mail ou sur la boîte privée		
Signifier à un tiers en présence de l'intéressé, par exemple à un autre professeur, au principal, à un parent		
Donner en échange une marque ou un témoignage de réussite (un « bon » point, une image, des bonus à capitaliser en vue d'une utilisation ultérieure)		
Prendre le temps d'en parler avec l'élève dans un exercice réflexif (entretien, tutorat)		
Ne rien faire, ne rien dire		
Ne rien signifier soi-même mais le faire reconnaître par d'autres tiers (chef d'établissement, tuteur, etc.)		
Inviter l'élève à capitaliser toutes ses « petites réussites » dans un carnet ou portfolio		

CHAPITRE 15

Assurer la sécurité

D'après un sondage effectué au moment de l'élection présidentielle de 2012, la sécurité dans les établissements scolaires est une priorité pour 47 % des Français, quel que soit le bord politique. Cette préoccupation arrive loin devant le nombre d'élèves par classe (27 %) et l'apprentissage de la lecture (24 %). Ce qui relève du contenu des enseignements, qu'il s'agisse du « renouvellement des méthodes pédagogiques » (9 %) ou de « l'apprentissage des langues vivantes » (6 %), ne constitue pas à proprement parler un enjeu pour l'opinion publique. De quoi parle-t-on exactement quand on dit violence, incivilités ou insécurité ? Pour éviter trop de décalage par rapport à la « société civile », que peut faire l'enseignant, seul ? Ou mieux en équipe, et assurer ou rétablir un climat de sécurité suffisant pour apprendre ? Avant de traiter une urgence, c'est d'abord un devoir.

Les chiffres sont relativement stables depuis trois ans[1] : on dénombre 82 000 actes violents signalés, répartis différemment selon les niveaux d'enseignement : baisse en lycée général et technologique, légère hausse au collège, augmentation en EREA (établissements régionaux d'enseignement adapté). Les violences physiques sans arme et les insultes ou menaces graves sont les plus fréquentes (55 %).

En baisse. Les violences physiques à caractère sexuel et les signalements relatifs aux consommations et aux trafics de stupéfiants ont baissé respectivement de 25 % et 32 %. Enfin, les vols ou tentatives de vol enregistrent un recul important de 15 %.

En hausse : les atteintes aux biens ou à la sécurité. On a constaté ainsi une augmentation de 80 % du nombre d'incendies, de 40 % des tentatives d'incendie et de 20 % des jets de pierres ou autres.

1. Source : ministère de l'Éducation nationale.

La violence (injures essentiellement) est fréquemment le fait d'élèves en direction des personnels. Elle est « concentrée » : les 10 % d'établissements qui ont signalé le plus d'incidents en ont déclaré près de la moitié.

LA SÉCURITÉ NE VA PAS DE SOI EN CLASSE

Dans une classe de cinquième d'un collège de la petite couronne, à l'est de Paris, on a proposé une étude de cas aux dix-neuf élèves : « Un professeur se fait agresser physiquement par un élève, qu'en pensez-vous ? » Quatre élèves sont contre ; six expriment des sentiments partagés ; trois sont fatalistes ; sept cherchent une justification à l'élève agresseur. Ce qui donne quand même un total de plus des trois quarts des élèves qui pensent l'acte possible : la perception de l'École par les jeunes a profondément changé, la séparation des univers culturels est trop importante, une série d'inhibiteurs de l'action est tombée.

> ***“ Un élève m'a violemment pris à partie en classe, c'était physique ; les autres n'ont pas bougé. ”***

La violence : une question d'ambiance avant tout...

On peut expliquer cette évolution par trois faisceaux convergents.

1. Un accroissement des inégalités socio-économiques et la fin de l'École-récompense. En bout de chaîne, par cumul de problèmes, l'École ne respecte plus la règle du jeu du progrès social depuis 1979 que la société politique lui avait assignée. Une nouveauté apparaît : la pauvreté des jeunes ; la « promesse sociale » (soumission contre récompense) ne tient plus et agresse littéralement l'idéologie de l'École (la rétribution). On assiste donc à la désarticulation d'un système logique, où les nombreuses failles permettent l'intrusion de la violence :

– égalité des chances *versus* excellence scolaire ;
– éducation *versus* civilisation des violences ;
– formation *versus* préparation au chômage ;
– promotion des intérêts *versus* promotion du « socialement utile » ;
– ascenseur ascensionnel *versus* ascenseur qui fait descendre (exclusion) ;
– mythe du tout puissant, substitut de la famille *versus* école comme expérience subalterne ;
– premier budget de l'État *versus* sentiment d'être les oubliés de l'État.

> **▶ On a tous besoin de faire le point sur la question !**
>
> **• Le portail Eduscol, rubrique « lutte contre la violence scolaire », propose un point et des ressources sur http://eduscol.education.fr/cid46846/agir-contre-la-violence.html et www.agircontreleharcelementalecole.gouv.fr/.**
>
> **• Catherine Blaya, *Violences et maltraitances en milieu scolaire*, Armand Colin, 2006.**
>
> **• Jacques Pain, *L'école et ses violences*, Economica, Paris, 2006.**
>
> **• G. Chapelle et D. Meuret, *Améliorer l'École*, PUF, 2006 : un livre salutaire qui restitue la multiplicité des enjeux et envisage plusieurs scénarii possibles. Il se passe bien quelque chose dans l'École.**

2. La mutation accélérée du statut de la jeunesse. Les enquêtes récurrentes sur les valeurs partagées par les jeunes viennent buter sur deux mondes, entre violence et solidarité. Cette représentation un peu noire atteste que le statut d'enfant et d'adolescent a changé, sous les coups de butoir d'une logique d'argent (les jeunes ont de l'argent très tôt et sont des consommateurs, voire des prescripteurs, à part entière), d'un accès au monde de la sexualité précoce (même si l'âge moyen du premier rapport évolue peu), de l'exposition à la violence réelle du monde (images télé)... Jean-Louis Auduc[1] cite le cas de jeunes tentés par le départ en Syrie qui présentent un profil particulier. Ce ne sont pas de vrais musulmans mais des jeunes sans racines qui cherchent des idéaux et sont en profonde crise identitaire, quant à leurs origines propres, quant à la vie numérique confusionnante, quant à leur utilité sociale ; par défaut de réponses intégratives par le groupe social des pairs ou de l'école, ces jeunes sont vite rattrapés par d'autres mirages. Cela peut entraîner une certaine anxiété qui explique les recherches de protection auprès des adultes, ou des institutions ou des copains. C'est au choix, c'est-à-dire au moins défaillant des trois ! À ce jeu, l'École ne gagne pas toujours.

3. Les évolutions profondes de la condition enseignante. Les univers culturels et mentaux enseignants-enseignés connaissent ce qu'en économie on appelle la « crise des ciseaux ». Bon nombre de collègues témoignent d'une méconnaissance du public dit « populaire », n'en étant pas issus eux-mêmes, ou étant insuffisamment formés sur la question. Ce phénomène est accentué par un changement sociologique quasi historique qui touche par exemple

1. Jean-Louis Auduc, *Faire partager les valeurs de la République*, Hachette, coll. « Objectif Concours », 2014.

le recrutement des professeurs des écoles au niveau licence et, depuis 2009, avec un master de didactique, qui n'inclut pour l'instant aucune composante pédagogique et professionnelle ; enfin, les écoles connaissent une partition spatiale très inégalitaire. Il y a des « zones » difficiles et des zones préservées.

Depuis une dizaine d'années, la profession se sent menacée dans ses valeurs, ses certitudes, ses espoirs. La formation initiale est à présent intégrée à l'université, dans le cadre d'ESPE dont les formations restent majoritairement très didactiques et peu professionnalisées ; l'encadrement traditionnel de type associatif, professionnel ou syndical est en perte de vitesse historique. Confrontés aux difficultés nouvelles du métier, insuffisamment préparés professionnellement, les enseignants peuvent être soumis à la tentation de la répression et de la pénalisation ou de l'exclusion, une dérive constatée sur le terrain, renforcée en cela par les évolutions politiques nationales et le niveau délétère de certains débats publics.

IL EST POSSIBLE D'AGIR DANS DES SITUATIONS DÉGRADÉES

Depuis 1990, les études approfondies sur la violence en milieu scolaire ont montré la forte prégnance des indicateurs de type socio-économiques et environnementaux, constat quasi normal dans une société libérale, à hauteur de 75 % des cas. Il n'en reste pas moins que dans 25 % des cas, ce sont des facteurs internes à l'École ou au collège qui expliquent les situations. Autrement dit, à conditions égales (recrutement, niveaux scolaires), deux écoles, deux collèges peuvent présenter des « climats de vie scolaire » et des réussites d'élèves radicalement opposés.

Les propositions envisagées ici ne valent qu'en articulant étroitement pratiques individuelles et cohésion de l'équipe d'adultes, réaffirmées explicitement dans le nouveau référentiel enseignant en 2013 par le nécessaire élargissement du cadre de référence de l'enseignant à son établissement (voir le chapitre 6 « Travailler en équipe »).

Il s'agit d'abord de s'extraire d'un cercle parfois infernal et de faire le pas de côté nécessaire pour analyser ensemble de quoi il est question. L'ambiance délétère des incivilités répétées n'a pas la même portée qu'un acte de violence caractérisée. Des outils fiables, reconnus car partagés, sont absolument nécessaires.

Définir son objet d'analyse : violence, incivilité, situation violente

« Peut-on s'accommoder des violences à l'école ? Mais de quelles violences parle-t-on ? Derrière une violence événementielle (telle la fusillade devant l'école de Toulouse en mars 2012), anomique, éruptive, visible, directe, mais rare, se cache une réalité plus ordinaire, endémique, quotidienne, invisible, indirecte. Plus sourde, elle se manifeste par les incivilités, la microvictimation, le *bullying* ou harcèlement[1]. »

La violence s'identifie par des actes relevant du Code pénal : infractions, délits, crimes. Tout le reste est abus de langage ou glissement de sens. Si l'on se tient à cette définition, l'École en comparaison avec d'autres milieux (famille, route) est encore préservée. Suivant cette catégorisation, la question n'a pas de commune mesure par rapport à ce qui se passe aux États-Unis, par exemple.

L'incivilité englobe tous les actes infralégaux, non pénalisables, difficiles à enregistrer, et donc non pris en charge. En masse critique et non sanctionnés, ils renvoient les personnes au sentiment d'impuissance et d'effritement de leur propre représentation du monde. La crise de la violence à l'école présente donc aussi une dimension identitaire très importante et peu prise en compte actuellement dans biens des cas.

> ***« Le chewing-gum dans la serrure pour la vingtième fois, cela me pourrit la vie. »***

Une situation violente est une épreuve impliquant des enjeux élevés où l'anxiété est prédominante. C'est cette relation entre anxiété et enjeux personnels qui rend les réponses violentes si fortes dans des situations fermées. La violence est alors une porte de sortie rapide ou un court-circuit (d'après Jacques Pain, Paris 10-Nanterre).

Les points faibles se trouvent à la fois dans l'efficacité du système éducatif, dans le climat scolaire et dans l'éducation à la santé, trois domaines qui tous interrogent l'École. Les plus mauvais résultats français concernent directement

1. Le numéro d'EduSarthe, publié par l'inspection académique de la Sarthe, comprenant des apports de Georges Fotinos, Bernard Defrance met en évidence le rapport entre violence scolaire et établissement. http://www.ac-nantes.fr/servlet/com.univ.collaboratif.utils.LectureFichiergw?ID_FICHIER=751952.

l'efficacité de l'École, à la fois par son classement médiocre dans les indicateurs PISA (Programme international pour le suivi des acquis des élèves) et par les inégalités à l'intérieur de l'École. L'École française s'avère particulièrement inégalitaire pour les enfants issus de l'immigration ou défavorisés. De mauvais résultats concernent aussi le rapport à l'École. Il s'agit du harcèlement, où le pays est 17e sur 24, et de l'attachement à l'école où il est classé 18e. Le plus mauvais indicateur concerne l'exercice physique. Les jeunes Français sont 23e sur 24. Seuls les Suisses font moins d'exercice.

PROCÉDER À L'ANALYSE DU FONCTIONNEMENT DU GROUPE-CLASSE

Roger Fontaine explique le phénomène de harcèlement en mettant en cause le faible apprentissage du vivre ensemble dans l'école française. Car pour lutter contre la violence scolaire il faut « développer la personnalité sociale » des élèves.

« L'exposition à la violence à l'école, les contacts avec des pairs délinquants, la perception du climat scolaire, l'attitude vis-à-vis de l'école, le rendement scolaire et la persévérance d'un élève varient suivant l'école ou la classe qu'il fréquente, même quand on tient compte de ses caractéristiques personnelles, estime Benoît Galand[1]. L'effet-classe apparaît nettement plus fort que l'effet-établissement ». La prévention passe d'abord par les petits gestes et les petits mots du quotidien dans la classe, tout au long de l'année.

CONTRÔLEUR

Procédez avec plusieurs professeurs de la classe à une analyse de nature sociologique, voire parfois ethnographique de la situation du groupe : quels sont les groupes d'appui ? Qui sont les leaders positifs, les leaders négatifs ? Quelle est la proportion du « marais » ? Y a-t-il des boucs émissaires ? À cet égard, la technique du sociogramme se révèle plus qu'utile car les élèves participent à ce diagnostic. (Sur la technique du sociogramme et son utilisation possible, voir le chapitre « Gérer les relations », page 75.)

“J'ai hérité d'une classe composée de tous les « fonds de classe » de l'année précédente. C'est ingérable.”

1. Cahiers du GIRSEF, n° 69, univ. Louvain, http://www.uclouvain.be/cps/ucl/doc/girsef/documents/cahier69galandcorr.pdf.

L'analyse ethnographique n'est pas une étude ethnologique : attention aux dérives « communautaristes » pouvant être générées par l'École elle-même. Le débat sur l'ethnicisation des faits à l'école est actuellement très problématique. Celle-ci est sans doute le fait de certains élèves qui, autour de valeurs « ethniques » se (re) construisent une identité à défaut d'autres identités reconnues. De manière plus ambivalente, elle peut être le fait des adultes par effet de stigmatisation : « ils » ont des difficultés (culturelles, implicitement) par rapport à « nous » ; leurs difficultés scolaires s'expliquent par « leur » culture d'origine. Cela dit avec les meilleurs sentiments du monde.

“ Dans mon établissement, il y a la classe des blacks et la classe des blancs. ”

Les enseignants des classes non francophones, des classes d'accueil, connaissent bien cette distorsion. La nouveauté, c'est qu'elle interpelle à présent tout enseignant, pour peu qu'il exerce en milieu urbain ou périurbain, et pas seulement à Paris ou à Marseille. Toute dérive ethniciste arme par conséquent la situation qui peut alors dégénérer, parfois pour un prétexte des plus futiles.

Si vous vous trouvez dans ce cas très particulier, qui vous dépasse forcément :

❑ Travaillez à court terme à donner une identité positive à la classe : valorisation des petites réussites, démarche de projet. (Reportez-vous aux chapitres 4 « Négocier des contrats d'études » et 21 « Diriger des projets ».)

❑ Recherchez toutes les fois que cela est possible un partage, voire un mixage des élèves avec ceux d'autres classes (dispositifs transversaux, groupes de besoin, ateliers périscolaires, sorties, groupes EPS).

❑ Envisagez un partenariat avec un « ailleurs » (autre établissement, d'un autre niveau, une entreprise, une maison de retraite[1], etc.).

❑ Interrogez en conseil de classe, commission permanente, conseil pédagogique, sur les procédures d'affectation, les mesures d'orientation et les pratiques d'évaluation. Toutes ces microdécisions peuvent provoquer des effets pervers et coûteux pour les élèves, pour vous et pour l'établissement. (Voir le chapitre 6 « Travailler en équipe ».)

1. Voir la classe relais et le dispositif intergénérations de Monique Argoualch à Brest, http://eduscol.education.fr/experitheque/consultFicheIndex.php?idFiche=8654.

LA SOLUTION VIENDRA SANS DOUTE D'UN TRAVAIL COLLECTIF

« À quoi jugez-vous que l'éducation d'un enfant a été réussie ? » La question a été posée par TNS Sofres et Logica à un panel représentatif pour le compte du *Pèlerin* et de l'Unapel (2011). Les Français mettent l'épanouissement de l'enfant nettement devant le fait d'avoir un emploi (66 % et 39 %). Un pourcentage qui augmente d'ailleurs chez les jeunes parents (79 % et 27 %). Pourtant « ce qu'il faut apprendre aux enfants » reste le respect des autres, celui de l'autorité et de la politesse, loin devant la culture.

Contribuez à un diagnostic commun en vous fondant sur des indicateurs précis et sur une échelle qui restitue la relativité d'un établissement à l'autre[1]. Votre situation est largement partagée par vos collègues. Selon les écoles ou établissements, il peut exister des « groupes violence », des cellules médiation, des commissions vie scolaire qui remplissent ce rôle ; mais aussi les CESC (comités d'éducation à la santé et à la citoyenneté), groupes intercatégoriels et partenariaux en collège (voir ci-après, notamment le questionnaire en fin de chapitre).

> ***“Je me sens complètement isolé et sans recours dans ma classe.”***

Le ministère avait mis en place un logiciel de signalement des actes violents, SIGNA, renseigné par les chefs d'établissement ; ayant fait l'objet d'une publication dans *L'Express* en 2006, il est à présent remplacé par son cousin, SIVIS. Cela dépend de la politique de la gestion interne de l'information « sensible » par le chef d'établissement et son équipe. Vous pouvez avoir accès à ces relevés très réguliers dans votre établissement. C'est un indicateur déclaratif, qui restitue partiellement ce que Debarbieux propose dans le concept de « climat scolaire ».

Investir dans l'analyse partagée et l'évolution des représentations collectives

Dans un groupe scolaire réunissant maternelle, élémentaire et collège, dans le XXe arrondissement de Paris, le groupe « Cap' » (pour « être

1. Voir les documents pour faire un diagnostic de sécurité, http://eduscol.education.fr/cid46845/diagnostic-de-securite-au-college-et-au-lycee.html.

capable de… »), s'est inspiré directement du dispositif KiVa finlandais[1] : les équipes constituées en réseau (liste de diffusion et partage de ressources) ont parcouru un programme pluriannuel composé de plusieurs modules.

Module 1 : initiation à la problématique et au contexte en matière de violence scolaire.

Module 2 : l'approche concerne l'ensemble de la communauté scolaire.

Module 3 : conduire une analyse de besoins : se préparer au changement.

Module 4 : conduire une analyse de besoins : consultation et évaluation.

Module 5 : entraide et médiation entre pairs.

Module 6 : création d'une école qui gère les émotions.

Module 7 : harcèlement et violence scolaire : le rôle de l'Internet.

Plusieurs modalités sont mises en œuvre selon les modules, alternant modules spécifiques sur des techniques ou approches théoriques, temps d'analyse des pratiques (retour d'expériences) et de régulation, temps communs interdegrés en plus de « temps propres » à chaque établissement, échanges possibles avec les équipes des collèges en Finlande, en vue d'un voyage d'étude, dans les deux sens.

Dix séances sont dispensées au cours d'une année scolaire avec les élèves en groupes classes, à partir des ressources et compétences développées lors des modules de formation d'adultes.

À l'école primaire, quatre phases ont été abordées : une première discussion collective en phase 1, des travaux de groupe en phase 2, des séances de vidéos montrant des exemples de harcèlement en phase 3, des exercices de jeux de rôles en phase 4. En fin d'année, chaque classe se fixe délibérément un règlement interne propre, que chaque élève doit signer.

1. En Finlande s'est développé un programme nommé KiVa, destiné à prévenir les comportements incivils collectifs, en particulier, le « bullying » ou harcèlement, en misant sur le dialogue, la responsabilisation et la coopération, la créativité et la régulation dans les classes. Outils et publications KiVa ont été primés en 2009. En savoir plus : http://www.info-finlande.fr/societe/education/article/KiVa.html.
Nous pouvons aussi prendre appui sur les ressources développées par le programme VISTOP. Lutter contre la violence et le harcèlement en milieu scolaire : une approche scolaire globale pour les enseignants. D'après le site VISTOP Managing School Violence and Bullying: a Whole School Approach for Teachers.

Dans une classe de collège, quatre nouveaux thèmes : dans la phase 1, il s'agit d'abord de sensibiliser la classe entière à l'idée de la dangerosité d'intimider les autres, puis, en phase 2, d'arriver à générer de la compréhension pour les victimes ; la phase 3 consistant à trouver ensemble des stratégies permettant aux enfants de soutenir leurs camarades brimés, leur permettant de prendre fait et cause pour eux. Enfin la phase 4 est dédiée à l'amélioration des capacités d'autodéfense des élèves en proie à ces brimades.

✐ **Parcourez le tableau présenté page suivante et comparez votre propre définition avec les définitions extraites des travaux d'experts internationaux.**

Attachons-nous aux questions suivantes (en guise de conclusion temporaire – mise en débat en cercle).

1. La violence est-elle nécessairement physique ?
2. La violence s'exerce-t-elle nécessairement contre une personne ?
3. La violence est-elle actuellement un comportement qui porte atteinte à une personne ou un bien, ou est-elle juste une menace ?
4. Est-ce encore de la violence si elle est légale ?
5. La violence est-elle un acte perpétré par une personne ou peut-elle être un fait plus impersonnel d'un groupe social ou d'une institution ?
6. Est-ce que la définition de la violence a pu changer dans le temps ?

Réflexion. Vous pouvez considérer les différentes opinions et les perspectives au travers des cultures et des époques ; mais n'oubliez pas cela : la façon dont les gens considèrent la violence en milieu scolaire détermine leurs attitudes et leurs réactions à cet égard.

LA FACE CACHÉE : HARCÈLEMENT ET BRIMADES

L'équipe Cap', comme d'autres depuis ces dernières années, en lien avec la campagne nationale lancée par Éric Debarbieux, s'attache à la prévention du harcèlement[1] ou *bullying*.

Étymologiquement, le terme renvoie aux coups répétés et violents donnés par les jeunes veaux à leurs congénères, pour jouer.

1. Voir la synthèse présentée dans *Harcèlement et brimades entre élèves – La face cachée de la violence scolaire*, J.-P. Bellon et B. Gardette (Coll. Le monde de l'enfant, Ed. Fabert, 2010), site Internet : http://harcelement-entre-eleves.com.

Définitions de la violence en milieu scolaire	Le groupe se retrouve plutôt dans
La violence est définie comme un comportement dont le but est de blesser, mais il inclut aussi la menace. (Baldry & Farrington, 2006, p. 107).	
La violence ne consiste pas seulement dans des faits exceptionnels, brutaux et imprévisibles dont l'origine est extrascolaire, mais elle résulte aussi de petites agressions banales, fréquentes et irritantes. La violence sera considérée en fonction de trois groupes de variables : crimes, délits et infractions ; microviolence ; sentiment d'insécurité. (Debarbieux, Blaya, & Vidal, 2003, p. 18).	
Délinquance dénote l'absence d'une expérience de lien avec la victime (ou l'environnement objet de la violence), comme l'indique l'étymologie du mot. C'est ainsi qu'on peut considérer comme une solution le fait de développer, de renforcer ou de restaurer un lien de qualité avec l'environnement. Les personnes qui développent un sentiment de lien avec leur environnement agiront de manière différente et plus respectueuse. (Depuydt & Deklerck, 1998, p. 137).	
Les comportements antisociaux à l'école se réfèrent à la totalité du spectre des interactions, verbales ou non-verbales, entre des personnes actives à l'école ou autour de l'école, et qui impliquent des intentions malveillantes ou prétendument malveillantes, causant des dommages ou des blessures mentales, physiques ou matérielles à des personnes dans ou autour de l'école, et transgressant des règles informelles de comportement. (Huybregts, Vettenburg, & D'Aes, 2003, p. 35).	
La violence ou le comportement violent sont considérés comme un comportement agressif lorsque l'acteur ou l'auteur utilise son propre corps ou un objet (y compris une arme) pour infliger une blessure (relativement sérieuse) ou une gêne à un autre individu. (Olweus, 1999, p. 12).	
La violence est un comportement agressif caractérisé par un abus physique, sexuel ou émotionnel. Le comportement agressif est agi par un individu ou par un groupe à l'encontre d'autrui (individu ou groupe). Constitue un abus physique le comportement par lequel un enfant, un adolescent ou un groupe, directement ou indirectement malade, blesse ou tue autrui. Le comportement agressif implique aussi bien pousser, bousculer, secouer, frapper du poing ou du pied, écraser, brûler ou toute forme d'atteinte contre une personne ou un bien. Constitue un abus émotionnel les attaques verbales, les menaces, les sarcasmes, les « engueulades », les moqueries, les cris, l'exclusion et les rumeurs malveillantes. Constitue un abus sexuel une atteinte sexuelle ou un viol. (O'Moore, n.d.).	
La violence interpersonnelle et l'intimidation sont un moyen illégal de faire-valoir des projets et des besoins par une personne, un groupe ou une institution dont le rôle et les forces sont dominants, et qui force autrui à s'y soumettre, causant par là un dommage physique, social et moral. (Ortega, 2006, p. 31).	

Cette expression sera reprise à partir de la fin du XIXe siècle pour parler de la maltraitance entre enfants. Jacques Pain la traduit par « la *malmenance* » scolaire. 15 % des élèves sont concernés (victimes et agresseurs confondus). Les victimes sont plus fréquentes en sixième et les agresseurs en troisième ; les garçons sont plus impliqués dans les faits de violence que les filles. Le harcèlement a le plus souvent lieu dans la cour, à la sortie du collège, dans certaines salles de cours. Les victimes ont peu confiance dans l'institution pour résoudre le problème.

Le fait se décrit en quelques caractéristiques, toujours les mêmes :
1. Répétition : répétitivité et longue durée des actions négatives.
2. Disproportion des forces : déséquilibre des forces, domination et abus de pouvoir, prise de pouvoir physique et/ou verbale.
3. Volonté de nuire, de faire souffrir.
4. Phénomène de groupe (presque toujours) ; car il se construit sur une relation triangulaire entre d'une part le(s) **harceleur(s)** : un certain charisme, « petit(s) dur(s) », habile(s), intelligent(s), absence d'empathie à l'égard des victimes ; d'autre part, la (les) **victime(s)** : enfant(s) plus angoissé(s) que les autres, souvent seul(s) et isolé(s), vulnérable(s) ; enfin parmi des **pairs** : spectateurs, participation directe/indirecte, désapprobation.

Les manifestations du *school-bullying* sont multiples, souvent invisibles du point de vue des adultes, et d'autant plus efficaces. Par exemple : insultes, menaces, ostracisme, rumeurs sur l'élève et sur sa famille, moqueries, affaires détériorées. Par le biais des outils de communication actuels, le cyber-harcèlement *(cyber-bullying)* s'est développé. La maison n'est plus alors le lieu intime et privé qui protège.

CONTRÔLEUR

En conséquence, les effets sur les élèves concernés sont dévastateurs. Les équipes gagneraient à développer leurs observations sur plusieurs symptômes tels que le mal-être, la dévalorisation, l'image négative renvoyée, voire agressive, la culpabilisation, l'état dépressif ou la dépression (trouble du sommeil, perte de l'appétit, anxiété…). Cela devient visible en cas de baisse des résultats scolaires, de redoublement, voire de réorientation. L'élève harceleur peut partager certains de ces traits, avec de plus une insensibilité (perversité narcissique) et des gestes de délinquance.

« Le harcèlement prospère là où la parole de l'adulte est absente, défaillante ou impuissante. » (cf. *Sa Majesté des mouches*, William Golding). Ce n'est donc pas l'affaire de deux jeunes, mais le souci d'un collectif agité par des mécanismes de groupe et sur lesquels il convient alors d'agir. Les pratiques enseignantes peuvent sans le vouloir renforcer ces tensions (classement, erreur de cible, humour décalé ou inexpérience). À la manière du dispositif finlandais KiVa, la question peut être abordée de façon plus politique et stratégique :

- **découvrir :** informer (témoignages, études de cas) ;
- **débattre :** recueillir les opinions ;
- **expliquer :** présenter les caractéristiques principales du harcèlement, la dynamique et les conséquences sur les victimes.

Intervenir dans l'organisation, c'est participer, voire initier un travail avec les élèves, mais aussi avec tous les partenaires de la communauté éducative. Le lien scolaire, c'est un peu comme le Lego, il se reconstruit avec des éléments variés qui gagnent à s'articuler entre eux.

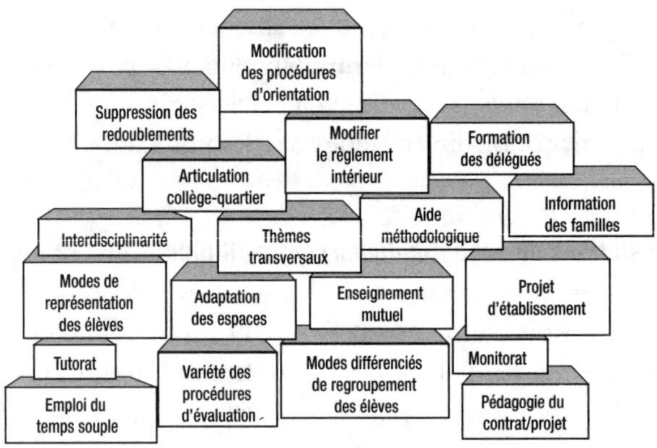

Plusieurs éléments peuvent être proposés ici.

Former un comité (élèves) sur la sécurité à l'école

Assurer la sécurité, réassurer les personnes et autoriser les apprentissages ne peut être le seul apanage d'un directeur ou de quelques profs plus éclairés que d'autres ; l'implication des élèves est capitale. En Ontario, un guide d'actions[1] est proposé aux élèves.

1. D'après un document du ministère de l'Éducation et de la Formation, Ontario, Canada : http://www.eurowrc.org/12.work_place/1.travail/13.travail_fr.htm.

Le règlement intérieur s'apprend et se pratique. Analysez ensemble le règlement intérieur de l'école dès les premières heures de l'année.

> ***« Le règlement est lu une fois au début de l'année, et après, c'est la loi de la jungle. »***

Distribué à l'ensemble des élèves et collé dans le carnet de correspondance, il est contresigné par les parents. Il détermine les modalités selon lesquelles sont mis en application[1] :

– le respect des principes de laïcité et de pluralisme ;
– le devoir de tolérance et de respect d'autrui dans sa personnalité et dans ses convictions ;
– les garanties de protection contre toute agression physique ou morale ;
– l'obligation pour chaque élève de participer à toutes les activités correspondant à sa scolarité et d'accomplir les tâches qui en découlent ;
– la prise en charge progressive par les élèves eux-mêmes de la responsabilité de certaines de leurs activités.

L'expérience montre que cette simple formalité est loin d'être suffisante. Dépassez cette présentation qui laisserait penser à votre classe que le règlement c'est pour les autres, et que vous-même en faites bien peu de cas !

Pour apprendre, le règlement est un support d'apprentissage pour les élèves, le premier peut-être de votre progression disciplinaire. Le lire, plutôt le faire lire et le faire commenter, en discuter, confronter les points de vue, c'est construire du sens, tout cela représente pour vous une excellente évaluation diagnostique de ce que savent faire vos élèves, avec un niveau d'expertise qui vous étonnera.

La charte de l'élève : instituez les formes du travail scolaire. Établissez la charte de l'élève pour l'année en cours. Dans la foulée, demandez à chaque élève d'écrire sur un post-it une proposition à l'invitation suivante : « Un élève, c'est… » Les éléments sont collectés en direct sur le tableau ; on fait éventuellement des regroupements en traçant des patates ou une carte heuristique. La charte pourra être formalisée en un document mis au propre (un élève peut s'en charger sur un traitement de texte) ; il sera joint au cahier de l'élève, mais vous le communiquerez aussi aux membres de l'équipe pédagogique, à l'équipe vie scolaire et au chef d'établissement.

1. *Bulletin officiel*, n° 30, 5 septembre 1985.

L'écrit ne sera utile que s'il vit dans l'analyse des écarts, dans l'explicitation à l'épreuve du quotidien et de la régulation que vous aménagez ; c'est bien un apprentissage, pour tous.

Exclure, inclure ? Comment remobiliser ? Organiser la médiation. Proposez d'organiser avec un collègue un « groupe médiation » ou une commission règlement dans l'établissement. Composé d'adultes et d'élèves volontaires, il sera un lieu d'analyse, d'études, de propositions, mais aussi de recours (consultatif), une sorte de tribunal de paix à moindre échelle. Si nécessaire, appuyez-vous sur une ressource externe faisant intervenir des experts. La formation sur site est une réponse qui peut prendre en compte ce type d'intervention dans certaines académies. Dans d'autres, se sont mises en place de véritables cellules d'appui aux établissements (académie de Versailles, par exemple).

Le premier cours de défense stratégique (lors du feu service national) portait sur la **nécessaire réponse graduée et proportionnée à l'agression**. On peut avancer, par transposition, que tout traiter à l'aune de l'exclusion vous décrédibilise dans vos capacités de négociation. Vous externalisez le problème qui n'en aura que plus d'écho au niveau de l'établissement (surcharge de la vie scolaire, ambiance délétère et perte de sens de l'absence au cours). Les cas de violence avérée sont le fait d'élèves de l'intérieur « mal renvoyés » et non d'intrusions extérieures. Tout ne doit pas être traité au même niveau. Différez le traitement des causes à un entretien en présence du conseiller principal d'éducation, sinon du chef d'établissement ; la présence d'un tiers est recommandée sous peine d'affrontement lui/moi.

Les sanctions dites « éducatives » sont fixées par l'établissement. Elles doivent être proportionnelles à l'acte et graduées, à effet instantané. Tout éloignement entre acte et sanction provoque une perte de sens et des distorsions dans le fonctionnement du travail de l'élève et de l'établissement. Enfin, la sanction n'est éducative que si vous la suivez et montrez que vous la suivez avec intérêt par un retour d'information léger à l'élève.

Prévenir le décrochage scolaire. Que signifie l'exclusion pour des élèves déjà absents volontairement ? Le phénomène de l'absentéisme interpelle l'École. Ce refus passif du don d'École consenti par la société à chaque élève pose des questions de fond pédagogiques et institution-

“ J'ai systématiquement plus du quart de ma classe absent ; dois-je demander l'exclusion de ces « fantômes » ? ”

nelles : que se passe-t-il dans la classe qui provoque la fuite ? Il faut alors jeter son regard sur ces « structures expérimentales » qui s'intéressent de près à ce type de public « décrocheur », comme on dit au Québec.

Les équipes modifient peu ou prou l'équation scolaire en jouant sur :
– le dynamisme pédagogique d'une équipe fortement mobilisée sur un projet ;
– la pertinence des projets d'établissement centrés sur les besoins analysés et reconnus de leur population spécifique ;
– le recours aux ressources locales, notamment grâce à des partenariats et au tissu associatif ;
– la diversification des cursus, en jouant sur la modularité des enseignements, les groupements, les rythmes ;
– les engagements proposés et le suivi pas à pas des contrats avec les élèves et leur famille ;
– des évaluations constructives, par compétences, par semestre.

Rien n'interdit à un établissement « classique » de modifier tel ou tel point. Dans ce domaine, le rôle du chef d'établissement est primordial.

Bonus Web ☛ Plusieurs structures ou dispositifs de raccrochage existent dans les académies. Les plus aboutis peuvent se trouver à Grenoble (www.clept.org), mais aussi dans les microlycées et à Paris au pôle innovant du lycée Jean-Lurçat (http://lvpe-li.scola.ac-paris.fr/site/index.php). Voir le livre d'Éric de Saint-Denis et de Nathalie Broux, *Les microlycées, accueillir les décrocheurs, changer l'école*, éd. ESF, 2013, www.esf-editeur.fr/detail/804/les-microlycees.html.

CONTRÔLEUR

FAVORISER LE DIALOGUE EN CLASSE

> *« Ils n'arrivent pas à apprendre malgré mes « gesticulations ». »*

En prenant appui sur le diagnostic des élèves d'un « bon cours » et sur la hiérarchie des besoins de Maslow, la sécurité est un des niveaux primaires, de même nature que celui de la physiologie et de l'appartenance sociale. Tant que ces besoins ne sont pas satisfaits, l'élève ne peut pas disposer de son capital d'attention et de relations pour se consacrer à d'autres activités comme écouter, apprendre, participer… Prendre la classe, c'est donc s'intéresser aux conditions « de réassurance » et à l'organisation des apprentissages. Le contexte scolaire et les rituels renforcent le degré de sécurité des individus et du groupe.

Aux États-Unis. « On s'est rendu compte que dans 80 % des cas, les élèves violents ont des problèmes de conceptualisation. Un programme vise à les aider à comprendre leurs actes pour changer leur comportement. Par exemple, on projette un film sur des élèves en colère et on les invite à juger ce comportement. Puis on débat sur les causes de la colère et sur les façons de l'éviter. Enfin les élèves tournent un film sur les solutions qu'ils ont trouvé face à la colère. Et bien ce programme a un impact réel », explique Éric Debarbieux dans son livre.

Au Québec. Sur le site « Là tu parles », les jeunes partent de situations réelles pour améliorer leur écoute et leur capacité de communication. Des situations types sont analysées et permettent effectivement de s'améliorer. Les adultes, les enseignants y apprennent aussi beaucoup. Le site : http://latuparles.qc.ca/

Le conseil ou le « quoi-de-neuf »

Marie-Andrée Vanhove, professeur d'histoire-géographie dans un collège de l'académie de Lille[1] a instauré un temps régulier de conseil et une procédure de prise de parole pour déminer le terrain, qu'elle a baptisé « Quoi de neuf », un dispositif commun dans le premier degré. « [...] Je rappelle les règles de "Quoi de neuf". J'annonce qu'exceptionnellement je tiendrai le rôle de secrétaire (pour moi c'est une manière de me mettre en retrait et d'anticiper sur ma tendance à prendre trop vite la parole, ce que je ne pourrai m'empêcher de faire quand même !). Cinq élèves partisans de Nelly s'inscrivent. Brouhaha.

"Majid qui dit à Nelly « elle est bonne ! », c'est quoi ? Une incivilité ou une violence verbale ?"

Majid : – Ben ouais, on le savait que vous allez faire un "Quoi de neuf" sur mon dos !
Moi : – Eh bien ! Inscrivez-vous et vous aurez le droit à la parole, on pourra entendre votre point de vue.

1. *Cahiers pédagogiques,* n° 451, juin 2003, p. 28.

Majid : – À quoi ça sert ? De toute façon, on aura tort et les intellos raison. Et puis je m'en fous de ce que vous pensez, je fais ce que je veux. C'est pas maintenant que je vais changer !
Moi : – Bon, alors personne ne s'inscrit pour faire valoir un autre point de vue ?

« Finalement, une fille du groupe de Majid s'inscrit. On commence… et très vite, cela tourne à l'affrontement. Je demande à Majid de m'expliquer ce qui s'est passé depuis mercredi et il se moque ouvertement de moi :

« "Eh bien, je suis rentré chez moi, j'ai mis mes pantoufles… J'ai fait cela parce que je m'ennuie et je suis comme ça. J'aime faire souffrir les autres." Je réagis avec des arguments lamentables : "Si tu joues à te foutre de moi, cela va être terminé rapidement par une convocation chez le chef d'établissement." C'est l'escalade : il ne peut que s'enferrer dans son personnage, je ne peux pas perdre la face.

« Heureusement, le gardien du temps nous fait remarquer que le temps de parole est écoulé ! Ouf, sauvés par le gong. Et je mesure là tout l'intérêt de la technique. Elle permet une mise à distance, elle stoppe le processus d'escalade dans la violence. La conversation reprend sur le même thème, mais avec d'autres interlocuteurs, qui osent dire à Majid : "On ne peut pas être d'accord avec toi."

« La discussion est riche. Je laisse aller, soulignant l'importance de s'écouter. L'objectif n'est pas de trancher sur qui a tort, qui a raison, mais de trouver une solution pour vivre ensemble.

« L'heure s'est passée sur le fil du rasoir. Le lendemain, on fait cours. Je suis incapable de dire si le problème est résolu ou pas. Je n'y fais pas allusion. À la fin de l'heure, je retiens Majid ; réaction de défense immédiate : "J'ai rien fait." "Je n'ai pas dit que tu avais fait quelque chose, il faut que je te parle…" Et je lui parle… De l'appariement. [...] »

Marie-Andrée a donc pris soin d'ouvrir un espace de parole, avec le souci de ne pas cristalliser le cas ; elle enchaîne sur la vie pédagogique.

Chaque semaine, ou quand c'est nécessaire, à la même heure, dans la même salle, les jeunes et les adultes se réunissent. Le but est de rétablir le processus de symbolisation sociale en s'appuyant sur un formalisme technique et rituel : rôles distribués et tournants, inscription de la prise de parole, écoute et respect d'autrui, réponse différée, triangulation. Chacun doit obligatoirement « s'expliquer différemment ». Il est impossible d'imposer ou d'exercer un ascendant par la force ou le chantage. Partager le pouvoir et les responsabilités, rencontrer les autres, se confronter, travailler avec les mots. Chacun peut avoir sa place, reconnue par le groupe.

Le permis à points à l'École

Bernard Alary, alors directeur de l'école primaire de Mouriès (Bouches-du-Rhône) avait imaginé un système de permis à points pour traiter la vie scolaire et pédagogique dans le premier degré.

Chaque élève dispose d'un permis de 10 points. Chaque fois qu'un article du règlement ne sera pas respecté, il sera enlevé un certain nombre de points sur le permis (tableau affiché en classe). Le numéro de l'article enfreint et la date seront signalés. On ne retrouvera les points perdus, au maximum 4 points, que si, pendant quinze jours, on se sera conduit normalement en classe, en récréation, en atelier et au restaurant scolaire. À 6 points perdus, la récréation est supprimée partiellement. Les parents seront convoqués lorsque les 10 points seront perdus.

> ***« Impossible de faire parler les trois élèves devant mon bureau sans attiser les remarques acerbes des autres. »***

Cette pratique, empruntée au judo, se rapproche de celle des ceintures et est pratiquée par Fernand Oury (voir le chapitre 25 « Donner des conseils de méthode »). Les ceintures signalent l'indépendance et la socialisation de chaque individu à l'intérieur du groupe. Elles visent à la responsabilisation de l'individu et du groupe, et à l'acquisition de comportements « escomptés » au sein de celui-ci. Chaque enfant sait où il en est et voit clairement ce qu'il doit apprendre pour progresser, et dans quels domaines (indépendance, bonnes manières, respect, effort, etc.). Des tests mesurent les progrès accomplis dans différents domaines, selon la même hiérarchie de couleurs que dans les arts martiaux : autoévaluation et interévaluation[1].

1. Voir la pratique pour les compétences numériques http://sicestpasmalheureux.com/2014/05/31/les-ceintures-de-competences/ et un livre qui est consacré à cette méthodologie : *Des ceintures pour évaluer les compétences des élèves*, par Marc Berthou, Dominique Natanson, éd. FABERT, coll. « Aide aux apprentissages », 2014.

Dans les deux cas pratiques, le conseil et le permis à points, le dispositif mis en place n'exclut aucune question ni aucun aspect de la vie de l'élève à l'école ou au collège. Ce sont deux propositions qui rompent avec la dichotomie très prononcée dans le secondaire entre « vie scolaire » et disciplines scolaires. Elles permettent aux élèves comme aux enseignants de mieux saisir que la vie scolaire bien comprise n'est pas un objectif en soi, mais un moyen affermi pour mieux apprendre, ensemble.

▸ Des pratiques et deux « guides » pour éduquer à la citoyenneté

« L'éducation active à la citoyenneté n'est pas une affaire de recettes miracles mais de stratégies pédagogiques sous-tendues par la volonté d'une part de donner sens aux connaissances et aux concepts enseignés et, d'autre part, de mettre les valeurs et les principes que l'École souhaite construire au cœur de son fonctionnement comme au cœur des classes et de la construction des apprentissages », écrit Jean-François Vincent. Il propose un programme en six objectifs : construire l'estime de soi, s'approprier des valeurs nécessaires pour vivre ensemble, faire l'apprentissage de la démocratie participative, construire le rapport à la loi, articuler droits et obligations et finalement éduquer aux médias.

La grande force de ce « guide de poche » est de proposer, sur chaque thème, des questionnaires et des fiches pédagogiques pour agir sur nos pratiques et se lancer dans une éducation à la citoyenneté qui est aussi, celle de l'apprentissage coopératif. (Jean-François Vincent, *Éduquer à la citoyenneté*, Paris, Delagrave, 2006, coll. Guides de poche de l'enseignant).

Autres ressources. Le *Guide républicain. L'idée républicaine aujourd'hui* (SCÉRÉN-CNDP, ministère de l'Éducation nationale, Delagrave, 2004) propose à la fois un abécédaire des notions républicaines, un recensement des textes de référence et des outils pédagogiques (chansons, poèmes, thèmes en débat, etc.). En ligne sur le site www.education.gouv.fr. Il existe aussi une banque de données très riche et originale : « Droits partagés », pour parler et faire travailler les élèves autour de la citoyenneté et des droits (www.droitspartages.net/).

PLACE ET FORMES DE L'ÉDUCATION « CITOYENNE »

Les « éducations à… » se sont progressivement imposées dans l'univers de l'école dans des interstices que l'organisation et les pratiques professionnelles leur ont laissé. La transversalité peut être souvent l'affaire des autres ; d'une autre manière, elles peuvent innerver contenus et séquences. La prise de responsabilité et la coopération sociale sont des modalités qui soutiennent les apprentissages. Le socle commun les a inscrites dans le référentiel de la formation obligatoire. La classe peut se concevoir comme une microsociété, un groupe qui s'organise avec des rôles variés au profit d'un projet ou tout simplement d'un meilleur fonctionnement du groupe-classe. Ce type de pratique est relativement courant dans le premier degré. Ostiane Mathon[1] nous propose son scénario du moment : des mots souvent inventés par les élèves eux-mêmes, de sorte à les impliquer davantage.

> ***“ Éducation à la… citoyenneté, environnement, santé, sexualité, sécurité routière… Comment faire tout cela ? ”***

En binôme :
– les bibliothécaires ;
– les gardiens du temps (récréations, sorties, dispositifs de travail) ;
– les gardiens du silence (pour des activités précises) ;
– « les factibuteurs » (facteur et distributeur) ;
– les chefs de rang ;
– les déménageurs (l'après-midi nous travaillons en atelier, les tables tournent).

En solo :
– le « fenestrier » (fenêtres, rideaux, clefs de porte) ;
– le « tablôtier » (date, propreté, feutres, chiffon…) ;
– « l'appeleur » (présents, absents, externes, 1/2 pensionnaires) ;
– « l'agendeur » (cahier de texte de la classe) ;
– le « lutinier » (responsable du lutin-classeur témoin) ;
– « l'auto-radiologue » (coin audio).

À côté de ces responsabilités nominatives qui sont remaniées toutes les trois semaines, chaque enfant est nommé responsable de ses deux voisins de table (absences, matériel, difficultés, etc.). Les élèves changent de place

1. Voir le blog d'Ostiane Mathon, Bleu primaire, http://lewebpedagogique.com/ostiane/.

toutes les six semaines, ce qui donne le temps d'établir une relation mais également de varier les types d'entraide en fonction des camarades à côté desquels on se trouve.

Reste encore beaucoup à faire… mais le jeu en vaut la chandelle car il est tellement vrai qu'un groupe organisé est un groupe constructif, vivant, intelligent. Cela ne se décrète pas… il faut du temps, beaucoup de temps (parfois une année entière !) pour passer de la juxtaposition d'élèves à la constitution d'un groupe.

Créer un lien scolaire et un lien social dans les disciplines

Dans nombre de situations, il ne s'agit ni de stratifier ni de surajouter, mais « d'aimanter » les contenus et de les mettre en adéquation avec les finalités réaffirmées par le socle commun. À titre d'exemple, dans chaque discipline des programmes de sixième, avant même les « savoirs » de la discipline, des indications en termes d'objectifs sont données pour éduquer à la citoyenneté. Ces objectifs peuvent être le but d'une ou plusieurs séquences dans la discipline en appui avec des savoirs disciplinaires.

La paix sociale, cela s'organise et se matérialise dans les pratiques : la coopération sociale, la responsabilité individuelle, l'esprit critique participent d'une ambiance qui habite chaque phase du travail que vous engagez. Jusqu'à présent, le principal traitement pour maintenir le dialogue ouvert consistait à se centrer sur les difficultés de type « vie scolaire ». Or le danger est grand : proposer aux élèves des problèmes impossibles à résoudre, concentrer toutes les attentions sur la négativité (violence, incivilités par exemple), risquent d'accroître le problème plutôt que de contribuer à sa résolution.

Créer l'événement et de l'inattendu au lycée

Au lycée Jean-Jaurès d'Argenteuil[1] (lycée ZEP, dont le caractère industriel et scientifique est affirmé : 80 % de garçons, de bons résultats aux examens, un dynamisme pédagogique plutôt marqué, une assez bonne image), l'équipe s'est inquiétée de signes de non-adhésion à l'école parmi les élèves (absentéisme grandissant, agressivité en cours allant jusqu'au refus agressif de « jouer le jeu » dans certaines classes). Une séance de

1. *Le Lycée entre collège et supérieur,* Cahiers pédagogiques, n° 493, décembre 2011, http://www.cahiers-pedagogiques.com/spip.php?article7648.

régulation élargie aux parents et aux partenaires soulignait trois problèmes de fond : une distorsion entre travail scolaire et capacités personnelles, un malaise récurrent dû à des orientations mal gérées et une morosité partagée quant au fonctionnement coutumier.

La décision a été prise d'une innovation disruptive, une « autre semaine » : choix des activités, suppression de sonnerie, plus de salles attribuées, activités ludiques, artistiques, avec des professeurs inhabituels, etc. La préparation a été intense et créative autant pour tous les adultes de l'établissement que pour les élèves. 180 ateliers ont été proposés, avec des parcours obligatoires et des possibilités ouvertes au choix des élèves, avec 90 % des professeurs. Les modules couvraient des champs divers : des ateliers sur l'orientation ; des activités d'aide scolaire des jeux et énigmes mathématiques ; des ateliers d'échange de pratiques sur le travail personnel ; des lectures buissonnières, du théâtre et des nouvelles en anglais, des jeux de rôle scientifiques (à partir de la série *les Experts*) ; mais aussi des apprentissages nouveaux : initiation à l'italien, au breton, dessin assisté par ordinateur, escalade ; ou encore des activités artistiques, sportives ou ludiques (ateliers musique, cinéma, affiches, tournois de ping-pong, de badminton, vélocross, tournois de tarot, de poker, jeux vidéo).

On trouve également des activités liées à l'insertion : CV vidéo, rencontres avec des entreprises, ateliers « entretien d'embauche » ; et enfin des présentations de travaux d'élèves : démonstration de forge par les chaudronniers, installation d'un home cinéma par les électroniciens, présentation de travaux personnels encadrés par des terminales mais aussi des secondes, soutenance publique de rapports de stages ou de revues de projet et organisation de travaux pratiques pour des élèves d'une école primaire par des élèves de terminale S. Des sorties variées complétaient le dispositif.

L'établissement a « soufflé », l'apaisement a été très sensible, pour tout le monde. Les professeurs ont apprécié d'avoir des élèves nouveaux, mais l'inverse est vrai aussi, les élèves ont découvert des professeurs d'autres sections avec plaisir. La plus grande surprise est venue de la réponse des élèves sur les activités qu'ils ont préférées : après le sport (attendu), viennent les ateliers proposant des apprentissages nouveaux (italien, breton, etc.). L'appétence des élèves pour des savoirs nouveaux est peut-être la grande leçon à tirer de l'expérience.

L'ergonomie pédagogique comme régulation de l'école et des pratiques ?

Au-delà d'un hypothétique traitement sécuritaire de l'école et à l'école, la question gagnerait à être repensée en termes d'ergonomie scolaire, concept encore récent pour être explicité. Les meilleures pratiques ergonomiques augmentent le temps réel d'enseignement et réduisent celui consacré à faire la discipline : efficacité, assurance de résultats et plaisir sont alors augmentés autant pour les élèves que les professeurs. Cela peut passer par la formation des professeurs, le choix de la méthode pédagogique, la composition des classes, le support de professionnels, l'architecture des espaces, la qualité des manuels ou l'utilisation des TICE. L'ergonomie ne se limite pas à l'étude des conditions de l'apprentissage pour la réussite scolaire ; elle prend compte aussi des processus psychiques de l'apprentissage, tels que l'estime de soi, le sentiment de compétence, la possibilité d'explorer et de se tromper, le sentiment d'appartenance...

Le rapport McKinsey de 2011, *Les clés de l'amélioration des systèmes scolaires*[1] démontre l'efficacité des responsabilités replacées au niveau local. Si le ministère peut suggérer et créer des conditions administratives favorables, c'est au niveau local que l'ergonomie s'articulera nécessairement : il n'y a pas d'ergonomie universelle. Il n'y a pas deux usines, hôpitaux, fermes ou écoles semblables, même parmi les plus ergonomiques ; chacune y applique les mêmes fondements simples, adaptés à leur contexte : efficacité, assurance et plaisir. C'est possible si l'école conjugue à la fois développement professionnel (cf. le chapitre « Penser sa propre formation »), travail collaboratif (cf. le chapitre « Travailler en équipe ») et réflexion partagée sur les apprentissages.

AUTOTEST : AI-JE BIEN ANALYSÉ TOUS LES ASPECTS DU PROBLÈME ?

Il y a quelques années, j'avais élaboré avec ma collègue Joëlle Borga, professeur d'EPS, une fiche de type QCM qui tentait de rendre compte

1. « *Les clés de l'amélioration des systèmes scolaires* » est accessible dans sa version complète en anglais sur le site de McKinsey : http://ssomckinsey.darbyfilms.com/reports/EducationBookNov23.pdf ; et à compléter de l'ouvrage synthétique du CERI-OCDE sur les environnements innovants d'apprentissage, 2014, www.oecd.org/edu/ceri/innovativelearningenvironments.htm.

de la complexité systémique d'une situation donnée pour difficile. Je vous la propose ici.

Pas de bonnes réponses, pas de mauvaises non plus ; ce sont des choix à faire, qui, avec d'autres options prises par vous-même et/ou par l'établissement, font caisse de résonance.

QCM Des propositions de remédiation face à une situation difficile

Il est possible de cocher différents items dans la même proposition

Modifier l'espace

- ❑ je laisse l'espace-classe tel quel (classique)
- ❑ je dispose les tables en carré
- ❑ je dispose les tables en U
- ❑ je dispose les tables en grappes

Utiliser différents supports

- ❑ j'utilise des supports visuels
- ❑ j'utilise des supports auditifs
- ❑ j'alterne les deux types de supports

Utiliser un langage commun

- ❑ un langage scientifique
- ❑ un langage « élève »
- ❑ un langage imagé

Varier le code de communication

- ❑ donner des consignes précises (verbales)
- ❑ donner un modèle (visuel)
- ❑ entrer en contact physique avec l'élève

Gestion du temps dans une séquence de cours

- ❑ cours magistral
- ❑ travail dirigé
- ❑ travail de groupes
- ❑ alternance de deux types de travaux

Gestion du bruit

- ❑ j'exige le silence pendant tout le cours
- ❑ j'exige des plages de silence
- ❑ je tolère un bruit de fond
- ❑ j'accepte le bruit dans certains cas de figure (travail en groupes)

Gestion du rapport de force

- ❑ j'impose mes règles et je sanctionne
- ❑ le groupe professeur-élèves crée sa charte de fonctionnement
- ❑ je laisse le groupe faire son « autodiscipline »

Traitement didactique

- ❑ je fournis le même problème à tout le monde, en fonction du programme
- ❑ je hiérarchise les problèmes du plus facile au plus difficile et je propose le problème adapté au niveau de chaque élève
- ❑ je fais des groupes de niveaux
- ❑ j'alterne les situations précédentes

Varier les groupes de travail

- ❑ je garde toujours ma classe entière
- ❑ je fonctionne par demi-groupes
- ❑ je crée des groupes en fonction des problèmes rencontrés
- ❑ je fais des groupes de motivation
- ❑ je fais des groupes de niveaux

Différencier la pédagogie

- ❑ je propose le même objectif avec des exigences différentes selon les élèves
- ❑ je propose des objectifs différents
- ❑ j'impose le même travail à tout le monde
- ❑ j'applique la même grille d'évaluation à tout le monde
- ❑ je module ma grille d'évaluation en fonction du niveau des élèves

Dialogue

- ❑ je ne dialogue jamais avec mes élèves
- ❑ je propose de temps à autre des QCM de satisfaction
- ❑ j'instaure des plages de dialogue possibles
- ❑ je convoque les élèves à mon bureau
- ❑ j'incite au dialogue pendant le cours

Chartes, projets, contrats...

- ❑ je décide seul des objectifs à atteindre en matière de résultats ou de discipline
- ❑ je suscite des projets de la part des élèves
- ❑ je varie les différentes méthodes précédentes

Adapter l'évaluation

- ❑ je note en fonction du niveau théorique de la classe
- ❑ je note en fonction du niveau réel de la classe
- ❑ je note en fonction de la réalisation ou non des contrats
- ❑ je panache les différents types d'évaluation
- ❑ je note des productions de types différents (oral, écrit, graphique...)

Ouverture de l'école

- ❑ je ne sors jamais avec mes élèves en dehors de l'école
- ❑ j'organise des sorties ponctuelles
- ❑ j'organise des stages en collaboration avec mes collègues
- ❑ je fais venir des intervenants extérieurs
- ❑ je fais revenir d'anciens élèves

Rapport avec le collège

- ❑ j'établis des objectifs en collaboration avec mes collègues
- ❑ j'analyse le projet d'établissement et je me situe par rapport à lui

Prise en compte du projet personnel de l'élève (PPE)

- ❑ je fournis des informations sur l'orientation au groupe-classe
- ❑ j'aide les élèves à trouver un centre d'intérêt
- ❑ j'aide les élèves à confronter centres d'intérêt

et réalités des résultats scolaires

❑ je dis aux élèves ce qui est mieux pour eux

Donner du sens

❑ je pars des acquis ou des représentations des élèves

❑ je pars des prérequis supposés

❑ je prends le temps de questionner l'élève sur ses méthodes

❑ j'impose ma vision du problème

Proposer des alternatives

❑ je laisse l'élève choisir son cheminement d'apprentissage

❑ je laisse l'élève choisir son mode de production

❑ j'impose un emploi du temps de travail à la maison

❑ je propose une collaboration avec la documentaliste

Faire prendre conscience des ressources de l'élève

❑ je procède à une évaluation-diagnostic

❑ je valorise les points forts de l'élève devant le groupe, en entretien

❑ je construis des relations d'apprentissage à partir des points forts de l'élève

❑ je mets l'élève en situation de réussite

❑ je mets l'élève en situation d'échec et avec lui j'identifie les problèmes rencontrés

CHAPITRE 16

Guider le travail personnel

Le travail personnel semble être un des plus gros problèmes rencontrés actuellement à l'École, particulièrement dans le secondaire, tous types d'établissement confondus. Les bulletins trimestriels sont saturés de mentions en termes de manque, d'absence, d'insuffisance ; les élèves semblent assurer le minimum, c'est-à-dire la présence (et encore). Les « nouveaux lycéens » viennent au bahut comme s'ils pointaient à l'usine, dit-on. Il y a donc là une frontière invisible à franchir pour les enseignants pour aller chercher les élèves là où ils sont. Qu'enseigne-t-on quand on assure des études dirigées ou encore l'aide individualisée ? Est-ce qu'en tant qu'enseignant je trouve mon compte dans ces nouvelles configurations du travail scolaire ?

NOUVEAU, INNOVANT OU RETOUR À LA TRADITION ?

De la maternelle aux différentes filières du lycée, l'aide « individuelle » est désormais partout prescrite. Depuis quelques années, se sont mis en place des temps spécifiques et reconnus consacrés à l'ATP (aide au travail personnel). Même si leur appellation est sujette à variations, le thème est récurrent : comment individualiser l'École et permettre de meilleures performances pour les élèves ?

Une étude de la DEPP (Direction de l'évaluation, de la prospective et de la performance) sur les enseignants du second degré[1] livre quelques enseignements sur le sentiment des enseignants vis-à-vis de leur propre métier. Le graphique qui suit présente leurs réponses à la question portant sur *« le cœur du métier »*. La tension entre le fait d'« enseigner » et celui d'« accompagner » apparaît nettement. Tension ou bascule historique, elle constitue

1. À retrouver sur http://www.education.gouv.fr/cid49287/enseigner-college-lycee-2008.html.

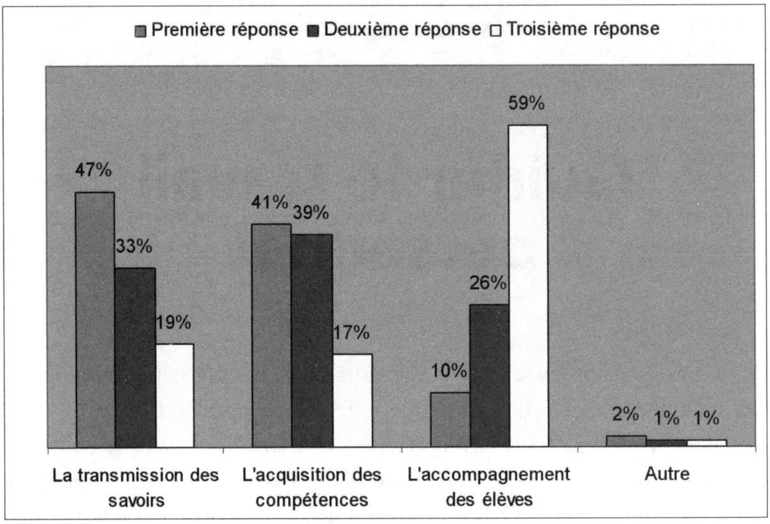

une transition entre deux conceptions du métier et plus généralement de l'École. Il semble intéressant de rapprocher ces réponses-expressions des représentations professionnelles du cadre de référence du métier d'enseignant paru au *Bulletin officiel* en août 2013, afin de mesurer l'ampleur du changement des pratiques à accompagner, dans le cadre de ladite « réforme du lycée » qui devient (enfin ?) partie intégrante du métier.

Une mise en perspective historique[1] nous aide à relativiser l'impression de nouveauté. Le lycée de la fin XIXe siècle et du début du XXe siècle, pourtant alors élitiste, combinait un faible nombre d'heures de cours, avec un grand nombre d'heures « d'études » encadrées. En un siècle, le rapport entre le temps de cours et le temps d'études s'est inversé, passant de un pour deux, à deux pour une, et souvent moins… Fréquemment externalisé à la maison, le travail personnel de l'élève redevient un enjeu dans l'organisation de l'École et l'évolution des pratiques.

Le travail personnel de l'élève n'est pas qu'une question scolaire, celle-ci est également partagée par des acteurs « naturels » : les parents d'élèves. Selon une étude de l'INSEE, ces derniers consacrent en moyenne quinze heures par mois à aider leurs enfants dans leur travail scolaire, soit trente minutes de plus qu'en 1992. Un volume horaire qui décroît avec l'âge de l'enfant :

1. Le bulletin XYZep, titré « Individualiser pour faire apprendre », Cahier XYZep, n° 35, http://cas.inrp.fr/CAS/publications/xyzep/publications/xyzep/2009-2010/xyzep_35_pro.pdf.

dix-neuf heures au primaire, quatorze au collège et six au lycée. Pour les élèves de primaire et collège, les mères particulièrement y consacrent trois fois plus de temps que les pères, pour les lycéens c'est « seulement » deux fois plus ; même si les enfants de profs sont souvent plus suivis par leur père. Autre inégalité : les enfants d'agriculteurs sont les moins « soutenus » et, de l'autre côté de l'échelle, on trouve les enfants d'employés et de professions intermédiaires. Trois quarts des parents ont le sentiment de bien jouer leur rôle mais la moitié sont dépassés au lycée et déjà un sur cinq dès l'école.

CHANGEMENT DES PRATIQUES, ENTRE PROCESSUS ET RÉSISTANCES

Le rapport de suivi des inspections générales montre que si « le processus de la réforme est réellement engagé » dans tous les lycées généraux et technologiques – à quelques exceptions près –, celle-ci suscite encore beaucoup d'« interrogations », de « réticences » voire de « désarroi ». « Cette réforme induit des transformations si profondes qu'elle a besoin de temps », estime Jean-François Cuisinier. Ces temps d'accompagnement modifient les repères traditionnels des enseignants : notes, conseils de classe, programmes qu'il faut « boucler » à tout prix... La réforme implique d'autres missions (accompagnement personnalisé, travail en équipe, conception des enseignements d'exploration, participation aux conseils...), d'autres pratiques pédagogiques que celle du cours magistral. Au-delà des seules questions d'organisation compliquée en termes de mise en œuvre (décloisonnement, groupes en barrettes, etc.), c'est bien l'identité professionnelle des enseignants qui est touchée. Trois types sont distingués : « Des professeurs moteurs, convaincus de la nécessité de cette évolution ; d'autres qui en ont conscience, mais ont besoin d'être accompagnés. D'autres, enfin, totalement réfractaires à ce changement, qui considèrent qu'ils détiennent un savoir et qu'il suffit de parler pour le transmettre. »

CONSULTANT

« L'AIDE AUX ÉLÈVES : UNE AFFAIRE D'ÉQUIPE »

Le seul décret d'aide aux élèves ne peut suffire ; l'inscription dans l'horaire des enseignants et des élèves n'entraîne pas pour autant des pratiques efficaces. À ce niveau de finesse, ce sont des gestes, des postures, des regards et une écoute portée aux élèves. L'aide aux élèves redessine tout un savoir professionnel dans un environnement d'apprentissage encore flou pour nombre de collègues.

Dans le premier degré. Grâce à l'inventaire minutieux et partagé[1] de directeurs et de conseillers, dont l'équipe de Claire Boniface, IEN à Paris, l'aide aux élèves apparaît polymorphe : différencier dans la classe, mais s'organiser entre classes aussi ; réguler entre maîtres. En recherchant la plus grande efficacité, l'équipe se met elle-même à fonctionner autrement, comme on le perçoit dans le dispositif « plus de maîtres que de classes » mis en place en 2013 où le maître surnuméraire n'est pas le spécialisé dans l'aide, mais permet à une équipe d'aménager les temps et les modalités pour les élèves.

L'aide individualisée au lycée

Dans le second degré. Bien des éléments sont transposables dans le second degré ; si l'inscription dans la discipline est certes plus marquée, il convient de mutualiser les approches et les expériences en la matière. Sur l'espace RESPIRE (le *facebook* de l'éducation), un groupe est entièrement dédié à ces échanges[2], au niveau national ; y sont présentés des dispositifs globaux comme des fiches plus techniques.

> ***“Le lycée, c'est différent du collège ; on doit travailler sur des contenus spécifiques.”***

On peut retrouver dans cette étude de cas quelques facteurs d'efficacité de l'accompagnement scolaire que Bruno Suchaut (IREDU – Institut de recherche sur l'éducation) synthétise en cinq points :

1. Les dispositifs les plus efficaces sont ceux qui sont directement en prise avec le travail scolaire. Ce qui revient à soutenir l'idée d'études dirigées effectuées par le professeur.

2. L'accompagnement scolaire est plus efficace en groupe. Il s'agit d'éviter une trop forte personnalisation de l'aide (entre 8 et 15 élèves par groupe semble être un choix pertinent) et de composer, autant que cela est possible, des groupes de profils hétérogènes tant sur le plan scolaire que social. C'est très loin du fantasme du préceptorat.

3. Le niveau scolaire des élèves au moment où la prise en charge débute. Au CP et au CM1, les élèves qui abordent l'année scolaire avec le plus de difficultés (environ un quart des élèves) sont ceux qui tirent le plus de profit de l'accompagnement à la scolarité, ce qui n'est pas le cas pour les autres.

1. Sur le site de la circonscription 18 B de Paris, http://18b-gouttedor.scola.ac-paris.fr/spip.php?article2141.
2. http://www.respire-education.fr/pg/groups/488/le-site-changes-et-partages-sur-la-mise-en-oeuvre-de-laccompagnement-personnalis-au-lyce/.

4. Les élèves de milieu social très modeste et les redoublants bénéficient davantage des actions.
5. L'accompagnement scolaire est plus efficace quand il associe les parents.

CONDUIRE LES ÉTUDES DIRIGÉES AU COLLÈGE

Dans tous les collèges, ce sont autant d'alertes pour vos projets et votre action. Les études dirigées au collège sont des moments obligatoires, inscrits dans l'emploi du temps des élèves et des enseignants (souvent volontaires). Elles peuvent faire l'objet d'une négociation sur les objectifs de chaque séance ou groupe de séances, soit entre les membres de l'équipe pédagogique, soit entre les personnels des heures d'études.

> ***“Dans mon établissement, comment organiser les études dirigées dans un travail d'équipe ?”***

Plusieurs objectifs possibles. L'organisation en objectifs précis, modulables et évaluables est un facteur important qui peut nourrir positivement un entretien ou un bulletin de fin de trimestre[1]. Dans chaque objectif, on cochera ou non un critère de capacité atteinte, à intervalles de temps réguliers (voir le tableau page suivante).

Que faire en études dirigées ? Les études sont souvent prises comme un pensum par les élèves qui ne les rattachent pas à une discipline. La négociation avec eux sur le sujet à étudier est donc importante. Le choix peut se faire en fonction de leurs besoins du moment ou des impératifs du calendrier scolaire. Les sujets que l'on peut aborder avec les élèves pendant les études dirigées sont multiples. Voici par exemple une fiche produite par le collège d'Oisement (Somme).

> ***“Dans les études dirigées en sixième, à part les devoirs pour la semaine, je ne vois pas quoi d'autre « diriger ».”***

1. « Gestion des objectifs d'ATP (aide au travail personnel) », extrait d'un document MAFPEN (Mission académique à la formation des personnels de l'Éducation nationale) de Limoges (collège Anatole-France), cité dans A. de Peretti, *Encyclopédie de l'évaluation en formation et en éducation*, ESF, 2010, p. 286.

CONSULTANT

✎ On cochera les items qui seront choisis préférentiellement pour définir l'ordre du jour d'une séance (ou d'une série de séances).

- ❑ Examen des résultats scolaires d'une période déterminée (mois, trimestre).
- ❑ Bilan des progrès et des difficultés de la semaine.
- ❑ Point sur le travail (organisation) de la semaine.
- ❑ Reprise de notions disciplinaires.
- ❑ Réalisation de devoirs et leçons avec consultation possible de l'adulte et contrôle.
- ❑ Élaboration de contrats individuels (utilisation du carnet de liaison).
- ❑ Expression des difficultés liées à la vie scolaire.
- ❑ Expression des difficultés liées à la relation de l'élève à une (ou des) disciplines.

À la maison	À l'école, au collège
Objectif 1 : organiser son travail > Gérer son temps : - L'élève sera capable de planifier son temps libre sur une semaine. - L'élève sera capable de s'avancer dans son travail. - L'élève sera capable d'organiser un planning de révisions. > Gérer son espace. > Gérer ses outils : - L'élève sera capable d'utiliser son cahier de texte. - L'élève sera capable de préparer son sac. **Objectif 2 : faire son travail à la maison** > Lire une leçon : - L'élève sera capable de trouver le thème d'une leçon. - L'élève sera capable de trouver les mots-clefs. - L'élève sera capable de trouver le plan. > Apprendre une méthode : - L'élève sera capable de relier l'exercice à une notion de la leçon. - L'élève sera capable de dire ce qu'on attend de lui. - L'élève sera capable de définir une méthodologie pour apprendre des leçons, matière par matière, en tenant compte de ses variantes personnelles. > Faire un brouillon. > Faire un exercice. > Faire un devoir.	**Objectif 3 : organiser sa pensée** > Faire un résumé. > Faire une synthèse. > Faire une analyse. **Objectif 4 : choisir ses procédures d'apprentissage** > Choisir selon la tâche. > Choisir selon son propre travail. **Objectif 5 : utiliser au mieux sa mémoire** > Apprendre à faire attention : - L'élève sera capable de se mettre en condition de réception. - L'élève sera capable de se concentrer. - L'élève sera capable d'évaluer ses facultés d'attention en fonction de la situation. > Apprendre à percevoir les « bons » indices. > Apprendre à faire des associations. > Apprendre à mettre en œuvre les conditions de rappel. > Apprendre à rappeler les informations stockées en mémoire. > Apprendre à utiliser des moyens mnémotechniques adaptés au contenu à mémoriser.

GUIDER LE TRAVAIL PERSONNEL EN CLASSE

Les temps spécifiques d'aide au travail personnel de l'élève, tant au collège qu'au lycée, ne dispensent pas les enseignants de cette tâche pendant le cours lui-même. Cela ne fonctionne que s'ils sont articulés aux pratiques ordinaires dans la classe.

Organiser le travail personnel dans des temps variés

« Je ne vois pas comment concilier cours classiques et séances ATP avec les élèves. »

Le temps de la classe (re)devient le travail de l'élève. Le guidage du travail personnel prend toutes sortes de formes, en jouant particulièrement sur les temps variés et l'organisation de groupements diversifiés[1]. Par exemple :

- des temps réguliers de conseils méthodologiques (en petits groupes, avec un ou plusieurs conseillers ou « tuteurs ») en petites classes, ou en forum avec libre choix du conseiller, ou au CDI ;
- des horaires consacrés à la préparation et l'exécution d'un projet ;
- des séances individuelles ou collectives consacrées aux problèmes d'orientation ;
- passer en « self-disciplines » : des professeurs se tiennent, à heure et à jour fixes, à la disposition de tous les élèves qui ont besoin de faire appel à eux dans le cadre de leur discipline. Ce dispositif, particulièrement efficace, est à conseiller à toutes les fins de trimestre, et en fin d'année, après les conseils de classe, quand l'organisation part « en quenouille ». C'est bien alors l'occasion de « travailler autrement » ;
- des séances organisées d'entraide pédagogique entre élèves (de même classe ou de classes différentes, de même niveau ou de niveaux différents, par exemple élèves de troisième et de sixième) comme au collège Aubrac, à Doubs (prix de l'innovation 2015).

Instaurer des relations d'échanges et d'aide dans la classe

La tendance est d'opposer le travail en cours et le travail personnalisé, comme si le nombre, grand ou petit, déterminait fatalement le mode d'organisation des échanges et de la transmission. Le suivi et l'analyse

1. Extrait de la fiche 4 : A. de Peretti, *Encyclopédie de l'évaluation en formation et en éducation,* Paris, éd. ESF, p. 296.

“ En classe, je n'ai ni le temps ni les moyens de guider le travail personnel. ”

des formes adoptées par de nombreuses équipes montrent que non : en classe entière, il est bien possible de « travailler autrement », en particulier en s'appuyant sur les ressources issues du travail personnel. Voici quelques exemples[1].

❑ **Le petit cours.** Sur une suggestion du prof, à tour de rôle, l'un des quatre ou cinq bons élèves de la classe dans une discipline donnée se met à disposition de ses camarades une fois par semaine, pour répondre à leurs questions. Il s'agit de réexpliquer, non de donner les solutions des devoirs.

❑ **L'alouette.** Un élève plus âgé prend sous sa responsabilité un élève plus jeune (au moins deux années scolaires d'écart) environ une heure par semaine pour l'aider à organiser son travail, répondre à ses questions, lui réexpliquer en « mots d'élève » ce qu'il n'a pas compris, lui faire réciter ses leçons ou chercher des exercices.

❑ **Le parapluie.** L'enseignant fait son cours magistral pour dix à quinze bons élèves qui le comprennent habituellement, pendant vingt à trente minutes puis s'arrête. Chacun de ces bons élèves reprend alors la leçon pour ses deux voisins, en fonction de leurs demandes. Le professeur circule et écoute les explications. Il intervient en cas d'erreur manifeste et refait le point au besoin, en toute connaissance des difficultés de compréhension rencontrées.

❑ **La cordée.** Le travail de production est systématiquement fait à deux. L'enseignant ne note qu'un devoir par couple de deux élèves. Le devoir est fait en classe, et, en circulant dans les rangs, le prof peut s'assurer que les deux élèves travaillent et dépanner un groupe bloqué. Constitution des équipes : par affinités, par similitude de niveau, ou par mixage systématique (à discuter). Valable en version (langue ancienne), résumé de texte en français, analyse de documents en histoire, analyse de protocole expérimental… Les élèves aiment ce type de travail qui lève le stress du devoir noté en classe ; l'enseignant peut voir où bloquent les élèves, comment ils travaillent ; l'esprit critique des élèves et l'autoévaluation sont meilleurs.

1. D'après « Apprendre en s'entraidant », Cécile Delannoy, *Cahiers pédagogiques*, n° 304-305, 1992, p. 74.

◘ DÉVELOPPER LE TRAVAIL PERSONNEL EN COURS ET À LA MAISON, LA « PÉDAGOGIE INVERSÉE »

Nicolas Olivier, professeur de sciences économiques et sociales au lycée Jean-Monnet de Franconville, et Christophe Viscogliosi, professeur de sciences économiques et sociales au lycée Jacques-Prévert de Taverny, deux enseignants de première et terminale ES, ont mis parallèlement en place dans leurs lycées un projet de pédagogie inversée[1].

> *« Je ne parviens pas à faire travailler mes élèves à la maison ; plus de la moitié ne rend rien. »*

La pédagogie inversée est un dispositif pédagogique principalement utilisé en Amérique du Nord (États-Unis et Canada) ; il part du constat que, pour réduire les inégalités scolaires, il faut « inverser » la pédagogie. Dans un cours classique, magistral ou dialogué, l'enseignant passe un temps important à présenter les notions du programme et un temps moins important à faire des exercices d'application sur ces notions qui sont, de ce fait, souvent réalisées par les élèves en dehors de la classe, sans l'enseignant. Dans le cadre de la pédagogie inversée, la logique est « inversée » : les notions sont étudiées par les élèves, en dehors de la classe, en amont du cours à travers des supports variés (vidéos, diaporamas), et l'enseignant consacre plus de temps en classe à mettre les élèves en activité autour des notions, à travers toute une série d'exercices, tout en les accompagnant et en vérifiant qu'elles sont bien assimilées.

Les deux enseignants proposent désormais aux classes de ES de courtes vidéos, mises en ligne (inverseco.weebly.com) et visionnées par les élèves avant le début de chaque séquence. Elles sont accompagnées d'un questionnaire. Un peu d'entraînement dans la facture de la vidéo n'entraîne pas forcément d'allongement dans la préparation de cours. En classe, l'enseignant corrige brièvement le questionnaire avec les élèves puis les met en activité (par îlots de quatre élèves) autour d'exercices problématisés leur permettant de réinvestir et de s'approprier une ou plusieurs notions. Les élèves élaborent ainsi leur trace écrite dans une relative autonomie, tout en étant guidés et accompagnés par l'enseignant qui circule entre les différents îlots d'élèves et qui vérifie que ces derniers progressent dans leurs apprentissages. Les premiers retours attestent une progression

1. Voir l'article sur www.cahiers-pedagogiques.com/Pedagogie-inversee-en-SES.

des résultats et de la qualité des travaux, non sans décontenancer quelques « bons » élèves très conformés au modèle plus traditionnel.

Aide au travail personnel de l'élève à distance ou ADEL (aide aux devoirs de l'élève)

Un autre dispositif émerge actuellement avec les plateformes numériques, compatibles ENT (espace numérique de travail), comme c'est le cas au collège Georges-Rouault (RAR – Réseau Ambition Réussite), à Paris ou au collège Bernard-de-Ventadour à Limoges : l'accès au service d'aide aux devoirs par Internet est proposé à tous les élèves. Ces derniers et les parents souhaitant en bénéficier et ayant signé la charte d'utilisation du service obtiennent un guide utilisateur et un identifiant personnel. Ils se connectent entre 18 heures et 19 heures au site ProfExpress et bénéficient, par exemple, de l'aide de l'enseignant de mathématiques de leur établissement qui est de permanence. Les enseignants impliqués dans ce dispositif se relaient pour assurer de chez eux les permanences du lundi au vendredi pendant les douze semaines scolaires effectives, entre février et juin. Chacun s'engage à se connecter sur un créneau fixe d'une heure hebdomadaire et à aider les élèves de son établissement qui lui sont routés.

LE TUTORAT : UNE RELATION D'AIDE INDIVIDUALISÉE

> ***“Au collège, on m'a proposé de rejoindre le groupe « tutorat ». Mais que dois-je faire avec ces deux élèves ?”***

À la différence de la relation d'aide en petits groupe, le tutorat est une relation d'aide individuelle : c'est la possibilité offerte à certains élèves de bénéficier d'un rapport interindividuel régulier avec un adulte, hors temps de classe. Le tutorat est une des réponses pédagogiques pour ces quelque 10 % d'élèves qui arrivent parfois à « plomber » un collège si rien n'est tenté.

D'autres dispositifs peuvent fonctionner en parallèle, par exemple lorsqu'on sort temporairement certains élèves de leurs classes pour les faire travailler sur les « fondamentaux », dirait-on au rugby. Dans les deux cas, on voit bien que ce qui fait bouger les équipes puis un établissement, ce ne sont pas tant les très faibles performances scolaires de leurs élèves, mais la prévention, dans le meilleur des cas, la prise en charge, dans les autres, du « potentiel de catastrophe » de ces élèves dans la classe et l'établissement.

Comment mener une séance de tutorat

Un collège REP de Paris a travaillé plus spécifiquement l'approche tutorat, en éditant, entre autres, une fiche à destination de tous les tuteurs. Retrouvez la fiche-outil pour les tuteurs[1] page suivante.

Comment terminer la séance

Pensez à faire un petit bilan du travail de votre élève tutoré en lui présentant un point positif (obligatoire) et en proposant un point susceptible d'une amélioration rapide, traité lors de la présente séance.

Cette pratique, toujours susceptible d'évoluer au fur et à mesure des cas rencontrés comme des renouvellements des membres de l'équipe, est tout à fait représentative d'une forme de tutorat, ici axé sur une dominante « pédagogique ». Les composantes essentielles sont : méthodologie, gestion de ses propres ressources par l'élève, organisation du travail personnel. Ces dimensions sont essentielles dans la réussite de tout élève ; la seule différence entre un élève « normal » et un élève susceptible d'être accompagné en tutorat, c'est que le premier dispose d'éléments suffisants de connaissances sur lui, d'expériences scolaires réussies et de ressources de proximité (dont l'environnement familial) pour traiter ces questions, l'autre pas forcément sur l'un de ces trois aspects.

ET SI LE TUTORAT DÉPASSE LE CADRE PÉDAGOGIQUE

“Je sens la dérive de l'institution ; je suis prof d'anglais, pas psy ou assistante sociale.”

Selon les types de publics scolaires, le tutorat peut prendre des formes plus décentrées de la pédagogie à proprement parler et certains collègues peuvent éprouver le sentiment de déroger ou de sortir de leur champ de compé-

1. Collège Gustave-Flaubert, Paris XIIIe, « Innovation 1999-2001 », S. Graham, I. Veysseyre, M. D. Kaddour, M. D. Halet, C. Dormigny, F. Marcel, A. Coupeau, disponible sur le site Innovation.

CONSULTANT

Difficultés	Conseils pour le tuteur
Organisation du cartable (matériel manquant, matériel inutile)	Dès les premières séances, demander à l'élève de vérifier son cartable avec son emploi du temps. Mettre en évidence ce qui est inutile, ce qui est oublié. Consulter la liste du matériel.
Travail demandé non fait (travail non fait ou partiellement fait)	Relire les consignes, définir les verbes d'action. Se mettre d'accord avec les autres tuteurs pour faire la même chose pendant un certain temps en ayant la même méthode de présentation.
Utilisation du cahier de textes (travail mal noté, oublis : date, matière…)	Conseiller le cahier de textes plutôt que l'agenda pour s'y retrouver d'une semaine à l'autre. Essayer de remarquer ce qui revient souvent dans la demande de chaque professeur. Faire recopier proprement le travail demandé.
Apprendre la leçon, mémorisation (leçon non sue, simple récitation)	Faire lire à haute voix et/ou faire recopier plusieurs fois les phrases importantes. Faire apprendre les définitions par cœur. Faire dire ce qu'on a retenu.
Présentation du travail (non-respect des consignes de présentation, graphie désastreuse)	Faire réécrire ce qui est mal écrit. Repérer les exigences du professeur à partir du cahier ou de votre connaissance des professeurs. Proposer un modèle de présentation, si aucun n'a été proposé.
Tenue du cahier, tenue du classeur (absence de documents, absence de mise en ordre)	Aider l'élève à s'y retrouver dans son classeur. Faire noter les indications manquantes : date, matière Numéroter les pages au crayon…
Expression écrite (texte très court, défaut de ponctuation)	Passer un contrat avec lui : ne pas quitter la séance sans avoir fait une partie du travail par écrit. Lui rappeler quelques règles élémentaires (majuscules, souligner, aller à la ligne…).
Écoute, attention (retard dans la mise au travail, pose des questions non pertinentes)	Essayer de le ramener au sujet de la leçon ou de l'exercice. Écarter calmement les questions sans intérêt avec le sujet. Négocier, avant de commencer la séance, le moment précis d'une pause de deux ou trois minutes.
Lenteur dans le travail (lenteur excessive)	Lui fixer un challenge : refaire le même exercice en mettant moins de temps. Mettre en valeur les progrès réalisés.

tences. Il s'agit pourtant du même métier que d'aider l'élève à apprendre à se repérer dans les règles implicites de la réussite scolaire.

L'entretien à dominante psychopédagogique

Cet entretien aborde des dimensions telles que :
– les problèmes de motivation (ou plutôt de non-motivation : absence d'intérêt pour les activités scolaires, voire refus, rejet…) ;

▸ L'entretien : une technique très utile

La technique de l'entretien est très formatrice ensuite pour améliorer sa conduite de classe.

Par exemple, évitez plutôt :
- le jugement de valeur (« c'est bien/mal de dire ça ») ;
- l'interprétation hâtive (« Tu dis ça parce qu'au fond... ») ;
- l'encouragement gratuit ou la consolation (« Ne t'en fais pas ! ») ;
- la prescription de solution immédiate (« T'as qu'à... »).

Préférez la compréhension d'autrui[1] (d'après l'approche centrée sur la personne, développée par Carl Rogers) :
- considération positive inconditionnelle d'autrui ;
- empathie (accueil des sentiments d'autrui) ;
- congruence (authenticité avec son propre « ressenti »).

En actes, cela peut signifier par exemple :
- accueillir l'élève (notamment au début de l'entretien) ;
- marquer le silence (laisser parler l'autre) ;
- adopter une attitude non verbale d'écoute (regard, geste, accord postural, en accompagnement de celle de l'élève) ;
- travailler en écho (monosyllabe prouvant qu'on écoute) ;
- proposer une reformulation : résumé fidèle, restructuration.

1. Voir le dossier ATP des *Cahiers pédagogiques*, contribution de P. Meirieu, 1989, p. 75.

– les problèmes relationnels avec tel professeur, avec le groupe-classe ; l'entretien peut aider l'élève à dissocier ce qu'il éprouve à l'égard d'un prof et à l'égard de la discipline qu'il enseigne ; il a une fonction de médiation entre l'élève, les autres professeurs, les membres de l'administration, voire les parents ;
– les problèmes affectifs à l'égard des actes scolaires (peur de l'examen, trac pour parler en public, angoisse excessive de son orientation ou des résultats scolaires).

CONSULTANT

L'entretien à dominante psychologique

« J'ai franchement peur d'aller trop loin dans le « guidage » ; certaines questions me dépassent réellement. »

Il peut arriver que l'élève demande à parler de ses problèmes personnels (relation avec sa famille, problèmes sentimentaux…). Pour éviter les risques de dérapage vers la « direction de conscience » ou la psychothérapie, on peut souhaiter que ce type d'entretien soit organisé à l'échelle de l'établissement et assuré par une équipe d'adultes différenciée (parents, conseillers d'éducation, assistance sociale, profs) ayant reçu une formation à l'écoute et accompagnée pour cela. Dans ces deux cas, on peut comprendre les craintes *a priori* de certains enseignants, mais :

– d'une part, le tutorat est un acte volontaire et engageant, de la part de l'adulte et de l'élève ;

– d'autre part, l'action doit absolument être étayée par un apport de type formation sur site, pour perfectionner ses propres techniques d'écoute et d'entretien, individuellement, en appui sur le groupe des tuteurs. On n'accompagne pas sans être accompagné.

Rester dans son champ de compétence

La vulgarisation d'une certaine culture psychologisante, une approche trop centrée sur les conditions socio-familiales peuvent conduire l'entretien vers des terrains que vous ne maîtriserez pas ; et cela n'aidera pas forcément l'élève, avec qui vous travaillez la dimension « élève ». Afin de se replacer en guidage pédagogique, mieux vaut alors fonder son action et la conduite d'entretien sur des objectifs scolaires qui expliquent que lui, l'élève, et vous, le prof, êtes en face à face. Restez dans votre champ de compétence, vous en serez renforcé et l'élève saura à qui parler. Si des besoins d'un autre type apparaissent, proposez de passer la main vers d'autres compétences présentes dans l'établissement.

L'action du tutorat est centrée sur la personne, et ne porte pas sur le fonctionnement organisationnel, relationnel ou institutionnel de l'École. Vous ne disposez pas du pouvoir de changer l'École, d'autres lieux et instances existent pour cela. Les esquisses de réponses élaborées avec l'élève relèvent de l'analyse enrichie des situations, de l'étude des variables possibles en matière d'amélioration à sa portée. Tout au plus, vous pouvez proposer une médiation avec le ou la collègue.

Bonus Web ☛ Un blog à destination des collégiens : www.coachcollege.fr/.

DES LIMITES DU TUTORAT

Il ne suffit pas de créer une offre de tutorat pour qu'elle atteigne sa cible. Il ne suffit pas de vouloir aider pour aider. D'après une étude du Cereq[1] portant sur le tutorat proposé aux étudiants de première année dans l'enseignement supérieur, de nombreuses raisons expliquent l'abandon ou le refus d'inscription des étudiants : offre trop précoce, trop impersonnelle ou contenu peu motivant. Le tutorat touche des étudiants moyens et peine à atteindre ceux qui en auraient besoin. Mais le tutorat obligatoire et ciblé aurait lui aussi des retombées négatives. « Le tutorat seul ne peut apporter toutes les réponses au problème de l'échec en première année. D'autres pistes mériteraient d'être étudiées comme les parcours aménagés. »

AUTOTEST : SE DONNER DES OBJECTIFS ATTEIGNABLES EN ATP

En études dirigées, à partir du tableau d'objectifs de la page 306, dégagez deux objectifs à retenir pour les prochaines semaines avec votre groupe d'élèves.

CONSULTANT

1. Internet : http://www.cereq.fr/index.php/collections/Bref

CHAPITRE 17

Prospecter les besoins des élèves

Tout se passe comme si le concept de besoin était clair pour tous. Les équipes ont une tendance forte à répondre trop vite par des dispositifs de toutes sortes – remédiation, classes, structures, etc. –, sans prendre réellement le temps ni se donner les moyens conceptuels de faire l'analyse... de besoins. D'où les ratages et les décalages.

Prospecter les besoins, c'est d'abord se poser cinq questions : Qui sont nos élèves ? Quels sont leurs besoins, notamment lors des changements de cycles ? Que ne savent-ils pas faire ? Comment le savons-nous ? Quelles sont les réponses adaptées et plus efficaces devant des besoins aussi divers qu'importants pour nos élèves ?

QUI SONT NOS ÉLÈVES ?

Se confronter à cette question, c'est d'abord accepter que l'élève est une personne, et entendre que bien des aspects le concernant nous dépassent dans l'École. Il est utile de reconnaître qu'ils existent et que ces facteurs ont une influence sur la vie de l'élève en classe. La littérature en psychopédagogie abonde, en prenant appui sur des approches théoriques universalistes, parfois déviées de leur domaine d'étude et mal comprises, comme les stades de développement d'après Piaget, contredit à présent par les acquis des recherches en neurosciences. On trouve régulièrement la théorie de la hiérarchisation des besoins élaborée par Abraham Maslow en 1954.

Maslow à l'École : besoins des élèves dans un cadre scolaire toujours trop rigide

En prenant une distance critique, cette approche signale cependant l'importance d'assurer la sécurité des personnes et des relations, et la nécessité

▸ La hiérarchie des besoins

Selon Maslow, tous les individus souhaitent satisfaire cinq catégories de besoins, classables par ordre d'importance ; hiérarchie qu'il matérialise par une pyramide. Pour qu'un besoin soit ressenti, il faut que celui qui le précède soit satisfait.

Représentation en diagramme
de la hiérarchie des besoins de Maslow

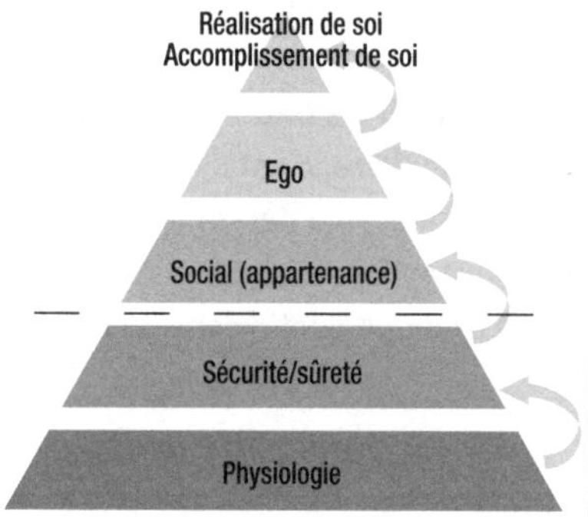

Les besoins physiologiques seraient, globalement, satisfaits dans la société actuelle (dans les pays développés).

Les besoins psychologiques de sécurité, tels que la stabilité de l'emploi ou le devenir, voient leur acuité croître en période d'instabilité économique.

Les besoins d'appartenance s'expriment par le souhait d'être aimé et d'être intégré dans un groupe.

Les besoins d'estime se traduisent par l'exigence de représenter une certaine valeur tant à ses yeux qu'à ceux des autres membres du groupe.

Enfin, les besoins de réalisation de soi s'expriment par le désir de mettre en œuvre ses facultés, de faire œuvre créatrice, de repousser ses propres limites et, plus simplement, de se perfectionner. Apprendre... À noter : répondre à un besoin spécifique n'entraîne pas les mêmes effets selon les niveaux. Ainsi dans les bas degrés de la pyramide, la satisfaction des besoins entraîne une extinction temporaire de ceux-ci. Plus on monte les degrés de la pyramide, plus la satisfaction des besoins entraîne une motivation intrinsèque.

> *“Je suis confronté à de tels besoins, toutes dimensions confondues, que je ne sais que faire.”*

de construire des liens d'appartenance, deux dimensions qui assurent un climat favorable aux apprentissages (voir chapitre 15).

► L'école génère les besoins des élèves, le cas des « décrocheurs »

« La responsabilité du décrochage scolaire est souvent attribuée à des problèmes de déficience parentale. Parfois également elle se naturalise dans une vision du jeune paresseux... Ces deux visions sont pour nous autant de simplismes qui dédouanent le milieu scolaire de toute influence dans la construction de ce décrochage. » Alors encore un livre qui accuse l'école ? L'ouvrage de Catherine Blaya[1], *Décrochages scolaires* (au pluriel), est bien plus fin et précis que cela. « Il ne s'agit pas de dire que "c'est la faute à l'école" mais de montrer que dans ce phénomène hypercomplexe il faut tenir compte aussi bien des facteurs exogènes qu'endogènes. » L'École peut parfois engendrer l'ennui, le mépris, l'hypocrisie scolaire. Mais il y aussi les décrochages liés à la précocité intellectuelle ou à la violence scolaire, c'est dire que les programmes de prévention doivent être variés. « Le décrochage scolaire ne peut se résoudre par des mesures exceptionnelles... Il est installé au cœur même de l'école et c'est dans la pratique quotidienne qu'il peut se prévenir et se déconstruire. »

1. C. Blaya, *Décrochages scolaires. L'école en difficulté,* de Boeck, Bruxelles, 2010 ; à compléter avec Pierre-Yves Bernard, *Le décrochage scolaire,* Que sais-je n° 3928, PUF, Paris, 2011.

Autrement dit, plus vous travaillez, en classe, sur le sentiment d'appartenance, sur l'identité du groupe, sur la valorisation de petites réussites et la dimension créatrice, plus vous avez de chances d'activer le moteur de la motivation si recherchée. (Voir les chapitres 15 et 24.)

Développer les capacités attentionnelles et sociales des ados

Nicole Devolvé[1], en s'appuyant sur les apports des études sur les capacités attentionnelles des élèves, invite les enseignants à ne pas limiter les heures de cours aux meilleurs moments mais plutôt d'apprendre aux élèves à prendre conscience de leurs limites et à mieux gérer leur attention. La même démarche, métacognitive, vaut pour les différents types de mémoire et l'acte d'apprendre (voir le chapitre 19).

1. Nicole Devolvé, *Tous les élèves peuvent apprendre. Aspects psychologiques et ergonomiques des apprentissages,* Paris, Hachette Éducation, 2005 ; voir un article sur http://www.inrp.fr/Acces/Biennale/5biennale/Contrib/Long/L115.htm.

▸ Le RASED : une équipe pour épauler l'enseignant

Sous la responsabilité de l'IEN (inspecteur de la circonscription), le RASED (réseau d'aides aux élèves en difficulté) est constitué :

1. d'au moins un maître spécialisé (titulaire du CAPSAIS option E) chargé de l'aide à dominante pédagogique (adaptation) ;

2. d'au moins un rééducateur (titulaire du CAPSAIS option G) chargé de l'aide à dominante rééducative ;

3. d'un psychologue scolaire chargé d'établir des bilans psychologiques, des suivis psychologiques et des relations avec les services extérieurs (soins, etc.).

Elle ne traite pas d'un autre contenu que celui de faire réfléchir les élèves sur leur fonctionnement et leurs besoins. Des fiches pratiques aident à cette prise de conscience sur les besoins fondamentaux : dormir, manger, gérer son stress (des compétences à la fois fondamentales et peu travaillées à l'École alors qu'elles sont indispensables). Elle propose des exercices concrets pour apprendre aux élèves à gérer leur attention ou leur mémoire de travail et finalement à devenir plus autonomes.

La motivation combine à la fois des capacités d'attention en interaction avec un contexte social en sollicitation avec les pairs et les adultes. Édith Tatar-Godet le développe dans son ouvrage[1] : apprendre à se connaître, accepter l'autre, connaître ses capacités, ses limites, respecter les règles de la vie en société. Une centaine d'exercices donne les pistes aux équipes afin de développer ces compétences dans le cadre d'ateliers de parole.

DES BESOINS ENCORE PLUS PRÉGNANTS LORS DES CHANGEMENTS DE CYCLES ?

L'analyse des besoins est un exercice professionnel au long cours. On doit se montrer particulièrement vigilant aux moments de rupture pour les élèves que constituent les passages de cycles, entre école et collège, entre collège et lycée, et les difficultés rencontrées en université nous

> ***“ Les élèves doivent avoir des prérequis ; les besoins, ce n'est pas mon rayon. ”***

1. Édith Tartar Goddet, *Développer les compétences sociales des adolescents,* Retz, 2007.

CONSULTANT

signalent qu'il faut aussi envisager la question entre lycée et supérieur. On peut invoquer des prérequis jamais acquis, cela ne dispense pas d'une analyse plus fine. Ou alors que faites-vous si les prérequis sont défaillants pour la plupart des élèves ? Ce sont précisément des besoins à prendre en charge. Les équipes ont encore à progresser sur l'analyse partagée des ressemblances/différences entre l'école et le collège : les ignorer ou les méconnaître ne fait qu'aggraver des situations déjà difficiles pour les élèves.

La réorganisation en une *école du socle commun* assigne explicitement à cet objectif, celui d'une plus grande continuité pour permettre le changement et les meilleurs apprentissages des élèves dans une école « moyenne », à l'instar d'autres systèmes éducatifs où la scission n'a pas lieu d'être, du fait d'une construction scolaire historique différente.

La délicate liaison école-collège

École et collège marquent d'abord des différences de fonctionnement et de cultures, souvent fortes au moins sur trois points.

Un maître, dix profs. À l'école, le maître établit une proximité avec les élèves, à l'inverse du collège où la dimension personnelle est nettement moins affirmée : le professeur se fait plus rare, en tout cas plus distant. Cela signifie d'autre part que le mode de guidage est plutôt centré sur l'enfant au primaire, alors que le secondaire insiste plus sur l'élève dans sa dimension beaucoup plus scolaire. Enfin, là où le maître unique garantit un même niveau d'exigences dans la plupart des matières qu'il prodigue, dès le secondaire, l'élève se trouve confronté à de grands écarts selon les disciplines, selon les attentes souvent implicites de ses multiples enseignants.

Des attentes différentes. De la même façon, le travail et ses conditions diffèrent sensiblement. Si l'élève de primaire peut travailler sur une durée plus longue, au collège se succèdent des temps très rapides où le facteur de réussite est la capacité à écrire rapidement. De plus, le travail personnel est manifestement plus important, alors que le guidage se fait moins présent ou moins efficace.

L'écrit change de sens et de fonction. En primaire, on apprend à écrire ; au collège, on copie de plus en plus en cours ; les écrits les plus longs sont réservés aux devoirs à la maison. L'oral, même s'il est sollicité dans le secondaire, est nettement moins valorisé ; les évaluations sont essentiellement écrites.

Ces différences d'encadrement et de culture marquent un saut notable, un seuil de rupture qui permet aussi à l'enfant de grandir ; cette dimension peut parfois engendrer craintes et peurs devant l'inconnu. Souvent, le collège est éloigné, les horaires variables, et l'élève doit ainsi gérer une nouvelle responsabilité (on parle d'« enfant à la clef ») en matière de déplacement, mais aussi d'organisation de son temps libre, dans un domaine où les tentations sont grandes. C'est donc une solitude relative que l'élève doit apprivoiser, en particulier dans l'organisation de ses propres savoirs, quand les liens entre les disciplines scolaires sont loin d'être évidents.

Comment adoucir le passage du primaire au collège

La prise en compte de la difficulté de ce passage du primaire au collège peut éviter ensuite aux enseignants d'être confrontés un peu plus tard à des besoins impossibles à couvrir. On peut envisager cette prise en compte comme décrit ici, par exemple.

“Je ne sais pas ce qu'est un besoin d'élève.”

Permettre aux élèves et aux parents de découvrir ce qu'est le collège avant que les enfants n'y entrent :

❑ proposer un livret d'accueil du collège, lisible et pratique ; ce peut être l'objet d'un projet pédagogique mené avec des élèves de cinquième ou de troisième, ceux qui connaissent le mieux le collège par exemple ;
❑ visiter le collège, enquêter au collège, assister à des cours, utiliser le CDI ;
❑ rencontrer les nouveaux parents à l'inscription de leurs enfants ;
❑ mettre en place un tutorat quatrièmes-CM2 ;
❑ faire travailler ensemble sixièmes et CM2 (rencontres sportives, projets divers, tests dans certaines disciplines) ;
❑ étudier en CM2 le système éducatif, le nouveau collège et la projection plus lointaine vers les lycées.

Adapter l'enseignement de part et d'autre :

❑ en CM2 : aborder les méthodes de travail du collège, développer les activités faisant appel à l'autonomie de l'élève, développer l'usage de l'écrit dans les différentes disciplines autres que le français ;
❑ en sixième : une seule salle pour la classe en sixième, bien expliciter les nouvelles méthodes de travail, redonner un rôle et une place à l'oral dans d'autres occasions que la réponse à des questions.

Favoriser les rencontres :

❑ élaborer et réaliser des projets en commun (défis, expositions, sorties) ;
❑ travailler ensemble à la meilleure connaissance des élèves en étudiant cliniquement des parcours, en sixième notamment, pour la constitution des classes ;
❑ anticiper le suivi des élèves en difficulté, en passant le relais entre équipes éducatives des écoles et les équipes-relais du collège ;
❑ participer à des formations conjointes premier et second degré ;
❑ consacrer un moment à la pré-rentrée pour une rencontre finalisée sur des objets définis à partir des questions des professionnels.

QUE NE SAVENT-ILS PAS FAIRE ?

« Je ne sais pas ce qu'est un bon élève. »

Les besoins de l'élève à l'École, ce sont en premier lieu des besoins en formation, définis à partir du cadre scolaire. Le besoin naît de l'écart entre une situation actuelle, correctement diagnostiquée, et une situation attendue, clairement explicitée. Le besoin n'existe que parce qu'un cadre externe est suffisamment fort pour le faire apparaître. Les dispositifs d'évaluation nationale et les études pendant une dizaine d'années passées en début d'année scolaire en classe de CE2, sixième et seconde, avaient cette vocation.

Quelques indicateurs précisent les besoins des élèves. Par exemple, au primaire, un écolier sur six maîtrise mal le français. Environ 15 % des élèves ne maîtrisent pas les compétences attendues en langue française. Un quart des élèves n'en ont qu'une maîtrise très partielle et devraient rencontrer des difficultés au collège. 28 % restent mal à l'aise dans des activités de synthèse ou d'analyse. Un tiers des jeunes maîtrisent de façon satisfaisante les compétences attendues en fin de primaire.

« Il n'y a plus d'évaluations nationales ; je n'ai que peu d'idées précises sur ce que savent mes élèves en début de cycle. »

À la sortie du collège, un jeune sur six est en échec. On retrouve les proportions du primaire. 15 % des jeunes ne maîtrisent pratiquement aucune des compétences attendues en fin de collège. Ils ne savent ni prélever des informations dans des documents, ni les organiser, ni les exploiter. À l'opposé, un quart des élèves en ont une maîtrise parfaite. Nous nous trouvons dans une situation macro où le collège conforte (au moins pire), voire parfois aggrave, les situations individuelles et les inégalités. Toutes choses infiniment variables en observation micro, selon les contextes sociogéographiques, les environnements et les histoires individuelles.

Tout dépend de ce que l'on cherche dans l'évaluation : une note ou des repères pour construire une méthode de travail pédagogique ? Attention à la dérive d'utiliser l'évaluation comme moyen de sélection précoce. C'est tentant mais cela ne résout rien, bien au contraire. Il s'agit seulement de « mesurer » les écarts par rapport au niveau attendu, les difficultés susceptibles de survenir, pour proposer des moyens de remédiation afin de donner des chances d'égalité au savoir. En pratique, il faudra donner plus de temps, de moyens, un environnement riche à ceux qui ont le moins bénéficié de tous ces ingrédients pour se développer.

COMMENT LE SAVONS-NOUS ?

L'observation fine d'un ou de plusieurs élèves au travail, à l'écriture, sous la dictée, dans la lecture d'une consigne, suivie d'un questionnement poussé sur la formulation des difficultés rencontrées, reste la plus efficace des méthodes, pour peu qu'on sache observer et enquêter auprès des élèves. En ce sens, l'évaluation est permanente en tant qu'instrument de régulation des apprentissages et des parcours des élèves. Repérer leurs besoins et les analyser n'est donc pas chose facile. Associez le plus possible vos élèves à la démarche : ils vous donneront des renseignements de première main, et ce processus ne peut que renforcer leur motivation.

Identifier les besoins au cycle II conditionne la réussite au collège !

Une étude de Sophie Morlaix et Bruno Suchaut (IREDU – Institut de recherche sur l'éducation) analyse les résultats aux évaluations nationales pour mieux comprendre les acquisitions scolaires : elle insiste sur l'importance du développement des automatismes (orthographe et calcul) et de la mémoire de travail. « C'est donc principalement avant le cycle III que doivent être mises en place ces activités systématiques (habiletés numériques) afin de mieux armer les élèves dans les dimensions des acquisitions les plus prédictives de la réussite ultérieure, une observation confirmée par les neurosciences (voir le chapitre 19). L'accès au collège se fera d'autant mieux que les élèves auront développé, et ceci dès la fin du cycle II, des habiletés élevées en calcul en général, et plus particulièrement en calcul mental. » Il s'agit donc ici d'un choix pédagogique que l'enseignant doit réaliser en accordant plus de temps à ce type d'activités, organisées notamment dans un cadre périscolaire.

Prendre en compte les résistances des élèves

La confrontation à des élèves en grande difficulté montre que des besoins importants en matière scolaire, qui s'imposent dans leur complexité sans analyse et traitement adéquat, produisent des perturbations relativement importantes, pour les élèves eux-mêmes et pour le groupe. D'après Boris Cyrulnik, nous pouvons observer une sexualisation de l'échec. Les filles qui échouent à l'école mettent en jeu des mécanismes de défense qui reposent sur l'immaturité affective et la régression infantile. Au contraire, face à l'humiliation de l'échec scolaire, les garçons réagissent souvent par la rage et la violence. Ces mécanismes psychologiques sont coûteux mais réparent dans l'instant la blessure portée à l'estime de soi[1]. (Voir le tableau « Élèves en difficulté, élèves en échec », dans le chapitre 20 « Analyser les pratiques des élèves ».)

Apprendre invite à un changement de soi, de ses représentations, et a un coût en énergie et en temps que l'élève n'est peut-être pas prêt à payer. On peut rencontrer chez des élèves une intolérance à l'insécurité et une incapacité à se projeter, un refus de la prise de risque, face à toute information qui introduit de la dissonance dans un système fermé.

> ***“« Ce dont j'ai besoin est ce qui me menace », Philippe Jeammet.”***

Répondre à des besoins repérés, c'est donc commencer par construire du sens avec les élèves, du sens aux savoirs scolaires et du sens pour le travail, toutes choses qui n'ont absolument aucune évidence pour une partie du public scolaire. L'École et les enseignants doivent faire un bout de chemin dans leur direction.

1. Boris Cyrulnik et Jean-Pierre Pourtois, *École et Résilience,* Odile Jacob, 2007.

Aider les élèves à prendre conscience de leurs besoins

L'enquête sur les besoins est encore plus efficace quand elle implique les élèves. Ainsi, toute une équipe du lycée Guy-de-Maupassant, à Fécamp, s'est impliquée, avec des collèges environnants, dans une quête de sens autour de la liaison problématique entre troisième et seconde. Ils ont recueilli après visites, échanges, analyses communes des « paroles d'élèves[1] ». Leurs travaux comportent une véritable prospection des besoins des élèves, au moins sur trois points.

« Une fois les besoins recensés, qu'en faire ? »

Le besoin de réussite. Pour qu'une personne adopte une attitude motivée, il faut que l'objet corresponde à l'un ou l'autre de ses besoins. En outre, elle ne sera dynamique que si ce besoin d'atteindre un but renvoie à un désir profond.

Le contrôle d'une partie de la situation. Il lui faut avoir en tête qu'elle peut – si peu que ce soit – contrôler ce qui lui arrive. Une attitude consistant à se sentir responsable (par exemple, de son échec, comme de sa réussite) alimente la motivation. Rejeter à l'extérieur la cause des événements, expliquer la situation par des causes externes (la chance, le hasard, les autres) induit la passivité.

L'anticipation temporelle. L'attitude motivée va de pair avec la nécessité de penser à long terme, d'attacher du prix à un possible ultérieur plus qu'à un réel présent, et à organiser son travail, sa vie, en conséquence. Avoir un projet, s'organiser pour le réaliser, accepter de faire des efforts aujourd'hui au nom d'un but plus ou moins lointain permet de tenir une attitude motivée sur la durée. Une écoute attentive, une analyse partagée sur le sens du travail, sur les avantages et les inconvénients d'apprendre et de s'organiser au lycée ont permis de frayer aux jeunes une voie pour une plus grande réussite. Apprendre reste un travail, les enseignants leur auront permis d'avoir quelques clés et outils d'analyse.

1. Toute l'expérience est disponible sur : http://lycees.acrouen.fr/maupassant/acti/trois_2.php ?choix=trois_2.htm.

⭘ TROIS TRAITEMENTS POSSIBLES DES BESOINS

La prospection bien comprise des besoins des élèves – enquête patiente et ressassée d'une équipe – sera efficiente si elle se garde d'en construire les réponses avant de se poser les bonnes questions, en connaissance de quelques dérives coutumières de nos propres organisations, signalées par Gérard Chauveau[1] :

1. Le saupoudrage : intervention épisodique à l'impact superficiel. Il vaut mieux concentrer les efforts sur un soutien intense et continu.
2. La substitution : la séance d'aide pédagogique (lecture-écriture ou mathématiques) ne porte pas vraiment sur la difficulté de l'élève mais sur d'autres domaines : comportement, psychomotricité…
3. La diversion : on évite la difficulté de l'élève en offrant des activités éloignées (axées sur climat ou relationnel).
4. La sous-stimulation : à la place du « plus » annoncé par l'aide et le soutien, on donne « moins » d'activités cognitives, moins de situations-problèmes à résoudre.
5. La dépendance : l'aide provoque une perte d'autonomie et déresponsabilise l'individu.
6. Le désengagement : parents ou enseignants peuvent se décharger du problème sur les « spécialistes » (RASED etc.).
7. La ségrégation : le destinataire de l'aide nécessite des mesures spécifiques, il est « traité » à part.
8. La stigmatisation : elle découle de la précédente. En voulant l'aider, on l'étiquette « inapte ».
9. La pathologisation : en polarisant uniquement sur les déficiences, et en négligeant les atouts de la personne aidée, on rend difficile le déclenchement d'une dynamique positive.
10. L'ambivalence : double discours avec deux messages opposés : « Tu vas y arriver ! » et « Tu as trop de handicaps, ça ne sert à rien ! ».

La vigilance pour ne pas tomber dans ces pièges doit être constante, d'où le besoin pour une équipe d'être accompagnée elle-même dans cette prospection.

Lorsque les besoins ont bien été recensés, on oscille entre trois tendances fortes dans l'éducation : le développement d'outils de réparation, la pédagogie du dispositif et l'approche par l'individualisation.

1. N° 436, octobre 2005, dossier « Aider les élèves ? » : http://www.cahiers-pedagogiques.com/numero.php3?id_article=1873.

La « trousse à outils » de la réparation

Toutes les disciplines, et pas seulement les lettres et les mathématiques comme c'est trop souvent le cas, sont sollicitées pour travailler dans le cadre de leur enseignement sur les points ciblés par les besoins. Le temps de la sixième est un temps dédié pour consolider les apprentissages dans la logique d'un cycle CM2-sixième. Pourquoi ne pas créer aussi un professeur coordonnateur « remédiation » pour signaler les priorités et faire le point des interventions dans les disciplines ?

En français, au collège, des logiciels de remédiation sont disponibles[1] et sont suffisamment diversifiés pour répondre aux situations locales et à votre besoin propre.

• Outils de la langue, lecture : Lirebel, Grambel[2]. À propos d'un item spécifique, ces logiciels proposent de nombreux exercices organisés selon une progression par séquences mais offrant plusieurs entrées possibles.

• Vocabulaire : le jeu du MAI, édité par le CNDP[3]. Sur la base des jeux langagiers. Dix contextes d'un même mot (le MAI : mot à identifier) s'affichent un par un, permettant une chasse aux indices progressive.

• Orthographe : Escritor[4]. Avec un petit groupe d'élèves, ce logiciel nécessite des tablettes graphiques. L'élève y écrit avec le stylo graphique et le logiciel enregistre tout ce qu'il écrit sous forme de film (il peut le restituer plus ou moins rapidement). Cela permet de visualiser les hésitations de l'élève pendant l'écriture. Intéressant pour une dictée, le logiciel peut néanmoins se prêter à de multiples utilisations. Enfin, le BOF[5] (Bréviaire d'orthographe française) peut aussi servir au cours d'un travail d'écriture. Se présentant sous la forme d'un fichier d'aide Windows, il propose une navigation en hypertexte dans l'ensemble des règles d'orthographe.

1. À partir de la très riche page du site de Créteil, lettres : http://www.ac-creteil.fr/lettres/scripts/evaluations/index.php.
2. http://www.ac-grenoble.fr/lettres/articles.php?lng=fr&pg=91.
3. Site Internet : www.cndp.fr/lettres/lemai.
4. Site Internet : www.linux-france.org/prj/escritor/.
5. Site Internet : http://mapage.noos.fr/mp2/.

▸ Une banque d'outils

On peut s'appuyer très utilement sur l'initiative nationale de collecte d'une véritable banque d'outils, toutes disciplines et tous niveaux confondus, de l'école primaire au lycée intitulée « La banque d'outils d'aide à l'évaluation ».

➥ www.banqoutils.education.gouv.fr

La pédagogie par dispositifs de remédiation

Alternatif à la classe, un dispositif de remédiation permet de regrouper des élèves de plusieurs classes sur le critère d'un besoin repéré pour un temps donné. Cette organisation peut s'avérer efficace si enseignants et chef d'établissement savent agir avec souplesse et réactivité. À la façon, par exemple, du collège Léonard-Lenoir, à Bordeaux :

Groupes de besoin. Depuis quelques années, le collège Léonard-Lenoir a mis en place, en sixième, des groupes de besoin. La répartition horaire hebdomadaire d'une classe est la suivante :
– 3 heures en classe entière avec un professeur attitré ;
– 1 heure de remédiation avec le professeur de la classe ;
– 1 heure de groupe de besoin.

Lors de l'heure de groupe de besoin, les élèves de deux classes sont répartis en trois groupes d'effectifs différents :
– groupe E d'environ 8 élèves ;
– groupe F d'environ 14 élèves ;
– groupe G d'environ 20 élèves.

Durant l'année, trois périodes d'environ dix séances sont organisées. Les groupes restent fixes sur une période, et les professeurs tournent face aux élèves suivant ce modèle :

Période / Professeur	1	2	3
A	E	F	G
B	F	G	E
C	G	E	F

Tests. Un test de prérequis permet de constituer les groupes pour une période. Ce test est soit tiré des évaluations de sixième qui ont été réalisées au début de l'année, soit élaboré par l'équipe des professeurs. Il porte sur des notions qui ont été abordées en primaire et qui sont en cours d'acquisition pour certains et acquises par d'autres. Aucun travail préalable n'est effectué avant ce test. À l'issue de l'étude de chaque thème, un test d'évaluation commun à tous les groupes est proposé aux élèves.

“Quelle est la place des savoirs que l'on doit travailler par besoins ?”

Fonctionnement. Les élèves du groupe G travaillent en relative autonomie, à un rythme soutenu, sur des notions qu'ils maîtrisent et peuvent approfondir. Ceux du groupe F reprennent rapidement les bases et consolident leurs acquis. Les élèves du groupe E retravaillent les notions de base, participent librement sans crainte du regard d'élèves plus à l'aise, tout étant facilité par un effectif réduit et un niveau homogène. Trois thèmes ont été définis : techniques opératoires et calcul de durées ; tableau et traitement de l'information ; espace, patron d'un pavé droit, perspective, volume. Le premier thème porte sur un chapitre essentiel abordé en début d'année, les deux autres peuvent être « déconnectés » du programme.

Les enseignants ont en plus une heure de concertation hebdomadaire qui sert à élaborer les tests (prérequis et évaluation) ainsi qu'à mettre en commun les préparations de cours et à faire le bilan de ces travaux à la fin de chaque période.

Bilan. Ce mode de fonctionnement permet de « casser » le groupe-classe. Il est bien perçu par les élèves qui sont à l'aise car ils évoluent ainsi à leur rythme. L'appartenance à différents groupes selon les périodes permet de ne pas se sentir « catalogués », d'autant plus qu'il n'y a pas de lien groupe-professeur. Au test commun effectué en fin de période, les élèves qui ont les meilleurs résultats ne sont pas forcément ceux qui ont eu les meilleurs résultats aux tests de prérequis. Ce qui est encourageant pour tous !

Dans le premier degré, les dispositifs d'aide et de remédiation se sont multipliés ; voici par exemple une fiche de suivi ou tableau de bord pour une école, qui restitue l'éventail de l'individualisation du parcours pour un élève.

Suivi des aides par classe pour chaque élève – Mise à plat du temps scolaire et périscolaire de chaque enfant	
Élèves de la classe de...	
Aide personnalisée	
Aide E	
Aide G	
Entretiens psychologue scolaire	
SRAN (Stage de remise à niveau)	
Accompagnement éducatif	
APE (Activité péri-éducative) animée par les enseignants	
Club Coup de pouce	
ALEM (Ateliers lecture expression mathématiques)	
Suivi extérieur (CAPP, CMPP, CMP, orthophonie, etc.)	

Mise en pratique dans une école. Voici la panoplie d'une équipe pour répondre à des besoins repérés[1] :

❑ soutien organisé par l'enseignant de grande section en petit groupe lors d'un décloisonnement des CP le samedi matin en lecture pendant tout le deuxième trimestre ;

❑ aide personnalisée deux fois par semaine en rédaction ;

❑ observation par le maître G lors d'une séance d'EPS ;

❑ bilan par le psychologue scolaire ;

❑ aide par le maître E en résolution de problèmes de novembre à février (14 séances dans un groupe de 5) ;

❑ aide par le maître G dans un groupe de 3 élèves, de janvier à juin (20 séances destinées à développer l'expression et la communication avec différents supports) ;

❑ signalement effectué par le médecin scolaire suite à une visite médicale ;

❑ équipe éducative en vue de la saisine de la commission départementale ;

❑ saisine de la commission départementale pour une orientation en CLIS ;

❑ présentation de la situation de l'enfant à l'équipe pluridisciplinaire du dispositif « réussite éducative ».

Exemples d'actions extérieures à l'école :

❑ séances d'orthophonie (orthophoniste privée) depuis la rentrée scolaire ;

1. D'après le site de la circonscription 18 B à Paris, http://18b-gouttedor.scola.ac-paris.fr/spip.php?article1624.

- séances au CMPP (enfants et parents) reconduites à la rentrée ;
- évaluation faite par l'ASE ;
- accompagnement à la scolarité par l'association « Accueil Goutte-d'Or », reconduite depuis la rentrée ; bénéficie du « Coup de pouce » ;
- séances de psychomotricité (privées) depuis la Toussaint.

L'approche par l'individualisation

Le numérique ouvre en la matière des horizons intéressants, comme en témoigne le site de Frédéric Dinel, « Remédiation 6e »[1], organisé autour d'un tableau de fiches par compétences et d'exercices en ligne pour les élèves. Les savoirs, ceux inscrits dans les programmes y ont toute leur place. Après les tests d'évaluation à l'entrée en sixième, un répertoire des compétences nécessaires a été créé. À partir de celles-ci et des résultats aux tests, chaque élève organise en début d'année le travail qu'il aura à effectuer lors des séances de remédiation (une heure en demi-groupe par semaine). À chaque compétence correspond une fiche de travail avec une série d'exercices... Vous pouvez donc créer vos propres exercices, toujours plus adaptés que ceux que vous pourrez trouver ailleurs.

« Faut-il parler de besoins avec les élèves pour les (re)motiver ? »

EvalQCM[2] permet de créer des questionnaires en ligne et d'obtenir des réponses en temps réel. Simple, facile à prendre en main, ce service permet aux enseignants de faire participer leurs classes à des QCM.

KwikSurveys[3] est plus performant et intuitif à l'usage, puisqu'il dispose de nombreuses fonctions, telles que l'export des résultats vers un tableur ou un traitement de texte, un ensemble de thèmes au choix, l'insertion des tableaux, du Flash, des MP3 et des vidéos, images.

L'enseignant peut mobiliser cet arsenal, en développement numérique régulier, pour lutter contre les difficultés réelles des élèves en matière d'apprentissages fondamentaux. Cependant, on reste encore dans le domaine de la réparation, sans toucher à la question de la réussite.

1. http://lastrolabe.free.fr/ (Rubrique : Remédiation).
2. www.evalqcm.fr/.
3. kwiksurveys.com/.

DU BESOIN À L'ENVIE D'APPRENDRE

On ne peut créer le désir ou la motivation intrinsèque de chaque élève, mais on peut influer sur les conditions du contexte qui permettent de susciter son propre désir. Trouver du sens, accorder de l'attention, s'investir dans une activité d'apprentissage, seul l'élève peut le décréter, mais certaines pratiques et gestes de l'enseignant y contribuent favorablement. (Voir les variables dans la conduite de classe dans le chapitre 1 « Diriger une séance ».)

Les productions des élèves dépendent en grande partie des conditions auxquelles ces derniers sont confrontés. En comparaison descendante, on observe un besoin de protection de soi ; en comparaison latérale, par exemple en groupe de besoins, la situation est seulement évaluative, sans grand effet ; en situation de comparaison sociale ascendante, c'est-à-dire en groupe hétérogène, on tend vers une amélioration de l'image de soi. Dans un groupe, en situation d'anonymat, 90 % des élèves se comparent à leur groupe sexuel. Dans un univers très féminisé, il va donc dans l'intérêt des élèves – ici garçons – de varier les interlocuteurs et donc les groupements.

En quête de sens

En quoi l'École répond-elle à la quête de sens et aux interrogations fondamentales des jeunes ? Comment montrer qu'aller faire un tour dans le monde des savoirs, le monde des grands, est intéressant et nécessaire pour l'élève ? Serge Boimare, ancien directeur du CMPP Claude-Bernard, à Paris, exprime avec fermeté la nécessité de dépasser la seule remédiation ou la réparation : « Il faut absolument se dégager de la pression de ceux qui n'analysent l'échec scolaire qu'en termes de manque, de sous-entraînement. [...] Lorsque pour apprendre, il ne suffit plus d'entendre et de voir, mais qu'il faut aussi réfléchir et construire, les problèmes commencent. Quoi que je fasse, je sais que ces préoccupations parasites ne pourront pas être mises à l'écart, surtout dans le domaine pédagogique, puisque c'est la sollicitation à penser qui les réveille. [...] Je ne sors pas de mon rôle de pédagogue en leur transmettant la culture, médiation formidable, pour leur faire savoir que d'autres, avant eux, ont formulé les mêmes questions, ont connu les mêmes inquiétudes, les mêmes peurs que celles qui les taraudent. Que d'autres avant eux ont su leur donner une forme, ont réussi à les transformer en découverte scientifique, en œuvre d'art, à les mettre en mot dans des textes fondamentaux. »

C'est donc une invitation à reprendre, si jamais on avait laissé un peu de côté, les grands textes, comme le fait en primaire Marie-Dominique de Coulhac à Paris[11]. Pendant une année, elle animait un atelier d'études et de langages qui mène les enfants de cours moyen dans un parcours d'apprentissage, d'oralisation et finalement de création à la découverte d'auteurs du patrimoine français mais aussi étrangers. Un patrimoine culturel d'une quarantaine de textes, articulés autour d'un thème choisi en début d'année avec les élèves, permet dans une grande dynamique du savoir et de l'épanouissement d'aborder toutes les préoccupations de ces enfants. La joie, la haine, la peur, l'amour, la mort, le souvenir, la nostalgie… sont nommés.

AUTOTEST : FAITES-VOUS UN CAHIER « ANALYSE DES BESOINS »

Élaborez trois éléments de réponse portant sur des approches, une méthodologie ou des outillages différents, en reprenant la série de questions suivantes :

- Comment connaissez-vous les besoins de vos élèves ?
- Qui sont-ils ?
- Que font-ils ?
- Que ne savent-ils pas faire ?
- Que doivent-ils faire ?
- Comment le savez-vous ?

1. « L'apprentissage du langage par les grands textes ». Son travail est en ligne sur le site Innovation de Paris, rubrique « Zoom » : innovalo.scola.ac-paris.fr.

CHAPITRE 18

Auditer des attentes

« Enseignants, vous parlez trop ! » Meirieu apostrophait ainsi l'assistance lors d'une conférence. Et s'il avait raison ? Derrière cette assertion, il interroge non seulement la posture du professeur, mais encore la conception classique du métier, celle de la transmission. Enseigner, ce serait observer, et en premier lieu écouter. Que nous diraient les élèves si (un jour) on leur demandait leur avis, leurs attentes vis-à-vis de la discipline et plus largement, de l'École ? Et comment pourrions-nous utiliser leurs réponses, attendues ou plus inattendues ? Pouvons-nous faire des attentes des élèves des leviers pour mieux apprendre ?

SE PRÉPARER À L'ÉCOUTE ACTIVE

Il s'agit d'abord de gérer une certaine dissymétrie dans la relation. Toujours présente, elle est ici renforcée par le positionnement de l'enseignant, « institutionnel » malgré lui. Il demande et quelqu'un accepte l'entretien : c'est un parent qui lui demande un entretien parce qu'il attend de savoir ce que le professeur pense de son enfant ; c'est un enseignant qui attend de savoir pourquoi cet élève ne fait pas son travail. D'autres dissymétries existent : niveau social, facilité d'élocution, différence de sexe, d'âge, donc de génération et surtout de pouvoir (prof/élève). Rentrent en ligne de compte des processus plus complexes de représentation de la demande et de l'autre. Du côté de l'élève, ou de son parent « convoqué », des questions peuvent être ressassées (« qu'est-ce qu'on va encore me dire ? ») ; la demande comme l'attente emportent des dimensions cachées et actives en même temps. En découle le premier moment de l'entretien, de réassurance et de sécurisation : le professeur se met en situation d'auditer et non de prescrire.

SE MÉFIER DE REPRÉSENTATIONS ERRONÉES SUR NOS PROPRES ÉLÈVES

Les enseignants sous-estiment nettement ce que les élèves pensent de leurs propres compétences. D'après eux, 40 % des élèves pensent qu'ils

“Mes élèves n'ont pas de secret pour moi !”

finiront par avoir de bons résultats s'ils travaillent, alors que 90 % des élèves déclarent que les résultats obtenus ne sont liés qu'à leurs propres efforts et que leur avenir est entre leurs mains. Sept sur dix valorisent les effets positifs du travail fait en classe. Même si trois sur dix pensent que les bons résultats sont liés à la chance[1] ! Par ailleurs, selon une autre étude, 40 % des enseignants déclarent passer moins de vingt minutes à parler en classe et 30 % même moins d'un quart d'heure… alors que 82 % des élèves ont l'impression de passer leur temps à écouter le prof et plébiscitent, à l'inverse, le travail de groupe[2].

Nos propres représentations – à nous enseignants et autres travailleurs sociaux – des enfants et de leurs familles, peuvent engendrer des logiques d'intervention différentes :
– soit nous considérons l'enfant comme attaché à ses origines (idéologie du handicap socioculturel) – allant dans le même sens que les tenants de l'idéologie du don. On se cantonne alors à redécouvrir des origines qui pour la grande majorité sont déjà loin (on parle de « pédagogie couscous »), on limite insensiblement, parfois volontairement, le niveau d'exigences (« les grands textes, ce sera pour plus tard ») ;
– soit nous voyons l'enfant comme un sujet en développement, en plein apprentissage. C'est ainsi qu'on a pu voir des travaux très ambitieux avec les élèves en grande difficulté, comme par exemple la réalisation d'un opéra baroque en latin avec les élèves du collège de Geyter, à Saint-Denis, parce que certains profs « y croyaient ».

SAISIR TOUTES LES OCCASIONS D'ÉCOUTER NOS ÉLÈVES

La classe pourrait se représenter à la manière de Lucrèce comme un aggloméral d'atomes s'entrechoquant – vous êtes aussi dedans –, leurs rencontres obligatoires mais aléatoires faisant advenir le savoir. Ce serait effectivement le cas si nous ne prenions pas en compte ce que les élèves nous disent, souvent maladroitement, dans les micro-espaces-temps que nous leur laissons. Comment pouvons-nous être plus attentifs et plus réceptifs ?

1. Marc Bru et Pierre Rivano, « Les enseignants connaissent-ils le point de vue de leurs élèves sur leur scolarité ? », *Revue française de pédagogie,* n° 137, 2001.
2. Image de la discipline et pratiques d'enseignement en histoire-géographie et éducation civique au collège, *Les dossiers Évaluations et statistiques,* DEPP n° 183, mars 2007.

Les intercours

Les temps morts ou les temps extraordinaires sont des occasions quasi inespérées d'expression des élèves, un espace plein que les enseignants d'EPS, comme ceux qui « partent » avec leurs élèves (stage de découverte, formations de délégués, etc.) connaissent bien. Ils n'ont pas en soi une « cote d'amour », mais ils savent profiter de ces moments d'échanges plus libres où tout sujet peut être abordé, dans le respect des rôles de chacun. Sur le chemin du stade ou de la piscine, chaque semaine, l'enseignant d'EPS recueille suffisamment d'éléments pour évaluer le climat scolaire, les relations affectives ou conflictuelles, les difficultés rencontrées, autant que le CPE dans son bureau peut le faire.

Dans le temps de classe et de vie scolaire

Dans l'ordinaire de l'École, les élèves arrivent en classe, pleins de « bruits et de fureurs » de l'extérieur, on ne peut l'ignorer. Mais en classe, le cadre de travail doit marquer une rupture et garantir un climat favorable aux relations et aux apprentissages. On retrouve cette préoccupation dans le travail de l'équipe du CESC (Comité d'éducation à la santé et à la citoyenneté) du collège de Saint-Geniès, par exemple. De la même façon, « l'heure de vie de classe » est un moment régulier où quelques éléments de pédagogie institutionnelle permettent de réguler les échanges et d'exprimer les attentes. La pratique du « Quoi de neuf » laisse à chacun la possibilité de faire entendre ce qui le fait travailler ou l'empêche de travailler ; la résolution se fait alors collective. (Voir « Assurer la sécurité », chapitre 15.)

Dans un temps individuel organisé

Les dispositifs de type tutorat ou entretien individuel sont mis en place pour travailler sur les attentes réciproques de l'élève et de l'École, pour développer autant d'interfaces qu'il est nécessaire. (Sur le tutorat, voir « Guider le travail personnel », chapitre 16.)

DES TECHNIQUES VARIÉES POUR AUDITER

Toutes les situations d'entretien ne se valent pas, en ce sens qu'elles poursuivent des objectifs différents et à des moments différents. Jacques Nimier a pu recenser quelques types classiques, tels que ceux présentés ici.

L'entretien d'aide, d'accompagnement, de tutorat, clinique... Les pratiques puisent dans plusieurs approches (systémique, psychanalytique, gelstaltiste, rogérienne...), qu'il conviendra d'expliciter en formation pour les acteurs eux-mêmes ; la variable réside dans l'implication plus ou moins grande de l'écoutant qui reste neutre ou prodigue alors son avis, des méthodologies, des « conseils » ; il sera bon s'il y a une réelle opportunité d'expression et d'écoute.

L'entretien d'explicitation[1] est une démarche d'enquête active sur l'acte et sur le processus de décision ; on interroge inlassablement sur le « comment » et non sur le « pourquoi ? » qui risque de vite sécher l'élève. « Comment as-tu fait ? Quand tu l'as fait, qu'as-tu fait ? » Ce sont des micro-actes gestes, ou pensées qui émergent de cette zone « préréfléchie ». En focalisant sur ces routines, on se donne ensemble la possibilité d'agir et de modifier.

L'entretien d'évaluation : il peut être utile pour valider une compétence telle que le socle commun nous l'indique, et sans doute bien mieux qu'une interrogation écrite. La verbalisation et la mobilisation des connaissances en interaction sont des preuves d'une maîtrise suffisante ; c'est d'ailleurs acté dans le protocole d'évaluation en langues vivantes de type CECRL. Il n'est absolument pas indiqué dans le cadre d'une audition des attentes, ce serait contre-productif par la confusion des objectifs.

L'entretien de groupe : dans le cadre plus classique d'une classe, un enseignant peut reprendre les quelques principes du focus-groupe. À savoir : la mise en place d'un cadre clair : nécessité de l'écoute, prévision d'un temps pour l'échange, mais aussi la disposition des lieux (assemblée en rond permettant à chacun de voir les autres, sans table), la capacité de l'animateur à supporter les silences du groupe (surtout au début de l'entretien), sa capacité à écouter, synthétiser, et à ne pas s'impliquer dans la discussion elle-même.

QUELLES SONT LES ATTENTES À EXPLORER ?

Lorsqu'on parle d'attentes à auditer chez les élèves, on parle naturellement d'attentes d'ordre scolaire. On peut, par exemple, explorer la représenta-

1. Voir une description sur http://francois.muller.free.fr/diversifier/.

tion que les élèves ont de leur propre statut et de chacune des disciplines qu'ils doivent étudier, ou encore leurs attentes en matière d'« éducation au choix » d'orientation.

Les attentes concernant la situation d'élève dans un groupe

Dans une classe de troisième pas facile, il m'avait semblé nécessaire de « mettre les choses au point » ; faire émerger quelques règles de fonctionnement général, édictées après une phase d'analyse partagée du règlement intérieur, d'échanges sur le sens de la scolarité, sur la place de la troisième dans le cursus de ces élèves, sur les difficultés rencontrées dans ces dernières années de collège. Le travail s'est conclu par quelques propositions écrites individuellement, puis rassemblées sur un document affiché. Ainsi, la classe de troisième B donnait à voir sa représentation de l'élève, ce qu'ils en attendaient, ce que nous pouvions en attendre, nous les profs.

Cette « charte de l'élève » est le bien de chacun, mais également le signe du consensus partagé par le groupe. Ainsi, quand quelquefois dans l'année la machine s'emballait et que le cours dysfonctionnait, nous en sommes revenus à la charte pour faire revivre ensemble ce qui apparaissait autant comme des modalités de travail que comme des objectifs ambitieux, pour eux comme pour l'enseignant.

Ce type de technique permet de dépasser la simple conception de l'élève comme état administratif : c'est avant tout un « métier » selon Perrenoud, c'est-à-dire un ensemble relativement complexe de savoirs, d'apprentissages sur le tas, de règles implicites qui constituent ce que les Anglais appellent le « curriculum caché » par opposition au curriculum officiel des savoirs des disciplines inscrits dans les programmes. Il est un processus dynamique qui entre en résonance avec d'autres éléments subjectifs pour construire sa « motivation ».

Les représentations de la discipline

D'après une étude réalisée sur des élèves de seconde, certaines disciplines bénéficient très visiblement d'un potentiel de sympathie, d'autres en sont privées (voir infographie ci-contre). On irait plus loin en affirmant que plus une discipline prend un habillage « scolaire » – et pour tout dire ennuyeux d'après les élèves –, moins elle rafle les suffrages. Dans un paradoxe non moins grand, plus elle s'affiche scolaire, plus elle prend de l'importance pour les « bons élèves ». C'est ce que montrait un test effectué par l'équipe Monteil du CNRS.

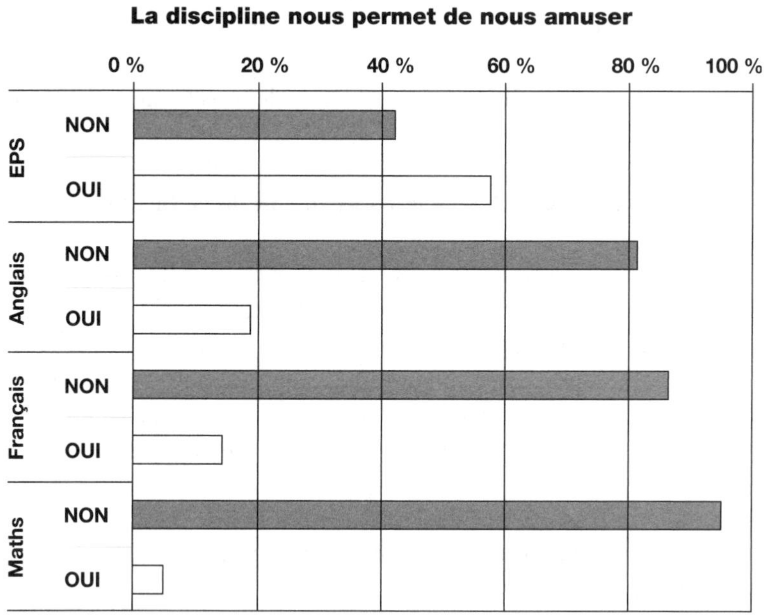

D'après une enquête réalisée auprès de trois classes de lycée, par des étudiants en master 2, ISP Paris, 2010.

Mais lorsqu'on présentait la même tâche dans une autre discipline, les élèves les moins bons progressaient de manière significative. Il y a donc tout intérêt pour les deux parties à travailler les attentes dans la discipline (voir l'autotest à la fin de ce chapitre).

CONSULTANT

LES ATTENTES CONNUES, QUE FAIRE ?

Auditer des attentes est le début d'un processus : une fois recensées, que fait-on des attentes ? Les recenser et ne rien faire après serait s'exposer à une parole donnée et non prise en compte. Cela met en jeu la capacité d'une équipe, d'un établissement, à faire jouer de la souplesse, à user des marges de négociation, à créer un ou des espaces de choix. Tout choix est un acte éducatif. Il participe de la finalité de l'École, condensée dans l'« autonomie de l'élève ». En tant que tel, il fait l'objet d'un accompagnement pédagogique attentif. Le problème est qu'à l'École, on ne choisit pas.

Les différents dispositifs interdisciplinaires installés dans le secondaire (IDD, et les EPI désormais en 2016, TPE et les PPCP en lycée professionnel), parfois affectés, se fondent très explicitement sur l'implication de l'élève, sur ses choix. Si le choix existe, on choisit comme une offre sur le marché, on ne le construit pas. En revanche, la consultation des élèves en amont du choix, les démarches de dévolution du projet font de l'élève un acteur collectif de l'offre.

L'élève peut participer à la construction de sa formation

Comme toute « innovation » dans un contexte donné, cela requiert un collectif plus organisé, des échanges sur les stratégies possibles et les outils à utiliser, une régulation du dispositif. Ce n'est pas tant « plus » travailler qu'organiser le travail différemment en développant une coresponsabilité de tous les élèves qui existait peu alors à ce stade de formalisation (voir « Travailler en équipe », chapitre 6). Suivons l'organisation du collège de Bissy.

La prise en compte du choix s'organise en trois phases

1. Mai : première phase :

– questionnaire individuel de sensibilisation auprès des élèves de sixième : sondage selon les goûts, les centres d'intérêt, les domaines de réussite, les aspirations des élèves (voir l'encadré ci-contre) ;
– détermination des « profils » d'élèves : dépouillement, analyse pour définir des besoins ;
– thèmes retenus, activités envisagées, productions possibles, clarification des profils d'élèves souhaités par les enseignants ;
– proposition d'ateliers.

2. Juin : deuxième phase :

– grille de choix des ateliers par ordre de préférence (classés de 1 à 8) complétée dans toutes les classes simultanément par les élèves à partir d'un descriptif succinct de leurs contenus et des profils envisagés. Les animateurs des ateliers ne sont pas cités ;
– sur les ateliers retenus : traitement statistique en respectant au moins l'un des deux premiers choix ;
– première répartition des élèves.

▸ Un questionnaire pour sonder les élèves

Voici à titre d'exemple un questionnaire de sensibilisation par un sondage sur les goûts, les centres d'intérêt, les domaines de réussite, les aspirations des élèves. D'après une expérience du collège de Bissy (académie de Grenoble).

1. Voulez-vous apprendre à vous protéger des bruits ?

2. Aimez-vous bricoler avec du papier, des outils ?

3. Auriez-vous envie d'en savoir plus sur Richard Cœur de Lion ou Robin des Bois ?

4. Êtes-vous plutôt « scientifique » ?

5. Utilisez-vous l'ordinateur pour autre chose que des jeux ?

6. Voulez-vous savoir comment on entend un bruit ?

7. Aimeriez-vous faire et goûter de la cuisine anglaise ?

8. Aimeriez-vous concevoir, inventer ?

9. Aimeriez-vous présenter un journal télévisé ?

10. Y a-t-il des tâches manuelles que vous réussissez bien ? Lesquelles ?

11. Voudriez-vous en savoir plus sur la journée d'un collégien anglais ?

12. Êtes-vous curieux de ce qui vous entoure ?

13. Vous arrive-t-il d'utiliser des outils pour réparer, bricoler, inventer ? Lesquels ?

14. Aimez-vous les voyages ?

15. Êtes-vous intéressé(e) par les phénomènes de l'espace ?

16. 11 km est plus grand que 10 000 000 mm ?

17. Aimez-vous improviser de petits sketchs ?

18. Avez-vous du plaisir à vous déguiser et à jouer différents personnages ?

19. Aimeriez-vous en savoir plus sur Halloween et faire la fête ?

20. Aimez-vous jouer avec votre visage, votre voix, votre corps pour les rendre plus expressifs ?

21. Aimez-vous faire rire, émouvoir, surprendre les autres ?

22. Aimez-vous faire du bruit ?

23. Seriez-vous intéressé(e) par ce qui touche à la route, aux moyens de transport et aux activités qui en dépendent ?

24. Avez-vous envie de découvrir les poètes d'hier et d'aujourd'hui ?

25. Êtes-vous intéressé(e) par ce qui se rapporte aux secours en général (pompiers, secourisme) appliqués à la route ?

26. **Aimez-vous lire des pièces de théâtre ou aller voir des représentations théâtrales ?**

27. **Avez-vous envie de fabriquer des bruits ?**

28. **Souhaitez-vous lire de beaux textes et en créer vous-mêmes ?**

29. **Prenez-vous plaisir à faire jouer les autres ?**

30. **Aimez-vous écrire ?**

31. **Voulez-vous découvrir les bruits de votre corps ?**

32. **Avez-vous envie d'apprendre comment écrire des poèmes ?**

33. **Aimez-vous pratiquer des jeux de société ?**

34. **Préférez-vous vous amuser en révisant plutôt que réviser en vous amusant ?**

3. Septembre : troisième phase :
– questionnaire et grille de choix proposés aux redoublants de cinquième qui sont intégrés en priorité dans la répartition provisoire ;
– concertation de l'équipe pédagogique pour affiner (cas particuliers) ;
– répartition définitive dans les huit ateliers pour deux sessions semestrielles.

L'enquête menée auprès des élèves crée de l'interrogation et des attentes certaines ; les professeurs, même s'ils avaient des préprojets ou des thèmes en tête, on le constate dans le questionnaire, ont pu réguler leur proposition ; en tout cas, professeurs comme élèves étaient en place pour bien partir dès le début de l'année.

Consulter les élèves pour adapter son action pédagogique et plus si...

Votre action pédagogique, votre conduite de projet, innovant ou non, sera d'autant plus légitime que vous fonderez ses principes sur une base élargie de consultation ; sollicitez donc l'avis de vos élèves, premiers acteurs, et intéressez-les à la conception même du cours ; cette opération participe d'une bonne analyse de besoins.

Cette procédure présente trois atouts majeurs : les résultats peuvent être communiqués et partagés dans une équipe ; la consultation engendre une attente de la part des élèves ; elle instaure aussi une relation dynamique qui pourra être renouvelée sous d'autres formes afin de réguler au mieux votre activité.

Quatre questions génériques peuvent tout d'abord être posées à une classe, à plusieurs classes sur un niveau, ou encore à tout un établissement. La passation sera encore améliorée si elle donne l'occasion au préalable d'expliciter les raisons de l'opération et d'envisager les formes possibles de réponse plus développée. Les réponses seront d'autant plus riches si vous pouvez éviter l'effet Pygmalion (quand les réponses se conforment à votre attente, par projection des élèves) ; faites l'exercice en équipe et impliquez par exemple le directeur ou le principal et la vie scolaire. Et ces questions peuvent être :

1. Qu'avez-vous appris au collège ? (trois réponses)

2. Qu'est-ce qui vous a permis de mieux apprendre cette année ? (trois réponses)

3. Qu'est-ce qui vous a empêché d'apprendre ? (trois réponses)

4. Quels sont les conseils que vous donneriez à votre professeur et à son équipe ?

Les réponses peuvent être compilées sur un tableau Excel ou recueillies dans un formulaire en ligne (de type Google). Avec quelques collègues, faites un premier tri et proposez ensuite une séance de travail avec votre principal en conseil pédagogique sur l'analyse des items.

Cet exercice où tout le monde apprend des autres a été proposé à plusieurs dizaines d'établissements ; toujours riche et dynamique, plein de surprises, il permet de signaler quelques récurrences fortes à prendre en compte pour la suite : les élèves signalent une adhésion assez forte à leur établissement et soutiennent leurs profs, mais ils tiennent à dire que :

– Le bruit les gêne considérablement.
– Ils manquent de temps réel pour travailler.
– Il y a encore peu d'occasions pour travailler ensemble et en autonomie.
– Les cours successifs dans une journée deviennent insupportables.
– Il manque d'une variété d'activités, notamment dans le domaine de la créativité et des manipulations.
– La notation est trop fréquente et crée des tensions.
– Les locaux sont peu adaptés ou pas assez équipés pour bien travailler.
– Il manque une certaine cohérence dans l'équipe pédagogique.

La consultation crée elle-même une attente à laquelle vous pouvez alors répondre en proposant une restitution collective avec un autre collègue, et, mise en discussion, soumettant deux ou trois domaines d'amélioration dans les semaines ou mois qui suivent.

Les élèves ont sérieusement progressé dans la conception qu'ils ont désormais de leur propre scolarité, ils ont intégré une dimension qu'en anglais on nomme *empowerment* : se donner un capital d'intervention suffisant pour agir dans son monde. Ils ont participé activement à toutes les étapes de la construction de ces modules de formation, leurs attentes, leurs avis, leurs réalisations ont été suivis d'effets dans la classe, dans l'établissement. Cela n'est-il pas le fait de l'École ?

AUTOTEST : REVENEZ SUR LE SENS DES ITEMS DÈS LE TOUT DÉBUT DE L'ANNÉE

Lors du premier cours avec vos élèves, écrivez au tableau les trois questions suivantes :

1. La discipline X, à quoi cela sert ?

2. Qu'est-ce que le cours de X a de particulier ?

3. Qu'est-ce qu'on attend de moi dans cette matière ?

Les élèves prennent le temps de mettre par écrit les réponses. Puis on reporte une à une les différentes réponses sur un tableau, en envisageant ensemble les rapprochements, les différences, les niveaux, à la manière du « Métaplan ». Ou vous pouvez tenter une organisation en carte conceptuelle (voir page 152).

CHAPITRE 19

Analyser les ressources des élèves

« Ils ne sont pas motivés », « ils ne savent plus travailler », « ils sont angoissés par l'examen ». Ce sont des propos échangés entre collègues, parfois même dans le lieu solennel du conseil de classe. Ils ont en commun de se limiter à un constat de difficulté, voire de blocage, mais on se donne plus rarement les moyens d'en faire une analyse plus fine, et d'envisager des pistes permettant de résoudre ces problèmes. Comment développer avec les élèves leurs ressources propres à mieux gérer les situations scolaires ? Une chose est sûre : cela ne peut venir que d'eux… et vous avez la faculté de les y aider.

PASSER D'UN CONSTAT D'INCOMPÉTENCE À L'ANALYSE DE RESSOURCES À MOBILISER

La séance de dissection du batracien n'a pas été une réussite avec les cinquièmes D : des scalpels baladeurs, la petite Noémie qui est tombée dans les pommes… Ils ont été incapables de faire le lien avec le cours sur la respiration de la semaine dernière.

Faire le constat d'une situation où les élèves n'y arrivent pas revient à évaluer une incompétence partagée, entre les élèves et vous-même ; il importe donc de préciser les composantes nombreuses qui entrent en jeu dans la réalisation d'une tâche et, au final, dans la **fabrication d'une compétence**. Ces composantes, on peut les nommer « ressources » au sens générique du terme : des éléments sur lesquels l'élève s'appuie pour conduire une action.

La compétence, c'est une combinaison de ressources variées

Quelles ressources faut-il développer pour faire bouger la situation, pour que cette séance de dissection se passe mieux ? S'agit-il :

– **de connaissances théoriques :** savoir comprendre, savoir interpréter par exemple le système respiratoire ou la reproduction des batraciens ;
– **de connaissances sur l'environnement :** savoir s'adapter à la situation de travail sur une paillasse en sciences, connaître les mesures de sécurité ;
– **de savoir-faire opérationnels :** savoir opérer le batracien, définir un protocole expérimental ;
– **de savoir-faire sociaux :** savoir échanger avec son camarade de paillasse et communiquer des informations ;
– **de savoir-faire cognitifs :** savoir nommer ce que l'on observe, raisonner par analogie avec ce qui est déjà connu ;
– **de ressources émotionnelles :** maîtriser son trac, prendre sur soi, distancier ;
– **de ressources physiologiques :** gérer son énergie et son hypoglycémie à 11 heures du matin ?

D'emblée, la place des savoirs (connaissances théoriques sur l'environnement, savoir-faire) est paradoxale : elle est primordiale et insuffisante pour expliquer la difficulté. D'autres types de savoirs et de savoir-faire sont à l'œuvre. La question est alors : sont-ils étudiés dans le temps de classe, ou dans le temps scolaire, et si oui, le sont-ils suffisamment longtemps ? Est-il possible que l'élève les acquière autrement ?

Travailler ensemble sur les différents types de ressources

Le tableau clinique est complexe, et la prescription sera très différente selon l'analyse que vous faites des ressources déjà mobilisées par les élèves. Cette analyse, vous pouvez aussi la faire collectivement en posant le problème à la classe. Changer cette situation, cela suggère de votre part, par exemple, de :
– faire un rappel théorique rapide sur la respiration pour remiser en « mémoire vive » les contenus et aller plus loin ;
– faire expliciter à nouveau les mesures de sécurité et de prévention des risques en situation ;
– élaborer ensemble le protocole expérimental à partir d'une expérience antérieure récente ;
– fixer les attentes précises pour chaque binôme, donner à chacun un rôle (observateur, consignateur) ;
– organiser régulièrement un « temps mort » où chaque binôme dira ce qu'il observe ; la procédure de reconnaissance et de réinvestissement des connaissances vient alors très vite ;

– organiser au début du cours un bref temps de relaxation ; certains enseignants ont même recours à des techniques issues de la sophrologie, pour faire prendre de la distance aux élèves et relativiser « l'horreur » de la dissection ;
– si elle peut susciter des émotions, déplacer l'expérience sur un autre créneau horaire ; mieux, afin d'éviter les crises d'hypoglycémie, faire du sujet « petit-déjeuner » un support de cours débattu. Le besoin physiologique est premier, avant même le besoin d'assurance et de reconnaissance[1].

Quand nous évaluons une compétence, il s'agit d'analyser les ressources au travail et l'objet de l'évaluation. **On reconnaîtra qu'une personne sait agir avec compétence si elle sait combiner et mobiliser un ensemble de ressources pertinentes, en situation.** Le socle commun des connaissances et des compétences ne nous propose pas autre chose.

Ressources : les intelligences multiples et l'École selon Howard Gardner

Howard Gardner propose un tableau clinique des ressources à développer dans une mise en système sous le nom d'intelligences multiples.

L'intelligence verbale/linguistique. C'est la capacité à être sensible aux structures linguistiques sous toutes ses formes. On reconnaît particulièrement cette intelligence chez quelqu'un qui aime lire, qui parle facilement, aime raconter des histoires et en entendre, qui aime les jeux avec des mots. La plupart des systèmes d'enseignements reconnaissent cette intelligence. Si elle n'est pas suffisamment développée, on est facilement en échec scolaire.

L'intelligence visuelle/spatiale. C'est la capacité à créer des images mentales, et à percevoir le monde visible avec précision dans ses trois dimensions. On reconnaît particulièrement cette intelligence chez celui qui a un bon sens de l'orientation ; chez ceux qui créent facilement des images mentales ; ceux qui aiment l'art sous toutes ses formes ; ceux qui lisent facilement les cartes, diagrammes, graphiques ; ceux qui ont besoin d'un dessin pour comprendre ; etc. Si cette capacité n'est pas suffisamment développée, on peut avoir des difficultés dans les processus de mémorisation et de résolution de problèmes.

1. N. Delvolvé, *Tous les élèves peuvent apprendre. Aspects psychologiques et ergonomiques des apprentissages,* Hachette Éducation, Paris, 2005.

L'intelligence musicale/rythmique. C'est la capacité à être sensible aux structures rythmiques et musicales. On reconnaît particulièrement cette intelligence chez quelqu'un qui fredonne souvent, bat du pied, chante, se met à danser sur le moindre rythme ; chez ceux qui sont sensibles au pouvoir émotionnel de la musique, au son des voix et à leur rythme ; et ceux qui saisissent facilement les accents d'une langue étrangère. Si cette capacité n'est pas suffisamment développée, on perd une partie des richesses transmises par les sons, à travers les sons organisés comme dans la musique ou dans les infinies variations du langage.

L'intelligence logique/mathématique. C'est la capacité à raisonner, à calculer, à tenir un raisonnement logique, à compter. Elle a été décrite avec beaucoup de détails par Piaget en tant que « l'intelligence ». On reconnaît particulièrement cette intelligence chez quelqu'un qui aime résoudre des problèmes ; chez ceux qui veulent des raisons à tout ; ceux qui aiment les structures logiques, et aiment expérimenter d'une manière logique ; chez ceux qui préfèrent la prise de notes linéaire ; etc. Si cette capacité n'est pas suffisamment développée, on a du mal à organiser des tâches complexes, à donner un ordre de priorité à une succession d'actes ; à comprendre le sens d'une démarche scientifique ; à démonter un appareil ou un processus pour en comprendre les parties ; à utiliser le raisonnement déductif ; à se servir d'appareils fonctionnant avec une grande logique (comme un ordinateur).

L'intelligence corporelle/kinesthésique. C'est la capacité à utiliser son corps d'une manière fine et élaborée, à s'exprimer à travers le mouvement, à être habile avec les objets. On reconnaît particulièrement cette intelligence chez quelqu'un qui contrôle bien les mouvements de son corps ; chez ceux qui aiment toucher, sont habiles en travaux manuels ; ceux qui aiment faire du sport, jouer la comédie ; chez ceux qui apprennent mieux en bougeant, qui aiment faire des expériences ; l'enseignant la reconnaîtra dans l'élève qui se trémousse s'il n'y a pas suffisamment d'occasions de bouger, chez celui qui se lève en classe pour tailler un crayon ou mettre un papier à la poubelle. Si cette capacité n'est pas suffisamment développée, l'enfant comme l'adulte risquent de ressentir leur corps comme une gêne dans de nombreuses circonstances de la vie courante.

L'intelligence intrapersonnelle. C'est la capacité à avoir une bonne connaissance de soi-même. On reconnaît particulièrement cette intelligence chez quelqu'un qui a une bonne connaissance de ses forces et de ses faiblesses, de ses valeurs et de ses capacités ; chez ceux qui apprécient la solitude ; qui savent se motiver personnellement ; qui aiment lire, qui écrivent un journal intime ; qui ont une forte vie intérieure. Si cette capacité n'est pas suffisamment développée, on a du mal à tirer partie des expériences, à réfléchir sur ce qui a bien marché et comment améliorer ce qui a moins bien marché ; à prendre le contrôle de sa vie, de son apprentissage, à se donner des buts.

L'intelligence interpersonnelle. C'est la capacité à entrer en relation avec les autres. On reconnaît particulièrement cette intelligence chez quelqu'un qui entre bien et facilement en relation, se mélange et s'acclimate facilement ; chez ceux qui aiment être avec d'autres et ont beaucoup d'amis, ceux qui aiment bien les activités de groupe ; chez ceux qui communiquent bien (et parfois manipulent), chez ceux qui aiment résoudre les conflits, jouer au médiateur. Si cette capacité n'est pas suffisamment développée, il y a risque d'enfermement de la personnalité ; on se coupe du plaisir d'être avec d'autres, de travailler ensemble.

L'intelligence (du) naturaliste. Elle a été ajoutée aux sept précédentes par Howard Gardner en 1996. C'est la capacité à reconnaître et à classer, à identifier des formes et des structures dans la nature, sous ses formes minérales, végétales ou animales. On la reconnaît chez ceux qui savent organiser des données, sélectionner, regrouper, faire des listes ; chez ceux qui sont fascinés par les animaux et leurs comportements, qui sont sensibles à leur environnement naturel et aux plantes ; chez ceux qui cherchent à comprendre la nature et à en tirer parti (de l'élevage à la biologie) ; chez ceux qui se passionnent pour le fonctionnement du corps humain, qui ont une bonne conscience des facteurs sociaux, psychologiques et humains.

Les « ressources » particules élémentaires de la compétence

À l'échelle du petit d'homme, dans sa démarche d'apprendre, « tout au long de la vie », ainsi que le socle commun le reprend lui-même d'autres textes-cadres (européens), la place des ressources est explicitement identifiée comme élément constitutif d'une compétence.

Guy Le Boterf, 1994, propose en cette perspective une définition rigoureuse de la compétence, en termes de savoirs combinatoires et suggère de remettre le temps au centre de la compétence : « L'individu peut être considéré comme constructeur de ses compétences. Il le fait en combinant et en mobilisant un double équipement de ressources : des ressources incorporées et des réseaux de ressources de son environnement. La compétence qu'il produit est une séquence d'actions où s'enchaînent de multiples savoir-faire. La compétence est un savoir-agir responsable et validé, c'est-à-dire savoir mobiliser, savoir intégrer et savoir transférer des ressources… elle n'est pas de l'ordre de la simple application mais de la construction. »

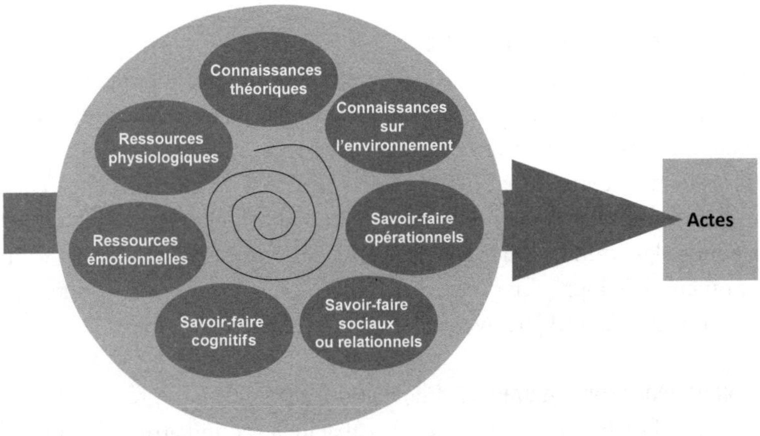

On pourra encore ajouter aux éléments cognitifs ou techniques que nous venons de voir, la capacité de recourir ou de faire recourir à la métacognition. Du point de vue d'Argyris et Schön : « Tout être humain a besoin de devenir compétent dans son action et simultanément dans la réflexion sur son action, de façon à apprendre à partir d'elle. » D'une manière générale, on a pu observer que les praticiens compétents en connaissent ordinairement plus que ce qu'ils peuvent en dire. Ils font preuve d'une sorte de savoir dans l'action dont la plus grande partie est tacite. Les compétences ne s'enseignent pas abstraitement. Autrement dit, la compétence est inséparable de l'action et de l'expérimentation persévérante et elle ne peut être véritablement appréhendée qu'au travers de l'activité concrète et responsable par laquelle elle s'exprime et dont elle permet la réalisation.

La compétence renvoie à un contexte de mise en œuvre déterminé, combinant originalement des ressources, en fonction des exigences concrètes et de l'environnement. Elle se développe au cours de la carrière et peut se perdre (*obsolescence* !). Elle ne peut se repérer selon le seul mode absence/

présence, il faut en vérifier le degré réel et le niveau d'adéquation persévérante. On apprend donc tout le temps. Et il s'agit bien d'apprendre.

○ POURQUOI APPRENDRE ? COMMENT APPRENDRE ?

Comment devient-on un élève modèle ? Qu'est ce qui motive ? Autour de ces questions, soulevées par un numéro spécial de *Sciences humaines*[1], flotte le mot motivation. « Une école, une formation qui font réussir se préoccupent de faire prendre conscience à l'apprenant de son profil d'apprentissage », nous avertit André Giordan[2]. « Pour réussir, reconnaître qu'il existe d'autres façons de faire et de s'y essayer est un « plus » incontournable. Plus on sait pratiquer différemment, plus on possède d'outils et de ressources, plus l'apprendre sera aisé. Face à une activité nouvelle, l'apprenant cherche en permanence à repérer la manière de faire la plus adaptée… L'enseignant formé comprend mieux le fonctionnement de l'apprenant, repère tout de suite les obstacles. L'important pour apprendre est d'abord de comprendre. Quand on veut apprendre vraiment, la mémorisation, si elle est nécessaire, reste insuffisante. Il faut aussi pouvoir mobiliser son savoir. »

Les recherches scientifiques en neurosciences, plus récentes (moins d'une dizaine d'années), commencent à proposer des messages aux enseignants[3] : « Mieux connaître le cerveau peut-il vraiment nous aider à mieux enseigner ? » Dans le monde des recherches en éducation, les domaines se différencient par les méthodes ou outils de recherche, empiriques, expérientiels ou scientifiques, mais parfois aussi par les valeurs ou paradigmes. Les neurosciences ne sont pas autonomes des autres, ni opposées (forcément) les unes aux autres ; elles ne sont ni déterministes (pas toujours) ni prescriptives.

1. Stanislas Dehaene en France ou Steve Masson au Québec avertissent cependant contre les « neuro-mythes » tels que la croyance en des styles

1. « Pourquoi apprendre », *Sciences humaines,* octobre 2011. Compléter avec *Apprendre au XXIe siècle*, n° 500, Cahiers pédagogiques, octobre 2012.
2. André Giordan et Jérôme Saltet, *Apprendre à apprendre,* Paris, Librio éditeur, 2007. Voir aussi « Apprendre à apprendre, ça s'apprend » sur le site http://crl.univ-lille3.fr/apprendre/sommaire. html.
3. D'après les travaux de Steve Masson, professeur à la faculté des sciences de l'éducation de l'UQAM (Université du Québec à Montréal) et directeur du LRN (Laboratoire de recherche en neuroéducation), vidéos sur www.youtube.com/watch?v=V8Xjbb1CWVE, 2014.

d'apprentissages, le fait qu'on serait plutôt cerveau droit/cerveau gauche, ou qu'il faudrait s'entraîner à la Brain Gym (comme le proposent certaines Game Boy). En revanche, ils ont identifié explicitement **quatre facteurs qui facilitent les apprentissages d'après les neurosciences cognitives :** l'attention et la focalisation ; l'engagement actif et l'autoévaluation ; le retour d'information et la prise en compte de l'erreur ; et pour finir, l'automatisation et les routines. Trois enseignements sont tirés des recherches et quelques conséquences pour l'enseignant : l'apprentissage modifie la structure du cerveau, par la **neuroplasticité**, capacité du cerveau à changer ses connexions neuronales par l'apprentissage, à l'image d'un sentier qui se trace dans la forêt à la mesure des passages empruntés. Ainsi, en classe, il est conseillé de :

• revenir sur les contenus déjà appris, activer les neurones à plusieurs reprises, en phases répétées et durables, donner des devoirs sur des contenus déjà appris ;

• proposer des tâches qui mobilisent des connaissances spécifiques ;

• mettre en place une évaluation formative et développer l'auto-évaluation ;

• montrer comment étudier mais aussi questionner et faire enseigner les élèves ;

• répartir le temps alloué, espacer les périodes d'apprentissage dans le temps et espacer les périodes d'étude ;

• veiller à des périodes de repos et de sommeil suffisant (à voir avec les parents).

2. L'architecture du cerveau influe l'apprentissage. Par le **recyclage neuronal**, le cerveau modifie une région cérébrale pour changer sa fonction. L'automatisation des tâches libère de l'attention pour des tâches plus complexes et augmente la rapidité de traitement de l'information et d'encodage des connaissances (exemple : lecture syllabique). Tout ce qui peut être automatisé doit l'être. Les routines de travail sont une des clés de la réussite scolaire dans le second degré et dans le supérieur.

3. L'enseignement influence le développement du cerveau par **l'inhibition cérébrale**, capacité de contrôler ou de bloquer des intuitions, des routines ou des stratégies par activation logique. D'une certaine manière, il faut désapprendre pour réapprendre ; de fait, ce sont des messages pour l'enseignant :

• Développer l'activité physique pour développer les capacités de contrôle.

• Développer l'apprentissage de langue seconde.
• Développer les jeux de contrôle.
• Prévenir les élèves de l'existence de pièges.
• Apprendre à identifier les réponses qui sont des pièges.
• Faire des allers-retours entre intuitions spontanées et savoirs scolaires (voir d'autres pistes page 416).

COMMENT AIDER L'ÉLÈVE À MOBILISER SES RESSOURCES

Le savoir ne s'impose pas à l'élève dans sa lumière irradiante ! Il requiert une part active de l'élève, une véritable mobilisation qu'il vous faut solliciter ou faciliter en travaillant sur ce qui reste votre domaine : l'environnement et le contexte scolaire des apprentissages[1]. Avant même les questions d'ordre matériel, ce sont d'abord des facteurs d'ordre psychosociologique : l'attention, les automatismes, la mémoire, l'émotion ; et des éléments sur lesquels vous intervenez forcément : la comparaison sociale, la présentation des exercices.

« Kevin n'est pas motivé ; je n'y peux rien. »

Capter, maintenir l'attention

Tout traitement de l'information réclame une plus ou moins grande capacité d'attention. Celle-ci peut se représenter comme un capital limité ; elle peut s'appliquer sur plusieurs objets, un peu comme un système en parallèle (dans un montage électrique). Elle est orientée sur trois types d'objets :

« Madame, c'est trop difficile ! »

❶ **Le problème à résoudre.** Il est possible que celui qui s'exclame ainsi pour vous appeler à l'aide ait raison et qu'il y ait « surcharge cognitive » ; vous avez fixé trop haut le niveau de difficulté et de savoirs. Il faut prévoir une étape ou du temps en plus. Dès que vous abordez une nouvelle notion ou un niveau de complexité plus élevé que le simple recopiage, pensez à ne

1. « *Contextes et performances scolaires* », J.-M. Monteil, Poitiers, 2002, http://www.ac-poitiers. fr/eps/peda/monteil/monteil. pdf et E. Bourgeois, *Apprendre et faire apprendre,* PUF, Paris, 2006.

pas laisser les élèves seuls. Psychologiquement, c'est dur à assumer. Dans ce cas, le travail régulier en binôme est intéressant car l'un étaye l'autre dans la réflexion, le questionnement, les ressources. L'impasse est moins fréquente (voir « La cordée », page 308).

❷ **Les éléments périphériques à la tâche.** L'engagement dans l'activité n'est jamais spontané. Plus la résistance est partagée dans le groupe, plus vous allez vous épuiser à assumer seul les tâches et diverses responsabilités nécessaires à la conduite de l'activité. Donc, répartissez les rôles (tournants), ritualisez la mise au travail ; automatisez la mise en espace. Ce sont des procédures qui se mettent en place au début de l'année et pourront se répéter dès que cela est nécessaire. (Sur la mise en rôles, voir le chapitre 2 ; sur la mise en espace, voir le chapitre 28.)

> ***“C'est toujours la galère pour les mettre au travail. Perte de temps considérable.”***

❸ **La focalisation sur soi.** C'est une tendance naturelle chez les adolescents, plus nette chez certains d'entre eux ; votre interrogation externe les renvoie à un vide intersidéral, plus rien n'existe ; vous renforcez de fait involontairement un blocage. Il s'agit de trouver une stratégie qui vous permette de « vérifier » sans donner une « publicité » à votre geste et à la non-réponse. Lui signifier que vous avez bien vu, qu'il y a des progrès, l'encourager. Ce sera un premier pas de part et d'autre. Osez le détour culturel ou la métaphore.

> ***“J'ai un élève littéralement bloqué quand je l'interroge.”***

Développer des automatismes dans des apprentissages fondamentaux

L'opération automatique permet de traiter beaucoup sans mobiliser l'attention, ou tout au moins de libérer une partie de ce capital d'attention pour le consacrer à des objets plus complexes. Il est donc stratégique d'automatiser tout ce qui peut l'être. Discutez avec Mariette, après le cours, et proposez-lui un programme de révision intensif des tables de multiplication, en ayant vérifié et testé avec elle « comment » elle apprend. Proposez un calendrier, des

> ***“Mariette a l'air de réinventer la multiplication à chaque fois qu'elle calcule. Elle met trois fois plus de temps que les autres.”***

étapes, une autovérification (voir « La pédagogie de contrat », page 95). Puis, à tout moment, ravivez les savoirs, « 7 x 8 = ? ». Ce pourra être le cas pour des définitions de concept, par exemple : « une carte, c'est... en cinq points ». Le « par cœur » est une forme privilégiée de l'automatisation. Ce n'est pas rétrograde : c'est simplement une modalité d'apprentissage, et elle est efficace, voire nécessaire dans certains cas. Cela a été mesuré, il s'agit d'un investissement en cycle II pour une réussite au collège.

Activer tous les types de mémoire

“ En début d'année, j'ai l'impression que les élèves ont tout oublié. ”

La mémoire est une structure complexe qui stocke de l'information. Les recherches neurophysiologiques ont démontré l'existence de plusieurs types de mémoires, à savoir la mémoire à long terme, la mémoire de travail, la mémoire de soi. **La mémoire à long terme** stocke des informations permanentes, des automatismes encodés : ce sont des savoirs ancrés, mais aussi des représentations héritées, justes ou parfois erronées. D'où l'importance de faire appel à ces représentations, pour les « réencoder », par exemple, au niveau du cours moyen, le système de reproduction chez l'Homme. La surprise est toujours au rendez-vous (où l'on voit le nombril jouer un nouveau rôle !). Il faut faire avec : partir des représentations pour en refixer les idées (travailler sur les représentations, voir page 361).

La mémoire de travail traite les informations dans le temps du cours, elle peut réactiver quelques éléments de la mémoire à long terme : c'est l'équivalent de la mémoire vive pour un ordinateur. Rien ne vous assure qu'une bonne réponse sera reproductible une semaine après.

• Le début d'année est toujours délicat car vous devez retisser des liens distendus ou qui n'ont parfois jamais existé. Votre questionnement aura beaucoup plus d'efficacité s'il porte non seulement sur des contenus propres, mais aussi sur les éléments du contexte : « Quand tu as étudié la division il y a quatre mois, c'était avec qui ? Comment l'as-tu étudiée ? Comment as-tu posé l'opération ? Tu faisais quoi alors ? » (Sur la technique de l'entretien d'explicitation, voir le chapitre 5.)

• De même, la confrontation des expériences individuelles permet de réactiver la mémoire de travail. Si on file la métaphore informatique, il faut prendre le temps de « décompresser les fichiers ». Faites, par exemple, passer au tableau deux élèves en même temps pour comparer collectivement deux stratégies de résolution de problème. Discutez après.

La mémoire de soi : autobiographique, elle emmagasine des représentations de soi, positives ou négatives, des éléments de connaissance de ses propres ressources. Dans le cas d'élèves en grande difficulté, elle peut occuper toute l'attention au détriment de l'activité que vous proposez. C'est le cas d'un élève qui « rumine » un conflit intérieur, avec des attitudes presque autistiques. Il vous importe alors d'affirmer le diagnostic : sont-ce des difficultés spécifiques d'un élève en situation scolaire ou bien un élève en échec scolaire ? Selon les cas, votre intervention sera différente.

Au cœur de la Goutte-d'Or, à Paris, toute une équipe interécoles s'est constituée en groupe de recherche et de développement autour d'un « Journal des apprentissages[1] » Il s'agit ni plus ni moins que de développer la métacognition au travers de différents supports. Comment développer, très tôt, la réflexivité chez les élèves, et ce tout au long de leur parcours, jusqu'au collège ?

Maîtriser les émotions

Qu'est-ce qui souvent va faire la différence entre deux candidats de même niveau à un concours ? La maîtrise des émotions. L'un aura abordé sereinement l'épreuve rassemblant efficacement ses connaissances, tandis que l'autre, envahi par le trac, aura constaté, le sujet à peine distribué, qu'il ne savait plus rien. Vous avez sans doute eu devant vous ces futurs candidats malheureux. Ce sont même souvent de bons élèves, montrant ainsi qu'il ne s'agit pas d'un problème de connaissances ! Que faire alors pour les aider ? Vous pouvez explorer deux pistes : cherchez avec eux ce qui les paralyse et surveillez l'environnement.

> ***“Trois filles manifestent des troubles psychosomatiques visibles lors des contrôles. Pas moyen de les réassurer.”***

1. Site Internet : http://www.ac-paris.fr/portail/jcms/p1_362682/le-journal-des-apprentissages-de-lecole-au-college-concevoir-et-mettre-en-oeuvre-des-outils-pour-aider-les-eleves-a-donner-du-sens-aux-apprentissages.

Apprendre à gérer le temps. Si le stress n'est pas provoqué par une absence de connaissances, il provient sans doute d'une difficulté à travailler en temps limité. Il est vrai que cet exercice est assez peu préparé en classe, alors qu'il est souvent pratiqué. On le constate dans les passations de consignes des évaluations de CE2 où des exercices de rédactions doivent être réalisés en temps limité : cette simple consigne n'a jamais fait l'objet d'un apprentissage antérieur pour de jeunes élèves ! Pour remédier à ce problème, il faut être clair avec les élèves : soit vous estimez que l'essentiel est un exercice terminé ; soit vous considérez que le travail en temps limité est la preuve d'une compétence, et vous devez les préparer à ce type d'exercice auparavant. Quelques entraînements réguliers, à échelle réduite avec estimation de temps (trois minutes pour tel type d'exercice), doivent permettre de libérer les capacités de ces élèves. Question d'entraînement sur la durée.

Sécuriser l'environnement. Et si le stress de ces élèves venait aussi tout simplement des conditions de travail dans la classe ? Leurs voisins, par exemple, n'ont jamais leur matériel et leur « empruntent » constamment et, à la longue, ils ne peuvent plus travailler. L'environnement scolaire n'est plus sécurisant et bloque toute autre performance. C'est de votre ressort de repréciser les règles et de réaffirmer la sécurité de chacun dans le cadre de la classe. Vous pouvez même faire inscrire dans une fiche d'autoévaluation le critère « avoir son propre matériel ». Question d'autonomie scolaire !

Méfiez-vous de la comparaison sociale

La comparaison sociale, c'est la tendance naturelle de tout individu dans un groupe à se situer par rapport à ses pairs. Elle est amplifiée lorsque vous soulignez la réussite d'un élève, signalant ainsi par défaut l'échec ou l'absence de réussite des autres. L'École est saturée de ce type de situations… (Sur la comparaison sociale, ses pratiques et ses effets, voir le chapitre 1).

Toute situation scolaire remet en mémoire des comparaisons antérieures à soi (des expériences par rapport à une performance antérieure). Des élèves au parcours scolaire déjà heurté se voient encore relégués dans un dispositif (un de plus) de remédiation-réparation comme l'Éducation natio-

> ***“En aide individualisée, j'ai beau encourager les quatre élèves, ils ne se voient pas en situation de réussite.”***

CHERCHEUR

nale sait en inventer. Non seulement, ils n'en perçoivent plus le sens, mais ils ne se donnent pas l'autorisation d'atteindre les objectifs que vous leur assignez. Faites en sorte, d'une part, que ce dispositif soit **temporaire** pour permettre un roulement ouvert à tous ; ouvrez le travail en jouant sur les interactions dans le groupe, ce n'est pas un préceptorat. D'autre part, partez de points acquis, positifs, pour aller vers plus de complexité.

La présentation des exercices

Les élèves n'arrivent pas « neufs » dans un cours ; ils portent parfois lourdement des expériences de ratage ou des représentations véhiculées par l'imaginaire scolaire. Il existe bel et bien des potentiels de sympathie *a priori* pour telle ou telle discipline. Entre le sport et la géométrie, la plupart des élèves n'hésiteraient pas… !

> ***“Dès que j'annonce « géométrie », les têtes se baissent.”***

Habiller la tâche. Une expérience a été menée avec des élèves de cinquième. Une même tâche a été présentée à deux groupes : « Mémorisez une figure complexe (figure de Rey, ci-dessous) en une minute, puis retracez-la de mémoire. » À un groupe, cela était présenté comme un exercice de géométrie mathématique, à l'autre, comme un exercice d'arts plastiques. Les scores les plus élevés ont été produits par le second groupe, particulièrement par les élèves dits faibles. **L'habillage de la tâche** a donc un effet certain sur les performances des élèves. Elle permet de réduire les résistances ou les blocages de vécus difficiles et de mobiliser les ressources intellectuelles.

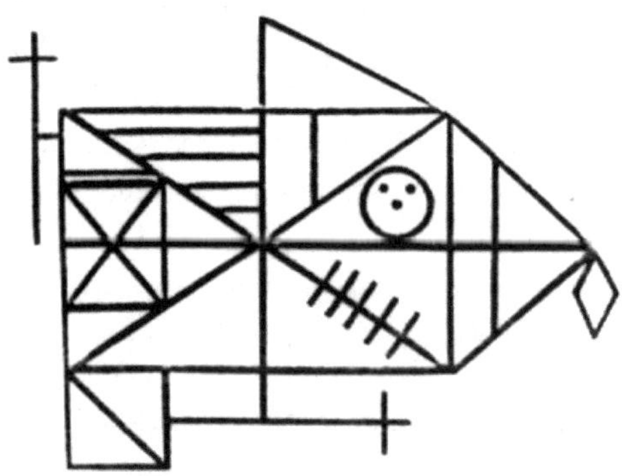

Source : http://sos.lire.ecrire.free.fr/imprimer.php3?id_article=225.

LA MOTIVATION, C'EST LA MOBILISATION DE SES PROPRES RESSOURCES

« La motivation scolaire est rare en soi : elle est un processus qui se construit à partir de ses propres ressources, en interaction avec la situation de la classe. C'est une dynamique qui puise dans les perceptions qu'un élève a de lui-même et de son environnement et qui l'incite à choisir une activité, à s'y engager et à persévérer dans son accomplissement afin d'atteindre un but[1]. »

Pour qu'un élève soit motivé, il faut qu'il valorise l'apprentissage et ait envie de progresser, qu'il évalue sa propre compétence, qu'il soit convaincu que ses méthodes sont efficaces. Trois points sur lesquels vous pouvez intervenir et l'aider.

Il faut que l'élève sache « à quoi ça sert »

Les buts sociaux (envie d'être intégré dans le groupe-classe) ne suffisent pas. Il faut aussi que l'élève ait des buts scolaires : envie de progresser (buts d'apprentissage) ou envie d'être reconnu, félicité (buts de performance).
Au lycée des métiers Emmanuel-Héré, à Laxou, un dispositif pédagogique innovant a été mis en place pour que des élèves et des étudiants puissent débuter ou poursuivre l'apprentissage d'une langue étrangère de leur choix, non-enseignée dans l'établissement. Ce dispositif pédagogique est fondé sur le concept d'apprentissage autodirigé et vise à offrir aux apprenants les conditions nécessaires pour pouvoir apprendre une langue étrangère sans « se faire enseigner ». Pour cela, des ressources pédagogiques et humaines sont mises à leur disposition afin de leur permettre d'apprendre une langue et de développer des compétences d'apprentissage.

Quelques conseils pour déclencher un travail pour soi.
• Renoncez à tout évaluer. Travailler sous le joug d'une observation de type couperet est intenable ; personne n'y résiste. Par comparaison, pensez à votre dernière inspection…
• Valorisez le droit à l'erreur en reprenant le concept sportif de l'entraînement : un athlète s'entraîne, régulièrement, fait parfois des contre-performances, mais fait la performance une fois aux Jeux.

1. R. Viau, « La Motivation en contexte scolaire », Renouveau pédagogique Inc., Saint-Laurent (Canada), 1994, repris dans le dossier *Résonances* n° 5.

• Acceptez les performances collectives, « on n'apprend pas tout seul », disait une équipe de recherche de l'Inrp (Cresas). (Voir le chapitre 4 « Négocier des contrats d'études ».)
• Inscrivez, manifestez, communiquez aux élèves leurs progrès en fonction d'une finalité proche ou plus lointaine (fin de trimestre, projet d'orientation, exposition...). Vous êtes le « supporter » de vos élèves.

L'évaluation de sa propre compétence[1]

« Certains se surévaluent, d'autres se sous-évaluent systématiquement. Ça ne fonctionne pas. »

La perception par l'élève de ses compétences à accomplir ses différents travaux puise dans plusieurs sources : ses propres performances antérieures, l'observation et l'exécution d'une activité par d'autres personnes, ses capacités mêmes physiologiques et émotives, mais également la persuasion extérieure. Et c'est là que vous pouvez intervenir.

• Montrez et analysez avec les élèves le plus souvent possible des cahiers et copies pour qu'ils prennent la mesure de leur propre capacité à atteindre l'objectif, ce dont ils doutent toujours.

• Toute parole ou acte de votre part influe fortement sur l'opinion de l'enfant, qu'il le reconnaisse ou non, que vous en soyez conscient ou non. Travaillez alors vos interventions en positivant systématiquement et en ouvrant le plus possible le dialogue. Ce sera peut-être difficile au début, mais ce sera plus performant qu'un rappel des seules difficultés qui enferment l'élève. Vous jouez avec un effet Pygmalion (voir l'encadré ci-dessus).

Compte tenu de la difficulté à percevoir sa propre compétence, élaborez avec vos élèves des outils d'autoévaluation appropriés. En la matière, il n'est pas évident que vos critères soient d'emblée les leurs. Il faut s'attarder plus longuement sur l'étape des expériences déjà vécues et des représentations sur tel exercice, avant de proposer une fiche toute faite (voir plus loin).

C'est la différence entre une **évaluation formatrice** et une **évaluation formative.** Cela leur permettra d'apprendre à devenir compétents, ce qui

1. Administration et éducation, 2010, n° 2, *Comment apprennent les élèves ?*

> **▸ Pygmalion en pédagogie**
>
> **En pédagogie, on parle d'« effet Pygmalion » quand l'élève arrive à se conformer à l'image que le maître lui renvoie, de manière explicite ou le plus souvent implicite. D'où l'importance d'exprimer une attente positive. L'élève se comporte en véritable « réacteur » (Rosenthal et Jacobson, *Pygmalion à l'école*, Casterman, 1971).**

est plus efficace que de tenter de les persuader qu'ils le sont. (Sur les pratiques de l'autoévaluation, voir le chapitre 4 « Négocier des contrats d'études »).

L'élève doit percevoir qu'il a prise sur l'événement

L'élève doit être convaincu que les outils et les méthodes qu'il utilise sont efficaces. Si l'élève estime que les causes d'un échec sont internes, modifiables et contrôlables, il se jugera capable de remédier au problème. Il s'agit donc d'adapter tout à la fois contenus, objectifs et même vocabulaire au niveau de vos élèves. On parle souvent de « transposition didactique ». En l'occurrence, proposer toujours la même chose parce qu'ils peuvent réussir peut s'avérer contre-productif.

> *“Je leur ai proposé des exercices qu'ils avaient déjà faits, et c'est encore une catastrophe.”*

• Proposez une activité exigeante : l'activité doit mettre l'élève à l'épreuve et l'obliger à utiliser différentes stratégies : résolution, enquête, questionnement à autrui ; qu'il ait le sentiment « d'un pas de plus ». (Sur l'approche par situation-problème, voir le chapitre 24.)
• Proposez une activité interdisciplinaire et productive, permettant aux élèves d'interagir, représentant un défi, avec un temps suffisant, accompagnée de consignes claires. (Sur le croisement des disciplines, voir le chapitre 6 « Travailler en équipe » et le chapitre 21 « Diriger des projets ».)

○ PARTIR DES REPRÉSENTATIONS DES ÉLÈVES

Avec la motivation, la dernière ressource de l'élève que l'enseignant doit solliciter, ce sont ses représentations mentales. La représentation est

▶ Analyser vos propres ressources... professionnelles

Si l'ensemble de l'ouvrage est orienté sur l'« analyse de ses ressources », vous pouvez cependant vous reporter plus particulièrement aux quelques chapitres mentionnés ici.

Les ressources de son environnement scolaire

- ❏ **Expériences et réussites pédagogiques, voir « Diriger des projets », chapitre 21.**
- ❏ **Projet d'établissement, voir « Travailler en équipe », chapitre 6.**
- ❏ **Matériels pédagogiques, voir « Mettre en œuvre des outils », chapitre 10.**
- ❏ **Manuel de classe, idem.**

Les ressources professionnelles

- ❏ **Analyser sa pratique, voir « Penser sa propre formation », chapitre 29.**
- ❏ **Ressources didactiques et disciplinaires, voir « Faire de la didactique », chapitre 23, de même que « Définir une progression », chapitre 9.**
- ❏ **Internet pédagogique, voir la webographie en fin d'ouvrage.**

une combinaison complexe faite de connaissances sur les procédures, sur l'environnement, sur sa capacité de réaliser l'acte lui-même. Elle est un héritage, préexistant à votre enseignement. Les représentations (ou conceptions) jouent un rôle essentiel dans la structuration de la mémoire, dans sa propre capacité de s'autoriser à s'engager dans l'activité, dans la comparaison sociale. Elles sont un des moteurs de la réussite scolaire.

Comment faire émerger les conceptions des élèves

Gérard de Vecchi propose douze techniques que vous pouvez utiliser pour faire émerger les conceptions des élèves[1].

- Demandez la définition de certains mots à vos élèves.
- Faites-leur réaliser un dessin, un schéma représentant un élément ou un phénomène (particulièrement adapté pour les jeunes enfants).
- Posez-leur des questions sur des faits ponctuels.
- Partez d'un schéma ou d'une photo et demandez-leur un commentaire.
- Placez les élèves en situation de raisonnement par la négative (« Et si tel élément n'existait pas ? »).

1. D'après G. de Vecchi, « Des représentations oui, mais pour en faire quoi ? », *Cahiers pédagogiques,* n° 312, mars 1993, p. 50.

▸ Connaissez-vous vos élèves ?

2 229 166 : nombre de lycéens en France (68 % en lycée général, 32 % en lycée professionnel).
61 % sortent le soir au moins une fois par semaine.
58 % écoutent de la musique plus de cinq heures par semaine.
35 euros : argent de poche mensuel, en moyenne.
66 % des 12-17 ans et 91 % des 18-24 ans ont un téléphone portable.
65 % des 12-17 ans ont un ordinateur chez eux.
49 % des 12-17 ans ont une connexion Internet à domicile. Parmi eux, plus de la moitié s'y connecte tous les jours pour y chercher des informations (80 %) ou envoyer des messages (55 %).
80 % des 15-17 ans estiment que consommer du haschich est assez grave ou très grave.
40 % considèrent que boire de l'alcool n'est pas très grave ou pas grave du tout.
21 % boivent régulièrement de l'alcool.
37 % fument du tabac tous les jours.
19 % des garçons et **26** % des filles ont déjà pris des médicaments pour soigner un malaise psychologique.
10 000 à 15 000 tentatives de suicide par an, **650** décès par suicide, 2e cause de mortalité dans la classe d'âge après les accidents de la route.
17 ans : âge moyen du premier rapport sexuel.
80 % des garçons de 14 à 18 ans et **45** % des filles disent avoir vu au moins un film porno.

Sources : ministère de l'Éducation nationale, Proxigérie, Crédoc, TNS-Sofres, Inserm et Observatoire français des drogues et des toxicomanies.

• Réalisez vous-même une expérience qui étonne les élèves (dont l'aboutissement n'était pas celui attendu)… et demandez-leur d'émettre des hypothèses pour expliquer ces résultats.
• Mettez-les en situation de choisir, parmi différents modèles analogiques, celui qui aide le mieux à comprendre le phénomène étudié ou proposez-leur de construire eux-mêmes un modèle explicatif (« C'est comme… »).
• Placez-les devant des faits, des affirmations d'apparence contradictoire et laissez une discussion se développer.
• Faites-les s'exprimer à travers des jeux de rôles (surtout pour les jeunes enfants).

• Mettez-les en situation de se confronter à une conception fausse provenant d'un autre élève (ou même recueillie dans une autre classe).
• Confrontez-les à une conception en relation avec des croyances anciennes ou actuelles.
• Mais, surtout, soyez toujours à l'écoute des élèves et observez-les : les conceptions apparaissent à n'importe quel moment de la démarche... et ce sont souvent celles qui sont les plus intéressantes.

Pour que l'exercice fonctionne, prenez cependant deux précautions.
1. Pour permettre une expression riche des représentations, il est essentiel que les élèves sachent qu'ils sont en train de se construire un outil de travail, donc que leur production ne sera pas jugée. Cela est particulièrement important dans le cas où, par exemple, l'enseignant a l'habitude de noter l'ensemble des réalisations écrites qu'on lui rend.
2. Enfin, gardez-vous d'une tendance à extirper les conceptions fausses dès le départ. Elles peuvent constituer une étape dans la construction d'un concept, par dégagements progressifs.

AUTOTEST : CAPITALISEZ LES RESSOURCES DE VOS ÉLÈVES

Listez trois contenus que vous pouvez automatiser facilement de façon à gagner du temps et de l'efficacité pour vos élèves.
1.
2.
3.
Utilisez dans les deux prochains mois deux techniques présentées page 360, destinées à faire émerger les représentations de vos élèves sur un concept.

CHAPITRE 20

Analyser les pratiques des élèves

L'enseignant se transformerait-il en « clinicien » pour mieux comprendre les processus complexes, invisibles et terriblement actifs dont les élèves font montre ? C'est possible quand il faut se préparer au diagnostic expert de l'analyse des erreurs ou encore quand il perçoit les symptômes des échecs ; c'est tout aussi nécessaire quand le maître organise l'expérimentation et l'apprentissage de chacun dans sa classe. Ce sont des opérations qui s'imposent à tout enseignant. Mais le sait-il ?

DU CONSTAT DE L'ERREUR À L'ANALYSE DU TRAVAIL ET DE LA RÉFLEXION DE L'ÉLÈVE

Analyser des pratiques scolaires, c'est se confronter à des réalités vivantes et imparfaites, à l'opposé de ce que certains auraient parfois osé imaginer. La photo n'est jamais lisse, elle présente des rugosités. À bien analyser les pratiques, l'enseignant se trouve confronté à diagnostiquer des erreurs dont il ne sait que faire si ce n'est les relever… et les « noter ». La saturation des relations par l'évaluation, facteur d'angoisse et d'immobilisation des ressources personnelles, finit par pervertir l'analyse elle-même. Personne ne résiste à la supervision permanente d'un juge. Se donner le temps de l'analyse, c'est exclure pour un temps tout regard ou toute intention relative à l'évaluation sommative, pour mieux saisir les « grains » de l'action.

> “ *Mes élèves font tellement de fautes, que je ne sais plus comment les noter.* ”

Passer du concept de faute à celui d'erreur

Jean-Pierre Astolfi, didacticien et professeur de sciences de l'éducation à l'université de Rouen, s'interroge sur le statut de l'erreur dans les apprentissages. Premier constat : l'erreur scolaire est plutôt source d'angoisse, alors qu'en dehors de l'école (dans le domaine sportif par exemple) elle est davantage source de défi pour les jeunes.

Ainsi, l'« aversion spontanée pour l'erreur à l'école et le rejet didactique qui en résulte souvent correspondent d'abord à une certaine représentation de l'acte d'apprendre, largement partagée par les enseignants et les parents. » Dans l'idée d'une acquisition naturelle des connaissances, les erreurs ne peuvent être considérées que comme des « ratés » de l'apprentissage. Symptôme d'une incompétence, l'erreur est alors synonyme de faute ou de bogue au sens informatique. Chaque type d'**erreur** est le produit d'une réflexion de l'élève confronté à une tâche donnée par l'enseignant ; il faut abandonner le concept de faute qui reporte la charge sur l'élève. Dans une erreur rencontrée, la part de l'enseignant est aussi importante, tant dans son origine que dans sa résolution.

erreur ↙

« La vérité naît plus facilement de l'erreur qu'elle ne naît de la confusion. »
Francis Bacon

Petite typologie des erreurs possibles

Astolfi identifie les principaux types d'erreurs scolaires pour lesquelles il propose médiations et remédiations[1]. L'erreur est, selon les cas, due à :

- une complexité propre au contenu d'enseignement ;
- des conceptions alternatives (ou représentations) ;
- des démarches étonnantes de résolution ;
- une difficulté de compréhension des consignes ;
- un emprunt à une autre discipline, mais d'emploi décalé ;
- des habitudes scolaires, héritées d'un autre niveau ;
- des opérations intellectuelles ;
- une surcharge cognitive face à un savoir difficile d'accès.

C'est une bonne grille d'analyse à avoir en tête quand on regarde et qu'on écoute ses élèves.

Prévenir les erreurs possibles avec les élèves

Confronté à ce difficile devoir d'analyse des erreurs, les collègues de la Sarthe proposent quelques pistes[2] :

- varier les présentations, les supports ;
- réfléchir aux situations trop éloignées du quotidien des élèves ;

1. D'après J.-P. Astolfi, *« L'Erreur, un outil pour enseigner »,* Paris, ESF, 1997 ; voir aussi G. de Vecchi, *Faire construire des savoirs*, Hachette Éducation. Paris, 1996, pp. 76-77.
2. D'après « Exploiter l'évaluation CE2 », Inspection académique de la Sarthe, septembre 2001 : http://desette.free.fr/pmevtxt/pmev.htm ; puis « L'Erreur au service de la pédagogie ».

▸ Aider et accompagner les élèves, dans et hors l'école

Sylvie Grau et Jean-Michel Zakhartchouk – 2010, avec des contributions de Jean Houssaye, Jean-Paul Delahaye, André Ouzoulias, Françoise Clerc : http://www.cahiers-pedagogiques.com/spip.php?article7036.

❑ diversifier les démarches d'enseignement et d'évaluation ;
❑ aider les élèves à diversifier leurs procédures en leur donnant des moyens pour y parvenir ;
❑ considérer la lecture de la consigne comme un temps important de lecture ;
❑ aider les élèves à s'interroger sur le sens de la consigne, identifier les mots importants, la reformuler, se représenter mentalement le travail à effectuer ;
❑ permettre de vérifier au cours de la tâche que la consigne a bien été appliquée ;
❑ aider les élèves à se projeter dans la situation, se constituer une image mentale de la connaissance à acquérir ;
❑ multiplier les activités de tri, de classement, de comparaison, de rangement ;
❑ inciter l'élève au transfert des acquis grâce à un travail plus transversal, interdisciplinaire ;
❑ freiner l'impulsivité en exigeant de la réflexion, de la concentration ;
❑ consolider les connaissances de base par des exercices d'entraînement ;
❑ inviter les élèves à rendre explicites, par le moyen de codes différents, leur démarche et leur lecture du réel ;
❑ différer l'apprentissage mais revenir sur les acquisitions nécessaires ;
❑ reprendre l'apprentissage à son point de départ en modifiant les situations, en introduisant des supports très concrets, en multipliant les manipulations ;
❑ aider l'élève à faire émerger ses représentations existantes pour qu'il puisse les reconnaître, les rejeter comme inefficaces, et lui donner ainsi tous les moyens de les corriger ;
❑ donner des exercices de consolidation de complexité croissante.

✐ Cochez les cinq solutions que vous choisiriez.

AFFINER SON ANALYSE SUR LES DIFFICULTÉS DES ÉLÈVES

L'analyse des pratiques des élèves vient buter sur la vraie difficulté scolaire qui s'impose à un moment donné de la vie d'un enseignant, d'ailleurs souvent en début de carrière. Prononcer un diagnostic comme « bon élève/mauvais élève » est chose aventureuse, quand on n'est pas à même de justifier son avis autrement que par ses seules notations fort subjectives, la docimologie l'a montré. La précaution en la matière est de mise. L'analyse doit s'attarder sur des faits observables par tous, récurrents, avant de porter tout jugement hâtif et d'accoler une pastille noire sur la liste d'élèves dans le bureau du principal adjoint (chose vue !).

“Je n'ai que des élèves en échec scolaire !”

Élèves en difficulté : un casse-tête pour le prof !

À chacun ses représentations. L'étude de Chi-Lan Do, docteur en psychologie à Paris 5 sur « Les représentations de la grande difficulté scolaire par les enseignants » (DEPP, mars 2007) illustre la difficulté que nous rencontrons quotidiennement dans l'analyse. Notre attitude pourrait se résumer en une « attribution causale externe » : c'est pas nous, c'est eux ! Pour la majorité des profs, l'origine de la difficulté proviendrait d'abord de l'environnement de l'enfant, puis de l'organisation du système éducatif. Pour un prof sur dix, la difficulté vient de l'élève lui-même. Dans le détail, les professeurs citent : l'absence d'intérêt des familles, l'absence de prise en charge des élèves en grande difficulté et le manque de bases solides.

Un autre trait commun partagé par beaucoup d'enseignants est d'imputer la responsabilité aux autres : 82,9 % des professeurs de collège affirment ainsi que c'est avant le collège que la grande difficulté scolaire doit être traitée ; et par cascade, 45,8 % des professeurs des écoles désignent l'entrée en grande section de maternelle.

Que faire face à la grande difficulté scolaire ? 84 % des profs de collège et 62 % des profs des écoles ne croient pas que le redoublement soit une solution. Et pourtant, on continue ! Neuf profs sur dix croient en « l'efficacité du soutien individualisé et en l'aide au travail personnel » : trois profs des écoles sur quatre connaissent le RASED et deux profs de collège sur trois mentionnent « l'orientation précoce dans des structures particulières ». Les profs sont demandeurs de formation, voire de « méthodes qui marchent » ou de « trucs ».
Selon Chi-Lan Do, les professeurs se diviseraient en **trois groupes.** Il y aurait « ceux qui éprouvent un sentiment de “combativité et de défi” face

	Élève en difficulté	Élève en échec
Comportement	**Comportement ordinaire**	**Agitation, fatigabilité**
Gestion du temps	L'élève manque de temps, il en prend beaucoup pour entrer dans la tâche, il est souvent perdu par le rythme du cours mais il reste accroché si l'enseignant s'adapte à lui. Il ressent souvent une impression d'overdose (trop à assimiler en une séquence)	L'élève a trop de temps. Parfois il n'arrive pas à entrer dans la tâche ou y entre beaucoup trop vite. Très vite dépassé, il souhaite que le cours se termine le plus tôt possible d'où un sentiment d'ennui.
Relation à l'enseignant	L'élève est gêné par l'imposition d'un schéma de pensée extérieur à ses connaissances. Il sollicite de l'aide car il sait où sont ses erreurs.	Il ne sollicite pas d'aide car il ne parvient pas à s'évaluer, alors qu'il aurait besoin d'être guidé pas à pas.
Relation au groupe-classe	Le groupe peut aider l'élève à progresser et souvent l'élève est demandeur de ce type de travail.	Le groupe gêne l'élève qui ne sait pas en tirer parti ou l'élève gêne le groupe par un comportement difficile.
Relation à l'apprentissage	L'élève est tolérant à l'incertitude, à la nouveauté, à la recherche. Il peut intégrer la correction de ses erreurs et améliorer peu à peu ses performances. Sa compréhension est partielle, empirique (certains indices montrent qu'il comprend mais il ne peut verbaliser). Ses travaux sont souvent incomplets. Il peut suivre un apprentissage en classe. Le sens du travail scolaire est compris, voire admis. Il peut fonctionner en établissant des gradations (plus ou moins vraies, plus ou moins efficace…).	L'élève est soit intolérant à l'incertitude, soit indifférent (il ne perçoit pas l'enjeu du travail). La correction de ses erreurs n'améliore pas ses performances. Son incompréhension est souvent totale. Ses travaux sont vides ou illogiques ou complètement décentrés par rapport à la consigne. Il ne peut suivre qu'un apprentissage distribué. Le sens du travail scolaire n'est pas compris, voire rejeté. Il fonctionne souvent en oppositions binaires (vrai/faux, bon/méchant, bien/nul…) qui gênent l'appréhension de la réalité.

	Élève en difficulté	Élève en échec
Comportement	Comportement ordinaire	Agitation, fatigabilité
L'écriture et la lecture	L'élève commet beaucoup de fautes (orthographe, syntaxe) et la graphie est mal contrôlée, mais la phrase a un sens. La lecture est lente mais l'élève comprend certaines informations lues.	Les phrases sont partielles, tronquées, souvent phonétiques et presque illisibles. La lecture n'est qu'un déchiffrement incompris.

à un phénomène qu'ils jugent inacceptable et qui les conduit à ajuster leur niveau d'exigence en modifiant leurs méthodes et pratiques ou leur relation à l'élève ; ceux qui mettent en avant leur "sens du devoir et souci d'équité envers l'élève" ; ceux qui ressentent une impression "d'impuissance, isolement ou fatalisme" devant un phénomène perçu comme inéluctable et ont davantage tendance à baisser leur niveau d'exigence ».

Un outil pour faire la distinction. Depuis une dizaine d'années, les recherches sur ce thème ont été nombreuses et riches, notamment à partir d'entretiens menés avec des élèves d'établissements de banlieues afin de mieux comprendre comment se construit leur rapport au savoir. Je vous propose de reprendre un tableau issu des *Cahiers pédagogiques* (n° 277) : synthétique, il permet de mieux diagnostiquer la situation donnée d'un élève sur la base de ses actes, de ses propos, de ses résultats et de dépasser la seule moyenne de 8,75/20 qui, en soi, n'a qu'une valeur très, très relative. Cet outil permet de donner quelques indicateurs afin de faire la distinction entre élève en difficulté et élève en échec.

Le bilan de l'outil. Cette opposition bipolaire est bien sûr incomplète et extrême (bon nombre d'élèves étant en difficulté pour certains critères et en échec sur d'autres). Mais cet outil a une vertu : les indices de l'élève en difficulté montrent que son problème essentiel est le manque de temps et qu'il faut donc en faire « un peu plus » ou « un peu plus longtemps » avec lui. En revanche, cette démarche est inopérante avec les élèves en échec. Disposer de plus de temps ne change pas grand-chose car ils cherchent à écourter le temps consacré aux apprentissages classiques : il faut donc « faire autrement » avec eux.

❯ CRÉER LES CONDITIONS DE L'ANALYSE, L'EXEMPLE DE LA DÉMARCHE EXPÉRIMENTALE

Faire autrement peut consister à mener le travail d'analyse en sollicitant et favorisant, dans son enseignement, le questionnement et la confrontation.

> *« Faire des sciences dans les petites classes, c'est difficile, voire impossible. »*

Comme l'illustre ce petit récit de la vie quotidienne en primaire… où un matin, sur la table du maître, tous les cahiers ont été poussés sur le côté. Au milieu trône un grand saladier d'eau entouré de fruits : raisin, pomme, noix, banane et pamplemousse. Les élèves de CE1 campent autour du maître qui leur distribue à chacun une petite feuille à deux colonnes : ça flotte, ça coule. On fait un pari, dit le maître ; chacun va inscrire ce qu'il pense qu'il va se passer pour chaque fruit. Rapide concertation ; c'est sûr, dans la colonne « ça coule », beaucoup y inscrivent d'office le pamplemousse : « C'est gros et c'est lourd. » À l'inverse, le raisin trouve facilement sa place dans « ça flotte » ; c'est évident, il est petit et léger. Le maître fait le tour ; les jeux sont faits. On va procéder au tirage. Stupeur : quand le pamplemousse jeté avec assurance dans le saladier commence à remonter, on entend des cris étouffés (« Oh, non ! » à côté de « yeeess ! ») ; c'est une clameur plus du tout étouffée quand le raisin coule à pic.

Retour au calme et *debriefing* ensemble : finalement, à l'épreuve de la réalité observée, ce que je crois ne se vérifie pas ; les apparences sont trompeuses ; il doit bien y avoir des règles qui expliquent ce phénomène qui n'a donc plus rien de paranormal. Des suggestions émergent, inscrites sur le tableau : on va les peser ces fruits, puis les mesurer ; il doit exister des points communs ; et puis, si je perçais le pamplemousse, il coulerait non ?

Archimède n'est pas très loin… mais en cours élémentaire, le maître entend rester à un niveau accessible pour ses élèves sans dépasser ce que le programme lui demande. Il peut cependant envisager la combinaison de plusieurs variables pour expliquer l'inexplicable : comment un bateau gros et lourd flotte-t-il ?

Comment bien conduire l'expérimentation

Le GTD (groupe technique disciplinaire) de physique (programme de seconde) prodigue deux conditions nécessaires pour que cet enseignement expérimental remplisse pleinement son rôle, quel que soit le niveau des élèves :

– Les élèves doivent savoir ce qu'ils cherchent, anticiper (quitte à faire des erreurs) un ou des résultats possibles, agir, expérimenter, conclure et ainsi élaborer leurs connaissances.
– L'enseignant doit veiller à bien définir les objectifs de contenus et à limiter le nombre des compétences mises en jeu dans une séance de TP afin de bien dégager les notions qu'il veut faire acquérir. Avant toute entrée dans le processus de résolution et d'expérimentation, il doit vérifier, lors du débat, que les élèves ont bien compris la question et/ou les termes du problème à résoudre.

Bonus Web ☛ La MAP (main à la pâte) a capitalisé approches expérimentales, ressources et outils pour permettre aux enseignants du primaire d'engager la démarche expérimentale avec leurs élèves.
Son site Internet (www.inrp.fr/lamap), très riche, propose une rubrique intitulée les « 10 principes » qui fournit la matrice de toute activité d'observation et de recherche active avec les élèves.

ESSAYER, EXPLORER, EXPLICITER SON CHEMINEMENT INTELLECTUEL

La démarche expérimentale est classique dans certaines disciplines ; on peut la transposer dans d'autres champs disciplinaires, en retenant quelques éléments de son protocole, notamment, la démarche d'explicitation des raisonnements.

Un « carnet d'expériences » pour analyser des pratiques

Au collège Marx-Dormoy, à Paris, un trio d'enseignants (technologie, SVT et physique) a instauré une démarche très originale de « carnet d'expériences ». Des entretiens ont permis d'analyser les pratiques des élèves de cinquième. (Vous retrouverez d'autres types d'évaluation, chapitre 27.)

Utilisation du carnet. « Les élèves n'ont pas encore le réflexe d'utiliser naturellement leur carnet. Ils ont souvent la mauvaise habitude de ne pas poser l'énoncé ou la question qui leur est posée, ce qui a pour conséquence des réponses erronées ou des hors-sujet. La relecture du carnet devient alors impossible à court et à long terme. »

Organisation du carnet. « Nous constations ensemble un manque d'organisation, des suites de problèmes sans cohérence. Comment organiser

> **► Et l'été, que devient le travail de l'élève ?**
>
> **Selon l'étude du Haut Conseil à l'évaluation de l'école, quatre écoliers sur cinq recevraient un cahier de vacances et près d'un quart des lycéens suivraient des travaux d'été.**
>
> **Quelle efficacité peuvent avoir ces outils ? Jean-Pierre Jarousse et Christine Leroy-Audoin ont étudié, pour l'IREDU, l'efficacité des activités scolaires des élèves en été. Leur travail montre qu'ils ont un impact dans les résultats scolaires. Mais l'efficacité varie selon l'usage du support : les enfants qui terminent le cahier ont de meilleurs résultats que ceux qui ne l'ont pas fait. Enfin, bien d'autres critères entrent en jeu : l'accompagnement familial par exemple. « À certains enfants, ceux des milieux favorisés, [le temps des vacances] permet de bénéficier à temps plein de leur environnement plus favorable et d'activités, parfois en apparence peu scolaires, qui renforcent leurs compétences ; à d'autres, il fournit l'occasion de s'atteler à un véritable travail... qui doit conduire au minimum au maintien des acquis scolaires. Ceux qui ne participent pas au mouvement ont de fortes chances de se laisser distancer dans une compétition dont ils pensent, à tort, que la reprise officielle n'est programmée qu'à la rentrée... Finalement, le travail scolaire pendant les congés conduit à un renforcement des différences sociales, sexuelles et scolaires de réussite. » C'est un aspect du « curriculum caché » !**

cela ? La plupart ont proposé de dater, de séparer par des traits ou de mettre en place un système de couleurs permettant de repérer les disciplines. D'autres ont avancé l'idée de faire des parties dans leur carnet pour chaque discipline. Preuve que le cloisonnement a la vie dure et que notre système a ses limites puisque nous avions précisément mis en place le carnet pour lutter contre cette volonté de séparer les problèmes. »

Lisibilité du carnet. « Nous les avons fait travailler sur les représentations graphiques, comme moyen essentiel de s'exprimer, à base d'exemples (Léonard de Vinci, Picasso, mais aussi ce que fait un chercheur du CNRS), en insistant sur la clarté (indispensable pour une réutilisation future). Nous leur avons aussi conseillé d'utiliser le crayon plutôt que le stylo pour faire des dessins (mais d'éviter d'effacer surtout dans une phase de recherche) et d'agrandir les dessins lorsque l'on a des difficultés à les faire. »

Utilité du cahier. « Nous avons discuté avec des élèves qui ne comprenaient pas l'intérêt du cahier. Nous avons essayé de leur faire comprendre ce qui pouvait les aider dans cette nouvelle pratique, nous avons aussi jugé de leur investissement dans le projet. Ces élèves sont peu nombreux, mais nous aurions dû intervenir plus tôt. »

Appropriation du cahier. « Nous avons trois élèves, qui ne sont pas les meilleurs, mais qui ont des passions personnelles, la sculpture, les sciences, et la littérature. Nous leur avons proposé d'investir leurs recherches personnelles dans leur cahier (en leur montrant des exemples). Nous pensons que l'utilisation personnelle est un moyen de mettre en œuvre le processus de manière naturelle, cette découverte est une voie supplémentaire que nous pouvons exploiter. En effet, la détermination de projet personnel permettant aux élèves de focaliser leurs actions sur un sujet qui les motive peut être une appropriation différente, mais aussi intéressante du cahier. »

« Lors de ces premiers entretiens, nous nous sommes concentrés sur le carnet, dans la mesure où il est la mémoire du travail et qu'il doit servir de base de discussion. Nous ferons évoluer le rôle de ces entretiens autour des projets de recherches, ainsi que des projets personnels sur lesquels nous devons agir. »

Le cahier de brouillon et le carnet d'expériences – celui que jamais les chercheurs ne céderaient – seraient donc bien la marque d'une construction des connaissances et partant d'une compétence à l'œuvre. Ainsi, s'attacher à l'analyse des pratiques et des traces du travail participe bien d'une approche par compétences bien comprise, fidèle à l'esprit du socle commun en France, et loin des cases à cocher proposées pour l'heure.

Parle-t-on de la même chose quand l'OCDE (Organisation de coopération et de développement économiques) et l'UE (Union européenne) proposent leurs « compétences-clés », quand les chercheurs s'interrogent sur la contextualisation des savoirs et le dépassement de la pédagogie par objectifs ou encore quand des systèmes éducatifs francophones invoquent les compétences au cœur de leurs réformes des programmes ?

Bonus Web ☛ Dossier **la veille scientifique et technique de l'INRP** à retrouver à l'adresse suivante : http://www.inrp.fr/vst/LettreVST/34_avril2008.htm.

Les conditions pour réussir le cahier d'essai avec les élèves

Ce rapide compte rendu fait apparaître quelques points saillants :
– L'analyse du travail de l'élève se fait sur des objets, sur des traces concrètes et personnelles.
– L'analyse est le fait de plusieurs professeurs partageant les élèves ; elle est un regard croisé.
– L'analyse requiert une participation de l'élève ; elle est un moment réflexif déterminant pour faire évoluer les habitudes scolaires, de part et d'autre.
– Elle fait partie d'un dispositif d'évaluation assez complet qui permet de reporter la note par ailleurs. L'analyse n'est pas la notation.
– L'analyse permet d'entrer dans le détail des pratiques et la spécificité des modes opératoires du travail : elle donne des renseignements susceptibles d'aménager le travail pour l'élève lui-même, mais aussi pour l'enseignant.
– L'analyse n'existe pas en soi, mais se fond dans le cadre d'un projet : projet interdisciplinaire des enseignants, projet personnel à échafauder peu à peu pour l'élève.

AUTOTEST : SAUREZ-VOUS IDENTIFIER LES ERREURS ?

Prenez le dernier paquet de copies des élèves de votre classe, et répondez aux deux questions suivantes :

1. Proposez un classement du type d'erreurs faites par les élèves.

2. Quelles activités pourriez-vous mettre en place pour remédier à ces difficultés ?

CHAPITRE 21

Diriger des projets

Tout est projet. Vous voulez sortir avec vos élèves : faites un projet ; vous voulez étudier le mouvement baroque : faites un projet ; votre action n'est pas encore reconnue dans votre établissement : faites un projet. Un mot incantatoire, paré de toutes les vertus, un mot magique pour ouvrir les portes de participations financières rectorales ou partenariales. Faire un projet, diriger un projet est devenu une compétence de l'enseignant moderne au même titre qu'enseigner tout court.

D'un autre côté, les élèves sérieusement engagés dans un projet s'étonneront toujours à un moment donné : « Pourquoi, en cours, ce n'est pas comme ça ? » Les dérives sont nombreuses. Le concept de projet appliqué au monde scolaire a perdu son sens. Tellement, qu'il faut revenir à son sens premier et expliciter les dilemmes avec lesquels nos collègues sont aux prises.

LE PROJET, DES ACCEPTIONS POLYMORPHES

Le même vocable recouvre donc des réalités fort différentes ; l'enquête[1] conduite sur plus de 300 actions repérées comme « innovantes » a permis de proposer une sorte de florilège des titres et partant une esquisse de typologie.

À lire ne serait-ce que les titres proposés par les équipes elles-mêmes, une **poésie** certaine peut s'en dégager, par exemple : *Odyssée spatiale* – *De fil en film* – *La clé de la réussite* – *Donner des saveurs aux savoirs* – *Repas dans la romanité* – *Les experts* – *Les petits médiateurs* – *Les apprentis géologues* – *Le dispositif ENVOL.*

1. François Muller, *L'innovation, une histoire contemporaine du changement en éducation*, coll. Changements en éducation, CNDP, 2012.

Des appellations plus objectivées (à voir avec objectifs) existent aussi : *Évaluer les acquis – Vaincre l'échec scolaire – J'apprends à mon rythme.*

Des objets d'innovation sont convoqués d'une autre manière : *La tablette numérique – Les outils Web 2.0 – Gastronomie moléculaire – Cours en ligne – Danse contemporaine.*

Des dispositifs technico-pédagogiques sont mis en avant : *DÉFIS, sections européennes – Pôle d'excellence scientifique – école multilingue – entreprise junior – dispositif d'apprentissage autodirigé – DISSCO (dispositif de scolarisation) – mini-brigade en maths – atelier d'expérimentation culinaire – atelier d'audio-description.*

L'action pédagogique, souvent collective, quand elle se projette et s'écrit, se révèle aussi variée dans ses appellations que les contextes des écoles et des établissements. Cette recherche créative dans sa dénomination est à prendre au sérieux car elle touche bien l'identité des actions, et derrière, la légitimité des personnels en quête d'ajustement et d'amélioration dans un système d'éducation relativement formaté par ailleurs (disciplines, contenus, horaires, structures, etc.).

LES SOURCES D'UN PROJET

Dans la plupart des cas, l'enseignant ou un groupe d'enseignants est à l'initiative d'un projet : la démarche est prévisionnelle et peut s'inscrire dans une intention d'action au moment de la prérentrée ou dans le cadre du projet d'école ou d'établissement. La radio (exemple cité) serait ici plutôt une idée, un avant-projet, un concept que vous souhaitez développer. **L'entrée par l'activité** est une façon comme une autre de commencer, mais il en existe d'autres.

On peut aussi **partir d'un thème commun** à plusieurs enseignants, de la disponibilité des enseignants, de compétences existantes dans l'établissement. Pas de bonne ou de mauvaise entrée en la circonstance, c'est déjà bien de « se mettre en projet ». Cependant, selon les configurations, chaque entrée présente une dérive potentielle (cf. les petites flèches du schéma présenté page suivante).

Dans tous les cas envisagés, c'est ici l'enseignant ou un groupe d'enseignants qui sont à l'initiative d'un projet.

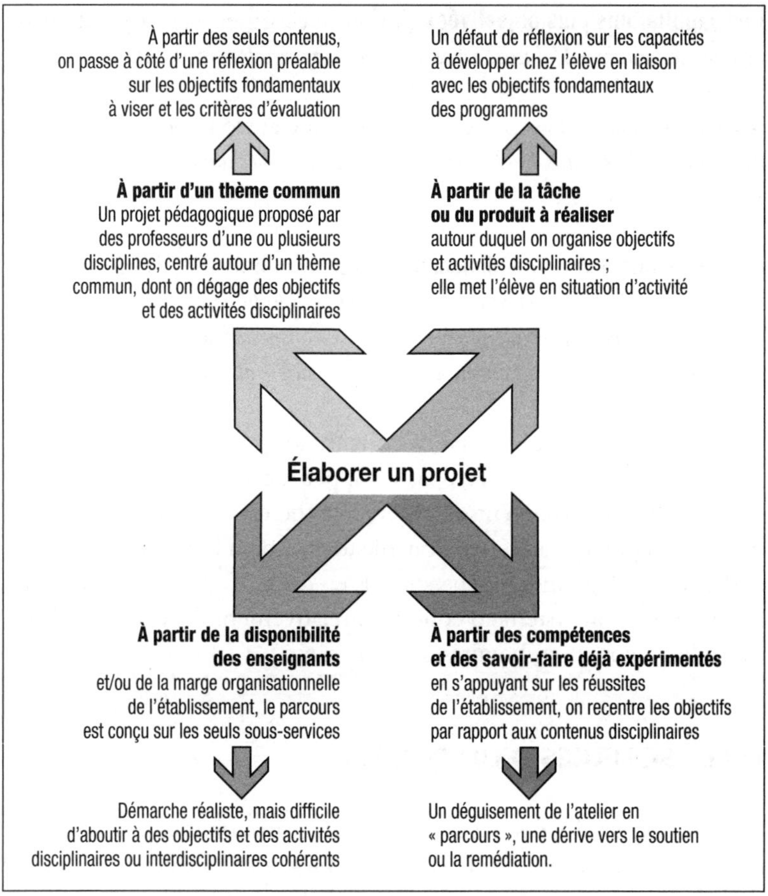

RÉPONDRE À UN APPEL À PROJET, DIX CONSEILS POUR RÉUSSIR

En s'appuyant sur le droit à l'expérimentation reconnu depuis 2005 (article 34) et entériné par l'article L-401.1 du code de l'éducation, ou avec l'association plus étroite des collectivités territoriales à la politique éducative, plusieurs dispositifs d'appel à projet se sont mis en place ; du projet pédagogique d'un professeur pour sa classe, un seuil a été franchi. Le « projet » devient plus stratégique, plus durable, plus technique aussi. S'engager dans un appel à projet requiert une certaine ingénierie que nous pourrions formaliser en dix conseils.

Inscrivez-vous dans le « genre » de l'écrit : le projet, c'est de l'action et une pratique enrôlante et dynamique, et pourtant il s'écrit aussi, à un moment de son développement, au préalable, ou souvent quand la pratique devient plus conséquente et plus ambitieuse, dans un formulaire parfois aux couleurs très administratives. Le danger serait d'adopter un style tout autant administratif, un peu froid, caractérisé par des listes et des tirets. L'impersonnalité relative et la sécheresse de termes sont des écueils qui écarteraient rapidement votre dossier. L'écriture suggère une rédaction : racontez une histoire, la vôtre, en misant sur vos spécificités, l'originalité de la situation et l'ambition de votre action.

Les consignes sont vos amies : le dossier d'inscription s'accompagne toujours de consignes relatives aux objectifs visés par l'organisme émetteur ; des critères d'**éligibilité** sont précisés. Prenez-les comme une autovérification car c'est la méthode que les lecteurs de la commission emploieront avec votre écrit.

Osez les questions en amont : il est vivement conseillé de consulter en amont l'émetteur de l'appel à projet, et même de soumettre un avant-projet ; si c'est possible, allez à la rencontre et faites-vous identifier. La lecture du dossier en sera facilitée par la suite.

Faites-vous accompagner : requérez dans votre proximité un conseil, que cela soit auprès de votre chef d'établissement, un conseiller pédagogique ou le CARDIE[1] de votre académie ; c'est utile pour vous et c'est de leur domaine de compétence. Plus vous élargissez la base de votre projet, plus vous jouez la carte gagnante.

Donnez des « preuves » : l'élaboration de votre dossier sera pertinente s'il s'incarne dans des exemples concrets et spécifiés ; vous signifiez que vous passez du stade de la bonne idée ou encore de l'intention généreuse à des réalités vivantes et forcément imparfaites, mais évolutives. Des photos, des textes déjà produits reportés en annexe, un site internet actualisé seront autant de preuves dans l'enquête sur les pratiques que vous donnez à voir à vous-mêmes et à vos interlocuteurs.

Étayez la démarche : une attention particulière dans tout appel à projet est portée au dispositif d'évaluation. Loin d'être une formalité « administrative », les modalités que vous déploierez, pragmatiques et réalistes (et

1. CARDIE : conseiller académique Recherche et développement en innovation et en expérimentation ; voir la liste sur http://eduscol.education.fr/cid47240/conseillers-academiques-cardie.html.

mises en système), sont une garantie pour la suite des opérations. Avant d'être une obligation sans effet direct pour vous et vos élèves, le jury va regarder plutôt la régulation du processus qui contribue à sa réussite.

Jouez « collectif » : les appels à projet sont conçus pour renforcer une démarche cohérente dans le cadre d'une politique d'établissement, ce sont des extensions partenariales à l'action locale. Plus vous élargissez votre base de décision, plus le dossier donnera les garanties d'un engagement solide, plus indépendant de la volonté d'un seul et d'un développement durable. Le collectif protège plus qu'il ne contraint.

Inscrivez la démarche dans une stratégie : le simple projet de classe peut présenter un intérêt intrinsèque, et dans ce cas, l'appel à projet n'est pas ou plus forcément le cadre approprié. Inscrire votre projet dans une démarche systémique, c'est-à-dire en lien avec d'autres dispositifs déjà présents signifie aux partenaires comment l'aide ou la subvention requise pourrait amplifier votre action.

Maniez la balance budgétaire : c'est la partie la plus technique du dossier et celle qui sera regardée avec une attention soutenue aussi ; demander la totalité ou la majeure partie des coûts au partenaire n'est pas la meilleure stratégie. Composez votre budget en veillant à provisionner la partie « subvention » par des apports croisés (fonds d'établissements, subventions d'un service rectoral, participation d'une collectivité locale, prestations en nature d'associations par exemple). Ainsi, le partenaire mesure les engagements pris par ailleurs ; cela produit un effet d'entraînement en faveur de votre dossier. Il faut « balancer » le budget.

Explicitez, communiquez : tout au long de votre démarche, de l'idée folle à la mise en œuvre de l'action et à la valorisation des productions, parlez-en autour de vous ; faites-le savoir dans et par la petite communauté des élèves, comme des parents ; le site Internet sera un bon baromètre, Twitter s'invite dans ce genre d'occasions utilement.

COMMENT PASSER D'UNE IDÉE DE PROF À UN PROJET D'ÉLÈVE

La période de préparation, de conception initiale et de construction de l'équipe s'est faite jusqu'à présent sans les élèves. Or on peut changer cela, par exemple : « l'énergie, c'est la classe[1] » au lycée général et technologique Louis-Aragon, à Givors. La pédagogie du scénario permet de responsabiliser les élèves et de donner du sens à leur apprentissage par des problématiques concrètes en lien avec le développement durable. Le dispositif des Agences de l'Énergie des lycées depuis trois ans, dans vingt établissements de la région Rhône-Alpes, fonctionne en réseau pédagogique favorisant l'entraide et l'échange de pratiques entre les 100 personnels adultes (enseignants, chefs de travaux, intendants, agents techniques, services de la région, associations et entreprises) et entre les 400 lycéens qui participent au projet. Cette méthode a été reconnue au niveau européen car le lycée Aragon a été lauréat de l'appel à projet U4energy lancé par l'Union européenne dans la catégorie « meilleure pratique pédagogique ». Un projet d'appartement pédagogique témoin dans une des cités proche de l'établissement a été réalisé. Des élèves suivent également durant toute une année deux familles afin de les conseiller et d'installer chez eux des solutions techniques pour qu'elles réalisent des économies d'énergie. La phase stratégique (faire vivre le projet avec les élèves), sans laquelle rien ne pourra se faire s'appelle **« dévolution » du projet aux élèves.** Quelques étapes à suivre :

Présentez succinctement le projet aux élèves, oralement ou sur une vidéo ou un prezi, en sélectionnant le niveau que vous privilégiez : activité, apprentissages, thème, production, mais en laissant ouverts tous les autres. Le projet « fermé » sera votre chose ; négociez tout ce qui peut l'être de votre point de vue. La partie des objectifs pédagogiques, par exemple, reste de votre compétence. Ce n'est pas un marchandage, mais une ouverture à une construction collective. Derrière cette pratique encore nouvelle pour certains, il y a bien un enjeu démocratique : celui de l'exercice de la liberté individuelle et de la responsabilité collective. (Voir le chapitre 24 « Créer des situations d'apprentissage ».)

Veillez à l'expression de tous. Une phase écrite dans l'élaboration de la réflexion est précieuse. Quelques minutes pour mettre noir sur blanc son idée sur tel point : on statue ensemble sur des occurrences, puis on recommence sur un autre point. Cette procédure permet de prendre appui sur la participation plus réfléchie et constructive de chacun, de laisser des traces, première étape du projet. Ce sont des avantages non

1. Voir la fiche détaillée http://eduscol.education.fr/experitheque/consultFicheIndex.php?idFiche=8782 et le site de l'établissement http://lyceelouisaragon.fr/cite_scolaire/.

négligeables par rapport à un simple échange d'idées. (Pour faire émerger les possibles, voir les douze techniques pour les représentations dans le chapitre 19 « Analyser les ressources des élèves ».)

Vous pouvez ainsi établir un « cahier des charges », en une heure. Ce cahier des charges est déjà une étape formalisée du projet, qui précise l'objectif pour les élèves, pour le groupe, pour l'enseignant, pour l'établissement et les personnels concernés, les modalités de travail (groupements variés, distribution de rôles), les activités envisagées, le calendrier indicatif, les productions prévues, les moyens mobilisés (humains, matériels, financiers), les évaluations. (Voir le « Tableau de bord de module interdisciplinaire » dans le chapitre 27 « Définir des objectifs », et la conduite de projet dans le chapitre 8 « Préparer une sortie, un voyage, un stage ».)

Développer la démarche projet

Ce cahier, retranscrit au propre par un élève (c'est déjà un rôle), sera la feuille de route du groupe. Il peut être susceptible de modifications en fonction du déroulement non linéaire du projet. Cependant, la démarche de projet est structurellement inscrite comme objectif de programme dans certaines disciplines (la technologie par exemple), elle offre matière à apprentissages. Replacer la dimension d'un projet dans l'ordinaire du cours, c'est rendre possible le fait qu'un vrai projet part souvent d'un échange d'idées un peu folles ou mal formulées dans un prime abord entre élèves et avec eux. Ce n'est peut-être pas votre idée, mais il est de votre compétence de guider la démarche si elle peut s'inscrire dans des apprentissages conformes à ce que vous devez faire avec eux.

CONDUIRE UN PROJET... AVEC LES ÉLÈVES

La tentation du contrôle permanent est là mais impossible à tenir, vous risquez rapidement l'épuisement et l'agacement en étant constamment sollicité pour tous les points. Détendez-vous et appuyez-vous sur le collectif.

Prévoyez des rôles

Dès le début du projet collectif, envisagez la variété des rôles à tenir : techniques, communication, production, recherche, matériels *ad libitum*. (Sur les différents rôles possibles, voir le chapitre 2 « Mettre en groupe ».)

▸ Des vrais rôles pour apprendre

Au collège Jean-Rostand, à Metz, des collégiens donnent vie et sens au savoir en devenant passeurs de culture, ils sont « petits médiateurs » d'œuvres choisies au Centre Pompidou de Metz pour un public varié selon les opportunités et les projets (leurs parents, des classes de lycéens, des classes de primaire, pourquoi pas à terme, des touristes). Ceux qui ne sont pas encore prêts pour une médiation en direct sont filmés et le film est projeté au musée. Cette action s'inscrit dans le cadre du LCEx (Livret de Compétences Expérimental) qui a pour objectif de valoriser toutes les compétences développées par le jeune dans et à côté de l'école.

Il y a des rôles qui seront fixes selon la tâche à accomplir pour le groupe, d'autres seront tournants tels que : faire le compte rendu objectif de la séance de travail, faire le compte rendu subjectif de son travail, afin de réguler l'action et prévenir les décrochages éventuels. Chaque rôle pris est doté d'une capacité d'initiative reconnue, mais également d'une obligation de visibilité en restitution, en régulation, en traces, en bilans d'étapes. Tous les élèves sont ainsi amenés à exercer de véritables responsabilités pour eux, pour leurs pairs, au service d'un projet.

Prévoyez régulièrement un temps d'information collective pour que tous soient informés de l'état d'avancement, des difficultés rencontrées et des régulations nécessaires.

Comment distribuer les rôles

Vous pouvez attribuer les rôles en fonction de ce que les élèves savent déjà faire : en termes d'objectifs d'apprentissage, vous pouvez proposer aussi ces mêmes rôles à ceux qui ont à s'exercer, à apprendre, ou à se perfectionner.

Extrait du corpus de rôles responsables confiés aux élèves

À confier : pour l'année ❑ pour un trimestre ❑ pour un mois ❑
pour une semaine ❑ pour une séquence ❑

Clavier des rôles dans la classe	oui	non
Délégués de classe et suppléants	❑	❑
Secrétaires de classe, distributeurs de textes	❑	❑
Ramasseurs de copies, responsables informatiques	❑	❑
Dessinateurs pour la classe, journaliste pour la classe	❑	❑
Animateurs d'un groupe de quatre, de six ou plus	❑	❑
Opérateurs de projection ou d'enregistrement	❑	❑
Détecteurs de talents ou assistances de camarades	❑	❑
Gardiens du temps et des horaires, régisseurs	❑	❑
Informateurs de leurs camarades en dehors de l'école	❑	❑
Synthétiseurs ou délégués à la mémoire profonde du cours	❑	❑
Humoristes, poètes, chansonniers	❑	❑

Clavier de rôles inter-classes		
Facilitateurs ou tuteurs volontaires pour élèves d'une classe		
– au-dessous de leur propre classe	❑	❑
– au-dessous de deux classes	❑	❑
– au-dessous de quatre classes (6e pour 3e par exemple)	❑	❑
Médiateurs dans les couloirs et dans la cour, pour amortir les conflits entre jeunes		
– pour l'établissement	❑	❑
– pour une classe	❑	❑
– pour un niveau	❑	❑
Gardiens veillant au respect des consignes et des règlements		
– en laboratoires	❑	❑
– en ateliers	❑	❑
– sur les lieux sportifs	❑	❑
– à l'entrée et à la sortie de l'établissement	❑	❑

Registre des rôles inter-établissements	oui	non
Délégués d'établissement (par rapport aux réunions et rencontres)		
- d'école à école	❑	❑
- d'école à collège	❑	❑
- de collège à collège	❑	❑
- de collège à lycée	❑	❑
- de lycée à lycée	❑	❑
- correspondant auprès de CIO, de municipalités, d'associations pédagogiques	❑	❑
- correspondant auprès d'établissements à l'étranger	❑	❑

Rappelons qu'un objectif est, en premier lieu, une intention de changement. On peut caractériser deux tendances : libérale ou autoritaire. Ni l'une ni l'autre ne sont mauvaises en soi, c'est une question de pratique et de congruence (adéquation avec votre propre style d'enseignement). (Sur le degré de « guidance » de l'enseignant, voir le chapitre 1 « Diriger une séance » ; sur les modes d'association entre élèves, voir le chapitre 3 « Gérer les relations ».)

❑ **Libérale :** vous proposez une liste de rôles, les élèves s'inscrivent selon leur envie et/ou leurs compétences déjà acquises, vous entérinez, en pariant sur le facteur motivation intrinsèque de l'activité du rôle.

❑ **Autoritaire directif :** vous distribuez les rôles en jouant sur le hasard d'un jeu de cartes : tous les rôles se valent par leur intérêt.

❑ **Autoritaire guidé :** vous attribuez les rôles en fonction du projet d'apprentissage plus spécifique que vous assignez à tel élève.

❑ **Libéral avancé :** la répartition des rôles se fait progressivement par description de leurs contenus propres, en guidant le choix des uns et des autres selon les profils d'élèves (besoins scolaires, relationnels, autres). Vous exercez la posture de conseiller.

> **► L'intergénération, des occasions d'apprendre, ensemble, tout au long de la vie**
>
> **Plusieurs dispositifs émergent actuellement autour des rencontres pensées comme improbables il y a encore quelques années. De jeunes élèves à la rencontre des personnes âgées pour échanger des savoirs tous azimuts ; deux exemples.**
>
> **Intergener@tions[1], Dispositif Relais Rive Droite, Brest. Chaque année, 10 à 15 jeunes et une dizaine de personnes âgées apprennent les uns des autres en co-réalisant des productions multimédias.**
>
> **Intergénérations[2] : Circonscription 20C Gambetta, Paris. En participant à des ateliers pédagogiques en maison de retraite, les élèves réinvestissent et consolident les acquis disciplinaires de l'école.**
>
> 1. http://www.dailymotion.com/video/x86e7s_intergenerations-brest-la-rencontre_tech.
> 2. http://www.ac-paris.fr/portail/jcms/p1_531305/intergenerationnel.

LE TEMPS DU PROJET, C'EST LE TEMPS DES APPRENTISSAGES

La dynamique du projet comporte un facteur temps : la progression pourtant indicative, même avec les quelques aménagements de type bilan, devient tyrannique. Il faut « boucler » l'édition, performer pour le spectacle. Insensiblement, la **logique de réussite** devient beaucoup plus forte que la **logique préalable de formation** qui ne faisait du projet qu'une occasion « différente » d'apprendre. Le projet n'est pas une fin en soi, mais un moyen de mobiliser plus efficacement l'attention, les savoirs en situation de découverte et de production. Le « je n'ai pas le temps » à cette aune ne tient pas la route. C'est au contraire bien le temps.

En organisation du travail différencié selon les tâches et les objectifs de chacun (individu ou sous-groupe), si vous avez perçu des difficultés récurrentes chez quelques élèves, prenez-les à part pendant une séquence pour analyser avec eux le niveau et le degré de difficulté.

Renvoyez ensuite soit à une phase de cours, soit vers un collègue capable de prendre en charge une difficulté analysée, soit à un élève-ressource, et suivez la « prescription » auprès des élèves concernés. L'attention que vous leur portez et les attentes positives que vous manifestez à leur égard seront aussi efficaces que le remède prescrit.

ACCUEILLIR L'IMPRÉVU DANS UN PROJET

Il arrive souvent que dans le traitement d'une phase du projet, dans la partie recherche, développement, production, un ou plusieurs groupes tombent sur un « os », comme on dit en archéologie. Il faut donc envisager ce qui était imprévisible et qui s'annonce lourd en traitement, en contenus, en conséquence sur la suite des événements. Vous avez alors le choix entre trois solutions, dont deux radicalement opposées.

❑ **À la manière de la société d'autoroute :** on cache vite les ossements dans une gravière et on reprend le tracé, rien ne s'est passé. Le calendrier sera tenu.

❑ **À la manière du médecin légiste** diplômé en anthropologie du méso-paléolithique : on stoppe tout. La découverte va au minimum renseigner sur le projet, au mieux, faire évoluer considérablement le projet. Vous convoquez alors d'autres analyses disciplinaires pour traiter la question qui vous dépasse aussi ; la démarche de projet emporte tout le monde.

❑ **À la manière de l'archéologue de sauvetage :** vous estimez rapidement le rapport contenus/temps/apprentissages possibles sur le niveau d'enseignement concerné. Si, effectivement, la fusion nucléaire par exemple n'est pas au programme, vous pouvez cependant en retirer quelques éléments de savoirs qui vont outiller la réflexion du groupe. Vous aménagez un « temps » informatif pour faire le point et voir comment le groupe concerné peut s'approprier l'information, puis vous retournez aux procédures fixées.

SE DONNER LES MOYENS DE RATTRAPER TOUT LE MONDE

Si vous n'y prenez pas garde, il peut arriver que le fond de classe reste le fond de classe, projet ou pas. Cette situation vous interpelle sur les buts que vous vous assignez. Pour rester sur l'exemple du collègue qui mène le projet de monter une pièce de théâtre avec ses élèves, vous pouvez réagir dans trois directions.

■ Soit vous avancez coûte que coûte en acceptant la marginalisation de certains, puisque *the show must go on*. La situation ne sera pas très différente de celles de certains cours, ces élèves sont déjà trop loin. Mounir sera après tout rassuré de ne jouer que le rôle de hallebardier. Tout le monde est content ; le projet est finalement un *statu quo* habillé sous un autre nom.

- Soit vous cherchez avec Mounir, mais aussi avec le grand groupe, quelques aménagements acceptables qui permettent une participation active et un apprentissage pour lui.

- Soit vous revisitez la liste des rôles possibles en optant pour un autre registre que celui du hallebardier : production, régisseur, technicien, souffleur, accessoiriste, publiciste. La liste n'est jamais fermée.

Selon la règle des tiers – on constate souvent une inflexion du projet à chaque tiers de temps –, le projet est déjà bien sur les rails, mais vous êtes confronté à une répartition du groupe en deux clans : ceux qui accrochent et habitent leur rôle, ceux qui après quelques essais formels ont commencé à décrocher dans une attitude mi-passive, mi-ironique, pas encore d'hostilité franche. En tout état de cause, une décision est à prendre.

Un des aspects majeurs du projet est son « enrôlement » et sa dynamique de groupe, c'est pour vous un objectif professionnel non négociable. On se met en configuration « grand conseil » et on joue cartes sur table. Situez le niveau de difficulté et la nature de l'obstacle (oralité, publicité, individualité, loyauté culturelle dans ce cas peuvent être évoqués). Sont-ils rédhibitoires ? Des sujets à aborder et à discuter avec les élèves pour poursuivre le projet dans de bonnes conditions.

QUE VEUT DIRE « RÉUSSIR UN PROJET » ?

L'expression « réussir » est polysémique : réussir pour qui ? Qui réussit ? À quoi le voit-on ? Elle renvoie aussi aux origines du projet et à ses objectifs fixés.

L'obligation de réussite

L'action est très avancée ; vous surinvestissez le projet et le portez à bout de bras. À travers lui, se jouent des objectifs professionnels qui peuvent dépasser vos élèves : votre reconnaissance dans l'établissement, votre autorité vis-à-vis des parents, votre charisme vis-à-vis des élèves, finalement des intérêts personnels s'agglomèrent à un projet professionnel altruiste.

Pour éviter d'arriver à cette situation embarrassante, la pratique du retour très périodique au « cahier des charges » avec explicitation des objectifs-élèves est salvatrice. Rappelez en commun les objectifs. Ceux sur lesquels va porter l'évaluation finale permettent aux élèves de retisser le lien avec le « scolaire », et pour vous, de vous décentrer d'une implication trop personnelle.

BIEN BOUCLER LE PROJET

Au même stade d'avancement, vous évaluez encore trop bien la distance, en termes d'apprentissages, que vos élèves doivent encore parcourir. Ils ne maîtriseront pas la PAO (publication assistée par ordinateur) en trois jours. C'est une expérience partagée par tout enseignant à un moment donné. La logique de réussite est trop forte pour échouer si près du but.

Fixer un calendrier. Pour éviter de vous retrouver dans cette situation, prévoyez avec soin les différentes phases de réalisation et de production du projet, notamment en matière de conditions de réalisation, de calendrier et de compétences à mettre en face. S'il s'agit de produire un journal en PAO, il faut programmer une initiation PAO au moins pour le groupe éditorial concerné ; c'est justement une occasion d'apprendre.

Accepter la souplesse. La « charrette » des dernières semaines est commune à tout projet. Autant le savoir et anticiper avec les élèves en programmant des séances supplémentaires, appuis ponctuels sur d'autres ressources, en changeant ponctuellement un morceau d'emploi du temps. La gestion par projet crée toujours du désordre. Il faut l'accepter et le présenter comme tel, aux élèves comme à « l'administration ».

Dresser un bilan

Quand vous vous remémorez la liste des problèmes rencontrés lors de la conduite du projet, vous vous posez des questions sur sa reconduction. Tenez un carnet de bord du projet, même simple : objectifs, séquences, faits, problèmes rencontrés, ressources sollicitées. La formalisation écrite vous permettra de mieux sérier les types de problèmes : structurel, conjoncturel, relationnel, matériel, partenarial, scolaire, psychologique, professionnel. Enfin, faites le point sur les savoirs et savoir-faire mobilisés par les élèves.

« Le projet « météo » a été une vraie galère ; pas sûr que je recommence. »

CHERCHEUR

▸ 15 conseils pour gérer un projet

Jocelyne Hullen, lors d'un séminaire sur la pédagogie de projet a proposé une *check-list* pour conduire un projet.

L'enseignant novateur accepte en entreprenant une démarche de projet, de :

1. **gérer la complexité et l'incertitude ;**

2. **tenir compte des besoins et des intérêts des élèves ;**

3. **créer les conditions permettant l'exercice d'une pensée créatrice : le travail de groupe ;**

4. **renoncer à la situation magistrale ;**

5. **agir comme médiateur et non comme dispensateur de savoir ;**

6. **veiller à ce que le caractère dynamique du projet ne s'efface pas derrière un caractère systématique technologisant ou psychologisant ;**

7. **négocier avec les élèves les objectifs et les moyens ;**

8. **susciter pensée divergente et pensée convergente ;**

9. **reconnaître les différences et les valoriser ;**

10. **évaluer le processus, les démarches autant que le produit ;**

11. **ouvrir l'école vers l'extérieur ;**

12. **apprendre aux élèves à anticiper, choisir ;**

13. **passer de la situation d'enseignement à la situation d'apprentissage ;**

14. **introduire une attitude expérimentale par rapport aux pratiques et aux situations éducatives ;**

15. **accepter un écart entre le travail prescrit et le travail réel.**

Source : http://tecfa.unige.ch/perso/lombardf/ped_projet/consequences_ped_projet. html.

○ FAUT-IL ÉVALUER UN PROJET ?

Tout ça pour ça ? Les fins de spectacles peuvent avoir quelquefois un petit arrière-goût d'amertume. Tout ça pour ça ? Comme si la qualité intrinsèque de la prestation terminale disait tout du projet. Non. Les dispositifs d'évaluation de projet pèchent par défaut, à cause du caractère flou des objectifs d'apprentissage.

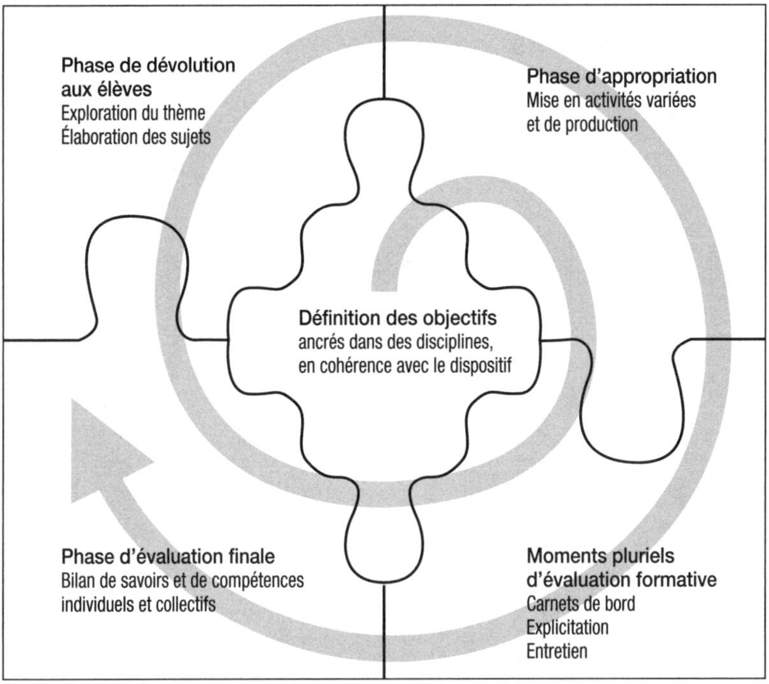

En guise d'aide méthodologique pour des équipes interdisciplinaires, le tableau présenté page suivante peut être utile à parcourir dans sa durée, attestant que l'évaluation se conçoit comme processus durable mais aussi se conjugue à plusieurs niveaux d'observation ; elle est en outre le fait de plusieurs acteurs. Le professeur est loin d'être seul dans l'opération ! Tout cela plaide donc pour des dispositifs d'évaluation construits *ad hoc*, collectifs, régulés, pragmatiques, élargis, durables et… intéressants pour tout le monde.

L'évaluation d'un projet est globale et systémique ; elle nous permet d'apprendre autant sur les acquis des élèves que sur la régulation d'une équipe et sur la politique de l'établissement. Si tout cela devait se terminer en une vaste compilation de chiffres sans commentaires, et sans communication, mieux vaudrait passer à autre chose : évaluer, c'est « d'abord communiquer ».

Prévoyez dès le début du projet une phase d'évaluation du travail produit avec le groupe, un temps nécessaire pour faire un bilan de savoirs de façon à préparer la « sortie du projet », à faire les liens avec l'après et le retour à l'ordinaire de la classe.

Type d'approche par	Objet du dispositif	Finalité	Personnels	Institution	Société civile
Domaines de l'évaluation	**Conduite de projet**	**Compétences des élèves**	**Travail en équipe**	**Projet de l'établissement**	**Impacts sur les partenaires**
AVANT Identifier les conditions de la réussite	Degré d'opérationnalisation (objectifs, échéances). Conditions locales et importance du contexte (histoire, expériences volontaires). Moyens mobilisés (compétences, formations programmées, concertation prévue, ressources disponibles).	Analyse des compétences des élèves (points forts/faibles, réussites antérieures, diagnostic en début d'année). Prise d'indices sur les centres d'intérêt (élèves, familles). Connaissance des styles d'apprentissage (individus/collectif, centration…).	Adéquation de son projet avec sa pratique professionnelle. Mobilisation de compétences (expériences, réussies formation). Avantages escomptés (meilleur contact, effectif réduit, moins de correction, plus efficace).	Expériences antérieures (projets innovants). Ressources disponibles. Avantages et changements escomptés (image, activités, résultats).	Analyse des caractéristiques de la population scolaire. Ambition scolaire des familles. Association des parents.
PENDANT Réguler son action et la conduite du projet	Communication et organisation (binôme,inter-binôme, équipe). Ajustements nécessaires (dans les conseils de classe, changement de groupes, variation des lieux). Changements souhaitables (révision d'un projet, réduction d'un contenu).	Indice de participation (absentéisme). Degré de satisfaction des personnes et implication dans les activités. Observation des démarches d'apprentissage plus efficaces.	Degré de satisfaction et de motivation. Participation à l'équipe. Régulation des pratiques et adaptation des projets aux élèves.	Fonctionnement des équipes (communication, évolution). Marge d'initiative et de souplesse. Régulation des problèmes (emploi du temps, entre individus, moyens).	Implication des parents. Rôle des associations locales. Position des autorités locales (freins, accompagnement).
APRÈS Mesurer les changements et proposer des évolutions impliquées, organisation.	Impacts du projet (mobilisation des personnes , emploi du temps). Amélioration ou reconduction de l'organisation (emploi du temps,nombre de personnes.	Indice de satisfaction et enquête. Mesure des acquis scolaires (dans les ID et dans les cours). Réussites constatées à T+1.	Enquête sur les bénéfices du projet. Proposition de modification individuelle et collective. Décision de reconduction.	Bénéfices institutionnels (image). Changements méthodologiques (organisation, évaluation). Impact sur les équipes.	Manifestation d'encouragement. Changement de l'image des enseignants. Désir des parents d'inscrire leur enfant dans l'école/ l'établissement.

Au lycée Tirel, à Paris[1], à l'issue d'une année où l'équipe a savamment couplé les exercices d'expression et d'improvisation avec l'apprentissage en hôtellerie-restauration, les élèves ont été consultés en une séance spéciale avec des personnalités extérieures pour faire le bilan des savoirs : post-it au tableau et cible d'évaluation. Envisagez la ou les transpositions possibles de parties de la démarche dans des situations plus classiques de parcours d'élèves. Que retenir pour les cours ? (Sur quelques méthodes et supports d'évaluation, voir les chapitres 19 « Analyser les ressources des élèves » et 14 « Évaluer des travaux ».)

Formalisez votre évaluation et communiquez à vos collègues et au chef d'établissement les résultats de l'évaluation, pour qu'ils prennent en compte ce que les élèves ont effectivement appris ; sinon, tout se passera comme si rien ne s'était passé. Les élèves ne comprendront pas cette contradiction du système. Donc, **évaluez pour va-lo-ri-ser !**

AUTOTEST : POSEZ-VOUS LES BONNES QUESTIONS DU CHEF DE PROJET

Vous menez actuellement un projet avec vos élèves. Quelles réponses donnez-vous à ces questions classiques en matière de conduite de projet[2] ?

- ❑ Qui prend l'initiative ?
- ❑ Qui exerce le leadership ?
- ❑ Qui fait quoi ?
- ❑ Que faire lorsqu'on rencontre un obstacle cognitif ?
- ❑ Que faire lorsque la confrontation à un obstacle exige des concepts ou des connaissances difficiles ?
- ❑ Que faire lorsque l'évolution du projet marginalise certains élèves ?
- ❑ Que faire en cas de conflit sur les options à prendre ?
- ❑ Que faire si la dynamique s'essouffle, si une partie de la classe décroche ?
- ❑ Que faire si l'évolution du projet éloigne des objectifs d'apprentissage initiaux ?
- ❑ Que fait l'enseignant ?
- ❑ Que se passe-t-il si le produit final n'est pas à la hauteur des attentes présumées des destinataires ?
- ❑ Comment vit-on les problèmes rencontrés ?
- ❑ Quel type de bilan fait-on à la fin ?

1. Voir le dispositif http://innovalo.scola.ac-paris.fr/2006/tireltheatre.htm.
2. D'après P. Perrenoud, *Réussir ou comprendre ? Les dilemmes classiques d'une démarche de projet,* 1998, sur le site life : www.unige.ch/fapse. Voir aussi : J.-P. Boutinet, *Anthropologie du projet,* Paris, PUF, 1990 ; « Faites des projets », *Cahiers pédagogiques,* n° 220.

CHAPITRE 22

Observer les élèves

« Si j'avais à établir une taxonomie des élèves, ce qui n'est jamais très difficile (il suffit d'observer où ils prennent place dans la classe), je ne prendrais pas la religion comme critère. Quelques indiscrétions inutiles m'ont appris qu'il y avait vaguement deux clans, d'ailleurs assez poreux au fil du temps, "les intellos" et "les autres" : clivage peut-être idéologique, mais pas confessionnel », écrit Catherine Henri, dans un ouvrage intitulé *De Marivaux et du loft, petites leçons de littérature au lycée*, (POL, 2003).

La fréquentation assidue des élèves dans une classe en primaire (vingt-quatre heures par semaine et trente-six semaines par année scolaire), comme dans le secondaire, la longue expérience sur un niveau d'enseignement dans le secondaire permettent de faire des observations d'une grande finesse sur les rapports qu'ils construisent avec les savoirs et l'École. La tendance est cependant forte de ramener ses propres observations (ou celles partagées en salle des profs) à des sujets familiaux ou sociaux.
Comme Catherine Henri, s'il fallait faire une typologie de vos élèves, comment vous y prendriez-vous ?

REGARDEZ VOS ÉLÈVES TRAVAILLER

L'observation a toujours une intention. Pas d'objectivité en la matière ! L'enseignant a quelque chose dans la tête. Isabelle Stengers[1] tient à prévenir d'une dérive possible : « Il faut s'interdire les questions qui tendent à vérifier si untel a bien fait son exercice tout seul. Ce n'est plus du tout le propos. L'attention portée aux individus n'est plus là pour sélectionner, mais pour poser au groupe entier, professeur évidemment inclus, un problème à résoudre : untel n'a pas compris, comment fait-on ? Si on cherche à rendre observables, mesurables certaines propriétés en

1. Professeur de philosophie des sciences, université de Bruxelles, *Cahiers pédagogiques*, n° 410, janvier 2003, p. 23.

mécanique quantique, il faut accepter que d'autres propriétés ne soient ni observables, ni mesurables. Rendre observable a un coût : d'autres choses qui auraient pu être rendues observables échappent. Soit la classe est prise comme force en tant que telle, et la sélection entre individus est donc impossible ; soit la classe est une apparence et ce qui est visé est : est-ce qu'untel a bien fait son travail ? Est-ce qu'il n'a pas triché ? »

L'observation n'est donc pas gratuite, elle est finalisée par l'évaluation. Mais évaluer tout le temps va rendre très vite la situation intenable et devenir source de problèmes dans les rapports prof-élèves. C'est le statut et les pratiques de l'évaluation qui se modifient en aiguisant le regard de l'enseignant, ainsi que le note Philippe Perrenoud[1] : « Pour évaluer des compétences, il ne faut pas poser une question de connaissance, il faut créer une tâche complexe et voir si les gens arrivent à se la représenter, à y entrer et à la réussir en mobilisant des connaissances. La meilleure chose à faire pour cela c'est d'intégrer l'évaluation au travail quotidien d'une classe. Évaluer des compétences, c'est observer des élèves au travail et porter un jugement sur les compétences en train de se construire : certains sont très loin du compte, alors que pour d'autres, la construction est en cours, même s'il y a encore des progrès à faire. On peut documenter des observations, les engranger, les noter méthodiquement et faire une sorte de "bilan de compétences", comme on le fait dans les centres pour adultes, avec des outils, mais sans volonté de standardiser les procédures et d'évaluer tout le monde à date fixe. » Ainsi, s'intéresser au socle commun, c'est d'abord observer ses élèves !

À CHAQUE ÉLÈVE, UNE MANIÈRE D'APPRENDRE

> “ ***« Je ne comprends pas qu'il ne comprenne pas. »*** **(Parole authentique)** ”

S'il s'agit d'apprendre à apprendre, selon un adage qui a eu un succès certain, cela passe assurément par le fait de porter votre expertise sur les manières d'apprendre de vos élèves[2]. Auparavant, on supposait le style homogène. Il pouvait même exister une certaine

1. « Construire des compétences, tout un programme ! », Entrevue avec P. Perrenoud, Propos recueillis par L. Brossard, *Vie pédagogique,* n° 112, 1999, pp. 16-20.
2. Voir l'article synthétique et très riche de J.P. Astolfi, « À propos des styles d'apprentissage », In *Aider à travailler, aider à apprendre, Cahiers pédagogiques,* n° 336, 1995. Nous en reprenons quelques éléments.

CHERCHEUR

connivence entre (certains) élèves et enseignants, à plusieurs niveaux, dont celui des modes d'apprentissage. Vingt ans plus tard, études et recherches en neurosciences et en psychologie cognitive confirment certaines intuitions empiriques de nos enseignants[1].

D'autre part, poser la question de la variété des manières d'apprendre de vos élèves renvoie aussi à l'examen de votre propre style d'apprentissage, et donc, de votre style d'enseignement (voir le chapitre 5). Quel élève avez-vous été ? Que privilégiez-vous quand vous enseignez ? Faire cette analyse conduit à une modification de sa propre pratique : parlez moins, asseyez-vous à côté de vos élèves et regardez-les travailler, écoutez-les décrire leurs démarches, parfois étonnantes ; elles sont riches de sens et pleines d'humanité.

Travailler sur deux registres de communication

> ***« J'ai beau leur expliquer trois fois l'exercice ; ils n'y arrivent pas. »***

Parfois, c'est un peu comme si on ne parlait pas le même langage. Certes, l'incompréhension trouve son origine dans des difficultés conceptuelles liées à des contenus. Ce peut être l'affaire d'un traitement didactique insuffisant (voir le chapitre 23), tout comme cela peut s'expliquer par des pratiques langagières (un langage soutenu ou un ton de voix) de votre part, prises comme socialement excluantes, toutes choses qui se travaillent par ailleurs. Cependant, le mode de communication est aussi à interroger : le cours est un moment de transmission orale, du verbe à l'état brut. C'est une difficulté certaine pour certains de vos élèves.

Dans nos écoles et établissements, la formation professionnelle, la culture enseignante et la féminisation accrue des personnels sont des facteurs qui privilégient de fait le mode auditif de communication. « J'ai beau leur expliquer... » se heurte donc à un différentiel de registre quand l'hétérogénéité est de mise dans toutes nos classes.

Comment leur parler. Travaillez systématiquement sur les deux registres : un support visuel précède ou accompagne une information orale.

1. Cursus.edu fait le point sur la question des styles d'apprentissage, qui a été une manière de comprendre la différenciation, mais à présent dépassée par les résultats de la recherche ; voir http://cursus.edu/article/18808/les-styles-apprentissage-une-vaste-rigolade/#.VKGUlcHABe.

• Reformulez l'exercice en termes différents, mieux : faites-le reformuler par un autre élève. Ménagez un temps de silence après l'énoncé d'une consigne ou la formulation des données d'un problème, de telle façon que les élèves se racontent en eux-mêmes l'histoire. Et bannissez le tac au tac de type « *Questions pour un champion* », qui reste un jeu et non un apprentissage sur la mobilisation de connaissances complexes. La pensée, c'est du temps pour élaborer sa pensée.

• Appuyez votre progression en visualisant au tableau, en dessinant un schéma ou en faisant écrire les élèves, notamment à l'aide d'un outil ou le TBI (tableau blanc interactif), qui a l'avantage de conserver les traces, même brouillonnes, du travail. (Voir le chapitre 10 « Mettre en œuvre des outils ».)

• Faites « dessiner » vos élèves : une expression graphique, une mise en espace d'un concept, d'un paragraphe renvoient à des représentations, mais aussi à un système de logique interne d'organisation des apprentissages. Ainsi, prendre en compte la variété des manières d'apprendre des élèves ne renforce pas l'isolement ; cela permet de mettre les processus au centre même du groupe.

Bonus Web ☛ « **Mathématiques et affectivité** » étudie le rapport entre l'enseignement des maths et l'affectif parce que « même en maths la vie privée influe sur l'apprentissage » ☛ http://www.francoisguite.com/2006/10/mathematiques-et-affectivite-deux-etudes/

Favoriser la coopération entre pairs

C'est rageant et tellement courant ; rares sont ceux ou celles qui font abstraction du contexte, qui fonctionnent en « indépendant du champ ». On pourrait même dire que le prototype du bon élève motivé est celui qui se définit ses propres buts, qui sait s'extraire du contexte social et affectif. On dira alors qu'il est « motivé ». Dans tous les autres cas, nous avons affaire à des élèves, jeunes ou moins jeunes, éprouvant des difficultés d'organisation mentale interne – c'est le propre de l'adolescence –, dont la tendance est plutôt d'étayer leur action sur la proximité relationnelle, géographique ou sociale. Pour eux, en tout cas, la vérité est ailleurs.

> ***“Marisa a la solution devant elle ; mais elle choisira de préférence celle que lui montrera sa voisine.”***

Acceptez la performance collective et la construction du savoir en classe plutôt qu'une seule stratégie individuelle défaillante et organisez le travail de votre classe en binômes ; la réponse sera celle du binôme après concertation.

Dans le cas décrit par notre collègue, Marisa est sans doute déstabilisée par une interrogation orale surprise devant toute la classe ; cette situation de visibilité inattendue immobilise toute sa capacité d'attention. Vous aurez avec elle de bien meilleurs résultats dans une situation qui préserve un certain anonymat. Sa performance est étroitement « dépendante du champ ». (Sur l'attention et la visibilité en cours, voir le chapitre 19 « Analyser les ressources des élèves ».)

Bonus Web ☛ **Cognibulle, ateliers de remédiations cognitives,** nous introduit rapidement à la variété des styles cognitifs, assortis d'exemples d'activités à l'adresse des enseignants. Grâce à leurs deux auteurs, Benoît Virole, psychologue, docteur en psychopathologie – Paris VII –, docteur en sciences du langage – Paris III –, et Claudine Wierzbicki, psychologue, docteur en psychologie du développement, Expert R&D des ECPA : http://virole.pagesperso-orange.fr/COGGEN.htm.

Réguler la participation des élèves

On a souvent l'impression en début de sixième que certains élèves ont été « briefés » : « Sors du lot, réponds le plus possible, fais-toi remarquer. » C'est peut-être pour d'autres la manifestation d'une certaine angoisse et d'une intolérance à l'incertitude. On constate aussi des effets inverses : quelques copies sont incomplètes, non du fait du temps imparti, mais parce que leurs auteurs ont préféré l'indécision et la non-réponse au risque assumé d'une éventuelle erreur. Il semblerait même que cela relève du caractère « français » de notre éducation, d'après les relevés de conclusion de PISA (Programme international de suivi des acquis des élèves), à l'inverse d'autres élèves des pays anglo-saxons ou nordiques qui préfèrent inscrire une réponse plutôt que rien.

> **“*Lucas a une très nette tendance à répondre très vite, quitte à ce que ce soit à côté de la plaque.*”**

❑ **Établir des règles.** Convenez avec vos élèves des codes et règles de conduite en matière de jeu questions-réponses : alternance, mode de désignation, temps imparti à la réflexion, support pour répondre.

❑ **Favoriser la réflexion.** Laissez-leur systématiquement un moment avant de solliciter la réponse à votre question. Ce n'est pas un jeu télévisé, mais un temps de construction de la réflexion. Sauf dans le cas d'apprentissages automatisés tels que les tables de multiplication où vous faites jouer la rapidité.

❑ **Permettre l'autoévaluation.** Dans une fiche d'autoévaluation, faites apparaître le critère « toutes les questions sont traitées », de sorte à permettre une autovérification par l'élève, en rendant enfin explicite une attente forte de l'École, clé pour la réussite dans le secondaire.

Donner des repères d'organisation temporelle

Les études dirigées font apparaître souvent des modes de travail bien différents, à la manière des adultes devant leur écran d'ordinateur. Certains vont n'ouvrir qu'un seul programme, une seule fenêtre pour traiter les tâches, l'une après l'autre (dominante intensive) ; d'autres sont plutôt multitâches, selon les cas, allant du plus difficile au plus facile, ou l'inverse. Ils balaient l'ensemble des devoirs pour organiser leur temps et leur effort.

> ***« En études dirigées, la plupart se dispersent dans leurs cahiers, manuels, cahier de texte, trousse, rien n'est fait. »***

Vue d'ensemble. En début de séance, parcourez l'ensemble des points avec eux. Demandez-leur comment ils comptent s'y prendre : centration ou balayage ?

Gestion du temps. Calibrez avec eux le temps nécessaire à chaque type d'exercice. Apprendre cinq mots de vocabulaire en anglais ne coûte pas le même temps ni la même énergie que faire la carte politique de l'Europe. La gestion de son temps de travail est un facteur important dans la réussite scolaire. On ne l'apprend pas tout seul.

Juste tempo. La mise au travail permet alors d'individualiser le conseil et de scander le rythme pour chacun. Ce repère externe les aidera dans un premier temps, comme le métronome est un outil parfois utile à un musicien. Faire ce type d'exercice constructif est un sérieux entraînement à l'intériorisation de la norme. (Faire une enquête sur les méthodes de travail auprès des élèves, voir le chapitre 16 « Guider le travail personnel ».)

L'art du renouvellement et de la répétition

Apprendre, c'est appréhender le nouveau, l'intégrer à un système logique dans la discipline, dans ses propres représentations. Bien souvent, les adolescents sont rétifs à la nouveauté (intellectuelle) et se réfugient dans une stricte conformité, en cherchant à égaliser le nouveau à l'aune des éléments déjà connus. « C'est comme... » La pensée analogique est une approche puissante pour les apprentissages. Mais le profil inverse existe aussi : la nouveauté est parée de toutes les vertus, on accentuera la rupture ou la contradiction. Ces deux styles existent dans les groupes.

❑ **Utilisez l'analogie.** Elle permet l'interprétation et l'intégration de nouveaux éléments de connaissance. Pour conceptualiser l'impensable, « l'indéfini » selon Descartes, les astrophysiciens ne fonctionnent pas autrement qu'en ramenant leur objet d'étude à des dimensions humaines, compréhensibles par tous.

❑ **Pointez la nouveauté.** Signalez la vraie nouveauté quand c'est vraiment le cas, la rupture historique (le mur de Berlin) ou épistémologique (Copernic). Cela donnera encore plus de sens aux continuités de notre système éducatif, toujours à renforcer. (Continuité et ruptures entre primaire et secondaire, voir le chapitre 16 « Guider le travail personnel ».)

❑ **Créez la surprise.** Vous pouvez ménager des effets de surprise, mais toujours dans le sens positif pour les élèves, sinon, la surprise s'apparente à un piège et crée un climat d'insécurité qui ne va pas faciliter les apprentissages. On peut aussi signaler la présence de pièges et permettre aux élèves de jouer les enquêteurs. Ça marche.

Reconnaître l'activité intellectuelle

Ils « consomment » du cours comme on consomme du programme télé. C'est particulièrement sensible dans les classes féminisées des lycées tertiaires, et aussi dans les classes de terminales de lycée général. On le constate également au collège où la succession des microdécisions d'orientation aboutit parfois à créer un groupe complètement homogène dans son rapport au travail scolaire et au savoir. Avant de diagnostiquer un possible décrochage scolaire, il faut comprendre que l'absence de toute activité motrice notable peut cependant signaler une activité intellectuelle, suscitant l'écoute et l'observation. À l'inverse, d'autres se caractérisent par des manifestations motrices, on dirait « kinesthésiques » ; un besoin de se mettre en mouvement, comme pour signifier que ça bouge aussi dans la tête. L'attitude de mise au travail passe par une activité de production.

> ***« J'ai un groupe en classe, un vrai « marais » ; je ne sais ni ce qu'ils pensent ni ce qu'ils apprennent. »***

Multipliez les sollicitations. Pour contourner la difficulté, prenez quelques précautions.

❑ Reconfigurez le groupe et ses relations interpersonnelles. Dépassez la vision de type « marais » qui masque les individualités et la dynamique toujours présente dans un groupe. Elle vous est cachée ici. Mixez les deux profils d'élèves. (cf. Établir la carte des relations, page 81.)

❑ Alternez les phases de cours-copie et les phases de production, en le faisant savoir aux élèves : chacun des deux « mondes » appréciera la relative visibilité que vous leur donnez dans le travail commun.

❑ Variez vos supports de cours et faites intervenir le plus régulièrement possible des élèves pour participer à l'élaboration de la trace écrite (vidéo, graphique, tableau).

❑ Proposez un questionnaire de satisfaction ou une enquête pour les prochains mois relatifs aux thèmes à traiter par exemple.

Bonus Web ☛ Hyperactivité et déficit d'attention. Un site belge consacré à l'hyperactivité et troubles associés vous permettra de trouver les renseignements que vous cherchez ou les réponses à vos questions : www.f-d.org/lienshyperactivite.htm.

Donnez des repères aux élèves. Le profil de David est un profil relativement courant, de même que son complémentaire, celui qui fonctionne à plein régime, quel que soit le type de travail proposé. On retrouve par analogie les différences entre le coureur de fond et le sprinter de 100 mètres.

L'un et l'autre pourront avoir des performances égales par ailleurs. La composante personnelle est ici très forte, elle touche des domaines intimes de la personne sur lesquels l'enseignant n'a pas de prise (place dans la fratrie, projet parental, projet personnel d'orientation, activités extrascolaires...).

« « Le travail de David, le groupe au fond de la classe, les réponses à mes questions ? » »

Les différents styles d'apprentissages ainsi caractérisés peuvent sembler outrés. Ils sont cependant présents à un moment ou à un autre dans votre classe, **en combinaison variée et évolutive** : les adolescents ne se présentent pas comme des sujets invariants mais, au contraire, affichent toutes les potentialités et tous les contraires, selon leur propre évolution interne, en ajustement avec leur environnement externe dont l'école fait partie. Ils sont variation et évolution, là où vous proposez ou projetez sur eux état et stabilité.

C'est une invitation à varier les pratiques enseignantes tous azimuts pour organiser au mieux la rencontre entre des personnes en devenir et des savoirs à construire, et une précaution à différer tout jugement évaluatif péremptoire.

DÉVELOPPER LA CAPACITÉ DE RÉFLEXION CHEZ LES ÉLÈVES

L'observation que vous pouvez mener peut être rendue plus efficace si elle devient participative. Impliquer les élèves dans l'analyse de leur propre démarche d'apprentissage, permettre la confrontation des différents types d'appréhension des savoirs, verbaliser ce qui reste encore pour la plupart de l'ordre du flou ou du préconscient, sont des actes réguliers qui renforcent l'autonomie des élèves. Une analyse partagée accroît aussi la capacité de l'élève à identifier son propre fonctionnement, ses points forts et ses besoins. Dans l'échelle taxinomique des activités intellectuelles, vous touchez ici le plus haut niveau de complexité, celui qui fait sens pour l'élève. (Sur les niveaux de complexité en taxonomie, voir page 455.)

Comment procéder

Dans la pratique, ce sont des formes variées proposées au collectif à des moments clefs, comme autant de « temps morts » demandés par l'entraîneur dans une équipe de volley. Par analogie, analyser les phases de jeu, le placement des joueurs, se remémorer les stratégies vues à l'entraînement, s'adapter au jeu de l'équipe adverse, puis le *debriefing*, élaborer une nouvelle combinaison, approfondir un geste efficace. Nous vous proposons onze idées de « temps morts », appelés aussi « temps métacognitifs ». Entraînez-vous !

❑ Échanger sur les représentations d'un concept, d'un mot, d'une idée.

❑ Confronter (sous couvert d'anonymat) une « bonne copie » et une « mauvaise copie », en dégager quelques indicateurs.

❑ Élaborer une fiche pratique de conduite d'exercice ou un protocole de la démarche.

❑ Sur une consigne commune, faire passer au tableau simultanément trois élèves, puis analyser les modes de réponse.

❑ Donner un « devoir » pour la semaine suivante et prendre le temps de faire apparaître trois stratégies pour mener à bien le travail avant la sonnerie.

❑ Avant un devoir sur table, ménager dix minutes de réflexion, sans prendre le crayon.

❑ Ritualiser un temps de réponse nécessaire avant toute réponse à une question importante.

❑ Faire un bilan collectif de savoirs et des traces écrites avant tout devoir programmé.

❑ Interroger à chaque fois sur le comment et les procédures employées.

❑ Valoriser la diversité des approches et la créativité de chacun.

❑ Prendre en compte certains éléments émergents du groupe pour conduire l'action et prendre des décisions. (Sur l'entretien d'explicitation, voir le chapitre 19 « Analyser les ressources des élèves ».)

Bonus Web ☛ Voir sur le site de Christine Partoune (université de Liège), de nombreux exemples outillés en géographie sur le recueil des représentations et le questionnement sur les savoirs : http://www.lmg.ulg. ac. be/competences/chantier/methodo/meth_repres. html.

AUTOTEST : ET VOUS, VOUS ÊTES PLUTÔT ?

La grande variété des styles d'apprentissages chez vos élèves vous renvoie à votre propre style... d'enseignement.

Connaissant donc vos propres tendances appliquées à votre enseignement, vos efforts iront plutôt vers l'autre pôle, de façon à aboutir à une communication plus efficace avec vos élèves, tous vos élèves. Alors, quel est votre style ?

- ❑ Vous vous faites des listes, vous énumérez des connaissances **(auditif)**.
- ❑ Vous dessinez facilement au tableau, en graphe, en patate, en schéma solaire et rayonnant **(visuel)**.
- ❑ Vous ajustez votre contenu, votre attitude en fonction du contexte **(dépendant du champ)**.
- ❑ Vous appliquez systématiquement ce que vous avez prévu **(indépendant du champ)**.
- ❑ Vous prenez toujours un temps avant de répondre, avant de faire **(réflexivité)**.
- ❑ Vous vous engagez résolument dans l'activité, vous répondez immédiatement **(impulsivité)**.
- ❑ Vous organisez votre travail, tâche après tâche, avec planification et application **(centration)**.
- ❑ Vous parcourez l'ensemble des tâches à accomplir, vous avancez sur plusieurs dossiers à la fois **(balayage)**.
- ❑ Vous vous concentrez particulièrement sur une activité ou sur un dossier, en laissant momentanément les autres en suspens **(accentuation)**.
- ❑ Vous traitez d'égale manière les activités ou les dossiers, avec la même application **(égalisation)**.
- ❑ Vous recherchez toujours à produire quelque chose de votre cru, pour vous approprier un contenu (fiche de lecture, résumé, listes, etc.) **(production)**.
- ❑ Vous consultez librement et sans difficultés plusieurs sources, livres ou supports, sans avoir besoin d'en tirer une production propre **(consommation)**.
- ❑ Vous investissez systématiquement votre activité en temps et en énergie ; cela se voit dans votre organisation, sur votre bureau **(formalisation)**.
- ❑ Vous vous attachez prioritairement à ce qui est demandé et au produit fini, quitte à y passer plus de temps **(réalisation)**.

Bonus Web ☛ Voir aussi les variables de votre style d'enseignement (cf. « Guider les élèves », chapitre 5).

CHAPITRE 23

Faire de la didactique

Didactique. Est-ce un « gros mot » ? « Apprendre le théorème de Pythagore, c'est buter sur des obstacles épistémologiques auxquels tous les élèves sont confrontés. La didactique ne concerne peut-être que 15 % de ce qui se passe en classe, mais il s'agit de 15 % déterminants[1]. » Enseigner l'anglais à Paul, c'est donc bien prendre en compte le système qui englobe Paul, mais aussi l'anglais comme discipline. Et en l'occurrence, la discipline ne s'impose pas d'elle-même ; elle nécessite un traitement de la part de l'enseignant.

DIDACTIQUE *VERSUS* PÉDAGOGIE ?

On conjugue ces approches selon deux cas : dans un cas, la recherche didactique ignore quasiment la relation pédagogique. Elle renvoie exclusivement à une réflexion épistémologique, seule capable de fonder les savoirs à enseigner. La didactique s'arrêterait à la porte de la classe. « Toute la recherche en didactique aujourd'hui est centrée sur des objets très pointus, en grammaire, en orthographe, dans l'apprentissage de la lecture ou dans la production de l'écrit. Ces recherches suivent des voies distinctes. Elles se réfèrent à des modèles d'analyses scientifiques qui éclatent l'objet. Un des enjeux des années à venir sera de tenir compte de la recherche en didactique, sans vouloir en appliquer les conclusions de façon servile qui conduirait à une déréalisation et à une abstraction d'autant plus grande des objets de savoir », d'après Anne-Marie Chartier. Défi lancé et périls signalés pour nos masters en didactique au sein des ESPE. Qu'elle soit entendue pour que les recherches en éducation deviennent des recherches « pour l'éducation » et pour l'amélioration des apprentissages de tous nos élèves.

Dans l'autre cas, on considère que didactique et pédagogie peuvent théoriquement se différencier, mais qu'en pratique, elles doivent s'intégrer dans une réflexion plus générale à propos des apprentissages. « Il faudrait qu'on arrive à sortir de cette méthode qui consiste à penser toujours

1. S. Johsua, interview dans *le Monde de l'éducation,* n° 310, janvier 2003, p. 77.

▸ Les compétences du socle commun

Le socle commun ne se substitue pas aux programmes de l'école primaire et du collège. Il en fonde les objectifs pour définir ce que nul n'est censé ignorer en fin de scolarité obligatoire. D'après le BOEN n° 17 du 23 avril 2015, il s'organise cinq domaines reliés entre eux :

- les langages pour penser et communiquer (langue française, langues vivantes étrangères ou régionales, langages mathématiques, scientifiques et informatiques, langages des arts et du corps) ;
- les méthodes et outils pour apprendre (accès à l'information et à la documentation, outils numériques, conduite de projets individuels et collectifs, organisation des apprentissages) ;
- la formation de la personne et du citoyen (apprentissage de la vie en société, de l'action collective et de la citoyenneté, formation morale et civique, respect des choix personnels et des responsabilités individuelles) ;
- les systèmes naturels et les systèmes techniques (approche scientifique et technique de la Terre et de l'univers, curiosité et sens de l'observation, capacité à résoudre des problèmes) ;
- les représentations du monde et de l'activité humaine (compréhension des sociétés dans le temps et dans l'espace, interprétation des productions culturelles et humaines, connaissance du monde social contemporain).

Chaque domaine est conçu comme une **combinaison de connaissances** fondamentales, de **capacités** à mettre en œuvre dans des situations variées et aussi **d'attitudes** indispensables tout au long de la vie.

Les trois paliers d'évaluation

Le socle commun de connaissances, de compétences et de culture (2016) s'acquiert durant la scolarité obligatoire, organisée en trois cycles d'enseignement :

- cycle 2, cycle des apprentissages fondamentaux (CP, CE1, CE2) ;
- cycle 3 , cycle de consolidation (CM1, CM2, 6e) ;
- cycle 4, cycle des approfondissements (5e, 4e, 3e).

Le cycle 1, cycle des apprentissages premiers, couvre la petite, moyenne et grande section de maternelle. Il précède la période de scolarité obligatoire. Les compétences socles correspondent au premier niveau de compétence, ce qui n'exclut pas d'atteindre le niveau « maîtrise », sinon « expert » !

Un livret personnel

Il permet à l'élève, à sa famille et aux enseignants de suivre l'acquisition progressive des compétences.

➥ **www.education.gouv.fr/cid2770/le-socle-commun-connaissances-competences.html.**

➥ **Voir le livre d'Annie Di Martino et Anne-Marie Sanchez, *Socle commun et compétences : Pratiques pour le collège*, éd. ESF, 2011 et l'indispensable Philippe Perrenoud, *Quand l'école prétend préparer à la vie... : développer des compétences ou enseigner des savoirs*, éd. ESF, 2011**

sur le mode de variation en sens inverse, c'est-à-dire que plus je m'intéresse à l'élève, moins je m'intéresse au savoir ou plus je m'intéresse au savoir, moins je m'intéresse à l'élève... » (Ph. Meirieu.) Ce sera plutôt notre position. Nous ne marchons bien que sur nos deux jambes.

L'approche didactique en classe

La démarche didactique s'apparente à celle d'un équilibriste sur une corde raide. Ici, les deux points fixes (les plates-formes où l'on doit sans cesse revenir) sont : d'une part, la matière enseignée, avec son contenu scientifique ; d'autre part, l'acte concret d'enseignement, avec son travail sur le « terrain ». Pour passer de l'un à l'autre, il convient d'utiliser des instruments : appareils, techniques, théories (d'après l'Encyclopædia Universalis).

L'approche didactique peut intervenir en deux temps distincts par rapport à la classe.

En amont de la réflexion pédagogique, en prenant en compte les contenus d'enseignement comme objet d'étude : repérage des principaux concepts, leurs évolutions dans l'histoire de la discipline, leur arrivée dans l'enseignement, analyse des pratiques sociales de référence, étude des transpositions didactiques... La didactique propose des grilles de lecture des difficultés possibles rencontrées par les élèves, des noyaux durs qui doivent attirer notre attention, et sur lesquels il faut envisager du temps en plus et des dispositifs pédagogiques plus adaptés. La formation initiale et continue, sous les formes les plus appropriées, gagneraient à inclure des modules d'épistémologie des champs disciplinaires, afin d'en souligner les variations et les évolutions. Tout n'est pas inscrit dans le marbre ; il suffit de regarder des pays voisins pour comprendre que nos débats en la matière ne sont ni unanimement compréhensibles ni universels.

En aval, en approfondissant l'analyse des situations de classe pour mieux comprendre de l'intérieur comment cela fonctionne et ce qui s'y joue. L'étude des représentations des élèves, de leurs modes de raisonnement, de la manière dont ils décryptent les attentes de l'enseignant. Et en s'attachant aussi à l'analyse du mode d'intervention de l'enseignant. Il s'agit d'arriver à lui suggérer une gamme de possibles et non son enfermement dans une modalité unique d'interventions[1]. L'université saura-t-elle le faire en formation initiale ? Ou sera-ce à la formation continue, alors profondément « refondée », de s'en charger, et dans quelles conditions ? Ce sont là des chantiers d'expérimentation pour les années à venir. On pourrait imaginer par exemple des groupes de développement professionnel intra-établissement ou en réseaux de proximité ou encore sur Internet, s'interrogeant sur les facteurs d'efficacité dans l'enseignement des lettres. Déjà des ferments sont là, sur weblettres par exemple.

ENTRE LA PASSION ET LE MÉTIER, L'INTÉRÊT D'ENSEIGNER UNE DISCIPLINE

S'intéresser à ce qu'on enseigne serait-il gage d'efficacité ? L'investissement marqué et signifié d'un enseignant pour le savoir à ses élèves, la dramatisation du cours au sens où la matière emporte un enjeu tout aussi important pour le professeur comme pour ses jeunes participeraient à de meilleurs apprentissages ? D'après Jonathan Philippe[2], professeur en sciences de l'éducation à l'université de Bruxelles, il est bien question d'une **professionnalisation du métier** : tout enseignant doit travailler sur son rapport au savoir.

La résolution de l'équation se trouve dans ce que Philippe identifie comme **« dramatisation » du savoir,** en ce que le professeur peut être capable de produire un discours et des situations à la fois en cohérence avec les exigences internes de la matière et en résonance avec les préoccupations des élèves. Il scénarise alors l'histoire et la construction scientifique par, pour et avec ses élèves.

Pouvoir se confronter soi-même à des questions de recherche dans sa discipline, à ses exigences comme à ses doutes, permet aussi d'en faire

1. Extrait du site interactif la main à la pâte : www.inrp.fr/lamap/.
2. Jonathan Philippe, *Fabriquer le savoir enseigné*, De Boeck, Collection Savoir, 2010.

une traduction et d'en aménager les termes pour ses élèves. Il s'agit donc d'**opérer une transformation des savoirs à enseigner à des savoirs « pour » enseigner** ; et à ce titre, les programmes ou encore le manuel que vous suivez à la lettre ne peuvent suffire.

ENSEIGNER, EST-CE ENSEIGNER UNE DISCIPLINE ?

La réponse à cette question pourrait pour nombre de collègues (du second degré) être d'évidence : oui. La réalité et l'évolution des programmes doivent nuancer le propos. Actuellement, la moitié des enseignants n'est pas passée par un concours de recrutement ; de même, les concours de recrutement certifient une aptitude et non une compétence, moins encore une formation complète. Les itinéraires très diversifiés en formation initiale font apparaître souvent des « trous » relativement importants, tenant à l'aspect modulaire et optionnel des cursus. Enfin, l'évolution rapide des connaissances et des techniques rend improbable un cursus complet.

Un bagage scientifique incomplet met l'enseignant en situation de dépendance par rapport à son manuel, aux instructions officielles, voire aux phénomènes de mode, toutes données qu'il n'aura pas les moyens de décrypter ou de mettre en perspective. Sa capacité d'innovation, c'est-à-dire de réactivité et d'adaptation aux besoins rencontrés, aux demandes formulées s'en trouve pareillement amoindrie.

Yves Reuter propose à chacun d'entre nous de reprendre les 40 fondamentaux de la didactique[1] ; quelques concepts sont explicités et débattus, parmi tous ces mots échangés en salle des profs ou en conseil de classe, tels que « élève », « transposition didactique » ou encore « niveau de formulation » : « Le pari des didactiques est que des réflexions pointues sur l'enseignement et les apprentissages à partir des contenus et des disciplines peuvent aider à un meilleur diagnostic quant aux difficultés des élèves, condition première pour tenter de les résoudre ; et le premier à reconnaître sa part : il n'y a pas de solution miracle ni en didactique ni ailleurs. Les didactiques apportent une contribution, ouvrent des pistes

CHERCHEUR

1. Yves Reuter, Cora Cohen-Azria, Bertrand Daunay, Isabelle Delcambre-Derville et Dominique Lahanier-Reuter, *Dictionnaire des concepts fondamentaux des didactiques*, De Boeck, 3e éd., 2014.

et les éclairages qu'elles fournissent, passent ensuite par la médiation des structures de formation, des contenus de concours, des conditions de travail, etc. »

Comment approfondir la connaissance de sa propre discipline ?

N'interrompez pas le **processus de formation professionnelle** après votre succès au concours ; les connaissances acquises vieillissent vite, les cliniciens du travail (CNAM) esquissent **un cycle de sept ans environ**. Votre propre formation passe d'abord par l'organisation de votre propre information et une autoformation régulière. À vous de jouer en quelques réflexes.

❑ **Prenez connaissance chaque année, au printemps, des programmes de formation à votre disposition** (PAF – plan académique de formation – ou PDF – plan départemental de formation) ; les inscriptions se font de mai à septembre, selon les académies. Compte tenu du nombre restreint de jours de formation, privilégiez deux axes : un axe disciplinaire de type approfondissement et un axe professionnel en relation avec votre situation contextuelle d'exercice. Votre formation relève d'une véritable stratégie et pas d'un luxe pris aux dépens de vos élèves, elle peut intervenir dans l'évaluation de votre parcours professionnel, tel qu'il s'inscrit dans le suivi en ligne sur I-PROF. (Voir le chapitre 29 « Penser sa propre formation ».)

❑ **Abonnez-vous** ou faites abonner votre école ou établissement à une revue professionnelle de la discipline ; ce sont des revues de bonne tenue, faites par des collègues, toujours en prise sur les questions d'enseignement de la discipline ; les « Cahiers pédagogiques » restent d'excellente tenue.

❑ **Faites votre « top liste » des sites de votre discipline ;** en cela, les signets compilés à partir de votre site académique, ou ceux de l'association des profs de votre discipline vous faciliteront la navigation. (Voir la webographie, page 538.) Un seul exemple en histoire-géographie avec http://aggiornamento.hypotheses.org/ dynamique et plus ouvert que d'autres formules plus traditionnelles.

❑ **Interrogez les forums professionnels, sérieux de préférence (d'autres sont nettement plus défouloirs et sans grand intérêt pour votre développement professionnel),** toujours réactifs, à l'occasion d'une séquence où vous vous sentez en délicatesse. Essayez, vous serez étonné.

❑ **Appuyez-vous sur des collègues plus expérimentés,** pas forcément dans votre discipline d'ailleurs ; privilégiez le léger décalage (de niveau, de matière, d'élèves, etc.). Derrière ce que vous identifiez comme un problème dans la discipline peuvent se dissimuler des facteurs d'un autre ordre (différenciation pédagogique, modalités d'évaluation, construction de la relation aux élèves, etc.).

❑ **Interrogez d'autres champs disciplinaires,** d'autres niveaux d'enseignement. Cela vous invite à activer pour vous des capacités en transposition et en créativité, toutes aussi puissantes et efficaces dans l'exercice professionnel. En d'autres termes, allez plutôt **chercher l'altérité, le décalage et la différence que la stricte ressemblance**. L'endogamie n'a jamais été un facteur de progrès dans l'histoire de l'humanité.

LA DISCIPLINE EST CHOSE VIVANTE ET ÉVOLUTIVE

Rapports annuels de l'inspection générale, états des disciplines établis par les inspections pédagogiques régionales, analyses des écrits des équipes en innovation, listes des adhérents des associations de spécialistes, toute une série d'indicateurs donne une vision convergente de la situation actuelle de l'enseignement : la didactique occupe peu de place dans la réalité et dans la formation de « l'enseignant moyen ». C'est une situation largement héritée, où l'enseignant ne fait que s'adapter à un environnement assez problématique, caractérisé par Gérard Hugonie, professeur des universités[1]. C'est la résultante combinée de plusieurs facteurs :

• La faible connaissance didactique des enseignants : d'une part, du fait des spécificités de la démarche de la recherche (théorisation, longue durée, analyse critique et innovante par exemple), d'autre part, du fait de la faible incitation de l'institution (quand et qui vous demande vos sources ?).

• Même si les programmes sont sujets à évolution (ils sont revus périodiquement par cycle de quatre ans environ), ils sont conservateurs par principe ; l'actualité scientifique ne passera donc pas par eux. L'inscription du socle commun implique fortement un *aggiornamento* des *curricula*, au niveau local, souhaité par certains ; là où la résistance ou encore l'inertie

1. Extrait de son intervention à l'IUFM de Paris en 2002. Le texte est en ligne sur le site : aphgcaen. free. fr/chronique/hugonie. htm.

sont grandes. Vous devez aller quérir l'information ailleurs, sans attendre une demande explicite de l'institution parfois prise en défaut d'accompagnement suffisant et régulier.

• Nourrir son enseignement d'éléments issus de la recherche est un facteur d'engagement marqué pour vous et un gage de plus grande réussite pour vos élèves. Rendre la discipline et les savoirs vivants, évolutifs, problématiques est plus proche de la réalité que des savoirs « académiques ».

LA DIDACTIQUE EST UN POINT D'APPUI, PAS UN CARCAN

Avoir traité son programme, en ayant développé une progression sans faille, peut donner le sentiment d'une maîtrise intellectuelle gratifiante et une espérance de succès devant les élèves ; cependant on perd en spontanéité et en ajustement nécessaire à une situation de classe toujours imprévisible (voir le chapitre 13).

Les situations purement didactiques peuvent quelquefois être en décalage ou s'avérer inadaptées au contexte que vous rencontrez en classe. Car elles privilégient l'activité et le temps de l'enseignant au détriment du temps d'apprentissage de l'élève et parfois au mépris (ou à une méconnaissance) des processus variés d'apprentissage (cf. chapitre 22). De jeunes collègues, formatés d'une drôle de manière, arrivent avec des préparations de cours, minutés à la seconde près, où tout était rigoureusement planifié et écrit (interventions supposées d'élèves incluses). Et si tout cela ne fonctionnait pas ainsi ? Vérifiez.

Les disciplines demeurent vivantes pour peu que les enseignants se mettent en situation eux-mêmes **d'enquêteurs de leurs pratiques**. La confrontation à des situations nouvelles ou à des rapprochements de disciplines donne une occasion inédite d'exploiter les expertises au profit d'apprentissages mieux construits. C'est le cas notamment de l'EIST (enseignement intégré des sciences et de la technologie) au collège. D'après une enquête de la DEPP, « avec le temps, les professeurs, plus expérimentés dans l'EIST, transfèrent leurs pratiques nouvellement acquises dans leur enseignement disciplinaire, et développent dans l'EIST celles qui favorisent la rigueur. Les deux types d'enseignement (intégré et disciplinaire), seraient donc amenés à s'influencer l'un l'autre en s'améliorant. C'est pourquoi, malgré des divergences

▶ Entre savoir archivé et sens de la vie, quelle est votre conception ?

« C'est le sens même de la culture qui se trouve posé si l'on veut lutter contre la démobilisation scolaire. On ne peut la réduire au savoir "archivé" qui, par son côté sclérosé, détourne du savoir. Ma tendance serait de définir la culture par un souci majeur : le sort de la condition humaine. Ce qui m'intéresse dans Shakespeare et Beethoven c'est, bien sûr, un exemple des sommets que le genre humain peut atteindre, mais c'est surtout l'apport de vérité que ces œuvres représentent pour la réflexion sur ce qu'est le conflit, en chacun de nous et à tous les niveaux de la société, entre les forces de barbarie et les forces de civilisation. [...] Mais probablement, n'utilisons-nous pas encore suffisamment cette conception de l'enseignement qui correspond à une corecherche, dans la solidarité, sur le sens de la vie, avec un objectif commun, l'amélioration de notre société. »

Tout un programme pour repenser la formation des jeunes enseignants, et des moins jeunes.

➥ ***Source : extrait de Jacques Lévine, « Les adolescents et la démobilisation scolaire », Versailles, mai 1998.***

quant aux conditions de faisabilité ou aux modalités de sa généralisation, la quasi-totalité des professeurs semblent d'accord sur le bien-fondé pédagogique de cet enseignement ». Ainsi, passer de l'ordre « ancien » conçu en segmentation (universitaire) des champs disciplinaires à un nouvel ordre fondé sur l'intégration, la convergence et la complexité des savoirs, plus conforme à la prescription du socle commun, peut avoir des effets : **des profs qui apprennent, ce sont des élèves qui réussissent (mieux)**.

Comment concilier activité de l'enseignant et apprentissage par l'élève

Pour (re)trouver cette dynamique à double détente, vous pouvez :
– alterner dans votre progression des situations proprement didactiques, conçues autour de difficultés d'apprentissage bien repérées, et des séquences plus ouvertes relevant d'une logique de projet ou de production (sur la conduite de classe, voir notamment les chapitres 9, 5 et 24) ;

– éviter une attribution de notes systématiques pour préférer une vérification des acquisitions par des exercices, des temps de reprise collective autant de moments alternatifs à l'exercice du maître, et de régulation pour votre progression à venir.

AUTOTEST : EXERCICE PRATIQUE DE TRANSPOSITION DIDACTIQUE

Choisissez un thème commun à deux niveaux d'enseignement (dont un au moins dans lequel vous enseignez ou avez enseigné), voire à deux disciplines.

- Quels en sont les points communs ?
- Quelles sont les différences entre les deux traitements ?

CHAPITRE 24

Créer des situations d'apprentissage

« Faire cours » pourrait s'apparenter à une conduite de cours en pilotage automatique et sans grand retour réflexif sur sa propre pratique.

La centration sur des contenus, ou bien se montrer relativement indifférent à une gestion de groupe peu différencié, fait perdre un peu de vue à l'enseignant ce qui fait l'originalité d'une situation d'apprentissage : comment les élèves apprennent. Quels sont les points que l'enseignant peut vérifier pour engager les élèves à apprendre (plus, mieux, autrement) ? Quelles sont les conséquences pour lui, et également pour les élèves ? En définitive, est-ce que « faire cours », c'est faire apprendre ? Le terme même de « situation d'apprentissage » contient en germe toutes ces questions.

LA QUESTION DE FOND : QU'EST-CE QU'APPRENDRE ?

Différentes études convergentes dans plusieurs champs disciplinaires depuis une quinzaine d'années ont insisté sur l'activité de l'élève en tant que facteur primordial de son apprentissage : il ne s'agit pas de sombrer dans un activisme à tous crins, on parle plutôt d'*activité intellectuelle* par opposition à des situations de « paresse intellectuelle » aisément observables en classe : recopier le tableau, noter sous la dictée du maître, combler des exercices à trous, est-ce que cela engage à une activité intellectuelle qui permette d'apprendre ?

> ***“Pourvu qu'ils apprennent[1] !”***

CHERCHEUR

1. Titre d'un recueil de mémoires de jeunes enseignants, par A. Davisse et J.-Y. Rochex (dir.), « *Pourvu qu'ils apprennent...* » *Face à la diversité des élèves,* Le Perreux-sur-Marne, CRDP, Académie de Créteil, 1998.

Dix propositions pour réfléchir sur l'apprentissage

Jean Archambault[1] nous rappelle opportunément dix propositions sur l'acte d'apprendre, utiles pour renforcer son argumentation dans un débat contemporain sur l'école du socle.

Apprendre, le plus vieux métier du monde. Apprendre est un acte profondément humain, voire anthropologique. Il n'y a pour cela ni lieu ni circonstance spécifique dédiée.

Apprendre est naturel. À la différence de l'instinct animal, l'homme a développé l'apprentissage car il naît démuni. À sa capacité d'adaptation répond la variété des êtres et des comportements selon les contextes.

Apprendre fait partie de la vie et l'école n'en a pas le monopole. L'école n'est donc qu'un lieu d'apprentissage institué et collectif, parmi bien d'autres plus informels et tout aussi puissants, la famille, les pairs, la société.

Le processus d'apprentissage est le même chez tous les êtres humains. Il est similaire, par mobilisation des connaissances, par transposition, par analogie, par créativité, par réflexivité.

Apprendre et changer, c'est la même chose. Se former, c'est se transformer, changer ses propres représentations, s'enrichir d'autres expériences.

Les contenus, et les façons dont on les enseigne, changent. Les connaissances dans tous les champs disciplinaires, les conditions sociétales, les réseaux ont profondément évolué ; ces évolutions à bas bruit percutent une structure institutionnelle scolaire de plein fouet. Comment l'école peut intégrer la combinatoire, la complexité, le risque et les chances d'un monde incertain ?

Les élèves de milieux défavorisés apprennent de la même façon que les autres, alors que l'École en France accentue les différences[2].
Le changement relève d'une question de politique éducative au niveau décisionnel, tout autant que des pratiques enseignantes et des organisations locales des écoles et des établissements.

1. J. Archambault et C. Richer. *Une École pour apprendre,* Montréal, Éd. de la Chenelière, 2007, voir aussi http://www.mels.gouv.qc.ca/sections/viepedagogique/159/index.asp?page=dossierA_3.
2. Voir le rapport Grande pauvreté et réussite scolaire, IGEN au CESE, mai 2015, www.education.gouv.fr/cid88840/presentations-du-rapport-de-jean-paul-delahaye-grande-pauvrete-et-reussite-scolaire-et-de-l-avis-du-cese-une-ecole-de-la-reussite-pour-tous-discours-de-najat-vallaud-belkacem.html.

Dans une école, l'apprentissage doit passer en premier. La plus grande réussite des élèves tient à la focalisation des équipes d'école sur l'apprentissage, en écartant tout ce qui peut l'en détourner. Les modalités sont variées, du projet à l'enseignement explicite, elles ciblent toutes la compréhension plus que l'accumulation.

L'apprentissage et la justice sociale, des visées qui se complètent. Être capable d'exprimer des attentes positives, élevées, devenir le soutien de tous ses élèves, afficher une solidarité collective sont des éléments décisifs dans la plus grande réussite des élèves. La justice sociale est un ferment de l'école, où les enseignants en sont les acteurs premiers.

Le rôle de l'enseignant est primordial. C'est un message rassurant, confirmé par la récente note du CAS[1]. Sans méconnaître le lien étroit entre milieu socio-économique et réussite scolaire, la qualité de l'enseignement est fortement liée à la réussite des élèves. Apprendre devient aussi un enjeu pour les enseignants dans leur propre développement professionnel (voir le chapitre précédent et le chapitre 29).

Finalement, apprendre c'est...

Philippe Perrenoud propose une définition rapide en trois conditions :
– Apprendre met en œuvre une activité dans laquelle l'élève s'implique personnellement et durablement.
– C'est une situation qui ne menace pas l'identité, la sécurité, la solidarité des élèves (voir le chapitre 15 « Assurer la sécurité »).
– L'activité présente un certain niveau de difficulté, mais toutefois accessible à l'élève.

On est passé progressivement, presque silencieusement, avec tous les décalages constatés sur le terrain, d'une **logique d'enseignement** (le « cours ») à une **logique d'entraînement à la construction de compétences**. Ce glissement sémantique prend appui aussi sur le type de formation proposée dans les programmes actuels, articulée autour du concept de compétence. « Il s'agit d'apprendre, en le faisant, à faire ce qu'on ne sait pas faire » (P. Meirieu, 1996). Le socle des compétences institutionnalise cette évolution. (Sur le concept de compétence, voir le chapitre 19.)

1. Pierre-Yves Cusset, *Que disent les recherches sur l'« effet enseignant »* (Note d'analyse 232, Juillet 2011), http://www.strategie.gouv.fr/content/que-disent-les-recherches-sur-leffet-enseignant-note-danalyse-232-juillet-2011.

L'école entre dans une ère entamée depuis quelque temps déjà dans d'autres secteurs ou encore d'autres pays, celle de l'apprenance. Un néologisme que Philippe Carré, de l'université Paris 10, commente ainsi : « Un ensemble durable de dispositions favorables à l'acte d'apprendre dans toutes les situations : formelles ou informelles, de façon expérientielle ou didactique, autodirigée ou non, intentionnelle ou fortuite. »

COMMENT MONTER UNE « SITUATION D'APPRENTISSAGE » ?

Nos amis québécois déclinent le thème en douze points, sous forme d'une « liste de vérification » d'une situation d'apprentissage[1] :

1. La situation tient compte des intérêts des élèves.
2. La situation tient compte des connaissances antérieures des élèves.
3. Les élèves doivent résoudre des problèmes réels ou simulés susceptibles d'être rencontrés à l'école ou dans la vie à l'extérieur de l'école.
4. L'élève doit faire une ou plusieurs tâches qui permettront d'observer sa démarche et lui demanderont de réaliser une ou des productions.
5. La ou les tâches sollicitent plusieurs compétences.
6. Pour réaliser la ou les tâches, l'élève mobilise plusieurs ressources : notions, stratégies, attitudes, etc.
7. Les élèves font appel à leur créativité et produisent des réponses originales.
8. La situation incite les élèves à travailler en équipe ou à collaborer entre eux.
9. Les élèves ont accès à diverses ressources : livres, personnes, logiciels, etc.
10. Les productions sont destinées à un public (élèves de la classe, élèves des autres classes, parents, etc.).
11. Les élèves ont le temps nécessaire pour réaliser leur tâche. La durée est variable : quelques périodes, jours, semaines, mois, etc.
12. L'enseignant utilise plusieurs critères pour juger de l'efficacité de la démarche et de la qualité de la production. Les critères d'évaluation sont connus des élèves.

PARTIR D'UN PROBLÈME DONT LA SOLUTION N'EST PAS IMMÉDIATE

Le point d'ancrage d'une situation d'apprentissage est donc une interpellation, une question sans réponse immédiate, un obstacle à négocier.

1. Société GRICS, Service de consultation en développement pédagogique. J. Munn, P. Jalbert, P. Dodier, hiver 2001 : recitmst.qc.ca/SAO/listeverificationprojet.pdf.

Mais peut-on, par exemple, problématiser les lettres ? C'est la question que se pose Yvon Logeat en prenant appui sur une prétendue spécificité de la discipline qui l'exclurait de la réflexion générale[1]. « Mathématiciens, physiciens voire biologistes peuvent prétendre enseigner la résolution de problèmes. Dans l'enseignement secondaire, les problèmes posés dans ces disciplines ramènent l'élève à ce qui lui a été enseigné et à des données connues et reconnues dans la discipline. Mais un professeur de littérature devra souvent se contenter d'apprendre aux élèves à se poser de bonnes questions. On dit d'ailleurs qu'il faut savoir "problématiser" à partir de l'énoncé d'un sujet de dissertation, par exemple, comme si "problématiser" relevait d'une démarche évidente pour nos élèves » qui vivent souvent l'école comme un lieu de réponses à des questions qu'ils ne se posent pas.

> ***"Quel rapport entre situation d'apprentissage et situation-problème ?"***

Susciter les questionnements

Problématiser est une première étape où l'on fait l'hypothèse que le savoir sera potentiellement une réponse à une ou des questions. Cependant, prenez garde à la dérive où à trop se focaliser sur la résolution certaine d'un problème, on néglige quelque peu son questionnement.

Formulez la situation-problème de façon à prendre le contre-pied de ces représentations majoritaires et à susciter les questionnements et la recherche collective d'éléments de réponse. Vous pouvez partir, par exemple, de :

- ❑ une formule qui gêne ;
- ❑ une idée ou un texte qui implique, qui interpelle ;
- ❑ un résultat d'expérience qui ne semble pas logique ;
- ❑ un problème qui paraît impossible à réaliser ;
- ❑ un modèle explicatif en contradiction avec celui des élèves ;
- ❑ deux éléments contradictoires (en apparence !) ;
- ❑ deux éléments que l'on ne met pas en parallèle habituellement ;
- ❑ un « piège » dans lequel les élèves tombent.

1. Y. Logeat montre comment se pose le problème dans l'enseignement des lettres. Site Internet : savoirscdi.cndp.fr/pedago/problematique/Logeat.htm.

SITUATIONS D'APPRENTISSAGE ET REPRÉSENTATIONS DE LA CLASSE

Organiser des situations d'apprentissage conduit immanquablement à repenser la place de l'élève et celle du maître, dans ses propres représentations comme dans ses pratiques du quotidien.

Comment je me représente ma classe ?

Parmi les schémas proposés page suivante, à quel « modèle » correspond plutôt votre conception de la pratique de classe ? Le « bon » modèle n'existe pas en soi. Cependant, le pilotage de la situation d'apprentissage n'est plus le même, suivant que vous êtes (alternativement ?) en modèle « chinois », orienté vers la seule transmission, l'activité « professorale » de l'enseignement, ou que vous adoptez le modèle « fédéraliste ». La différence tient à la place accordée à l'élève dans votre « système » d'enseignement.

Les implications pour l'enseignant et les élèves

Dès lors que vous passez en mode « situation d'apprentissage », dans laquelle les élèves sont beaucoup plus sollicités, les implications touchent aussi bien l'enseignant que les élèves.

Pour l'enseignant :

– C'est d'abord accepter de suspendre au moins temporairement toute évaluation-notation ; on n'apprend qu'en sécurité et non sous surveillance.
– C'est adopter une posture d'accompagnement (à côté ou derrière l'élève) plus que de rester sur l'estrade : l'acteur (au sens de celui qui agit), c'est l'élève, pas le prof.
– C'est pousser à la collaboration entre les élèves ; comme au billard, les meilleurs résultats s'obtiennent par la « bande » ; les élèves sont très sensibles aux performances de leurs pairs, plus qu'à celles de leur prof, plus inaccessibles (c'est « l'apprentissage vicariant » défini par Bandura[1]).
– C'est favoriser toutes les fois que cela est possible un retour sur l'activité, sous forme de rapide bilan ou de fiches autoévaluatives.

1. Site Internet : http://pmev.lagoon.nc/bandura.htm.

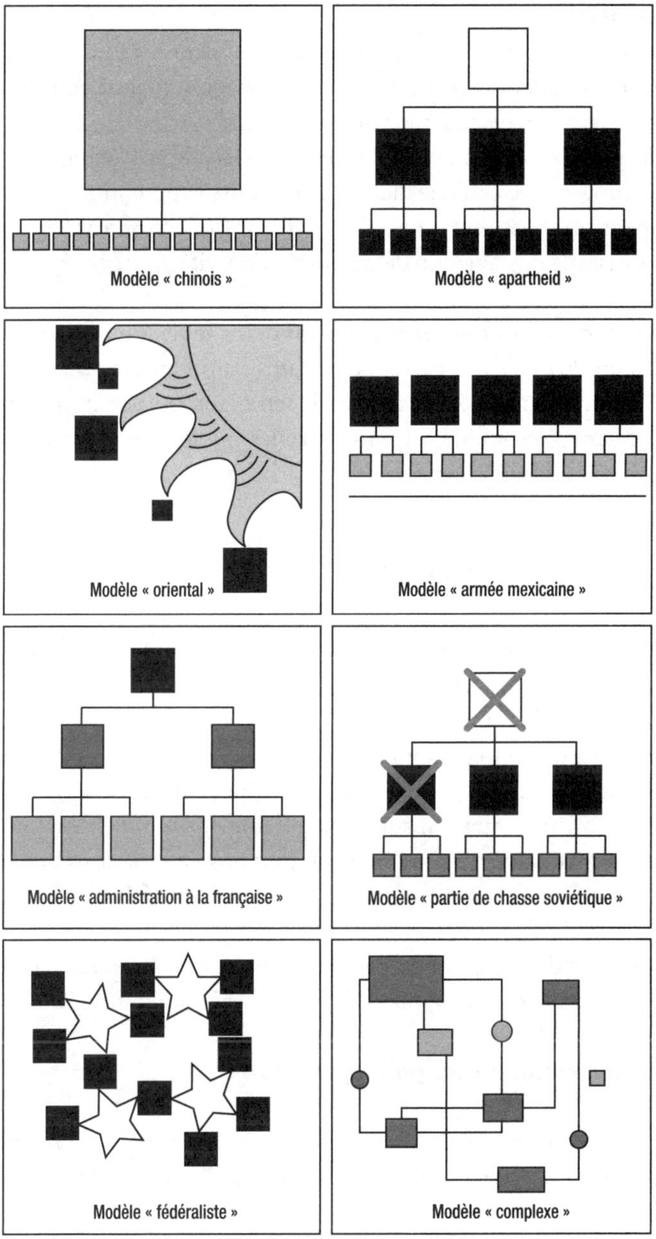

On est finalement proche d'une démarche de projet, telle qu'elle est décrite dans le chapitre 21 « Diriger des projets », ou des pratiques mises en œuvre dans les « structures expérimentales » actuellement.

Pour les élèves :
– La sollicitation se fait plus proche ; l'enseignant est plus présent, ses camarades attendent la part du travail, il devient difficile d'échapper à la tâche ; intéractions et feed-backs se multiplient.
– Les formes d'évaluation proposées exigent des efforts d'explicitation, de mise en mots et une certaine lucidité qui favorise l'apprentissage.
– On peut observer une forme de régulation collective, car le groupe a moins de risque de dévier ou de détourner l'activité partagée.

Bonus Web ☛ **À inscrire parmi ses favoris :** le site de Jacques Nimier (disparu en 2014), « Les Facteurs humains dans l'enseignement » reste une mine de ressources, d'analyse et de témoignages, notamment sur les représentations, les attentes exprimées par les enseignants et par les élèves : http://www.pedagopsy.eu/

ULYSSE ENSEIGNANT

Mettre en avant la situation d'apprentissage comme modalité générique pour mieux apprendre transforme le métier de manière profonde ; l'enseignant devient un peu Ulysse : un homme qui, dans son parcours parfois chaotique, et confronté à de multiples obstacles d'ampleur, sait faire preuve de « métis », cette ruse toute pragmatique et efficace pour s'en sortir, lui et les siens. Il fait preuve d'une créativité en exploitant le potentiel de situation, plus qu'en ayant tout programmé dans une stratégie constamment contredite par les faits terriblement résistants.

C'est le point de vue défendu par Yves Guégan[1] : « En classe, la ruse est un outil particulièrement approprié pour gêner les résistances. »

Le jeu comme ruse pour apprendre

Ainsi, le jeu fait un retour en force dans l'univers scolaire en tant que situation d'apprentissage[2] : longtemps banni de l'École où le travail, dans une conception rigoriste et doloriste, dominait, ou encore contingenté dans le temps périscolaire, le jeu, qu'il soit d'esprit (les échecs) ou sérieux

1. Yves Guégan, *Les Ruses éducatives, 100 stratégies pour mobiliser les élèves,* ESF, 2008.
2. Patrice Huerre, *Place au jeu ! Jouer pour apprendre à vivre,* collection « L'enfance en questions ». À compléter avec la note de l VST de l'iNRP, http://www.inrp.fr/vst/LettreVST/48-octobre-2009.htm

(sur l'Internet) est reconnu non seulement pour sa valeur éducative et socialisante (nos élèves découvrent souvent des « jeux de société » qui n'avaient plus cours dans l'espace familial), mais aussi pour ses qualités d'apprentissage et même de développement personnel.

La connaissance des processus cognitifs plaide pour l'utilisation de jeux en classe, reposant ou non sur un support informatique... Les « petits chevaux » à l'école primaire permettent de confronter, de temporiser, d'appliquer une stratégie et de dénombrer, tout autant que des exercices plus explicites mais escomptant moins sur la motivation intrinsèque des élèves. L'arrivée des *« serious games »* à destination d'élèves plus âgés permet d'installer des situations de simulation quasiment en temps réel, à la manière des *Sim's*, pour gérer la complexité d'une cité et entrevoir ce que le développement durable et social peut recouvrir comme réalités diverses. La prise de décision est éclairée par des choix responsables et discutés.

Des scientifiques, tel François Taddei de l'INSERM, signalent que la recherche s'appuie désormais sur les milliers d'internautes, en quête d'intelligence collective dans la résolution d'équations insolubles dans un laboratoire d'experts unique. De telles opportunités décalent certainement le statut et le rôle de l'enseignant : de « celui qui sait », il devient insensiblement celui qui permet de savoir coopérativement et « créativement », en émulation et non plus en compétition. Car dans la plupart de ces jeux de nouvelle génération, il ne s'agit plus forcément de gagner contre, mais de résoudre ensemble.

AUTOTEST : RETROUVEZ LES FACTEURS DE RÉUSSITE

Vous venez d'achever une séquence dont vous êtes particulièrement fier. Pour identifier ce qui était en jeu, et envisager de reproduire par transposition même partielle « ce qui a marché », voici en une série de questions l'analyse d'une activité d'apprentissage, proposée par Discas[1].

Mise en situation

❑ Y a-t-il un déclencheur d'intérêt ? humour, défi, curiosité, aspect ludique, autre.

1. J. Henry et J. Cormier, sur le site Internet de Discas : www.csrdn.qc.ca/discas/tdm.html.

❑ L'utilité de l'objectif a-t-elle été démontrée ?
❑ S'il y a lieu, les préalables (connaissances antérieures nécessaires à l'accomplissement de l'activité) ont-ils été rappelés ?

Expérimentation
❑ Toute l'information nécessaire est-elle présente (directives, matériel à consulter, etc.) ?
❑ A-t-on fourni à l'élève une représentation claire du produit final attendu ?
❑ Y a-t-il une place pour la découverte de l'information ?
❑ L'activité fait-elle appel à d'autres sources que l'enseignant et le manuel (observation, ouvrages de référence, matériel didactique, autres élèves, source extérieure à la classe) ?
❑ Y a-t-il de la place pour l'essai et l'erreur ?

Objectivation
❑ Y a-t-il une mise en commun des résultats (oralement, au tableau, autre modalité) ?
❑ Y a-t-il discussion des résultats (collectivement, en équipes, autre modalité) ?
❑ Y a-t-il un résumé de l'information essentielle (oral, au tableau, écrit – notes, schéma, autre) ?
❑ Y a-t-il une généralisation des résultats (exemples, contre-exemples, énoncé de principe, autre) ?
❑ L'élève est-il invité à décrire sa démarche et à nommer les processus impliqués ?

Réinvestissement
❑ L'activité de réinvestissement fait-elle appel aux mêmes processus que l'activité initiale ?
❑ L'activité de réinvestissement diffère-t-elle de la précédente quant au sujet et au contexte ?
❑ L'activité de réinvestissement diffère-t-elle de la précédente quant au type d'interaction (individuellement, en équipe, collectivement, etc.) ?

Caractéristiques globales
❑ L'activité est-elle d'un niveau de difficulté adapté à l'âge et au développement des élèves ?
❑ L'activité permet-elle à l'élève de constater rapidement ses réussites, ses échecs et ses progrès ?
❑ L'activité comporte-t-elle des éléments pouvant rejoindre chacun des styles différents d'apprentissage (auditifs, visuels, kinesthésiques, etc.) ?

❑ L'activité comporte-t-elle une variété d'interactions (travail individuel, par équipes, collectif), de rythmes (convergence, divergence) et de rôles (élève acteur, observateur, communicateur, etc.) ?
❑ L'activité permet-elle de tenir compte des différents rythmes d'apprentissage ?
❑ S'assure-t-on que l'élève dispose d'un *feed-back* à chacune des étapes de la démarche (autocorrection, par les pairs, par l'enseignant, par la nature même de la tâche) ?

CHAPITRE 25

Donner des conseils de méthode

L'élève dans son parcours d'apprentissage, chez lui comme à l'école, est confronté à un flux d'informations de nature et d'importance très variées, dans lequel les savoirs sont mêlés à d'autres informations contextuelles, voire parasites. Il doit faire le tri lui-même, à moins qu'on le guide. Comment développer cette compétence attendue en fin de scolarité, celle de se débrouiller seul et de s'organiser dans son propre travail avec des méthodologies variées face à la diversité des tâches de notre monde contemporain ? Et pour être efficace, sur quelle durée suffisante ? Comment l'aider pour qu'il se fabrique sa propre « boîte à méthodes » ?

DRESSER LE BILAN DES MÉTHODES DES ÉLÈVES

“Mais qu'ont-ils appris l'an dernier pour ne rien savoir cette année ?”

La sentence est globale et rédhibitoire, la cascade de récriminations attendue ; impression de *tabula rasa* ; il faudrait tout reprendre et cette mission est déjà impossible. S'intéresser aux méthodes de travail incite cependant à fortement nuancer ce jugement pour analyser des pratiques (chapitre 20), prendre appui sur des acquis (chapitre 19) et mieux déterminer les besoins (chapitre 17).

La réalité est plus complexe, apprendre n'est jamais un long fleuve tranquille : on peut même remarquer en situation nouvelle (nouveau prof, nouvelle discipline, nouvel établissement, nouveaux savoirs) des phénomènes de désapprentissage chez certains élèves, c'est très net à l'arrivée au collège notamment.

Apprendre à travailler n'est ni inné ni acquis, c'est un exercice de tous les instants à l'école, au collège, au lycée, à l'université, mais aussi à la maison, en famille. Quand un musicien change d'instrument, de salle, de répertoire, il a besoin d'un temps de redécouverte et d'entraînement pour retrouver son habileté et exprimer son « talent ».

▶ Saturation des informations et risques de *burn out*… pour les élèves

Un élève suit au collège douze disciplines, 26 heures par semaine sur 36 semaines. En conséquence, il est confronté à douze enseignants différents avec des méthodologies propres à la discipline mais aussi propres à chaque enseignant dans la discipline (sans compter d'éventuels remplacements). Un cours, c'est aussi 300 échanges dans l'heure (au collège). Un professeur qui parle, ce sont 150 mots à la minute. Un élève qui écrit, ce sont 30 mots à la minute. Les informations auditives ne couvrent que le quart des informations délivrées sur le contenu, le sens, le contexte, les intentions. La mémoire ne retient que 20 % des informations délivrées et traitées. Être interrogé diminue les capacités de l'élève des deux tiers.

Avec un peu de recul sur ses propres élèves et avec un peu d'intelligence entre équipes (c'est-à-dire de lien construit et de temps investi sur ces questions), le collège Albert-Camus, à Bruay-la-Buissière, a construit une sorte d'« enjambement troisième-seconde ». Beaucoup d'élèves peinent à se projeter en seconde générale parce qu'ils la considèrent comme exagérément difficile ; d'autres y voient l'occasion de rester au contact de leurs camarades ; d'autres encore reproduisent sans réflexion le parcours d'un aîné ou adoptent un comportement d'évitement de la seconde professionnelle, défavorablement connotée.

Il ressort souvent une représentation floue ou confuse de la seconde générale : un bon travail de liaison doit donc être conduit en amont pour aider les élèves à cerner plus exactement ce qu'on attendra d'eux et les méthodes de travail adéquates. Plutôt qu'une présentation de la seconde générale, on peut envisager une véritable initiation en troisième par des professeurs du lycée sur les créneaux d'accompagnement éducatif.

Par réciproque, et pour favoriser le succès en aval du collège, l'individualisation des mesures d'aide en seconde peut être confiée à des professeurs de collège, qui connaissent bien les élèves qu'ils viennent d'orienter. Il s'agirait également d'une mesure de mise en confiance à l'intention des enfants les plus timorés.

Le dispositif consiste donc en une préparation à la seconde générale par des professeurs du lycée pendant l'année de troisième, puis un accompagnement à l'entrée en seconde par des professeurs de collège. Il n'est plus possible de reporter les questions de manque de méthodes sur le voisin.

Enquêter sur les méthodes de travail

En tant que professeur principal, vous pouvez utiliser en début d'année une enquête adaptée selon le niveau correspondant. Elle est nominative et déclarative ; son analyse collective est anonyme. Les informations recueillies sont précieuses pour envisager un dispositif méthodologique de soutien au travail personnel. Certains items se dégagent plus que d'autres, ce sera donc la priorité des premières semaines. Le bilan est communiqué aux autres enseignants de la classe, ainsi qu'à ceux qui encadrent études dirigées ou aide individualisée (selon les appellations et les contextes). Chaque item représente un point que l'on prend le temps d'aborder dans ces créneaux réservés à l'aide au travail personnel. (Voir le chapitre 16 « Guider le travail personnel ».)

La fiche personnelle des réponses est un bon support pour mener un entretien avec un élève, dans le cadre d'un tutorat, pour mesurer avec lui les petits progrès, mois après mois (chapitre 16). On peut fixer ainsi avec lui quelques micro-objectifs, atteignables, portant sur deux ou trois points du questionnaire. La motivation se construit pas à pas avec une analyse partagée des potentialités, des progrès et un calendrier.

Enquête sur les méthodes de travail				
Planning et timing (organisation du travail)	**T***	**S***	**R***	**J***
Le soir, avant de me mettre au travail, je décide des devoirs à faire et des leçons à apprendre.				
J'éprouve des difficultés à établir avec précision le temps que je dois consacrer à l'étude de chaque matière.				
Je garde pour le dernier moment le travail que je juge difficile ou ennuyeux.				
Dans le courant de l'année, je travaille régulièrement afin de ne pas plus tard être obligé de rattraper le temps perdu.				
À l'approche des contrôles, je fais l'inventaire de la matière à étudier et j'établis un plan de travail.				
Il m'arrive plusieurs fois par semaine de ne pas m'occuper de mon travail scolaire.				
Je consacre une trop grande partie de mon temps aux loisirs (télé, disques, sports, revues et livres non scolaires).				

Techniques d'étude et méthodes de travail	T	S	R	J
Pendant les cours, je ne parviens pas à la fois à écouter le professeur et à prendre des notes claires et précises.				
Le soir, je consacre la plus grande partie de mon temps à compléter les notes prises pendant les cours.				
Lorsque je dois préparer un exposé ou un devoir rédigé, je commence à me documenter dès que le sujet est connu.				
Lorsque je lis un texte, j'ai de la peine à en dégager les idées essentielles.				
J'éprouve des difficultés à m'exprimer couramment oralement.				
Lorsque je fais un devoir rédigé, j'éprouve des difficultés à ordonner mes idées et à les exprimer avec clarté et précision.				
En préparant un contrôle, je consacre une partie de mon temps à approfondir la matière en faisant des exercices.				
Lorsque je ne comprends pas la matière du premier coup, je l'étudie de mémoire.				
Lorsque je révise un cours, je note les points essentiels afin d'obtenir une vue d'ensemble de la matière étudiée.				
Lorsque j'étudie un cours, je le revois mentalement en me posant des questions et je m'efforce de le récapituler comme si j'étais obligé de fournir des explications à autrui.				
Lorsque j'apprends un cours, je m'efforce d'établir les rapports entre ce cours et les cours précédents.				
Je revois soigneusement la théorie avant de passer aux applications.				
Lorsque j'ai un problème difficile à résoudre, je commence à noter les données avant de passer à la solution.				
Il m'est pénible de faire un plan clair et auquel je me tiens avant de rédiger un devoir.				
Concentration	**T**	**S**	**R**	**J**
Je suis nerveux lors d'un contrôle.				
Le soir, je tarde longtemps à me mettre au travail.				
Lorsque je suis en train d'étudier, je me laisse facilement distraire.				
Lorsque j'ai un travail peu attrayant à faire, je persévère jusqu'à ce qu'il soit complètement terminé.				
Le moment venu d'étudier, je me sens fatigué et découragé.				
Lorsque je suis surchargé de travail, j'ai tendance à tout commencer en même temps de sorte qu'il m'est impossible d'apprendre un seul cours convenablement.				
Quand je me vois forcé d'interrompre mon travail, il m'en coûte de m'y remettre.				

Motivation	T	S	R	J
Les soirs où je n'ai pas beaucoup de travail, je prépare un travail imposé pour les jours suivants.				
J'ai l'impression que nous devons assimiler trop de détails pour la plupart des matières figurant au programme.				
Il y a certaines matières pour lesquelles je ne fais que l'effort strictement nécessaire.				
En classe, j'ai tendance à me décourager rapidement.				
Lorsque je n'ai pas envie d'étudier, je saisis la moindre occasion pour m'occuper d'autre chose.				
Je voudrais poursuivre mes études après le collège.				
J'essaie d'obtenir les meilleurs résultats possibles.				
Je fais un effort particulier lorsqu'il s'agit d'une matière pour laquelle je n'éprouve aucun intérêt.				
** Légende : T : toujours ; S : souvent ; R : rarement ; J : jamais.*				

Ainsi, les élèves de la classe bénéficient d'un dispositif coordonné, entre traitement disciplinaire en cours, analyse de la tâche en ATP et bilan personnalisé en tutorat, sur des bases plus objectives qu'un simple constat « impressionniste ». Après, c'est une histoire de pratiques… d'enseignants. (Voir le chapitre 6 « Travailler en équipe ».)

INTÉGRER LES CONSEILS DE MÉTHODE DANS LE COURS

Le conseil méthodologique n'est pas « hors sol » ; il sera d'autant plus pertinent et ne peut être valable que s'il s'intègre au déroulement comme aux contenus de votre cours. Pas de méthodologie pour la méthodologie. Mais pas d'autonomie sans pédagogie à l'autonomie. Les élèves lui attribueront la valeur, la place et l'espace que vous voudrez bien lui donner. (Voir également le chapitre 26 « Donner un conseil de documentation ».)

Lier la méthodologie au contenu

Dans les cours que je dispensais en collège, j'avais pris l'habitude de faire organiser les cahiers des élèves selon la modalité suivante : toute la partie droite était réservée au cours, la trace écrite, les contenus. Toute la partie gauche était consacrée à la méthodologie : ainsi, l'étude d'un document, son analyse, son décryptage et les éléments extraits y trouvaient leur place ; c'était le cas aussi pour quelques automatismes qu'on retrouvait alors facilement : une carte en cinq points, un schéma explicatif, une définition, par exemple.

Cette partie était un espace beaucoup plus personnel que la partie droite ; l'élève pouvait aisément la compléter, la colorier en code couleurs. L'expérience a montré sur plusieurs années que les deux parties se répondaient à égale densité, voire certaines fois, souvent dans les premiers mois, la partie méthode se dilatait. Le cours permettait de passer d'un registre à l'autre sans problème, avec beaucoup de liberté. Quand on constatait ensemble qu'un problème se présentait, on passait à gauche, puis on reprenait le déroulement, à droite. Cela permet de renforcer la mémoire contextuelle. L'occasion d'apprendre ravive l'apprentissage lui-même.

C'est un peu comme apprendre à faire la cuisine : on peut rester derrière le chef à le regarder faire et piquer quelques recettes ; c'est encore mieux de tout mettre sur le plan de travail et d'élaborer ensemble le plat que l'on mangera ensemble, en répartissant les tâches. Le lien entre contenus et méthodes est consubstantiel. L'un ne peut aller sans l'autre.

Le conseil donné à un élève profite à tous

La classe ne correspond en rien à une situation de préceptorat ; le conseil méthodologique est un conseil donné à un élève en situation de travail, et vous escomptez alors que les effets puissent profiter au groupe. Voici quelques techniques ou méthodes à expérimenter aisément.

Rendez visible le travail effectif de l'élève ou d'un groupe d'élèves sur transparent au rétroprojecteur, sur le tableau blanc (interactif ou pas), avec photocopie à chacun. Il est encore rare que l'élève puisse travailler sur autre chose que sur son manuel ou sur le polycopié du prof. En s'appuyant sur un « vrai » travail d'élève, on apprend par ses pairs des petites erreurs, des hésitations et des tâtonnements. Et soutenu par votre groupe, vous apprendrez encore plus vite.

Analysez la méthode employée, confrontez-la à d'autres méthodes proches ou différentes, présentes dans la classe. On voit alors se dessiner deux, voire trois stratégies possibles pour un résultat satisfaisant.

Consignez les éléments de la méthode retenue dans la partie réservée dans le cahier, de façon à pouvoir y revenir autant de fois qu'il le faudra. C'est un des automatismes à mettre en place. Tout travail donne lieu à une trace qui vient enrichir un « capital » précieux pour la suite. Le chemin est tout aussi important que le résultat, et ici, dans ces années de scolarité obligatoire, c'est le chemin qui est source d'apprentissage.

AMÉLIORER LA COMPRÉHENSION DES CONSIGNES

Manifestement, la confrontation à un énoncé produit un effet chez les élèves qui aboutit à des contre-performances. Et on pourra vite sombrer dans la lamentation en notant qu'ils ne savent pas lire les consignes, tous niveaux confondus. Ce serait peut-être la première compétence du métier d'élève : comprendre la consigne. Certes, notre travail pédagogique est d'abord un travail d'explicitation. Et il faut constater que l'attention à la lecture n'est jamais maximale, étant souvent divertie par d'autres éléments (phase d'évaluation sommative, début difficile de mise au travail, problèmes de matériels...). (Voir le chapitre 27 « Définir des objectifs ».)

> ***“ Ils zappent la lecture de la consigne, pour me demander « Monsieur, qu'est-ce qu'il faut faire ? » ”***

Comment aider les élèves

Faites lire la consigne[1] par un élève ; une fois, deux fois. Ménagez un temps nécessaire pour intérioriser et mobiliser les ressources. Puis donnez le signal du départ. Dans le cas d'un devoir, faites lire toutes les questions, réservez un temps, puis « départ ». Cela peut éviter les erreurs provoquées par un démarrage trop impulsif.

Faites lire la consigne, et décomposez-la : demandez à repérer le verbe, les éléments importants, les aides possibles, le support utilisé, le temps imparti. Même dans les « grandes classes » de lycée, ce travail peut s'avérer plus que nécessaire afin d'éviter des hors-sujet. Par exemple, en histoire, tout sujet est composé d'un sujet propre, d'une localisation et d'une période. (Le Front populaire en France de 1936 à 1939).

1. Sur la lecture de consignes, voir *Comprendre les énoncés et les consignes,* Jean-Michel Zakhartchouk, CRDP Amiens et Cahiers pédagogiques, 1999

Test de compréhension d'énoncés

Vous avez une minute pour traiter les points suivants : soyez rapide et lisez bien. Ceci est un test d'évaluation.

1. Lisez soigneusement les points suivants, sans rien écrire.

2. Inscrivez votre nom en haut et à gauche de cette feuille.

3. Entourez le mot « nom » du point n° 2.

4. Signez cette page en bas à droite.

5. Mettez une croix en bas à gauche de cette page.

6. Entourez cette croix.

7. Arrivé à ce point, prononcez à voix forte votre prénom.

8. Si vous avez soigneusement suivi les directives, proclamez : « Ça va ! »

9. À voix normale, comptez à rebours de 10 jusqu'à 1.

10. Si vous êtes le premier à arriver jusqu'à ce point, proclamez : « C'est moi le premier jusque-là. »

11. Soulignez tous les nombres impairs de cette page.

12. À voix forte, affirmez : « J'ai presque fini, j'ai suivi toutes les instructions. »

13. Maintenant que vous avez fini de tout lire soigneusement, n'exécutez que les points n° 1 et n° 2.

Entraînez-les. Une ou deux fois dans l'année, procédez à un test amusant destiné à alerter les élèves et à les aider à acquérir un réflexe jamais inné : celui de prendre le temps de tout lire, en situation de stress. J'utilise par exemple le document ci-contre ; l'humour est un bon dérivatif pour des situations importantes. Vous le présentez avec sérieux aux élèves comme un exercice noté en temps limité. Au top, tout le monde s'y met. Vous serez surpris de voir certains s'écrier tout haut : « Ça va ! » Rapide retour sur l'action : que retenons-nous de cet exercice ?

ENSEIGNER LA PRISE DE NOTES AUX ÉLÈVES

La prise de notes reste l'apprentissage clé et pourtant non assuré en cours. On peut sans doute passer une heure à en parler et après, exécution ! Il n'y a rien de plus complexe pour l'élève. Prendre des notes, c'est mener une activité multitâche à la manière de l'ordinateur : écouter, mémoriser, résumer mentalement, sélectionner des mots-clefs, organiser l'espace de sa page blanche, réinventer un système d'encodage efficace, mettre par écrit. Cela requiert un haut niveau d'abstraction et une technicité élevée pour être efficace. L'apprentissage de la prise de notes ne peut se contenter d'une seule heure. C'est l'affaire de plusieurs années pour ne pas tomber dans les travers les plus fréquents : laisser passer une articulation logique dans le discours de l'enseignant, tout noter, écrire de manière illisible, prendre l'anecdote et pas l'essentiel...

Commencer l'apprentissage dès la sixième

Il ne faut pas hésiter à aborder cet apprentissage assez tôt, dès la sixième, comme un jeu d'écriture. Au cours de votre exposé oral, vous transcrivez sur tableau sa traduction en prise de notes avec les symboles adéquats : différent de ; par opposition à ; conséquence ; en même temps ; hiérarchiser plusieurs points ; etc., mais aussi quelques abréviations simples. Ce sont des rudiments d'un nouveau langage et d'une nouvelle manière d'écrire, c'est-à-dire tout un monde.

À partir de la quatrième, proposez de travailler la trace écrite comme une prise de notes : faites passer un élève au tableau, ou mieux sur transparent (il pourra ensuite l'intégrer dans son cahier) et suivez pas à pas sa prise de notes, en proposant avec les autres élèves périodiquement des améliorations de type :
– Transformez le discours en phrases courtes avec verbe à l'infinitif.
– Abrégez tout ce qui peut l'être ; toute nouvelle abréviation sera notée dans la partie méthodologique pour s'en souvenir (appel à la créativité et initiation à quelques règles d'usage).
– Introduisez différents symboles (flèches, barre, étoile, éclairs, signes mathématiques...).
– Organisez l'espace de la page, du tableau et hiérarchisez les points.
– Ménagez un temps en fin de cours pour « lisser » les notes : reprise des liens logiques, souligner les articulations du plan, etc.
– Vérifiez régulièrement la capacité des élèves à retraduire les notes : prendre une page de notes d'élève (sur transparent) et demander à tous de rédiger en français « scolaire » le passage. L'exercice de rédaction en temps réel est ici une simulation fidèle des conditions dans lesquelles les élèves seront amenés à composer en contrôle.

La prise de notes est une technique qui permet d'accéder à une autonomie de l'élève et à l'efficacité du travail scolaire, il convient donc d'y consacrer un temps certain et de ne pas s'étonner qu'elle prenne du temps ; c'est une des finalités de l'éducation énoncées dans le socle.

◘ DÉVELOPPER LES COMPÉTENCES À L'ORAL

Notre culture scolaire, en particulier dans le secondaire, est fondée sur la survalorisation de l'écrit. La pratique orale est renvoyée au quotidien de la classe, presque comme une pratique annexe, même pas ou peu évaluée dans les moyennes trimestrielles. Elle est pourtant essentielle dans tout apprentissage, en participant à la construction identitaire et à l'image de soi. Vouloir améliorer les performances des élèves (à l'écrit) passe donc obligatoirement par un travail d'oralisation.

Comment utiliser l'oral en cours

Lors d'une formation d'enseignants, un rapide tour de table a permis de faire le point sur le recours à l'oral[1] en cours. Ont été dégagés quatre objectifs pour lesquels les enseignants utilisaient l'oral :
– **vérifier un apprentissage** : l'enseignant interroge l'élève sur sa leçon ;
– **apprendre** : cours « dialogué », confrontation dans des groupes ;
– **apprendre à exprimer, exposer des idées en public** : des élèves présentent de brefs exposés après recherche documentaire ; des élèves s'entraînent à argumenter deux par deux sur des sujets donnés ; des élèves s'entraînent à lire à voix haute, à réciter des textes ;
– **éduquer à la citoyenneté**, au respect de l'autre.

Mais toutes ces occasions sont-elles des moments où l'oral est utilisé ou bien enseigné ?

Comment évaluer l'oral : le principe de l'évaluation par ceintures

L'évaluation scolaire traditionnelle rend difficilement compte de la compétence orale. Pour évaluer les progrès de ses élèves, Dominique Natanson[2] se sert de « l'évaluation par ceintures » qui vient de Fernand Oury et de la « Pédagogie institutionnelle », dans le prolongement de la pédagogie de Célestin Freinet. Oury, qui faisait du judo, a eu l'idée de définir les compétences des élèves en leur faisant passer des ceintures : de

1. D'après J. M. Zakhartchouk, *Croisements de disciplines au collège*, CRDP Amiens, 2000.
2. Voir Dominique Natanson et Marc Berthou, *Des ceintures pour évaluer les compétences à l'école*, éd. Fabert, 2014, et l'article d'Emmanuel Picart, professeur au collège Massey de Tarbes, qui détaille l'adhésion des parents à ce dispositif, *Cahiers pédagogiques, l'évaluation par ceintures, inquiétant ou rassurant ?*, janvier 2013, sur le site, et une fiche-outil proposée par Marianne Hamon, collège La Reinetière, Sainte-Luce-sur-Loire, sur le site de l'académie de Nantes, espace lettres.

la ceinture blanche pour les plus faibles à la ceinture noire, comme objectif final de la formation. Ses élèves étaient « jaunes » en lecture, « bleus » en calcul, « orange » en écriture… « Je suis parti du constat, explique-t-il, qu'il y a de grandes inégalités de départ pour une réalisation orale. J'évaluais précédemment sur la base de l'atteinte ou non des objectifs fixés. Mais, deux jours de suite, cette évaluation – objectif pas du tout atteint/pas encore atteint/atteint/parfaitement atteint – m'a posé problème.

« La première fois, ce fut quand une excellente élève, après avoir parlé brillamment durant quatre minutes, termina en disant : “Ben, voilà, j'ai fini !” Je ne pouvais que lui dire : “Objectif parfaitement atteint”, et je regrettais de ne pas pouvoir lui faire comprendre, dans l'évaluation même, qu'elle avait encore un pas à franchir, celui de la conclusion. La deuxième fois, ce fut lorsqu'une élève très timide arriva devant la classe en tremblant et parla d'une voix forte, durant une minute. Les élèves applaudirent sa prestation, mais moi, je n'avais à lui offrir qu'un “objectif pas encore atteint” : elle n'avait pas tenu trois minutes ! »

L'exemple de deux ceintures en classe de sixième :

Prénom :	Nom : Classe : sixième
Ceintures	**Tout ce qu'il faut être capable de faire pour obtenir la ceinture**
Ceinture jaune	**Venir devant la classe et parler pendant moins d'une minute du sujet prévu. 1. Temps : moins de 50 secondes. 2. Expression : les élèves entendent une partie. L'élève ne lit pas toujours son papier. Pas plus d'une expression familière. 3. Contenu : 2 ou 3 informations. Pas d'erreur de sujet.**
Ceinture marron	**Venir devant la classe, très peu regarder son papier et parler pendant plus de 2 minutes du sujet prévu. Il y a une phrase d'introduction. 1. Temps : 2 à 3 minutes. 2. Expression : les élèves entendent et comprennent tout. À aucun moment l'élève ne lit son papier, même s'il le regarde de temps en temps. Pas d'expression familière, et même une certaine élégance d'expression. Le ton est vivant, c'est passionnant. On sent que l'élève a envie d'être écouté par les élèves de la classe. 3. Contenu : toutes les informations sont utiles, et nombreuses. Il y a au moins une information qui vient de recherches personnelles en dehors du livre (d'histoire-géographie). Tous les mots difficiles sont expliqués. Pas d'erreurs graves.**

Pour obtenir une ceinture, il faut réussir à valider les trois éléments constitutifs simultanément. Prenons l'exemple de la validation de la compétence « Intervenir à l'oral, sur un sujet préparé à l'avance, devant un public, sans lire un papier ». Le socle s'insère dans cette démarche.

« Le stress a un peu diminué, constate Dominique Natanson. Les performances sont jugées en fonction du point de départ de chacun. Les élèves qui atteignent des ceintures élevées (pas beaucoup au-delà de la ceinture bleue, cette année, dans une classe assez difficile) ont un fort sentiment de réussite. Ceux qui progressent d'une fois sur l'autre en changeant de ceinture ont aussi l'idée d'un progrès possible. L'essentiel de la démarche me semble cependant être dans l'appropriation des critères de réussite et le débat autour des critères de réalisation : quel conseil donneriez-vous à cet élève pour qu'il puisse atteindre la ceinture suivante, la prochaine fois ? »

LA MÉTHODOLOGIE ACCROÎT LES PERFORMANCES DES ÉLÈVES

Les contrôles sanctionnent un apprentissage et ne donnent aucune indication sur la manière de les réussir (chapitre 14). Les élèves ne peuvent progresser dans l'acquisition des savoirs et dans les modes opératoires dans la discipline que si vous leur avez donné le temps et les moyens suffisants et nécessaires pour apprendre. Sinon, vous risquez d'évaluer ce que vous n'avez pas enseigné. Réaliser une performance en contrôle est une affaire qui se prépare en amont, grâce au travail effectif de l'élève mais aussi en l'étayant par les repères que vous saurez donner aux élèves pour qu'ils prennent la mesure de leur propre réussite.

Il existe différents types d'évaluation, chacune servant des objectifs différents et distincts[1] (voir tableau page suivante).

Les recherches les plus récentes indiquent que l'évaluation formative est un facteur clé pour améliorer la réussite des élèves. Les enseignants adhérent peu ou prou à cette proposition, sans souvent se représenter concrètement les gestes et actes que peuvent revêtir l'« évaluation POUR les apprentissages ».

1. À partir du travail de formation de Romuald Normand, IFE-ENS Lyon. Voir aussi Normand R., 2007, *Un développement professionnel des enseignants centré sur « l'évaluation pour les apprentissages » : l'expérience britannique*. Téléchargeable par : http://ep.inrp.fr/EP/ressources/quelles-evaluations-pour-accompagner-le-socle-commun/.

➲ APPRENDRE, CELA SE TRANSFÈRE ?

Toute faille est susceptible d'être exploitée : « Oh, avec Mme Michu, l'an dernier, c'était pas pareil ! » En termes d'image donnée aux élèves, il y a plus d'intérêt « méthodologique » à insister sur certaines continuités et une cohérence *a priori* que sur des différences irréductibles et un affichage de la discordance dans une classe, dans un niveau. Elles peuvent exister, et c'est alors un problème de professeurs et d'inscription institutionnelle (programmes nationaux, textes officiels, politique d'établissement). Ce que vous partagez cependant, c'est bien le développement des compétences scolaires chez l'élève X. Pour mesurer ce point précis, à savoir les capacités de transfert d'une situation à une autre, une expérience a été menée avec deux classes de seconde de lycée général pendant une année scolaire[1]. De composition égale par ailleurs, la classe A a reçu toute l'année une pédagogie dite classique, avec des évaluations classiques. On n'a rien changé à l'ordinaire. La classe B a été prise en charge par une équipe qui a choisi de développer une approche formative : fiches d'autoévaluation, critères de réussite, bilans de savoirs, confrontation des représentations. À l'issue de l'année, une évaluation, la même pour tous, a été distribuée aux élèves des deux classes alors mixées.

	Formative		Sommative	
Évaluation	**Informelle et formative**	**Formelle et formative**	**Informelle et sommative**	**Formelle et sommative**
	Quelles sont les prochaines étapes de l'apprentissage ?		Qu'est-ce qui a été réussi jusqu'à ce jour ?	
But	Pour informer les prochaines étapes de l'apprentissage	Pour informer les prochaines étapes de l'enseignement	Pour guider les progrès selon une planification	Pour noter la réussite des élèves
Comment l'information est-elle collectée ?	Comme un élément normal du travail en classe	Dans le travail de classe normal	Dans le travail de classe normal	Selon des devoirs ou des examens séparés
Base du jugement	Chaque élève	Chaque élève et critères communs à la classe	Critères communs à la classe	Critères communs à la classe
Jugé par	L'élève et l'enseignant	L'élève et l'enseignant	L'enseignant	L'enseignant ou un examinateur
Action entreprise	Retour d'information pour l'élève et l'enseignant	Retour d'information pour la planification de l'enseignant et pour l'élève	Retour d'information pour la planification de l'enseignant	Rendre compte aux parents, autres enseignants, etc.
Qualificatif	Évaluation pour les apprentissages	Diagnostic indiviuel ou collectif	Test individuel ou collectif	Notation

1. D'après un article de Michèle Genthon, *Cahiers pédagogiques*, n° 304, p. 82.

	Classe **A** Pédagogie et évaluation classique	Classe **B** Pédagogie différenciée et évaluation formative
Test 1 d'évaluation classique	**A1**	**B1**
Test 2 d'évaluation avec critères de réussite et dispositif d'autoévaluation	**A2**	**B2**

À un groupe 1, le support d'évaluation se suffisait à lui-même, sans plus. Au groupe 2, un document avec critères de réussite et procédures d'autoévaluation accompagnait le support d'évaluation.

AUTOTEST : MESUREZ LES PERFORMANCES DES GROUPES

Quels sont selon vous les résultats obtenus par les quatre groupes constitués pour l'expérience réalisée ?
Classez les sous-groupes par résultats moyens croissants
......................<......................<......................<......................

Solution de l'expérience

A1 < A2 < B1 < B2

Pas de surprise sur la place de A1 ni sur celle de B2. Les résultats sont conformes aux hypothèses de travail. Les élèves du groupe A1 se comportent comme tous les élèves en situation classique. Les élèves de B2 sont eux aussi en situation habituelle, sauf qu'ils ont une connaissance beaucoup plus fine des clefs de la réussite et qu'ils disposent de repères connus pour réussir l'exercice proposé.

En revanche, la formule A2 < B1 montre bien :

– qu'un groupe d'élèves formés à l'évaluation formative (B1) est capable de plus grandes performances en situation « classique ». Le transfert de la compétence réflexive est réel ;

– qu'un outillage de type formatif est de toute façon utile pour tout élève pour le faire progresser dans son évaluation (groupe A2).

CHAPITRE 26

Donner un conseil de documentation

« Allez voir le CDI ! » C'est plus commode... et en arrière-plan, on pourrait entendre : « C'est pas mon boulot ! »... Évidemment, ce type de réponse est une façon très réductrice d'envisager la question liée à la recherche documentaire.

FAIRE UNE RECHERCHE DOCUMENTAIRE

Changer de lieu et de méthode de gestion de classe ne peut s'improviser : une préparation est nécessaire. La première étape est celle qui permet d'identifier ce que vous voulez faire avec les élèves. Le document de la Washington Library Media Association[1] identifie six compétences pour résoudre un problème d'information. Il propose « une progression des apprentissages (passer d'une tâche simple à une tâche plus complexe) et/ou une progression de l'autonomie (le prof joue le rôle de guide puis s'efface petit à petit), en six étapes :

1. identifier et analyser le besoin d'information ;
2. élaborer des stratégies pour localiser l'information ;
3. localiser et accéder à l'information ;
4. évaluer et extraire l'information ;
5. organiser et présenter l'information ;
6. évaluer la démarche et la production.

Créer une fiche-guide pour les élèves

On peut aussi s'appuyer sur une fiche-guide pour les élèves, support pour une autovérification et un rappel méthodologique utile avant chaque

1. Washington Library Media Association, « Principales compétences pour une culture de l'information ». Site Internet : savoirscdi.cndp.fr.

séquence de recherche. Les collègues du lycée français Jules-Verne de Guatemala City en proposent une assez complète (extrait du site de l'académie de Rennes).

La recherche documentaire : fiche de synthèse

Je lis et je cerne le sujet

- Je lis le sujet en utilisant, si nécessaire, le dictionnaire pour avoir la définition exacte des termes employés.
- Je comprends le sujet et le travail demandé.
- Je repère les mots importants afin d'orienter ma recherche.
- Je puise dans mes connaissances et je note tout ce qui me vient à l'esprit (remue-méninges).

Je recherche toutes les informations

- Je commence ma recherche dans le fichier du CDI.
- Si nécessaire, j'enrichis ma liste de mots-clés (synonymes...).
- Je note les références des documents qui me semblent les plus pertinents.
- Je sélectionne les documents.
- Je prends connaissance des différents documents.

J'exploite et je traite les informations

- Je lis.
- Je sélectionne des extraits de textes et des images.
- Je prends des notes.
- Je commence à organiser mon travail à partir des informations collectées.
- Je définis le plan de mon travail.

Je communique l'information

- En fonction des consignes, je réfléchis à la mise en forme de mon travail.
- Je rédige.
- Je vérifie que tout le vocabulaire utilisé est connu.
- Je cite mes sources.
- Je m'assure d'avoir bien respecté les consignes de départ.

Une démarche plus approfondie serait de la construire avec les élèves eux-mêmes à partir de leurs propres expériences.

Comme toute fiche-guide, le genre peut trouver ses limites dans la confrontation au réel, à l'épreuve des pratiques variées des élèves. Il est vivement conseillé de faire un *debriefing* après une ou deux utilisations pour ajuster, adapter, ou jeter la fiche-guide ; après tout, ce serait la meilleure des choses qui puisse arriver ; quand on sait, plus besoin de mode d'emploi.

GUIDER LES ÉLÈVES DANS LEURS RECHERCHES SUR INTERNET

Depuis l'avènement de la génération Y, et face au faible taux d'équipement des établissements, la recherche dans le fonds de la BCD (bibliothèque centre documentaire) ou du CDI (centre de documentation et d'information) semble pour les élèves d'un autre âge. Ils ont tous le réflexe de foncer sur Internet. Magique ? Pas vraiment, non. (Voir le chapitre 11 « Utiliser le numérique ».)

Prendre le temps nécessaire pour s'entraîner

La recherche documentaire est un moment privilégié où l'enseignant peut donner des garde-fous utiles aux élèves pour qu'ils apprennent à se repérer dans le monde de l'information. En guise d'entraînement, l'équipe du lycée français de Mexico[1] propose un module étayé sur leur discipline, l'histoire-géographie, facilement transposable dans une autre matière (voir le tableau page suivante).

Simplifier l'étape de la navigation sur Internet

Laisser chercher les élèves sur Internet est un exercice pour eux comme pour vous ; se confronter à une masse d'information, savoir repérer vite, lire, choisir, savoir en fonction de quoi choisir. L'accès est direct, la compréhension nettement moins. Exercer leur esprit critique face à une masse d'informations prend beaucoup de temps. Si vous souhaitez concentrer la leçon sur la recherche elle-même et sur l'analyse des documents, vous pouvez adopter une solution intermédiaire en procédant vous-même à une première sélection de sites. Pour cela, vous pouvez fonctionner hors ligne ou en ligne.

> ***« Je ne maîtrise pas ce que les élèves peuvent trouver sur Internet. »***

Hors ligne (capture de site, enregistrement sur le réseau). Vous êtes à peu près sûr du parcours général de vos élèves , c'est déjà l'esprit et les pratiques des MOOC et des « classes inversées », même dans le premier degré. De plus en plus de sites fonctionnent en sollicitant des ressources

1. D'après le rapport final de recherche de l'équipe du lycée français de Mexico, disponible sur le site Innovations : innovalo.scola.ac-paris.fr

Description de la séance			
Niveau :.........	Collège :	Lycée : seconde	Durée : 5 heures
Partie du programme Module		Intitulé de la leçon Mener une recherche sur Internet	

Support		
Choix du support :		Cohérence avec les objectifs attendus :
• Image fixe. • Ressource Web-élèves.	• Animation – aide description. • Animation – schémas. • Animation – croquis géo. • Sons. • Voix radiophoniques. • Chansons et ambiances.	Internet n'est utilisé que de manière très sectorielle par les élèves (quelques sites, le mail, la messagerie). La compréhension de la variété des ressources du réseau et donc des dangers qui découlent de leur manipulation est un objectif intéressant à poursuivre dans le module de seconde, d'autant plus que les TPE ne sont pas loin…

Mise en œuvre

Description succincte de la leçon :

- **Initiation à une étude pluraliste de l'information par Internet.**
- **Introduction** : qu'est-ce qu'Internet ? (histoire, développement et perspective, « netiquette », manipulation des moteurs, affinage des sites trouvés…).

Exercice préparatoire : trouver une liste étendue de liens analysés sur un thème précis (les relations Inde-Pakistan ; la crise au Timor oriental ; Le Caire, Beyrouth : les problèmes d'aménagement de la ville). Les élèves réalisent un tableau d'analyse de dix sites qu'ils trouveront.

Approfondissement : réaliser sous Word une synthèse répondant au sujet de manière organisée en 350 mots en tenant compte des dix sites trouvés et analysés.

Exercice de rapidité de recherche : recherche en temps limité d'un site officiel (moteur indéfini). Exercice complémentaire permettant d'évaluer l'efficacité de la recherche sur Internet. Chaque groupe dispose d'une recherche donnée par le professeur. Ils doivent trouver le plus rapidement possible (inférieur à 15 minutes).

Objectifs de la séance	Résultats attendus de l'utilisation du support	Résultats observés
	Au plan des connaissances	
Prendre conscience de l'importance du pluralisme dans l'information.	Accéder à une grande masse d'information.	↗ Les élèves prennent conscience de la richesse de l'information disponible et en même temps de la difficulté de la manipuler.

Objectifs de la séance	Résultats attendus de l'utilisation du support	Résultats observés
	Au plan méthodologique	
Trier des informations, puis les analyser et les hiérarchiser. Travailler sur la synthèse à partir de plusieurs sources d'informations.	Mettre les élèves en autonomie avec l'outil Internet. Réaliser une synthèse avec un outil bureautique (Word).	↗ Internet est mieux connu… ↘ mais pas forcément mieux maîtrisé : seule une pratique plus soutenue permettrait une véritable mise en autonomie. ↗ Bonne acquisition de la construction d'une synthèse. ↘ Les difficultés rencontrées renvoient à d'autres problèmes : compréhension de la langue, manque de connaissance générale sur les médias…

de recherche externes, donc impossible à utiliser en local. Vous donnez également une réponse relativement autoritaire à la nécessaire liberté pour apprendre…

En ligne. Vous donnez les indications de recherche à vos élèves en inscrivant sur une feuille-guide de la séquence les adresses de deux ou trois sites à visiter… après avoir précisé, avec eux ce qu'il s'agit de trouver.

Utiliser le réseau Intranet ou « le cartable électronique »

La modalité la plus ergonomique, exploitant les ressources du réseau Intranet de l'établissement ou le « cartable électronique » qui reste encore à mettre en œuvre au niveau national, c'est celle qu'on pourrait appeler le « mini-Web » : chaque professeur dispose d'un espace Intranet avec ses propres pages en html ou encore une application en ligne comme padlet. Il y dépose les consignes de travail comme il l'aurait fait sur une feuille de papier, avec la possibilité de différencier beaucoup plus facilement les niveaux et les ressources – et surtout, les liens sont actifs. Il suffit alors à l'enseignant d'indiquer la référence de la page, puis le travail individuel ou de groupe se met en place très rapidement. (Sur le degré de « guidance », voir le chapitre 1 « Diriger une séance ».)

Une aide en ligne pour les élèves. Le site TPE de l'académie de Créteil propose des pages utiles, claires et efficaces, par exemple : Cerner un sujet ; Recherche des documents ; Moteur, métamoteur de recherche ? ; Comment ça marche ? ☛ http://www.letudiant.fr/bac/conseilsmatiere/bac-reussir-ses-tpe.html.

TRAVAILLER AVEC LE DOCUMENTALISTE

> ***« Quand je les mets à préparer un exposé au CDI, ils se perdent dans des détails, l'essentiel n'est pas abordé. »***

Pour travailler la recherche documentaire avec les élèves, deux conditions doivent être réunies dans un établissement : l'existence d'un CDI équipé et la présence d'un documentaliste à plein-temps. Ces deux conditions ne sont pas toujours réunies dans tous les établissements. Cela ne suffit pas encore : une collaboration entre l'enseignant et le professeur-documentaliste favorise la réalisation du travail par les élèves.

Une démarche pour mieux travailler ensemble

La méthode de travail peut prendre du temps mais une fois installée, elle peut être routinisée.

Déterminer une « plate-forme » commune. Les documentalistes ont souvent établi leurs propres fiches d'utilisation du CDI. Il faut donc mettre à plat, en commun et à l'avance, pour le travail prévu, les objectifs concernant nos matières, ceux concernant spécifiquement le CDI (ou la recherche documentaire) et ceux qui peuvent être considérés comme communs.

Préciser les modalités du travail envisagé. Qui encadre ? Quels horaires ? Classe entière ou partage des élèves ? Sur les cours de la matière ou en dehors ? Quelle démarche ? Quelle évaluation (y en a-t-il une et, si oui, qui évalue et qu'évalue-t-on) ? Autant d'éléments qui permettent d'explorer le principe de la coanimation.

Préciser ensemble ce que les élèves doivent apprendre. Impossible de demander à des élèves, en peu de temps, de chercher les ouvrages, de les consulter, de répondre à des questions, voire de faire un travail de synthèse. Il faut donc privilégier un ou deux objectifs précis. Plus que jamais, les consignes et les questions doivent être d'une extrême clarté. La rigueur

> **▸ Mieux connaître les documentalistes**
>
> **Sur le site du rectorat de Lille, a été mis en ligne un dossier sur le métier de documentaliste. Complet et instructif, il présente à la fois les différentes facettes du métier (positionnement, missions, nouveaux dispositifs...) et également son environnement (espace, temps, ouverture). Parmi les nombreux documents en PDF, signalons celui récapitulant les apprentissages documentaires avec un tableau de compétences documentaires indispensables aux élèves.**
> **➥ http://profdoc.discipline.ac-lille.fr**
>
> **À compléter par une réflexion de Mme Decrop (IPR) sur « une profession écartelée et en quête d'identité », la rubrique « CAPES, une expérimentation en TPE ».**
> **➥ www.savoirscdi.cndp.fr**

est le passage obligé vers l'autonomie qui est l'un des objectifs du socle. Le travail au CDI est une séquence intégrée au déroulement du cours, pas en plus du cours. Cela a plus de sens pour les élèves, et c'est plus efficace pour vous. Ce doit donc être une modalité du cours, comme d'autres.

Des collaborations réussies

Voici quelques exemples réussis de travaux entrepris et/ou de méthodes utilisées : laquelle choisirez-vous ?

- ❑ division de la classe en deux groupes avec alternance de travail par demi-classe en cours et au CDI (efficacité renforcée par le petit nombre d'élèves) ;
- ❑ des références systématiques, en cours, aux ressources du CDI, voire une liste affichée en cours ou distribuée aux élèves. Un coin du CDI peut également être, ponctuellement, consacré au thème traité en classe. Il s'agit là d'encourager à la lecture et à la simple fréquentation du CDI ;
- ❑ le recours au jeu est fréquent : jeu de piste au CDI, jeu d'élaboration de questions, « concours » entre groupes… ;
- ❑ travaux de groupes sur un thème puis utilisation en cours (par exemple : recherche « À la découverte d'Athènes ») ou au contraire recherche dans la foulée du cours (les élèves ayant parfois le choix d'approfondir ce sur quoi ils aimeraient savoir plus de choses). Dans un cas comme dans l'autre, le travail au CDI peut « compenser » certaines limites imposées par le cadre du cours ;

> **▸ Six principes pour travailler avec les élèves au CDI**
>
> **1.** Les professeurs ont élaboré avec le documentaliste un ou deux objectifs précis, limités, réalisables et ils se sont mis au clair sur les productions attendues.
>
> **2.** Les professeurs se sont assurés de l'existence de documents correspondant à leur projet et les ont démultipliés autant que nécessaire.
>
> **3.** Les élèves connaissent les objectifs de ce travail au CDI, même si, bien sûr, ils ne les comprennent pas tous au début.
>
> **4.** Les élèves ont une idée claire de la tâche à réaliser dès le début ou par ajustements progressifs au cours du travail.
>
> **5.** Les profs et les documentalistes ont envisagé les obstacles que risquent de rencontrer les élèves et y sont attentifs en cours de travail, non pour les supprimer, mais pour aider les élèves à progresser en les franchissant.
>
> **6.** Le travail réalisé au CDI fait l'objet de reprises en cours et d'évaluations (ce qui ne veut pas dire notation). On n'oublie pas le temps de prise de conscience par les élèves des apprentissages effectués.
>
> ➥ Produit en formation commune, cités par Jean-Michel Zakhartchouk, *Croisements de disciplines au collège*, éditions CRDP Amiens, p. 59.

❑ possibilité également de travaux sur plusieurs thèmes du programme, par exemple : « Les paysages ruraux du monde », ou encore : « Les temples des différentes religions ».

Bonus Web ☛ **Coopération, connaissances et documents : vers une nouvelle donne pour les enseignants ?** C'est la question à laquelle répondent avec intelligence et pragmatisme André Tricot et Jacqueline Fauré sur le site de l'académie de Nancy-Metz : www.ac-nancy-metz.fr/enseign/lettreshistoiregeographielp/lettres/ressources/academiques/ppcp_lett/coop % E9ration4.htm.

○ COMMENT ÉVALUER LA RECHERCHE DOCUMENTAIRE

La question de l'évaluation dépasse largement le domaine de la recherche documentaire. Il s'agit de rester cohérent dans sa démarche et l'articulation entre pratique ordinaire de cours et pratique plus extraordinaire au

Compétences	Cinquième	Quatrième
Questionner un sujet	À partir du questionnement du professeur puis petit à petit du questionnement de l'élève. Savoir décomposer un sujet en utilisant une technique de questionnement (QQQOCP : qui, quoi, quand, où, comment, pourquoi).	Savoir utiliser la technique du questionnement à partir d'une liste de mots-clés.
Repérer les mots-clés	Savoir traduire la question ou le sujet donné en mots-clés.	Savoir classer et organiser les idées et produire une liste organisée de mots-clés.
Utiliser les mots-clés pour la recherche	Réaliser une recherche en mode simple BCDI.	Construire une équation de recherche. Réaliser une recherche en mode expert sur BCDI.
Sélectionner l'outil le plus pertinent	Distinguer les objets documentaires. Décrire le document. Utiliser sommaire index, table des matières. Choisir entre encyclopédie, dictionnaire, documentaire.	Choisir entre documents papier, CD-Rom, Internet.
Faire une lecture sélective	Effectuer une lecture en survol. Trouver l'information recherchée sur une page sélectionnée.	Effectuer une lecture sélective : analyser le document en repérant l'information cherchée.
Savoir prendre des notes	Repérer les groupes de mots essentiels. Repérer et énoncer les idées essentielles dans un document.	Résumer les idées essentielles.
Citer les sources d'information	Noter les références d'un document à partir d'une grille donnée par le professeur. Noter les références d'un document pour le retrouver en faisant soi-même la grille.	Savoir noter les références d'un périodique donné. Savoir référencer un site Web. Connaître les règles de présentation d'une notice bibliographique.
Utiliser les informations	Trier les informations. Former des parties avec les réponses aux questions.	Former des parties à partir des mots-clés retenus pour traiter le sujet recherché. Trier et classer les informations.

CDI[1]. Le travail mené avec les élèves permet de développer des compétences dans la discipline ; elles se repèrent par un certain nombre

1. La question de l'évaluation au CDI est sensible et fait l'objet de débat chez les collègues documentalistes. Pour réfléchir aux véritables enjeux de l'évaluation, lisez Odile Rascle (Académie de Lyon) http://www2.ac-lyon.fr/enseigne/documentation/metier/profdoc/EvaluationCDIOR97.pdf.

d'indicateurs. L'équipe collège de l'IUFM de Dijon propose un tableau de compétences (voir page précédente), qui anticipe le socle commun.

Établir un bilan de compétences

> *« Je ne vois pas ce que je pourrais évaluer dans un travail de recherche documentaire. »*

Si vous suivez, par exemple, la méthode du tableau de compétences présenté page précédente, vous pouvez utiliser les indicateurs soit en évaluation formative (sous forme d'autoévaluation, entre autres), soit en évaluation sommative à l'issue de plusieurs séquences au CDI afin d'effectuer un bilan trimestriel. Comme toute grille de compétences, autorisez-vous à n'exploiter qu'une partie sélectionnée, c'est plus léger pour tout le monde.

En classe de cinquième

• Manipuler les différents supports d'information disponibles au CDI et se les approprier.
• Acquérir une méthodologie simple de recherche documentaire.

En classe de quatrième

• Mettre en œuvre une démarche de recherche d'informations et réaliser des travaux synthétiques.

AUTOTEST : AVEZ-VOUS PENSÉ AU CDI DANS VOTRE PROGRESSION ?

Les professeurs de lycée ayant en charge les TPE (travaux personnels encadrés) déplorent souvent le manque de réflexes des élèves en matière de recherche documentaire. Ce sont des compétences à développer en amont, progressivement mais régulièrement.

Dans la progression de votre enseignement que vous avez mise en place et débutée cette année, pouvez-vous intégrer trois moments de recherche documentaire, en coanimation avec le ou la documentaliste si vous exercez en collège ?

CHAPITRE 27

Définir des objectifs

Vous avez appris à la prérentrée que vous étiez chargé avec la collègue de techno d'un module « itinéraire de découverte » qui pourrait en 2016 s'appeler aussi EPI : deux heures sur douze semaines avec un groupe de vingt élèves issus de toutes les classes de cinquième. L'après-midi, vous vous êtes mis d'accord sur un thème attractif : les inventions impossibles. Quelques semaines plus tard, vous avez de quoi être satisfait. Les élèves ont accroché, ils ont réalisé des maquettes ; les productions écrites des panneaux sont inespérées[1]. En janvier, l'Administration vous enjoint d'évaluer le travail des élèves. Le couperet tombe (pour vous) : qu'est-ce qu'on doit évaluer ? Comment ? Vous avez ouvert une boîte à questions sans réponses (pour le moment).

SAVOIR DÉFINIR UN OBJECTIF

Quel que soit le travail pédagogique engagé, il convient toujours de revenir aux « fondamentaux ». Définir un objectif pédagogique n'est pas toujours le premier des actes – même si c'est le cas ici – le passage est indispensable car il conditionne l'évaluation, pendant et après les travaux avec les élèves. Une étape d'autant plus nécessaire qu'il s'agit de communiquer avec ses collègues, et aussi avec les élèves et leurs parents.

Privilégier l'approche pragmatique et réaliste

« Remplir toutes les petites cases de l'évaluation pour chacun des élèves s'est très vite révélé infaisable. »

Les grilles d'objectifs et les référentiels de programme restent des cadres pour votre action et pourtant ne vous permettront pas de planifier votre enseignement ; c'est un des apports des expériences de ces dernières années en

1. Sur la démarche de projet et ses dérives, voir le chapitre 21 « Diriger des projets ».

matière de PPO (pédagogie par objectifs) qui a connu quelques excès, notamment dans certaines disciplines, comme la technologie, où des tableaux d'objectifs pléthoriques rendaient son exécution impossible. Les grilles d'objectifs sont des outils de régulation *a posteriori* plutôt que des organisateurs de situations d'apprentissages. Toute situation pédagogique touche à plusieurs objectifs à la fois. C'est souvent en l'ayant testé une première fois que vous saurez réguler le nombre et le niveau d'exigence de vos objectifs. (Voir le chapitre 24 « Créer des situations d'apprentissage ».)

• Construisez votre séquence, à partir d'une situation-problème, d'un thème, d'un concept, peu importe. Et limitez volontairement les objectifs à deux ou trois, significatifs pour les élèves et pour votre progression disciplinaire. On ne peut tout évaluer d'un coup.

• La lecture des domaines du socle commun sera utile ici pour identifier une dominante de votre activité.

• Communiquez en début de travail les objectifs aux élèves. Vérifiez leur compréhension. C'est déjà un bon test, quitte à les reformuler un peu.

Un QCM pour se remémorer ce qu'est un objectif pédagogique

Même si l'objectif est vieux comme l'Institution, la tâche est toujours aussi ardue pour l'enseignant : confronté à son programme et à des contenus prescrits, il a tendance à prendre l'un pour l'autre : en l'occurrence, que voulez-vous dire quand vous dites, par exemple « Moi, prof de maths, mon objectif c'est la proportionnalité » ; qu'entendez-vous par « proportionnalité » ? Michel Barlow propose un rapide QCM pour vous permettre de réviser une vraie compétence professionnelle, celle de définir un objectif pédagogique.

Savez-vous définir un objectif ?

✐ *Consignes* : vous pouvez cocher plusieurs réponses par question ou, au contraire, aucune case.

1. Un objectif pédagogique décrit :

1. l'idée essentielle d'un cours ❏
2. l'intention du professeur pour ce cours ❏
3. ce que saura ou fera l'élève grâce à ce cours ❏
4. la méthode utilisée pendant le cours ❏

2. Un objectif pédagogique exprime :

1. une portion du programme ❑
2. une attitude de l'enseignant ❑
3. une capacité à développer chez l'élève ❑
4. un vœu de l'inspecteur ❑

3. Lorsqu'on définit un objectif, on doit indiquer :

1. ce que le professeur fera pendant le cours ❑
2. ce que l'élève fera après le cours ❑
3. ce que le professeur fera avant le cours ❑
4. ce que l'élève fera pendant le cours ❑

4. Un objectif désigne :

1. un résultat attendu ❑
2. le point de départ d'une action ❑
3. la méthode qu'on a choisie ❑
4. les moyens qu'on va utiliser ❑

5. Si la pédagogie était une route, l'objectif serait :

1. le point de départ ❑
2. le point d'arrivée ❑
3. l'ensemble des panneaux de signalisation ❑
4. le sourire du gendarme ❑

6. Dans la liste suivante, cochez les propositions qui actuellement vous paraissent des objectifs pédagogiques :

1. donner aux élèves l'exemple d'un esprit cultivé et plein d'humour ❑
2. les élèves de sixième seront capables de construire un graphique dès la fin du deuxième trimestre ❑
3. faire un cours sur l'utilisation des différents outils (manuels, dictionnaire…) ❑
4. utiliser la motivation produite par une émission de télévision pour enseigner telle ou telle notion ❑
5. développer l'esprit critique (et non de critique) ❑
6. l'élève pourra indiquer en une phrase le sens de 10 mots « techniques » utilisés pendant le trimestre ❑
7. projeter aux élèves un film médiocre tiré d'une œuvre littéraire et leur montrer la supériorité du livre ❑

✐ Écrivez ci-dessous un exemple de ce qui vous paraît être un objectif pédagogique, en fonction de l'idée que vous vous faites présentement de cette notion : ....
....
....

Les réponses sont reportées à la fin du chapitre, page 462.

PEUT-ON PARTAGER DES OBJECTIFS ENTRE DISCIPLINES ?

Cela a été le souci de bon nombre de collègues. Une technique efficace élaborée avec eux a été de construire un « tableau de bord » (voir page suivante). Selon les cas, on peut commencer par y jeter quelques idées ou les éléments déjà connus du contexte (niveau, classe, discipline). Il ne pourra véritablement fonctionner que lorsque toutes les cases comporteront suffisamment de renseignements indicatifs. Ce tableau prévisionnel à usage professionnel sera amendé autant que faire se peut en fonction de l'exercice et au moment du bilan. La rubrique « Compétences » est le cœur du dispositif. Elle permet de mieux se concentrer sur le scolaire. On a préféré formuler ici des compétences plutôt que des objectifs pour être très explicite avec les élèves. Les référentiels du socle nous y incitent : les objectifs sont des visées, les compétences sont des actes observables et plus faciles à évaluer.

“Comment préserver la part des objectifs propres à ma discipline dans un travail interdisciplinaire ?”

DÉTERMINER LA VALEUR DE VOS OBJECTIFS

Ce serait trop réduire la fonction de l'enseignement que de le limiter aux seuls savoirs ; par eux, pour eux, à travers eux, ce sont des activités intellectuelles complexes qui sont travaillées afin de permettre leur mobilisation en situation. Prenez votre dernier devoir sur table ;

“Moi, je transmets des savoirs. Quelles sortes d'objectifs autres que ceux-là peut-on assigner aux élèves ?”

Tableau de bord de module interdisciplinaire (extrait du site http://francois.muller.free.fr/diversifier/parcours/index.htm					
Collège…	Tableau de bord de module				Commentaires et accompagnement des rubriques
Titre					Veiller à une formulation simple, attractive pour l'élève.
Type	Nature et corps humain Conçu plutôt en	Arts et humanités Dominante (classe) Atelier (décloisonné)	Langues et civilisations Dans le cycle	Création et techniques 5ᵉ 4ᵉ Sur les deux niveaux	Des options renseignées pour bien caler le module dans le dispositif global.
Responsables de l'atelier	Disciplines ❍ ❍	Prénom et nom			*A priori*, au moins deux, sans exclure la possibilité d'autres types d'intervenants, enseignants ou partenaires éventuels (internes au collège ou externes).
Compétences à développer	❍ Compétence(s) transversale(s) ❍ Compétence(s) spécifiques(s) liée(s) aux progressions des disciplines N.B. : un document détaillant les compétences, leur contexte, servant de support formatif, sera complété avec l'élève pour la fin de session et l'évaluation finale.				En appui sur les programmes de disciplines et les documents d'accompagnement disponibles sur www.cndp.fr.
Intérêt de l'atelier	Rapide problématique de l'atelier, explicitant l'intérêt du travail et souvent posant la situation-problème à résoudre, décrivant quelques activités envisagées.				Une rubrique qui sera reprise dans un tableau récapitulatif à l'adresse des élèves, pour guider leur choix. La formulation est attractive, inventive, questionnante.
Production prévisionnelle	La ou les productions éventuellement à conduire collectivement.				Un objectif de production pour le groupe d'élèves, un moyen d'atteindre les objectifs pédagogiques ciblés pour les enseignants.

Modalités de travail	Méthodes pédagogiques diversifiées (par ex. : démarche de projet, démarche expérimentale, élaboration progressive, lecture d'image, débat argumentatif, pédagogie des rôles, des groupements différenciés...). Mise en œuvre des dispositifs ou matériels (ExAO [expérimentation assistée par ordinateur], applications TICE, Internet...). Marge d'implication et d'initiative des élèves.	Une rubrique qui rend compte des détours pédagogiques. Dans tous les cas, ce sont des hypothèses de travailqui seront effectives en partie ou totalement selon les options prises avec les élèves.

vos consignes sont pleines d'autres éléments qu'une simple requête sur des contenus (à ce sujet, voir l'autotest, en fin de chapitre).

Identifier le niveau de complexité des objectifs pédagogiques

Une question, peu travaillée en formation, est de cerner le niveau de complexité intellectuelle. On peut s'appuyer sur la *taxonomie de Bloom* : les niveaux, de 1 à 6, sont gradués selon une échelle de complexité intellectuelle. Ainsi, apprendre une liste de verbes irréguliers présente nettement moins de difficultés que d'engager l'élève dans un processus d'autoévaluation.

1.00 Retenir, avoir des connaissances

1.1. Des données particulières (des éléments de connaissance).
1.1.1. Des mots, une terminologie.
1.1.2. Des faits isolés.

1.2. Des façons de mettre en relation les éléments.
1.2.1. Des conventions (règles arbitraires).
1.2.2. Des séquences (suites dans un ordre arbitraire).
1.2.3. Des classifications (suites dans un ordre logique).
1.2.4. Des critères (raisons pour mettre en relation les éléments).
1.2.5. Des méthodes (règles d'action pour mettre en relation les éléments).

1.3. Des systèmes de relations abstraites.
1.3.1. Des principes (énoncés d'une relation abstraite entre les éléments).
1.3.2. Des théories (ensembles de principes).

2.00-6.00 Exercer des capacités intellectuelles

2. Comprendre le sens littéral du message pour le prouver
2.1. Traduire, transposer dans un autre langage, transposition.
2.2. Mettre les éléments dans un ordre différent, interprétation.
2.3. Compléter ce qu'un message peut avoir d'elliptique, extrapolation.

3. Appliquer au concret un principe

4. Analyser un ensemble complexe c'est-à-dire y découvrir
4.1. Des éléments.
4.2. Des relations entre les éléments.
4.3. Des principes organisateurs.
5. Faire une production personnelle, une synthèse dans l'ordre de
5.1. L'expression, œuvre personnelle.
5.2. L'action, élaboration d'un plan d'action.
5.3. La pensée, dérivation d'un ensemble de relations abstraites.

6. Évaluer sa production ou celle d'autrui
6.1. En elle-même.
6.2. En référence à autre chose.

▸ Retrouvez vos objectifs

Vous trouverez sur le site de CANOPE tous les horaires et programmes d'enseignement en vigueur, sous forme d'articles du *BO (Bulletin officiel)* et documents d'accompagnement. Un parcours rapide en trois clics permet de revisiter objectifs, savoirs et compétences à valider. On ne peut que vous recommander une visite régulière de ce site.

➥ Site Internet : www.reseau-canope.fr.

La simplicité à tout prix n'est pas recherchée ; au contraire, identifier la complexité avec les élèves donne du sens aux apprentissages. C'est l'intérêt de leur offrir des tâches variées, mobilisatrices en termes d'attention et d'intérêt intellectuel, pour les impliquer dans l'apprentissage (sur l'attention et la motivation, voir le chapitre 19 « Analyser les ressources des élèves » ; sur l'autoévaluation, voir le chapitre 25 « Donner des conseils de méthode »). Il importe de veiller à proposer différents niveaux taxonomiques.

Quelques « trucs » pour coller aux objectifs

Quelques moyens de s'y retrouver en vérifiant pas à pas ce que l'on a fait ou ce que l'on veut faire avec les élèves.

• L'énoncé d'un objectif doit comprendre **un seul verbe d'action**. Au-delà, il n'est ni précis ni explicite. Si vous avez formulé un objectif avec deux verbes d'action, soit il faut formuler deux objectifs différents au même niveau taxonomique, soit ils relèvent de niveaux taxonomiques différents et, dans ce cas, il faut faire deux consignes.

• Connaître – savoir – réfléchir – comprendre... ne sont pas des verbes d'action. Comment évaluer que quelqu'un sait ou comprend ? Remplacez ces verbes par des verbes permettant d'identifier des comportements **observables** et **mesurables :** décrire, énumérer, citer, présenter...

• Pratiquez régulièrement l'autocontrôle en vous reportant au référentiel du cycle d'enseignement, au programme de votre discipline et, définitivement, aux domaines du socle commun, partagés par tous et pour tous les élèves et pour tous les enseignements.

• Si vous vous sentez « encombré » par les contenus (les connaissances, les méthodes, les progressions pédagogiques...) que vous enseignez ou utilisez habituellement, n'hésitez pas à les mettre sur papier, à les ordonner et à les consulter régulièrement. Mais ce n'est pas cette liste qui constituera la liste des objectifs pédagogiques : la progression, c'est pour vous ; les objectifs, c'est pour l'élève.

• Travaillez à plusieurs et soumettez vos travaux à des collègues. Un bon énoncé d'objectifs est souvent un consensus, compris et adopté par plusieurs formateurs (voir le tableau de bord page 454).

FAIRE PASSER L'OBJECTIF AUX ÉLÈVES

“ Comment mieux communiquer mes objectifs ? ”

C'est un moment délicat qu'on nomme « dévolution » aux élèves : faire en sorte que les élèves s'approprient les objectifs. Poser un objectif, c'est non seulement l'exprimer, mais l'écrire ou le faire écrire au tableau, sur le cahier en début de séance, en précisant le temps et les conditions du travail (pour dans un mois, sept semaines...) (Sur la dévolution, voir le chapitre 21 « Diriger des projets ».) Ensuite, prenez quelques précautions.

Trois conseils pour faire comprendre ses objectifs

• Faites expliciter l'objectif par les élèves en confrontant leurs représentations, puis fixer ce que sera le produit de l'objectif, la compétence en actes. (Voir les douze techniques pour les représentations dans « Analyser les ressources des élèves », chapitre 20.)

• Donnez aux élèves quelques repères pour qu'ils puissent adapter leurs efforts selon la tâche plus ou moins complexe. Certains vont devoir plutôt travailler la maîtrise du temps limité, d'autres la rédaction, d'autres enfin approfondir des connaissances encore insuffisantes.

• Aménagez des temps en classe nécessaires pour l'acquisition sans reporter le travail à la maison.

Un exemple d'affichage d'objectifs : la cible

Une pratique parmi d'autres est celle de la cible d'évaluation : une cible est composée d'axes portant sur des objectifs simples, déjà travaillés par ailleurs, et de trois ou quatre cercles concentriques. On porte un point sur un axe à l'intersection d'un cercle pour signifier à l'élève son degré de maîtrise et éventuellement le point à travailler dans les prochaines séances. Support d'évaluation formative, la cible peut être aussi un support d'évaluation sommative, votre grille de correction. Il y a alors une continuité certaine dans les apprentissages, les repères sont les mêmes.

Exemple en histoire-géographie. L'exemple (présenté page suivante) est construit sur l'épreuve du brevet en histoire-géographie en classe de troisième, chacun des axes a fait l'objet d'un travail séparé ; c'est un bon instrument de dialogue, dans le sens où l'appréciation est visible et comprise par tous, rapide aussi pour le correcteur, transposable à un autre professeur.

On peut envisager autant de cibles que d'exercices dans toutes les disciplines. Les élèves accrochent bien à ce support. La meilleure sera celle que vous aurez élaborée, dans votre discipline, avec vos élèves, bien entendu.

Le brevet des collèges – cible d'évaluation

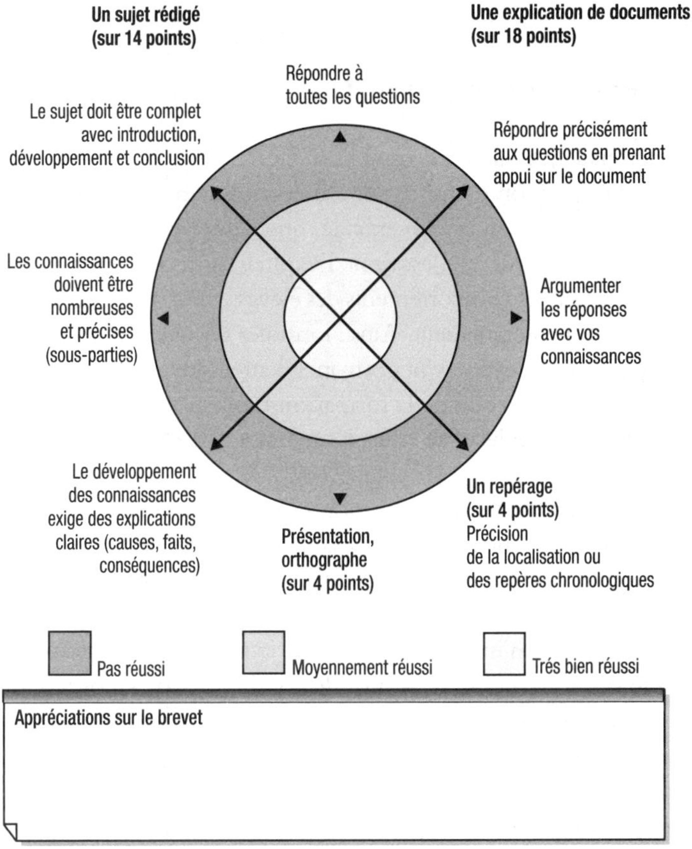

◘ DÉFINITION D'OBJECTIFS ET ÉVALUATION DE COMPÉTENCES

Définir des objectifs et dans le même temps évaluer des compétences n'est pas si facile, compte tenu de l'emploi confus des deux termes, souvent donnés l'un pour l'autre dans un même corpus de discipline. Sur le terrain, vous vous trouvez confronté à résoudre un

> ***“On me dit de définir des objectifs, puis d'évaluer des compétences. Je ne parviens pas à articuler les deux.”***

dilemme épistémologique qui agite depuis quelques années toute la hiérarchie. Nécessité fait loi ; tenez-vous-en à une définition stabilisée du concept de compétence, quitte à l'aménager par la suite.

Objectif *versus* compétence ?

Un objectif pédagogique est ce que l'on cherche à atteindre par l'intermédiaire d'une action de formation : il décrit une performance, sous la forme d'un comportement observable, que l'élève pourra accomplir et qui pourra être évaluée. C'est donc l'explicitation d'une intention de changement dans les comportements des élèves et non pas la présentation du contenu de l'enseignement. Ainsi, formuler un objectif pédagogique, c'est définir pour l'élève une performance à atteindre et que le formateur pourra contrôler à l'issue de la formation correspondante. L'objet de **l'évaluation sera un objectif en actes, c'est-à-dire, une compétence**.

L'évaluation de la compétence sera toujours spécifique car l'acte est contextuel, fortement dépendant des conditions matérielles et de l'environnement. On pourra **préciser les niveaux de maîtrise de la compétence** visée pour qualifier la performance réalisée : initiation, maîtrise, expertise. Par exemple, quand je m'inscris à l'auto-école, je me donne comme objectif d'avoir le code, d'obtenir le permis de conduire et de savoir conduire en vingt-quatre leçons. Au bout de vingt-quatre leçons, j'ai bien eu le code avec trois erreurs (ensemble de savoirs et de savoir-faire), j'ai passé le permis dans l'agglomération de Tarbes (Hautes-Pyrénées), je sais donc conduire, mais je me reconnais notoirement incompétent pour prendre le périphérique parisien. Il me faudra quelques heures de route supplémentaires pour devenir conducteur, maître et pas tout à fait expert ; cela demandera quelques années. (Sur l'évaluation et l'approche des compétences et ses composantes, voir les chapitres 19 « Analyser les ressources des élèves » et 14 « Évaluer des travaux ».)

AUTOTEST : IDENTIFIEZ LES NIVEAUX D'ÉVALUATION QUE VOUS TRAVAILLEZ AVEC LES ÉLÈVES

Prenez appui sur votre dernier support d'évaluation donné à vos élèves.

✪ Relevez-y les verbes employés puis essayez de les retrouver dans la liste ci-dessous.

Verbes d'action à utiliser pour formuler un objectif pédagogiques (d'après F. Chirivella)	
Connaissance	Abréger, choisir, citer, cocher, copier, couper, désigner, dire, donner, donner la définition, encercler, épeler, esquisser, exclure, identifier, inscrire, insérer, localiser, marquer, montrer, nommer, noter, placer, prononcer, réciter, reconnaître, répéter, sélectionner, séparer, situer, souligner.
Compréhension	Construire, critiquer, démonter, différencier, discriminer, distinguer, estimer, formuler, intégrer, utiliser.
Application	Adapter, appliquer, compléter, employer, illustrer, interpréter, poser un problème, pratiquer, reporter, traduire, transférer, transposer, utiliser, vulgariser.
Analyse	Décomposer, désassembler, disséquer, diviser, examiner, expliquer, extraire, prendre parti, rechercher, séparer, simplifier.
Synthèse	Assembler, compiler, composer, construire, créer, édifier, expliquer, façonner, former un tout, intégrer, mettre ensemble, produire, rassembler, recombiner, reconstruire, regrouper, remettre en ordre, réorganiser, structurer, systématiser.
Jugement (évaluation)	Apprécier, donner selon l'ordre, estimer, évaluer, évaluer selon les critères, expertiser, juger, vérifier par des tests.

✪ Quels sont les niveaux d'évaluation que vous privilégiez ?

(Réponses aux questions des pages 451 à 452, extraites de M. Barlow, *Formuler et évaluer ses objectifs de formation*, Chroniques sociales, Lyon, 1987.)

Savez-vous définir un objectif ?

1. **Un objectif pédagogique décrit :**
   ☒ 3. ce que saura ou fera l'élève grâce à ce cours.
2. **Un objectif pédagogique exprime :**
   ☒ 1. une portion du programme (éventuellement).
   ☒ 3. une capacité à développer chez l'élève.
3. **Lorsqu'on définit un objectif, on doit indiquer :**
   ☒ 2. ce que l'élève fera après le cours.
   ☒ 4. ce que l'élève fera pendant le cours (éventuellement).
4. **Un objectif désigne :**
   ☒ 1. un résultat attendu.
5. **Si la pédagogie était une route, l'objectif serait…**
   ☒ 2. le point d'arrivée.

6. **Dans la liste suivante, cochez les propositions qui actuellement vous paraissent des objectifs pédagogiques :**

☒ 2. Les élèves de sixième seront capables de construire un graphique dès la fin du deuxième trimestre (objectif général).

☒ 6. L'élève pourra indiquer en une phrase le sens de dix mots « techniques » utilisés pendant le trimestre (objectif opérationnel).

✐ Écrivez ci-dessous un exemple de ce qui vous paraît être un objectif pédagogique, en fonction de l'idée que vous vous faites présentement de cette notion :

....

....

Quelle que soit votre proposition, elle sera correcte, si vous respectez les trois points suivants :

• **la performance observable** : [décrire une activité de l'élève identifiable par un comportement observable : le verbe doit être un verbe d'action] ;

• **la (ou les) condition(s)** : [décrire les conditions dans lesquelles le comportement doit se manifester : quel matériel utiliser, en combien de temps, etc.] ;

• **le(s) critère(s) :** [décrire le(s) critère(s) permettant de savoir si l'objectif est atteint].

CHAPITRE 28

Faire une conférence

Vous arrivez dans la salle de classe, tous les élèves sont déjà installés. Vous faites donc de même, vous vous asseyez sur votre chaise, solidement arrimée au sol. Dossiers sortis, vous reprenez le plan là où vous l'aviez laissé il y a deux jours : point 2.a, paragraphe 3. Vos élèves grattent. Quoi ? Vous ne savez pas. Que fait le cinquième rang ? Vous ne savez pas non plus. Vous avez quand même un goût amer dans la bouche. Insatisfaction grandissante ou peur d'aller voir plus loin ? Faire cours, est-ce tenir conférence devant une assemblée captive ? La tradition scolaire demeure vivace, si ce n'est en pratiques, du moins dans sa représentation. Ou mieux encore, avec les élèves ? Quelles sont les conditions pour faire un cours magistral qui marche ? Peut-on s'organiser différemment ?

« EST MAÎTRE DES LIEUX CELUI QUI L'ORGANISE »

Des élèves sondés par leurs jeunes professeurs avaient signalé cet aspect : le professeur de français est plutôt assis à son bureau, c'est moins vrai pour l'anglais, et pas du tout pour le prof d'EPS (et pour cause...).

Le cours magistral : la reproduction d'un modèle ou une représentation fantasmée

Dérivé de la cathèdre épiscopale, marque du pouvoir et du savoir dans la Cité, le modèle de référence est sans doute trop fort ou iconoclaste dans notre école républicaine, laïque et postindustrielle. Il faut rechercher sa légitimité philosophique dans le traité de John Locke, *Essai sur l'entendement humain*, 1693 : dans un monde alors complètement structuré par la transcendance et la raison innée, il défend que le cerveau est une *tabula rasa*, c'est-à-dire un « tableau vierge » ou une pièce sans meubles. Le rôle du maître est d'exposer clairement, de montrer avec conviction, éventuellement de répéter. « Innovation » à l'époque, la pratique s'est muée en véritable dogme à l'université et dans tous les systèmes de formation.

Ainsi donc, faire un cours magistral, c'est être loyal et conforme à un modèle universitaire, et à un système qui a lui-même formé les enseignants avec succès pendant des générations. La transposition s'effectue rapidement et trop simplement ; j'ai appris comme cela, je fais apprendre de même. Les enseignants, sociologiquement parlant, sont d'anciens bons élèves.

En résumé, nous pourrions analyser le processus du cours en trois étapes successives :

1. préparer un cours : sélectionner, hiérarchiser, synthétiser ;
2. faire le cours : exposer, organiser un jeu de questions-réponses ;
3. donner des devoirs (conseils, consignes), proposer des modèles.

LES LIMITES D'UN MODÈLE

Cette manière de faire classe suppose quelques postulats importants : la conception du savoir comme un contenu d'une part, l'élève est un contenant ; d'autre part, l'enseignement se résume en une transmission expositive et par une magistralité (de *magister*, maître en latin) dans une configuration frontale. Par ailleurs, elle emporte une conception de l'apprentissage qui, à l'examen des neurosciences et des connaissances psychosociales, reste très réductrice : la motivation dépendrait du pouvoir attractif du contenu en soi ; la clarté de l'exposé entraînerait une compréhension quasi immédiate ; la mémorisation s'effectuerait sans problème notable. Finalement, apprendre, ce serait imiter et répéter.

Le cours comme paradis perdu ?

L'activité centrée sur le maître est valorisante, au moment où s'effiloche l'identité de l'enseignant. Ce n'est pas le moindre des paradoxes que de constater un phénomène de renforcement négatif : moins cela marche, plus on fait la même chose. L'autorité du maître n'est plus assurée comme allant de soi, il faut donc retourner à ce qui faisait son autorité, en renforçant son ancrage disciplinaire et les règles de contraintes ! C'est oublier que le rapport au pouvoir et à l'autorité n'est pas seulement un problème de l'école, mais bien un problème de notre société. Toutes les fois qu'une des conditions envisagées plus haut n'est pas assurée, cela engendre un dysfonctionnement dans le microsystème de la classe. C'est un processus cumulatif qui à terme produit des tensions fortes chez tous les acteurs.

Dès lors, deux solutions possibles : un repli identitaire pour résister à la tension et un processus d'enfermement pour devenir une impasse. À ce jeu, l'enseignant se retrouve isolé dans une représentation de son « monde » vacillant. Ou bien introduire quelques ouvertures dans le système, et traiter la situation en une analyse collective.

Changez d'optique... et de place

André de Peretti, prenant appui sur une expérience douloureuse de première monte à cheval, rappelait souvent une loi de dynamique physique : quand un système est en mouvement, surtout ne pas s'accrocher à un point fixe... En la matière, voici quatre suggestions.

Bougez. Marquez physiquement que l'espace de la classe ne jouit pas du statut d'extraterritorialité ; déplacez-vous, investissez l'espace collectif, tout en continuant de professer, jetez un coup d'œil sur l'activité des élèves, et prodiguez un ou quelques retours d'information à certains.

Changez de perspective. Pourquoi ne pas vous asseoir à côté des élèves, quitte à en mettre un à votre place en lui assignant un rôle de « détecteur de questions », par exemple ? Un autre peut être chargé de la trace écrite au tableau, vous tiendrez son cahier pour l'heure. Changer de point de vue, c'est un des principes actifs pour la résolution de problème. (Sur les rôles à distribuer dans la classe, voir le chapitre 2 « Mettre en groupe ».)

Faites évaluer l'activité. En fin de trimestre, proposez à vos élèves un questionnaire libre de type « j'aime, j'aime pas » sur les méthodes de cours. Ou un document de type échelle de Cosgrove[1] : dix groupes de quatre propositions positives chacune, selon quatre dimensions :
– maîtrise des contenus ;
– relations avec les élèves ;
– organisation et conduite de la classe ;
– enthousiasme personnel.
Chaque élève doit en retenir une parmi les quatre ; vous avez en peu de temps l'évaluation de votre activité. Dans tous les cas, vous aurez droit à un *satisfecit*, mais aussi vous pourrez lire en creux des améliorations attendues.

1. Échelle de Cosgrove, présentée dans la thèse de M. Linard (1973), reprise par A. de Peretti, *Recueil d'instruments et de processus d'évaluation formative,* INRP, tome 1, p. 106.

Donnez la consigne suivante à vos élèves : « Dans chaque groupe, choisissez au moins une phrase, parmi les quatre propositions qui vous semblent le mieux se rapporter à votre professeur. »

GROUPE A	GROUPE F
1. Enthousiasme contagieux pour la matière qu'il enseigne. 2. Ne perd pas son temps à des choses sans importance. 3. S'attache également aux progrès de chacun. 4. Fait clairement savoir ce qu'il attend de ses élèves.	1. En général à l'aise et détendu pendant ses cours. 2. Répartit régulièrement les travaux. 3. On n'hésite pas à lui poser des questions quand on n'a pas compris. 4. Cours clairs et bien structurés.
GROUPE B	**GROUPE G**
1. Toujours à l'heure pour le cours. 2. Agréable au cours. 3. Franc et direct quand il s'adresse aux élèves. 4. Semble bien connaître le sujet.	1. Accepte le point de vue des élèves. 2. Enrichit le vocabulaire des élèves. 3. Les élèves savent toujours ce qu'ils ont à faire pour la prochaine fois. 4. On travaille volontiers pour lui.
GROUPE C	**GROUPE H**
1. Cours méthodique. 2. Aime enseigner. 3. Amabilité naturelle. 4. Logique dans son raisonnement.	1. Semble savoir où il veut en venir. 2. N'hésite pas à féliciter les élèves pour leurs réussites. 3. Ne tourne pas les mauvaises réponses en ridicule. 4. A des connaissances dans des domaines voisins de son sujet.
GROUPE D	**GROUPE I**
1. Encourage la créativité et les initiatives. 2. Est au courant de l'actualité dans sa matière. 3. Accepte de revenir sur ses décisions. 4. Adapte sa méthode au contenu.	1. Son cours est toujours prêt. 2. Traite bien le sujet. 3. Encourage les élèves à trouver des réponses par eux-mêmes. 4. Est juste dans ses décisions.
GROUPE E	**GROUPE J**
1. Domine son sujet. 2. Donne envie d'en savoir davantage sur la question. 3. Note de façon juste. 4. Ne critique pas de façon négative.	1. S'arrange toujours pour faire les choses dans le temps prévu. 2. Le cours présente une réelle continuité. 3. Donne de l'importance au sujet qu'il traite. 4. Comprend les problèmes des élèves.

▸ Quand la routine devient une stratégie de survie

De nombreux enseignants reconnaissent que, globalement, ils font toujours cours de la même manière. Il existe une autre dimension derrière ce constat : la routine professionnelle existe bien, comme dans toute profession, elle est utile et agit comme un pilotage automatique en situation stable et horizon dégagé, ce qui n'est plus forcément le cas partout ou tout le temps. Dans certains cas, elle peut se révéler être une facette d'une stratégie de survie, aménageant un désengagement professionnel. Les psychiatres n'hésitent pas à avancer parfois le terme de « *burn out* ».

Six symptômes typiques de *burn out* **selon le Centre américain de maîtrise du stress**

- **Irritabilité et méfiance envers autrui.**
- **Absence d'idées nouvelles pendant plus de six mois.**
- **Manque d'énergie physique et/ou émotionnelle.**
- **Sentiment d'isolement et de manque de soutien.**
- **Forte aspiration à s'échapper de sa situation professionnelle actuelle.**
- **Tendance à se justifier par un excès d'activité, en privilégiant l'aspect quantitatif plutôt que qualitatif.**

Trois recommandations en cas de *burn out*

- **Appuyez-vous sur un(e) collègue proche : parlez-lui de votre sentiment, demandez-lui s'il (elle) connaît ce type de réaction et comment s'en défaire.**
- **Songez à la solution de type formatif : rencontrer des collègues à l'extérieur qui partagent des problématiques similaires permet de prendre du recul. Dans ce domaine, les groupes d'analyse de pratiques existent. Consultez le PAF (plan académique de formation).**
- **Veillez à recharger vos batteries en exerçant une activité physique régulière qui vous permette de vous défouler. Tout est bon dans ce domaine, si c'est bien pratiqué : course à pied, roller, badminton, squash, natation. L'activité a ici une fonction quasi cathartique. Elle renforce votre capacité d'initiative et d'engagement personnel.**

PRENDRE DU CHAMP AVEC LES PRATIQUES DES COLLÈGUES

La routine s'installe d'autant plus vite qu'elle s'exerce dans un cadre collectif doté d'un contrôle social puissant, à la manière du *Panopticon* de Bentham : il suffit de parcourir à grande vitesse les couloirs d'un grand établissement scolaire de centre-ville, dont les salles de classes sont vitrées, pour constater *de facto* l'homogénéisation des pratiques et la pratique généralisée du cours magistral dialogué en grand groupe. Voir et être vu. Le poids d'une tradition bien ancrée dans les établissements français, impose l'estrade et la chaise.

Le poids des traditions existe en éducation

Si un professeur nouveau ou stagiaire prend sur lui de jouer à « Vatican II » (supprimer les barrières, aller vers son public, parler pour être compris, associer les élèves au cours), il devra s'expliquer avec l'intendante, garante des installations. Si vous tentez une organisation de classe différente, il faut impérativement tout remettre à « la normale » pour le cours suivant ; d'ailleurs, les agents de service vous le disent bien : préparer une salle, c'est un bureau et, en face, des rangées de chaises.

La loi du silence est aussi une loi qui reporte les souffrances sur les individus sans questionner la pertinence de la pratique. La pratique individuelle est inextricablement liée à la pratique pédagogique d'un établissement, et donc à son projet. Un enseignant n'est donc pas tout seul devant ses élèves ; il est « habité » et traversé par des projets, des pratiques, des routines qui le dépassent, mais qui sont aussi des appuis devant un collectif... quand il est organisé sur du sens et non sur des rangées de chaises. C'est déjà un grand progrès que d'en prendre conscience, pour faire évoluer éventuellement certains points. (Voir « Expliquez votre démarche aux parents », page 472.)

Prendre le temps de communiquer avec ses collègues sur le cours

Cependant, on n'a pas raison tout seul. Il faut donc investir un peu de temps et d'énergie dans la communication avec ses collègues.

• Entrez en contact avec les enseignants de votre discipline pour élaborer ensemble le projet disciplinaire de l'établissement, comme c'est déjà le cas en EPS, mais pas seulement. Les échanges sur les objectifs et les contenus toucheront inévitablement les méthodes et les pratiques. (Voir le chapitre 6 « Travailler en équipe ».)

• Allez voir le chef d'établissement pour envisager avec lui l'aménagement à peu de coût, cela va sans dire, de telle ou telle salle, et les conditions rapides de réalisation.

• Participez à la conception, écriture ou réécriture du projet d'établissement. L'étape suivante sera de se faire élire au conseil d'administration.

○ S'AUTORISER À PRENDRE DE LA MARGE

C'est un des grands *leitmotive* des enseignants non débutants. Le cahier de texte de la classe est le seul document administratif qui permet de rendre compte de son activité aux instances hiérarchiques que sont le chef d'établissement et l'inspection ; et d'aucuns d'invoquer la lourdeur évidente du programme de sa discipline, avec un horaire qui s'est réduit d'une heure en dix ans, l'autre de susurrer le dada de l'inspecteur : « Le cœur, ce doit être en vingt-quatrième semaine ! Tu en es où, toi ? » Ce sont des faits avérés certes. Le cours magistral serait donc la seule modalité permettant de traiter le programme le plus rapidement possible, et le plus efficacement bien sûr. Dans ces deux dimensions, le constat est toujours féroce ! Néanmoins, comment fait-on ? (Voir le chapitre 13 « Être le gardien des programmes ».)

Entre soumission au programme et liberté d'exercice

Cet argumentaire touche indéniablement le rapport à l'Institution et au prescrit du métier. Il illustre un paradoxe du métier entre l'allégeance au programme et la liberté quasi absolue de son exercice. Il y a une marge certaine de manœuvre : la lecture raisonnée du programme et d'abord de ses objectifs montre la place des contenus de savoirs. De nombreuses séances de formation continue ont montré que les enseignants fonctionnaient plutôt dans une représentation maximalisée des contenus et une sous-estimation, voire une méconnaissance des objectifs. C'est d'autant plus vrai avec le texte du socle commun, formulé en termes de connaissances et de compétences à atteindre en fin de scolarité obligatoire, sans réduire les domaines à une discipline seule.

D'autre part, la fréquentation de l'inspection et son « pouvoir » de contrôle sont très relatifs : le HCEE (Haut Conseil de l'Évaluation de l'École) signale qu'un enseignant voit son inspecteur tous les sept ans en moyenne, avec des écarts très importants selon les disciplines et les académies, allant jusqu'à douze ans parfois. L'inspecteur n'est plus le contrôleur des programmes ; il exerce une fonction de conseil et de repérage tout aussi importante pour l'enseignant que pour l'Institution.

S'autoriser, c'est par exemple...

• Comprendre que la pression des programmes et de l'Institution est celle que l'on se donne ; l'enseignant est en autocontrôle la plupart du temps ; l'accès Internet permet de reparcourir rapidement son programme, en particulier d'avoir une lecture rapide des objectifs (tous les programmes sur le site du CNDP : www.cndp.fr en trois clics, histoire de se rafraîchir la mémoire). (Voir le chapitre 23 « Faire de la didactique »).

• Ajuster sa pratique à son environnement professionnel proche : demandez à voir les supports de cours de vos collègues, jetez un coup d'œil sur les cahiers de textes des autres classes. L'Internet pédagogique est une vaste salle des profs, vous pouvez par exemple vous abonner à une liste de discussion de votre discipline ou d'un thème. (Sur les listes de discussion, voir la webographie en fin d'ouvrage.)

• Solliciter la visite de l'inspecteur pour obtenir soutien et reconnaissance de sa pratique. Rien à perdre, tout à gagner.

Jusqu'ici, on a donc vu la prégnance de facteurs endogènes qui vont jusqu'à justifier la dominante forte du cours magistral dans la pratique professionnelle. Il existe aussi des pressions externes qui poussent dans le même sens.

PRIMAIRE : RENDRE POSSIBLE L'AUTONOMISATION DES ÉLÈVES

> ***“Je suis leur « maître ».”***

Tous les parents ont entendu leur enfant rentrer de l'école (primaire) ne jurant que par leur maîtresse. Lorsqu'il affirme « ma maîtresse a dit que », toute information complémentaire, toute suggestion alternative seront très mal prises. « Ma maîtresse a dit que » si ce n'était l'École avec un grand E, vous auriez parié sur un endoctrinement ou une dérive crypto-sectaire, mais vous êtes rassuré, ce n'est que la maîtresse. La relation entre enseignant et élèves en primaire peut prendre des colorations fusionnelles, parfois hypnotiques, quelles que soient la méthode ou la pratique à l'œuvre. La motivation existe non par le contenu intrinsèque, mais par l'attache à la situation de communication et à la fonction. La tentation est grande pour l'instituteur de la jouer « à l'ancienne ».

Estomper l'« effet maître »

La dérive possible est de ne pas organiser la sortie de ce dispositif pour les élèves : autre année, autre maître ou nouveau collège. La difficile « liaison école-collège » passe par une bonne préparation à des méthodes variées d'enseignement qui doivent peu à peu estomper l'effet-maître (Sur la liaison école-collège, voir le chapitre 17 « Prospecter les besoins des élèves »). Voici des suggestions pour mieux préparer les élèves à cette évolution.

❑ Dans la journée, varier le dispositif pédagogique en fonction des séquences de sorte à proposer une alternance cours, activités de recherche, travaux d'écriture, production collective, etc. Cela permet de construire les compétences de l'élève.

❑ Organisez avec un ou deux collègues des échanges de service, en fonction des compétences plus développées chez l'un ou chez l'autre : je prends tes élèves en histoire, tu me les prends en EPS.

❑ Sur un même niveau, vous pouvez avec un collègue mixer les élèves par groupes de besoins ou de compétences pour une ou deux matières. (Sur la variété des groupements possibles, ce qui est fortement recommandé pour les langues (voir le chapitre 2 « Mettre en groupe »). Plusieurs expériences ont pu montrer que fusionner deux classes et ses deux enseignants offre une gamme nettement plus importante de diversification dans les approches de différenciation en faveur des élèves.

COPIER, CE N'EST PAS FORCÉMENT APPRENDRE

C'est un « truc » qu'on refile en salle des profs à un jeune stagiaire qui se fait « bordéliser » (c'est le mot de la profession) : « Fais-les écrire. » L'activité de la prise de notes sous la dictée professorale ou du recopiage de tableau permet, d'une part, de constituer la trace écrite, formalisée du *magister*. L'objectif serait donc atteint, le cahier de textes enregistrera « fait ». D'autre part, ce type d'activité aurait le double effet curatif d'apaisement des tensions et de retour au travail pour les élèves. Si le constat est vrai, l'analyse fait défaut, car, dans la plupart des cas, c'est une manœuvre dilatoire pour différer la difficulté à un ailleurs, qui peut être le cours d'après. Finalement, c'est un *modus vivendi* ou plus exactement, un *modus docendi*. Cela se réduit souvent à « un pacte de non-agression », qui arrange les deux parties.

Faire de l'écriture un acte d'apprentissage

Pour faire du travail d'écriture un acte d'apprentissage et non une manœuvre dilatoire au bordel ambiant, nous vous suggérons trois attitudes.

❑ Faites passer un élève au rétroprojecteur avec un transparent ou au TBI ; ce sera sa prise de notes qui va guider le travail de ses pairs et vous permettre tout au long du cours d'accompagner sa technique. C'est un rôle tournant qui permettra à chacun d'exposer ses trucs, ses abréviations, ses repérages. En même temps que vous traitez le contenu du cours, vous travaillez en supervision de son activité et de celles des autres, autant de prises d'indices qui vous permettront une évaluation plus fine. (Sur l'organisation de la trace écrite, voir le chapitre 10 « Mettre en œuvre des outils ».)

❑ Scandez le cours en alternant temps d'information et temps de mise par écrit : les élèves sont associés en binômes de travail pour s'épauler mutuellement. Vous donnez d'abord une information avec traces au tableau, les élèves prévenus écoutent sans écrire ; puis vous donnez trois minutes pour le travail d'écriture ; ainsi de suite. Vous contrôlez pendant ce temps. Au besoin, vous établissez une confrontation entre deux traces écrites. (Sur la constitution de binômes, voir le chapitre 3 « Gérer les relations ».)

❑ Vous confiez à quatre groupes de quatre élèves un travail d'étude ou de résumé à partir d'un document extrait du manuel, avec restitution à la fin de l'heure ; de votre côté, vous prenez en direct les élèves qui en ont le plus besoin pour faire passer un contenu plus délicat. Cette modalité fonctionne si, dès le début de l'année, vous avez exposé la pluralité des fonctionnements possibles dans la classe. Ce qui ne fonctionne pas, c'est l'exception ou la rareté.

EXPLIQUEZ VOTRE DÉMARCHE AUX PARENTS

Enfin, il faut être attentif à ce qui est dit de l'École à l'extérieur, soit explicitement lors d'entretiens avec des parents d'élèves, soit dans le secret des cabinets des psychiatres en systémie familiale où, pour traiter la baisse de résultats scolaires du grand Benjamin, c'est bien toute la famille qui est analysée. Finalement, les résultats sont ce qu'ils sont, mais c'est le regard que portent sur eux les parents, leur interprétation qui laisse les élèves désemparés face à une École aux règles sibyllines, spécialement en matière d'évaluation (et donc d'orientation). Les parents projettent immédiatement leur propre vécu scolaire et préconisent eux-mêmes les formes qui ont pu les faire réussir : écoute, soumission, respect de la règle. C'est aussi le discours des parents qui ont arrêté très tôt leur parcours scolaire.

Résister à l'angoisse des parents

Tous ont en commun une représentation de l'École et du cours frontal certifié 1875, modifié en 1988 (avant 1989). Ainsi, une majorité de parents d'élèves n'attend pas autre chose de l'école que les formes qu'ils ont eux-mêmes connues : c'est particulièrement évident dans les lycées dits prestigieux ou de quartiers aisés. Finalement, la pédagogie active, c'est plutôt pour les élèves en difficulté, non ?

Pour éviter les reproches feutrés ou la convocation dans le bureau du chef d'établissement, quelques conseils :
– Dès le début de l'année, communiquez aux élèves (et donc aux parents, au besoin avec signature), une feuille indiquant la progression et le séquencement de l'année dans la discipline, incluant le rythme des évaluations.
– Dans le même temps, établissez avec vos élèves une « charte » des apprentissages dans votre discipline. « Apprendre et travailler en français en sixième, c'est… » ; vous pouvez aborder dès le début les pratiques de votre évaluation, les codes que vous songez utiliser, l'articulation entre évaluation formative et sommative. Une fois formalisée par vos soins, en respectant cependant les mots et apports des élèves, vous faites communiquer la charte aux parents.
– Montrez-vous disponible aux sollicitations éventuelles, et n'hésitez pas vous-mêmes à requérir par un mot sur le carnet de correspondance un entretien, sans attendre forcément un problème à régler. C'est toujours efficace.

LE COURS PEUT ÊTRE INNOVANT

La forme magistrale peut être de réintroduire le cours de manière plus efficace dans un dispositif plus en adéquation avec notre société actuelle, pour des élèves dont tout le monde convient qu'ils ont changé. De

Peretti propose une mise en perspective qui va dans ce sens[1] : « Nous passons d'une époque dominée par les modèles des empires des mers, ce que Fernand Braudel a appelé "l'ère thalassocratique", à une époque "aérocratique". Ce modèle s'est déplacé dans le système taylorien, la division entre ceux qui savent et décident, et entre ceux qui exécutent, nombreux, séparés et surveillés. Ce modèle a construit la fin du XIXe siècle et très largement le XXe siècle, et c'est ce modèle qui demeure dominant, avec les résultats qu'on lui connaît à présent (voir enquête PISA).

« Warren Benis, compagnon de Kurt Lewin dans la création de la dynamique de groupe, disait que nous sommes entrés dans **l'époque de la succession accélérée des systèmes sociaux temporaires.** Il faut le vivre, ce qui suppose des enseignants qu'ils ne soient pas ritualisés, rigides, compassés ; ce qui suppose des structures de travail autres que celles des cours en amphithéâtre, ou des travaux dirigés. Les chefs d'entreprise nous demandent, et ils ont raison, de préparer des individus qui s'adaptent aux changements incessants.

« Mais cette souplesse évolutive et cette rapidité ne sont pas constitués chez les jeunes, ils sont très "popotes", conditionnés par les manières de travailler et les routines qui s'établissent. Pour vivre cette époque de changements accélérés, il faut de l'activité, du dynamisme, de la joie d'être, d'apprendre, d'enseigner… »

Combiner différentes formes de cours

La conférence n'est pas un mode d'enseignement négatif en soi, et peut très bien fonctionner si elle est couplée à d'autres dispositifs. En témoigne une expérience menée au lycée Europe-Robert-Schuman, à Cholet racontée par Fabienne Chevalier et Alain Joyeux, professeurs d'histoire et de géographie, avec quatre terminales (2 TL et 2 TES).

Le constat des difficultés. « Après plusieurs années d'enseignement en terminales littéraires et économiques, les professeurs étaient de plus en plus insatisfaits par l'organisation horaire classique (4 heures hebdomadaires en classe entière) : ils rencontraient des difficultés croissantes à faire face à l'hétérogénéité des classes ; à réaliser des exercices sur documents en faisant participer trente-cinq élèves ; à guider chaque élève

1. Entretien avec A. de Peretti, *Les Périphériques vous parlent,* janvier-février 1994, pp. 33-35, sur le site : www.lesperipheriques.org/.

en classe entière pour l'apprentissage des nouvelles épreuves du bac (en particulier le croquis de géographie).

« Les enseignants ont aussi mené une réflexion sur la mission du lycée : pas simplement préparer les élèves au bac, mais aussi les conduire progressivement vers l'enseignement supérieur. Le lycée dispose d'un amphithéâtre de 120 places doté d'équipements stéréo et vidéo performants. De plus, l'acoustique y est très bonne. »

Adapter l'organisation aux objectifs. « Chaque professeur a deux classes et doit donc assurer 8 heures hebdomadaires. Nous divisons notre enseignement en trois types de séances :
– **3 heures de cours** (2 heures + 1 heure sur deux matinées) avec deux classes réunies dans l'amphithéâtre (soixante-huit élèves au maximum) ; ces heures sont consacrées à l'apport des connaissances du programme par le professeur que les élèves prennent en notes. Des documents sonores ou vidéos courts ponctuent les séances ce qui permet aux élèves d'intervenir pour les commenter. Le plan du cours est projeté en permanence à l'aide de transparents sur grand écran ;
– **4 heures de travaux dirigés** (quatre fois une demi-classe) : dix-sept élèves au maximum ; ces heures permettent de réutiliser les connaissances du cours pour s'exercer aux épreuves du bac. Ce sont des séances dominées par la participation orale active des élèves ;
– **1 heure de soutien ou d'approfondissement** avec un petit nombre d'élèves choisis chaque semaine par le professeur. Cette heure est inscrite dans l'emploi du temps de tous les élèves. Il s'agit de travailler sur des aspects méthodologiques précis qui posent des problèmes à certains élèves (rechercher une problématique, rédiger une introduction, commenter un type particulier de document...). Le programme de ces heures résulte d'ailleurs souvent d'une demande des élèves. C'est aussi l'occasion pour les deux professeurs d'échanger parfois leurs élèves.

« Chaque semaine, les élèves ont donc : 3 heures de cours en amphithéâtre ; 1 heure de travaux dirigés ; 1 heure de soutien ou d'approfondissement lorsqu'ils y sont invités par le professeur. »

Adapter les contenus aux objectifs. « En début d'année, les objectifs sont essentiellement méthodologiques : comment bien lire un sujet ? Comment aborder les différents types de sujet ? Comment transcrire sur un croquis des informations du cours ? Par la suite, les séances se diversifient :

approfondissement d'un point du cours, travail de recherche au CDI, approche de l'art contemporain dont les élèves sont très demandeurs, réflexion collective sur une question d'actualité à leur demande en relation avec une partie du programme... »

Le bilan pour les professeurs. « La mise en œuvre de ce projet nous a demandé un gros travail toute l'année, une concertation étroite entre les deux professeurs : progression identique, devoirs communs (six devoirs de 4 heures) et partage du travail pour les corrections. À l'époque, chacun avait une terminale L et une terminale ES. Sur certains chapitres (croissance, crise...), l'écart de connaissances entre les L et les ES posait quelques problèmes lors des cours en amphithéâtre. L'amalgame entre les deux classes ne se faisait pas toujours très bien. Nous avons échangé nos élèves plus fréquemment en soutien et parfois en TD. Nous avons remarqué que beaucoup d'élèves n'osaient pas participer oralement dans l'amphi. Nous avons fait un effort particulier dans ce domaine même si la participation orale est, par ailleurs, très importante en TD et en soutien-approfondissement.

« Les résultats nous semblent très positifs. Nous avons pu diversifier notre enseignement, cibler les difficultés des élèves et avoir de très bons contacts avec eux, car les TD et le soutien-approfondissement permettent d'aller vers une certaine individualisation des relations professeur-élève. Certains élèves, non convoqués pour le soutien, nous demandaient parfois s'ils pouvaient venir quand même, ce que nous acceptions bien sûr. Nous avons pu terminer le programme, tant au niveau des connaissances que des apprentissages méthodologiques. »

Le bilan pour les élèves. « Les élèves (ainsi que les deux professeurs) ont ressenti un net regain d'intérêt du fait de la rupture du rythme et du type de travail entre les cours, les TD et le soutien. Ils ont découvert une organisation d'enseignement similaire à celle qu'ils auront dans l'enseignement supérieur. 90 % des élèves interrogés par écrit de manière anonyme ont exprimé le sentiment que cette organisation leur "apportait quelque chose en plus". Un délégué de parents d'élèves FCPE s'est fait aussi l'écho de l'avis positif des parents lors d'un conseil de classe. »

L'expérience montre qu'un dispositif d'enseignement se configure à l'échelle d'une équipe disciplinaire. Ici, elle fait jouer la nécessaire collaboration professionnelle en matière de progression, de supports d'études, d'évaluation. Le cours magistral reprend tout son sens : un apport de connaissances rapide et efficace dans la mesure où les enseignants prévoient des moments d'appropriation et de transposition. C'est une modalité possible de « l'enseigner autrement ».

AUTOTEST : SACHEZ DOSER LA MAGISTRALITÉ

✪ Au cours de la semaine dernière, vous avez assuré dix-huit heures de cours. Quelle est la proportion :
– de « cours magistral » ?.............. – de cours dialogué ?..............
– d'autres modalités de cours ?..............

✪ À quoi voyez-vous que vos élèves ont appris ? (3 observations)
....

....

....

CHAPITRE 29

Penser sa propre formation

Les enseignants débutants entretiennent une relation parfois ambigüe avec leur propre formation. Que certifie le diplôme ? Comment se crée la compétence ? Comment passer du stade « je suis du métier » à celui de « j'ai du métier » ? Que serait un développement professionnel efficace sans les formes formelles de la formation plus classique ? Le cas d'Hélène nous introduit à cette tension entre statut et expérience[1].

« Dans la vie, Hélène (jeune enseignante) n'est sûre de rien : elle ne sait pas comment sevrer sa fille de presque un an, si elle est de nouveau enceinte, si cela ne serait pas préférable de demander un poste en province l'année prochaine, comment retrouver un appartement dans le mois qui vient puisque le propriétaire vient de les mettre dehors. Sauf d'une seule chose : l'Institut détient la vérité en matière d'enseignement et il faut suivre sa parole. Elle est sublime de maladresse, d'incohérence, de malchance dans la sphère privée, ou alors (il y a forcément un lien, mais lequel ?) elle est navrante de certitude, de dogmatisme et d'arrogance en fait de pédagogie. Elle sait ce qui est très mal : le cours magistral, par exemple ; ce qui est mal : corriger les copies en rouge (c'est agressif et virtuellement traumatisant pour les élèves), vouloir le silence (il y a un taux de décibels acceptable pendant les cours). »

ESQUISSE D'UNE TYPOLOGIE DES ENSEIGNANTS DÉBUTANTS

Le développement professionnel, loin d'être une construction linéaire, cherche la combinatoire plutôt entre prescription impersonnelle, premières expériences tâtonnantes et réalités du métier dans la rencontre avec les élèves et avec ses collègues.

1. Catherine Henri, *De Marivaux et du loft, petites leçons de littérature au lycée*, POL, 2003, p. 29.

En collaboration avec l'IUFM des Pays de la Loire, un suivi de cohorte a été réalisé sur plusieurs années. Les résultats font apparaître trois types de difficultés pour les néotitulaires : des **difficultés liées au lieu d'exercice** (déménagement, isolement, classes plus difficiles) pour ceux qui sont mutés hors académie, la **nécessité de faire face** et la **maîtrise du métier**. Même s'ils ont tous le sentiment de vivre dans l'urgence et de ne pas pouvoir se poser pour analyser leur pratique, les situations sont très différentes en fonction de l'établissement où ils sont nommés, de leur histoire personnelle et de leur appartenance ou non à des collectifs.

Deux profils émergent chez les jeunes enseignants. **Les « héritiers »** sont souvent issus de la classe moyenne intellectuelle, sont bien diplômés, aiment leur discipline et croient au modèle de l'excellence scolaire. Ils sont souvent venus dans le métier par vocation. **Les « oblats »,** moins diplômés et de classes sociales plus défavorisées, se considèrent davantage comme pédagogues et sont plus en adéquation avec les objectifs de formation. Ces deux profils ont une conception assez différente du système éducatif et de la place de l'élève.

Après cinq ans d'exercice, les enseignants se répartissent entre ceux qui sont toujours de passage (TZR), ceux qui ont une position fixe qui leur convient bien, ceux qui travaillent par conviction en zone prioritaire et attachent une grande importance au relationnel et ceux dont la position d'« héritier » est inchangée, qui considèrent toujours la discipline en premier et le métier en second.

LA FORMATION SERA PLUS EFFICACE SI...

D'après l'enquête de Nantes, les « néos » voudraient avoir davantage de connaissances sur la psychologie des adolescents pour parvenir à établir avec leurs élèves une relation affectivement correcte. Ils ont aussi du mal avec le concept d'évaluation. Enfin, ils estiment être très peu accompagnés, même en ZEP.

« Quelles sont les formes pédagogiques les plus appropriées à la formation d'adultes déjà longuement scolarisés et formés à l'université ? » Roland Goigoux, professeur à l'université Blaise-Pascal, à Clermont-Ferrand, identifie trois conditions nécessaires associées pour une bonne formation par alternance : « **l'action professionnelle** (les stages sont indispensables très tôt dans le parcours de formation), **la réussite de l'action** (ces stages

> **▸ NeoPass@action**
>
> **Espace de formation hybride, en ligne, entretiens, regroupements, tournage des activités en classe puis présentation de ces vidéos aux collègues. L'exploitation des vidéos est considérée comme une véritable action de professionnalisation qui permet d'une part de prendre conscience des difficultés d'une communauté débutante et d'autre part d'apprécier la façon dont un professeur plus expérimenté pouvait travailler avec ces mêmes classes ressenties comme difficiles par les « néos ». Réalisé par Luc Ria, laboratoire ACTé, Clermont 2 et IFÉ**

doivent être fortement encadrés par des tuteurs), **la compréhension de l'action** et des conditions de sa réussite (l'institut de formation doit donner aux stagiaires les moyens de réfléchir sur leurs expériences, hors de l'urgence de l'action quotidienne) ».

Ainsi, la « prise de métier » est une phase dynamique et parfois dérangeante. Par petits décalages progressifs avec ce qu'ils ont retenu des messages de la formation initiale, les enseignants débutants élaborent à l'épreuve de la pratique des représentations plus pragmatiques, en relation notamment avec les autres collègues : ils réinterrogent l'activité des élèves, cherchent à régler la prise de parole, priorisent l'avancée de la séance et comprennent que l'autonomie passe par un cadre et des règles. Ils comprennent qu'il va falloir assumer une présence forte dans la classe, et redéfinissent leur rapport à l'autorité. Les styles d'enseignement se fabriquent peu à peu, dans une certaine différenciation ; quelques-uns restent plus figés dans les représentations initiales génériques, au risque de se sentir malmenés, en échec. Ce qui peut faire la différence, c'est notamment l'acception ou non de son propre développement professionnel et l'intelligence (au sens de compréhension, traduction, appropriation) de la prescription (celle du métier, celle des programmes, celle du socle), réelle ou parfois encore fantasmée.

RÉUSSIR SES PREMIERS COURS ? CONSEILS ET RESSOURCES

Un groupe de formateurs du premier degré, à Paris (directeur d'école, conseiller pédagogique, maître formateur), pour clore son cycle de travail consacré à l'accompagnement des enseignants débutants, s'est livré à un atelier d'écriture pour « réussir ses premiers cours ».

L'exercice s'est fait en deux volets de propositions : des conseils et des préventions. Chaque volet de propositions a pu faire l'objet d'une première analyse en trois catégories permettant d'en tirer quelques conseils utiles pour accompagner les enseignants dans leur prise de métier.

À faire	À ne pas faire
Ce qui ressort de la préparation des cours (ingénierie) • « Préparer la classe » (fiches de préparation sur une semaine). • Être en phase avec les programmes, le niveau de classe, la sécurité des élèves (c'est-à-dire les exigences institutionnelles). **Ce qui ressort de la conduite de classe (« tenue de classe », gestes professionnels)** • Traiter avec équité les élèves. • Réguler les conflits entre élèves sans laisser les choses traîner. • Penser avec pertinence le travail à la maison et le reprendre en classe. • Veiller au climat de classe (place de la parole, règles de vie, relations, organisation spatiale). • Regarder les élèves travailler. • Organiser le cadre. • Donner des rôles et des responsabilités à ses élèves. **Ce qui ressort du processus de développement professionnel** • Considérer les élèves dans une dynamique de progrès. • Venir à l'école avec plaisir. • Identifier vos points forts pour éventuellement les réinvestir. • Identifier les relais et les ressources dans la proximité. • Reconnaître vos besoins et vos attentes. • Se donner des priorités et travailler par étapes dans votre propre développement professionnel ; faire le deuil de la maîtrise totale et du « tout tout de suite ». • Apprendre des autres. • Penser à vous pour être mieux avec les autres.	**Préparation** Surpréparer pour ne plus laisser vivre ni respirer le groupe. **Conduite de classe et vie de l'école** • Négliger les demandes de l'enfant, celui qui est derrière l'élève. • Punir sans avoir réfléchi au rôle de la sanction. • Faire preuve d'incohérence dans les exigences. • Considérer les parents comme des ennemis. • Se comporter comme le parent de vos élèves. • Faire un usage démesuré d'autoritarisme[1], de gestes ou de paroles susceptibles d'humilier ou de casser. • Confisquer la parole. • Se laisser prendre à réagir tout le temps. **Développement professionnel** • Penser que vous travaillez seul. • S'enfermer dans son propre silence et masquer ses propres doutes. • Oublier vous-même le propre cadre de l'école, ou même celui que vous vous êtes donné. • S'isoler. • Se laisser contaminer par une certaine morosité ou complainte par ailleurs[2].

1. À noter comme ressource : les petites cartes du site Charivari (http://www.charivarialecole.fr/) qui permettent de signaler à l'élève de manière personnelle, sans rendre cela visible à l'ensemble de la classe ; la loi est respectée.
2. Cf. la planche sur les 30 raisons pour enterrer un projet.

1. « Réussir ses cours », c'est se recentrer sur la présence réelle et explicite de l'enseignant dans la classe. Cela évoque l'approche centrée sur la Personne développée par Carl Rogers[1], fondée sur les trois principes suivants : « l'Éducabilité pour tous »[2], « l'Empathie » et la « Congruence ».

2. Cependant, une classe réussie n'est pas forcément la même chose que « réussir ses cours ». En référence à la thèse « L'ennui à l'école » de Stéphanie Leloup, les enseignants peuvent distinguer ce qui fait un bon cours, mais… les items sont symétriquement inverses : l'enseignant peut avoir le sentiment de réussir son cours, mais les élèves le percevront très différemment (voir le chapitre 1).

3. Travailler la question de l'accueil des enseignants débutants, de leur prise de métier, de leur formation directe et « expérientielle » en établissement ; l'enjeu est l'analyse du métier, dans ses tensions, dans ses évolutions, mais aussi celle de la place de la formation et de la solidarité professionnelle dans toute école ou établissement.[3]

ON APPREND TOUT AU LONG DE LA VIE… D'ENSEIGNANT

À moins de s'inscrire résolument dans la république des « talents », l'enseignement n'est pas un don inné, même si vous êtes issu ou si vous côtoyez sur les bancs de l'université des fils ou des filles d'enseignants (c'est vrai pour un quart des enseigants). Le milieu familial a pu être porteur d'un projet professionnel fort, sinon d'un environnement et d'un genre de vie qui y incitent fortement. On n'est (naît) pas enseignant, on le devient, comme c'est le cas pour tout autre profession.

1. Sur Carl Rogers, reprendre *Présence de Carl Rogers*, d'André de Peretti.
2. On peut penser à nos amis belges de la communauté francophone qui prêtent en début de carrière le *« serment de Socrate »*.
3. À compléter utilement avec Jean-Michel Zakhartchouk, *Réussir ses premiers cours,* éditions ESF, 2010, et le cycle des *Lettres à, écrite par (ou avec)* d'André de Peretti :
– Lettre aux enseignants débutants, 2004.
– Lettres aux accompagnateurs d'enseignants, 2006.
– Quelques conseils pour la prise de fonction (sur le site Diversifier).

L'identité professionnelle présente plusieurs facettes

Les éléments constitutifs de l'identité professionnelle sont de quatre ordres : la qualification (le diplôme), la compétence, une culture professionnelle (objets, valeurs, actions, symboles), une déontologie.

De l'université au terrain. Les trois derniers éléments ne s'acquièrent pas comme le premier par une préparation et un acte validé. Ils s'élaborent dans l'expérience et dans le temps, et très peu en formation initiale, pour l'heure. On ne prescrit pas un acte comme on l'a appris en faculté de médecine, on n'enseigne pas comme on a appris à l'école, ou comme on nous a enseigné à l'université. L'écart est toujours important entre formation initiale et exercice professionnel, et c'est normal. Pour cette raison, les cursus des facultés de médecine ont intégré depuis longtemps des séances d'analyse de pratiques et des formations par alternance.

L'acquisition des compétences. Un enseignant peut être statutairement et fonctionnellement enseignant toute sa vie, aura-t-il acquis les compétences requises pour autant ? Vraisemblablement pas, comme toutes ces professions fondées sur le « travail à autrui », médecins et professions sociales notamment, la compétence s'élabore acte par acte, en ajustement réciproque avec ceux qui en bénéficient et en adaptation à un contexte spécifique. Développer des compétences professionnelles dans l'enseignement dépend au moins de cinq facteurs en interaction permanente :

– les grands changements sociétaux qui peuvent affecter d'une manière ou d'une autre votre exercice localement (mondialisation, flux d'immigrations, réseaux...) ;
– l'évolution rapide des connaissances, de leur élaboration à leur transmission plus diversifiée, dans ou hors du champ scolaire, depuis sa propre formation initiale, quelle que soit la discipline ;
– le changement profond des publics scolaires et leur grande diversité selon les milieux, les niveaux, les classes, les zones, etc. Et aucun enseignant n'est épargné ;
– les mutations non moins rapides du cadre institutionnel prescrit (projet politique redéfini en « refondation », politique d'établissement affirmée, régionalisation développée) ;
– le mûrissement de votre propre parcours professionnel, participant en cela de votre identité à multiples facettes (personnelle, familiale...).

Toutes choses qu'on ne maîtrise pas, mais qu'il importe d'appréhender comme variables dynamiques pour se construire professionnellement tout au long de la vie.

L'identité professionnelle est dynamique

Penser à sa propre formation participe de cette dynamique identitaire[1] que l'enseignant connaît, comme tout autre professionnel, quels que soient son statut et son « état ». Elle est toujours « en devenir ».

Dynamiques contradictoires. On peut être dans une dynamique identitaire professionnelle différente de celle qu'on connaît dans le champ familial, social ou culturel. La question se pose alors de la gestion de la cohérence en coexistence de ces dimensions identitaires ; on peut se retrouver en situation de conflit identitaire quand certains projets peuvent entrer en tension avec d'autres (par exemple : projet professionnel et projet familial...).

Stratégies identitaires. Ces stratégies permettent de gérer ces tensions, d'aller vers plus de cohérence pour garantir un certain équilibre, sinon c'est la crise... Mokhtar Kaddouri propose quatre grands types de dynamiques qu'on retrouve dans l'étude n° 163 de la DEP, à parts égales :
– **la dynamique de continuité identitaire.** Les gens sont satisfaits de leur identité actuelle qu'ils ont envie de reproduire, de prolonger ou d'entretenir dans le futur (les « satisfaits ») ;
– **la dynamique de transformation identitaire** : il s'agit de la personne qui a quelque part une certaine insatisfaction de son identité actuelle et qui cherche, qui a une démarche d'acquisition d'une nouvelle identité. C'est le cas de nos enseignants débutants (les « évolutifs ») ;
– **la dynamique de gestation identitaire** : l'individu se trouve à un carrefour de sa vie : il a des interrogations, il n'est pas encore clair sur ce qu'il va devenir. Ce sont peut-être des personnes qui vivent dans une souffrance ou une blessure identitaire ou qui ressentent une rétrogradation professionnelle et qui se demandent ce qu'ils vont devenir. C'est le cas pour quelques-uns des « nouveaux enseignants » avec un passé professionnel externe (les « réservés ») ;
– **la dynamique d'anéantissement identitaire** : il s'agit là de personnes qui sont sans énergie ni ressort : ils ne sont plus dans une stratégie de sauvegarde

1. D'après un concept développé par Mokthar Kaddouri, maître de conférence au CNAM. Voir son article dans la revue *Recherche et Formation* n° 41, INRP, avril 2003.

▸ Malaise ou dynamique identitaire ?

Neuf enseignants sur dix perçoivent un « malaise » dans la profession et 60 % se sentent personnellement concernés, d'après une enquête menée par le ministère auprès d'un échantillon de 1 000 enseignants (numéro 163 des *Dossiers Évaluation et statistiques*). À l'origine de ce malaise : les difficultés du métier, la dégradation de l'image des enseignants, le sentiment d'impuissance face à l'idéal de réussite des élèves. Certes, 81 % des professeurs sont « satisfaits » du métier. Mais, affirme cette étude, « la perception de la difficulté grandit avec le vieillissement ». Parmi les motifs qui rendent ce travail difficile, sont évoqués le comportement des élèves, la difficulté de les faire progresser et la « complexité des missions demandées à l'enseignant ».

de soi, mais plutôt dans une démarche d'anéantissement de soi (les « statiques »). (Voir les signes du « *burn out* », chapitre 28.)

La déontologie du métier d'enseignant s'apprend-elle ?

La déontologie est constitutive de la professionnalité du métier, au même titre que les compétences et le statut, et elle reste pourtant un impensé de la formation en l'état, au contraire d'autres métiers dont la régulation est conçue en interne (le code de déontologie du journalisme en 1918, celui des médecins à la fin du XIXe siècle). La maîtrise des techniques variées et la connaissance du référentiel ne peuvent suffire si elles ne sont pas alimentées par un corpus de règles intérieures et partagées qui en assure l'usage et la régulation à l'épreuve du quotidien.

Pour Erick Prairat[1], la déontologie enseignante repose sur quatre principes : l'**éducabilité**, qui ne laisse personne hors de l'école, l'**autorité**, qui permet la distance nécessaire à l'enseignement, le **respect**, qui oblige à considérer la valeur de chacun, et la **responsabilité**, qui oblige à assumer décisions et actions.

Leur formulation doit obéir à trois règles : la **sobriété normative**, pour en éviter l'inflation intenable, le souci de **stabilité**, pour des normes raisonnables et acceptables, et l'exigence de **neutralité**, afin d'éviter tout préjugé discriminatoire. Pragmatiquement, on pourrait se retrouver dans trois mots : le tact, la justice et la sollicitude ; ce sont des qualités morales et

1. Erick Prairat, *La morale du professeur*, éd. PUF, 2013.

professionnelles à la fois, qui ne peuvent se décréter, et qui font la différence auprès des élèves.

La déontologie, c'est aussi une praxis, c'est-à-dire une manière et des modalités pour la construire, la débattre et l'incarner ; Prairat propose trois voies possibles : un travail d'analyse notionnelle, pour explorer les acceptions et formes du devoir afin d'en clarifier les présupposés et les implications ; un travail à partir des dilemmes pour la réflexion ou « exercices de pensée » qui permettent d'interroger divers cas concrets sur des problèmes singuliers d'où l'induction de la règle pratique générale qui pose problème. Ce sont enfin des exemples de chartes empruntées à différents pays (Suisse, Belgique, Canada) qui ont tenté de résoudre les difficultés de formulation ou d'arbitrage.

LE CONTEXTE PEUT DÉTERMINER VOS BESOINS EN FORMATION

Entre dimension identitaire fortement personnalisante où chacun trouve son sens dans l'exercice professionnel et déontologie partagée (sans être universaliste), il importe de souligner la dimension contextuelle du travail enseignant et la grande variété des situations d'exercice et des pratiques. Ce qui peut faire dire à plusieurs enseignants en éducation prioritaire : « On ne fait pas le même métier » (sous-entendu : « que tous les autres enseignants qui ne travaillent pas en REP »).

Rendre visibles les composantes du métier

J'ai plusieurs fois, en formation, utilisé le concept de matrice professionnelle que nous pouvons ici reprendre sur la base des « trente compétences de l'enseignant moderne », architecture de cet ouvrage. Sur cinq ou six axes qui structurent le métier, des « familles de compétences », dit Perrenoud, viennent s'ancrer trois aires concentriques plus ou moins dilatées.

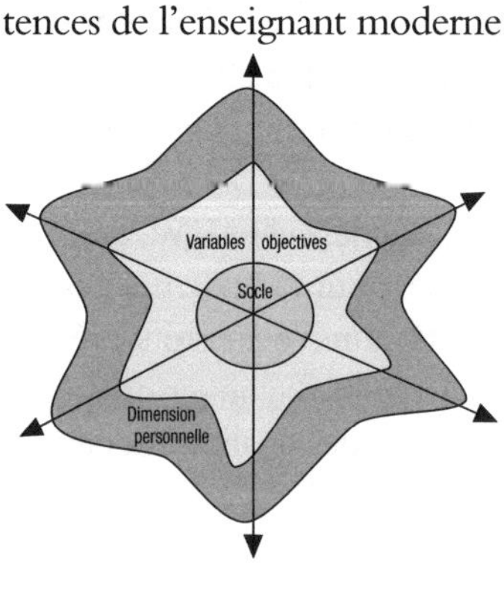

Le socle, au centre, correspond au « prescrit » du métier, ce qui est partagé par tous : la reconnaissance d'une aptitude à enseigner, que ce soit par voie de concours (CAPES, CAPET, concours de recrutement des professeurs des écoles, agrégation), ou par recrutement parallèle ou complémentaire (au statut plus ou moins précaire, maître auxiliaire, adjoint d'enseignement, recruté local, etc.). La base est donnée par le texte récent du ***BO (Bulletin officiel)* du 29 juillet 2013** encore mal connu des personnels et pourtant important puisqu'il est un appui à leur évaluation (le texte est disponible en annexe ; une « *matrice* » est proposée sur la base des quatorze compétences citées). Ce **socle** est invariant, tout du moins théoriquement : « on fait le même métier. ».

La deuxième aire correspond aux « variables objectives » de la situation d'exercice : niveaux d'enseignement (maternelle, élémentaire, collège, lycée, supérieur), zonage (centre-ville, périurbain, néorural, rural), degré de difficulté reconnu (REP, zone sensible), charges ou rôles assumés dans l'établissement (professeur principal, chef de projet, coordonnateur de discipline), spécificités des groupes d'élèves (classes « normales », à projet, spécifiques…). Ainsi, une même compétence peut être objectivement amplifiée dans une situation d'enseignement mais complètement mise en sommeil dans une autre. On ne fonctionne pas constamment à plein-régime et à 100 % des compétences possibles. On retrouve ici un peu la logique qui préside au profilage des postes, actifs dans certains cas (dans les établissements REP, ou encore sur les postes dits DNL, pour « discipline non linguistique »).

La troisième aire correspond à la « dimension personnelle » que vous donnez à votre exercice, la manière dont vous investissez le cadre, ce qu'on pourrait appeler « style d'enseignement », mais pas seulement. Vous pouvez vous appuyer sur des compétences extrascolaires qui ne sont que très peu mobilisées dans la classe – 80 % des enseignants sont équipés d'Internet, mais seulement 45 % l'utilisent avec leurs élèves. Ou bien nourrir une secrète passion pour la fréquentation des musées d'art contemporain et vous contenter du simple manuel en cours… de mathématiques. Vous pouvez aussi choisir de nourrir votre activité de ces inclinations pour « colorer » votre pratique.

Empirique quant à l'appréciation du prescrit et à la dimension personnelle, la méthode est efficace en entretien : elle permet de dépasser le stade de la simple impression et la focalisation sur un seul aspect du métier. C'est une question d'abord d'estimation des charges de travail et de temps investi dans la tâche. La seule unité de mesure pourrait être une intensité en « énergie », chère à André de Peretti (pas, normale, beaucoup). Ainsi, pour chacun, une **carte de navigation professionnelle** se dresse progressivement, qui fait apparaître des espaces pleins, des écarts plus ou moins grands entre ce qui est mobilisé objectivement (espace clair) et ce que vous mettez en œuvre personnellement (espace foncé). La carte rend possible une analyse partagée de besoins en formation, notamment en jaugeant les zones des variables non couvertes par la dimension personnelle.

Deux exemples de carte de navigation professionnelle

Développons, par exemple, deux cartes volontairement contrastées : la carte de Marie, institutrice de maternelle et celle de Hussein, professeur de technologie en collège REP[1].

Marie, institutrice de maternelle

Marie semble très en phase avec sa situation d'enseignement (les deux zones se recouvrent notablement) : en maternelle, elle profite de ses dons manuels et de son goût très fin pour la réalisation pour proposer à ses

Marie, jeune professeure des écoles en maternelle, milieu urbain diversifié

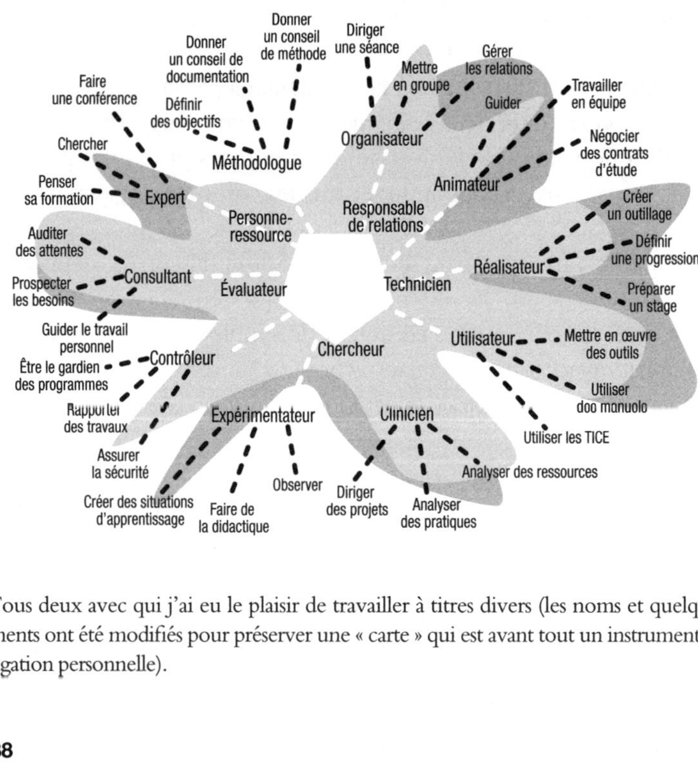

1. Tous deux avec qui j'ai eu le plaisir de travailler à titres divers (les noms et quelques éléments ont été modifiés pour préserver une « carte » qui est avant tout un instrument de navigation personnelle).

élèves des situations d'apprentissage toujours variées (élargissement de la zone plus sombre « dimension personnelle »). Très attentive à l'observation des petits, elle interprète rapidement les signes d'essoufflement, d'énervement, pour organiser les différentes activités de la journée.

Elle avoue devoir progresser dans deux domaines différents mais liés (la zone claire « variables objectives » n'est pas couverte) : elle entame un cycle d'activité en EPS, c'est nouveau pour elle et pour les enfants. Les consignes de sécurité relatives aux installations et à leur usage ne sont pas son fort. D'autre part, des petits clans se forment : il faut penser à de nouveaux groupements pour une communication plus harmonieuse.

Comment compte-t-elle s'y prendre ? L'activité EPS fait l'objet d'un stage d'école programmé sur trois semaines ; les domaines de la sécurité, mais aussi les variantes possibles seront envisagés, Marie compte bien les aborder. Puis, avec son autre collègue, avec qui elle « décloisonne », elle s'attellera à la mise en groupe des élèves selon d'autres modes qu'à son habitude.

Hussein, professeur de technologie en collège REP

Bien dans son nouveau métier. Hussein était ingénieur en électrotechnique dans son pays. Arrivé il y a dix ans en France, il a dû se rabattre sur l'enseignement de la technologie et est devenu maître auxiliaire en collège REP. De cette reconversion forcée, il s'en sort très honorablement, avec un bon « relationnel » et un investissement personnel dans le développement d'outils numériques (zones sombres), les élèves accrochent aux activités proposées.

Ses besoins. Son inscription récente au concours réservé aux maîtres auxiliaires lui fait sentir quelques besoins devenus urgents (zones claires) : d'une part, un approfondissement didactique nécessaire sur la connaissance de sa discipline, des objectifs propres, des modes d'évaluation ; d'autre part, des compétences en matière d'accompagnement et d'analyse des travaux d'élèves. Jusqu'à présent, son style était un peu centré sur le fonctionnement règle-application. Guider les apprentissages semble à l'épreuve des faits plus complexe que cela.

Ainsi, au travers de ces deux tranches de vie, avec l'analyse de leur carte de navigation professionnelle, jeune ou moins jeune, primaire ou

Hussein, professeur de technologie, maître auxiliaire en collège REP

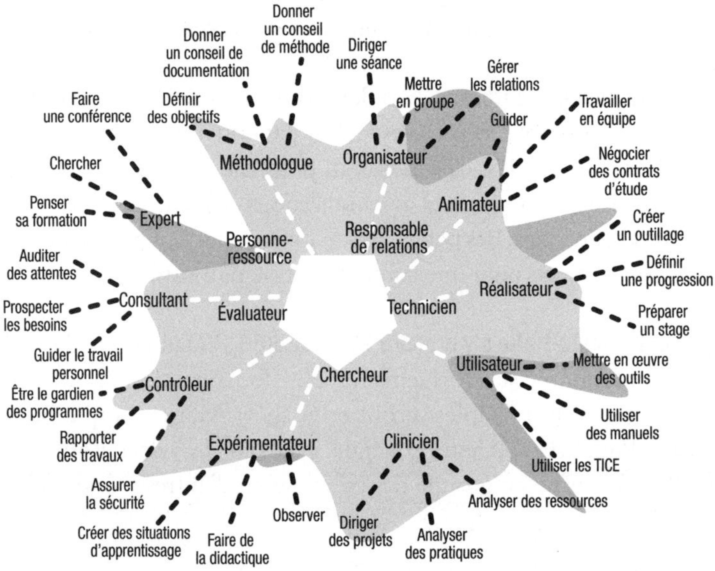

secondaire, quelle que soit la discipline, penser sa propre formation est une dimension partagée absolument nécessaire. On y voit l'émergence de besoins en rapport avec les évolutions fortes que nous connaissons, parfois aussi d'envies plus personnelles de formation, toutes choses n'étant pas égales.

Faire son plan de formation personnalisé, c'est au moins « coller à la zone claire », familièrement dit, c'est-à-dire se mettre en adéquation avec les éléments prescrits et spécifiques de votre exercice professionnel.

LA FORMATION CONTINUE DES ENSEIGNANTS EST-ELLE EFFICACE ?

L'Institution s'est intéressée depuis quelques années au développement de la formation sur site, en donnant la possibilité aux établissements d'avoir les moyens de leur politique, dans la mise en œuvre de leur projet : le levier formation demeure un moyen efficace de changer, à certaines conditions. Selon les académies, le débat s'est porté sur l'efficacité de telle ou telle modalité de formation d'enseignants ; certains donnaient pour le tout universitaire et privilégiaient la formation individuelle, d'autres pour le pratico-pratique et la formation collective, etc. C'est donc fort à propos qu'une petite étude est venue éclairer ce débat et nous donner quelques clefs[1].

Trois facteurs d'efficacité de la formation d'enseignants

Ainsi, à partir des entretiens et des évaluations, les chercheurs ont pu définir trois facteurs de plus grande réussite de formation, tous les trois étant liés entre eux.

La direction pédagogique et incitatrice du chef d'établissement et la présence d'un travail collectif. Plutôt que de questionner la pertinence en termes d'organisation (tradition de l'EN) des différentes modalités de formation (stage individuel au plan académique de formation *versus* plan de formation d'établissement), l'étude pointe le style de direction : « Encourager les compétences, légitimer et communiquer autour de la formation continue, sous toutes ses formes. » (Voir le chapitre 6 « Travailler en équipe ».)

La démarche formative de type interactif-réflexif de formateurs-médiateurs qui travaille sur la reconnaissance mutuelle, une approche par tâtonnement autour d'activités en lien avec des situations professionnelles contextualisées mais s'inscrivant dans un long terme. Plutôt que de tenter le grand écart impossible, il convient de progresser par petits pas, petits projets, en s'appuyant largement sur l'expérience et les compétences déjà maîtrisées des enseignants. En ce sens, la formation devient dispositif de développement professionnel continu sur une durée suffisante.

L'épistémologie du stagiaire, mêlant parcours professionnel, image de soi et, ce qui pose le plus de questions, son rapport au savoir professionnel. La question est posée : « Les enseignants aiment-ils apprendre ? » L'enjeu est de basculer d'une vision prescriptive du métier à l'appréhension et l'acceptation de la complexité, de la souplesse et de la variété nécessaires des pratiques et des pistes de travail possibles.

1. *La formation continue des enseignants est-elle utile ?* M.-L. Cauterman, L. Demailly, S. Sullys, N. Bliez-Sullerot, coll. « Éducation et formation », PUF, 1999.

Il me semble :	Cotation				
	1	2	3	4	5
Ma participation à l'organisation et à la réussite du stage					
Avoir adhéré au contenu, à la démarche.					
Avoir contribué efficacement à l'information et au progrès des autres par rapport à mes compétences spécifiques.					
Avoir manifesté une attention et un intérêt réel pour les connaissances apportées par les autres.					
Avoir recherché la confrontation d'expériences personnelles avec les autres au sein du groupe.					
Avoir en souci, à certains moments, que soient élucidés et traités les conflits internes au groupe.					
Avoir contribué à instaurer une démarche d'efficacité pour construire des outils.					
Avoir favorisé une relation d'aide, faite de confiance, d'écoute et d'échanges avec le plus grand nombre.					
Avoir participé effectivement à l'organisation des activités du stage en assumant les différents rôles.					
Avoir recherché des communications avec les enseignants, formateurs, experts.					
Méthode personnelle de travail					
Avoir pris conscience de mes modes de lecture d'ouvrages de référence.					
Avoir recherché des faits, du concret, des données objectives d'une question ou d'un fait.					
M'être efforcé de distinguer dans chaque dossier, étude, ouvrage ou exposé l'essentiel de l'accessoire.					
Avoir su me taire pour laisser les autres s'exprimer.					
M'être attaché à intégrer mes interventions et ma participation dans la progression du travail de séance, de réunion ou d'échange.					
Participation au travail en groupe					
M'être employé à rédiger des rapports précis et fidèles des travaux, des comptes-rendus.					
Avoir eu le souci de contribuer à la qualité des relations interpersonnelles.					
M'être préoccupé de rencontrer et d'échanger avec de multiples participants.					
M'être impliqué dans la production des travaux de groupe.					
Avoir intégré la divergence de points de vue dans le fonctionnement ordinaire du groupe.					

Se donner des repères pour mieux se former

“À part mon niveau de satisfaction, qu’est-ce que je peux retenir de la formation ?”

Un groupe d’enseignants en formation s’était construit la fiche d’évaluation individuelle (voir le tableau de la page précédente), pour mieux définir les acquis en formation[1] : elle participe de cette attitude réflexive sur sa pratique quotidienne qui inspire l’ensemble des autotests présents dans ce manuel.

ORGANISER SON AUTOFORMATION

Cependant, la formation professionnelle ne peut pas couvrir tous les champs de compétences et répondre à tous les besoins individuels. De plus, les conditions de départ en formation sont plus difficiles aujourd’hui, à cause de l’alourdissement objectif des charges de travail dans les écoles et établissements : travail en équipe, projets pédagogiques, réunions d’informations, mais aussi pression sociale et demande des familles qui comprennent mal pourquoi des remplacements ne sont pas organisés. On se trouve dans des situations où les besoins en formation et approfondissements sont énormes, mais ne peuvent être pris en compte. Il faut compter sur d’autres types de ressources, dont celle de l’auto-formation et de la co-formation qui se développent de manière concomitante. Voici, rapidement, quelques pistes pour couvrir les grands champs de compétences.

“Je ne peux pas ; j’ai pas été formé.”

Les compétences techniques

Le C2i (certificat informatique et Internet, voir https://c2i.education.fr/) est désormais le niveau exigible pour tout enseignant. On a certes peut-être très bien fait avant et enseigné sans ; on a aussi commencé à écrire sur des tablettes d’argile avant de graver sur le marbre…

1. Grille méthodologique élaborée en cours de formation des conseillers pédagogiques de Paris, février 2003, à partir d’un exemple de pratique citée dans A. de Peretti, *Encyclopédie de l’évaluation en formation et en éducation*, Paris, ESF, 1999, rééd. 2010, p. 182 sq.

Les ressources disciplinaires

• Abonnez-vous ou faites abonner l'école ou l'établissement à la revue professionnelle ou associative de votre discipline ; les thèmes d'actualité y sont traités au même titre que les grands débats, quelques ressources identifiées. Elles sont souvent de grande qualité.

• Faites un tour régulièrement sur le Top 10 des sites disciplinaires du Café pédagogique : la sélection faite par des collègues pour des collègues est toujours pertinente et pleine de surprises (bonnes). Enrichissement assuré pour vos cours. (Voir aussi la « Webographie » en fin d'ouvrage.)

Les ressources informationnelles

• Consultez régulièrement un grand quotidien national ; les sites Internet des journaux donnent la possibilité d'en extraire des articles, des photos, etc., autant de supports intéressants pour un cours.

• La presse régionale ou locale est importante pour des enseignants, souvent « immigrés de l'intérieur », un excellent moyen de s'approprier l'espace, le temps et la culture ambiante de son environnement de travail, d'aider aussi les élèves à y entrer, car ils le feront rarement spontanément.

Les ressources professionnelles

• Abonnez-vous ou, mieux, faites abonner votre école ou établissement aux *Cahiers pédagogiques*, le mensuel du CRAP. Actuellement, ils restent encore la meilleure ressource pour mieux connaître le métier, ses multiples facettes, ses développements, ses pratiques et les débats qui ne manqueront pas d'apparaître dans les prochains mois. De plus, le temps étant toujours compté, c'est un rapport temps/coût/intérêt professionnel excellent.

• Dans un autre registre, plus centré sur les savoirs émergents et la convergence des disciplines, la revue *Sciences humaines*, de haute tenue et pourtant facile d'accès, pourra nourrir votre réflexion.

• Et toujours, faites un tour de deux minutes tous les jeudis en parcourant (très vite) la livraison du *Bulletin officiel* sur Internet. Il n'est pas l'apanage d'une « administration » lointaine, il parle de vous !

► Poursuivez votre développement professionnel en ligne : les multiples dimensions du métier d'enseignant

Pour prolonger les différents aspects abordés dans cet ouvrage, trois sites de facture, d'inspiration et d'origine variée : il y a en a pour tous les goûts (et bien sûr les besoins, en fonction de votre projet).

☛ **Encyclopédagogie école primaire :** rubrique domaines transversaux, métier d'enseignant, outils et liens : http://p.birbandt.free.fr • Un site personnel davantage consacré à l'école primaire, mais pour les aspects transversaux, il touche tout le monde. Bien fait et pratique. On y trouve par exemple : « Se former en sciences de l'éducation », « Se former en psychologie et sociologie de l'éducation », « Se former en pédagogie générale », « Se former en actualités de l'éducation », « Diversifier sa pédagogie », « Évaluer les élèves », « Élaborer des projets ».

☛ **LIFE : Laboratoire de recherche innovation-formation-éducation** (université de Genève) : www.unige.ch/fapse/SSE/groups/life/ (rubrique « chantiers de l'innovation ») • Un site riche d'enseignements et d'articles courts, de fiches de lectures commentées sur les dimensions du métier ; très actuel, il éclaire et donne du sens, ce qui nous manque souvent (en France).

☛ **Zoom :** la chaîne YouTube de DevPro PD Flipped compile des séries de petites vidéos animées et incisives à l'attention des enseignants (francophones), sur le principe de l'autoformation (flipped) : www.youtube.com/user/theflippedconsultant/featured.

☛ **Un site de l'université belge consacré aux recherches dans l'éducation :** www.enseignement.be/prof/espaces/fondam/index.asp • Les fiches sont en PDF (facilement imprimables), illustrées. Court et bien fait. Des thèmes précis sont abordés tels que : « Négocier un contrat de communication », « Gérer les tours de parole », « Formuler des consignes pour mettre les élèves en activité », « Improviser face à un incident critique », « Communiquer une évaluation », « Enseigner avec le (sou) rire et le jeu ».

○ VOTRE « DÉVELOPPEMENT PROFESSIONNEL » DANS UN ÉTABLISSEMENT FORMATEUR

Le concept de « développement professionnel » largement usité par ailleurs est récent en France, où il apparaît explicitement en 2013 dans le référentiel enseignant ; la chose, faussement assimilée aux dispositifs institutionnels de formation, recouvre en fait des pratiques et des modalités plus larges. Car le développement professionnel s'intéresse au **processus d'élaboration de compétences collectives**, et notamment à l'articulation entre pratiques individuelles, organisation collective du travail et ressources formatives, en partant explicitement du contexte local et des acquis des élèves[1].

Cette nouvelle conception de la formation déplace l'expertise du côté du professionnel, pour peu qu'elle soit partagée et accompagnée ; elle s'organise suivant des modalités renouvelées sur le terrain, que des enseignants collégialement peuvent expérimenter. En voici cinq exemples concrets.

Cinq manières de s'engager dans son développement professionnel

1. Ouvrez les salles de classe. Les enseignants, pour sortir du sentiment d'isolement unanimement partagé, compte tenu de l'organisation parfois tayloriste du temps et des enseignements, disposent d'une solution à portée de leur main ; profitez d'un « trou » dans votre emploi du temps pour vous faire inviter ; soumettez l'idée au conseil des maîtres ou en conseil pédagogique ; profitez du conseil école-collège pour « aller voir ailleurs » ; avec quelques collègues, soutenus par un « accompagnateur » (qu'il soit conseiller pédagogique, formateur, ex-pair), déterminez un objet d'étude ; cela peut être les pratiques relatives à la différenciation, ou encore à l'évaluation valorisante, à la gestion de classe, tout objet professionnel partagé par tous. Puis, en un retour d'expérience, partagez votre observation pour souligner à la fois la variété des pratiques, les bonnes idées, avec l'aide de votre accompagnateur. Cette déprivatisation de la pratique a des effets formatifs certains sur une durée suffisante, pour tout le monde ; elle permet ensuite de donner de la cohérence à des dispositifs et à d'autres expérimentations.

1. Sur le concept de développement et les pratiques afférentes, voir François Muller et Romuald Normand, *École, la grande transformation ? Les clés de la réussite*, ESF, 2013 ; de nombreuses ressources sont en ligne à partir du site http://francoismuller.net.

2. Regardez le travail des élèves. Lors de ces « voyages pédagogiques », et plus quotidiennement, dans votre propre classe, prenez le temps d'observer les manières de travailler de vos élèves (chapitres 19 et 20) ; faites construire la trace écrite par un élève au tableau et prenez sa place au sein de la classe, aux côtés des autres élèves ; lors de travaux en groupe, mettez-vous à la hauteur d'un groupe, et soyez attentif aux échanges et aux démarches, de sorte à mieux comprendre comment ils comprennent, comment votre message se transforme dans la trace du cahier d'un élève. À partir de ces petits signes, vous serez amené à reconsidérer ou à adapter votre propre manière d'enseigner[1].

3. Partagez les études de leçon. C'est la principale modalité de formation au Japon ; les enseignants planifient ensemble une série de leçons ; et en accueillant des observateurs en classes, ils développent ou améliorent une leçon, en recueillant des données pour percevoir l'impact de la leçon sur l'apprentissage des élèves. Cela se produit généralement sur une période de plusieurs mois, à l'échelle d'une école ou d'un établissement, puis en réseau d'établissement. Ce procédé en co-formation est dynamique et permet de faire rapidement monter le niveau de compétence d'une équipe.

4. Participez à des groupes d'étude. Au sein d'un bassin, ou d'une circonscription, parfois d'une académie (à Lyon par exemple, en groupe « de développement professionnel »), des enseignants ou coordonnateurs d'équipes échangent autour d'une problématique choisie, par exemple le décrochage scolaire, ou l'évaluation par compétences, ou les pratiques de l'oral. En séances régulières, sur deux ans et accompagnées par un animateur ou conseiller, on partage en réseau études de cas, analyses de pratiques, élaboration de ressources, visites d'études et dispositifs d'évaluation, de sorte à les transposer au sein de sa propre équipe.

1. Ce recentrage explicite sur les élèves rejoint des dispositifs fondés sur les acquis de la recherche et l'expertise développées dans d'autres systèmes. Ainsi, en Nouvelle-Zélande, le système éducatif public, refondé en 1989, organisé par le NZC (*New Zealand Curriculum*), équivalent du socle commun, a développé une véritable ingénierie de formation, en collaboration avec l'université d'Auckland, pour mettre en place un dispositif d'enquête sur les pratiques, intitulé *« teaching as inquiry »* : la méthodologie se présente comme une boucle vertueuse qui trouve son origine dans l'analyse des acquis et des besoins des élèves pour engager les enseignants dans l'enquête et dans la régulation de leurs pratiques, http://nzcurriculum.tki.org.nz/Curriculum-stories/Case-studies/Inquiry/Teachingas-inquiry.

5. Faites-vous « coacher ». Sollicitez un « ami critique », professionnel du développement, maître enseignant dans une école, spécialiste, peut-être un enseignant expérimenté ; en quelques séances d'observation, puis d'entretien autour de thèmes choisis ensemble (soutien des plus faibles, différenciation, oral des élèves), l'observation gagne à être outillée par un graphique ou par un radar ou par un sociogramme, qui sont autant de bases pour mesurer les interactions et envisager des améliorations.

Par ce type de modalités, à l'échelle de l'unité éducative, les enseignants interagissent régulièrement avec des pairs et améliorent souvent leur performance. Ils représentent un changement dans la psychologie, la pédagogie et l'organisation du développement professionnel. Le processus est itératif et plus évolutif. Ils montrent également que l'enseignement et le soutien pour les enseignants doivent être caractérisés par la persévérance, la pratique et la patience pour construire des compétences durables.

Le changement, c'est systémique, l'équation à cinq variables

Participer activement au changement dans un établissement induit une certaine complexité de la pensée et de l'action, irréductible à certains truismes en vogue portant sur le projet, le programme et les techniques données pour efficaces. Les résistances ou les inerties sont d'une grande banalité et l'accord de tous sera moins important que l'instauration de rapports plus professionnels, faits de confiance et de confrontation mêlées, sans doute plus constructifs que l'idéal fusionnel. À l'épreuve des faits, comme dans les études documentées, nous pouvons constater l'alignement de cinq caractéristiques faisant système :
– Les équipes font le pari de **l'éducabilité pour tous.** « Tout le monde est d'accord avec le fait que, jusqu'à ce que chaque élève ait réussi son examen final, on ne se repose pas » (chapitre 29).
– Concrètement, cette position veut dire que les établissements font attention aux résultats de tous et s'équipent de **moyens ou supports d'évaluation** pour soutenir les apprentissages, plus que pour les sanctionner (chapitre 14).
– Une **différenciation des approches**. Dans un collège du Poitou, tous les enseignants ont suivi une formation à la pédagogie différenciée et forment des groupes de compétences. Pour une école élémentaire de Paris, ce qui compte, c'est « la différenciation, pas la remédiation ».
– Ne pas hésiter à **bouleverser l'organisation**. Dans un lycée de Vendée, l'emploi du temps suit une organisation par sujet d'étude. Dans une école

à Toulon, on a bloqué la matinée pour la lecture et l'écriture. Mais cela intéresse également la répartition des enseignants. Dans une école du Centre, le principe de base est que « tous les niveaux d'élèves doivent avoir accès aux enseignants les plus expérimentés ».
– **L'importance de la communication entre enseignants**. « On va dans la classe d'un collègue très régulièrement. » Les directions impulsent des groupes d'observation et d'analyse où on partage les expériences parce que « atteindre ses objectifs est vu comme une activité collective et coopérative ».

Nombre des actions évoquées dans cet ouvrage partagent ces caractéristiques, qui montrent à la fois la complexité du changement dans notre École, l'impact sur les pratiques et tout l'intérêt qu'en retirent les élèves. Elles pointent explicitement la liaison entre « bonnes » pratiques, si on l'accepte ce terme, et l'organisation du travail dans l'établissement, pour peu qu'elle s'assouplisse.

Cette dimension systémique du « développement professionnel » intéresse de très près les équipes engagées dans la conduite du changement ; enseignants, chefs d'établissements, en s'autorisant à toucher au cadre du travail (temps, contenus, groupements etc..) créent les conditions d'un apprentissage collectif sur de nouvelles manières de faire. La formation peut y contribuer, mais pas toute seule. L'accompagnement sur la durée et l'évaluation des effets seront des facteurs d'efficacité aussi importants.

AUTOTEST : CONSTRUISEZ VOTRE CARTE DE NAVIGATION PROFESSIONNELLE

En prenant appui sur les trois exemples détaillés dans le présent chapitre, construisez votre propre carte de navigation professionnelle, à partir de la matrice présentée page suivante.

Deux aires sont donc à définir : **l'aire du prescrit** (ce que je dois faire) et les compétences que vous devez mettre en œuvre dans votre exercice (ce que je sais bien faire). Puis **l'aire de la dimension personnelle**, les compétences que vous maîtrisez (ce que j'aime bien faire).

La seule unité de mesure est l'intensité en « énergie » (pas du tout ; normale ; beaucoup). C'est d'abord une question d'estimation des charges de travail et de temps investi dans la tâche.

Votre carte de navigation professionnelle

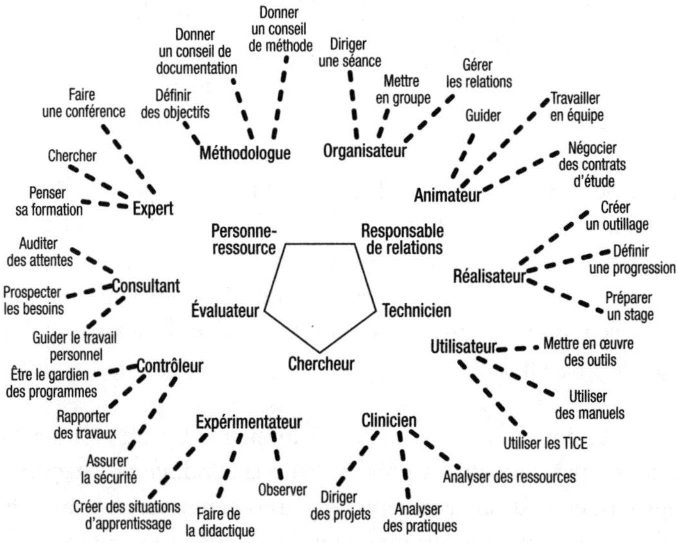

En matière de besoins en formation, quelles sont les priorités qui apparaissent, et celles que vous retenez pour les mois à venir ?

1. ....

2. ....

3. ....

CHAPITRE 30

Former à la complexité en classe

« C'est quoi, l'amour, monsieur ? » Une élève de troisième me lance à la cantonade cette interrogation insondable, sans lien assurément avec le cours, elle interpelle forcément toute la classe. Tous les élèves me fixent et attendent que je réponde. Je déploie des trésors d'ingéniosité pour revenir à mon propos, avec beaucoup de difficulté. Nous avons tous vécu cette situation où l'enseignant n'a pas les réponses immédiates et sûres, cela aurait pu être « fraternité », « laïcité » tout autant en début 2015 ; c'est l'épreuve de la complexité qu'il faut aborder avec les élèves et un engagement par la réflexion plus approfondie que ne le proposent les programmes actuels, et pour l'action en classe.

▸ La laïcité, on s'en parle ?

Quelques propositions d'après les réflexions d'André Giordan[1] pour un message fort et clair aux enseignants et retrouver ensemble le sens et les pratiques de la laïcité à l'école.

1 – Le programme d'ECM (enseignement civique et moral) version 2015 ne peut être efficace que si les pratiques réelles, les relations avec les élèves et la coopération avec ses collègues changent significativement ; à défaut, on retombe dans les travers connus de l'éducation civique, cantonnée à une heure, et vidée de tout sens pour rattraper des matières estimées plus importantes… De l'avis de tous.

2 – Faisons en sorte que des TPE au lycée à fort coefficient au bac portent sur ces questions.

1. www.cafepedagogique.net/lexpresso/Pages/2015/01/22012015Article635575071005178022.aspx.

PERSONNE-RESSOURCE

3 – Prenons appui sur des initiatives concrètes et déjà en prise avec le réel de nos élèves : participation à l'entretien, à la convivialité des lieux, accompagnement des élèves plus jeunes, animations de clubs, actions de médiation, éducation à la gestion de conflits, échanges de savoirs, simulation globale, mini-entreprise ; toute chose qui « fait société » plutôt que d'imposer un credo laïque qui met à distance bon nombre de nos jeunes.

4 – Instaurons des routines positives qui garantissent le cadre, la sécurité et autorisent la confrontation et la résolution : heure de vie de classe, « quoi de neuf », conseil coopératif ou gestion de projet, etc. Tout cela peut exister dans bien des écoles et disparaît très vite dès le collège. Peuvent être abordées des questions exigeantes, au moins à la hauteur d'autres objectifs plus disciplinaires : éthique, dilemme, valeurs, tolérance, égalité, etc., respectant le cadre du Socle commun. En lien avec l'actualité, les médias et les réseaux sociaux. Au lycée, ce peut être un module à part entière et un premier pas vers le traitement de l'information (de type prépa sciences po).

5 – Pour se préparer à ces approches innovantes, intégrons ces modes de travail au sein même des formations, soit en ESPE (initiale), soit en réseaux école-collège (continue), de sorte qu'ensemble, enseignants et tout autre personnel éducatif construisent un discours fort et cohérent avec leurs actes : études de cas, jeu de rôle, clinique de l'activité sont de mise.

6- « Éducation à... » et modules n'auront d'effets sur la vie des élèves et leur sentiment d'appartenance que si, dans la quotidienneté des cours et dans l'intimité de la classe, les choses changent aussi en matière de soutien manifesté (feed-back), d'évaluation formative et de sollicitation à participer (temps de réponse) (voir le chapitre 14).

7 – Faisons en sorte que chacun soit mis dans des situations suffisamment implicantes et responsabilisantes pour apprendre à « maîtriser son potentiel de catastrophe », cela commence par un travail pédagogique d'une équipe sur les manières de développer l'estime de soi et le sentiment de compétence chez tous les élèves ; par exemple, jeux de rôle, ateliers d'écriture, drama ou jeu d'improvisation ; théâtre interactif, photolangage ; ou temps de « nourrissage culturel », expérimenté par nombre d'équipes en appui aux travaux de Serge Boimare[1].

1. D'après Serge Boimare, *Ces enfants empêchés de penser*, Dunod, Paris, 2008.

○ DIX APPROCHES DE LA COMPLEXITÉ « SOCLE » COMPATIBLES

L'agencement des domaines du socle commun nous invite à la créativité pour combiner les approches autrefois plus « disciplinaires ». Aucun des domaines du socle n'est réductible à une seule discipline ; les compétences ne sont pas compensables entre elles.
Deux principes d'organisation rebattent ainsi les cartes de l'école et du collège.

La tendance est forte ces dernières années de rechercher des solutions alternatives, efficaces et intéressantes d'organiser l'École et les apprentissages des élèves sous d'autres formes moins scolaires et plus « apprenantes ». *« No more schooling, more learning »* fut une des devises de WISE, le sommet international de l'innovation, à Doha, en 2011.

Les équipes sur le terrain élaborent des **approches expérimentales**, qu'elles en portent le nom ou non, pour aborder la dynamique combinatoire des connaissances et retrouver le goût de la découverte pour tout le monde, professeurs y compris.

L'enquête sur les pratiques depuis plusieurs années nous permet, pour l'heure, d'en proposer dix, répondant aux contraintes suivantes :
– Toutes ont en commun que l'ensemble des acteurs et partenaires de la vie scolaire et éducative peut y contribuer.
– Ces modules peuvent s'intégrer dans un emploi du temps ordinaire, même si les types d'activités proposées aux élèves suggèrent un temps plus long que les seules cinquante-cinq minutes ; 1 heure 30 semble un bon compromis.
– Ils peuvent aussi se combiner dans un dispositif avec choix d'élèves sur un cycle ou sur un niveau, à la manière des « itinéraires de découverte » au collège et préfigurent ce que les EPI seront en 2016.
– Tous font référence à des connaissances et des compétences inscrites dans le socle commun.

Le module « prise de risques »

Dans un collège situé en milieu populaire, toute une équipe, confrontée au décrochage précoce d'élèves dès la fin de sixième, a décidé de recombiner les champs disciplinaires sous des habillages plus explicites pour les jeunes. Nombreux sont ceux qui évitent l'obstacle et adoptent des attitudes de fuite ou de retrait, par peur de la « faute » (intolérance à l'incertitude) ou de ne pouvoir y arriver de toutes les façons (sentiment d'incompétence).

Chaque semaine pendant plusieurs mois, un module leur a été proposé, intitulé « prise de risques », encadré en co-animation et consécutivement par des enseignants d'EPS et de lettres. Il a fallu d'abord étudier avec les élèves ce que « prise de risques » pouvait signifier, et ce qui résistait malgré tout (risque physique, risque intellectuel, question identitaire, conflit de légitimité aussi). Deux activités ont été supports au module : une APPN (activité physique de pleine nature) en l'occurrence, la varappe, d'une part, et l'atelier d'écriture, d'autre part.

Tous deux offrent de nombreuses similitudes : on n'est pas tout seul et l'assurance ou la réassurance sont nécessaires. Chacun se confronte à quelque chose qui lui semble impossible ; et pourtant, avec quelques points d'appui (en varappe, il en faut trois pour se mouvoir), le changement devient possible. L'entraînement a du sens ; on commence par quelques mots jetés, ou un chemin tout tracé ; puis très vite, on se met à explorer des voies inédites. La confiance est de mise car tous apprennent selon leur gabarit ou leur posture, quand les enseignants se font alors plus accompagnateurs que prescripteurs. Les deux activités viennent solliciter des ressources cachées, peu développées dans le cadre formel de l'École (chapitre 19).

L'atelier drama

Dans un lycée hôtelier, les professeurs reçoivent des élèves de fin de collège, qu'ils doivent transformer en peu de temps en personnels de service et de restauration, au contact direct des clients ; les contenus de savoirs (mets, vins, fromages…) et les règles de toutes sortes sont conséquents. Cette double difficulté a incité quelques collègues à miser sur le « développement personnel », et l'engagement à la créativité des jeunes. Ils ont ainsi travaillé l'analogie entre salle de restaurant et scène de théâtre : exercices d'improvisation, jeux de rôles, travail d'écriture créative et mise en situation, en s'appuyant sur des supports culturels et artistiques innovants et inattendus dans un tel milieu (masque blanc, répertoire classique de la chanson, etc.) ; mais aussi des exercices d'écriture, voire de scénarios, autant de moyens mnémotechniques pour retenir la typologie des fromages, par exemple. Chaque prestation est testée, commentée, régulée, la vidéo est utilisée comme vidéoscopie. Les résultats sont remarquables : prestance des gestes, présence, attention à autrui, créativité… L'action[1] a été plusieurs fois primée au niveau national.

Le module « futurologie et prospective »

Nous formons des jeunes pour les quarante prochaines années, dans un monde où près de la moitié des activités professionnelles n'existent pas encore. Il devient stratégique pour tous d'accompagner leur insertion en les aidant à décrypter ce qu'est déjà le monde. Ainsi, plusieurs initiatives en collège comme en lycée explorent des modules de prospective, on dirait même de futurologie[2]. En combinant des acquis scientifiques, technologiques et des évolutions sociétales, des enseignants engagent les élèves à faire des projections à dix ans, à vingt ans. C'est alors l'occasion de recherches en lecture, de consultation de sites Web et de rencontres parfois improbables avec des métiers dont on ignorait jusqu'à l'existence. Surprise est de constater que ce qui paraît relever du rêve ou de l'élucubration est souvent déjà une réalité. De prospective, on débouche alors sur des perspectives et des développements riches pour tous, enseignants compris.

L'atelier du consommateur

Développée dans la zone nordique et suisse, cette approche prend acte du fait que le jeune dans la société est déjà un consommateur et souvent même un prescripteur d'achat. Les 7-11 ans reçoivent en moyenne 12 euros par mois, les 12-13 ans se voient attribuer 18 euros et les 14-17 ans perçoivent 47 euros. L'éducation à la citoyenneté et au développement durable comprend ainsi une série d'actes responsables en matière de consommation et de gestion de l'argent. Prendre conscience de la valeur d'un bien, comprendre ce qu'implique dépenser ou épargner. Des supports et des ressources éducatives ont été développés en ce sens dans plusieurs pays européens et sont accessibles en français[3].

1. La méthode est détaillée en 10 fiches en ligne : http://fr.calameo.com/books/00008737058ba45c4a586.
2. Voir notamment « L'école du futur », en arbre de perles, sur http://www.pearltrees.com/#/N-fa=2612257&N-u=1_70234&N-p=25872192&N-s=1_2612257&N-f=1_2612257.
3. 1. http://www.dolceta.eu/belgique/Mod4/Gestion-financiere-Lecon-pour,31.html.

L'approche intergénérationnelle

Notre société a sans doute un problème avec ses jeunes, elle en a aussi avec ses « vieux ». Plusieurs équipes ont développé des dispositifs non occasionnels et structurels pour permettre des rencontres d'apprentissage entre jeunes élèves et personnes âgées ; allant chez l'un, chez l'autre, les rencontres peuvent être thématisées et préparées : autour de la mémoire et du patrimoine local, autour des cultures présentes, autour des savoirs fondamentaux ou encore des technologies. Le fait de sortir du cadre purement scolaire pour aller quérir le savoir et, mieux encore, le dispenser fait changer des élèves parfois en difficulté avec le rituel formel de l'École[1].

Le dispositif « *I can* » (Je peux)

En Inde, une jeune enseignante, Kiran Bir Sethi, a initié ce mouvement depuis son école, Riverside school[2]. Elle a invité tous les jeunes élèves à choisir une initiative dans leur environnement proche, dans l'école, et aussi à l'extérieur, envers leurs parents ou proches. Des petites équipes se sont mis à regarder différemment leur environnement ; elles ont fait des propositions d'amélioration qui sont devenues des réalités (aménagement de passages piétons, d'espaces dédiés, gestion des déchets, etc.). Ce dispositif touche des apprentissages essentiels tels que l'estime de soi, le sentiment de compétence et la coopération sociale. Un mot anglais restitue pleinement cette dimension, sous le vocable d'*empowerment*. La motivation n'est autre que cela.

L'introduction de jeux sérieux *(serious games)* et de la recherche à l'école

L'évolution numérique des réseaux et l'ergonomie des jeux vidéo ont fait considérablement évoluer le genre lui-même. Longtemps banni de la sphère scolaire, le jeu comme support d'apprentissage opère un retour en force : on apprend par création, par simulation, par confrontation, par la recherche aussi bien que dans une simple salle de classe. La complexité d'une gestion urbaine, les incidences des décisions sur la collectivité,

1. Les expériences les plus abouties, à Paris par exemple : http://www.ac-paris.fr/portail/jcms/p1_321556/intergeneration-a-l-ecole.
2. Voir la vidéo sur TED. com http://www.ted.com/talks/kiran_bir_sethi_teaches_kids_to_take_charge. html.

l'impact sur l'environnement sont infiniment mieux rendus dans un jeu tel que *SimCity* que dans n'importe quel cours d'éducation civique[1]. Les réseaux permettent d'envisager des dimensions plus expérimentales ; certains « jeux sérieux » proposent des démarches exploratoires et scientifiques de haut niveau. Certains laboratoires s'en servent, en appui avec le réseau d'écoles et des étudiants pour faire ce qu'un petit nombre ne pourrait plus faire dans un espace confiné. La très sérieuse revue *Sciences* a déjà publié des travaux dans ce sens.

Les ateliers ou débats à visée philosophiques

Le « hors sujet » n'est-il pas un vrai sujet ? La confrontation à ces questions venues de nulle part est un signe (supplémentaire), que les esprits sont souvent mobilisés par autre chose que le théorème de Thalès. Que faire dans de tels cas ? Maintenir le cap ? Reporter la réponse ? *A priori,* ce type d'attitude est plutôt positif pour vous. Les élèves, en tout cas ceux qui ont la parole plus sûre, vous invitent, sans doute maladroitement, à ouvrir un moment de dialogue.

Quatre suggestions pour rester maître de son cours

Pour exploiter ce qui, malgré l'intention, peut profiter à toute la classe, vous pouvez adopter quatre attitudes, selon les circonstances :

❏ Vous jugez opportun de suspendre le déroulement du cours, c'est possible, pour dire que la question est importante en enseignement : vous engagez un débat qui pourra être exploité par la suite. (Sur la gestion et l'organisation du débat, voir le chapitre 10.)

❏ Vous signalez que la question mérite un traitement particulier et l'inscrivez dans le coin du tableau, en chargeant un élève de la rappeler avant la fin du cours ; vous proposerez alors une séquence dédiée à la problématique de type conseil d'élèves ; à charge pour eux d'arriver avec des éléments de réponse. Ce conseil pourrait être tenu régulièrement et serait alors le lieu d'évoquer les questions d'intérêt général.

1. Cursus.edu recense ici plus de 200 jeux sérieux en ligne, tous niveaux confondus, http://cursus.edu/institutions-formations-ressources/formation/17843/jeux-serieux-gratuits-2/#Histoire.

▸ Pour en savoir plus sur la philosophie avec les plus jeunes

Les pratiques à visée philosophique à l'école primaire : un paradigme organisateur pour l'apprentissage du philosopher ?, Michel Tozzi, professeur des universités à Montpellier 3 : une contribution importante et claire sur cette pratique émergente.

➥ www.philotozzi.com

❑ Vous reconnaissez que la réponse ne peut être immédiate, il vous faut consulter ressources ou collègues ; suite au prochain numéro.

❑ Si, malgré les propositions de traitement, le jeu perdure, vous demandez aux deux élèves de venir vous voir pour analyser ensemble ce type de réaction et décoder ce qu'il y a derrière. Vous choisissez alors d'apporter un traitement individualisé à la question.

❑ Personne n'a la réponse, mais c'est bien d'en débattre. Le questionnement peut rapidement dépasser le seul niveau des procédures et aborder des niveaux relativement élevés, quel que soit le degré d'enseignement. Engager le débat plutôt que de botter en touche, c'est aussi accueillir la complexité. Le dispositif des « dilemmes moraux[1] » s'appuie sur cette approche : la méthodologie suivie permet de rendre le raisonnement des élèves véritablement moral en mettant l'accent sur l'impartialité, la capacité d'universaliser, la réversibilité et la reconnaissance des normes en usage.

Les « clés de l'actualité »

❑ Les initiatives introduisant la réflexion à portée philosophique dans les « niches » jusqu'à présent exclues de la pensée complexe (école primaire, collège, lycée professionnel) permettent d'élargir le champ des pratiques à toute autre discipline et tout enseignement. Introduire la pensée complexe en éducation et en formation autorise à s'ouvrir sur l'actualité contemporaine qui s'impose à nous de manière accélérée : 2001, Tsunami, Fukushima, « printemps arabe » et les événements de Paris en 2015, etc. Les élèves vous seront reconnaissants de les aider à décrypter des images violentes et affadies à la fois, sans leur arrière-plan historique, sociologique ou politique.

1. Site Internet : http://dilemmes.net, et la page ressource sur http://pratiquesphilo.free.fr/contribu/contrib113.htm.

« Un jour, un métier » ou les réseaux d'échanges réciproques de savoirs

❑ Cela a commencé ainsi, en 1971 dans une petite classe d'Orly, quand Claire Heber-Suffrin a invité un plombier dans son école à l'occasion de travaux ; il est revenu ; d'autres sont venus. Puis à l'occasion d'une classe transplantée, tout un village a été sollicité pour échanger sur les petits gestes des métiers. Les élèves sont devenus enquêteurs des pratiques pour apprendre ; des adultes se sont inscrits sur des tableaux d'intervention. Quarante ans plus tard, des RESC[1] (réseaux d'échange réciproque de savoirs) fourmillent partout dans le monde.

Plus récemment, des appariements avec des étudiants issus de grandes écoles et des collégiens ou lycéens de ZEP, voire avec des ingénieurs en activité ont permis d'ouvrir les horizons mentaux des représentations des élèves. Il devenait en effet préoccupant de constater que les bons élèves de prépa scientifique n'avaient aucune idée de l'activité réelle que pouvait recouvrir le métier d'ingénieur, dans sa grande variété. Dans les deux dispositifs, les sollicitations ont toujours trouvé des réponses positives et de l'intérêt. Chacun a appris.

RENDRE VISIBLE LA COMPLEXITÉ

Le professeur peut aménager la pluralité des chemins de savoirs. Ceux de l'enseignant et ceux de l'élève ne sont pas forcément les mêmes. Cette discordance peut nuire aux performances générales de l'élève et/ou de la classe. Ouvrir sa classe, accueillir la complexité ne vaut que si on permet ensuite de construire les connaissances et d'en proposer ensemble une cartographie.

Dessiner la « roue de ses savoirs »

❑ Une enseignante de SVT a organisé systématiquement à l'issue de l'étude de chaque grand chapitre, et donc dans le cadre même du cours, hors tout autre dispositif spécifique, un moment de retour aux savoirs ; elle invitait chaque élève à construire son propre mandala. La technique permet d'organiser les acquis, de rechercher la cohérence tout en travaillant sur la représentation et sur la dimension de l'expression de soi. Chaque élève a rivalisé de couleurs et de synthèse pour produire sa « roue

1. Voir le site www.rers-asso.org/.

La roue des savoirs,
un exemple en SVT de production d'élève

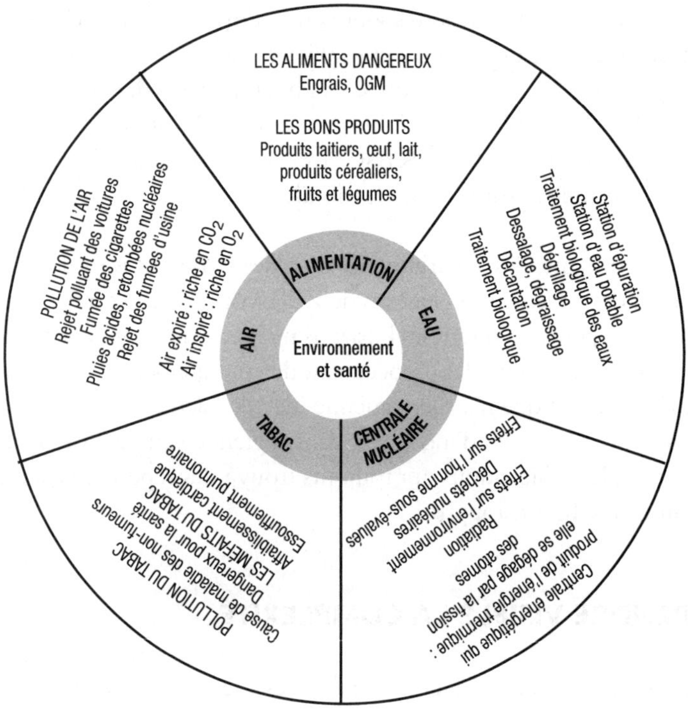

des savoirs ». La confrontation sur une grande table au centre de la classe de tous les mandalas permettait de faire le point collectif ; les résultats aux évaluations atteignaient des sommets qui contredisaient la courbe de Gauss.

Ce type de pratique est un dérivé de l'approche systémique. Elle permet de mettre l'accent sur la dynamique de chaque élément et leurs interactions. Les sciences du vivant en ont fait un mode d'apprentissage dans l'étude des systèmes (respiration, environnement, par exemple) de la même façon que la géographie dans l'étude des systèmes humains dans leur espace. Cette approche restitue, toujours imparfaitement, mais c'est déjà un enrichissement intellectuel, la part du fonctionnel, de l'aléatoire et de la décision. Elle combine les facteurs internes et externes et la dimension temporelle.

▸ Où trouver des schémas heuristiques

Une heuristique est une règle générale d'action, applicable à toute situation, qui permet la plupart du temps d'aboutir plus vite à la solution. Le site Petillant est dédié à cette approche et à son instrumentation : www.petillant.com/.

Voir également un blog dédié à l'approche heuristique en pédagogie, avec une vidéo riche et complète sur leur utilisation : www.heuristiquement.com/2011/01/une-presentation-sur-la-carte.html.

À compléter avec le blog de référence de Lucas Gruez, http://classemapping.blogspot.fr/.

Permettre une recherche collective et outillée

❑ Une pratique plus outillée s'inspire des techniques développées par Métaplan (technique de formation en élaboration progressive par Post-it), inspirée de la méthode Kanban ; les élèves construisent pas à pas leurs travaux et en rendent compte pour validation[1], ou encore par des logiciels de type MindManager (voir le chapitre 7).

Dans une classe de cinquième en REP, pour faire un bilan de savoirs sur une séquence lourde (plusieurs heures), un enseignant de français affiche de grands panneaux blancs (de type *paper board*). Chaque panneau est marqué d'un mot-clef correspondant à la thématique de la séquence ; il asperge les panneaux avec un *spray* autocollant. Les élèves sont invités à y poser des petits papiers complétés des savoirs, savoir-faire, questions encore sans réponse. Les élèves se déplacent dans une bonne humeur certaine, tout en prenant une mine de réflexion. Enfin, chaque panneau fait l'objet d'un examen collectif et attentif : on y relève les points forts, des liens sont tracés au feutre. Une carte conceptuelle apparaît rapidement. La trace écrite est bien là ; elle fera l'objet du contrôle prochain.

Dans les deux expériences précédentes, il y a un certain lâcher-prise à accepter, voire à cultiver, tant de la part de l'enseignant que de l'apprenant[2]. Perrenoud parle d'un deuil nécessaire à assumer en matière de

1. Voir le site et les photos de Christian den Hartigh sur http://pedagogieagile.com/category/kanban/.
2. D'après les éléments affichés sur le thème « systémie en pédagogie » www.ulg.ac.be/geoeco/lmg/competences/chantier/contenus/cont_syst.html.

désir de toute puissance tant pour l'enseignant que pour l'élève. C'est une invitation à la créativité partagée.

ACCUEILLIR LA COMPLEXITÉ DANS SA CONDUITE DE COURS

Travailler en facilitation graphique et colorée d'une problématique ou d'un concept sur un tableau blanc développe efficacement les capacités d'analyse et de mise en mots chez des élèves enclins à une lecture binaire des réalités et parfois fâchés avec une logique linéaire. Cette compétence peut être convoquée pour tous les problèmes rencontrés dans les situations d'éducation, même les plus difficiles.

Accepter le complexe pour produire de l'intelligence

Ce qui est en jeu, c'est donc la propre compétence de l'enseignant d'accueillir l'imprévu et de traduire en quelques expressions graphiques simples ce qui peut paraître comme désordre et bouillonnement non abouti dans un cours. Il y a là une dimension créative à investir, et un outillage méthodologique à perfectionner. Cette appréhension du complexe et la posture réflexive qui l'accompagne produisent assurément de l'intelligence, c'est-à-dire de la mise en lien et en mots, au sens littéral du terme. (Voir le chapitre 24 « Créer des situations d'apprentissage ».)

CHERCHER PLUTÔT LE « COMMENT » QUE LE « POURQUOI »

Chercher l'origine d'une question en commençant par un « pourquoi ? » débouche souvent sur une impasse : les réponses sont courtes. Elles portent sur les représentations mentales que l'élève se fait du problème ou du thème abordé. « Une question c'est comme un aiguillage. Sa formulation sollicite des réponses extrêmement différentes, certaines correspondent à l'information recherchée, d'autres encore aboutissent à des réponses dont on ne sait que faire, et d'autres encore créent le silence et bloquent la communication. » (Pierre Vermesch, *Expliciter* n° 41, Groupe de recherche sur l'expérimentation).

▶ Malaise ou dynamique identitaire ?

Neuf enseignants sur dix perçoivent un « malaise » dans la profession et 60 % se sentent personnellement concernés, d'après une enquête menée par le ministère auprès d'un échantillon de 1 000 enseignants (numéro 163 des *Dossiers Évaluation et statistiques*). À l'origine de ce malaise : les difficultés du métier, la dégradation de l'image des enseignants, le sentiment d'impuissance face à l'idéal de réussite des élèves. Certes, 81 % des professeurs sont « satisfaits » du métier. Mais, affirme cette étude, « la perception de la difficulté grandit avec le vieillissement ».

Parmi les motifs qui rendent ce travail difficile sont évoqués le comportement des élèves, la difficulté de les faire progresser et la « complexité des missions demandées à l'enseignant ». En conséquence, ils sont généralement favorables à une prise en compte de la difficulté d'exercer dans des contextes difficiles sous forme de points pour une mutation ou d'avancement plus rapide.

L'enseignant, chercheur en apprentissage

« Quand tu fais cela, comment le fais-tu ? », « Qu'est-ce que tu fais après ? », « À quoi penses-tu alors quand tu le fais ? ». En questionnant sur le comment, c'est-à-dire les procédures techniques, mentales que chacun met en œuvre, le questionnement de l'enseignant se fait plus fin et parvient à faire dire ce qui était de l'ordre du préréfléchi. Cette technique issue de *l'entretien d'explicitation* développée par Vermesch est puissante quand on travaille en entretien individuel ou investigation collective : « Quand tu cherches sur Internet, tu fais comment ? » La liste et l'enchaînement des microdécisions font apparaître des processus complexes d'apprentissage que l'élève seul n'aurait pas pu approfondir. L'enseignant est chercheur en apprentissages. (Voir le chapitre 18.)

L'enseignant médiateur

La complexité au cœur de la pratique enseignante est à la fois objet d'analyse, pratiques variées et finalité qui doit rendre le monde contemporain intelligible aux élèves. Chercher s'inscrit

> ***“J'ai été recruté pour faire des maths, pas pour faire de l'animation avec des élèves.”***

► Introduire la complexité en éducation et en formation

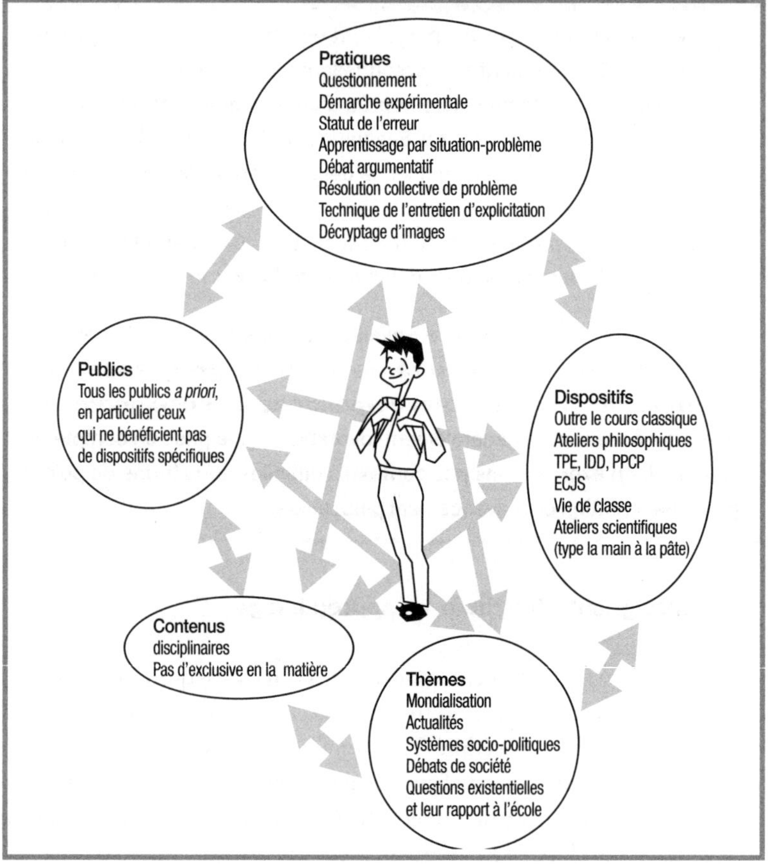

dans l'identité professionnelle, pas seulement à la façon d'un expert ès discipline. Le recrutement des enseignants au niveau master a pour conséquence de faire arriver dans les écoles et dans les établissements de très bons spécialistes, qui se nomment « mathématicien, historien, physicien ».

Une élaboration collective et dynamique des savoirs

Ce serait oublier que le recrutement porte sur une profession, « enseignant », et que son domaine d'exercice n'est pas un laboratoire, mais une classe, une école, un établissement. Il vise à une élaboration collective et dynamique des savoirs. C'est la définition même de la pédagogie.

Joël de Rosnay adresse un message explicite aux enseignants : « L'intelligence, la capacité de faire des liens entre les informations doivent être développées par le contact humain, par les intermédiaires capables de transmettre cette capacité. Les professeurs doivent avoir une place de choix dans ce domaine, car ou l'école s'adapte, ou elle devient une grande garderie. Je constate avec regret que si l'information enrichit grandement l'environnement des enfants, elle risque d'appauvrir l'environnement traditionnel des écoles. Le rôle de l'enseignant n'est plus d'être le détenteur des savoirs et le surveillant de la discipline scolaire, mais le guide, le passeur, le médiateur qui va aider à acquérir des méthodes, des savoir-faire d'intégration. Je parle d'intégrer des informations reçues par les médias, l'école ou l'Internet, dans sa vie personnelle et professionnelle, de manière à donner un sens à sa vie, c'est en cela que les rôles de l'enseignant et de la classe sont essentiels. L'enseignant, comme médiateur et intégrateur des connaissances, comme passeur pour initier dans les réseaux de plus en plus complexes des savoirs, et la classe, comme lieu de socialisation, de coéducation et d'intégration des cultures, irremplaçable par le monde virtuel de l'électronique [...]» (*L'Enseignant*, n° 91, 1997.)

L'enseignant est bien un chercheur… de sens.

AUTOTEST : DESSINE-MOI UN SYSTÈME…

Pendant toute une semaine de prébilans, essayez-vous à la créativité en réalisant une trace écrite collective sur la base, au choix :

❏ d'un schéma en étoile ;
❏ d'une mise en réseau d'éléments ;
❏ d'un mandala ;
❏ d'une expression écrite en couleurs signifiantes ;
❏ d'un tableau de savoirs en colonnes.

Bonus Web ☛ **Philippe Watrelot de retour de WISE 2014** propose une synthèse illustrée et fort bien construite sur l'approche de la créativité en éducation, à redécouvrir sur http://philippe-watrelot.blogspot.fr/2014/11/wise-2014-questions-sur-la-creativite.html.

En guise de conclusion ouverte…

Ainsi se termine notre voyage au pays des trente compétences de l'enseignant moderne. Nous espérons que, d'un manuel de « survie », il devienne pour vous un *vade-mecum*, pour que régulièrement vous y puisiez idées, pratiques nouvelles, techniques. Cette banque de données pédagogiques est conçue pour vous permettre de prendre ce temps de l'analyse, si nécessaire pour agir avec et pour les élèves.

PRIX LOUIS CROS EN 2005

Dès sa première édition, en 2004, le livre a reçu un très bon écho : immédiatement repris par tous les réseaux pédagogiques et aussi, chose plus intéressante, par des cadres « intermédiaires », véritables rouages et démultiplicateurs dans le « système Éducation nationale », comme les inspecteurs, les responsables de formation, les formateurs.

L'impact a été très bon dans le monde francophone (Belgique, Suisse, Canada), là où la chose de l'éducation et de la formation est tout aussi problématisée ! Nombre de cas concrets, de fiches, de références servent d'appui à des formations. Et des contacts récents m'ont appris qu'elles s'appliquaient aussi en formation pour d'autres catégories que celles des enseignants !

Et puis, le livre a reçu en novembre 2005 le prix Louis Cros de l'Académie des Sciences morales et politiques, sous la coupole ! Reconnaissance « externe », inattendue, élogieuse, qui doit beaucoup à André de Peretti, « l'Esprit » qui anime cet ouvrage. Elle signifie la valeur et le sens que l'Académie entend donner au domaine de l'école, à son évolution, et aux enseignants qui la font vivre.

Chacune des rééditions a été l'occasion de revisiter la pertinence de l'approche et l'actualité des références, tant des apports théoriques que des expériences relatées. Ici, la cinquième édition fait la part belle aux récents développements de l'Internet pédagogique et de la recherche internationale.

Par les nombreux retours et les requêtes en ligne que je reçois, ce livre me permet de mesurer les besoins en formation des enseignants, mais aussi des formateurs ! Accompagner les évolutions professionnelles des enseignants est un défi actuel de notre système, car cela reste son « talon d'Achille ».

EN CONTINUITÉ AVEC L'ŒUVRE DE LOUIS CROS ?

En créant l'INRP (Institut national de recherche pédagogique), Louis Cros avait voulu donner à l'École la possibilité d'une recherche appliquée, une ingénierie de la pratique réflexive, un lien entre le monde universitaire et la réalité du terrain. L'un ne peut aller sans l'autre.

Cependant, l'enquête d'Antoine Prost sur la recherche en éducation en 2001 l'a montré et cela s'est confirmé encore plus de dix ans plus tard (!) : les moyens mobilisés pour la recherche sont dispersés, et sans grand impact sur les pratiques. D'autre part, les productions de la recherche sont encore et toujours trop peu connues et diffusées. Force est en effet de constater la déconnexion entre les recherches en éducation et les « praticiens », faute peut-être d'une valorisation des compétences dans l'institution et d'une sollicitation plus poussée de la part de l'inspection vis-à-vis des enseignants. Cela plaide pour une orientation de la recherche POUR l'éducation, au service des équipes.

Quand il était à l'INRP, André de Peretti avait engagé des travaux de recherches sur la profession d'enseignant avec tout un réseau d'équipes. De ces études ont été tirés des livres importants, comme *Recueil d'instruments et de processus d'évaluation formative* (édité aux éditions INRP en 1980) et *Les points d'appui de l'enseignant* (INRP, 1984). Plusieurs fois réédités, ces deux ouvrages sont à présent épuisés[1]... Or ce sont des corpus que tout enseignant devrait avoir en libre consultation. C'est une des raisons qui m'a incité à inscrire plusieurs de ces ressources sur Internet. Afin de mettre ces travaux et études de cas à la disposition du plus grand nombre et de les enrichir des accompagnements et des formations depuis vingt ans.

L'IFE « refondé » à Lyon, construit en ce moment de nouveaux réseaux, sur l'invitation des rectorats, en s'appuyant sur des dispositifs existants

1. On en retrouve de larges extraits actualisés ou remaniés dans le livre *Mille et une propositions pour animer son cours et innover en classe,* ESF, Paris, 2e éd., 2010.

et des personnes-ressources identifiées. Le maillage existe déjà, qu'il soit formel, comme celui des CARDIE, ou informel (à l'image de Twitter). Ces réseaux mobilisent des enseignants engagés et producteurs de ressources, et offrent de nombreuses pistes de réflexion sur la pratique professionnelle, avec une dimension « coformative ». À suivre attentivement, donc.

L'École a moins besoin de réformes (aussi bien structurelles, politiques ou encore de programmes), que de voir réassurer une confiance dans les personnels enseignants. Ces dernières années, les changements ont été nombreux : évolution des pratiques individuelles mais surtout collectives, relative complexité locale des équilibres scolaires… Il s'agit aujourd'hui de favoriser les conditions d'une « survie », toujours prise au sens d'*empowerment* (accroissement de la capacité d'agir), basée sur des principes essentiels : faire et faire faire, expérimenter et analyser, conseiller et surtout accompagner, ouvrir et valoriser. Presque un écosystème qu'Andy Hargreaves et Dennis Shirley décrivent dans l'ouvrage *La face cachée des réformes*[1].

La modernisation de notre système éducatif, son actualisation européenne et l'efficience de ses pratiques seront à ce prix. Les cadres doivent le mesurer pour eux-mêmes aussi, afin de bénéficier d'un corps d'enseignants de qualité, responsables et solidaires entre eux, et attentifs aux progrès de leurs élèves.

LE MÉTIER EN 2015 ET AU-DELÀ

Soyons attentifs à cinq points, et relions-les sans attendre

Ainsi, revenons à la Lumière, comme à la fin du roman picaresque de Jules Verne[2], accueillons la complexité du métier et la modernité de notre

1. http://perspectives.ctf-fce.ca/fr/article/1960/.

2. *Voyage au centre de la Terre* est un roman de science-fiction, écrit en 1864 par Jules Verne. Comme à l'habitude de Jules Verne, le roman est un habile mélange de données scientifiques, d'extrapolations osées et d'aventure. L'intégralité du roman peut être écoutée en mp3 sur http://www.litteratureaudio.com/index.php/2007/07/17/jules-verne-voyage-au-centre-de-la-terre/ . On complétera utilement l'hommage par l'analyse des dimensions de l'espace et du temps dans le roman proposée par Lionel Dupuy http://pagesperso-orange.fr/jules-verne/CIEH2.htm.

profession, dans une **intelligence de la prescription** faite en 2013[1] ; portons nos efforts moins sur le cadre ou le statut, dimensions pour lesquelles nous avons peu de prise, que sur les pratiques, dont Perrenoud disait qu'elles constituent cette ***révolution du 3e type***, la plus efficace car la plus durable, mais la moins évidente. En lien avec la « refondation » de l'École, il conviendrait de reconceptualiser la formation des enseignants en avançant avec d'autres l'idée d'un développement professionnel continu. En voici cinq points.

► **Une mobilité nécessaire :** c'est bien une décision de management valable pour tous les cadres, et pas encore pour les enseignants. La mobilité est source de fertilisation croisée, de décalage formatif et de santé mentale et intellectuelle ; non pas forcément, dans les mêmes termes que les personnels militaires, mais sur des rythmes plus formatifs, tels que sept ans par exemple, c'est-à-dire le cycle de « vie » des connaissances et savoirs professionnels. La mobilité peut être certes géographique, mais tout autant, dans un même territoire, on peut changer de niveau, de degré, de discipline, d'équipes. Bref, un peu de souplesse organisée éviterait bien des situations enkystées et problématiques pour les enseignants comme pour les élèves eux-mêmes !

► **Une prise en compte des compétences dans un parcours de développement professionnel : obligation, responsabilité, variété, continuité, ouverture** – la mobilité serait bien facilitée par la valorisation des étapes, expériences et savoirs d'expérience ; le parcours professionnel est un parcours de formation tout au long de la vie. Alors que la VAE (validation des acquis de l'expérience) agit dans tous les autres corps de métier, rien n'existe encore dans l'enseignement. Rien n'est fait pour que les personnels s'impliquent à évoluer, à bouger, à capitaliser. Là aussi, peu de choses suffiraient à déclencher beaucoup. Le regard porté sur les compétences, l'attention des cadres portée à la formation continue, l'accompagnement à l'évaluation seraient des facteurs producteurs de performances à la mesure de la richesse du tissu humain de la profession.

► **Un travail d'équipe, valorisé et soutenu :** injonction paradoxale que le voir inscrit partout dans les textes et rarement appliqué dans la forma-

1. Ce texte a permis de donner le cadre et les références du « Cahier des charges de la formation initiale », paru au *Bulletin officiel* le 1er janvier 2007. Vous pouvez le retrouver dans son intégralité sur la page www.education.gouv.fr/bo/2007/1/MENS0603181A.htm.

tion initiale et continue ! La performance individuelle, et toute inscrite dans la discipline, prime tout autre aspect relégué dans des marges très secondaires ; là encore, peu de choses suffiraient à inverser le processus : **organiser des groupes de travail en formation, évaluer la performance collective au concours, favoriser explicitement les équipes dans l'emploi du temps et les services.** Tout cela ne tient pas des textes institutionnels, mais bien des pratiques, et derrière elles, des valeurs en jeu[1].

► **Un temps professionnel enrichi et intéressant pour l'élève et pour l'enseignant :** l'École n'a pas encore fait sa révolution en restant figée à l'ère tayloriste de la décomposition du temps et de l'émiettement des savoirs. Ce type d'organisation valable pour une petite partie des élèves n'est pas pertinente pour faire réussir tous les élèves. Des équipes, en lycée professionnel comme aussi les structures pour décrocheurs parviennent à transformer l'organisation du temps scolaire : **longues plages de travail, activités menées à bien, travail d'équipe, évaluations différées et validantes, capitalisation des savoirs.** Tous les acteurs de ce système ont à gagner pour une réflexion qui ne peut se faire que... localement et collectivement. Aniko Husti l'a bien montré dans les expérimentations sur le **« temps mobile[2] »**. Penser global, agir local !

► **Une évaluation régulière et partagée :** dans nos académies, dans certaines disciplines, il se trouve des enseignants qui n'ont pas vu un inspecteur dans leur classe depuis... quinze ans. Comment régulent-ils alors leurs pratiques pour « survivre » ? Après tout, ils vivent même très bien en ayant construit pas à pas des systèmes de dérivation et d'approfondissement professionnel ; ce qui était impensable ou difficile encore il y a quelques années s'avère tout à fait réaliste à présent : la vie des disciplines, en listes de diffusion, en réseau d'éducation, comme RESPIRE[3], en associations professionnelles, permet un processus de formation continue et d'actualisation de ses pratiques tout à fait remarquable. Ce qui manque certes, **c'est la régularité et la proximité du conseil pédagogique,** tel que l'on trouve dans le premier degré, efficace et bienveillant. Ces approches plus

1. Ce sont des préconisations identiques que l'on retrouve dans le premier rapport du Conseil national de l'innovation pour la réussite éducative, en 2014, www.education.gouv.fr/cid83670/pour-une-ecole-innovante-synthese-des-travaux-du-conseil-national-de-l-innovation-pour-la-reussite-educative.html.
2. Voir le chapitre http://francois.muller.free.fr/encyclopedie/temps.htm.
3. RESPIRE, le réseau social de l'innovation est logé à présent sur la plateforme Viaeduc, http://viaeduc.fr.

collectives, plus professionnelles, préférant la mutualisation et l'analyse à la prescription, sont bien plus pertinentes et porteuses d'évolution. **Un entretien bien mené et ritualisé avec son chef d'établissement** construit chacun de deux acteurs, plus sûrement que son absence étonnante dans notre contexte professionnel actuel.

► **Des possibilités de bifurcation et de seconde carrière :** ceux qui ont des proches, conjoints, mais aussi grands enfants le mesurent : mobilité, souplesse, variété, diversité, changement, adaptation, sont des caractéristiques professionnelles qui touchent tous les domaines ; c'est vrai pour nos classes au quotidien. Et les enseignants seraient encore une fois les seuls à ne pas connaître d'évolution professionnelle. La profession peut être vécue comme une impasse, faute de pouvoir identifier et faire reconnaître les compétences rares qu'elle peut développer chez ceux qui l'ont « habité ». Il est intéressant par ailleurs que des personnels arrivent à l'enseignement en milieu de carrière ; de même, certains devraient plus facilement partir pour le bien de tous, et de la société ! Des initiatives telles que l'association **Aidoprofs**[1] sont à faire connaître assurément auprès des collègues.

On ne peut inviter au changement des pratiques sans penser « systémique », en envisageant la confiance faite aux personnels, la responsabilisation de chacun des acteurs, l'accroissement de la vie collective et solidaire en l'établissement, l'évolution nécessaire de l'accompagnement, la formation des cadres par exemple. Réforme de troisième type, vous dis-je.

Dix questions pour réussir avec ses élèves, à l'attention des enseignants débutants et sans doute des autres

Fidèle au principe même de ce manuel, je vous propose pour conclusion dix questions dont vous seul détenez les réponses. À partir des expériences et leçons tirées des recherches et pratiques développées par des équipes engagées dans l'innovation et plus particulièrement pour le raccrochage scolaire des élèves.
Nombre d'expériences actuelles en France sont tentées depuis dix ans pour proposer des solutions utiles et efficaces pour « refonder » l'école, ou juste améliorer les conditions d'apprentissage de leurs élèves. Il ne s'agit pas de compiler les recettes de « ce qui marche » mais bien les questions issues de ces mêmes expériences, celles que nous partageons et qui per-

1. www.apresprof.org/.

mettent de construire l'expertise du métier. Vous entrez dans ce métier d'enseignant ; c'est à vous de construire vos propres réponses, car elles seront les plus ajustées à vos propres élèves et à votre propre système d'enseignement. Les meilleurs traducteurs, ce sera… vous.

1. Connaissez-vous l'histoire de votre école ?

Votre école a une histoire et vous y participez : vous en êtes les « produits » autant que vous devenez les acteurs privilégiés pour les trente ans à venir. C'est pourquoi il est important, voire stratégique, d'en connaître les tendances, souvent longues, pour pouvoir mieux y participer.

2. Quel élève avez-vous été ?

« Je ne comprends pas que tu ne comprennes pas » : ce propos entendu en classe nous signale l'importance pour tout enseignant, débutant qui plus est, de s'interroger sur ses propres manières d'apprendre, quand il ou elle était élève.

S'intéresser à favoriser le retour dans les apprentissages de vos élèves ou encore s'intéresser à prévenir le décrochage scolaire requièrent donc d'autres compétences professionnelles et d'autres organisations du travail que les simples dispositions réglementaires. Enseignants, équipes et direction ont à développer des analyses plus « cliniques » pour mesurer la gradation ou dégradation réelle et subjective de l'élève dans sa relation au « Monde » de son école, attestant d'une modification sensible de son rapport au savoir (scolaire).

3. Savez-vous dire « c'est bien » de dix manières différentes ?

Dans leur routine scolaire, les équipes disposent de moyens de « mesure » par l'évaluation sommative trimestrielle (écrite sur le bulletin) mais, dans la plupart des cas, cela se borne au constat d'échec et aux injonctions sans effets sur la suite des opérations. Les enseignants éprouvent collectivement des difficultés à analyser des situations fort différentes.

Il est plus facile de construire des éléments positifs ; travaillez et expérimentez dix manières de dire « c'est bien ».

4. Avez-vous pensé au « climat » de votre classe ?

Les difficultés rencontrées par les élèves, et par contrecoup par leur enseignant, sont le produit d'une équation complexe à plusieurs variables. Un seul des facteurs cités ne suffit pas à expliquer le passage d'absences répétées à l'arrêt de scolarité sans qualification ou sans diplôme. C'est le croisement de plusieurs facteurs qui peut y mener.

Chaque enseignant ne doit pas renoncer à interroger prioritairement les facteurs internes à l'école, qui sont de son ressort (et de toute l'équipe) comme le climat scolaire, le climat de travail, le climat relationnel et éducatif entre adultes, le climat de justice.

5. Que savez-vous de vos élèves ?

Les élèves se construisent très tôt leur propre histoire scolaire et leur rapport au savoir ; ce sont des dimensions que l'enseignant peut explorer s'il prend le temps de les écouter et de créer les conditions adéquates. Par exemple, ce coffret produit par le PIL (Pôle innovant lycéen) à Paris regroupe, en deux DVD[1] distincts, la parole d'élèves ayant rompu avec l'école avant d'y revenir, et de parents ayant été confrontés à cette situation (www.parolesdecrochage.blogspot.fr/). Ils mentionnent souvent des besoins de sécurité, d'une relation de qualité, d'adultes bienveillants et structurants, de dignité et de justice.
Contrairement à une représentation « enseignante », courante en France, les parents ne sont pas « démissionnaires ». Les facteurs externes (liés la plupart du temps à l'environnement familial ou domestique) sont importants : rythmes jour/nuit (sommeil), alimentation (en prévoyant des points de restauration dans l'établissement), substances psychotropes (alcool, drogues, etc.), écrans (Internet, télé, etc.).

6. Changez-vous l'espace ou le temps de l'école ?

Quand vous prenez « en main » une classe, dans votre école, interrogez l'environnement d'apprentissage, c'est-à-dire non seulement les contenus, les relations, mais aussi les conditions telles que l'espace ou le temps scolaire.
Les équipes, avec l'implication forte de leur direction, bousculent le système routinier et cloisonné de l'école (horaires, disciplines, programmes, notation, espaces) pour recréer un **environnement d'apprentissage favorable** (voir l'étude du CERI-OCDE[2]).

7. Votre projet permet-il aux élèves d'apprendre pour de vrai ?

Une bonne idée (de l'enseignant) peut ne pas suffire pour (ré)engager les élèves dans les apprentissages. L'analyse des pratiques expérimentées dans les équipes nombreuses suivies en innovation permet de retrouver des pratiques « efficaces » telles qu'elles ont été documentées par John

1. Visibes sur www.youtube.com/watch?v=olj8lxKD3a8.
2. www.oecd.org/edu/ceri/innovativelearningenvironments.htm.

Hattie (NZ) : *Visible learning*, Routlegde, 2009. Chercheur néo-zélandais à l'université de Melbourne, il a réalisé une méta-analyse de plus de 800 études sur l'efficacité des pratiques d'enseignement. L'enseignement sera d'autant plus efficace qu'il rassemble plusieurs gestes professionnels qui font système entre eux et propose une cohérence et une continuité pour soutenir les apprentissages des élèves. Ce peut être :

- la mise en œuvre d'une évaluation pour les apprentissages ;
- le feed-back apporté aux élèves ;
- la qualité de la relation ;
- les stratégies de méta-cognition (autoverbalisation et autoquestionnement) ;
- la résolution de problèmes dans la classe ;
- l'apprentissage coopératif ;
- l'étude des compétences des élèves ;
- le travail à partir d'exemples concrets ;
- la cartographie mentale des concepts ;
- le tutorat par les pairs.

8. Ouvrez-vous votre classe ?

La classe n'est plus un lieu clos car cette organisation produit du classement et de l'échec. On dit que la classe « classe ». Dans des centaines de collèges, lieu de la massification scolaire, ou encore de lycées professionnels, depuis des années, des équipes explorent les voies d'une meilleure prévention en pensant l'inclusion par les pratiques, les passerelles par la souplesse des modules et parfois avec le recours à des compétences externes (partenariats).

9. Êtes-vous un « ingénieur » ?

Même débutant dans le métier, vous serez amené à « bricoler » ou encore à inventer des cours, des supports, des nouvelles manières de s'y prendre. Mais penseriez-vous qu'un médecin doit réinventer la médecine pour exercer son métier ? Ou qu'un ingénieur les cinq méthodes pour construire des ponts ? Êtes-vous un « ingénieur » pédagogique ?

10. Avez-vous pensé « durable » ?

Débuter dans le métier, c'est souvent parer à l'urgence d'une situation, sans avoir trop le temps de se projeter sur un mois, sur deux ans. Pourtant, l'immédiateté n'est pas facteur de réussite pour les élèves. Il faut penser « durable » (pour développement durable des compétences).

Pour vivre, les expérimentations doivent relever le défi d'être « durables » ; d'où l'importance de structurer professionnellement et financièrement les innovations au moment où tous les crédits sont à la baisse.

Nous espérons que ces dix questions seront pour vous et pour vos formateurs autant d'occasions d'explorer vos pratiques et d'expérimenter des dispositifs pour la meilleure réussite de tous vos élèves.

Annexes

ANNEXE 1

Le référentiel des compétences professionnelles des enseignants

Êtes-vous un « bon » prof[1] ? La question, vous vous l'êtes posée plusieurs fois, vraisemblablement, comme n'importe quel professionnel de toute activité, pour vous ajuster au contexte changeant, à de nouveaux publics d'élèves, pour réguler l'intensité de votre propre travail, pour tenir la comparaison avec d'autres collègues, ou pour postuler à un poste recherché, c'est selon.

La question appelle plusieurs réponses éclairées ou appuyées par des textes ou des regards très complémentaires les uns des autres : le vôtre, celui de vos élèves, celui de votre chef d'établissement, celui de vos collègues et celui de l'Institution. Plusieurs ressources sont présentées dans le manuel. Il importe ici de revenir sur la prescription de l'institution, c'est-à-dire les attentes exprimées pour votre exercice.

Un exercice de positionnement par rapport au cadre référentiel du métier[2]

Il accompagne la politique de « refondation » de l'école (loi en 2013) qui s'attache par ailleurs à redéfinir l'organisation des enseignants (socle commun), les rythmes scolaires, la priorité au premier degré, le développement du numérique et l'investissement dans la formation professionnelle (ESPE).

Référentiel des compétences professionnelles des métiers du professorat et de l'éducation

Refonder l'école de la République, c'est garantir la qualité de son service public d'éducation et, pour cela, s'appuyer sur des personnels bien formés et mieux reconnus.

Les métiers du professorat et de l'éducation s'apprennent progressivement dans un processus intégrant des savoirs théoriques et des savoirs pratiques fortement articulés les uns aux autres.

Ce référentiel de compétences vise à :

1. affirmer que **tous les personnels concourent à des objectifs communs** et peuvent ainsi se référer à la culture commune d'une profession dont l'identité se constitue à partir de la reconnaissance de l'ensemble de ses membres ;
2. reconnaître **la spécificité des métiers du professorat et de l'éducation**, dans leur contexte d'exercice ;
3. identifier les compétences professionnelles attendues. Celles-ci s'acquièrent et s'approfondissent au cours d'un processus continu débutant en formation initiale et se poursuivant tout au long de la carrière par l'expérience professionnelle accumulée et par l'apport de la formation continue.

Ce référentiel se fonde sur la définition de la notion de « compétence » contenue dans la recommandation 2006/962/CE du Parlement européen : « ensemble de connaissances, d'aptitudes et d'attitudes appropriées au contexte », chaque compétence impliquant de celui qui la met en œuvre « la réflexion critique, la créativité, l'initiative, la résolution de problèmes, l'évaluation des risques, la prise de décision et la gestion constructive des sentiments ».

Chaque compétence du référentiel est accompagnée d'items qui en détaillent les composantes et en précisent le champ. Les items ne constituent donc pas une somme de prescriptions mais différentes mises en œuvre possibles d'une compétence dans des situations diverses liées à l'exercice des métiers.

Sont ainsi définies :

– des compétences communes à tous les professeurs et personnels d'éducation (compétences 1 à 14) ;

– des compétences communes à tous les professeurs (compétences P1 à P5) et spécifiques aux professeurs documentalistes (compétences D1 à D4) ;

1. Titre d'une série en cinq épisodes, réalisée pour le *Webpédagogique* en 2013, en ligne sur http://lewebpedagogique.com/blog/project/etes-vous-un-bon-prof/.
2. *Bulletin officiel* n° 30, 25 juillet 2013, disponible ici : www.education.gouv.fr/pid25535/bulletin_officiel.html?cid_bo=73066.

– des compétences professionnelles spécifiques aux conseillers principaux d'éducation (compétences C1 à C8).

Compétences communes à tous les professeurs et personnels d'éducation

Les professeurs et les personnels d'éducation mettent en œuvre les missions que la nation assigne à l'École. En leur qualité de fonctionnaires et d'agents du service public d'éducation, ils concourent à la mission première de l'École qui est d'instruire et d'éduquer afin de conduire l'ensemble des élèves à la réussite scolaire et à l'insertion professionnelle et sociale. Ils préparent les élèves à l'exercice d'une citoyenneté pleine et entière. Ils transmettent et font partager à ce titre les valeurs de la République. Ils promeuvent l'esprit de responsabilité et la recherche du bien commun, en excluant toute discrimination.

Les professeurs et les personnels d'éducation, acteurs du service public d'éducation

En tant qu'agents du service public d'éducation, ils transmettent et font respecter les valeurs de la République. Ils agissent dans un cadre institutionnel et se réfèrent à des principes éthiques et de responsabilité qui fondent leur exemplarité et leur autorité.

1. Faire partager les valeurs de la République

– Savoir transmettre et faire partager les principes de la vie démocratique ainsi que les valeurs de la République : la liberté, l'égalité, la fraternité ; la laïcité ; le refus de toutes les discriminations.

– Aider les élèves à développer leur esprit critique, à distinguer les savoirs des opinions ou des croyances, à savoir argumenter et à respecter la pensée des autres.

2. Inscrire son action dans le cadre des principes fondamentaux du système éducatif et dans le cadre réglementaire de l'école

– Connaître la politique éducative de la France, les principales étapes de l'histoire de l'École, ses enjeux et ses défis, les principes fondamentaux du système éducatif et de son organisation en comparaison avec d'autres pays européens.

– Connaître les grands principes législatifs qui régissent le système éducatif, le cadre réglementaire de l'École et de l'établissement scolaire, les droits et obligations des fonctionnaires ainsi que les statuts des professeurs et des personnels d'éducation.

Les professeurs et les personnels d'éducation, pédagogues et éducateurs au service de la réussite de tous les élèves

La maîtrise des compétences pédagogiques et éducatives fondamentales est la condition nécessaire d'une culture partagée qui favorise la cohérence des enseignements et des actions éducatives.

3. Connaître les élèves et les processus d'apprentissage

– Connaître les concepts fondamentaux de la psychologie de l'enfant, de l'adolescent et du jeune adulte.

– Connaître les processus et les mécanismes d'apprentissage, en prenant en compte les apports de la recherche.

– Tenir compte des dimensions cognitive, affective et relationnelle de l'enseignement et de l'action éducative.

4. Prendre en compte la diversité des élèves

– Adapter son enseignement et son action éducative à la diversité des élèves.

– Travailler avec les personnes-ressources en vue de la mise en œuvre du « projet personnalisé de scolarisation » des élèves en situation de handicap.

– Déceler les signes du décrochage scolaire afin de prévenir les situations difficiles.

5. Accompagner les élèves dans leur parcours de formation

– Participer à la construction des parcours des élèves sur les plans pédagogique et éducatif.

– Contribuer à la maîtrise par les élèves du socle commun de connaissances, de compétences et de culture.

– Participer aux travaux de différents conseils (conseil des maîtres, conseil de cycle, conseil de classe, conseil pédagogique, etc.) en contribuant notamment à la réflexion sur la coordination des enseignements et des actions éducatives.

– Participer à la conception et à l'animation, au sein d'une équipe pluriprofessionnelle, des séquences pédagogiques et éducatives permettant aux élèves de construire leur projet de formation et leur orientation.

6. Agir en éducateur responsable et selon des principes éthiques

– Accorder à tous les élèves l'attention et l'accompagnement appropriés.

– Éviter toute forme de dévalorisation à l'égard des élèves, des parents, des pairs et de tout membre de la communauté éducative.

– Apporter sa contribution à la mise en œuvre des éducations transversales, notamment l'éducation à la santé, l'éducation à la citoyenneté, l'éducation au développement durable et l'éducation artistique et culturelle.

– Se mobiliser et mobiliser les élèves contre les stéréotypes et les discriminations de tout ordre, promouvoir l'égalité entre les filles et les garçons, les femmes et les hommes.

– Contribuer à assurer le bien-être, la sécurité et la sûreté des élèves, à prévenir et à gérer les violences scolaires, à identifier toute forme d'exclusion ou de discrimination, ainsi que tout signe pouvant traduire des situations de grande difficulté sociale ou de maltraitance.

– Contribuer à identifier tout signe de comportement à risque et contribuer à sa résolution.

– Respecter et faire respecter le règlement intérieur et les chartes d'usage.

– Respecter la confidentialité des informations individuelles concernant les élèves et leurs familles.

7. Maîtriser la langue française à des fins de communication

– Utiliser un langage clair et adapté aux différents interlocuteurs rencontrés dans son activité professionnelle.

– Intégrer dans son activité l'objectif de maîtrise de la langue orale et écrite par les élèves.

8. Utiliser une langue vivante étrangère dans les situations exigées par son métier

– Maîtriser au moins une langue vivante étrangère au niveau B2 du cadre européen commun de référence pour les langues.

– Participer au développement d'une compétence interculturelle chez les élèves.

9. Intégrer les éléments de la culture numérique nécessaires à l'exercice de son métier

– Tirer le meilleur parti des outils, des ressources et des usages numériques, en particulier pour permettre l'individualisation des apprentissages et développer les apprentissages collaboratifs.

– Aider les élèves à s'approprier les outils et les usages numériques de manière critique et créative.

– Participer à l'éducation des élèves à un usage responsable d'Internet.

– Utiliser efficacement les technologies pour échanger et se former.

Les professeurs et les personnels d'éducation, acteurs de la communauté éducative

Les professeurs et les personnels d'éducation font partie d'une équipe éducative mobilisée au service de la réussite de tous les élèves dans une action cohérente et coordonnée.

10. Coopérer au sein d'une équipe

– Inscrire son intervention dans un cadre collectif, au service de la complémentarité et de la continuité des enseignements comme des actions éducatives.

– Collaborer à la définition des objectifs et à leur évaluation.

– Participer à la conception et à la mise en œuvre de projets collectifs, notamment en coopération avec les psychologues scolaires ou les conseillers d'orientation-psychologues, le parcours d'information et d'orientation proposé à tous les élèves.

11. Contribuer à l'action de la communauté éducative

– Savoir conduire un entretien, animer une réunion et pratiquer une médiation en utilisant un langage clair et adapté à la situation.

– Prendre part à l'élaboration du projet d'école ou d'établissement et à sa mise en œuvre.

– Prendre en compte les caractéristiques de l'école ou de l'établissement, ses publics, son environnement socio-économique et culturel, et identifier le rôle de tous les acteurs.

– Coordonner ses interventions avec les autres membres de la communauté éducative.

12. Coopérer avec les parents d'élèves

– Œuvrer à la construction d'une relation de confiance avec les parents.

– Analyser avec les parents les progrès et le parcours de leur enfant en vue d'identifier ses capacités, de repérer ses difficultés et coopérer avec eux pour aider celui-ci dans l'élaboration et la conduite de son projet personnel, voire de son projet professionnel.

– Entretenir un dialogue constructif avec les représentants des parents d'élèves.

13. Coopérer avec les partenaires de l'école

– Coopérer, sur la base du projet d'école ou d'établissement, le cas échéant en prenant en compte le projet éducatif territorial, avec les autres services de l'État, les collectivités territoriales, l'association sportive de l'établissement, les associations complémentaires de l'école, les structures culturelles et les acteurs socio-économiques, en identifiant le rôle et l'action de chacun de ces partenaires.

– Connaître les possibilités d'échanges et de collaborations avec d'autres écoles ou établissements et les possibilités de partenariats locaux, nationaux, voire européens et internationaux.

– Coopérer avec les équipes pédagogiques et éducatives d'autres écoles ou établissements, notamment dans le cadre d'un environnement numérique de travail et en vue de favoriser la relation entre les cycles et entre les degrés d'enseignement.

14. S'engager dans une démarche individuelle et collective de développement professionnel

– Compléter et actualiser ses connaissances scientifiques, didactiques et pédagogiques.

– Se tenir informé des acquis de la recherche afin de pouvoir s'engager dans des projets et des démarches d'innovation pédagogique visant à l'amélioration des pratiques.

– Réfléchir sur sa pratique – seul et entre pairs – et réinvestir les résultats de sa réflexion dans l'action.

– Identifier ses besoins de formation et mettre en œuvre les moyens de développer ses compétences en utilisant les ressources disponibles.

Compétences communes à tous les professeurs

Au sein de l'équipe pédagogique, les professeurs accompagnent chaque élève dans la construction de son parcours de formation. Afin que leur enseignement favorise et soutienne les processus d'acquisition de connaissances, de savoir-faire et d'attitudes, ils prennent en compte les concepts fondamentaux relatifs au développement de l'enfant et de l'adolescent et aux mécanismes d'apprentissage, ainsi que les résultats de la recherche dans ces domaines.

Disposant d'une liberté pédagogique reconnue par la loi, ils exercent leur responsabilité dans le respect des programmes et des instructions du ministre de l'Éducation nationale ainsi que dans le cadre du projet d'école ou d'établissement, avec le conseil et sous le contrôle des corps d'inspection et de direction.

Les professeurs, professionnels porteurs de savoirs et d'une culture commune

La maîtrise des savoirs enseignés et une solide culture générale sont la condition nécessaire de l'enseignement. Elles permettent aux professeurs des écoles d'exercer la polyvalence propre à leur métier et à tous les professeurs d'avoir une vision globale des apprentissages, en favorisant la cohérence, la convergence et la continuité des enseignements.

P 1. Maîtriser les savoirs disciplinaires et leur didactique

– Connaître de manière approfondie sa discipline ou ses domaines d'enseignement. En situer les repères fondamentaux, les enjeux épistémologiques et les problèmes didactiques.

– Maîtriser les objectifs et les contenus d'enseignement, les exigences du socle commun de connaissances, de compétences et de culture ainsi que les acquis du cycle précédent et du cycle suivant.

– Contribuer à la mise en place de projets interdisciplinaires au service des objectifs inscrits dans les programmes d'enseignement.

En particulier, à l'école

– Tirer parti de sa polyvalence pour favoriser les continuités entre les domaines d'activités à l'école maternelle et assurer la cohésion du parcours d'apprentissage à l'école élémentaire.

– Ancrer les apprentissages des élèves sur une bonne maîtrise des savoirs fondamentaux définis dans le cadre du socle commun de connaissances, de compétences et de culture.

En particulier, au collège

– Accompagner les élèves lors du passage d'un maître polyvalent à l'école élémentaire à une pluralité d'enseignants spécialistes de leur discipline.

En particulier, au lycée général et technologique

– Articuler les champs disciplinaires enseignés au lycée avec les exigences scientifiques de l'enseignement supérieur.

P 2. Maîtriser la langue française dans le cadre de son enseignement

– Utiliser un langage clair et adapté aux capacités de compréhension des élèves.

– Intégrer dans son enseignement l'objectif de maîtrise par les élèves de la langue orale et écrite.

– Décrire et expliquer simplement son enseignement à un membre de la communauté éducative ou à un parent d'élève.

En particulier, à l'école

– Offrir un modèle linguistique pertinent pour faire accéder tous les élèves au langage de l'école.

– Repérer chez les élèves les difficultés relatives au langage oral et écrit (la lecture notamment) pour construire des séquences d'apprentissage adaptées ou/et alerter des personnels spécialisés.

En particulier, au lycée professionnel

– Utiliser le vocabulaire professionnel approprié en fonction des situations et en tenant compte du niveau des élèves.

Les professeurs, praticiens experts des apprentissages

P 3. Construire, mettre en œuvre et animer des situations d'enseignement et d'apprentissage prenant en compte la diversité des élèves

– Savoir préparer les séquences de classe et, pour cela, définir des programmations et des progressions ; identifier les objectifs, contenus, dispositifs, obstacles didactiques, stratégies d'étayage, modalités d'entraînement et d'évaluation.

– Différencier son enseignement en fonction des rythmes d'apprentissage et des besoins de chacun. Adapter son enseignement aux élèves à besoins éducatifs particuliers.

– Prendre en compte les préalables et les représentations sociales (genre, origine ethnique, socio-économique et culturelle) pour traiter les difficultés éventuelles dans l'accès aux connaissances.

– Sélectionner des approches didactiques appropriées au développement des compétences visées.

– Favoriser l'intégration de compétences transversales (créativité, responsabilité, collaboration) et le transfert des apprentissages par des démarches appropriées.

En particulier, à l'école

– Tirer parti de l'importance du jeu dans le processus d'apprentissage.

– Maîtriser les approches didactiques et pédagogiques spécifiques aux élèves de maternelle, en particulier dans les domaines de l'acquisition du langage et de la numération.

En particulier, au lycée

– Faire acquérir aux élèves des méthodes de travail préparant à l'enseignement supérieur.

– Contribuer à l'information des élèves sur les filières de l'enseignement supérieur.

En particulier, au lycée professionnel

– Construire des situations d'enseignement et d'apprentissage dans un cadre pédagogique lié au métier visé, en travaillant à partir de situations professionnelles réelles ou construites ou de projets professionnels, culturels ou artistiques.

– Entretenir des relations avec le secteur économique dont relève la formation afin de transmettre aux élèves les spécificités propres au métier ou à la branche professionnelle.

P 4. Organiser et assurer un mode de fonctionnement du groupe favorisant l'apprentissage et la socialisation des élèves

– Installer avec les élèves une relation de confiance et de bienveillance.

– Maintenir un climat propice à l'apprentissage et un mode de fonctionnement efficace et pertinent pour les activités.

– Rendre explicites pour les élèves les objectifs visés et construire avec eux le sens des apprentissages.

– Favoriser la participation et l'implication de tous les élèves et créer une dynamique d'échanges et de collaboration entre pairs.

– Instaurer un cadre de travail et des règles assurant la sécurité au sein des plateformes techniques, des laboratoires, des équipements sportifs et artistiques.

– Recourir à des stratégies adéquates pour prévenir l'émergence de comportements inappropriés et pour intervenir efficacement s'ils se manifestent.

En particulier, à l'école

– À l'école maternelle, savoir accompagner l'enfant et ses parents dans la découverte progressive de l'école, de ses règles et de son fonctionnement, voire par une adaptation de la première scolarisation, en impliquant, le cas échéant, d'autres partenaires.

– Adapter, notamment avec les jeunes enfants, les formes de communication en fonction des situations et des activités (posture, interventions, consignes, conduites d'étayage).

– Apporter les aides nécessaires à l'accomplissement des tâches proposées, tout en laissant aux enfants la part d'initiative et de tâtonnement propice aux apprentissages.

– Gérer le temps en respectant les besoins des élèves, les nécessités de l'enseignement et des autres activités, notamment dans les classes maternelles et les classes à plusieurs niveaux.

– Gérer l'espace pour favoriser la diversité des expériences et des apprentissages, en toute sécurité physique et affective, spécialement pour les enfants les plus jeunes.

En particulier, au lycée professionnel

– Favoriser le développement d'échanges et de partages d'expériences professionnelles entre les élèves.

– Contribuer au développement de parcours de professionnalisation favorisant l'insertion dans l'emploi et l'accès à des niveaux de qualification plus élevés.

– Mettre en œuvre une pédagogie adaptée pour faciliter l'accès des élèves à l'enseignement supérieur.

P 5. Évaluer les progrès et les acquisitions des élèves

– En situation d'apprentissage, repérer les difficultés des élèves afin de mieux assurer la progression des apprentissages.

– Construire et utiliser des outils permettant l'évaluation des besoins, des progrès et du degré d'acquisition des savoirs et des compétences.

– Analyser les réussites et les erreurs, concevoir et mettre en œuvre des activités de remédiation et de consolidation des acquis.

– Faire comprendre aux élèves les principes de l'évaluation afin de développer leurs capacités d'autoévaluation.

– Communiquer aux élèves et aux parents les résultats attendus au regard des objectifs et des repères contenus dans les programmes.

– Inscrire l'évaluation des progrès et des acquis des élèves dans une perspective de réussite de leur projet d'orientation.

Compétences spécifiques aux professeurs documentalistes

Les professeurs documentalistes exercent leur activité dans l'établissement scolaire au sein d'une équipe pédagogique et éducative dont ils sont membres à part entière. Ils ont la responsabilité du centre de documentation et d'information, lieu de formation, de lecture, de culture et d'accès à l'information. Ils contribuent à la formation de tous les élèves en matière d'éducation aux médias et à l'information.

Outre les compétences qu'ils partagent avec l'ensemble des professeurs, telles qu'elles sont énoncées ci-dessus, ils maîtrisent les compétences spécifiques ci-après.

Les professeurs documentalistes, enseignants et maîtres d'œuvre de l'acquisition par tous les élèves d'une culture de l'information et des médias

Les professeurs documentalistes apportent les aides nécessaires aux élèves et aux professeurs, notamment pour que les apprentissages et l'enseignement prennent en compte l'éducation aux médias et à l'information. Ils interviennent directement auprès des élèves dans les formations et les activités pédagogiques de leur propre initiative ou selon les besoins exprimés par les professeurs de discipline.

D 1. Maîtriser les connaissances et les compétences propres à l'éducation aux médias et à l'information

– Connaître les principaux éléments des théories de l'information et de la communication.

– Connaître la réglementation en matière d'usage des outils et des ressources numériques ; connaître le droit de l'information ainsi que les principes et les modalités de la protection des données personnelles et de la vie privée.

– Connaître les principaux concepts et analyses en sociologie des médias et de la culture.

– Savoir définir une stratégie pédagogique permettant la mise en place des objectifs et des apprentissages de l'éducation aux médias et à l'information, en concertation avec les autres professeurs.

– Faciliter et mettre en œuvre des travaux disciplinaires ou interdisciplinaires qui font appel à la recherche et à la maîtrise de l'information.

– Accompagner la production d'un travail personnel d'un élève ou d'un groupe d'élèves et les aider dans leur accès à l'autonomie.

Les professeurs documentalistes, maîtres d'œuvre de l'organisation des ressources pédagogiques de l'établissement et de leur mise à disposition

En relation avec les autres membres de la communauté éducative et dans le cadre du projet d'établissement, les professeurs documentalistes proposent une politique documentaire au chef d'établissement et participent à sa mise en œuvre dans l'établissement et dans son environnement numérique. Cette politique a pour objectif principal de permettre à tous les élèves d'accéder aux informations et aux ressources nécessaires à leur formation.

D 2. Mettre en œuvre la politique documentaire de l'établissement qu'il contribue à définir

– Maîtriser les connaissances et les compétences bibliothéconomiques : gestion d'une organisation documentaire et d'un système d'information, fonctionnement de bibliothèques publiques ou centres de documentation, politique d'acquisition, veille stratégique, accueil et accompagnement des publics, animation et formation, politique de lecture, évaluation.

– Recenser et analyser les besoins de la communauté éducative en ressources documentaires et informationnelles.

D 3. Assurer la responsabilité du centre de ressources et de la diffusion de l'information au sein de l'établissement

– Organiser et gérer le centre de documentation et d'information en veillant à la diversité des ressources et des outils mis à disposition des élèves et en s'appuyant sur la situation particulière de chaque établissement (collège, lycée général et technologique, lycée professionnel).

– Organiser, en liaison avec l'équipe pédagogique et éducative, la complémentarité des espaces de travail (espace de ressources et d'information, salles d'études, etc.) et contribuer à les faire évoluer de manière à favoriser l'accès progressif des élèves à l'autonomie.

– Maîtriser les différentes étapes du traitement documentaire, les fonctionnalités des logiciels documentaires ainsi que les principes de fonctionnement des outils de recherche d'informations.

– Participer à la définition du volet numérique du projet d'établissement et faciliter l'intégration des ressources numériques dans les pratiques pédagogiques, notamment lors des travaux interdisciplinaires.

– Agir au sein d'un réseau de documentation scolaire en vue d'assurer des relations entre les niveaux d'enseignement et d'optimiser leurs ressources.

Les professeurs documentalistes, acteurs de l'ouverture de l'établissement sur son environnement éducatif, culturel et professionnel

Le centre de documentation et d'information est un lieu privilégié pour contribuer à l'ouverture de l'établissement sur son environnement.

D 4. Contribuer à l'ouverture de l'établissement scolaire sur l'environnement éducatif, culturel et professionnel, local et régional, national, européen et international

– Concourir à la définition du programme d'action culturelle de l'établissement en tenant compte des besoins des élèves, des ressources locales et du projet d'établissement.

– Mettre en place des projets qui stimulent l'intérêt pour la lecture, la découverte des cultures artistique (et des différentes formes d'art), scientifique et technique et développer une politique de lecture en relation avec les professeurs, en s'appuyant notamment sur la connaissance de la littérature générale et de jeunesse.

– Savoir utiliser les outils et les dispositifs numériques pour faciliter l'ouverture de l'établissement sur l'extérieur.

Compétences spécifiques aux conseillers principaux d'éducation

Comme il est précisé dans la circulaire du 28 octobre 1982, « l'ensemble des responsabilités exercées par la conseillère principale ou le conseiller principal d'éducation se situe dans le cadre général de la "vie scolaire" et peut se définir ainsi : placer les adolescents dans les meilleures conditions de vie individuelle et collective d'épanouissement personnel ».

Les conseillers principaux d'éducation, conseillers de l'ensemble de la communauté éducative et animateurs de la politique éducative de l'établissement

Fondant leur action sur la connaissance de la situation individuelle et collective des élèves, les conseillers principaux d'éducation concourent, au plus près des réalités scolaires et sociales de l'établissement, à la définition de la politique éducative. Comme tous les membres de la communauté éducative, ils contribuent à expliciter, faire comprendre et accepter les règles de vie et de droit en vigueur au sein de l'établissement.

C 1. Organiser les conditions de vie des élèves dans l'établissement, leur sécurité, la qualité de l'organisation matérielle et la gestion du temps

– Veiller au respect des rythmes de travail des élèves et organiser leur sécurité.

– Organiser l'accueil, les conditions d'entrée et de sortie des élèves, les déplacements et la surveillance ; les zones de travail et d'études collectives ainsi que les zones récréatives avec le souci de contribuer au bien-être des élèves.

– Maîtriser des circuits d'information efficaces pour assurer le suivi tant individuel que collectif des élèves.

– Faciliter le traitement et la transmission des informations en provenance ou à destination de l'équipe de direction, des personnels de l'établissement, des élèves et des parents, notamment par l'usage des outils et ressources numériques.

C 2. Garantir, en lien avec les autres personnels, le respect des règles de vie et de droit dans l'établissement

– Participer à l'élaboration du règlement intérieur et à son application.

– Promouvoir, auprès des élèves et de leurs parents, les principes d'organisation et les règles de vie, dans un esprit éducatif.

– Contribuer à l'enseignement civique et moral de l'élève ainsi qu'à la qualité du cadre de vie et d'étude.

– Identifier les conduites à risque, les signes d'addiction, les comportements dégradants et délictueux avec les personnels sociaux et de santé et les conseillers d'orientation-psychologues, et contribuer à leur résolution en coopération avec les personnes-ressources internes ou externes à l'institution.

– Conseiller le chef d'établissement, ainsi que les autres personnels, dans l'appréciation des punitions et des sanctions.

– Prévenir, gérer et dépasser les conflits en privilégiant le dialogue et la médiation dans une perspective éducative.

C 3. Impulser et coordonner le volet éducatif du projet d'établissement

– Recueillir et communiquer les informations permettant de suivre l'assiduité des élèves et de lutter contre l'absentéisme.

– Contribuer au repérage des incivilités, des formes de violence et de harcèlement, et à la mise en œuvre de mesures qui permettent de les faire cesser avec le concours des équipes pédagogiques et éducatives.

– Élaborer et mettre en œuvre des démarches de prévention et connaître les missions des partenaires de l'établissement pour la lutte contre la violence et l'éducation à la santé (CESC).

– Conseiller le chef d'établissement et le gestionnaire sur l'aménagement et l'équipement des espaces, afin de permettre l'installation de conditions de vie et de travail qui participent à la sérénité du climat scolaire.

– Contribuer activement au développement de l'animation socio-éducative et à la mise en œuvre d'une politique de formation à la responsabilité dans le cadre du projet d'établissement.

C 4. Assurer la responsabilité de l'organisation et de l'animation de l'équipe de vie scolaire

– Organiser les activités et les emplois du temps des personnels de la vie scolaire dans un souci de continuité, de cohérence et d'efficacité du service.

– Préparer et conduire les réunions de coordination et d'organisation de l'équipe et en formaliser les conclusions.

– Évaluer les besoins de formation des membres de l'équipe et proposer des formations.

Les conseillers principaux d'éducation, accompagnateurs du parcours de formation des élèves

Les conseillers principaux d'éducation remplissent une fonction d'éducateur au sein de l'établissement : ils assurent le suivi individuel et collectif des élèves en association avec les personnels enseignants, contribuent à la promotion de la santé et de la citoyenneté et, par les actions éducatives qu'ils initient ou auxquelles ils participent, ils préparent les élèves à leur insertion sociale. Au sein d'un établissement, en particulier dans une structure qui dispose d'un internat, ils apportent une contribution essentielle à l'élaboration d'un projet pédagogique, éducatif et socioculturel.

Les conseillers principaux d'éducation sont des acteurs à part entière de l'appropriation par l'élève du socle commun de connaissances, de compétences et de culture en tant qu'ils accompagnent les élèves dans leur parcours et la construction de leur projet personnel.

C 5. Accompagner le parcours de l'élève sur les plans pédagogique et éducatif

– Savoir mener un entretien d'écoute dans le cadre du suivi individuel des élèves et de la médiation.

– Œuvrer à la continuité de la relation avec les parents et collaborer avec tous les personnels de l'établissement en échangeant avec eux des informations sur le comportement et l'activité de l'élève – ses résultats, ses conditions de travail, son assiduité – afin de contribuer à l'élaboration de réponses collectives pour aider les élèves à surmonter les difficultés qu'ils rencontrent.

– Contribuer au suivi de la vie de la classe, notamment en prenant part aux réunions d'équipes pédagogiques et éducatives ainsi qu'au conseil des professeurs et au conseil de classe et en collaborant à la mise en œuvre des projets.

– Participer aux travaux du conseil pédagogique, notamment en contribuant aux projets transversaux discutés et préparés dans ce conseil.

– Connaître les compétences des différents intervenants dans la prévention du décrochage.

C 6. Accompagner les élèves, notamment dans leur formation à une citoyenneté participative

– Encourager et coordonner les initiatives des élèves dans le cadre de la vie lycéenne ou collégienne et créer une dynamique d'échanges et de collaboration entre eux, notamment en prenant appui sur les enseignements civiques, juridiques et sociaux.

– Veiller à la complémentarité des dispositifs se rapportant à la citoyenneté participative et représentative, favoriser la participation des élèves aux instances représentatives et contribuer à leur animation (CVL, CESC, délégués de classe, conférence des délégués, conseil d'administration, commission permanente, conseil de discipline, etc.).

– Assurer la formation des délégués élèves.

– Accompagner les élèves dans la prise de responsabilités, en utilisant notamment le foyer socio-éducatif et la Maison des lycéens comme espace d'apprentissage et d'éducation à la citoyenneté. Impulser et favoriser la vie associative et culturelle.

C 7. Participer à la construction des parcours des élèves

– Contribuer avec les enseignants et avec le concours des assistants d'éducation aux dispositifs d'accompagnement des élèves.

– Assurer la liaison avec les responsables de la prise en charge complémentaire des élèves hors temps scolaire dans les collèges ou lycées à organisation pédagogique aménagée (classes à horaires aménagés, sections sportives, pôles sportifs de haut niveau).

– Contribuer, avec les enseignants, les professeurs documentalistes et les conseillers d'orientation-psychologues, au conseil et à l'accompagnement des élèves dans l'élaboration de leur projet personnel.

Les conseillers principaux d'éducation, acteurs de la communauté éducative

Les conseillers principaux d'éducation sont appelés à coopérer avec de nombreux partenaires, à participer à des rencontres collectives auxquelles les parents sont associés et à contribuer aux actions éducatives culturelles, notamment artistiques, scientifiques et sportives.

C 8. Travailler dans une équipe pédagogique

– Coopérer avec les professeurs pour élaborer des situations d'apprentissage en vue de développer et d'évaluer les compétences visées (socle commun de connaissances, de compétences et de culture, référentiels professionnels, etc.).

– Contribuer à l'élaboration du volet éducatif du projet d'établissement.

– Contribuer à faciliter la continuité des parcours des élèves et à la prise en compte des transitions d'un cycle à l'autre.

– Conseiller le chef d'établissement pour organiser les partenariats avec les autres services de l'État, les collectivités territoriales, les associations complémentaires de l'école, les acteurs socio-économiques.

Détectez le degré de maîtrise dans une compétence donnée. Être un « bon » prof renvoie à une valeur étalonnée. Vous percevez qu'il existe différents niveaux de maîtrise dans un contexte donné ; depuis l'entrée dans le métier, ou cinq années dans le même établissement, ou après vingt ans d'exercice, votre **degré de maîtrise** se perfectionne. On peut distinguer classiquement quatre niveaux :

1. ***sensibilisation*** : première approche ou découverte d'un champ de savoirs, de savoir-faire ou de savoir-être qui permettra une prise de conscience génératrice d'une mobilisation (envie d'approfondir) ;

2. ***apprentissage initial*** : disposer des bases suffisantes pour comprendre un champ et être capable d'interagir avec des professionnels du domaine ;

3. ***maîtrise*** : avoir une maîtrise suffisante des connaissances, des pratiques et des comportements pour pouvoir les utiliser professionnellement sans être un spécialiste et en mesurer les effets pour soi et pour les autres ;

4. ***expertise*** : avoir une maîtrise suffisante pour pouvoir utiliser les savoirs, savoir-faire et savoir-être spécifiques à un champ et en faire son activité unique, identifier les principales ressources (références, outils, réseaux, recherche) pour développer son activité, en témoigner et même former d'autres collègues.

Il ne faudrait pas retomber ici dans les errances constatées avec le livret de compétences destiné aux élèves, où le référentiel terminal de compétences devenait une véritable « usine à cases », et où l'intérêt combinatoire de la compétence en situation complexe se dissolvait dans l'égrenage des ressources.

La compétence professionnelle s'observe en situation à partir d'actes et d'entretiens, qui sont autant d'indices du degré de maîtrise ; personne ne résisterait à l'examen clinique d'une telle liste.

« Bon » désigne un état, or la réalité est plus dynamique.

La valeur est liée à un contexte spécifique ; il serait difficile d'être « bon » tout le temps et en toutes circonstances. Par exemple, vous savez conduire et vous n'avez jamais eu d'accident dans vos déplacements, mais conduire dans la brousse ou sur une piste de rallye sera une autre histoire. De plus, il y aurait des situations où on peut être « mauvais », et si vous ne le percevez pas subjectivement, on pourrait vous le signifier. La compétence est donc **dynamique**, évolutive, changeante et dépendra en grande partie de la reconnaissance par autre que vous. **La compétence est un « savoir agir reconnu »** (d'après Guy Le Boterf[1]).

Il convient de prendre le document et de le pratiquer comme guide de l'activité et un moyen de **conduire son apprentissage professionnel sur la durée**. Dans le qualificatif « bon », il y a vraisemblablement aussi une composante, « développement durable ». Les *Cahiers pédagogiques*, il y a quelques années, avaient consacré tout un numéro à des « enseignants suffisamment solides[2] ».

1. Guy Le Boterf, *Compétences et navigation professionnelle*, éd. L'Organisation, 3e éd., 1999.
2. « Des enseignants suffisamment solides », *Cahiers pédagogiques*, n° 342-343, mars-avril 1996.

Autotest

En partant du référentiel, quels sont les domaines de compétences ou compétences plus spécifiques :

1 – Où vous avez développé une réelle **expertise** ? Choisissez-en trois. Quelles en sont les « preuves » tangibles ?

–

–

–

2 – Sur lesquels il conviendrait, de votre point de vue, de **faire porter votre effort** dans les mois qui viennent. Choisissez-en trois.

–

–

–

Cet exercice de positionnement vous a permis d'expliciter votre propre cadre de valeurs et de points d'appui, et aussi de mieux situer l'état de votre pratique, en subjectivité assumée, au regard des attentes exprimées par l'Éducation. Vous avez pu d'ores et déjà identifier, non pas si vous étiez « bon », mais quels étaient les domaines de votre expertise, et quels seraient ceux à approfondir.

ANNEXE 2

Liste choisie des sigles de l'Éducation, utilisés dans le manuel

Nota. Certains sigles et leurs développements ont un caractère officiel, d'autres sont des titres d'actions ou de territoires inventés par les équipes ou utilisés de façon indicative. Ils sont cependant explicités pour faciliter la lecture des pages où ils apparaissent.

AT(O)SS • Administratifs, techniques, sociaux et de santé (personnels).
ATPE • Aide au travail personnel de l'élève.
BEP • Brevet d'études professionnelles.
BTS • Brevet de technicien supérieur.
BYOD • *Bring your own device*, « apportez votre propre ressource numérique ».
CAP • Certificat d'aptitude professionnelle.
CARDIE • Conseiller académique recherche-développement, innovation et expérimentation.
CIO • Centre d'information et d'orientation.
CNDP • Centre national de documentation pédagogique devenu CANOPE en 2013.
CPE • Conseiller(e) principal(e) d'éducation.
CPES • Classe préparatoire à l'enseignement supérieur.
CPGE • Classe préparatoire aux grandes écoles.
CRDP • Centre régional de documentation pédagogique devenu CANOPE en 2013.
CREN • Centre de ressources en éducation nantais.
DAAC • Délégation académique aux arts et à la culture.
DAREIC • Délégation académique aux relations européennes, internationales et à la coopération.
DAFOR • Délégation académique à la formation.
DGESCO • Direction générale de l'enseignement scolaire.
DHG • Dotation horaire globale.
DNB • Diplôme national du brevet.
DOM • Département d'outre-mer (Guadeloupe, Guyane, Martinique, La Réunion…).
DRDIE • Département Recherche-développement, innovation et expérimentation.
ECLAIR • École, collège, lycée ambition, innovation réussite.
EIST • Enseignement intégré des sciences et des technologies.
ENT • Espace numérique de travail.
EPLE • Établissement public local d'enseignement.
EREA • Établissement régional d'enseignement adapté.
ETP • Équivalent temps plein.
HSE • Heures supplémentaires effectives.
IA-IPR • Inspecteur d'académie-Inspecteur pédagogique régional.
IEN • Inspecteur de l'éducation nationale.
IEN-ETEG • Inspecteur de l'éducation nationale chargé de l'enseignement général et de l'enseignement technique.
IFE • Institut français d'éducation, rattaché à l'ENS Lyon.
INSERM • Institut national de la santé et de la recherche médicale.
IREM • Institut de recherche sur l'enseignement des mathématiques.
LEGT • Lycée d'enseignement général et technique.
LP • Lycée professionnel.
LPO • Lycée polyvalent.
LV • Langue(s) vivante(s).
MGI • Mission générale d'insertion, devenue MLDS (mission de lutte contre le décrochage scolaire), en 2013.
PPRE • Programme personnalisé de réussite éducative.
REP • Réseau éducation prioritaire.
ROLL • Réseau des observatoires locaux de la lecture.
RRS • Réseau de réussite scolaire.
SEGPA • Section d'enseignement général et professionnel adapté.
STI • Sciences et techniques industrielles.
TICE • Technologies de l'information et de la communication en éducation.
TBI • Tableau blanc interactif.
TPE • Travaux personnels encadrés.
TSI • Technologies et sciences industrielles.
UPI • Unité pédagogique d'intégration.

Pour en savoir plus :

Liste des sigles du ministère de l'Éducation nationale :
http://www.education.gouv.fr/pid95/sigles.html.

Webographie mâtinée d'éléments bibliographiques

La liste sera ici volontairement très limitée, puisque nous vous avons indiqué de nombreux sites tout au long de cet ouvrage. Nous vous indiquons ici les ressources à solliciter en priorité : davantage que des sites, ce sont de véritables portails qui vous permettent de trouver rapidement ce que vous cherchez. Retrouvez les liens actifs sur ☛ letudiant.fr

➢ Des sites généralistes sur le système éducatif et le cadre professionnel

Ministère de l'Éducation nationale • Renseignements administratifs, *BO* en ligne avec archives, rapports IGEN. La lecture rapide du *Bulletin officiel* chaque jeudi permet de saisir le vaste champ de l'Éducation et de mieux comprendre le cadre de l'action enseignante : programmes, liste des postes à profils. Toujours informatif.
www.education.gouv.fr/bo.

EDUSCOL, site pédagogique du ministère • Dossiers pédagogiques sur les programmes, les dispositifs, les grandes directives officielles.
www.eduscol.education.fr.

CANOPE (ancien SCEREN-CNDP), Documentation pédagogique • Très utile car on y trouve en deux clics tous les programmes et accompagnements, toutes disciplines, tous niveaux.
www.reseau-canope.fr/.

Sites académiques • Chaque académie publie un site avec sous-sites disciplinaires. Pour trouver le site consacré à votre discipline dans votre académie : www.ac-nomdelacademie.fr, rubrique « Pédagogie ». Exemple : www.ac-reims.fr.

Expérithèque • À l'origine, base de données destinée à compiler l'ensemble des actions suivies par les CARDIE, évolue à présent en une base de connaissances ; ses fonctionnalités permettront d'accéder à telle ou telle ressource sur l'ensemble du territoire, mais aussi de lire transversalement, au gré des requêtes, les tendances de l'innovation. http://eduscol.education.fr/experitheque/carte.php.

RESPIRE (réseau d'échange de savoirs professionnels pour l'innovation, la recherche et l'expérimentation) • Créez votre compte professionnel avec votre mail xxx@ac-academie.fr et participez au réseau social de l'éducation, dans une interface aux fonctionnalités similaires à celles d'un Facebook. La communauté est hébergée sur la plateforme Viaeduc : http://viaeduc.fr.

Le Musée national de l'éducation • Installé à Rouen, le musée national de l'éducation propose régulièrement des conférences qui font découvrir l'histoire de l'éducation en France. Le musée dispose d'environ 900 000 documents. Un moteur de recherche permet une consultation en ligne du fonds documentaire : un véritable voyage dans l'école. www.reseau-canope.fr/musee/?/%20tion.fr/.

Un guide sur le système éducatif • Christian Lataste et Jean-Philippe Estecel mettent en ligne un guide

commenté du système éducatif. Créé pour les parents, les élèves, et les enseignants, ce site est une source d'informations et d'analyses sur le système éducatif et ses problèmes. En 17 chapitres, les auteurs abordent les questions de la formation des enseignants, des projets d'établissement, de l'orientation, des TICE, de la pédagogie différenciée.
http://systeme.educatif.free.fr/

C'est un complément en ligne d'ouvrages plus denses tels que :
• Auduc J. L., *Le système éducatif*, un état des lieux, éd. Hachette éducation, Paris, 2015.

• Altet M., Paquay L., Perrenoud Ph. (dir), *Formateurs d'enseignants. Quelle professionnalisation ?*, De Boeck, Bruxelles, 2007.

• Bouvier A., *L'établissement scolaire apprenant,* Hachette, Paris, 2001.

• *Cahiers pédagogiques*, décembre 2013, n° 509 « Ce qui fait changer un établissement » ; octobre 2012, n° 500 « Apprendre au XXIe siècle » ; n° 515 « Vers l'école du socle commun » ; n° 514 « Enseignant : un métier qui bouge » ; n° 511 « Observer la classe » ; n° 510 « Des tâches complexes pour apprendre ».

• Centre d'analyse stratégique, *Que disent les recherches sur l'« effet enseignant » ?* (note d'analyse 232, juillet 2011).

• De Peretti A., *Encyclopédie de l'évaluation en formation et en éducation*, ESF, 2e éd., 2010.

• DGESCO, *Vademecum de l'innovation*, novembre 2011, à consulter et à télécharger sur http://eduscol.education.fr/innover.

• *Id., Les acquis des élèves, pierre de touche de la valeur de l'école ?,* rapport de l'IGEN, juillet 2005.

• Draelants H., Dupriez V., Maroy C., *Le système scolaire*, CRISP, Bruxelles, 2011.

• Fullan M., *Change Forces. The Sequel*, Taylor & Francis Group, London, 1999.

• Gather Thurler M., Maulini O., *L'organisation du travail scolaire. L'enjeu caché des réformes*, Presses universitaires du Québec, 2007.

• Gauthier R.-F., *« Malgoverno » éducatif et questions curriculaires en France. Fil rouge sur travaux (1985-2010)*, thèse, Lyon II, 2010.

• Hargreaves A., Shirley D., *La face cachée de la réforme*, Québec, 2011, http://perspectives.ctf-fce.ca/fr/article/1960/.

• Hattie J., *Visible Learning. A Synthesis of over 800 Meta-analyses relating to Achievement*, Routledge, 2009. Voir le site http://visible-learning.org/fr/.

• Husti A., *La dynamique du temps scolaire*, Hachette éducation, Paris, 1999.

• IFE, VST, *Dossier d'actualité Veille et Analyses*, n° 94 « Évaluer pour (mieux) faire apprendre », septembre 2014 ; n°65 « Les effets des pratiques pédagogiques sur les apprentissages », septembre 2011 ; n° 24 « Leadership et changements éducatifs », janvier 2007.

• Le Boterf G., *De la compétence à la navigation professionnelle*, Éditions d'Organisation, Paris, 1997.

• Normand R., Derouet J.-L., « Évaluation, développement professionnel et organisation scolaire », *Revue française de pédagogie*, 174, 2011.

• Perrenoud P., *L'organisation du travail, clé de toute pédagogie différenciée*, ESF, 2012.

• Rayou P. (dir.), *Faire ses devoirs. Enjeux cognitifs et sociaux d'une pratique ordi-*

naire, Presses universitaires de Rennes, 2009.

• Ruano-Borbalan J. C., Troger V., *Histoire du système éducatif,* PUF, coll. « Que sais-je », 3e éd., 2012.

• *Sciences Humaines*, dossier « Imaginer, créer, innover », n° 221, décembre 2010.

• Spillane J., *Distributed leadership*, Jossey Bass, San Fransisco, CA, 2006.

• Tardif M., Levaseur L., *Le domaine du travail éducatif,* PUF, Paris, 2010.

• Timperley H., *Teacher Professional Learning and Development. International Academy of Education. International Bureau of Education*, UNESCO, Paris, 2008.

➢ Des sites sur les gestes et le métier d'enseignant

Entrer dans le métier • Le portail d'Eduscol spécial débutants ; textes, ressources, vidéos.
http://eduscol.education.fr/entrer-dans-le-metier/

La classe côté professeur « tenue de classe » • Portail avec de nombreuses vidéos.
www.cndp.fr/tenue-de-classe/

NeoPass@ction • Le site de l'IFE consacré à l'entrée dans le métier, avec des vidéos et entretiens croisés.
http://neo.ens-lyon.fr/neo

Educatube • Espace multimédia de la communauté francophone de Belgique, accueille des séquences vidéo, des photos, des sons, des diaporamas ou des documents.
www.educatube.be/

Le Petit guide du jeune enseignant • Petit manuel de savoir-survivre à l'usage des enseignants d'école élémentaire.
http://issuu.com/dangerecole/docs/survivre___l__cole/2

Ce sont des compléments en ligne, qui complètent des ouvrages publiés tels que :

• Antibi A., *50 paradoxes dans l'enseignement*, édition Math'Adore.

• *Croisements de disciplines au collège,* Castincaud F. et Zakhartchouk J.-M., CRAP-CRDP d'Amiens, 2002.

• Clerc F., *Débuter dans le métier d'enseignant,* « Hachette Éducation », Hachette, 2000.

• Di Martino A. et Sanchez A.-M., *Socle commun et compétences : pratiques pour le collège*, ESF, 2011.

• Édouard M., *Premières classes. Bien débuter le métier d'enseignant en collège et en lycée*, CRDP d'Amiens, 2005.

• *Le plus beau métier du monde. Guide du jeune enseignant,* Coord. : Fabrice Hervieu-Wane, Sciences Humaines, 2007.

• Jorro A., *Professionnaliser le métier d'enseignant*, ESF, coll. « Pratiques et enjeux pédagogiques », Paris, 2002.

• Meirieu P., *Faire l'école, faire la classe*, ESF, coll. « Pédagogies », n° 100, 2004.

• Monteil J.-M. et Huguet P., *Réussir ou échouer à l'école : une question de contexte ?*, Presses universitaires de Grenoble, coll. « Vies sociales », 2002.

• Mathon O., *Réussir sa première classe*, ESF, 2012.

• Muller F. et de Peretti A., *Mille et une propositions pédagogiques pour animer sa classe et innover en cours*, ESF, 2e éd., 2013.

• Muller F., *L'innovation, une histoire contemporaine du changement en éducation,* CNDP, coll. « Changements en éducation », 2012.

• Muller F. et Normand R., *École, la grande transformation ? Les clés de la réussite*, ESF, 2013.

• Perrenoud P., *Dix nouvelles compétences pour enseigner*, ESF, Paris, 2000.

• Perrenoud P., *Quand l'école prétend préparer à la vie. Développer des compétences ou enseigner des savoirs*, ESF, 2011.

• Sénore D., *(Re)découvrir le métier de prof d'école. La preuve par neuf,* Chronique sociale, Lyon, 2008 ; neuf « balades pédagogiques », pour Fred, professeur des écoles remplaçante, de s'éprouver et apprécier les gestes du métier.

• Yearbook CIDREE 2011, *Beginning Teachers: a Challenge for Educational Systems*, Patrick Picard and Luc Ria.

• Zakhartchouk J.-M., *L'Enseignant, un passeur culturel*, ESF, coll. « Pratiques et enjeux pédagogiques », 1999.

• Zakhartchouk J.-M., *Réussir ses premiers cours*, ESF, 2010.

➢ Les blogs sympas de profs

• *Chronique éducation,* le blog de Philippe Watrelot.
http://philippe-watrelot.blogspot.fr/ une chronique quotidienne sur l'actualité et les débats en éducation.

• *J'adore mon job,* Frédéric Daventure, professeur d'anglais, académie de Montpellier
http://jadoremonjob.wordpress.com/

• *Bleu Primaire*, le blog d'Ostiane Mathon – http://lewebpedagogique.com/ostiane/

• *C'est au pied du mur*, le blog de Mila Saintanne – http://milasaintanne.wordpress.com/

Spécial dessins et bandes dessinées de profs en ligne

Journal d'une PE, de Mathilda Dart http://journaldunepe.over-blog.com/.

Le blog de Jack (textes et graffitis) : dangerecole.blogspot.com.

Le blog de Christophe gribouille sa vie de prof : http://christophegribouille.blogspot.fr/.

Les « toujours ouvrables » de Sophie, jeune prof de lettres, http://lestoujoursouvrables.over-blog.com/.

Une année au lycée, le blog de Fabrice Erre, prof d'histoire-géographie à Montpellier : http://uneanneeaulycee.blog.lemonde.fr/ : l'album paru s'intitule *Mon année au lycée, guide de survie en milieu lycéen*, Dargaud ; mention spéciale à la planche « résolutions pour être un bon prof », janvier 2015 sur http://uneanneeaulycee.blog.lemonde.fr/2015/01/02/resolutions-pour-etre-un-bon-prof/.

Hyppolite Berthier, professeur de sciences économiques et sociales : http://hyppoliteberthier.free.fr/.

Le journal d'un remplaçant : http://bluecity.free.fr/instit/index.htm.

À regarder : La serie *Learning is fun*, 30 vidéos pour illustrer les pratiques innovantes dans l'école, sur youtube.

Et à lire :

• Resch D., *Mots de têtes*, Autrement, 2011.

➢ Évoluer dans le métier ?

Vous vous interrogez sur votre carrière ? Une réorientation est-elle possible ? Vous voulez évoluer ? Aideauxporfs.org est une association d'entraide à distance, de conseil et d'accompagnement en mobilité professionnelle pour les enseignants. http://www.apresprof.org/

• Rémi Boyer, *Enseignants et mobilité professionnelle. Conseils et outils pour choisir la vôtre,* Les Savoirs inédits, 2011.

➢ Des périodiques pour se tenir au courant des débats actuels

Les Cahiers pédagogiques, revue mensuelle, CRAP – http://www.cahiers-pedagogiques.com/.

Sciences humaines, site Internet : www.scienceshumaines.com.

Lettres et dossiers de la VST (veille scientifique et technique), de l'IFE – http://ife.ens-lyon.fr/vst/DA/ListeDossiers.php.

➢ Twitter s'invite

Les hashtags généralistes : trouver une aiguille dans une botte de tweets
#education : des infos générales
#edvid : trouver les meilleures vidéos éducatives
#k12 : questions relatives à l'enseignement secondaire
#TT : inspiré du fameux #FF « *follow Friday* », le « *Teacher Tuesday* » ou #TT, permet aux enseignants de conseiller les comptes dignes d'intérêt à leurs pairs et cela tous les jeudis
#claved : clavardage sur l'éducation

Les hashtags par discipline : toutes les matières ne sont pas logées au même tweet
#arted : éducation artistique
#ecbusteach : ce hashtag pourra être utilisé par les enseignants de SES et de STG, contraction de « *economics, business teaching* »
#historyteacher : utiles aux profs d'histoire, de géographie ou de SES : #socialstudies, #sschat
#langchat : autour de l'apprentissage des langues étrangères. À savoir, les professeurs d'anglais peuvent bénéficier des hashtags #engchat ou #eslchat pour « *English as a Second Language* »... à surveiller aussi #eltchat pour « *English Language Teacher* »
#mathchat : discussions dédiées aux mathématiques « *mathematics* »
#musedchat : des questions d'éducation musicale
#physed : EPS ; attention, physique et SVT pourront trouver avec le hashtag #scichat. Les férus de sciences physiques utiliseront plutôt #physicsed

Les hashtags du numérique
#edapp : pour les applications spécifiques au monde de l'éducation sur tablette
#edtech : connaître les dernières actualités des tice
#elearning : l'actualité du monde du e-learning
#gbl : apprentissage par le jeu ou « *game-based learning* »
#mlearning : en rapport avec l'apprentissage mobile

Les hashtags plus spécifiques : ne pas mettre tous ses tweets dans le même panier
#cpchat : personnels de direction d'établissements scolaires
#edreform : réforme du système éducatif
#gtchat : à propos des élèves à haut potentiel intellectuel qui sont qualifiés de « *gifted and talented* » par les enseignants anglo-saxons
#ntchat : pour les néotitulaire à partir de l'acronyme de « *new teachers* »
#spedchat ou #sped : dédiée à la réflexion sur l'intégration des élèves en situation de handicap
#twittclasse : les enseignants qui utilisent Twitter avec leurs élèves.
Et celui dédié à l'innovation en éducation que nous alimentons : #eduinov
Une page ou tagboard permet de capitaliser toutes les contributions sur : https://tagboard.com/eduinov/194783.

Index des problèmes rencontrés et des questions soulevées

Environ 200 questions et situations que l'on peut entendre ou rencontrer fréquemment dans sa pratique ont été recensées pour décoder le métier d'enseignant. Elles tournent toutes autour de la discipline, la relation pédagogique, l'évaluation, les élèves, la personne et constituent les bases de chacun des trente chapitres de l'ouvrage.

Nous récapitulons ici ces problèmes que vous trouverez traités dans les chapitres indiqués, **en référence avec le texte du BOEN n° 30 du 25 juillet 2013 (voir ci-dessus).**

Le traitement des chapitres fait jouer à la fois plusieurs compétences, dont certaines architecturent le métier actuellement, telles que :

– connaître les élèves et les processus d'appprentissage ;

– prendre en compte la diversité des élèves ;

– intégrer les éléments de la culture numérique nécessaires à l'exercice de son métier...

Cependant, chacun des chapitres s'attache à une ou deux familles de compétences, qui sont alors indiquées en gras.

Problèmes	Chapitres	Compétences en référence au BO du 25 juillet 2013
• Pour moi, un cours, c'est faire ce que j'ai prévu dans ma progression. • Les débuts de cours me coûtent beaucoup en énergie : ça fuse de partout. • Je ne parviens quasiment jamais à faire en une heure ce que j'avais prévu. • Même si le « cours dialogué », s'impose par une certaine routine, je vois bien que certains élèves sont largués. • En une heure de cours, je ne peux envisager trente-six dispositifs. Je me centre sur un objectif.	Diriger une séance ☛ page 37	– Maîtriser les savoirs disciplinaires et leur didactique – Maîtriser la langue française dans le cadre de son enseignement – **Construire, mettre en œuvre et animer des situations d'enseignement et d'apprentissage prenant en compte la diversité des élèves**
• Le travail de groupe me paraît réservé à certaines disciplines aux contenus spécifiques. Ce n'est pas pour moi. • Je ne vois la place et le rôle du prof dans le cadre d'un travail en groupe. Cela me semble une « démission ». • Une fois, j'ai tenté le travail de groupe pour étudier un document, cela a été un échec. • Le travail en groupe avance moins vite et crée une perturbation certaine dans la classe. • Dans un petit groupe, c'est toujours le bon qui travaille, les autres se reposent sur lui. • Je ne le crois pas efficace en termes d'apprentissages. • Je n'arrive pas à déterminer ce que je dois évaluer dans un travail de groupe. • Je ne vois pas l'avantage que je tirerais à faire du travail de groupe. Et même, cela me coûte en énergie et en temps. • Je me sens isolé dans mon école, les collègues pensent que je fais de la démagogie. Je ne vois pas comment déterminer des rôles différents pour les groupes, différents pour les élèves, autres que celui de la production que je leur assigne à tous. • Cela marche pour une classe, mais c'est impossible d'organiser ce type de travail autrement.	Mettre en groupe ☛ page 60	– Construire, mettre en œuvre et animer des situations d'enseignement et d'apprentissage prenant en compte la diversité des élèves – **Organiser et assurer un mode de fonctionnement du groupe favorisant l'apprentissage et la socialisation des élèves**
• Deux élèves voisins du 5e rang se lèvent soudainement et se tapent violemment, pour faire mal. • J'ai déjà des difficultés pour faire cours, pourquoi faudrait-il que « j'invente » ce type de technique qui s'adresse à un individu quand j'en ai vingt ou trente à gérer ?	Gérer les relations ☛ page 75 Négocier des contrats d'études ☛ page 90	– **Prendre en compte la diversité des élèves** – Accompagner les élèves dans leur parcours de formation

Problèmes	Chapitres	Compétences en référence au BO du 25 juillet 2013
• Le rapport professeur-élève est forcément inégalitaire. C'est un leurre. • Je ne comprends pas en quoi un contrat changerait la situation pour des élèves déjà en difficulté. • Dans ma discipline, dans mon programme, il y a trop de contenus ; c'est non négociable. • Je ne vois pas sur quoi je peux négocier quelque chose avec l'élève. • Je ne me figure pas mentalement les formes que peut prendre un contrat passé avec un ou des élèves. Alors pour un groupe…	Gérer les relations ☛ page 75 Négocier des contrats d'études ☛ page 90	– Construire, mettre en œuvre et animer des situations d'enseignement et d'apprentissage prenant en compte la diversité des élèves – **Organiser et assurer un mode de fonctionnement du groupe favorisant l'apprentissage et la socialisation des élèves**
• Jamais dans ma préparation professionnelle, je ne me suis interrogé ni n'ai été incité à travailler sur ce qui fonde mon action et mon envie d'enseigner. • Ma mission est d'instruire ; le problème avec les élèves, c'est à présent qu'il faut commencer à les éduquer. • Je considère toujours l'enseignement comme une transmission de connaissances. On n'en sort pas. • J'ai du mal à sortir du genre « cours dialogué » bien pratique, mais usant et usé à force, et pour les élèves et pour moi. • Je ne vois pas comment exactement faire plus participer mes élèves quand je dois transmettre un certain volume de contenus. • Le guidage plus libre et des procédures comme l'autoévaluation fonctionnent peut-être dans le secondaire, c'est plus difficile dans le primaire. • L'orientation reste encore pour moi un objectif et des contenus en plus de ma discipline. C'est plutôt l'affaire du professeur principal et du conseiller d'orientation.	Guider les élèves ☛ page 102	– **Prendre en compte la diversité des élèves** – Accompagner les élèves dans leur parcours de formation – **Construire, mettre en œuvre et animer des situations d'enseignement et d'apprentissage prenant en compte la diversité des élèves** – Organiser et assurer un mode de fonctionnement du groupe favorisant l'apprentissage et la socialisation des élèves – S'engager dans une démarche individuelle et collective de développement professionnel
• Chez moi, c'est plutôt « trente idées pour enterrer un projet ». • À part équipe de foot, je ne vois pas ce que signifie pour moi, le mot « équipe ». • Je ne vois pas pourquoi je travaillerais en équipe. Sur quel objet ? • Les seules infos qu'on s'échange en salle des profs, c'est l'ouverture de la chasse ou le bon établissement à trouver pour son petit dernier. • Je ne vois ni l'avantage ni l'intérêt que j'aurais en travaillant plus en équipe. • J'aurais l'air de jouer le petit chef ou l'adjoint-bis aux yeux de mes collègues.	Travailler en équipe ☛ page 114	– **Contribuer à l'action de la communauté éducative** – Coopérer avec les partenaires de l'école – **S'engager dans une démarche individuelle et collective de développement professionnel**

Problèmes	Chapitres	Compétences en référence au BO du 25 juillet 2013
• Je n'ai pas été formé pour « travailler en équipe », encore moins pour coordonner une équipe. • Je ne suis absolument pas convaincu des effets hypothétiques d'un travail d'équipe sur les élèves et sur leurs résultats. • Je ne comprends pas cette nouvelle mode « interdisciplinaire ». • On a bien commencé à se réunir, mais on a de gros problèmes de méthodologie et de surcharge de travail. C'est un peu la « réunionnite ». • Le travail d'équipe, c'est le boulot du directeur d'école / du chef d'établissement. • Est-ce que mettre des professeurs ensemble suffit à faire une équipe ?	Travailler en équipe ☛ page 114	– **Construire, mettre en œuvre et animer des situations d'enseignement et d'apprentissage prenant en compte la diversité des élèves**
• Je passe un temps fou à préparer mes supports de cours et le matériel pédagogique, même après dix ans d'exercice. • Mes élèves doivent apprendre le débat ; ils n'ont jamais appris, et moi, j'ai pas été formé à ça. • Sur des questions difficiles, le cours n'a plus l'air de suffire ; il faut autre chose. • Le cours n'est pas un jeu, le jeu n'est pas un cours. • J'ai toujours l'impression que c'est moi qui fais le travail à la place des mes élèves. • À part ma propre autorité « naturelle » et le manuel comme support, je me trouve démuni en termes d'outils.	Créer un outillage ☛ page 145	– Prendre en compte la diversité des élèves – Intégrer les éléments de la culture numérique nécessaires à l'exercice de son métier – **S'engager dans une démarche individuelle et collective de développement professionnel** – Maîtriser les savoirs disciplinaires et leur didactique – **Construire, mettre en œuvre et animer des situations d'enseignement et d'apprentissage prenant en compte la diversité des élèves**
• Il n'y a que les sorties pour motiver les élèves ; le reste du temps, c'est l'apathie. • Organiser une sortie, c'est beaucoup trop lourd en temps, en organisation et en responsabilités. Je laisse ça aux autres. • Je voudrais partir avec ma classe, mais je ne connais pas bien la procédure « administrative ». • Je dois faire de l'éducation à l'orientation ; outre que c'est prématuré pour certains collégiens, voire lycéens, je ne vois pas ce que cela recouvre. • Les filles envisagent un stage dans les « services », les garçons dans le commercial ou l'informatique. C'est souvent décevant et se termine par une impasse pour beaucoup.	Préparer une sortie, un voyage, un stage ☛ page 161	– Prendre en compte la diversité des élèves – **Accompagner les élèves dans leur parcours de formation** – Coopérer au sein d'une équipe – Coopérer avec les parents d'élèves – Coopérer avec les partenaires de l'école – Maîtriser les savoirs disciplinaires et leur didactique

Problèmes	Chapitres	Compétences en référence au BO du 25 juillet 2013
• Une bonne partie de ma classe n'est pas parvenue à trouver un stage, ce n'est pas à moi de le faire à leur place.	Préparer une sortie, un voyage, un stage ☛ page 161	– **Construire, mettre en œuvre et animer des situations d'enseignement et d'apprentissage prenant en compte la diversité des élèves**
• Faire une progression, c'est obligatoire ? • Je ne sais pas ce que représente ce qu'on appelle « progression ». • Avec le manuel avec lequel je dois travailler, la progression s'impose ; je ne dispose pas de marge. • Je ne parviens pas à tenir ma progression ; je suis en dépassement constant. • Je ne parviens pas à me libérer d'une progression fortement suggérée par le programme. • Ma progression est incompatible avec celle de mes collègues de discipline. Difficile de faire autrement.	Définir une progression ☛ page 177	– Maîtriser la langue française à des fins de communication – **Intégrer les éléments de la culture numérique nécessaires à l'exercice de son métier** – **Coopérer au sein d'une équipe** – S'engager dans une démarche individuelle et collective de développement professionnel – **Maîtriser les savoirs disciplinaires et leur didactique** – Maîtriser la langue française dans le cadre de son enseignement
• J'écris de manière illisible au tableau. • Je ne parviens pas à organiser l'espace de mon tableau. • Je ne sais même pas me servir du minitel, alors l'ordinateur… • Le rétroprojecteur, c'est dans quel sens ? • Des outils ? J'ai pas les moyens. • Je ne boucle pas mon programme, pourtant je suis scrupuleusement le manuel. • Je ne sais pas comment faire pour renouveler mon manuel. • Ils n'ont qu'à recopier le tableau, c'est le résumé du cours. • Il faut les faire gratter pour les faire taire. • S'ils sont sages, en fin de trimestre, je leur passe un film. • L'ordinateur, j'ai essayé une fois, ne m'en parlez plus. • Je n'ai ni le temps, ni l'envie de lire en classe ; le cours, c'est plus sérieux.	Mettre en œuvre des outils ☛ page 186	**– Intégrer les éléments de la culture numérique nécessaires à l'exercice de son métier** **– Coopérer au sein d'une équipe** – S'engager dans une démarche individuelle et collective de développement professionnel – Maîtriser les savoirs disciplinaires et leur didactique – Maîtriser la langue française dans le cadre de son enseignement

Problèmes	Chapitres	Compétences en référence au BO du 25 juillet 2013
• Certains cahiers d'élèves sont de vrais torchons. • Les élèves ne sont pas attentifs à ce que je passe au magnétophone. • Je suis allergique à la craie, je ne sais plus comment faire pour écrire au tableau. • Je n'arrive pas à m'occuper du cahier de textes, c'est accessoire. • J'ignore où passe le matériel pédagogique. • De toutes façons, moi, je préfère les photocopies. • La vidéoprojection, c'est réservé à la technologie. • Moi, j'arrive les mains dans les poches. • J'ai passé un super PowerPoint et les élèves n'ont pas accroché. • Ils n'arrivent pas à produire un court texte écrit. • Je n'ai pas été formé pour utiliser ce type d'appareil. • Cela ne marche pas, pourtant, j'ai toujours fait comme cela. • Le portfolio, c'est du latin ? Un nouveau jeu à gratter ? • Ils ne savent pas lire, pourquoi le livre en classe ? • C'est le boulot du CDI (centre de documentation pédagogique). • Le B2I, c'est l'affaire du prof de technologie ; moi, ce sont les Lettres. • Comment faire pour travailler sur le tableau du *sacre de Napoléon* quand je suis dans une ZEP rurale au fond de la Creuse ?	Mettre en œuvre des outils ☛ page 186	**– Construire, mettre en œuvre et animer des situations d'enseignement et d'apprentissage prenant en compte la diversité des élèves**
• Les TICE se surajoutent à mon programme et ne développent que des compétences transversales. Ce n'est pas ma priorité ni mon objectif. • J'ai bien essayé de mettre mes élèves sur une recherche Internet, mais quel temps perdu et ce ne fut pas probant en termes de résultats. Je ne vois pas ce que je pourrais faire d'autre. • Ma salle ne dispose pas d'équipement spécifique, ne parlons pas du réseau en panne un jour sur deux. Je ne peux pas l'envisager pour moi. • Les TICE ne font que confirmer la fracture sociale à l'école ; il y a ceux qui savent (déjà) et les oubliés du système ; comment je dois me situer face à cette situation ?	Utiliser le numérique ☛ page 206	**– Intégrer les éléments de la culture numérique nécessaires à l'exercice de son métier** **– Coopérer au sein d'une équipe** – S'engager dans une démarche individuelle et collective de développement professionnel **– Construire, mettre en œuvre et animer des situations d'enseignement et d'apprentissage prenant en compte la diversité des élèves**

Problèmes	Chapitres	Compétences en référence au BO du 25 juillet 2013
• Le B2I reste encore une injonction pas concrétisée dans mon établissement. Quel est son intérêt ?	Utiliser le numérique ☛ page 206	– **Organiser et assurer un mode de fonctionnement du groupe favorisant l'apprentissage et la socialisation des élèves**
• Ils passent déjà trop de temps devant la télé : la classe, ce n'est pas la télé. • Malgré toute leur « culture » audiovisuelle, les élèves ne « voient » pas ce qu'il faut voir. • Je n'ai pas été formé à l'image. C'est plutôt l'affaire de spécialistes ou du professeur d'arts plastiques. • On nous demande de faire de « l'éducation aux médias », et mon programme alors ? • J'utilise parfois l'image, photo ou diapo, pour illustrer les propos du cours. • Ma salle n'est pas équipée ; je ne suis pas à même d'étudier l'image, quelle qu'elle soit, avec mes classes. • Je ne vois pas comment je pourrais tenir une heure entière pour l'étude d'une image ; j'ai le programme à tenir. • Si je maîtrise bien les images « classiques », j'ai encore beaucoup de mal avec les images satellites, c'est vraiment autre chose. • Mes élèves ont un problème avec leur propre image ; impossible d'utiliser la vidéo en cours. • Faire parler les élèves en langue vivante est un véritable calvaire ; au-delà des difficultés linguistiques, c'est surtout parler devant les autres qui semble poser problème.	Utiliser l'image et le son ☛ page 225	– **Intégrer les éléments de la culture numérique nécessaires à l'exercice de son métier** – **Coopérer au sein d'une équipe** – S'engager dans une démarche individuelle et collective de développement professionnel – Maîtriser les savoirs disciplinaires et leur didactique – **Construire, mettre en œuvre et animer des situations d'enseignement et d'apprentissage prenant en compte la diversité des élèves** – **Organiser et assurer un mode de fonctionnement du groupe favorisant l'apprentissage et la socialisation des élèves**
• Moi, j'enseigne d'abord une discipline, je me fonde peu sur le programme qui d'ailleurs change tous les deux ans. • Je dois enseigner à trois niveaux différents ; je ne possède pas suffisamment certaines parties des programmes. • Mon horaire disciplinaire a diminué de façon significative depuis cinq ans avec le même programme ; cela devient impossible à gérer, pour moi et pour les élèves.	Être le gardien des programmes ☛ page 239	– Faire partager les valeurs de la République – Inscrire son action dans le cadre des principes fondamentaux du système éducatif et dans le cadre réglementaire de l'école

▶

Problèmes	Chapitres	Compétences en référence au BO du 25 juillet 2013
• Les contenus de mon programme sont très lourds ; je suis obligé de faire des choix, mais sur quelles bases ? • Pourquoi faut-il que je connaisse les autres programmes des autres disciplines ? Cela représente une perte de temps, je n'en vois pas l'intérêt. • J'ai le sentiment d'être noyé dans l'interdiscipinaire et de perdre ma spécificité, d'être instrumenté par d'autres. • Mes élèves en 3e ont des projets d'orientation assez différents les uns des autres. Mon programme ne semble plus être valable pour une bonne partie de la classe. • Je ne parviens pas à terminer mon programme. Alors, comment fait-on ? • Mon programme demande des pré-requis que mes élèves visiblement ne possèdent pas. Que faire ? • Mon programme est purement indicatif avec de grands objectifs généraux ; comment je fais pour organiser mon année ?	Être le gardien des programmes ☛ page 239	– **Coopérer au sein d'une équipe** – **Maîtriser les savoirs disciplinaires et leur didactique** – Évaluer les progrès et les acquisitions des élèves
• Je ne sais ce que pensent mes élèves de ma manière d'évaluer. • On me dit d'évaluer mes élèves ; j'improvise au mieux, car je n'ai jamais appris à le faire. • J'ai pris l'habitude de tout noter ; mais je sens bien qu'au bout du compte, j'ai du mal à bien cerner les difficultés de mes élèves. • J'ai une fois essayé d'utiliser une grille formative étudiée en stage, mais cela a été très long et pas satisfaisant. • Je rencontre de grosses difficultés à stabiliser ma propre manière d'évaluer les copies d'élèves. Cela renforce un sentiment d'aléatoire chez les élèves. • Les formules que je trouve sur les bulletins scolaires sont complètement différentes les unes des autres ; je ne parviens à me situer pour les compléter. • J'ai organisé tout mon enseignement sur l'acquisition de compétences, mais la forme de notation trimestrielle me semble particulièrement incompatible. • J'ai l'impression qu'on ment aux élèves. • Dans mon établissement, la gestion informatisée des notes aboutit à des dérives de type : on classe selon les moyennes à la décimale près et on passe quasiment sous silence ce qu'apportent les appréciations. Cela n'a plus de sens.	Évaluer des travaux ☛ page 252	– Inscrire son action dans le cadre des principes fondamentaux du système éducatif et dans le cadre réglementaire de l'école – Coopérer au sein d'une équipe – Coopérer avec les parents d'élèves – S'engager dans une démarche individuelle et collective de développement professionnel – **Maîtriser les savoirs disciplinaires et leur didactique** – Construire, mettre en œuvre et animer des situations d'enseignement et d'apprentissage prenant en compte la diversité des élèves – **Évaluer les progrès et les acquisitions des élèves**

Problèmes	Chapitres	Compétences en référence au BO du 25 juillet 2013
• Un élève m'a violemment pris à partie en classe, c'était physique ; les autres n'ont pas bougé. • Les enseignants ne peuvent rien ; c'est la faute de la société. • Je pense la situation trop grave ; on ne peut rien faire. • Le chewing-gum dans la serrure pour la vingtième fois, cela me pourrit la vie. • J'ai hérité d'une classe composée de tous les « fonds de classe » de l'année précédente. C'est ingérable. • Dans mon établissement, il y a la classe des blacks et la classe des blancs. • Je me sens complètement isolé et sans recours dans ma classe. • « Les élèves ne travaillent plus. » • Une élève m'a fait des confidences assez graves sur son vécu au collège ; je ne sais qu'en faire. • En « heure de vie de classe », plusieurs élèves ont fait état de pratiques injustes et régulières d'un collègue en matière de notation. • Le règlement est lu une fois au début de l'année, et après, c'est la loi de la jungle. • À chaque acte, je fais un rapport. Mais l'Administration laisse aller. • Je me retiens de vider des élèves. • Pour moi, c'est simple : c'est exclusion automatique. • Les remarques « ethniques » se multiplient dans ma classe ; je ne sais pas comment les « traiter ». • J'ai systématiquement plus du quart de ma classe principale absent ; la classe n'est jamais complète ; dois-je demander l'exclusion de ces « fantômes » ? • Ils n'arrivent pas à apprendre malgré mes « gesticulations ». • Un mec à casquette qui dit à une fille « elle est bonne ! », c'est quoi ? Une incivilité ou une violence verbale ? • Impossible de faire décrocher un mot aux trois élèves devant mon bureau sans attiser les remarques acerbes de leurs « camarades ». • Je suis dépassé par l'ampleur et la superposition des « éducations à la… » : citoyenneté, environnement, santé, sexualité, sécurité routière, développement durable, défense. Comment faire tout cela ? • Pourquoi est-ce à moi d'assurer ces « enseignements » et pas aux autres ? Ce n'est pas dans mon programme. • À force de jouer le bon petit soldat de l'ONU de la force d'interposition rapide, je ne fais plus cours.	Assurer la sécurité ☛ page 274	– Faire partager les valeurs de la République **– Inscrire son action dans le cadre des principes fondamentaux du système éducatif et dans le cadre réglementaire de l'école** **– Agir en éducateur responsable et selon des principes éthiques** – Maîtriser la langue française à des fins de communication **– Coopérer au sein d'une équipe** – Contribuer à l'action de la communauté éducative – Coopérer avec les parents d'élèves

Problèmes	Chapitres	Compétences en référence au BO du 25 juillet 2013
• Au lycée, ce n'est plus la même chose ; on doit travailler sur des contenus spécifiques. • Dans mon établissement, il n'y a pas de programmation ni d'organisation d'études dirigées en tant que telles ; comment l'organiser dans un travail d'équipe ? • Dans les études dirigées en 6e, à part les devoirs pour la semaine, je ne vois pas quoi « diriger » d'autre. • Je ne vois pas comment concilier des cours de type classique et des séances ATP avec les mêmes élèves. • En classe entière, je n'ai ni le temps, ni les moyens de guider le travail personnel. • Je ne parviens pas à faire travailler mes élèves à la maison ; plus de la moitié ne rend rien. • À la pré-rentrée, on me propose de rejoindre le groupe « tutorat » au collège ; je vais me retrouver avec deux élèves à suivre, mais pour quoi faire ? • Je sens la dérive de l'institution ; je suis prof d'anglais, pas psy ou assistante sociale. • Il n'y a qu'avec le tutorat que je peux tenir les élèves difficiles ; ils m'aiment bien[1]. • J'ai franchement peur d'aller trop loin dans le « guidage » ; certaines questions me dépassent réellement. • En entretien individuel, Mounir déballe tout sur ses conflits avec le professeur de maths et celle de musique ; et après, qu'est-ce qu'on fait ?	Guider le travail personnel ☛ page 301	– Inscrire son action dans le cadre des principes fondamentaux du système éducatif et dans le cadre réglementaire de l'école – **Connaître les élèves et les processus d'apprentissage** – **Prendre en compte la diversité des élèves** – Accompagner les élèves dans leur parcours de formation – Agir en éducateur responsable et selon des principes éthiques – Maîtriser la langue française à des fins de communication – **Coopérer au sein d'une équipe** – Coopérer avec les parents d'élèves
• Je suis confronté à de tels besoins, toutes dimensions confondues, que je ne sais que faire. • Je ne sais pas ce qu'est un besoin d'élève. • Les élèves doivent avoir des pré-requis ; les besoins, ce n'est pas mon rayon. • Je ne sais pas analyser les besoins des élèves ; j'ai pas été formé à cela. • Les évaluations nationales (CE2, 6e, et à présent 5e, 2e) ne me semblent pas adaptées. Perte de temps considérable, peu d'effets en retour. • Une fois les besoins recensés, qu'en faire ? Avec une classe entière ? • Quelle est la place des savoirs qu'on doit travailler par besoins ?	Prospecter les besoins des élèves ☛ page 316	– **Connaître les élèves et les processus d'apprentissage** – **Prendre en compte la diversité des élèves** – Accompagner les élèves dans leur parcours de formation – Agir en éducateur responsable et selon des principes éthiques – Maîtriser la langue française à des fins de communication

1. *Voir sur la question, le dossier ATP des Cahiers pédagogiques, contribution de Philippe Meirieu, extrait des Cahiers pédagogiques, ATP, 1989, p. 75*

Problèmes	Chapitres	Compétences en référence au BO du 25 juillet 2013
• Faut-il parler de besoins avec les élèves pour les (re)motiver ?	Prospecter les besoins des élèves ☛ page 316	– **Coopérer au sein d'une équipe** – Construire, mettre en œuvre et animer des situations d'enseignement et d'apprentissage prenant en compte la diversité des élèves
• Mes élèves n'ont pas de secret pour moi ! • Je n'ai absolument pas de temps pour écouter des attentes hypothétiques. • Je sais bien ce qu'ils diraient ; ils ne m'aiment pas. • Dans la vie, on ne choisit pas ; on ment aux élèves. • Nous offrons, ils choisissent. Mais les dérives sont nombreuses. • Demander l'avis aux élèves, c'est coûteux en temps, en énergie. • Si nous les laissons choisir, ils vont directement aux copains au pire, sinon à l'injonction de leurs parents. • Et ce n'est pas forcément valable au point de vue résultats.	Auditer des attentes ☛ page 334	– **Connaître les élèves et les processus d'apprentissage** – **Prendre en compte la diversité des élèves** – Accompagner les élèves dans leur parcours de formation – Agir en éducateur responsable et selon des principes éthiques – Maîtriser la langue française à des fins de communication – **Coopérer au sein d'une équipe**
• Je ne peux plus faire une activité de recherche en sciences ; ils ne savent pas travailler. • Chang n'est pas motivé ; je n'y peux rien. • J'en ai toujours un pour me dire « Madame, c'est trop difficile ! ». • C'est toujours la galère pour les mettre au travail. Perte de temps considérable. • J'ai un élève littéralement bloqué quand je l'interroge. • La petite Mariette a l'air de réinventer la multiplication chaque fois qu'elle fait une opération. Elle met trois fois plus de temps que les autres. • Quand je prends les élèves en début d'année, j'ai l'impression qu'ils ont tout oublié. • Trois filles manifestent des troubles psycho-somatiques visibles quand la classe se met à un contrôle sur table. Pas moyen de les ré-assurer. Elles font des contre-performances. • J'ai observé que les filles se font toujours « taxer » leur matériel ; elles ne peuvent plus travailler. • Impossible de faire enlever la doudoune à Mounir ; il est comme prostré ; pas de travail en classe.	Analyser les ressources des élèves ☛ page 345	– **Connaître les élèves et les processus d'apprentissage** – **Prendre en compte la diversité des élèves** – Accompagner les élèves dans leur parcours de formation – Maîtriser la langue française à des fins de communication – **Coopérer au sein d'une équipe** – Organiser et assurer un mode de fonctionnement du groupe favorisant l'apprentissage et la socialisation des élèves – **Évaluer les progrès et les acquisitions des élèves**

Problèmes	Chapitres	Compétences en référence au BO du 25 juillet 2013
• En aide individualisée, j'ai beau encourager les quatre élèves, ils ne se voient pas en situation de réussite. • Dès que j'annonce « géométrie », les têtes se courbent. • J'entends de manière récurrente la litanie : « À quoi ça sert ? » • J'ai mis en œuvre une fiche d'autoévaluation ; certains se surévaluent, d'autres se sous-évaluent systématiquement. Ça ne fonctionne pas. • Je leur ai proposé des exercices qu'ils avaient déjà fait, et c'est encore une catastrophe. • S'ils ont bien travaillé, je ne leur donne pas de devoirs à la maison. • En cas de non-respect du règlement, c'est automatique, je donne trois exercices supplémentaires. • J'ai répété cent fois que le losange n'est pas un carré ; ils n'impriment pas.	Analyser les ressources des élèves ☛ page 345	
• Mes élèves font tellement de fautes que je ne sais plus comment les noter. • Faire des sciences dans les petites classes, c'est difficile, voire impossible. • Je me lance bien dans quelques expériences, mais je n'arrive pas à y associer les élèves. • Les contenus sont trop difficiles pour les élèves. • Je n'arrive pas à organiser la trace écrite des expériences. • Je n'ai que des élèves en échec scolaire ! • J'ai des difficultés à remplir le bulletin scolaire de Mounir.	Analyser les pratiques des élèves ☛ page 365	**– Connaître les élèves et les processus d'apprentissage** **– Prendre en compte la diversité des élèves** – Accompagner les élèves dans leur parcours de formation – Maîtriser la langue française à des fins de communication **– Coopérer au sein d'une équipe** – Organiser et assurer un mode de fonctionnement du groupe favorisant l'apprentissage et la socialisation des élèves **– Évaluer les progrès et les acquisitions des élèves**
• J'ai une super-idée de radio scolaire avec les élèves ; mais manifestement cela ne les branche pas. • J'ai l'impression d'être un chef d'orchestre, c'est fatigant. • J'ai distribué les rôles en fonction des talents et des résultats de chacun.	Diriger des projets ☛ page 376	**– Connaître les élèves et les processus d'apprentissage** **– Prendre en compte la diversité des élèves** – Accompagner les élèves dans leur parcours de formation

Problèmes	Chapitres	Compétences en référence au BO du 25 juillet 2013
• Je n'ai pas le temps de m'attarder sur les difficultés de quelques-uns. • J'ai zappé la partie sur la fusion nucléaire, ce n'était pas l'objectif. • Mounir ne se décide pas à enlever sa doudoune,je lui donnerai le rôle de hallebardier. • Le « clan des Chinois » se met en retrait de la représentation ; je dois continuer ? • Je suis trop engagé dans ce projet : la représentation doit réussir. • Pour que l'édition sorte en temps et en heure, j'ai passé ma nuit à tout reformater. • Ce n'est plus un dilemme, c'est une expérience partagée par tous. • Le projet « météo » a été une vraie galère ; pas sûr que je recommence. • Finalement, le spectacle a bien marché, les élèves et les parents sont contents. Et moi ?	Diriger des projets ☛ page 376	**– Coopérer au sein d'une équipe** – Coopérer avec les partenaires de l'école – Organiser et assurer un mode de fonctionnement du groupe favorisant l'apprentissage et la socialisation des élèves **– Évaluer les progrès et les acquisitions des élèves**
• Mais alors qu'est-ce que je dois observer ? Mounir, le travail de David, le groupe au fond de la classe, les réponses faites à mes questions ? • J'ai beau leur expliquer trois fois l'exercice ; ils n'y arrivent pas. • Marisa a la solution devant elle ; mais elle choisira de préférence celle que lui montrera sa voisine. • Didier a une très nette tendance à répondre très vite, quitte à ce que ce soit à côté de la plaque. • En études dirigées, j'observe que la plupart se disperse dans leurs cahiers, manuels, cahiers de texte, trousses, rien n'est fait. • Je dois constamment rassurer mes élèves sur une éventuelle « nouveauté » ; ils sont « planplan ». • J'ai tout un groupe en classe, un véritable « marais » ; je ne sais pas ce qu'ils pensent et s'ils apprennent vraiment. • David fonctionne à l'économie, tous ses enseignants le lui disent ; aucun changement à l'horizon. • Je ne peux pas à la fois me mettre en situation de retrait pour observer et rester maître du déroulement de la classe. C'est antagoniste, et même dangereux.	Observer les élèves ☛ page 394	**– Connaître les élèves et les processus d'apprentissage** **– Prendre en compte la diversité des élèves** – Accompagner les élèves dans leur parcours de formation **– Coopérer au sein d'une équipe** – Organiser et assurer un mode de fonctionnement du groupe favorisant l'apprentissage et la socialisation des élèves **– Évaluer les progrès et les acquisitions des élèves**

Problèmes	Chapitres	Compétences en référence au BO du 25 juillet 2013
• Je suis tombé sur un livre de didactique de ma discipline ; il m'est tombé des mains, car tout cela me semble loin de ma propre situation et de mes questionnements plus urgents. • Faut-il pour enseigner bien connaître sa discipline ? • La didactique, j'ai pas été formé et c'est encore difficile de m'y mettre ; ni l'occasion, ni même la nécessité. • Je rencontre des grosses difficultés avec mes classes, alors que j'ai super préparé toutes mes séquences et ma progression.	Faire de la didactique ☛ page 405	**– Connaître les élèves et les processus d'apprentissage** **– Prendre en compte la diversité des élèves** – Accompagner les élèves dans leur parcours de formation **– Coopérer au sein d'une équipe** **– Maîtriser les savoirs disciplinaires et leur didactique** **– Évaluer les progrès et les acquisitions des élèves**
• Je ne comprends pas pourquoi on est passé de « cours » à « situation d'apprentissage ». Encore une nouvelle mode ? • Outre la différence d'appellation d'origine contrôlée, je ne vois pas en quoi cela peut changer pour mon activité d'enseignant. • Concrètement, je ne vois pas comment monter une « situation d'apprentissage ». • Quel rapport entre situation d'apprentissage et situation-problème ?	Créer des situations d'appren-tissage ☛ page 415	**– Connaître les élèves et les processus d'apprentissage** **– Prendre en compte la diversité des élèves** – Accompagner les élèves dans leur parcours de formation **– Construire, mettre en œuvre et animer des situations d'enseignement et d'apprentissage prenant en compte la diversité des élèves** – Organiser et assurer un mode de fonctionnement du groupe favorisant l'apprentissage et la socialisation des élèves **– Évaluer les progrès et les acquisitions des élèves**
• Ils n'ont pas appris à travailler ; que fait le primaire ? • Je suis embourbé dans mes contenus disciplinaires bien trop lourds, pas de place ni de temps à consacrer à la méthodologie. • Comment, quand j'ai trente élèves en face de moi, donner des conseils de méthode personnalisés ?	Donner des conseils de méthode ☛ page 426	**– Connaître les élèves et les processus d'apprentissage** **– Prendre en compte la diversité des élèves** – Accompagner les élèves dans leur parcours de formation

Problèmes	Chapitres	Compétences en référence au BO du 25 juillet 2013
• Ils zappent la lecture de la consigne, pour me demander « monsieur, qu'est-ce qu'il faut faire ? ». • J'ai beau multiplier les contrôles, ils ne parviennent pas à progresser. • Je ne crois pas à la méthode pour la méthode ; ma discipline est spécifique. • La prise de notes n'est pas assurée ; la trace écrite devient un calvaire qui prend tout le temps du cours. • Mes élèves ne sont pas capables d'avoir une parole soutenue plus d'une minute. • Si j'évalue la méthode, quelle place je réserve alors pour les connaissances ? • J'ai testé une fiche d'autoévaluation d'un collègue : les plus mauvais se sont surévalués, les meilleurs le contraire.	Donner des conseils de méthode ☛ page 426	**– Construire, mettre en œuvre et animer des situations d'enseignement et d'apprentissage prenant en compte la diversité des élèves** – Organiser et assurer un mode de fonctionnement du groupe favorisant l'apprentissage et la socialisation des élèves **– Évaluer les progrès et les acquisitions des élèves** **– Évaluer les progrès et les acquisitions des élèves**
• Rechercher une information exige un tant soit peu d'autonomie, ce n'est pas pour mes élèves. • Ils ne savent pas se repérer dans le CDI ; alors, l'Internet… • Quand je demande de faire une recherche, j'ai droit au copier-coller de l'Internet, et ce ne sont même pas les bonnes réponses. • Le CDI est indigent en ressources documentaires adéquates avec les thèmes que je dois travailler. • Je ne maîtrise pas ce que les élèves peuvent trouver sur l'Internet. • Quand je les mets à préparer un exposé au CDI, ils se perdent dans des détails, l'essentiel n'est pas abordé. • Je n'ai déjà pas le temps de traiter tout le programme, alors, pourquoi « perdre du temps » au CDI ? • Je ne vois pas ce que je pourrais évaluer dans un travail de recherche documentaire ; et d'ailleurs, faut-il tout évaluer ?	Donner un conseil de documentation ☛ page 440	**– Connaître les élèves et les processus d'apprentissage** **– Prendre en compte la diversité des élèves** – Accompagner les élèves dans leur parcours de formation **– Construire, mettre en œuvre et animer des situations d'enseignement et d'apprentissage prenant en compte la diversité des élèves** – Organiser et assurer un mode de fonctionnement du groupe favorisant l'apprentissage et la socialisation des élèves **– Évaluer les progrès et les acquisitions des élèves**
• J'ai organisé ma programmation d'après le livret de l'inspecteur et ses fiches d'objectifs en coévaluation. Remplir toutes les petites cases pour chacun des élèves s'est très vite révélé infaisable. • Dans le tableau du projet pédagogique interdisciplinaire, moi, prof de mathématiques, je travaille la proportionnalité. C'est mon objectif.	Définir des objectifs ☛ page 450	– Connaître les élèves et les processus d'apprentissage – Accompagner les élèves dans leur parcours de formation

Problèmes	Chapitres	Compétences en référence au BO du 25 juillet 2013
• On me dit de définir des objectifs, puis d'évaluer des compétences. Je ne parviens pas à articuler les deux. • Je suis impliqué dans un travail interdisciplinaire de type IDD, je ne veux pas faire d'animation « socioculturelle ». Comment préserver la part des objectifs propres à ma discipline ? • Moi, je transmets des savoirs ; ils sont acquis ou pas acquis. Quelle sorte d'objectifs autres que ceux-là peut-on assigner aux élèves ? • Je viens d'arriver dans un nouvel établissement ; je dois assurer trois niveaux d'enseignement en même temps. Je n'en ai jamais fait aucun. Que faire ? • Mes élèves ne comprennent pas pourquoi ils doivent travailler et surtout comment ils doivent le faire. Comment mieux communiquer sur mes objectifs ? • Je sors de formation initiale, et je n'ai jamais eu de module sur le traitement de ma discipline par objectifs réalistes et réalisables. Je suis au pied du mur.	Définir des objectifs ☛ page 450	**– Maîtriser les savoirs disciplinaires et leur didactique** **– Maîtriser la langue française dans le cadre de son enseignement** **– Construire, mettre en œuvre et animer des situations d'enseignement et d'apprentissage prenant en compte la diversité des élèves** **– Évaluer les progrès et les acquisitions des élèves**
• Je ne peux pas bouger de ma chaise. Mon espace est un couloir entre le bureau et le tableau. • J'ai globalement toujours la même manière de faire le cours. • Je voudrais bien changer de type de cours, mais que vont dire mes collègues ? • Je voudrais bien innover, mais c'est impossible : les programmes sont trop lourds ; que va dire mon inspecteur ? • Je suis leur « Maître » (réservé au primaire). • Je n'ai le calme que quand je les fais gratter ! (plutôt collège). • Je suis victime de l'attente des parents qui veulent du cours, rien que du cours.	Faire une conférence ☛ page 463	**– Maîtriser les savoirs disciplinaires et leur didactique** **– Maîtriser la langue française dans le cadre de son enseignement** **– Construire, mettre en œuvre et animer des situations d'enseignement et d'apprentissage prenant en compte la diversité des élèves**
• Pourquoi parler de formation ? J'ai mon diplôme, ce n'est pas pour moi. • Entre enseigner à Henri IV ou dans les quartiers nord de Marseille, ce n'est pas le même métier ! • À part mon niveau de satisfaction, qu'est-ce que je peux retenir de la formation ? • Je ne peux pas ; je n'ai pas été formé. • Ce dont j'ai besoin, ce n'est pas dans le catalogue de formation (PAF).	Penser sa propre formation ☛ page 478	**– Maîtriser les savoirs disciplinaires et leur didactique** – Utiliser une langue vivante étrangère dans les situations exigées par son métier – Intégrer les éléments de la culture numérique nécessaires à l'exercice de son métier

Problèmes	Chapitres	Compétences en référence au BO du 25 juillet 2013
	Penser sa propre formation ☛ page 478	**– Coopérer au sein d'une équipe** **– S'engager dans une démarche individuelle et collective de développement professionnel**
• Faut-il être philosophe pour engager le débat à portée philosophique ? • Les contenus sont trop lourds, trop difficiles ; je ne parviens pas à faire réviser mes élèves ; les évaluations sont catastrophiques. On me prend pour un prof sévère et pas juste (en particulier les parents d'élèves). • J'ai été recruté pour faire des maths, pas pour faire de l'animation avec des élèves.	Former à la complexité en classe ☛ page 501	– **Connaître les élèves et les processus d'apprentissage** – Prendre en compte la diversité des élèves – Accompagner les élèves dans leur parcours de formation – Agir en éducateur responsable et selon des principes éthiques – Intégrer les éléments de la culture numérique nécessaires à l'exercice de son métier – Coopérer au sein d'une équipe – S'engager dans une démarche individuelle et collective de développement professionnel – **Construire, mettre en œuvre et animer des situations d'enseignement et d'apprentissage prenant en compte la diversité des élèves** – **Organiser et assurer un mode de fonctionnement du groupe favorisant l'apprentissage et la socialisation des élèves**

23, rue de Châteaudun, 75308 Paris cedex 09
Dépôt légal : août 2015
Imprimé en France

Imprimerie Corlet S.A. - n° d'impression 175381

ISBN 978-2-81760-485-5
ISSN 1262-327X